James Jiambalvo

관리회계 제7판

Managerial Accounting

관리회계 7판

초판발행 2021년 8월 20일
2쇄발행 2023년 9월 1일

지은이 JAMES JIAMBALVO / **옮긴이** 손성진, 서정록, 신성호, 김강, 고세라, 김원배, 전웅수 / **펴낸이** 전태호
펴낸곳 한빛아카데미(주) / **주소** 서울시 서대문구 연희로2길 62 한빛아카데미(주) 2층
전화 02-336-7112 / **팩스** 02-336-7199
등록 2013년 1월 14일 제2017-000063호 / **ISBN** 979-11-5664-676-1 93320

책임편집 김현용 / **기획 · 편집 · 진행** 정서린
디자인 박정우 / **제작** 박성우, 김정우
영업 김태진, 김성삼, 이정훈, 임현기, 이성훈, 김주성 / **마케팅** 길진철, 김호철, 심지연

이 책에 대한 의견이나 오탈자 및 잘못된 내용에 대한 수정 정보는 아래 이메일로 알려주십시오.
잘못된 책은 구입하신 서점에서 교환해 드립니다. 책값은 뒤표지에 표시되어 있습니다.
홈페이지 www.hanbit.co.kr / 이메일 question@hanbit.co.kr

지금 하지 않으면 할 수 없는 일이 있습니다.
책으로 펴내고 싶은 아이디어나 원고를 메일(writer@hanbit.co.kr)로 보내주세요.
한빛아카데미(주)는 여러분의 소중한 경험과 지식을 기다리고 있습니다.

James Jiambalvo

관리회계

제 7 판

Managerial Accounting

약력

■ 저자약력

제임스 지암발보JAMES JIAMBALVO는 워싱턴대학교 경영대학 회계학부의 석좌교수이고, 오하이오 주립대학교에서 박사학위를 취득한 후 워싱턴대 회계학부 교수로 부임하였다. 지암발보 교수는 공인회계사 자격을 취득 후 해스킨스 앤 셀즈(Haskins and Sells, 현재의 딜로이트(Deloitte)) 에서 감사업무를 수행하였고, 딜로이트의 국가 학술자문위원회에서 봉사하기도 하였다.

지암발보 교수는 미국회계학회(AAA)로부터 회계감사 분야 저명 교수상을 수상 하였고, 회계학 분야 주요 저널에서 논문실적(1959년 ~ 2008년) 상위 100대 교수로 선정되었다. AR(The Accounting Review)의 편집 간사, CAR(Contemporary Accounting Research)의 편집 위원으로 봉사하기도 하였다.

지암발보 교수는 알코아(Alcoa), 보잉(Boeing), 마이크로소프트(Microsoft), 타이슨(Tyson), 등 주요 기업들을 대상으로 하는 최고 경영자 과정에서 강의하였으며, 현재는 존스(Zones)의 이사로 활동하고 있고, 셀척 리솔시즈(Saltchuk Resources)에서 이사로 활동하기도 하였다.

■ 역자약력

손성진(phdssj@dankook.ac.kr)
단국대학교 경영경제대학 경영학부 교수, 서강대학교 경영학박사

〈주요 저서 및 논문실적〉
- 「새로운 한국의 원가관리」, 홍문사
- "한국 관리회계 학문분야의 연구동향과 미래 연구 방향: 계량서지학적 관점에서 연구내용과 생산성 비교분석," 회계저널, 한국회계학회

서정록(jrsuh@bc.ac.kr)
부천대학교 세무회계과 교수, 서강대학교 경영학박사

〈주요 저서 및 논문실적〉
- 「원가회계」, 청람
- "조직 · 문화적 특성과 성과측정지표 특성이 기업성과에 미치는 영향," 회계와 정책연구, 한국회계정책학회

신성호(jnsh@bu.ac.kr)
백석대학교 경상학부 교수, 서강대학교 경영학박사

〈주요 저서 및 논문실적〉
- 「사용자 중심의 SMART 관리회계」, 유원북스
- "기업가정신과 관리적 단기지향성 간에 전략적 성과측정시스템 이용의 역할," 국제회계연구, 국제회계학회

김강(kk21c@kcu.ac.kr)
케이씨대학교 G2빅데이터경영학과 교수, 서강대학교 경영학박사

〈주요 저서 및 논문실적〉
- 「한국의 환경회계」, 일문사
- "기업가정신과 경영성과 간 관계에서 조직시민행동과 성과측정시스템의 다중매개효과," 관리회계연구, 한국관리회계학회

고세라(ksr@ktei.or.kr)
(재)한국종합경제연구원 이사, 가천대학교 경영학부 겸임교수
단국대학교 경영학박사

〈주요 저서 및 논문실적〉
- 「회계정보시스템」, 이앤비플러스
- "기업의 사회적 성과가 장 · 단기 재무적 성과에 미치는 영향에 관한 실증연구: 이해관계자 집단의 특성을 중심으로," 회계와 정책연구, 한국회계정책학회

김원배(wbkim@gachon.ac.kr)
가천대학교 경영학부 명예교수
단국대학교 경영학박사

〈주요 저서 및 논문실적〉
- 「회계정보시스템」, 이앤비플러스
- "수입자동차의 서비스품질, BSC 고객만족, 브랜드충성도가 재구매 의도에 미치는 영향", 글로벌경영학회지, 글로벌경영학회

전웅수(wsjeon@dankook.ac.kr)
단국대학교 경영경제대학 경영학부 명예교수
서강대학교 경영학박사

〈주요 저서 및 논문실적〉
- 「경영혁신기법과 사례」, 경문사
- "기업문화가 조직시민행동과 성과측정지표특성 그리고 경영성과에 미치는 영향," 회계연구, 대한회계학회

저자서문

이 교재는 관리회계의 기본적 사고를 함양시키고, 학생들이 관리회계를 흥미롭게 공부할 수 있도록 동기부여 하는 것에 목적이 있다. 이를 위해 본 교재는 다양하고 독특한 특징들로 구성하였다. 저자의 풍부한 강의경험과 구판을 교재로 사용하여 주신 교수님들의 고견을 종합하여 다음과 같은 사항에 중점을 두었다.

- 대부분의 학생들은 회계사가 아니라 관리자가 될 것이다.
- 의사결정에 대한 관심집중
- 측정해야 관리 할 수 있다(You Get What You Measure)
- 데이터 분석(Data Analytics)을 관리회계의 다양한 개념과 기법에 접목
- 관리회계의 개념과 기법을 실제 현장에 적용하여 관리회계에 대한 흥미 제고
- 서비스산업의 중요성에 대한 인식
- 명확성, 간결성, 최신성에 대한 요구
- 학습한 지식을 검증할 수 있는 풍부한 기회제공

대부분의 학생들은 회계사가 아니라 관리자가 될 것이다. 관리회계를 처음 배우는 학생들의 대부분은 회계사가 아니라 조직의 관리자가 될 것이다. 따라서 선입선출(FIFO)하에서의 종합원가계산, 제조간접원가 차이 분석(4분법)과 같은 복잡한 방법에 대한 이해를 원하지 않는다. 따라서 본 교재는 관리회계를 처음 공부하는 학생들의 입장에 초점을 두고, 복잡한 개념에 대한 설명을 지양하였다.

의사결정에 대한 관심집중. 교수자는 학습자가 실제 현장에서 관리자로서 직면할 수 있는 다양한 문제를 경험하고 해결할 수 있기를 원한다. 이를 위해 의사결정 프로세스에 대한 학습기회가 증대되어야 한다. 따라서 본 교재는 총 3개의 장(7장, 8장, 9장)을 의사결정 프로세스와 관련한 내용으로 구성하였다. 추가로 의사결정과 증분 분석의 활용법을 1장에서 소개하고, 이를 각 장의 주제에 적용하여 해당 내용을 다루었다. 학습자가 7장을 공부할 때 즈음이면 이미 의사결정을 위한 관련 원가에 대해 이해가 선행되어 있을 것이고, 7장을 공부한 후 과제와 수업시간 부과된 다양한 자료를 공부하면서 의사결정 프로세스에 대해 경험도 할 수 있을 것이다.

측정해야 관리 할 수 있다(You Get What You Measure). 상위관리자는 성과측정치가 하위관리자의 행동에 영향을 미친다는 것을 알고 있다. 그러므로 성과측정과 관련된 주제는 실무적으로 매우 중요하게 다루어져야 한다. 본 교재는 "측정해야 관리 할 수 있다(*you get what you measure*)."라는 명제에 각 장의 개념을 적용하여 해당 내용을 소개하고 있다. 특히, 12장에서는 성과측정과 관련된 내용을 집중적으로 공부하게 될 것이다.

데이터 분석(Data Analytics)을 관리회계의 다양한 개념과 기법에 접목. 빅데이터 시대에 관리회계와 관련한 주제와 정보기술(IT, Information Technology)의 관계를 이해하는 것은 중요하다. 따라서 본 교재는 각 장에서 이와 관련된 내용을 다루는 'Data Analytics in Action'을 본문에 배치하여 해당 개념에 대한 이해를 돕고자 하였다.

관리회계의 개념과 기법을 실제 현장에 적용하여 관리회계에 대한 흥미 제고. 경영자들은 자신이 사업을 성공적으로 수행하기 위해 관리회계가 얼마나 중요한 역할을 하는지를 반드시 알았어야 한다고 한다. 또한, 학창시절에 관리회계를 좀 더 심층적으로 공부했었어야 한다고도 한다. 이러한 점에 착안하여 본 교재는 관리회계가 실제 현장에서 얼마나 중요한 역할을 하는지를 학습자들에게 인식시켜주기 위해 다양한 사례를 소개한다. 구체적으로, 각 장에서 'Link to Practice'와 'CASE'를 추가하여 현장의 경영자가 직면할 수 있는 다양한 문제에 대해 생각해보는 기회를 제공한다.

서비스산업의 중요성에 대한 인식. 20세기 이후 고용의 행태는 제조업 중심에서 서비스업으로 전환되고 있다. 현재는 모든 직업군 중에서 75% 이상이 서비스업에 해당한다. 따라서 본 교재는 서비스업에 대한 다양한 예도 본문의 후반부에서 소개한다.

명확성, 간결성, 최신성에 대한 요구. 구판을 사용한 교수자와 학습자의 의견에 의하면 본 교재의 장점은 명확하고 간결한 서술방식에 있다고 한다. 이번에 새롭게 출판되는 제7판에서도 이러한 장점이 더욱 강화될 수 있도록 관련 내용을 보강하였다. 특히, 본 교재는 한 학기의 강의 분량에 적합하도록 내용을 구성하였고, '제약이론(Thoery of Constraints),' '경제적 부가가치(Economic Value Added; EVA),' '균형성과표(The Balanced Scroecard),' '전략지도(Strategy Maps),' '활동기준원가계산(Activity-Based Costing),' '활동기준원가관리(Activity-Based Management)' 등 다양한 경영혁신기법도 소개하고 있다.

학습한 지식을 검증할 수 있는 풍부한 기회제공. 각 장의 후반부에서는 'Test Your Knowledge,' '종합예제,' '객관식 문제' 등 다양한 문제가 제시된다. 이를 통해 학생들은 자신들이 학습한 내용을 검증할 수 있을 것이고, 각 장에서 제시된 학습 목표를 성공적으로 달성할 수 있을 것이다.

역자서문

회계는 기업의 언어(Language of Business)로서 다양한 이해관계자들의 의사결정에 유용한 정보를 제공하는 것을 목적으로 한다. 회계는 크게 재무회계와 관리회계로 구분되는데, 관리회계는 경영자들의 계획과 통제 및 의사결정의 과정에 필요한 정보를 산출하고, 산출된 정보를 효과적으로 활용하는 방법을 탐구하는 분야이다.

전통적으로 관리회계는 원가회계(Cost Accounting)와 관리회계(Managerial Accounting)로 구분하여 전자에서는 원가정보를 산출하는 방법을, 후자에서는 산출된 원가정보의 활용방법을 논의하는 것처럼 그 영역을 기능적으로 분류하여왔다. 그러나 최근 관리회계 분야의 동향은 의사결정을 위한 원가정보의 활용과 산출(Different Costs for Different Purpose)을 강조하고 있다. 따라서 최근에는 관리회계에서 원가정보의 활용 및 산출과 관련한 기초적이고 포괄적인 내용을 소개하고, 원가회계에서는 심층적이고 복잡한 문제를 다루고 있다.

제임스 지암발보(James Jiambalvo)의 관리회계는 회계학 원론에 대한 사전지식을 바탕으로 관리회계 분야의 지식을 습득하기 위한 원론 수준의 서적으로 다음과 같은 다양하고 독특한 특징들로 구성되어 있다.

- 대부분의 학생들은 회계사가 아니라 관리자가 될 것이다.
- 의사결정에 대한 관심집중
- 측정해야 관리 할 수 있다(You Get What You Measure)
- 데이터 분석(Data Analytics)을 관리회계의 다양한 개념과 기법에 접목
- 관리회계의 개념과 기법을 실제 현장에 적용하여 관리회계에 대한 흥미 제고
- 서비스산업의 중요성에 대한 인식
- 명확성, 간결성, 최신성에 대한 요구
- 학습한 지식을 검증할 수 있는 풍부한 기회제공

이러한 특징들은 학생들에게 관리회계의 기본적 사고를 함양시켜 줄 것이고, 의사결정을 위한 원가정보의 산출과 활용이라는 관점에서 관리회계를 흥미롭게 공부할 수 있도록 동기부여도 해 줄 것이다.

제임스 지암발보의 관리회계를 번역하는 과정에서 국제 표준 단위와 영미 단위가 다른 관계로 한국의 학생들에게 혼란을 가져다줄 수 있으므로 도량형은 국제표준단위를 채택하였다(예: gallon → ℓ, lb → Kg). 그리고 Cost는 모두 원가로 번역하여 용어도 통일시켰다(예: 직접재료원가, 직접노무원가, 제조간접원가).

"원가계산은 어렵고, 복잡하며, 지루하다."라는 고정관념에서 벗어나 의사결정을 위한 관리회계 정보의 산출과 활용방안에 대한 논의는 어렵고 복잡하지 않으며, 배우면 배울수록 흥미롭고 일상의 생활에서도 필요한 지식이라는 생각을 확립하는데 이 역서가 조금이나마 도움이 되었으면 한다.

새 학기를 기다리며

역자 씀

차례

1 정보화 시대의 관리회계

2 제조업과 서비스업의 개별원가시스템

3 종합원가계산

4 원가-조업도-이익 분석

5 변동원가계산

6 원가배부와 활동기준원가계산

7 경영의사결정에서 원가정보의 활용

8 가격결정, 고객수익성 분석 및 활동기준가격결정

9 자본예산과 기타 장기 의사결정

10 예산 계획과 통제

11 표준원가와 차이분석

12 분권화와 성과평가

CHAPTER 1

10,000 Hours/DigitalVision/Getty Images

정보화 시대의 관리회계

학습목표

1. 관리회계의 기본적인 목적과 재무회계와 관리회계의 차이점에 대한 이해
2. 계획, 통제 및 의사결정에 사용되는 각종 원가개념의 이해
3. 관리회계의 2가지 핵심 개념에 대한 이해
4. 정보기술이 비즈니스 프로세스 그리고 공급자 및 소비자와의 관계에 미치는 영향에 대한 이해
5. 윤리적 의사결정 체계와 관리회계이사(controller)의 역할에 대한 이해

여러분은 모두 장래에 직업을 갖게 될 것이다. 아마도 전자회사의 마케팅팀장 아니면 첨단바이오기업의 인사팀장 또는 자영업을 하는 사장님이 되어 있을 수도 있을 것이다. 그러나 기업에서 어떤 분야의 업무를 맡던 여러분이 공통적으로 수행해야 하는 일은 회계정보를 활용하여 업무를 계획하고, 부하를 평가하고, 그리고 다양한 의사결정을 내려야 한다는 것이다. 경우에 따라서 여러분은 자기 회사의 재무제표 즉, 재무상태표, 손익계산서, 자본변동표 및 현금흐름표 등을 통하여 여러 가지 정보를 얻을 것이다. 그러나 이

러한 재무제표에서 얻는 대부분의 정보는 주주 또는 채권자와 같은 소위 외부이용자에게 보다 유용한 것이다. 회계정보의 내부이용자인 기업의 경영자에게는 그들만을 위해서 특별히 제공되는 회계정보가 추가로 필요하게 된다. 이러한 경영자들을 위해서 제공되는 정보를 관리회계정보(managerial accounting information)라고 한다.

이 책을 교재로 공부하고자 하는 여러분은 이미 재무회계를 배웠을 것이다. 재무회계는 회계정보의 외부이용자에게 제공될 회계보고서를 작성하는데 필요한 회계개념과 처리절차에 초점을 두고 있다. 이에 반해 **관리회계**(managerial accounting)에서는 회계정보의 내부이용자에게 제공될 회계보고서를 작성하는데 적합한 회계개념과 처리절차를 강조하고 있다. 이 책에서는 관리회계분야의 여러 주제를 다루고 있다. 제1장에서는 먼저 경영계획과 통제 그리고 의사결정에 있어서 관리회계의 역할을 개괄적으로 파악하고자 한다. 또한 중요한 원가개념과 본서에서 내내 강조되는 기본적인 개념을 소개하고자 한다. 그리고 끝으로 정보화시대와 정보기술이 기업에 미치는 영향과 윤리적 의사결정을 위한 체계 그리고 관리회계최고책임자로서의 관리회계이사(controller)의 역할 등에 대해 살펴보고자 한다. 더불어 여러분의 이해력 확인과 향상을 위해서 와일리(Wiley)사의 온라인 학습자료와 각 장의 끝에 제공된 객관식문제를 적극적으로 활용하기 바란다. 또한 각 장의 말미에 풀이과정이 포함된 2개의 종합예제도 반드시 학습할 것을 강조한다.

학습목표 1 관리회계의 기본적인 목적과 재무회계와 관리회계의 차이점에 대한 이해

1.1 관리회계의 목적

기본적으로 모든 경영자들은 조직의 운영을 위해서 계획과 통제 그리고 다양한 의사결정을 내려야 한다. 관리회계의 목적은 이러한 경영자들의 **계획**(planning), **통제**(control) 및 **의사결정**(decision making)에 필요한 정보를 제공하는 것이다. 따라서 유능한 경영자가 되기 위해서는 관리회계에 대한 철저하고 충분한 이해가 반드시 필요할 것이다.

1.1.1 계획

모든 기업에 있어서 계획은 가장 핵심적인 활동의 하나이다. 계획은 종업원들에게 기업의 목표를 전달하므로서 판매나 생산과 같은 기업의 다양한 기능 간의 조정을 가능하게 한다. 또한 계획은 기업 목적을 달성하는데 필요한 자원이 무엇인지를 알게 해준다.

생산원가예산 2020년 1월 1일부터 2020년 12월 31일까지	
계획 생산량	**5,000,000병**
용기원가	$ 1,500,000
원료원가	400,000
정제수원가	150,000
노무원가	300,000
임차료	60,000
감가상각비	80,000
기타	100,000
예산 생산원가 총액	$ 2,590,000

〈그림 1-1〉 생산원가예산

계획을 위한 예산

관리회계사(managerial accountants)에 의해서 작성되는 재무적 계획을 흔히 **예산**(budgets)이라고 한다. 업무 형태에 따라 매우 다양한 종류의 예산이 편성될 수 있다. 예를 들면, 이익계획을 의미하는 이익예산, 현금의 유입과 유출에 대한 계획을 의미하는 현금흐름예산, 생산량과 제조원가에 대한 계획인 생산예산 등이 있다.

㈜써지음료(Surge Performance Beverage Company)의 생산원가예산을 살펴보자. 당사는 내년의 판매예측치를 참고하여 340cc 용량의 음료수 5,000,000병을 생산하기로 계획하였다. 이를 생산하기 위해서는 용기(병)를 구입하는데 $1,500,000, 원액생산에 $400,000, 생수비용 $150,000, 인건비로 $300,000가 소요될 것으로 예상된다. 또한 임차료 $60,000, 설비의 감가상각비 $80,000 및 기타 비용 $100,000가 발생할 것으로 추정된다. 이상의 내용을 요약한 것이 〈그림 1-1〉의 생산원가예산이다. 이러한 예산정보를 통해서 ㈜써지음료의 경영자들은 회사가 음료수를 얼마나 생산하려고 하며, 이를 생산하기 위해서는 얼마의 원가가 필요할 것인가를 알 수 있게 된다.

1.1.2 통제

조직에 있어서 통제란 경영자의 성과에 대한 평가와 경영자가 책임을 지고 있는 업무 자체에 대한 평가로 구성된다. 통제를 이와 같이 두 가지로 구분하는 것은 중요한 의미를 갖는다. 경영자에 대한 평가는 이들의 성과에 대해 어떻게 보상할 것인가를 결정하기 위해서 필요하다. 즉 경영자들이 보다 높은 수준의 성과를 달성할 수 있도록 동기를 부여하는데 초점이 두어진다. 성과가 좋은 경영자에게는 상당한 금액의 상여금이 주어지지만, 성과가 나쁜 경영자는 해고될 수도 있는 것이다. 이처럼 경영자의 성과를 토대로 보수와 승진기회가 결정되기 때문에 경영자들은 좋은 평가를 받기 위하여 열심히 노력하게 된다(물론, 경영자들은 금전적인 보상이나 승진만이 아니라 일 자체를 좋아하기 때문에, 동료들로부터 존경을 받고 싶어서, 또는 자신이 이룩한 결과에 대한 성취감 때문에 열심히 노력하기도 한다).

업무에 대한 평가는 현재 채택하고 있는 업무 방법에 대한 변경(확장, 축소 또는 방법의 수정 등) 여부를 결정하는데 필요한 정보를 얻기 위해서 이루어진다. 경영자의 성과는 긍정적이더라도, 그가 책임지고 있는 업무 자체에 대한 평가는 부정적일 수 있다. 예를 들어 앞의 ㈜써지음료의 경우 비록 생산설비는 낡고 구식이어도 생산책임자는 원가관리와 생산일정을 잘 관리하여 좋은 생산성과를 달성하기도 하는 것이다. 이 경우 최고경영자는 현재의 낡은 공장 시설로는 효율적인 업무 수행이 어려울 것으로 판단하여 공장 폐쇄를 결정할 수도 있다. 하지만 이러한 상황에서도 생산책임자는 좋은 평가를 받게 될 것이다.

기업의 계획은 통제과정에서도 중요한 역할을 한다. 경영자들은 실제 결과치를 계획치와 비교하여 업무의 개선 여부를 결정하게 된다. 실제결과가 계획치와 다르게 나타나는 이유로는 계획이 순조롭게 수행되지 않았거나, 계획 자체가 적절하지 못하였거나, 또는 기업환경이 예상과 달리 크게 변화된 경우 등을 들 수 있다.

〈그림 1-2〉는 계획과 통제의 주요 단계를 설명하고 있다. 일단 계획이 수립되면, 이를 달성하기 위한 활동이 수행된다. 이러한 활동들은 일정한 결과를 가져오고 이는 애초의 계획과 비교된다. 이러한 평가결과를 토대로 경영자에 대한 보상(예를 들면, 결과가 좋은 것으로 판단될 경우 상여금의 지급이나 승진) 또는 징계(예를 들면, 성과가 나쁜 것으로 평가될 경우, 상여금 지급이 거의 없거나, 심한 경우 해고)이 이루어진다. 또한 이러한 평가를 토대로 업무 수행 방법이 변화되기도 한다. 2교대제를 도입하여 생산량을 늘리거

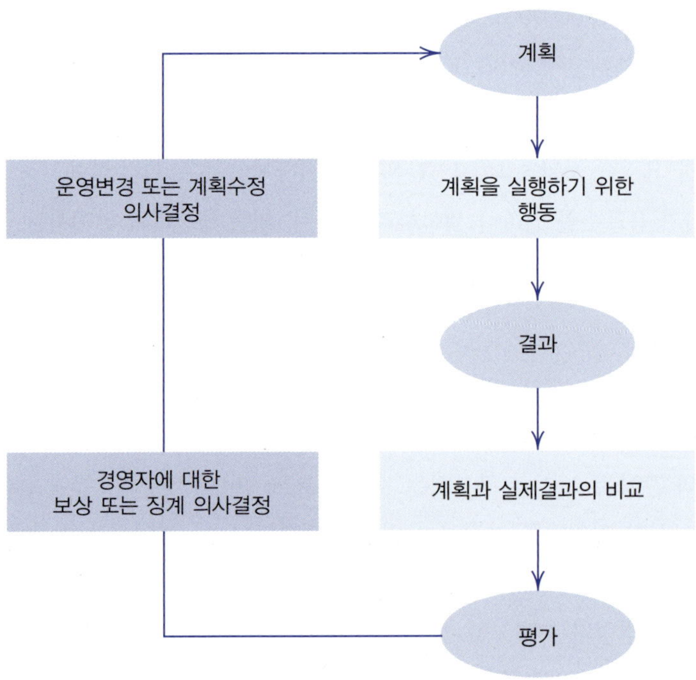

〈그림 1-2〉 계획과 통제프로세스

나, 일부 생산설비의 가동을 중단하여 생산량을 감소시키거나, 또는 종업원의 훈련 등을 실시하여 업무의 질을 높이는 조치를 취하게 된다. 계획이 비현실적인 경우에는 이를 수정하는 방법을 선택하기도 한다.

통제를 위한 성과보고서

경영자의 성과 또는 이들이 관리하는 업무의 성과를 평가하기 위하여 사용되는 보고서를 **성과보고서**(performance reports)라 한다. 성과보고서를 작성하기 위한 통일된 규범이 있는 것은 아니다. 그러나 성과보고서는 일반적으로 당기의 성과를 전기의 성과 또는 사전에 계획된(예산으로 편성된) 성과와 비교하는 형식으로 작성된다.

예를 들어 ㈜써지음료가 2020년 5,000,000병의 음료수를 생산하면서 발생시킨 원가는 다음과 같다고 하자.

용기원가	$ 1,650,000
원액원가	450,000
정제수원가	152,000
노무원가	295,000
임차료	60,000
감가상각비	80,000
기타	101,000
실제 생산원가 총액	$ 2,788,000

㈜써지음료의 성과보고서는 〈그림 1-3〉과 같이 실제원가를 예산과 대비하여 표시하는 방법으로 작성된다.

일반적으로 성과보고서는 주의를 요하는 것이 무엇인가를 알려주는 관점에서 작성되며, 성과의 좋고 나쁨과 개선방법에 대한 정보를 제공하지는 않는다. 예를 들어 〈그림 1-3〉의 성과보고서는 용기원가와 원액원가의 관리에 문제가 있을 수 있음을 표시하고 있다. 실제 발생한 용기원가와 원액원가가 각각 예산 보다 $150,000, $50,000 초과되었음을 표시하고 있다. 실제원가가 예산을 초과하여 발생한 이유는 여러 가지가 있을 수 있다. 용기 또는 원액의 가격이 인상되었을 수도 있고, 생산 과정에서 불량이 발생하여 나타날 수도 있다. 경영자는 차이에 대한 조치를 취하기 전 문제의 원인을 철저히 조사하는 것이 필요하다.

성과보고서가 문제에 대한 결정적인 답을 주는 것은 아니지만, 경영자에게 매우 유용한 정보를 제공한다. 성과보고서를 통해서 경영자는 무엇에 보다 주의를 해야 하는지, 관리가 부족한 부분은 무엇인지를 알 수 있게 된다. 예를 들면, 경영자는 예산과 거의 차이가 없는 인건비, 임차료, 감가상각비, 또는 기타 원가에 대해서는 크게 신경을 쓰지 않아도 된다. 일반적으로 경영자들은 성과보고서를 이용하므로서 **예외에 의한 관리**(management by exception)를 할 수 있게 된다. 예외에 의한 관리란 경영자가 계획으로부터 크게 차이가 나

성과보고서 – 생산원가
2020년 1월 1일부터 2020년 12월 31일까지

	실제금액	예산금액	차이(실제–예산)
생산량(용기 수량)	5,000,000	5,000,000	0
용기원가	$ 1,650,000	$ 1,500,000	$150,000*
원액원가	450,000	400,000	50,000*
정제수원가	152,000	150,000	2,000
노무원가	295,000	300,000	(5,000)
임차료	60,000	60,000	0
감가상각비	80,000	80,000	0
기타	101,000	100,000	1,000
생산원가 총액	$ 2,788,000	$ 2,590,000	$ 198,000

* 이들 항목은 조사가 필요하다는 것을 나타냄

〈그림 1-3〉 성과보고서

는 부분을 집중적으로 관리하고 차이가 크지 않는 부분에 대해서는 특별히 신경을 쓰지 않아도 된다는 것이다.

1.1.3 의사결정

〈그림 1-2〉에서처럼 의사결정(경영자에 대한 보상과 징계 결정, 업무수행방법의 변경 또는 계획의 수정 여부에 대한 결정)은 계획과 통제과정에서 가장 핵심적인 부분이다. 신제품의 추가 생산 여부, 기존 제품의 생산중단 여부, 제품 생산에 필요한 부품을 자체 생산할 것인가 아니면 외주 구입할 것인가, 신제품의 가격을 얼마로 할 것인가, 이러한 문제들은 기업이 일상적으로 당면하게 되는 여러 가지 의사결정 중의 일부이다. 이러한 문제들에 대해 얼마나 합리적인 의사결정을 내리느냐에 따라, 기업의 미래 수익성이 결정되고, 기업의 존속 여부에도 영향을 주게 된다. 우수한 의사결정의 중요성을 이해하기 위해 본서에서는 7, 8, 9장에서 이 주제를 심도 있게 소개하고자 한다. 본장의 뒷부분에서는 의사결정과 관련된 관리회계의 2가지 핵심개념 중 하나인 증분분석을 소개한다.

끝으로 매 장의 끝에서는 Decision Making Insight라는 별도의 난을 두고 있다. 이 난에서는 해당 장의 내용이 의사결정과 어떻게 연결이 되는지, 그리고 이 장에서 배운 지식과 기술이 경영자가 좋은 의사결정을 내리는데 어떤 도움을 주는가를 요약하고 있다.

Test Your Knowledge

관리회계의 관점에서 볼 때 다음의 문장 중 **타당한** 것은?

a. 예산은 계획수립을 위해 사용된다.
b. 성과보고서는 통제를 위해 사용된다.
c. 관리회계의 목적은 의사결정에 유용한 정보를 제공하는데 있다.
d. 위의 모두가 옳다.

답 : d

1.1.4 관리회계와 재무회계의 비교

앞에서 설명하였듯이 관리회계와 재무회계 사이에는 중요한 차이점들이 있다.

1. 관리회계는 회계정보의 외부이용자 보다는 내부이용자를 주된 이용자로 한다.
2. 관리회계는 일반적으로 인정된 회계원칙(Generally Accepted Accounting Principles:GAAP)의 구속을 받지 않는다.
3. 관리회계는 보다 상세한 정보를 제공한다.
4. 관리회계는 비재무적인 정보도 제공한다.
5. 관리회계는 미래에 초점을 둔 정보를 제공한다.

내부이용자와 외부이용자

재무회계는 주로 회계정보의 외부이용자를 대상으로 하는 반면에 관리회계는 내부이용자(예를 들면, 기업의 경영자)를 주된 이용자로 전제한다. 외부이용자에는 투자 및 여신 또는 규제 여부의 결정에 정보를 필요로 하는 투자자, 채권자, 또는 정부규제기관 등이 포함된다. 이들이 필요로 하는 정보는 경영계획과 통제 그리고 의사결정을 위해 정보를 필요로 하는 내부이용자와 차이가 있다.

일반적으로 인정된 회계원칙(GAAP)의 필요

대부분의 재무회계정보는 의무적으로 요구된다. 증권거래위원회(Securities and Exchange Commission: SEC)는 상장기업에 대해 일반적으로 인정된 회계원칙에 입각한 회계처리와 재무제표 작성을 요구한다. 더욱이 증권거래위원회의 규제를 받지 않는 기업도 채권자 보호 관점에서 일반적으로 인정된 회계원칙에 따라 재무보고를 하여야 한다. 그러나 관리회계에서는 회계원칙의 준수 여부가 임의적 선택 사항이다. 즉 관리회계에서는 기업의 경영자가 계획, 통제 및 의사결정을 하는데, 얼마나 유용한 정보를 제공할 수 있느냐가 강조된다. 일반적으로 인정된 회계원칙과 다른 방법을 채택할 경우 경영자에게 보다 더 유용한 정보를 제공할 수 있다면 일반적으로 인정된 회계원칙을 준수하지 않아도 된다는 것이다.

정보의 상세성

재무회계에서는 상당히 요약된 형식의 정보를 제공한다. 예를 들어 당기순이익은 회사의 전체적인 성과를 표시하는 것이다. 그러나 회사를 경영하는 경영자의 입장에서는 보다 구체적이고 상세한 정보가 필요하다. 예를 들어 회사의 전체적인 관리비가 얼마인가 보다는 부서별 관리비 또는 회사 전체의 매출액 보다는 제품별 매출액 정보가 필요한 것이다.

비재무적 정보의 강조

일반적으로 관리회계보고서와 재무회계보고서 모두 재무적 정보(화폐액으로 표시된 수익과 비용 등)를 포함하고 있다. 그러나 관리회계보고서에는 종종 상당량의 비재무정보가 추가된다. 예를 들면 생산에 소요된 재료의 량, 종업원의 평균작업시간, 또는 불량품량 등의 비재무적 정보가 관리회계보고서에는 중요한 정보로 포함된다.

미래지향적

재무회계는 기본적으로 과거에 발생한 사건의 결과를 보고한다. 그러나 관리회계에서는 미래의 관점을 중요시 한다. 앞에서 언급했듯이 관리회계의 기본적 목적 중의 하나는 계획을 수립하는 것이다. 따라서 관리회계에서는 미래에 발생할 사건의 원가와 효익을 추정하여 보고하는 것이 필요하다.

1.1.5 재무회계와 관리회계의 공통점

앞에서 이용자집단의 관점에서 관리회계와 재무회계의 차이점을 살펴보았지만 이를 지나치게 강조할 필요는 없다. 재무회계보고서의 주된 이용자는 외부이용자이고, 관리회계정보의 주된 이용자는 내부이용자이다. 하지만 경영자도 재무회계보고서를 중요한 정보로 사용하며, 외부이용자도 가끔 일반적으로 내부이용자에게 적합하다는 정보를 필요로 하기도 한다. 즉 채권자가 경영자에게 기업의 구체적인 현금예산계획을 요구하기도 한다.

Test Your Knowledge

다음 문장 중 옳지 **않은** 주장은?

a. 재무회계에 비하여 관리회계에서는 일반적으로 인정된 회계원칙의 준수가 더욱 강조된다.
b. 재무회계에 비하여 관리회계에서는 보다 많은 비재무적 정보를 제공한다.
c. 재무회계에 비하여 관리회계에서는 미래지향적인 정보를 강조한다.
d. 재무회계에 비하여 관리회계에서는 보다 구체적이고 상세한 정보를 제공한다.

정답 : a

학습목표 2 계획, 통제 및 의사결정에 사용되는 각종 원가개념의 이해

1.2 계획과 통제 그리고 의사결정에 활용되는 원가개념

경영자들은 경영계획과 통제 및 의사결정에 대하여 논의할 때 흔히 원가라는 단어를 자주 언급한다. 그러나 정작 원가의 뜻이 무엇이냐에 대해서는 분명하지 않은 경우가 많다. 본 장에서는 경영계획과 통제 그리고 의사결정에 대하여 이야기할 때 반드시 등장하는 회계용어인 몇 가지 핵심적인 원가개념에 대해서 살펴보고자 한다. 여기에서는 이들 원가의 개념을 간단히 소개하고 보다 구체적이고 상세한 개념과 특징은 이후 여러 장에서 검토될 것이다.

1.2.1 변동원가와 고정원가

변동원가와 고정원가는 조업수준의 변화에 따라 이들 원가가 어떻게 변화하는가를 기준으로 구분한다.

변동원가(Variable Cost)

조업수준이 증가 또는 감소함에 따라 비례해서 증가 또는 감소하는 원가를 **변동원가**라 한다. 재료원가나 직접노무원가는 일반적으로 변동원가로 분류된다. 왜냐하면 재료원가와 노무원가는 생산량(조업수준)의 증감에 따라 변동하기 때문이다. ㈜써지음료의 경우 용기원가, 원액원가, 정제수원가, 그리고 노무원가는 변동원가이다. 생산량이 400,000병인 지난달에 이들 원가는 각각 $120,000, $32,000, $12,000 및 $24,000이다. 만약 이번 달에 생산량이 20% 증가한다면 즉 480,000병을 생산한다면 이들 원가는 얼마가 될 것인가? 변동원가는 조업수준에 비례하여 변화하므로 조업수준이 20% 증가하면 이들 원가도 모두 20%씩 증가할 것이다. 따라서 용기원가는 $144,000, 원액원가는 $38,400, 정제수원가는 $14,400 그리고 노무원가는 $28,800가 될 것이다.

	지난 달		이번 달	
생산량	400,000병	단위당원가	480,000병	단위당원가
변동원가:				
용기원가	$120,000	$0.30	$144,000	$0.30
원액원가	32,000	0.08	38,400	0.08
정제수원가	12,000	0.03	14,400	0.03
노무원가	24,000	0.06	28,800	0.06
총변동원가	$188,000	$0.47	$225,600	$0.47

여기에서 주의할 점은 생산량이 400,000병에서 480,000병으로 증가할 경우 변동원가 총액은 $188,000에서 $225,600로 증가하지만 단위당 변동원가는 변화하지 않는다는 것이다. 즉 음료수 1병 당 원가는 $0.47로 변화가 없다. 80,000병을 추가로 생산하면, 총변동원가는 $37,600(즉 $0.47 × 80,000병) 증가하는 것이다.

고정원가(Fixed Costs)

조업도가 변화하여도 변동하지 않는 원가를 **고정원가**라 한다. 감가상각비와 임차료는 전형적인 고정원가로 이들은 조업도가 변화해도 원가총액이 변동하지 않는다. 예를 들면 ㈜써지음료는 지난 달에 임차료 $5,000, 감가상각비 $6,667, 그리고 기타 고정원가 $8,333 등 총 $20,000의 고정원가가 발생하였다. 하지만 이번 달의 생산량이 480,000병으로 증가하여도 임차료, 감가상각비 및 기타 고정원가는 400,000병을 생산할 때와 마찬가지로 변동하지 않는다. 그러나 단위당 고정원가는 생산량의 변화에 따라 변동하게 된다. 즉 생산량이 증가하면 일정한 고정원가 총액이 더 많은 제품에 배분되므로 단위당 고정원가는 감소하게 된다. 생산량이 400,000병에서 480,000병으로 증가하면, 총고정원가는 $20,000로 변동이 없으나 제품 단위당 고정원가는 $0.0500에서 $0.0417로 감소하게 된다.

	지난 달		이번 달	
생산량	400,000병	단위당원가	480,000병	단위당원가
고정원가:				
임차료	$50,000	$0.0125	$50,000	$0.0104
감가상각비	6,667	0.0167	6,667	0.0139
기타	8,333	0.0208	8,333	0.0174
총고정원가	$20,000	$0.0500	$20,000	$0.0417

Link to Practice

모든 경영의사결정에는 기회원가가 존재한다.

놀랍게도 모든 경영의사결정에는 기회원가가 존재한다. 의사결정은 항상 제외된 대안에서 기대되는 이익 또는 효익을 포기해야하기 때문이다. 몇가지 예를 들어 보자.

1. 당신은 존을 마케팅부 직원으로 채용하였다.
   기회원가는? 당신은 메리를 채용할 수도 있었다.
2. 당신은 뉴욕에 새로운 생산공장을 건설하기로 결정하였다.
   기회원가는? 당신은 이 공장을 시카고에 지을 수도 있었다.
3. 당신은 재택근무제를 폐지하기로 결정하였다.
   기회원가는? 이것 때문에 유능한 인재가 지원하지 않을 수 있다.
4. 당신은 출장용 항공기를 리스로 취득하였다.
   기회원가는? 상업용 항공기의 저렴한 탑승요금.
5. 당신은 일간지에 광고를 내기로 결정했다.
   기회원가는? 인터넷판에 광고를 낼 수도 있다.

1.2.2 매몰원가

과거에 이미 발생된 원가를 가리켜 **매몰원가**(Sunk Costs)라 한다. 매몰원가는 새로운 의사결정에 의해 영향을 받지 않기 때문에 의사결정에서 고려할 필요가 없다. 예를 들어 $30를 주고 연극표를 샀다고 하자. 그런데 가까운 친구가 공연이 있는 날 저녁에 파티를 한다고 초대를 하였다. 파티에 참석하면 연극은 볼 수가 없다. 여기에서 친구의 생일파티에 참석할 것인지 말 것인지를 결정하는데 지불된 연극표값 $30는 전혀 고려할 필요가 없다. 단지 생일파티와 연극 중 어느 것이 더 즐거울 것인지와 연극표를 얼마에 되팔 수 있는지만을 생각하면 된다. 연극을 보든 또는 파티에 가든 이미 지출된 연극표 값 $30는 매몰원가이다.

1.2.3 기회원가

의사결정과정에서 특정 대안을 선택함으로서 포기하게 되는 다른 대안에서 기대되는 효익의 가치를 **기회원가**(Opportunity Costs)라 한다. 예를 들어 ㈜써지음료는 50,000병의 새로운 주문요청을 받았지만 이를 받아드릴 경우 기존의 주문을 제 시간에 납품할 수 없을 것으로 예상되어 거절하였다. 이 주문을 수락하면 $50,000(병당 판매가격이 $1라고 가정)의 추가 수익과 $23,500의 추가 원가가 발생할 것이라고 가정하자. 여기에서 기존의 주문을 유지할 경우 고려해야 하는 기회원가(순이익 상실액)는 추가주문을 수락할 경우 얻게 될 이익 $26,500($50,000 − $23,500)가 된다.

1.2.4 직접원가와 간접원가

특정 제품, 활동 또는 부문에 대해 직접적으로 추적할 수 있는 원가를 **직접원가**(Direct Costs)라 한다. 이와는 달리 특정 제품, 활동 또는 부문에 대해 직접적으로 추적할 수 없거나, 또는 추적할 가치가 없는 원가는 **간접원가**(Indirect Costs)라 한다. 직접원가와 간접원가의 구분은 원가가 추적되는 대상에 따라 달라진다. 예를 들어 ㈜써지음료의 멤피스공장에서는 보험료가 발생한다. 멤피스공장의 관점에서 이 보험료는 분명히 직접원가이다. 하지만 이 공장에서 생산되는 제품인 스포츠 음료의 관점에서는 간접원가가 된다. 왜냐하면 각각의 음료수에 대해서 보험료가 얼마인가를 직접적으로 알 수 없기 때문이다. 이러한 관계는 〈그림 1−4〉를 보면 좀 더 쉽게 이해할 수 있다.

1.2.5 통제가능원가(Controllable Costs)와 통제불능원가(Noncontrollable Costs)

경영자는 **통제가능원가**에 대해서는 영향을 미칠 수 있으나, **통제불능원가**에 대해서는 영향을 미칠 수 없다. 통제가능원가와 통제불능원가의 구분은 특히 경영자의 성과를 평가할 때 중요하다. 통제불능원가의 급격한 상승으로 인해 해당 부서의 경영자가 불리하게 평가되어서는 안된다.

현장감독자의 입장에서 통제가능원가와 통제불능원가의 예를 생각해 보자. 현장감독자는 종업원의 작업배

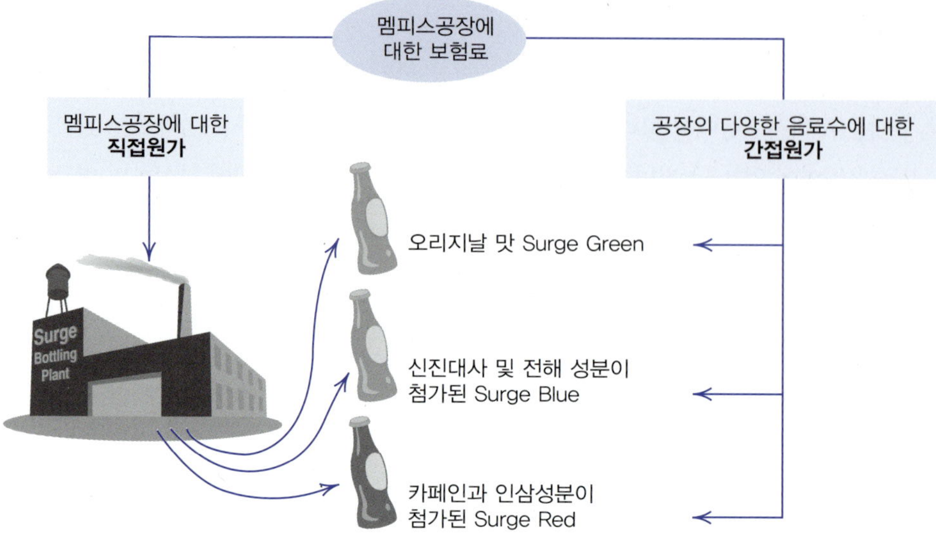

〈그림 1-4〉 직접원가 및 간접원가인 보험료

치와 능률적인 생산설비의 운용을 통해 노무원가와 재료원가의 발생에 영향을 미칠 수 있다. 따라서 현장감독자의 관점에서 노무원가와 재료원가는 통제가능원가이다. 그러나 현장감독자가 공장의 보험료에 대해서는 영향을 미칠 수 없다. 공장의 보험료에 대한 의사결정권은 공장장에게 있기 때문이다. 따라서 공장보험료는 현장감독자의 입장에서는 통제불능원가이지만, 공장장의 입장에서는 통제가능원가가 되는 것이다.

Test Your Knowledge

수잔 에반스는 브래드포드경영대학에서 개설하는 5일 일정의 경영자리더십세미나에 참석하고자 등록비 $5,000를 납부하였다. 세미나 등록을 마친 직후 수잔은 사장으로부터 주요 고객사에 대한 컨설팅 프로젝트의 책임자로 임명되었다. 그러나 불행하게도 컨설팅 수행기간이 세미나 수강기간과 중복되게 스케쥴이 잡혔다. 사장은 수잔이 세미나에 꼭 참석하겠다면 컨설팅프로젝트의 책임자를 다른 사람으로 변경시켜주겠다고 한다.

수잔이 당면한 의사결정 문제(세미나에 참석할 것인가, 아니면 컨설팅프로젝트의 책임자를 맡을 것인가)에 있어서 세미나 등록비 $5,000는?

a. 변동원가 **b.** 고정원가 **c.** 매몰원가 **d.** 기회원가

정답 : c

학습목표 3 관리회계의 2가지 핵심 개념에 대한 이해

1.3 관리회계의 2가지 핵심개념

관리회계에서 활용되는 개념에는 여러 가지가 있다. 하지만 관리회계정보가 경영계획과 통제 그리고 의사결정에 어떻게 활용되는가를 이해하기 위해서는 다음의 2가지 개념을 이해하는 것이 중요하다. 여러분이 실무에서 업무를 수행하는 과정에서도 항상 2가지 개념을 마음속에 담고 있기를 부탁한다. 아마도 여러분은 2가지 개념의 무한한 가치를 느끼게 될 것이다. 이 개념은 매우 중요하기 때문에 본서에서는 매 장 마다 다음과 같은 아이콘을 이용하여 관련 내용을 설명하고자 한다.

1. **증분분석**(incremental analysis)**에 의한 의사결정** – 의사결정을 위한 대안의 선택은 증가(또는 감소)하는 수익과 증가(또는 감소)하는 원가의 분석에 입각하여 결정되어야 한다.
2. **측정해야 관리할 수 있다!** (You get what you measure!)

1.3.1 증분분석에 의한 의사결정

의사결정/증분분석 증분분석은 모든 기업 문제의 해법을 찾는데 적용될 수 있는 적절한 방법이다. 본질적으로 **증분분석**에서는 대안 간의 수익의 차이와 원가의 차이를 산정하여 분석한다. 수익의 차이는 특정 대안의 수익 중 다른 대안의 수익을 초과하는 차액으로 **증분수익**(incremental revenue)이라고 하며, **증분원가**(incremental cost)는 특정 대안의 원가 중 다른 대안의 원가를 초과하는 차액을 의미한다. 선택해야 되는 바람직한 대안은 증분이익(증분수익과 증분원가의 차액)을 가져오는 대안이다. 다음의 의사결정 예에서는 대안1을 선택해야 한다. 왜냐하면 대안1은 대안2에 비해 $3,000의 증분이익을 가져오기 때문이다.

의사결정 대안의 비교

	대안1		대안2			
수익	$ 15,000	-	$ 10,000	=	$5,000	증분수익
원가	8,000	-	6,000	=	2,000	증분원가
이익	$ 7,000	-	$ 4,000	=	$3,000	증분이익

비록 이 개념은 단순해 보이지만, 이를 실무에 적용하는 것은 어려울 수가 있다. 그래서 본서의 제7, 8, 9장에서는 의사결정과 관련된 문제를 다루고 있다. 이제 증분분석을 좀 더 잘 이해하기 위해 ㈜써지음료가 당면한 의사결정 문제를 살펴보도록 하자. ㈜써지음료의 경우 연간 생산예산은 5,000,000병이고 제조원가

예산은 $2,590,000이다.

생산량	5,000,000병
용기원가	$1,500,000
원액원가	400,000
정제수원가	150,000
노무원가	300,000
임차료	60,000
감가상각비	80,000
기타	100,000
총생산원가	$ 2,590,000
단위당 원가	$0.518

현재 ㈜써지음료는 제품을 슈퍼마켓과 건강식품 전문점에서만 병당 $1에 판매하고 있다. ㈜써지음료사는 대형 창고형 매장인 ㈜코스트리스로부터 제품 납품을 요청 받았다. ㈜코스트리스는 내년 1년 동안 200,000병을 구매하는 조건으로 병당 가격을 $0.75로 할인해 줄 것을 요구하고 있다. 이 문제에서 선택 가능한 대안은 (1) 현재의 판매 방식을 유지하고 코스트리스의 주문을 거절하는 방안, (2) 주문을 수락하는 방안이다.

이 주문을 수락할 경우 증분수익(주문을 수락하는 경우 거절하는 경우 보다 증가하게 되는 수익)은 $150,000, 그리고 증분원가(주문을 수락하는 경우 거절하는 경우 보다 증가하게 되는 원가)는 $94,000가 될 것으로 예상된다. 따라서 주문을 수락할 경우 증분이익은 $56,000가 될 것이다. ㈜써지음료는 200,000병을 추가 생산할 수 있는 여유 생산 시설을 가지고 있으며, 이 주문을 수락하더라도 다른 거래처의 판매량이 감소하는 일은 발생하지 않을 것으로 예상된다면(즉, 이 주문과 관련된 기회원가가 발생하지 않는다고 가정하면), ㈜써지음료는 이 주문을 수락해야 할 것이다.

증분수익($.75 × 200,000 병)		$ 150,000
차감 : 증분원가		
용기원가 증가분($.30 × 200,000)	60,000	
원액원가 증가분($.08 × 200,000)	16,000	
정제수원가 증가분($.03×200,000)	6,000	
노무원가 증가분($.06×200,000)	12,000	94,000
증분이익		$ 56,000

이 분석에서 주목할 점은, 의사결정을 위해서 단지 4가지의 제조원가 항목(용기원가, 원액원가, 정제수원가, 노무원가) 만을 고려하고 있다는 점이다. 새로운 주문으로 인해 증가하는 원가는 이들 4가지뿐이며, 다른 원가들(임차료, 감가상각비 등)은 고정원가로서 생산량이 증가하여도 증가하지 않는다. 따라서 이들은

증분원가가 아니며, 당면한 의사결정 문제와는 관련이 없는 것이다. 임차료에 대해서 생각해 보자. 특별 주문이 거절됐을 경우 임차료는 $60,000이다. 하지만 특별주문을 수락하더라도 임차료는 여전히 $60,000가 될 것이다. 임차료는 변동하지 않으므로 즉 증가하지 않으므로 이 문제를 분석하는데 관련이 없는 원가이다.

측정해야 관리할 수 있다 관리회계에 있어서 두 번째 핵심 개념은 "측정해야 관리할 수 있다!"는 것이다. 다른 말로 하면, 성과측정치는 경영자의 행동에 큰 영향을 준다는 것이다.

측정해야 관리할 수 있다!
성과측정치가 행동을 유발한다.

성과측정치	경영자의 예상되는 행동
자동차 정비업체의 고객만족도	자동차가 수리되는 동안 고객에게 차를 빌려줌
주택건설현장에서의 부상자 수	건설현장의 신규종업원을 대상으로 하는 훈련 프로그램 개발
사무용품판매회사의 신규고객에 대한 매출액	기존 고객보다 잠재적인 고객에게 판촉전화를 더 많이 함

기업은 성과평가를 위하여 다양한 성과측정치를 선택할 수 있다. 이익, 시장점유율, 신규 고객에 대한 매출액, 제품개발시간, 불량품수량, 지연배달건수 등이 흔히 사용되는 측정치들이다. 종종 종업원에 대한 보상은 이들의 성과에 대한 특정 측정치를 기초로 산정되기 때문에 종업원들은 자신의 성과평가에 적용되는 측정치에는 민감하게 반응하지만 그렇지 않은 측정치에 대해서는 관심을 두지 않는다.

㈜써지음료의 경우를 보자. 신규고객에 대한 매출액으로 판매과장의 성과를 평가할 경우 이는 판매과장의 행동에 어떤 영향을 주게 될까? 이 경우 판매과장은 보다 많은 시간을 신규고객을 유치하는데 소비할 것이다. 하지만 이러한 측정치를 사용함으로서 상사들이 부하들에게 기대하는 것이 신규 고객의 증대를 추진하는 것이라 하더라도 여기에는 문제점도 있다. 즉 판매과장이 신규고객 창출에만 관심을 두고 기존 고객에

Link to Practice

잘못된 성과측정치의 사용으로 인한 문제

성과측정분야의 대가인 딘 스피쳐(Dean Spitzer)가 그의 저서 *Transforming Performance Measurement*에서 지적하였듯이 종업원 평가에 잘못된 성과측정치를 사용할 경우 오히려 나쁜 결과를 초래할 수 있다. 딘 스피쳐가 얘기한 예를 한 가지 생각해 보자. 고객 중시 경영을 하고 있는 어떤 보험회사에서는 콜센터의 벽면에 디지털 스코어보드를 걸어 놓고 팀별로 상담을 기다리는 고객의 평균대기시간을 실시간으로 게시하고 있다. 이 아이디어의 기본 목적은 종업원들이 고객의 전화에 보다 신속하게 응대하도록 독려하기 위한 것이다. 하지만 이로 인해서 종업원들은 대기 중인 다음 고객과의 신속한 통화를 위해 현재 상담 중인 고객의 문의에 대해 충분한 대답을 하지 않은 채 통화를 중단하는 결과를 초래하게 되었다. 이로 인해 고객들은 부족한 정보를 얻기 위해 추가로 전화를 하게 되며, 고객들의 만족도를 향상시키지 못하게 되었다.

이러한 문제를 인식하게 된 회사의 CEO는 대기시간 측정치 대신에 고객이 한 번의 통화로 필요한 것을 모두 해결하여 더 이상 추가 전화를 하지 않아도 되는 상담 건수를 새로운 측정치로 도입하였다.

대한 서비스를 소홀히 할 경우 비중 있는 중요한 기존 고객을 놓칠 수도 있을 것이다. 이러한 의도하지 않은 결과를 회피하려면, 일련의 균형된 성과측정치를 개발하여 단일의 특정 측정치만을 지나치게 강조하는 문제를 예방하여야 할 것이다.

Test Your Knowledge

제이슨 딘은 오토바이 수리센터를 운영하고 있다. 최근 사촌동생 제이크가 오토바이 사고를 내서 수리를 부탁했다. 제이슨은 수리를 해주고 사촌동생이기 때문에 정상적인 수리비 대신에 증분원가만을 받기로 했다.

다음 중 오토바이 수선과 관련된 증분원가는 무엇인가?

a. 수리공구에 대한 감가상각비
b. 경리직원의 급료
c. 수리에 사용된 부품의 원가
d. 공과금(전기료, 가스료 등)

정답 : c

학습목표 4 정보기술이 비즈니스 프로세스 그리고 기업과 공급자 및 소비자 간의 상호작용에 미치는 영향에 대한 이해

1.4 정보화 시대와 관리회계

최근 들어 정보기술의 발달로 인하여 정보에 대한 접근성과 기업환경이 급격히 변화되었다. 즉 오늘날의 기업환경을 소위 정보화시대라고 한다. 관리회계의 기본은 경영계획과 통제 그리고 의사결정에 필요한 정보를 제공하는 것이다. 따라서 변화된 기업환경에서 관리회계의 역할을 이해하기 위해서는 최소한 정보기술이 기업의 비즈니스 프로세스 그리고 기업과 공급자 및 소비자와의 상호관계에 어떤 영향을 주는가를 이해하는 것이 필요하다. 이 절에서는 이와 같은 내용을 검토하고자 한다.

1.4.1 정보기술이 가치사슬경영에 미치는 영향

가치사슬(value chain)은 기업이 가치 창출을 위해 채택하는 기본적인 활동들로 구성된다. 가치사슬은 마이클 포터교수가 "경쟁우위(competitive advantage)" 라고 하는 그의 저서에서 처음 소개한 개념이다. 포터에 의하면 기업의 활동은 일련의 기본적활동과 지원활동으로 구성되어 있다. 기본적활동은 조달물류(원재료의 구입과 보관), 원재료를 제품으로 전환시키는 생산활동, 판매물류(제품의 보관 및 고객에게 배송), 마케팅과 판매활동, 그리고 판매 후 고객 서비스활동 등으로 구성된다.(〈그림 1-5〉참조) 지원활동은 기업 인프라(회계, 재무, 법무 등), 인적자원관리(채용, 훈련, 후생복지관리), 기술개발, 그리고 재화나 서비스의 조달기능

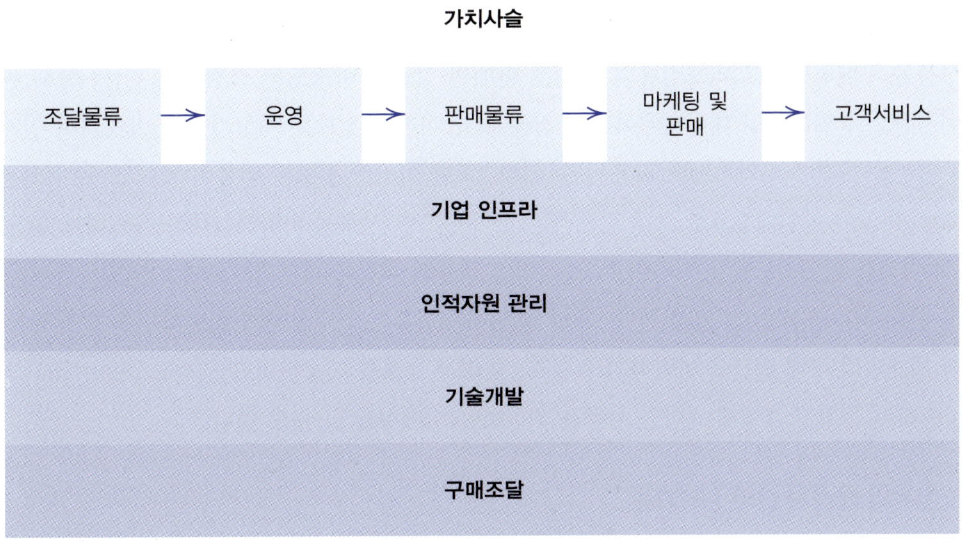

〈그림 1-5〉 가치사슬

등으로 구성된다. 이들 활동에 의해 생산 제공되는 재화나 서비스로부터 고객이 얻게 되는 가치가 이들 활동의 수행 과정에서 발생하는 원가 보다 클 때 비로소 기업가치가 창출된다.

정보는 기업 내부의 가치사슬뿐만 아니라, 기업과 공급업자, 또는 기업과 고객과의 관계 등 모든 과정에서 중요한 역할을 한다. 〈그림 1-6〉은 ㈜밀라노섬유(Milano Clothiers)의 가치사슬과 정보 흐름 관계를 보여주고 있다. ㈜밀라노섬유는 미국 전역에 35개의 점포를 가지고 있으며 연간 매출액은 $8억이다. ㈜밀라노섬유가 성공적으로 사업을 하려면, 우선 공급업자로부터 양질의 원재료를 적시에 적절한 장소에 적정한 가격으로 공급받을 수 있어야 한다. 그리고 ㈜밀라노섬유의 생산 활동 자체가 능률적으로 수행되어야 한다. 또한 효과적인 마케팅활동과 고객이 원하는 제품을 제공할 수 있어야 한다. 그러면 ㈜밀라노섬유는 어떻게 이러한 것이 제대로 이루어지는가를 확인할 수 있는가? 이를 위해서는 내부적인 가치사슬과 공급업자 및 고객과의 관계에서 나타나는 정보의 흐름을 활용하는 것이 필요하다. 정보기술의 발달은 이러한 정보의 활용에 커다란 발전을 가져왔다. 〈그림 1-6〉에서 공급업자와 ㈜밀라노섬유 그리고 고객과 ㈜밀라노섬유는 점선으로 구분되고 있다. 이는 공급업자, ㈜밀라노섬유, 그리고 고객 사이의 경계가 단절된 것이 아니라 많은 정보가 서로 소통될 수 있는 관계에 있다는 것을 의미한다. 다음은 이러한 관계가 어떻게 작용하는지 몇 가지 예를 통해 살펴보자.

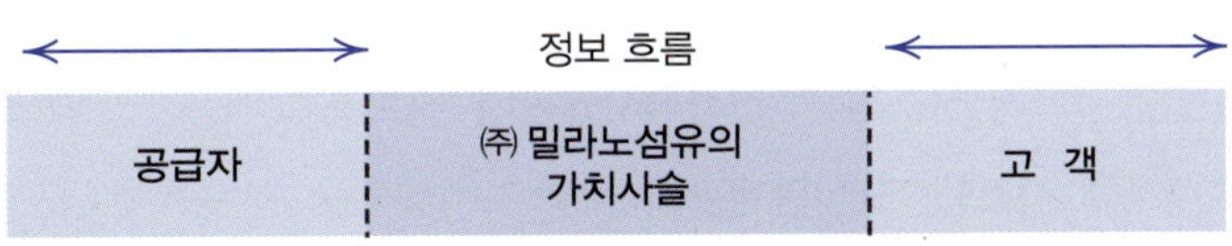

〈그림 1-6〉 밀라노 내부의 정보흐름과 밀라노와 공급자, 밀라노와 고객 간의 정보흐름

㈜밀라노섬유와 고객 간의 정보흐름

고객이 상품을 구매하면 ㈜밀라노섬유의 직원은 판매된 상품의 바코드를 스캔하며, 이를 통해 판매 관련 정보가 실시간으로 밀라노의 데이터베이스에 전송된다. 이러한 정보는 재고기록에 반영되며 인기 상품의 재고부족 여부를 사전에 파악하는데 활용될 수 있다. 또한 이러한 정보는 비용이 많이 드는 백화점 매장에서는 잘 팔리지 않아 할인매장으로 보내 판매하는 것이 필요한 상품을 파악하는데도 유익하게 활용할 수 있다. 더욱이 이러한 판매정보를 분석하여 특정 지역 고객들의 취향을 파악함으로써 지역별로 상이한 스타일의 상품을 준비하여 공급할 수 있게 한다. 또한 ㈜밀라노섬유는 고객들에게 회원카드를 발행하여 이를 통해서 고객 개개인의 구매 습관을 파악하기도 한다. 이러한 정보를 이용하여 ㈜밀라노섬유는 고객별로 광고메일을 발송하여 특정 고객에게 적합한 상품을 권유하는 마케팅을 할 수도 있다.

㈜밀라노섬유와 공급자 간의 정보흐름

㈜밀라노섬유는 몇몇 핵심적인 공급업자와 함께 자사의 내부 데이터베이스의 정보를 이용하여 이들이 제품의 판매 상황을 파악할 수 있도록 시스템을 구축하여 활용하기도 한다. 이처럼 정보를 공유함으로써 공급업자들은 생산스케쥴과 생산능률을 개선하고, 원가절감을 통하여 ㈜밀라노섬유가 가격을 인하할 수 있는 기회를 제공한다. 또한 ㈜밀라노섬유에서는 공급업자의 데이터베이스를 공유하여 납품 받을 상품이 언제 어느 매장에 도착하는지를 항상 정확하게 파악할 수 있게 된다. ㈜밀라노섬유는 이러한 정보를 광고캠페인에 활용하기도 한다.

효율성 제고를 위한 정보기술의 활용

㈜밀라노섬유는 정보기술을 구매와 매입채무의 기록, 판매와 대금청구 등의 업무자동화에 활용할 뿐만아니라, 회계 및 재무활동의 수행에도 이용한다. 과거에는 기업들이 회계연도가 끝나고 한 달 뒤에나 결산을 할 수 있었는데, 오늘날에는 일주일에 한 번씩 결산을 하는 것이 가능해졌다. 이 결과 최고경영자에게 기업의 수익성에 대한 정보를 적시에 제공하고 나아가 주주와 채권자들에게도 적시에 재무보고를 할 수 있게 되었다. ㈜밀라노섬유의 종업원은 2,000명이 넘는다. 이 많은 종업원이 회사의 홈페이지에 접속하면, 회사 정책에 대한 진빈적이고 상세한 내용을 파악할 수 있으며, 각자에게 적절한 건강지원프로그램과 은퇴계획 프로그램을 선택할 수 있도록 정보를 제공해 준다. 홈페이지가 없었다면, 이러한 종업원의 문의와 요청에 대한 답변과 행정 처리를 위해 아마도 5명 이상의 인사부 직원이 더 필요했을 것이다.

1.4.2 가치사슬 경영에 영향을 준 소프트웨어 시스템

오늘날 기업들은 정보처리와 가치사슬 운영의 개선을 위해 다양한 소프트웨어 시스템을 사용하고 있다. 본서에서는 이 중 다음과 같은 3가지 시스템 즉 **전사적자원관리**(enterprise resource planning : ERP) **시스템, 공급망관리**(supply chain management : SCM) **시스템, 고객관계관리**(customer relationship management : CRM) **시스템** 등에 대해서 살펴보고자 한다.

전사적자원관리시스템

ERP시스템은 1960년대부터 사용되어온 자재소용량관리(material requirements planning : MRP)시스템으로부터 발달한 시스템이다. MRP시스템은 재고통제와 생산계획을 전산화한 것이다. MRP의 주요 특징은 종합적인 생산계획의 편성과 자재소용량의 작성 및 주문실행 등을 전산화한 것이다. ERP시스템은 MRP시스템에 통합기능, 데이터베이스의 연관성, 그리고 그래픽 중심의 이용자 환경 등을 추가하여 개선한 시스템이다. 오늘날 ERP는 회계, 재무, 인적자원관리, 및 SCM과 CRM 등을 비롯한 다양한 응용프로그램까지 포함하는 종합적인 시스템 개념으로 정의되고 있다.

공급망관리시스템

SCM은 수익성 있는 제품의 개발, 생산, 및 판매를 위해서 기업과 공급업자가 수행하는 활동들의 체계이다. 정보를 공유하므로서 생산리드타임과 재고보유비용을 절감하고 동시에 고객에 대해서는 적시배달을 달성하고자 하는 것이다. SCM시스템은 최적의 주문이행방법을 계획하고 제품과 부품이 공급망을 구성하는 여러 기업 단계 중 어디에 위치하고 있는가를 추적할 수 있도록 지원한다. SCM을 사용하여 상호 협력을 성공적으로 달성하고 있는 기업의 대표적인 예로는 월마트(Wal-Mart)와 프록터앤갬블(Procter & Gamble: P&G)의 관계를 들 수 있다. P&G의 제품이 월마트의 매장에서 판매가 되면, P&G는 이 판매정보를 위성을 통해 실시간으로 접수하게 된다. 따라서 P&G는 실시간으로 어떤 제품을 얼마나 더 생산해야 하는지, 또 월마트의 어느 매장으로 이 제품을 배송해야 하는지를 알 수 있게 된다. 이 과정에서 얻게 되는 원가절감액의 일부는 결국 월마트 고객의 이익으로 돌아가게 될 것이다.

고객관계관리시스템

CRM시스템은 고객과 관련된 다양한 정보를 관리하는데 유용하다. 이 시스템에서 가장 핵심적인 요소는 수많은 고객과 관련된 자료로 구성된 데이터베이스라 할 수 있다. 기업의 종업원(경우에 따라서는 고객)들은 이 데이터베이스의 정보를 활용하여 다음과 같은 목적을 달성하게 된다.

- 판매부직원은 고객에게 걸었던 모든 판촉전화와 고객의 반응에 대한 과거 기록을 알 수 있다. 이 자료를 이용해 판매부직원은 고객별로 각각에게 적합한 구매 권유메시지를 보낼 수 있다.
- CRM데이터를 분석하여 고객의 과거 구매 경력을 고려한 적합한 광고메일을 보낼 수 있다.
- 고객의 과거 구매 사실에 기초하여 새로이 구매할 상품을 권유할 수 있다. 이는 아마존닷컴(Amazon.com)에서 사용하는 기법으로 잘 알려져 있다.
- 고객은 자신의 주문품이 어떤 상태에 있는가를 파악할 수 있다. 예를 들어, 페덱스(FedEx)의 CRM을 이용하여 고객은 자신이 주문한 화물의 운송과정을 추적할 수 있다.
- 기업의 CRM을 이용하여 고객은 제품과 관련된 최신 정보를 이용하여 필요한 업데이트를 할 수 있다. 예를 들어, 캐논(Canon)의 CRM을 이용하여 고객은 프린터 드라이브를 업데이트 할 수 있다.

1.4.3 빅 데이터, 데이터 분석, 인공지능

최근 들어 클라우드 저장시스템의 발달, 센서(감지장치)의 활용, 소셜미디어 자료의 활용 가능성, 검색기술의 개선 등으로 인하여, 기업이 활용할 수 있는 정보의 양이 크게 증가하고 있다. 2018년 포브스(Forbes)에 게재된 한 논문에 의하면 전 세계가 보유하고 있는 데이터의 90% 이상이 최근 2년 동안에 생성되었다고 한다.[1] **빅 데이터**(Big Data)란 현재 기업이 활용할 수 있는 엄청나게 큰 데이터집합을 의미하는 전문용어이다. 가치사슬관리를 위한 빅 데이터의 활용은 소위 **데이터분석법**(data analytics)의 개발로 가능하게 되었다. 데이터분석법이란 빅 데이터로부터 기업의사결정에 활용될 수 있는 의미있는 정보를 추출해 내는 계량적 기법을 의미한다. 데이터분석법의 주요 분석기법으로는 **서술적분석법**(descriptive analytics)과 **예측적분석법**(predictive analytics)을 들 수 있다. 서술적분석법은 과거자료의 특성을 요약하는 것이다. 예를 들어 한 회사가 지난해에 20억 달러의 매출을 달성하였다. 이를 서술적분석법에 의해 분석한 결과 총매출액 중 60%는 7개의 주요 고객에 대한 판매인 것으로 판명되었다. 이 정보를 통해서 회사는 이들 주요 고객들에 대해서 보다 더 세심한 관심과 배려를 해야 한다거나, 또는 회사의 고객층을 보다 더 다양화하는 계획이 필요하다는 것을 알 수 있다.

예측적분석법은 과거 자료를 이용하여 미래에 대한 예측을 하는 것이다. 잘 알려진 예로는 금융기관에서 신용평가점수를 활용하는 것을 들 수 있다. 고객의 과거 금융거래 내역을 분석하여 신용도(위험수준)를 결정하고 이를 토대로 대출 여부를 결정하는 것이다. 본서의 4장에서는 예측분석에 사용될 수 있는 여러 가지 통계분석기법 중의 하나인 회귀분석기법을 소개하고 있다.

Link to Practice

CRM 자료를 경영에 활용하는 카지노 산업

카지노기업은 CRM시스템에서 수집된 정보를 마케팅의사결정에 사용하는 대표적인 기업이다. 카지노에서는 고객에게 일종의 회원카드를 발급한다. 고객은 이 카드를 카지노게임에서 베팅할 때, 음식을 구매할 때, 온천을 이용할 때, 또는 골프장을 이용할 때 사용한다. 이 카드를 이용하여 카지노는 고객의 나이, 주거지역, 이메일 주소, 체류기간, 구매기록, 식음료 자료, 선호하는 카지노의 테이블, 및 슬롯머신의 이용 패턴 등에 대한 정보를 수집한다. 이 정보를 이용하여 카지노는 가장 돈을 잘 쓰는 고객이 누구인지를 파악하고, 이들이 카지노를 다시 방문하도록 유인할 수 있는 판촉행사를 기획한다. 그리고 이미 수집한 고객의 이메일 주소를 이용하여 고객에게 홍보메일을 발송한다. 다른 예로는 고객이 골프를 즐기는 경우에는 골프장 할인권을 제공하기도 한다. 골프로 인하여 고객이 2~3일 더 카지노에 머물게 되면 이는 회사에 보다 많은 이익을 가져다 줄 것이다. 고액의 슬롯머신게임을 하는 고객처럼 특별히 돈을 많이 쓰는 고객에게는 보다 고급스럽고 박진감 있는 게임을 즐길 수 있는 특별 서비스를, 슬롯머신 보다는 블랙잭을 좋아하는 고객에게는 블랙잭 게임에 맞는 특별 서비스를 제공한다. 하지만 카지노게임을 좋아하지 않는 고객에게는 이러한 특별 혜택을 제공할 필요가 없다.

---

1 출처: STIXTwoText;Bernard Marr, "How Much Data Do We Create Every Day? The Mind-Blowing Stats Everyone Should Read," Forbes, May 21,2018. https://www.forbes.com/sites/bernardmarr/2018/05/21/how-much-data-do-we-create-every-day-the-mind-blowing-stats-everyone-should-read/#3229a07060ba

인공지능(artificial intelligence: AI)이란 자료를 분석하여 인간의 지능과 유사한 의사결정모형을 구축하는 것이다. AI에 의할 경우 구체적인 의사결정 대안을 제시하거나 심지어 바로 실행 명령이 내려지기도 한다. 보다 발전된 AI모형은 인간의 개입 없이도 의사결정의 성과를 향상 시킬 수 있도록 자기학습기능을 가지고 있기도 하다. AI적용의 대표적인 예로는 자율주행차나 아마존(Amazon)사를 들 수 있다. 아마존사에서는 고객이 자사의 앱에 들어와서 수행한 탐색활동이나, 구매활동을 모니터하여 얻은 방대한 자료를 분석하여 고객이 추가로 구매할 것 같은 상품을 식별해내는데 활용한다.

빅 데이터, 데이터분석법 및 인공지능의 영향은 급속하게 변화되고 있다. 따라서 기업이 고객, 공급업자 및 내부프로세스의 모든 측면에서 의미 있는 경쟁우위를 얻기 위해서는 이들 정보기술의 잠재력을 충분히 이해하고 활용할 필요가 있다.

Test Your Knowledge

다음 문장 중 옳지 **않은** 것은?

a. 기업들은 고객 관련 정보를 관리하기 위해 CRM시스템을 활용한다.
b. SCM시스템을 도입한 경우 공급업자와 정보를 공유하는 경우가 있다.
c. ERP시스템에는 CRM과 SCM이 포함되기도 한다.
d. CRM시스템의 기본적인 목적은 공급업자에 의해 창출되는 정보를 관리하는 것이다.

답 : d

학습목표 5 윤리적 의사결정 체계와 관리회계이사(controller)의 역할에 대한 이해

1.5 경영의사결정에서의 윤리문제

앞에서 본서에서는 의사결정문제를 논의할 때, 합리적인 의사결정을 위해서는 증분분석이 중요하다고 하였다. 하지만 경영자는 의사결정과정에서 증분분석뿐만 아니라 의사결정의 윤리적인 측면 역시 중요하게 인식하여야 한다. 왜 윤리를 강조하는가? 우선 가장 중요한 이유는 윤리적 의사결정이란 바로 바른 일을 한다는 것이다. 그러나 이뿐만이 아니라, 경영자가 윤리적으로 행동할 때 고객, 공급업자, 부하직원, 기업의 주주들로부터 신뢰를 얻게 되며, 이러한 신뢰는 아마도 기업의 재무제표 상의 이익과 기업의 주가에도 영향을 줄 것이기 때문이다.

1.5.1 윤리적 행동과 비윤리적 행동

윤리적인 행동이란 경영자는 옳은 것과 잘못된 것의 차이를 인식하고 항상 일관성 있게 옳은 관점에서 의사결정을 내려야 한다는 것이다. 최근 들어 우리 주위에는 주요 기업의 핵심 경영자들이 옳고 그름을 구분하지 못하거나 혹은 잘못된 의사결정으로 인하여 고발, 기소되어 유죄판결을 받는 여러 사례를 목격할 수 있다. 다음과 같은 예를 들 수 있다.

엔론(Enron)의 경영자들은 소위 특수목적기업을 이용하여 부채를 위장함으로써 투자자를 오도하였다. 엔론의 최고경영자 케네스 래이(Kenneth Lay)는 회사가 완전히 붕괴되기 수주 전 까지도 퇴직급여도 보장되지 않은 많은 종업원들을 대상으로 엔론 주식의 가치를 과장 광고하였다. 래이는 증권사기로 기소되어 유죄 판결을 받았다. 그는 20년 이상의 징역형이 예상되었으나 선고 전 2006년 심장마비로 사망하였다.

미국 제2의 통신회사인 월드컴(WorldCom)은 수십억 달러의 이익을 과대계상 함으로써 미국 역사상 가장 큰 규모의 회계부정을 저질렀다. 이 결과 이 회사는 파산하고 17,000명의 종업원이 해고되었다. 월드컴의 최고경영자 버나드 에버(Bernard Ebbers)는 2005년 25년의 징역형을 선고 받았다.

3억 달러 이상의 재산가인 번 타이코(Tyco)의 경영자 데니스 코즐로스키(Dennis Kozlowski)는 1,320만 달러의 그림을 구입하면서 탈세를 위해 화랑주인과 공모한 혐으로 기소되었다. 이 사실의 발표 이후 타이코의 주가는 급락하였다. 2005년 코즐로스키는 자신에게 불법적인 보너스 지급, 수백만 달러의 개인 비용을 회사의 경비로 처리하는(우산꽂이 $15,000, 욕실커튼 $6,000 등) 등 기업 자금의 남용으로 기소되어 8 ~ 20년의 징역형을 선고 받았다.

사베인스-옥슬리 법(Sarbanes-Oxley Act)

위에서 예를 든 사건을 비롯하여 여러 기업 부정 사건으로 인하여 미국 의회는 2002년 7월 사베인스-옥슬리 법을 제정하게 되었다. 발의자인 상원의원 사베인스(Paul Sarbanes)와 하원의원 옥슬리(Michael Oxley)의 이름이 붙쳐진 이 법은 상장법인과 이들 기업의 감사인들이 준수해야할 재무보고 및 이와 관련된 실무에 큰 변화를 가져왔다. 이 법의 가장 중요한 조항 몇 가지를 소개하면 다음과 같다.

- 최고경영자와 최고재무책임자는 회사의 재무제표가 사실을 오도할 만한 거짓 또는 누락이 없음을 확인하여야 한다.
- 감사인은 독립성을 보증하기 위하여 특정 활동을 해서는 안 된다. 예를 들어 감사인은 고객회사의 기장대행이나 재무정보시스템의 운영과 관련된 활동을 해서는 안 된다.
- 최고경영자가 고의로 또는 암묵적으로 재무제표를 허위로 작성할 경우 가중 처벌을 한다. 현재 벌금의 경우 최고 $5백만, 징역형의 경우 최고 20년으로 형량이 상향되었다.
- 기업은 재무보고와 관련된 내부통제시스템의 유지와 이의 신뢰성을 보고하여야 한다.

Link to Practice

멕시코에서 뇌물을 공여한 혐의로 연방정부가 수사 중인 월마트 사건

엔론, 월드컴, 그리고 타이코 사태 이후 기업의 부정행위가 근절되었다면 얼마나 좋을까? 하지만 불행하게도 이러한 결과는 나타나지 않았다. 보다 최근에 제기된 비리를 한 가지 살펴보고자 한다.

2012년 법무부는 건축허가를 받기 위해 멕시코 관리에게 2,400만 달러가 넘는 뇌물을 제공한 혐의로 월마트(Walmart)에 대한 수사를 시작하였다. 이러한 유형의 뇌물 사건은 미국의 해외부정행위법(U.S. Foreign Corrupt Practices Act : FCPA)을 위반하는 행위에 해당한다. 이 사건에 대한 수사는 중국, 인도 및 브라질로 확장되어 진행되었다. 2018년 8월까지 월마트는 변호사비용, 내부 조사비용 및 준법시스템 개선 등을 위해 $9억를 지출하였다. 이에 더하여 월마트는 정부에서 부과할 벌금 등에 대비하여 $3억를 적립하였다. 하지만 이 사건은 2019년 2월까지도 양국 모두에서 교착상태에 빠져 있으며 미국 역사상 가장 큰 미완의 해외부정사건의 하나로 남아 있다.

출처: Asri Horwithz and Jia Lynn Yang, "Wal-Mart Faces Criminal Probe into Bribery Allegations," Washington Post, April 24, 2012; Reuters Business News, "Walmart is Reportedly Getting Ready to Settle a Bribery Probe for $300 Million," May 9, 2017; Tom Schoenberg, "Walmart Deadlocked With U.S. Over Bribery Probe," Bloomberg, August 2, 2018.

사베인스–옥슬리법을 준수하기 위해서는 상당한 비용이 소요된다. 찰스리버협회(Charles River Asssociates)가 연매출액이 평균 $81억인 90개 기업을 대상으로 실시한 조사에 의하면 이 법을 준수하기 위하여 기업들이 지출한 비용은 연평균 $780만로 확인됐다. 이 금액은 반드시 엔론의 주주들이 입은 손실액 630억 달러와 비교되어야 한다. 그러면 사베인스–옥슬리법의 효익은 이러한 비용을 보상하기에 충분한 것인가? 그 결과는 시간이 흐르면 알게 될 것이다. 하지만 확실한 것은 이 법은 기업의 최고경영자들에게 투자자를 호도하지 않도록 기업의 재무제표를 확인할 책임이 있다는 사실을 상기시키는 효과가 있다는 것이다. 그리고 이 법은 상장기업의 최고경영자와 감사인은 일정한 거리를 갖도록 하고 있다.

이처럼 두드러지게 명확한 비윤리적행위 뿐만이 아니라, 일부의 기업과 개인은 무의식적으로 후진국에서 싼 임금으로 어린이를 고용한다던지, 유해 화학물질 등을 사용하는 위험한 작업환경을 방치한다던지, 현지 국가의 공무원에게 뇌물을 제공하는 등의 불법 행위로 인하여 비난을 받기도 한다. 그러나 이처럼 비난 받는 행위를 명백한 윤리적인 과오라고 단정할 수 있을까? 저임금이 무임금 보다는 낫고, 어린이에게 근로를 시키는 것이 도덕적으로는 부끄러운 일이지만, 이들 어린이의 수입으로 가족을 굶주림으로부터 구할 수 있지 않은가? 핵심은 윤리적인 딜레마는 종종 복잡하고, 경영자들이 직면하는 상황이 명확하지 않은 경우가 많다는 것이다. 이러한 상황에서 윤리적 의사결정을 위한 체계는 "무엇이 옳은 것인가"를 이해하는데 도움이 될 것이다.

1.5.2 윤리적 의사결정을 위한 체계

다음의 윤리적 의사결정을 위한 체계는 7개의 질문으로 구성되어 있다.[2] 바람직한 것은 이들 질문에 대한

2 7가지 질문은 다음과 같은 3곳의 인터넷 웹페이지를 참고하여 정리하였다.
첫째는 A Guide to Moral Decision Making by Chris MacDonald in the Department of Bioethics at Dalhousie University, 둘째는 W. Maurice Young Centre for Applied Ethics at the University of British Columbia, 셋째는 Complete Guide to Ethics Management: An Ethics Toolkit for Managers, by Carter MacNamera.

답을 함으로써 "무엇이 옳은 것인가"를 인식할 수 있게 되는 것이다. 그러나 분명한 것은 이들 답이 반드시 윤리적 의사결정을 보장하지는 않는다는 것이다.

윤리적 의사결정을 판단하기 위한 7가지 질문

의사결정안을 평가할 때 필요한 질문

1. 선택 가능한 대안으로는 무엇이 있는가?
2. 나의 의사결정으로 이득을 보는 개인 또는 조직은 누구인가?
3. 어떤 대안이 개인 또는 조직에게 해를 주게 되는가?
4. 피해는 가장 작고 이득이 가장 큰 대안은 무엇인가?
5. 내가 존경하는 사람이 부적합한 것으로 생각할 수 있는 대안이 있는가?

대안 선정 후 실행하기 전에 필요한 질문

6. 본능적으로 나는 내가 내린 결정이 마음에 드는가?
7. 나는 나의 결정을 나의 친구나 가족에게 편하게 이야기할 수 있는가?

Any Questions?

Q: 왜 윤리적 의사결정을 위한 7가지 질문 체계를 중요시 하는가? 대부분은 아니더라도 많은 기업이 명문화된 윤리강령을 가지고 있다. 따라서 경영자가 의사결정을 하고자 하는 경우 기업환경을 충실히 고려하여 제정된 자사의 윤리강령을 참고하면 되는 것 아닌가?

A: 경영자들은 반드시 회사의 윤리강령을 잘 알고 있어야 한다. 그러나 윤리강령이 항상 윤리적인 행동을 하는데 적합한 것은 아니다. 문제의 하나는 윤리강령은 무엇을 해야 된다 보다는 무엇은 해서 안 된다는 점을 중시하고 있다. 그리고 어떤 조항은 의사결정이 옳은가의 여부 보다는 합법적인가에 초점을 두고 있다.

매 장 끝에 제시되는 연습문제, 고급연습문제 및 사례 중 일부는 윤리적 문제를 다루고 있다. 여러분은 이들 문제에 대한 답을 할 때 앞에서 언급된 7가지 질문의 관점에서 접근하기 바란다. 여러분은 물론 다른 윤리적 관점을 고려할 수도 있다. 이 경우 인터넷 상에는 윤리적 의사결정을 이해하는데 도움이 될 수 있는 자료가 풍부하므로 이를 충분히 활용할 것을 권장한다.

1.5.3 IMA의 전문가직업윤리규정

(미국)관리회계사회(The Institute of Management Accounting: IMA)는 그 이름에서 알 수 있듯이 관리회계 분야의 전문가 조직이다. IMA의 공헌 중의 하나는 전문가직무윤리규정을 제정하였다는 것이다. 그 내용은 본 장의 부록에서 소개한다. IMA는 또한 회원들이 자신의 회사에서 겪게 되는 윤리적인 딜레마를 상담하기 위한 윤리문제 전화상담서비스제도를 운영하고 있다. 피상담자의 신분은 익명성을 보장 받기 위해 코드화되어

처리되며, 배정된 카운슬러가 상담 문제가 전문직업무윤리기준 어느 조항과 관련되는 것인가를 자문해 준다.

IMA는 또한 "Strategic Finance and Management Accounting Quarterly"라고 하는 전문지를 발행하고 있으며, 1973년부터는 관리회계사가 오늘날의 복잡하고 급변하는 기업환경에서 성공적으로 업무를 수행하기 위해서 필요한 능력을 검증하기 위한 시험을 실시하고 있다. 매년 3천명 이상의 사람들이 이 시험에 응시하고 있다. 이 시험에 합격한 사람에게는 공인관리회계사 자격증이 발행되며, 이력서나 명함에 공인관리회계사(Certified Management Accountant: CMA)라는 타이틀을 자랑스럽게 표시하게 된다. IMA에 대한 소개와 회원이 되기 위한 조건 및 CMA시험 등에 관한 내용은 IMA의 홈페이지www.imanet.org를 방문하면 자세히 알 수 있다.

Test Your Knowledge

다음 문장 중 옳지 **않은** 것은?

a. 윤리적 행동을 판단하기 위해서는 무엇이 옳고, 그른 것인가에 대한 평가가 필요하다.
b. 윤리적 의사결정을 위한 7질문 체계에서 요구하는 것은 당신 자신에게 당신의 의사결정에 철저히 만족하는가를 질문하는 것이다.
c. 윤리적 딜레마는 명백히 옳다는 답을 구하기 어려운 복잡한 상황을 의미한다.
d. 사베인즈-옥슬리법은 기업의 최고경영자가 윤리적으로 행동할 것인가를 보증한다.

답 : d

Link to Practice

Hershey Company의 조달 활동은 윤리적인가?

허쉬(Hershey)사는 북미에서 가장 큰 초콜릿회사이다. 다른 초콜릿제조업체와 마찬가지로 허쉬사도 전세계 코코아 생산량의 약 80%를 차지하는 서아프리카에서 코코아를 조달하고 있다. 하지만 이는 항상 논란 거리가 되고 있다. 왜냐하면 서아프리카에서 코코아 생산에는 어린이 노동력이 광범위하게 동원되고 있기 때문이다. 그리고 많은 경우 어린이들은 농작물의 해충을 퇴치하기 위해 사용되는 위험한 살충제에 노출되어 있기도 하다.

이에 대해 허쉬사는 어떤 조치를 취해야 하는가? 일부 비평가들은 허쉬사에게 공정무역 코코아 구매를 요구하고 있다. 공정무역시스템을 준수하려면, 허쉬사는 소규모 경작자들이 성인 노동력을 쓰고, 중요한 영농기술을 개선하고, 학교와 병원 등의 설립을 지원하는 등 보다 높은 가격을 지불해야 한다.

2010년 허쉬사는 기업의 사회적 책임 보고서를 발표하였다. 이 보고서에서 허쉬사는 "미국 및 전세계적으로 가장 큰 초콜릿 생산업자 중의 하나인 우리 회사는 전세계 코코아 공급망을 안전하게 유지하는 것도 우리의 중요한 임무라고 생각한다. 우리는 지속적으로 양질의 코코아를 확실하게 공급받을 수 있는 방법을 추구하지만, 우리가 구매하는 코코아가 지속가능한 방법으로 경작되고 수확되도록 보장하는 것도 우리의 임무라고 생각한다."고 발표하였다. 그러나 2013년 허쉬제품의 불매운동 등과 같은 항의시위가 크게 확대되자 허쉬사는 2020년까지는 단지 공정무역코코아 만을 사용할 것을 약속한다는 발표를 하게된다.

1.6 관리회계 최고책임자로서의 관리회계이사

경영계획과 통제 그리고 경영의사결정에 필요한 정보를 제공하는 책임은 누구에게 있는가? 대부분의 기업에서 관리회계에 대한 책임은 관리회계이사가 맡는다. **관리회계이사**(controller)는 경영계획과 기업활동 결과의 평가를 위한 보고서(예를 들면, 예산과 성과보고서)를 작성하고, 경영의사결정(예를 들면, 사무용비품의 구매결정, 특정 제품의 추가 또는 제거 여부의 결정)에 필요한 정보를 제공한다. 또한 관리회계이사는 모든 재무회계보고서를 작성하고, 국세청을 비롯한 세무당국에 대한 세무보고, 그리고 외부감사인과의 업무 조율 등을 담당한다.

관리회계이사의 조직도 상의 위치는 〈그림 1-7〉에서와 같다. 이 그림에서 주목할 점은 원가회계기능이 관리회계이사의 영역에 속한다는 것이다. 대부분의 중견 규모 이상의 제조업체에서는 이 같이 원가회계부서를 두고 있다. 원가회계부서에서는 경영의사결정에 필요한 원가를 추정하고, 재고자산 평가 목적에서 필요한 원가정보도 산정한다.

많은 회사들이 관리회계이사의 채용 광고에 "단순한 경리회계직원은 지원하지 마시오."라는 문구를 표시한다. 이는 관리회계이사는 단순히 원가를 계산하는 사람이 아니라는 것이다. 관리회계이사는 최고경영진 중에서도 핵심적인 역할을 하는 자리라는 뜻이다.

관리회계분야에서 임원이 되기 위해서는 당연히 회계분야의 고도의 전문적인 지식을 갖추는 것이 필요하다. 그러나 이것만으로는 충분치 않다. 고위 경영진으로 중요한 역할을 맡기 위해서는 모든 고위 경영진에게 요구되는 능력이 필요할 것이다. 즉 탁월한 문장력과 대화 소통능력, 견고한 대인관계 능력, 그리고 자신이 종사하는 기업과 산업에 대한 충실한 지식을 갖춰야 한다.

관리회계이사 직책과 더불어 많은 회사에서 볼 수 있는 직책으로 **재무이사**(treasurer)와 **최고정보책임자**(chief information officer:CIO)가 있다. 재무이사의 기능은 현금 및 다양한 유가증권에 투자된 자금을 관리하는 것이다. 재무이사는 일반적으로 자금관리 외에 투자자, 은행, 및 기타 채권자와의 관계를 관리하는 임무를 담당하고 있다. 따라서 재무이사는 현금 및 유가증권관리, 자금흐름예측, 은행 등의 금융권으로 부터의 자금조달 등의 역할을 한다. 최고정보책임자는 회사의 정보기술과 컴퓨터시스템의 유지 관리 책임을 맡고 있다. **최고재무책임자**(chief financial officer:CFO)는 관리회계이사와 재무이사의 상사로 회계 및 재무업무를 총괄한다. 회사에 따라서는 CIO도 CFO의 하위 조직으로 편성되는 경우가 있다. 하지만, 앞에서도 보았듯이 오늘날 가치사슬을 관리하는데 정보기술은 매우 중요한 핵심적인 역할을 한다. 따라서 CIO가 CFO에 예속되기보다는 최고경영진의 일원으로 CEO에게 직접 보고하는 것이 그렇게 놀랄 일은 아니다.

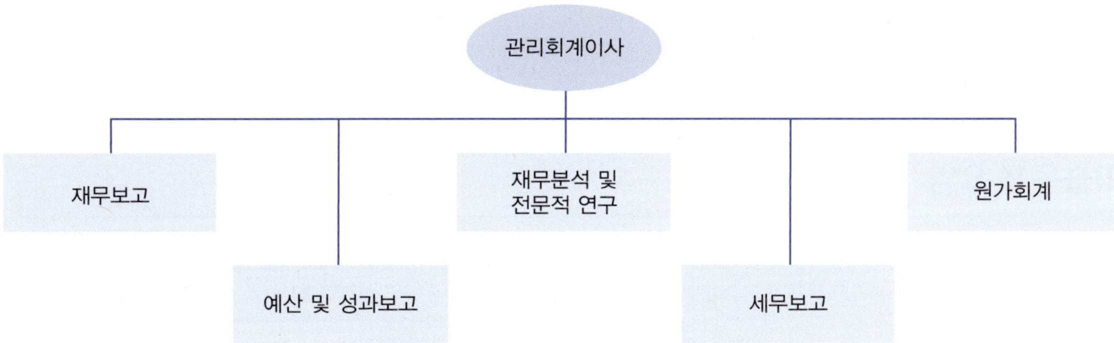

〈그림 1-7〉 컨트롤러 사무실의 조직도

Test Your Knowledge

일반적으로 관리회계업무의 최고책임자는?

a. 관리회계이사(Controller)
b. 최고재무책임자(Chief financial officer)
c. 최고정보책임자(Chief information officer)
d. 재무이사(Treasurer)

정답 : a

Decision Making Insight

본 장에서 살펴 보았듯이 경영자에 대한 보상 또는 처벌, 업무처리 방법의 변경 또는 계획의 수정 등과 관련하여 여러 의사결정이 필요하다. 신제품을 추가해야 하는가? 이 제품의 생산을 중단해야 하는가? 회사의 기능 중 일부를 외부에서 조달할 것인가 아니면 내부에서 수행할 것인가? 신제품의 가격을 얼마로 할 것인가? 이러한 유형의 의사결정 문제에 대한 해법은 기업의 수익성에 대단히 중요한 영향을 미친다. 따라서 본 서는 이러한 점에 초점을 두어 기술되고 있다. 의사결정과정에는 항상 육감이 일정한 작용을 하기 때문에 더욱 신중한 분석이 필요하다. 특히, 본서에서는 분석방식으로 특정 대안을 선택할 경우 이로 인해서 변동되는 원가와 수익을 중심으로 대안의 특징을 분석하는 증분분석을 강조한다.

복습

학습목표 요약

학습목표 1 관리회계의 기본적인 목적과 재무회계와 관리회계의 차이점에 대한 이해

관리회계의 기본적인 목적은 경영자의 기업활동에 대한 경영계획과 통제 그리고 의사결정에 도움을 주는 정보를 제공하는 것이다.

관리회계담당자에 의해서 작성되는 재무적 계획을 예산이라 한다. 이러한 계획은 종업원들이 회사의 목표를 이해하고 이를 달성하기 위해 어떤 자원이 필요한가를 알게 해준다.

조직의 통제는 특정 업무에 책임이 있는 경영자의 성과와 업무결과의 평가를 통해 이루어진다. 경영자의 성과 및 통제해야되는 업무 결과의 평가를 위해 사용되는 보고서를 성과보고서라 한다. 성과보고서는 종종 당기의 성과를 전기의 성과 또는 계획된(예산) 성과와 비교하는 형식으로 작성된다. 평가는 관리자가 받게 될 보상 또는 처벌에 영향을 주기 때문에 평가절차는 관리자들이 좋은 평가를 받기 위해 열심히 노력하게 되는 요인이 된다. 평가는 또한 경우에 따라 업무에 수정을 가져오기도 한다.

관리회계는 여러면에서 재무회계와 구별된다. 가장 기본적인 차이점은 관리회계는 기업의 경영자에게 유용한 정보에 초점을 두는데 반하여 재무회계는 외부이용자에게 유용한 정보에 초점을 두고 있다. 이와 더불어 재무회계는 반드시 일반적으로 인정된 회계원칙에 근거하여 작성되어야 하는 반면에, 관리회계정보에는 이러한 제약이 없다.

학습목표 2 계획, 통제 및 의사결정에 사용되는 각종 원가개념의 이해

경영계획과 통제 및 의사결정을 위해 사용되는 원가는 여러 가지가 있다. 예를 들면, 변동원가(기업활동 수준의 변동에 따라 비례적으로 변동하는 원가), 고정원가(기업활동수준이 변동하여도 변동하지 않는 원가), 매몰원가(과거에 이미 발생한 원가), 기회원가(특정 대안을 선택함으로서 포기하게 된 이익), 직접원가(특정 제품, 활동, 또는 부문에 대해 직접적으로 추적할 수 있는 원가), 간접원가(특정 제품, 활동, 또는 부문에 대해 직접적으로 추적할 수 없거나 추적할 만한 가치가 없는 원가), 통제가능원가(관리자가 영향을 줄 수 있는 원가), 통제불능원가(관리자가 영향을 줄 수 없는 원가) 등이 있다.

학습목표 3 관리회계의 2가지 핵심 개념에 대한 이해

첫째 핵심개념은 "의사결정은 증분분석에 근거해야 한다"는 것이다. 이는 기업의 문제를 해결하기 위해서는 대안 간의 증분수익(수익 증가액)과 증분원가(원가 증가액)를 산정하여 평가하여야 한다는 것이다. 둘째 핵심개념은 "측정해야 관리할 수 있다"는 것이다. 다시 말해 기업의 성과측정방법이 경영자의 행동에 영향을 준다는 것이다. 경영자가 특정의 단일 성과측정치에 지나치게 집착하면 여러 가지 문제가 발생할 수 있다.

학습목표 4 정보기술이 비즈니스 프로세스 그리고 공급자 및 소비자와의 관계에 미치는 영향에 대한 이해

오늘날 정보기술은 기업의 가치사슬과 기업, 공급자 및 고객과의 상호작용에 매우 큰 영향을 주고 있다. 기업은 정보기술을 이용하여 공급업자와 업무 협력을 달성하고, 고객정보를 수집하는데 활용한다. 정보기술은 기업의 내부프로세스 개선을 위해서도 활용되고 있다.

학습목표 5 윤리적 의사결정 체계와 관리회계이사(controller)의 역할에 대한 이해

윤리적 의사결정 체계는 7개의 질문으로 구성되어 있다. PP. 23~24 참조.

관리회계이사는 대부분의 조직에서 관리회계업무의 최고책임자이다. 관리회계이사는 경영계획과 성과 평가에 필요한 보고서를 작성하고 경영자의 의사결정에 필요한 정보를 제공한다. 관리회계이사와 달리 재무이사는 주주, 은행, 및 기타 채권자와의 관계를 유지 관리하는 업무를 담당한다. 재무이사는 또한 현금과 다양한 유가증권에 투자된 자금을 관리한다. 최고정보책임자(CIO)는 정보기술에 대한 업무를 수행한다. 최고재무책임자(CFO)는 관리회계이사와 재무이사의 상사로 회계 및 재무와 관련된 업무의 최고경영자이다. 과거에는 최고정보책임자(CIO)가 최고재무책임자(CFO)의 지시를 받는 위치에 있었으나, 오늘날에는 독립적으로 최고경영자(CEO)에게 보고를 하는 위치에 있다.

종합예제

종합예제 1

스털링 카센터는 현재 월요일부터 금요일까지 영업을 하고 있다. 지난해의 세전 이익액은 다음과 같다.

수리한 차량대수		2,080대
수익		$468,000
비용(차감):		
소모품	$5,824	
임 금	104,000	
기타변동원가	12,480	
감독자 월급	65,000	
집 세	36,000	
감가상각비	5,000	
기타 고정원가	1,050	229,354
세전 이익		$238,646

스털링카센터의 주인인 퀸시 데이비스는 토요일에도 영업하는 것을 고려하고 있다. 이렇게 하려면 일당 $300을 주고 감독을 대신해 토요일에 근무할 직원을 채용해야 한다. 토요일 영업을 할 경우 10대를 추가로 수리할 것으로 예상된다. 일 년은 52주다.

요구사항

a. 토요일 영업과 관련하여 발생할 증분수익을 계산하라.
b. 토요일 영업과 관련하여 발생할 증분원가를 계산하라.
c. 세금을 고려하지 않는다면, 증분이익은 얼마인가? 토요일 영업을 해야 하는가?

정답

a. 대당 수리비 수입은 $225($468,000÷2,080)이다. 추가로 수리하게 될 차량 수는 총 520(10×52)대이다. 따라서 연간 증분수익은 $117,000($225×520)이다.

b. 자동차 1대당 변동원가는 다음과 같다.

소모품 ($5,824÷2,080)	$ 2.80
임 금 ($104,000÷2,080)	50.00
기타변동원가 ($12,480÷2,080)	6.00
	$58.80
따라서 연간 증분원가는 :	
520대 × $58.80	$30,576
토요일 근무자 임금($300 × 52일)	15,600
연간 증분원가	$46,176

c. 증분이익이 $70,824($117,000 − $46,176)이므로 토요일 영업을 하는 것이 유리하다.

종합예제 2

브레난투자자문회사는 큰손 고객들을 대상으로 재무투자상담을 주업으로 하고 있다. 상담 내용에는 세무문제, 부동산 투자, 고객의 위험성향을 고려한 투자포트폴리오 상담 등이 포함되어있다. 투자상담사들은 고객에게 투자 및 보험상품의 판매도 병행하고 있다. 모든 투자상담사들의 급여는 기본급에 영업실적에 따른 보너스로 구성된다.

햄프톤투자자문회사는 브레난사와 유사한 영업을 하고 있다. 다만 직원의 급여를 기본급에 고객만족도를 기준으로 평가된 보너스를 더한 금액을 지급하고 있다는 점이 다르다.

요구사항

두 회사의 급여제도가 고객에게 어떤 영향을 미치는가를 "측정해야 관리할 수 있다."는 개념에 입각해서 논하라.

정답

"측정해야 관리할 수 있다."는 표현 속에는 성과측정치가 관리자의 행동에 영향을 준다는 의미가 담겨 있다. 브레난사의 경우 재무상담사들은 고객들의 필요 여부에 관계없이 가능한 한 많은 서비스와 재무상품을 판매하려고 하는 동기를 갖게 된다. 하지만 햄프톤사의 재무상담사들은 자문과 서비스를 통해서 고객을 행복하게 해야겠다는 것에 강한 동기를 갖게 된다. 따라서 햄프톤사의 경우 고객들은 덜 왜곡된 자문과 보다 높은 만족감을 얻을 가능성이 크다고 하겠다.

핵심용어

가치사슬 16
간접원가 11
고객관계관리시스템 18
고정원가 10
공급망관리시스템 18
관리회계 2
관리회계이사 26
기회원가 11
데이터분석법 20
매몰원가 11
변동원가 9
빅 테이터 20
성과보고서 5
예산 3
예외에 의한 관리 5
재무이사 26
전사적자원관리시스템 18
증분분석 13
증분수익 13
증분원가 13
직접원가 11
최고재무책임자 26
최고정보책임자 26
통제가능원가 11
통제불능원가 11

객관식 문제

(정답은 아래에)

1. 관리회계의 기본적인 목적에 대한 설명으로 맞는 것은?

a. 회사의 현재와 미래 투자자에게 정보 제공
b. 현재와 미래 투자자 및 채권자에게 정보 제공
c. 채권자, 조세당국, 현재와 미래 투자자에게 정보 제공
d. 계획, 통제, 의사결정을 위한 정보 제공

2. 다음에 제시된 용어와 그 아래에 기술된 관리활동 중 서로 어울리는 것끼리 연결하라.

a. 계획
b. 통제
c. 의사결정

(1) 운영방법의 변경, 계획의 수정, 경영자에 대한 보상/징계 등관 관련된 경영자의 활동
(2) 미래 활동의 수정을 위해 실제 성과와 계획한 목표치를 비교 분석하는 경영자의 활동

(3) 목표를 수립하고, 종업원에게 이를 전달하며, 수립된 목표의 실행에 요구되는 자원을 결정하는 경영자의 활동

3. 다음 중 예산에 대한 설명으로 옳지 않은 것은?

a. 예산편성에는 화폐금액, 비재무적 수치 또는 이들 모두가 적용될 수 있다.

b. 예산에는 예상수익, 예상비용, 예상 현금흐름, 또는 예상 투입물량이나 산출물량 등이 반영된다.

c. 예산을 편성할 때는 반드시 일반에 인정된 회계원칙(GAAP)을 준수하여야 한다.

d. 예산은 계획과 통제에 모두 유용하다.

4. 다음의 설명 중 옳지 않은 것은?

a. 관리회계 보고서는 반드시 일반적으로 인정된 회계원칙(GAAP)을 준수할 필요는 없다.

b. 재무회계 보고서는 관리회계보고서 보다 더 상세하게 작성된다.

c. 관리회계 보고서는 미래 활동과 미래원가를 보다 더 강조한다.

d. 재무회계 자료는 기본적으로 내부이용자보다는 외부이용자를 대상으로 한다.

5. 다음 중 변동원가는 무엇인가?

a. 감가상각비

b. 생산에 사용된 재료원가

c. 임차료

d. 광고비

6. 다음 중 고정원가는 무엇인가?

a. 생산에 사용된 재료원가

b. 임차료

c. 조립라인 작업자의 인건비

d. 판매수수료

7. 과거에 발생한 원가를 무엇이라 하는가?

a. 기회원가 **b.** 직접원가

c. 매몰원가 **d.** 변동원가

8. __________ 원가는 특정 제품, 활동 또는 부문에 대해 직접 추적할 수 있으나, __________ 원가는 그렇지 않다.

9. 취업 대신 대학진학으로 포기한 급여는 다음 중 무엇에 해당하는가?

a. 기회원가 **b.** 직접원가

c. 매몰원가 **d.** 변동원가

10. 다음 중 윤리적 의사결정을 위한 7가지 질문에 해당하지 않은 것은?

a. 의사결정안이 개인이나 조직에 해를 끼칠 수 있지 않을까?

b. 내가 존경하는 사람이 의사결정안에 반대할 수 있는 것이 있지 않을까?

c. 진심으로 나의 결정에 대해서 나는 아무 거리낌이 없는가?

d. 의사결정안에 불법적인 점이 있는가?

정답

1.d **2.**(1)–c, (2)–b, (3)–a **3.**c **4.**b **5.**b **6.**b **7.**c **8.**직접, 간접 **9.**a **10.**d

과제

주관식 문제

1. 관리회계의 목적은 무엇인가?

2. 성과보고서에서 당기의 성과는 어떤 기준과 비교된다. 유용한 비교기준은 무엇인가?

3. 재무회계와 관리회계의 차이점을 3가지 제시하라.

4. 관리회계보고서에 포함될 수 있는 비화폐적 정보 3가지를 제시하라.

5. 고정원가와 변동원가의 차이점을 설명하라.

6. 제시카는 월마트Walmart 맨해튼Manhattan 지점의 가전제품 부문 책임자이다. 제시카가 통제할 수 있는 원가와 통제할 수 없는 원가를 제시하라.

7. 증분분석이란 무엇인가? 의사결정에서 증분분석은 어떻게 이용되는가?

8. "측정해야 관리할 수 있다!"라는 문장이 의미하는 것은 무엇인가?

9. 정보기술의 변화가 기업의 가치사슬관리에 미친 영향은 무엇인가?

10. 어떤 행위가 합법적이라면, 이 행위는 반드시 윤리적인 것인가?

연습문제

연습문제 1-1. [학습목표3] 그룹과제 측정해야 관리할 수 있다 이 책의 핵심 개념 중 하나는 "측정해야 관리할 수 있다!"이다. 이는 기본적으로 성과측정치가 경영자의 행동에 커다란 영향을 준다는 의미이다.

요구사항

여러분에게 친숙한 회사를 하나 선택하고 이 회사에서 사용할 것 같은 성과측정치 3가지를 열거하라. 다음에는 이들 성과측정치로 경영자의 성과를 평가할 경우 나타날 수 있는 긍정적인 효과와 부정적인 영향을 검토하라.

연습문제 1-2. [학습목표2] 논술형 매몰원가 레이첼 쿡은 몇 대의 고속복사기를 가지고 대학캠퍼스 내에서 복사점을 운영하고 있다. 그 중 하나인 칼라복사기는 지난해 $25,000에 구입한 것이다. 최근 복사기회사 영업사원이 방문하여 훨씬 빠른 속도와 선명도가 높은 칼라복사기 신제품이 $23,000에 출시되었다고 구매를 권유하였다. 레이첼은 관심은 있었지만, 아직도 완벽하게 잘 작동하고 있는 복사기에 $25,000를 투자한 것이 있어서 $23,000의 신형복사기로 교체하는 것이 내키지 않는다.

요구사항

기존의 칼라복사기의 원가가 레이첼의 의사결정과 관련이 없는 이유를 기술하라.

연습문제 1-3. [학습목표4] 기업윤리 구트리 윌슨은 고객관계관리시스템(CRM)을 판매 및 설치해 주는 벨웨더시스템사의 회계담당자이다. 벨웨더시스템사는 CRM을 도입하는 고객에 대해 소프트웨어는 원가에 25%를 가산한 금액으로 그리고 장비 및 시스템의 설치와 통합작업에 대해서는 시간당 $300의 요금을 청구하고 있다. 최근 회계부장은 고객인 IMG사에 제공한 서비스 중 60시간을 다른 고객인 브래들리사에 청구하라고 지시하였다. 그의 논리적 근거는 다음과 같다. "내가 그렇게 지시한 이유는 다음과 같습니다. IMG는 개업초기라 고군분투를 하고 있어서 우리 서비스를 부담할 만한 여유가 거의 없습니다. 예상하지 못한 문제로 인해 실제작업시간은 예상시간을 초과하였고, 실제시간을 기준으로 요금을 청구할 경우 그들은 좌절할 겁니다. 하지만 브래들리사는 이익을 많이 내고 있습니다. 따라서 우리가 제공하는 서비스로 더 많은 이익을 낼 수 있으며, 청구 금액이 크더라도 별 문제가 없을 것입니다."

요구사항

부록에 제시된 IMA의 윤리적 기준을 검토하라. 당면한 문제를 해결해야 하는 구트리에게 어떤 기준을 제안해야 하는가?

연습문제 1-4. [학습목표4] 정보화 시대 맨해튼에 있는 고급호텔인 웰링턴호텔은 고객들의 취향과 구매 내용을 추적하기 위해 고객관계관리시스템(CRM)을 사용하고 있다. 호텔이 CRM을 이용하여 수집할 수 있는 정보 2가지와 이를 수익 증대와 고객 관리를 위해 활용하는 예를 설명하라.

연습문제 1-5. [학습목표1] 예산 메간 켈리는 25개의 드럭스토어 체인을 운영하는 회사의 최고재무책임자(CFO)이다. 메간이 이익계획수립과 영업활동의 통제를 위해 예산을 어떻게 활용할 수 있는지 설명하라.

연습문제 1-6. [학습목표1] 성과보고서 다음 중 성과보고서에 대한 설명으로 옳지 않은 것은?

a. 성과보고서는 실제성과와 계획한 성과를 비교할 수 있도록 작성된다.

b. 성과보고서는 실제성과와 전기성과를 비교할 수 있도록 작성된다.

c. 성과보고서에서 실제원가가 계획한 원가를 초과하였다면, 이것은 경영상에 문제가 있다는 것을 의미한다.

d. 성과보고서는 경영자와 경영자가 통제하는 사업부문의 평가에 이용된다.

연습문제 1-7. [학습목표1] 성과보고서 넬슨디자인사의 작년도 예산손익계산서에 의하면 매출액은 $600,000, 매출원가는 $400,000이다. 작년도의 실제 매출액과 매출원가는 각각 $700,000와 $425,000이었다. 회사 소유주인 넬슨은 매출원가가 예상보다 $25,000 더 많이 발생한 것에 대하여 걱정을 해야 하는가? 이 문제를 넬슨에게 논리적으로 설명하라.

연습문제 1-8. [학습목표1] 재무회계와 관리회계 밥 스티븐은 스테이트 대학에서 다음 학기에 관리회계를 수강할 계획이다. 이미 이 과목을 수강한 서머 아담스에게 관리회계과목에서 다루는 주요 내용에 대한 설명을 부탁하였다. "재무상태표와 손익계산서를 더 심도 있게 배우는거니? 단지 작년에 배웠던 재무회계의 연장인거야?"

요구사항

여러분이 서머라고 가정하고 밥에게 관리회계의 핵심 내용과 재무회계와의 차이점에 대해서 설명하라.

연습문제 1-9. [학습목표1] 재무회계와 관리회계 보잉사와 같은 대규모 제조기업에서 판매사원에게 판매액을 기준으로 보너스를 지급하는 경우를 생각해보자. 지급할 보너스 산정을 위해서는 매출을 어느 시점에서 인식하는 것이 타당하겠는가? 고객이 주문을 했을 때? 아니면 GAAP의 규정에 따라서 제품의 배송이 이루어진 시점에서 인식하는 것이 타당할 것인가?

연습문제 1-10. [학습목표2] 원가용어 다음의 문장을 읽고 고정원가와 변동원가를 구분하여 빈칸에 "고정" 또는 "변동"으로 표시하라.

__________ **a.** 활동수준의 변동에 따라 총원가가 변화한다.

__________ **b.** 활동수준의 변동에 따라 단위당원가가 변화한다.

__________ **c.** 활동수준이 변하더라도 단위당원가는 변화하지 않는다.

__________ **d.** 활동수준이 변하더라도 총원가는 변화하지 않는다.

연습문제 1-11. [학습목표2] 원가용어 다음에 제시된 원가를 보고 고정원가에 해당하면 "고정" 변동원가에 해당하면 "변동"으로 빈 칸에 표시하라.

__________ **a.** 조립라인 작업자의 임금

__________ **b.** 생산에 투입된 재료원가

__________ **c.** 임차료

__________ **d.** 감가상각비

__________ **e.** 항공기의 연료비

연습문제 1-12. [학습목표2] 원가용어 공장설비의 보험료가 현장 감독자에게는 통제불능원가이지만 공장장 입장에서는 통제가능원가가 되는 이유를 설명하라.

연습문제 1-13. [학습목표2,3] 매몰원가 의료진단회사의 검진서비스부 경영자인 피터 타케샤는 전년도에 $30,000를 주고 새 검사장비를 구입하였다. 한편 올해 검사속도와 검사방법이 개선된 새로운 장비가 출시되었다. 피터는 신형 검사장비의 구입여부를 결정할 때 전년도에 장비구입을 위해 지불한 금액($30,000)을 고려해야 하는가? 구장비를 중고장비시장에 매각할 때 받을 수 있

는 금액을 고려해야 하는가?

연습문제 1-14. [학습목표2] 기회원가 패리스보수센터는 가정용 상하수도 수선 전문업체로 현재는 월요일부터 금요일까지 주 5일 영업을 하고 있다. 회사 소유주인 켄 패리스는 토요일과 일요일에 직원들이 가족과 함께 시간을 보내는 것을 중요하게 생각하고 있다. 하지만, 또한 주 5일 근무정책이 회사의 수익에 미치는 영향도 알기 때문에, 토요일에 영업하는 것을 고려하고 있다. 켄은 토요일에 영업을 하게 되면 하루에 $2,500의 수익이 연간 52일 발생할 것으로 추정한다. 이에 따라 추가로 발생될 원가는 1일당 인건비 $700, 부품비 $500, 교통비 $100, 직원수당 $200가 예상된다. 여기에는 임차료와 비품의 감가상각비는 포함되지 않았다. 켄은 일요일 영업은 하지 않기로 결정했지만, 토요일 휴무로 인한 기회원가를 알고 싶어 한다. 켄을 위해 기회원가 정보를 산정하고, 추정한 기회원가에 임차료와 비품의 감가상각비를 포함하지 않은 이유를 설명하라.

연습문제 1-15. [학습목표2] 기회원가 자카리는 다음 주말에 뉴욕에 있는 친구를 방문할 계획이다. 그러나 사장은 주말에 16시간 근무를 한다면 시간당 $35의 수당을 지급하겠다고 제안을 하였다. 자카리가 뉴욕의 친구를 방문하기로 결정한다면 기회원가는 얼마인가?

연습문제 1-16. [학습목표2,3] 증분원가 윌밍턴 케미칼은 건물 외벽의 페인트 부식을 방지하는 화학제품 PX44를 생산하고 있다. 지난해에는 200,000리터를 생산하였고 총원가는 $1,200,000가 발생하였다(리터당 $6). 현재 캐나다 페인트 회사로부터 요청받은 주문(15,000리터)의 수락 여부를 검토 중이다. (지금까지 윌밍턴은 해외에는 제품을 판매한 경험이 없다.) 이 주문과 관련한 증분원가가 $90,000보다 작아야 하는 이유를 설명하라.

연습문제 1-17. [학습목표3] 증분원가 지난해 윌리암공업사의 매출액은 $7,000,000이었고 총원가는 $5,000,000이었다. 올해 회사는 판매량과 생산량이 25% 증가할 것으로 예상한다. 하지만 이를 위해서는 추가로 오후 4:00 ~ 새벽 1:00까지의 2교대 생산작업이 필요하다.

요구사항

a. 2교대 생산에 따라 증가할 수 있는 생산원가 3가지를 제시하라.
b. 2교대 생산을 하더라도 증가하지 않는 생산원가를 제시하라.

연습문제 1-18. [학습목표3] 측정해야 관리할 수 있다! 포르쉐 LA지점은 모든 고객으로부터 차량과 관련하여 제공받은 서비스에 대한 고객만족도를 수집하고 있다. 이와 같은 고객만족도 측정치는 차량서비스 부문 책임자인 헐무트 슈미트의 금전적인 이득에 어떤 영향을 줄 것인가? 고객이 매우 만족하고 있다고 응답할 수 있도록 헐무트가 취할 행동을 3가지 제시하라.

연습문제 1-19. [학습목표5] 경영윤리 샤우나 밀러는 웨스턴건축자재의 회계담당자이다. 그녀는 최근 일상적인 회계상의 거래와 관련 서류를 처리하는 과정에서, 회사의 영업이사 2명이 주요 거래처의 구매담당자들에게 최고급 하와이 골프여행 상품을 제공한 것을 발견하였다. 이 여행의 1인당 평균 금액은 $6,000가 넘었다. 부록에 제시된 IMA의 전문가윤리강령을 검토하라. IMA 회원으로서 샤우나는 발견된 사실과 관련하여 어떤 구체적인 의무가 있는가? 그녀가 취해야할 절차는 무엇인가?

연습문제 1-20. [학습목표5] 관리회계이사의 의무와 업무능력 관리회계이사의 채용공고를 하고 있는 기업을 인터넷에서 조사하라. 관리회계이사들의 구체적인 임무는 무엇인가? 업무 수행을 위하여 이들에게 요구되는 능력은 무엇인가?

연습문제 1-21. 장래 직업과의 연계 본 장에서 공부한 내용 중 1~2개의 개념을 선택하고, 이 개념들을 당신이 수행할 미래의 직업에 어떻게 이용할 수 있을지를 기술하라. 우선 당신의 미래 직업에 대해 간략히 기술하고 이 개념들을 적용할 수 있는 구체적인 상황을 서술하라. 또한 합리적인 의사결정을 내리거나 업무성과를 개선하기 위해 이 개념을 어떻게 활용할 것인지를 서술하라. 끝으로 이들 개념이 당신에게 도움이 되는 구체적인 상황을 상상해 보라.

고급연습문제

고급연습문제 1-1. [학습목표1,2] 엑셀활용 관리회계에서의 예산 산티아고 살사는 5월 생산원가예산을 작성 중이다. 4월의 실제원가는 다음과 같다:

산티아고 살사 생산원가
2020년 4월

생산량	25,000병
원료 원가(변동)	$20,000
노무원가(변동)	12,000
임차료(고정)	5,000
감가상각비(고정)	6,000
기타(고정)	1,000
합계	$44,000

요구사항

a. 이상의 정보를 이용하여 5월의 생산원가 예산을 작성하라. 새로운 마케팅 캠페인에 따라 예상되는 판매량 증가를 반영하여, 생산량이 30,000병으로 증가할 것으로 가정하라.

b. 예산에서 추가적인 작업인력이 필요하다고 제시하고 있는가? 시간당 임률은 $20라고 가정하라. 5월에 추가로 필요한 작업시간은 몇 시간인가? 만약 경영자가 5월의 추가인력에 대한 예상을 하지 못했다면 어떤 일이 발생하겠는가?

c. 4월의 실제 단위당 원가와 5월의 예상 단위당 원가를 계산하라. 단위당 원가가 4월에 비하여 5월에 감소하는 이유를 설명하라.

고급연습문제 1-2. [학습목표2,3] 엑셀활용 증분분석 고급연습문제 1-1의 원가정보를 이용하라. 회사는 현재 연간 325,000병의 살사소스를 생산 판매하고 있다. 병당 판매가격은 $5.00이다. 회사는 판매가격을 $4.60로 인하할 것을 고려하고 있다. 판매가격이 인하되면 판매량이 375,000병으로 증가한다고 가정하자.

요구사항

a. 50,000병의 추가 생산과 관련된 증분원가는 얼마인가?

b. 병당 판매가격을 $0.40 인하할 경우 증분수익은 얼마인가?

c. 산티아고사는 판매가격을 인하해야 하는가?

고급연습문제 1-3. [학습목표1,2] 관리회계에서의 예산 매튜 가본은 오피스 퍼니쳐 솔루션사의 판매부장이며 다음과 같이 2020년도의 예산을 준비하였다:

판매부 예산원가, 2020
(매출액을 $10,000,000로 가정)

급여(고정)	$400,000
판매수수료(변동)	150,000
광고비(고정)	75,000
사무실비용 분담금(고정)	3,000
사무용 소모품(변동)	2,000
	$630,000

예산을 제출하자, 사장은 이를 검토한 후 광고비를 $100,000로 인상할 것을 지시하였다. 또한 사장은 판매 인력을 현 상태로 유지한 채, 예상매출액을 $11,000,000로 증가 시키도록 지시하였다.

사무실의 전체 면적은 20,000m²이며 판매부는 이 중 250m²를 차지하고 있다. 사무실비용 분담금 $3,000는 사무실 공간 전체에 대한 임차료, 수도광열비, 보안경비비용 등 총관리비용을 점유면적을 기준으로 배분된 금액이다.

요구사항

사장의 의견을 반영한 수정된 예산안을 작성하라.

고급연습문제 1–4. [학습목표1] 성과보고서 다음은 맥스웰백화점 스포츠용품부의 12월 성과보고서이다.

맥스웰 백화점 스포츠용품부
2020년 12월 성과보고서

	예산	실제	차이
매출액	$700,000	$775,000	$75,000
차감:			
상품매입원가	350,000	430,000	80,000
판매사원 급여	70,000	78,000	8,000
통제가능 이익	$280,000	$267,000	($13,000)

요구사항

a. 증가된 매출액과 비용을 중심으로 스포츠용품부의 12월 성과를 평가하라. 당신은 2가지 비용항목의 증가 원인을 모두 분석하는 것이 필요하다고 생각하는가?

b. 백화점 전체의 전기요금을 생각해보자. 이 요금은 스포츠용품부 관리자가 통제할 수 있는 원가인가 아니면 통제할 수 없는 원가인가? 백화점 전체 전기요금 중 매장 면적을 기준으로 배분된 금액을 스포트용품부의 성과보고서에 포함시키는 것이 타당한가?

고급연습문제 1–5. [학습목표1,2] 성과보고서 다음은 2020년 말 센트럴사의 최고재무책임자인 시릴 페다코에게 보고된 미네소타주 포레스트 레이크에 있는 제품생산공장의 예산과 실제 발생액을 비교하는 형식으로 작성된 제조원가보고서이다.

제조원가 포레스트 레이크 공장
2020년의 예산과 실제제조원가

	예산	실제	차이 (실제–예산)
재료원가	$3,200,000	$3,500,000	$300,000
직접노무원가	2,300,000	2,500,000	200,000
감독자 급여	475,000	500,000	25,000
수도광열비	125,000	135,000	10,000
기계수선비	350,000	380,000	30,000
건물감가상각비	90,000	90,000	-0-
설비감가상각비	250,00	255,000	5,000
공장경비원가	220,000	235,000	15,000
합계	$7,010,000	$7,595,000	$585,000

시릴은 처음에는 실제원가가 예산보다 $585,000 초과하였기 때문에 원가통제가 잘 이루어지지 않았다고 생각하였다. 하지만 그는 곧바로 예산생산량은 60,000단위였지만, 실제생산량은 65,000단위라는 사실을 알게 되었다.

요구사항

실제생산량이 예산생산량보다 증가하였다고 하여 모든 원가가 예산 보다 증가할 것이라고 생각해야 하는가? 증가할 것으로 예상되는 원가와 변동하지 않을 것으로 예상되는 원가가 무엇인지 제시하라.

고급연습문제 1-6. [학습목표1,2,3] 재무회계와 관리회계 린다 베네토는 대형 소매유통체인(예를 들면 월마트)에서 콘텍트 렌즈 및 이와 관련된 제품의 온라인 판매를 담당하고 있다. 현재 그녀는 대략 250여 가지의 다양한 제품의 판매를 책임지고 있다.

요구사항

a. 회사의 손익계산서, 재무상태표, 현금흐름표의 내용이 구체적이지 않아서 린다의 업무관리에 필요한 정보를 충분히 제공하지 못하는 이유를 설명하라.

b. 린다가 업무관리를 위해 활용할 수 있는 비재무적 성과측정치를 3개 제시하라.

c. 린다의 성과 중 일부가 고객만족도점수를 가지고 평가되고 있다. 이러한 성과측정치의 개선을 위해 린다가 취할 수 있는 방법에는 무엇이 있는가?

d. 린다의 업무와 관련하여 발생할 수 있는 원가를 3가지 제시하고, 이들 원가를 고정원가와 변동원가로 분류하라.

고급연습문제 1-7. [학습목표3] 측정해야 관리할 수 있다! 스마트토이 제조사의 사장은 매년 단일의 성과측정치를 선정하고 전년도와 비교하여 성과가 10% 증가한 경우 모든 종업원에게 상당한 금전적 보너스를 제공하고 있다. 사장은 최근, "단일의 성과측정치를 강조함으로서 모든 관리자들이 하나의 특정 목표에 집중하게 하고 기업의 궁극적 목적인 주주가치의 증대를 위하여 함께 작업할 수 있도록 하고 있다."라고 언급하였다.

사라벳 로빈은 신임 이사로 사장의 성과보상방법에 대하여 의문을 가지고 있다. 특히, 단일 성과측정치에 대한 과도한 집중은 관리자들이 측정이 되는 성과의 개선에 만 집착하므로서 오히려 회사 전체의 가치를 훼손시킬 가능성에 대해서 우려하고 있다.

요구사항

a. 신규고객비율(신규고객 매출액/총매출액)을 단일의 성과측정치로 적용할 경우 발생할 수 있는 부정적인 결과는 무엇인가? (참고: 보너스를 받기 위해, 관리자들은 전년도 보다 이 비율을 증가시키려고 할 것이다.)

b. 매출원가율(매출원가/매출액)을 단일의 성과측정치로 적용할 경우 발생할 수 있는 부정적인 결과는 무엇인가? (참고: 보너스를 받기 위해, 관리자들은 전년도 보다 이 비율을 감소시키려고 할 것이다.)

c. 판관비율(판매와일반관리비/매출액)을 단일의 성과측정치로 적용할 경우 발생할 수 있는 부정적인 결과는 무엇인가? (참고: 보너스를 받기 위해, 관리자들은 전년도 보다 이 비율을 감소시키려고 할 것이다.)

고급연습문제 1-8. [학습목표2,3] 증분분석 리버뷰호텔은 4성급 고급호텔이다. 금요일 늦은 저녁 프론트데스크 직원이 파인즈 호텔에서 걸려 온 전화를 받았을 때 당 호텔은 300개의 객실 중 20개가 공실인 상황이었다. 파인즈호텔은 예약 오류가 발생하여 4명의 손님에 대한 객실이 부족하였다. 파인즈호텔에서는 4명의 손님을 리버뷰호텔이 받아 줄 것을 요청하였다. 단 객실요금은 리버뷰호텔의 요금 $260 대신 파인즈호텔의 요금인 $160를 적용해 줄 것을 요구하였다.

요구사항

a. 리버뷰호텔에서 이 제안을 수용한다면, 증분수익은 얼마인가?

b. 리버뷰호텔에서 이 제안을 수용하는 경우 발생할 수 있는 증분원가의 예를 제시하라.

c. 여러분은 증분수익이 증분원가보다 더 클 것이라고 생각하는가?

고급연습문제 1-9. [학습목표5] 경영윤리 윤리와 행동강령 인터넷에서 시어즈(Sears)와 케이마트(K-mart)의 지주회사인 시어즈홀딩코퍼레이션Sears Holdings Corporation의 행동강령을 조사하라. 다음의 각 경우들이 행동강령에 위배되지 않는지 확인하라. 단 행동강령의 특정 조항을 인용하여 설명하라.

a. 구매담당자가 공급자 A, B와 협상 중이다. 구매담당자가 공급자B에게 입찰에 성공할 수 있도록 공급자A가 제시한 입찰가격 정보를 제공하였다.

b. 종업원이 시의원에 출마 중이다. 그는 회사 메일을 이용하여 선거유세를 위한 자료들을 배포하였다.

c. 구매담당자가 거래처로부터 개인적으로 여러 가지 의류 샘플을 받아 사용하였다.

d. 종업원이 시어즈의 성공 전략들을 파악할 수 있는 자신의 경험담을 익명의 블로그에 올렸다.

사례연구

1.1 로컬 635 [학습목표2,5]

로컬 635는 남부의 몇몇 도시에 있는 호텔의 주방종업원들의 조합이다. 이들의 노사협약서에는 종업원들에게 "근무 시간 중 $15의 식사를 1회 무료로 제공한다. 단 $15를 초과하는 음식을 먹었을 경우에는 초과된 금액을 해당 종업원의 임금에서 차감한다"는 내용이 명시되어 있다.

리버사이드 호텔에서는 6월에 개장한 지 얼마 지나지 않아 하나의 노사분규가 발생하였다. 저녁 교대조로 근무한 주방종업원들의 임금에서 저녁식사 대금으로 $10가 차감된 것이다. 주방종업원 중 한 명인 조쉬 파커가 종업원들을 대표하여 다음과 같이 의견을 제시하였다. "우리가 저녁식사로 먹은 음식의 원가가 $15 일 수 없다. 더 더우기 절대로 $25는 될 수가 없다. 단지 경영진이 우리에게 터무니없는 가격으로 바가지를 씌우는 것이다. 어제 저녁에 내가 먹은 1등급 갈비요리의 경우 원가는 약 $7이며 샐러드는 채 $1도 되지 않는다. 즉 겨우 $8에 불과하며, 거기에 추가할 이렇다 할 다른 원가도 없다. 어차피 주방종업원들은 우리 식사를 만드는 것과는 관계없이 하루 8시간의 작업에 대한 임금을 지급받는다. 내가 먹은 저녁 한끼의 원가가 $25라는 것은 말도 안된다!"

하지만 리버사이드 호텔의 경영자는 전혀 다르게 해석하고 있다. 호텔의 노동분쟁조정위원회에서 호텔 경영자인 샌디 로쓰가 조쉬의 식사를 예로 들어 설명한다. "보세요. 현재 이 요리의 메뉴판 가격은 $40입니다. 주방종업원들에게는 $25라는 아주 저렴한 가격에 식사를 제공한 것입니다. 요리 원가가 $8라는 것은 터무니없는 이야기 입니다. 실제로 고기원가와 샐러드원가가 $8이더라도, 거기에는 조리 작업자의 인건비와 갈비를 굽는데 사용하는 오븐과 관련된 원가 등 각종 간접원가들이 추가로 발생합니다. 오븐의 가격은 $20,000가 넘습니다. 또한 수도, 전기, 가스 등 다양한 원가들이 발생합니다. 종업원들에게 제공하는 식사에도 이와 같은 간접원가들이 배분되어야 합니다. 그리고 종업원들이 식사를 마친 후 그릇을 설거지하는 것도 필요하다는 것을 기억하세요. 이것 또한 원가를 발생시킵니다. 이 모든 항목들을 고려할 때 1등급 갈비요리는 최소한 $25의 원가가 든다는 것을 쉽게 생각할 수 있는 것 아닌가요!"

요구사항

a. 리버사이드 호텔의 원가 중 변동원가, 고정원가, 매몰원가, 기회원가의 예를 제시하라.

b. 종업원과 경영자 간의 갈등의 원인은 무엇인가? 노사협약조항 중 수정해야 할 내용은 무엇이라고 생각하는가?

1.2 보스웰배관설비공업사 [학습목표3]

보스웰배관설비공업사는 가정용과 영업용 배관설비에 사용되는 다양한 종류의 밸브, 커넥터, 등의 부품을 생산하고 있다. 최근 생산담당부사장이 원가회계부를 방문하여 담당자인 닉 솜너에게 D45밸브의 원가에 대한 설명을 요청하였다. 닉은 "왜 원가정보가 필요하십니까?"하고 질문하였다. 생산담당부사상이 닉의 이러한 질문에 대해 다소 당황해 하자, 닉은 다시 "의사결정에 따라 필요한 원가정보가 다르기 때문입니다. D45의 1회당 생산량을 3,000개에서 100개를 늘려 3,100개로 할 것인가, 아니면 생산 횟수를 증가시킬 것인가, 또는 D45의 생산을 중단할 것인가 등, 각각의 경우에 따라 필요한 원가정보가 다르기 때문입니다."

요구사항

증분분석의 관점에서, 닉이 "왜 원가정보가 필요합니까?"라고 질문한 이유를 설명하라. 1회 생산단위를 증가시킬 것인가의 여부를 결정하는 데는 관련이 없지만, 제품라인의 생산중단여부를 결정하는 데는 관련성이 있는 원가정보는 무엇인가?

부록

IMA의 전문가직업윤리규정(IMA Statement of Ethical Professional Practice) 적용기간 2077년 7월 1일까지

IMA의 회원은 윤리적으로 행동해야 한다. 윤리적 전문가 직무에 대한 규정에는 우리의 가치를 반영하는 기본적인 원칙과 회원들의 행동에 지침이 되는 기준이 포함된다.

원칙(Principles)

IMA의 기본이 되는 윤리원칙에서는 정직성(Honesty), 공정성(Fairness), 객관성(Objectivity) 및 책임감(Resposnibility)을 기본적인 덕목으로 강조한다. 회원들은 이들 원칙에 따라 행동해야 하며, 조직 내 다른 동료들에게도 이들 원칙을 준수하도록 권장하여야 한다.

기준(Standards)

IMA의 회원은 적격성(Competence), 비밀유지(Confidentiality), 성실성(Integrity), 신뢰성(Credibility) 등의 기준을 존중하고 준수할 의무가 있다. 회원이 이들 기준을 준수하지 못할 경우 징계조치를 받게 된다.

I. 적격성(Competence)

1. 지식과 기술을 함양하여 적절한 수준의 전문가적 자질과 리더십을 유지하여야 한다.
2. 관련 법규, 규제 및 기술적 기준에 의거하여 전문가로서의 직무를 수행한다.
3. 의사결정에 도움이 되도록 정확하고, 명확하고, 간결한 정보와 조언을 적시에 제공한다. 경영상의 위험을 인지하고 이를 관리할 수 있도록 도움을 제공한다.

II. 비밀유지(Confidentiality)

1. 공개가 허용되거나 법률적으로 요구되는 경우를 제외하고는 정보의 비밀을 유지하여야 한다.
2. 비밀 정보의 적절한 사용과 관련된 내용을 모든 관계자들에게 고지한다. 비밀 유지규정이 준수되고 있는지를 모니터한다.
3. 비윤리적인 또는 불법적인 이익을 위해 비밀정보를 사용하지 않는다.

III. 성실성(Integrity)

1. 이해관계가 상충되는 상황이 발생하지 않도록 노력한다. 명백한 이해관계의 상충을 회피하기 위해

정기적으로 관련 업무 동료들과 의사소통을 한다. 잠재적인 갈등 관계에 있는 모든 관련집단에게 조언을 한다.

2. 윤리적 직무 수행에 편견을 갖게하는 어떤 행위에도 관련되지 않도록 조심한다.
3. 전문가로서의 명성에 흠이 될 수 있는 활동을 지지하거나 참여하지 말아야 한다.
4. 윤리적인 문화의 조성에 기여하고, 개인의 이익 보다는 직업적인 성실성을 더욱 중시한다.

Ⅳ. 신뢰성(Credibility)

1. 정보 소통은 공정하고 객관적이어야 한다.
2. 정보의 이용자가 제공된 보고서, 분석자료 또는 권고사항을 이해하는데 영향을 줄 수 있을 것으로 추정되는 모든 관련 정보를 제공하여야 한다.
3. 정보, 시간준수, 업무절차 또는 조직의 정책이나 관련 법규에 의해 요구하는 내부통제와 관련하여 어떤 지연이나 결함이 있는 경우 그 내용을 보고해야한다.
4. 직업적인 한계 또는 책임감 있는 판단과 성공적인 업무수행에 방해가 되는 제약조건들이 있을 경우 이에 대한 의사소통을 시도해야 한다.

윤리적 문제의 해소

전문가직업윤리기준을 준수하다 보면, 비윤리적 문제 또는 행동에 직면하게 된다. 이 경우 문제를 무시해서는 안되며, 오히려 적극적으로 해결 방안을 모색하여야 한다. 문제 해결을 위해 취할 행동 단계를 결정하기 위해서는 우선 문제와 관련된 모든 리스크와 보복이 있을 경우 대처할 수 있는 방어수단이 있는지를 고려하여야 한다.

비윤리적 문제에 당면하게 되면 우선 자신이 속해 있는 조직의 정책에 입각하여 행동해야 한다. 익명의 보고제도가 있으면 이를 활용할 수도 있다.

비윤리적인 문제 해결을 위한 공식적인 정책이 없을 경우는 다음과 같은 절차의 행동을 취하도록 한다.

- 문제 해결을 위한 절차는 우선 직속 상사와 상의를 하는 것이다. 만약 직속 상사가 관련되어 있다고 생각될 경우에는 그 위의 상사와 상의를 한다.
- IMA에는 익명의 상담전화제도가 있다. 윤리적인 문제에 당면했을 때 상담전화를 이용하여 IMA의 전문가직업윤리기준에 규정된 문제 해결에 필요한 핵심적인 내용에 대한 조언을 받을 수 있다.
- 법적인 책임이나, 권리 또는 문제와 관련된 위험요인이 있는가의 여부를 확인하기 위해서는 변호사와 상담을 하는 것이 필요하다.

만일 이러한 노력에도 문제가 해결되지 않으면, 조직을 떠날 수도 있다.

CHAPTER 2

ms_pics_and_more/Shutterstock.com

제조업과 서비스업의 개별원가 시스템

학습목표

1. 제조원가와 비제조원가, 제품원가와 기간원가의 이해
2. 제조기업의 세 가지 재고계정에 대한 이해
3. 제품원가 흐름에 대한 이해
4. 제품원가계산시스템의 유형에 대한 이해
5. 작업원가와 재공품재고, 제품재고, 매출원가 간의 관계에 대한 이해
6. 직접재료원가, 직접노무원가, 제조간접원가 배부방법에 대한 이해
7. 제조간접원가 배부 시 예정배부율의 역할에 대한 이해
8. 실제배부와 예정배부 차이 조정방법에 대한 이해
9. 서비스업의 개별원가계산에 대한 이해
10. 혁신제조기법과 제품원가계산에 대한 이해

밥 윌리암스(Bob Williams)는 소프트웨어 산업에서 일하면서, 여유 시간을 활용하여 낡은 목재보트를 복원하여 왔다. 그는 15년간 근무하였던 메이필드 소프트웨어(Mayfield Software)에서 은퇴한 후 낡은

보트의 복원 작업을 본격적으로 시작할 수 있었다. 그리고 현재는 이스트레이크 모터보터사(Eastlake Motorboat Company)의 새로운 사장이 되었다. 이스트레이크 모터보터사는 고전적 레이크 크루저(lake cruisers, 1930년대~1950년대)를 본뜬 목재보트를 주문 제작하는 중소회사로 현재 수익성은 높지 않다.

근무 첫 주 동안, 그는 회계담당직원인 낸시 영(Nancy Young)과 점심 회의를 가졌고, 두 가지 회사의 성공요인인 원가추정 및 가격결정에 대한 그의 관심을 표명하였다. "낸시, 나는 우리 회사가 고객의 주문을 받고 가격을 결정하기 전에 재료원가, 노무원가, 제조간접원가를 추정해야 한다는 사실을 알고 있습니다. 실제로 보트의 원가를 발생시키는 것이 무엇인지 알고 싶고, 실제원가와 추정원가도 비교해 보고 싶습니다. 우리 회사가 당면한 문제 중의 하나는 보트의 원가가 과소평가되어 있고, 가격 또한 지나치게 낮게 설정되어 있다는 것입니다. 이 문제를 해결하기 위해서 최근 우리 회사가 주문 받은 건들에 대한 원가자료를 수집하는 것은 어려운 일입니까?

"전혀 어렵지 않습니다, 사장님. 우리 회사는 고객이 주문한 보트의 생산작업별로 원가를 추적 가능하게 해주는 개별원가시스템을 운영하고 있습니다. 사장님께서 필요하시다면 관련자료를 오늘 오후에 보여드릴 수 있습니다."

"아 그래요. 나는 사실 대학에서 컴퓨터 프로그래밍을 전공했기 때문에 회계에 대해서는 항상 두려움이 있었는데 원가시스템이 어떻게 작동하는지 낸시에게 배울 수 있겠군요. 제가 원가시스템을 이해할 수 있도록 도와주실 수 있습니까?"

"예 사장님, 도와드리겠습니다. 사장님께서는 제품원가와 기간원가, 고정원가와 변동원가 간의 차이, 그리고 작업원가표가 재무상태표상의 재고자산과 어떤 관련성을 가지고 있는지에 대해서도 이해하시게 될 것입니다. 이전 사장님께서는 회계정보에 큰 관심을 두지 않으셨던 관계로 회사의 성장에 다소 장애요인이 된 것도 사실이라 생각합니다. 그런데 사장님께서는 회계에 대한 관심이 크신 것 같아 담당자인 저로서는 매우 반갑고 기쁜 일 입니다."

이스트레이크 모터보트사가 제작하는 보트의 원가를 결정하려면 회사는 제품원가계산시스템(product costing system)을 도입하여 제품의 원가를 측정 · 기록하는 과정에서 분개장, 원장, 계정, 그리고 회계절차 등을 활용하여야 한다. 이 장에서는 제조업의 원가분류와 제품의 원가가 재무제표에 어떻게 반영되는지를 공부하게 된다. 특히 개별원가계산시스템에 대해 공부하게 된다. 이 장에서는 이스트레이크 모터보트사의 예를 소개하고 있지만 개별원가계산은 고객에게 제공한 서비스(Services)의 원가를 계산하는 데에도 적용될 수 있다. 그러므로 개별원가계산은 법무법인, 컨설팅법인, 병원, 자동차 정비소, 그리고 이외의 다른 서비스업에도 적용될 수 있다. 이 장의 마지막에서는 혁신제조기법을 소개하고 그 기법들이 회사의 글로벌 경쟁력 확보에 어떠한 영향을 주는지도 공부하게 된다. 이러한 기법은 원가의 유형과 금액, 제품원가시스템의 설계 등에 영향을 준다는 측면에서 관리회계에서 이러한 기법을 학습하는 것은 중요하다 할 수 있다.

학습목표 1 제조원가와 비제조원가, 제품원가와 기간원가의 이해

2.1 제조업의 원가분류

기업은 가격과 이익을 결정하기 위해서 생산한 제품의 원가를 알아야 한다. 그리고 제품의 구매 또는 제조 과정에서 발생한 원가의 적절성도 평가할 수 있어야 한다. 상기업의 경우 구입한 상품의 원가를 결정하는 것은 상대적으로 쉬운데 구입가격에 배송료를 더하면 된다. 반면 제조기업이 생산한 제품의 원가를 결정하는 것은 보다 복잡하다. 그 이유는 제조기업은 노동과 설비를 사용하여 원재료를 제품으로 전환하는데, 생산된 제품에 투입된 자원의 원가를 배부해야 하기 때문이다.

상기업과 제조기업을 비교하면 〈그림 2-1〉과 같다. 이 절에서는 제조원가와 비제조원가 그리고 제품원가와 기간원가에 대해 공부한다.

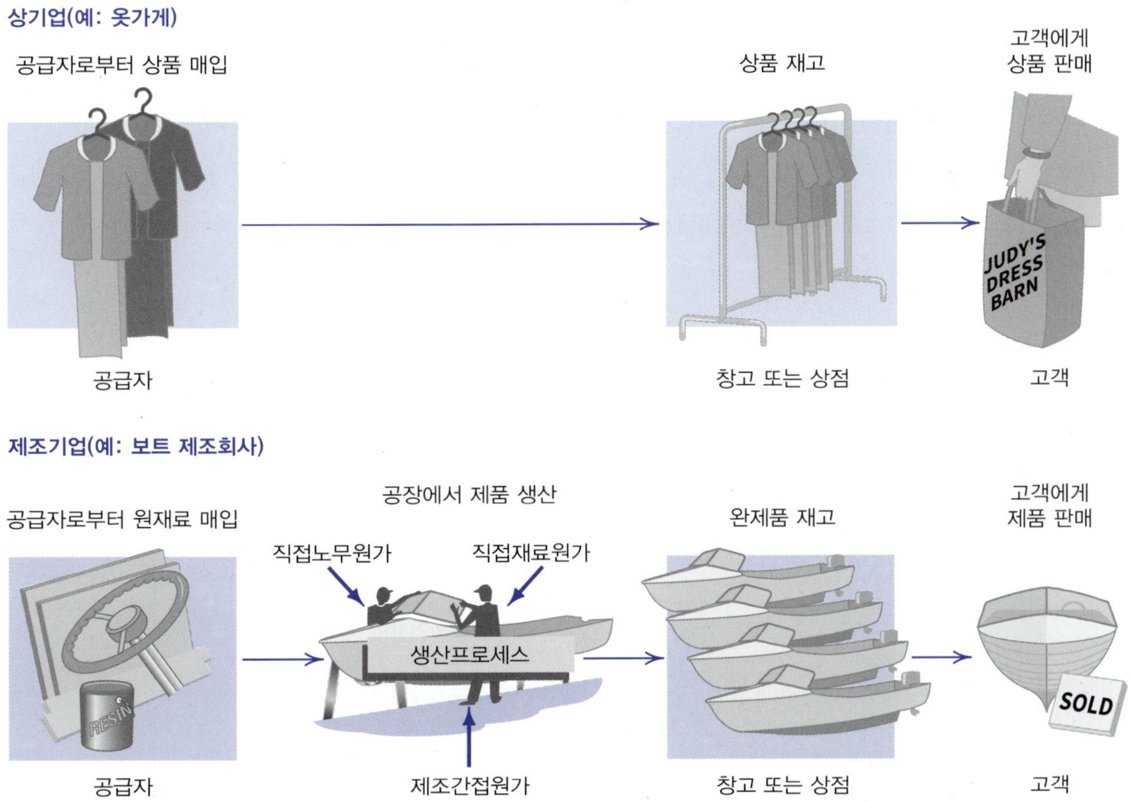

〈그림 2-1〉 상기업과 제조기업 비교

2.1.1 제조원가

제조원가(Manufacturing costs)(또는 제품원가)는 제품의 생산과 관련하여 발생한 모든 원가이다. 제조원가는 직접재료원가, 직접노무원가, 제조간접원가의 세 가지 범주로 구분된다.

직접재료원가

직접재료원가(Direct material costs)는 생산된 제품에 직접적으로 추적할 수 있는 재료, 부품 등의 원가이다. 보트를 만드는 이스트레이크 모터보트사의 경우 직접재료는 목재, 조종장치, 모터, 기타 생산에 직접 추적가능한 다양한 부품 등이 될 수 있다.

나사, 접착제 등과 같은 경미한 부품은 직접재료원가에 종종 포함되지 않는다. 비록 경미한 재료원가가 특정 제품에 추적가능할지라도, 원가를 추적하는 것이 추적하는데 들어가는 노력(시간, 비용)만큼의 가치가 없다. 이와 같이 특정 제품에 직접적으로 추적되지 않거나 또는 금액적 중요성이 낮은 재료는 **간접재료**로 분류한다.

직접노무원가

직접노무원가(Direct labor costs)는 생산된 제품에 직접적으로 추적할 수 있는 노동에 대한 원가를 의미한다. 이스트레이크 모터보트사의 경우 생산라인에서 직접노동을 제공한 노동자의 임금이 직접노무원가에 포함된다. 공장장 칼 젠센(Carl jensen)의 급여 같은 생산관리자의 급여는 직접노무원가에 포함되지 않는다.

공장장 칼 젠센은 한 번에 10척 이상의 다른 보트의 생산에 관여한다. 칼 젠센은 5분에서 1시간을 각각의 업무에 투입하고, 노동자 작업일정 조정, 설비배치 등과 같은 생산지원업무도 수행한다. 따라서 칼이 제공한 노동을 특정 제품에 직접적으로 추적하기는 어렵다. 이처럼 특정 제품에 직접적으로 추적불가능한 노무원가를 간접노무원가라 한다.

제조간접원가

제조간접원가(Manufacturing overhead costs)는 직접재료원가, 직접노무원가 이외에 제조활동과 관련하여 발생한

- 간접노무원가
- 간접재료원가
- 초과근무수당
- 야간근무수당
- 공장노동자에 대한 휴가, 휴일수당
- 공장노동자에 대한 사회보장 및 의료보장세
- 공장노동자에 대한 건강보험
- 공장의 동력, 난방, 조명 비용
- 공장설비의 감가상각비
- 공장건물의 감가상각비
- 공장건물과 설비에 대한 보험료
- 공장설비 수리비
- 공장건물과 토지 유지비용
- 공장에서 발생한 재산세

〈그림 2-2〉 제조간접원가의 예

모든 활동의 원가를 의미한다. 제조간접원가는 간접재료원가, 간접노무원가 뿐만 아니라 생산과 간접적으로 관련을 가진 다양한 원가를 포함한다. 이스트레이크 모터보트사의 경우 제조간접원가는 나사, 접착제, 광택제, 공장장 급여, 공기구의 감가상각비, 공장건물의 감가상각비 그리고 생산과 관련한 많은 기타 항목을 포함한다. 〈그림 2-2〉는 제조간접원가의 일반적인 예를 보여주고 있다.

2.1.2 비제조원가

비제조원가(nonmanufacturing costs)(또는 기간원가)는 제품의 생산과 관련 없이 발생한 원가로서 일반적으로 판매비와 관리비가 비제조원가에 해당된다.

판매비(selling costs)

판매비는 고객의 주문을 이행하는 과정에서 발생하는 모든 원가를 의미한다. 그러므로 판매비는 광고비, 판매사원급여, 판매인력에 의해 사용된 자동차와 사무실 설비에 대한 감가상각비 그리고 제품의 보관과 선적에 소비된 모든 원가를 포함한다.

관리비(general and administrative costs)

관리비는 기업의 일반관리과정에서 발생한 모든 활동의 원가로서 최고경영자, 회계담당자의 급여, 본사 건물의 감가상각비, 일반관리자가 사용하는 사무용비품의 감가상각비, 사무직 직원이 사용하는 소모품의 원가가 속한다.

많은 경우에 원가는 특정한 성격보다는 용도에 따라 분류한다.

경비원가를 생각해 보자. 공장 경비원가는 제조원가(특히 제조간접원가)로 구분되고, 본사 건물 경비원가는 비제조원가(특히 일반관리원가)로 구분된다.

Any Questions?

Q: 〈그림 2-2〉에서 살펴본 바와 같이 초과근무수당은 제조간접원가로 분류된다. 그 이유는 무엇인가? 오후 5시 이후, 주말 또는 공휴일에 특정 작업에서 이루어진 초과근무를 추적하는 것은 불가능한 일인가?

A: 오후 5시 이후, 주말 또는 공휴일에 이루어진 특정작업이 반드시 초과수당을 발생시켰다고 보기는 어렵다. 공장장은 작업의 효율성을 제고하기 위해 일정을 조정하기도 하는데 그러한 특정 작업이 오후 5시 이후에 이루어질 수도 있다. 따라서 특정작업에 초과수당을 배부하기가 어렵기 때문에 일반적으로 대부분의 작업장에서 발생한 초과수당은 제조간접원가로 분류한다.

2.1.3 제품원가와 기간원가

제조원가와 비제조원가는 제품원가와 기간원가라고도 한다. 이는 원가가 비용으로서 인식되는 시기가 다르기 때문인데 제품원가는 생산된 재고자산의 원가이고 그 재고자산이 판매되면 비용으로 인식한다. 그러나 기간원가는 해당 기간에 발생한 원가로서 해당 기간에 비용으로 인식한다.

제품원가(product costs)

제품원가는 생산된 제품에 할당된 원가를 의미한다. 제품원가와 제조원가는 같은 의미로 사용되는데, 직접재료원가, 직접노무원가, 제조간접원가를 포함한다. 제품원가는 판매되기 전에는 재고자산으로 인식되고 판매되면 비용으로 인식된다. 그러므로 2019년에 생산하여 2020년에 판매된 제품에 포함된 직접노무원가는 2020년에 판매되기 전까지는 비용으로 인식되지 않는다. 이러한 회계처리를 통해 수익과 비용의 적절한 대응이 이루어진다.

기간원가(period costs)

기간원가는 생산된 제품보다는 회계기간에 따라 인식된 원가이다. 판매비와 관리비(비제조원가)가 기간원가의 예인데 기간원가는 발생된 기간에 비용으로 인식된다. 예를 들어 사무실 임차료는 기간원가이고 발생한 기간에 임차료비용으로 인식된다. 반면에 공장건물에 대한 임차료는 제품원가이고 제품이 판매될 때 비용으로 인식된다. 제품원가와 기간원가의 차이가 〈그림 2-3〉에 요약되어 있다.

Test Your Knowledge

다음 중 제품원가가 **아닌** 것은 어느 것인가?

a. 제조설비의 감가상각비
b. 간접재료원가
c. 제조설비의 보험료
d. 경영자에게 지불한 보너스

정답 : d

	원가형태	비용화 시점
제조원가	**제품원가** 직접재료원가 직접노무원가 제조간접원가	판매시점
비제조원가	**기간원가** 판매비 일반관리비	발생시점

〈그림 2-3〉 원가범주 간 관계

Link to Practice

스페이스엑스SpaceX의 제품원가와 기간원가

스페이스엑스는 로켓과 우주선을 설계, 제조, 발사하는 회사이며, 우주선으로 지구 저궤도를 왕복한 최초의 민간기업이다. 그 후 스페이스엑스는 국제우주정거장에 여러 번 화물을 배달하였다. 아래에 제시된 스페이스엑스의 각 원가를 제품원가와 기간원가로 분류해 보자.

1. 추진력 발생을 위해 가스를 배출시키는 노즐과 같은 부품의 생산원가
2. 로켓엔진 설계원가
3. 공장장 급여
4. 마케팅 부사장 급여
5. 출고 전 로켓엔진 시운전 비용
6. 본부장 급여
7. 계약서 작성을 위한 법무사 비용

정답 (1) 제품원가, (2) 제품원가, (3) 제품원가, (4) 기간원가, (5) 제품원가, (6) 기간원가, (7) 기간원가

2.2 재무보고와 의사결정을 위한 제품원가정보

의사결정/증분분석 제조기업이 일반적으로 인정된 회계원칙(Generally Accepted Accounting Principles, GAAP)에 따라 재무제표를 작성하기 위해 제품원가에 관한 정보가 필요하다. GAAP은 전부원가시스템을 적용하여 재무상태표의 재고자산과 손익계산서의 매출원가 정보를 산출하도록 하고 있다. **전부원가시스템**에서 제품원가는 일반적으로 변동원가인 직접재료원가와 직접노무원가뿐만 아니라 변동제조간접원가와 고정제조간접원가도 포함하고 있다.

제품원가정보는 또한 관리적 의사결정에도 필요하다. 관리적 의사결정을 위한 제품원가정보는 외부재무보고를 위해 산출된 제품원가정보와는 차이가 있다. 1장에서도 언급하였듯이 의사결정은 증분분석[대체 안이 존재할 경우 수익증가(감소), 비용증가(감소) 차이분석]을 활용한다. 대부분의 경우 증분분석을 수행할 경우에는 변동원가 요소와 고정원가 요소를 구분할 필요가 있다. 예를 들어 이스트레이크 모터보트사의 밥 윌리암스는 목재보트전문잡지에 광고를 고려 중에 있다고 가정해 보자. 광고비는 $25,000인데, 밥은 광고를 할 경우 적어도 한 대의 보트가 추가적으로 판매될 것이라고 예상하고 있다. 평균적으로 이스트레이크 보트는 $90,000에 판매된다. 그러므로 광고를 하게 될 경우 $90,000의 증분수익과 $25,000의 증분비용이 발생하게 된다. 그러나 이 경우 증분제조원가는 얼마인가?

밥은 $25,000의 직접재료원가와 $20,000의 직접노무원가 그리고 $30,000의 제조간접원가가 보트의 제조원가라는 사실을 알고 있다. 따라서 보트의 전부원가는 $75,000가 된다.

직접재료원가	$25,000
직접노무원가	20,000
제조간접원가	30,000
	$75,000

밥은 $90,000의 수익이 $100,000(광고비 $25,000, 제조원가 $75,000)의 비용보다 적기 때문에 광고를 하지 않을 것으로 생각된다. 그러나 밥은 제조원가를 분석하면서 직접재료원가와 직접노무원가는 증분원가이고, 제조간접원가는 10%인 $3,000만 증분원가라는 사실을 알게 되었다. 그 이유는 대부분의 제조간접원가는 장비의 감가상각비, 생산설비의 감가상각비, **공장장**의 급여, 그리고 다른 고정원가 항목으로 구성되는 고정원가이기 때문이다.

증분분석을 수행하고 밥이 광고를 해야 하는지를 생각해 보자.

증분수익		$90,000
증분원가:		
광고원가		(25,000)
증분제조원가		
직접재료원가	$25,000	
직접노무원가	20,000	
제조간접원가	3,000	(48,000)
증분이익		$17,000

위의 분석에서 알 수 있듯이 증분수익이 증분원가를 초과하여 $17,000의 증분이익을 발생시킨다. 그러므로 밥은 광고를 해야 한다. 여기서 중요한 사실은 관리적 의사결정을 위해서는 외부보고 목적으로 산출된 제조원가정보가 관리적 의사결정 목적하의 원가정보로 수정되어야 한다는 점이다.

학습목표 2 제조기업의 세 가지 재고계정에 대한 이해

2.3 재무상태표상의 제품원가

앞에서도 살펴보았듯이 제품원가는 제품이 판매되기 전까지는 자산으로 인식된다. 이 절에서는 제품원가가 재무상태표상의 원재료계정, 재공품계정, 그리고 제품계정에 어떻게 측정 · 기록되는지를 배우게 된다. 다음 절에서는 원가흐름에 대해 살펴보고 원가가 손익계산서에 어떻게 반영되는지도 공부하게 된다.

이스트레이크 모터보트사				
재무상태표 2020년 12월 31일				
자산			**부채와 자본**	
현금		$20,000	외상매입금	$10,000
매출채권		40,000	지급어음	60,000
재고자산			장기부채	100,000
원재료	$30,000		보통주	400,000
재공품	50,000		이익잉여금	70,000
제 품	100,000	180,000		
설비(순액)		400,000		
총자산		$640,000	총부채와자본	$640,000

〈그림 2-4〉 재무상태표상 재고계정

원재료재고계정(raw materials inventory)은 제품을 생산하기 위해 투입한 재료의 원가를 포함한다. 이스트레이크 모터보트사의 경우 조종장치, 모터, 목재, 나사, 광택제, 접착제 등은 원재료재고에 포함된다.

재공품재고계정(work in process inventory)은 미완성된 제품의 원가를 집계하는 재고계정이다. 예를 들어 회계기말에 이스트레이크 모터보트사가 10개의 미완성보트를 가지고 있다면 지금까지 투입된 직접재료원가, 직접노무원가, 제조간접원가 모두는 재공품계정에 기록되어야 한다.

제품재고계정(finished goods inventory)은 생산하여 판매할 모든 제품의 원가를 기록하는 계정이다. 예를 들어 회계기말에 이스트레이크 모터보트사가 4개의 완성품을 생산하여 판매할 준비가 되어 있다고 가정해 보자. 완성된 제품에는 보트를 생산하기 위해 투입된 직접재료원가, 직접노무원가, 제조간접원가 모두가 포함되어 있다. 원재료, 재공품, 제품의 재고계정을 보여주는 요약 재무상태표가 〈그림 2-4〉에 제시되어 있다.

학습목표 3 제품원가 흐름에 대한 이해

2.4 제품원가 흐름에 대한 이해

회계시스템에서 제품원가는 하나의 재고자산계정에서 다른 재고자산계정으로 흘러간다. 〈그림 2-5〉는 원가의 흐름을 보여주고 있다.

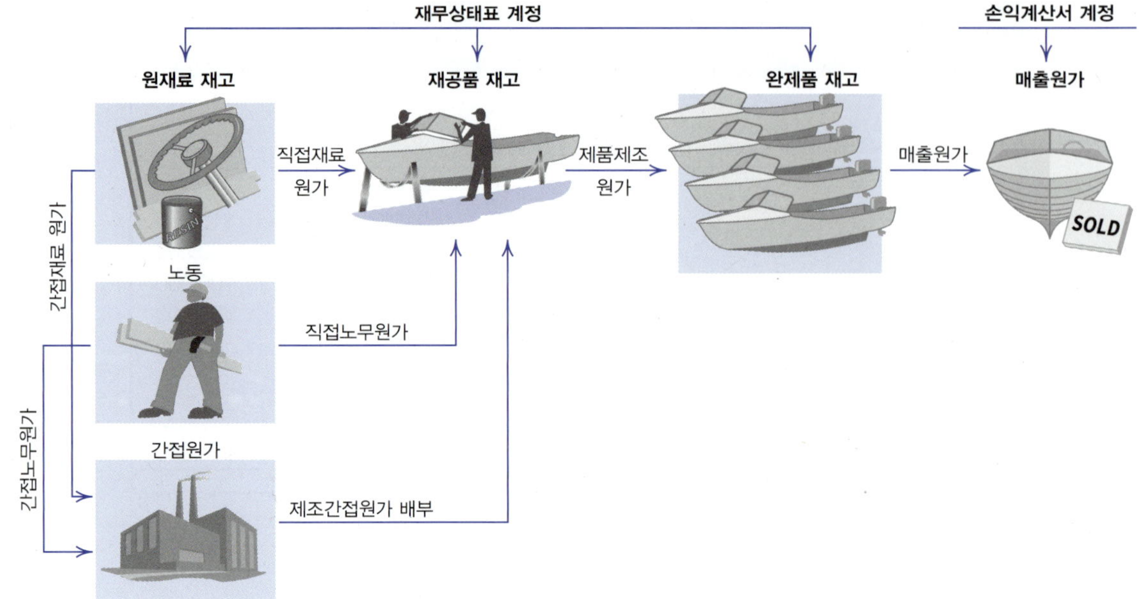

〈그림 2-5〉 제품원가의 흐름

생산에 투입된 직접재료원가는 원재료계정에서 재공품계정으로 대체된다. 직접노무원가도 재공품계정으로 대체된다. 그러나 간접재료원가와 간접노무원가, 기타 제조간접원가는 제조간접원가계정에 누적된 후, 재공품계정으로 대체된다.

생산이 완료되면 완성된 제품의 원가는 재공품계정에서 제품계정으로 대체된다. 완성된 제품의 원가를 **제품제조원가**(cost of goods manufactured)라 한다. 그리고 그 제품이 판매되면 제품계정에서 매출원가계정으로 대체된다.

2.5 손익계산서와 제품원가

제품이 판매되면 판매된 제품의 원가는 비용으로 인식되고 제품재고에서 상계되어야 한다. 이는 수익(매출)과 비용(매출원가)의 대응과정이다.

제품제조원가 매출원가를 계산하기 위해서는 먼저 제품제조원가를 계산해야 한다. 제품제조원가는 일정기간 동안 제품을 생산하기 위해 투입한 제조원가 요소들의 합이다. 제품제조원가는 다음 공식을 이용하여 계산할 수 있다. 제품제조원가는 기초재공품재고에 당기총제조원가(직접재료원가+직접노무원가+제조간접원가)를 더하고 기말재공품재고를 차감하여 계산된다.

이스트레이크 모터보트사

제조원가명세서
2020년 1월 1일~12월 31일

기초재공품재고			$40,000
가산 당기총제조원가:			
직접재료원가		$600,000	
직접노무원가		480,000	
제조간접원가			
수도광열비	$15,000		
생산설비임차료	45,000		
장비감가상각비	50,000		
관리자 급여	150,000		
기타	460,000	720,000	1,800,000
합계			1,840,000
차감 기말재공품재고			50,000
당기제품제조원가			**$1,790,000**

손익계산서
2020년 1월 1일~12월 31일

매출		$2,160,000
차감 매출원가		
기초제품재고	$80,000	
가산 당기제품제조원가	**1,790,000**	
판매가능한제품재고	1,870,000	
차감 기말제품재고	76,000	**1,794,000**
매출총이익		366,000
차감 비제조비용		
판매비와 관리비		220,000
순이익		$146,000

〈그림 2-6〉 제조원가명세서, 손익계산서의 매출원가 표시

기초재공품재고 + **당기총제조원가** − **기말재공품재고** = **제품제조원가**

(당기총제조원가: 직접재료원가, 직접노무원가, 제조간접원가)

매출원가 제품제조원가정보가 산출되면 매출원가 정보는 다음의 식을 사용하여 계산할 수 있다. 매출원가는 기초제품재고에 당기제품제조원가를 더하고 기말제품재고를 차감하여 계산된다.

기초제품재고 + **당기제품제조원가** − **기말제품재고** = **매출원가**

〈그림 2-6〉은 매출원가정보가 나타나는 이스트레이크 모터보트사의 제조원가명세서와 요약손익계산서이다. 손익계산서에서 제품의 기초금액에 제품제조원가를 더한 것은 **판매가능한 제품재고**(cost of goods for sale)를 의미한다.

Test Your Knowledge

다음 중 매출원가를 계산하는 공식은?

a. 기초재공품재고 + 제품제조원가 – 기말제품재고
b. 기초재공품재고 + 제품제조원가 – 기말재공품재고
c. 기초제품재고 + 제품제조원가 – 기말제품재고
d. 기초재공품재고 + 제품제조원가 – 기말재공품재고

정답 : c

학습목표 4 제품원가계산시스템의 유형에 대한 이해

2.6 제품원가계산시스템의 유형

회사는 제품원가를 측정하고 기록하기 위해 제품원가계산시스템(분개장, 원장, 계정, 회계절차)을 사용한다. 회사가 사용하는 주된 제품원가계산시스템에는 개별원가계산과 종합원가계산의 두 가지 유형이 있는데, 어떠한 원가시스템을 사용할지는 제조활동의 유형에 따라 결정된다.

개별제품 또는 주문생산을 하는 회사는 **개별원가계산시스템**(job-order costing system)을 사용 할 수 있다. 개별원가계산시스템은 건설업, 장비공구생산업, 조선업, 출판업 등에 적합한 원가계산방법이다. 개별원가계산에서 **작업**(Job)은 회사가 원가정보를 산출해야 하는 개별 제품 또는 제품 묶음(배치, batch)을 의미한다. 제품이 완성되고 판매되면, 제품의 원가는 비용이 되고 적절한 이익을 창출할 수가 있게 된다.

동일한 제품을 대량생산하는 회사는 **종합원가계산시스템**(process costing system)을 사용 할 수 있다. 종합원가계산시스템은 철강, 화학, 페인트, 플라스틱 업종에 적합한 원가계산방법이다. 화학, 페인트, 플라스틱 제품은 동일 연속공정을 통해 생산되는데, 이 과정에서 원가는 각 공정에서 누적된다. 제품의 단위당 원가는 총

생산원가를 총생산수량으로 나누어 계산된다.

$$\text{제품단위당원가} = \frac{\text{총생산원가}}{\text{총생산수량}}$$

종합원가계산의 과정에서 생산되는 모든 제품은 동일하므로 특정 제품별로 원가를 추적할 필요는 없으며, 위의 식과 같이 개별 제품에는 평균 단위당 원가가 할당된다. 종합원가계산시스템에 대해서는 제3장에서 공부하게 될 것이다.

학습목표 5 작업원가와 재공품재고, 제품재고, 매출원가 간의 관계에 대한 이해

2.7 개별원가와 재무제표

제품원가는 직접재료원가, 직접노무원가, 제조간접원가로 구성되는 세 가지 원가항목을 포함하고 있다. 개별원가계산에서 작업원가는 이 세 항목의 합이 된다. 그러므로 개별원가계산시스템은 이 세 항목을 특정작업에 부과할 수 있어야 한다(〈그림 2-7〉).

제품원가는 재무상태표상의 재공품재고, 제품재고, 그리고 손익계산서상 매출원가계정에 누적되어 있다. 개별원가계산시스템에서 재공품계정은 현재 진행 중인 모든 작업의 원가를 포함하고 있다. 제품계정에는 완성되었지만 판매되지 않은 제품의 원가, 그리고 매출원가계정에는 판매된 제품의 원가가 기록된다(〈그림 2-8〉).

개별원가계산시스템에서 원가흐름은 작업의 상태에 따라 결정된다. 먼저, 생산진행 중에 있는 작업의 직접

Link to Practice

개별원가계산과 종합원가계산을 사용하는 회사의 예

다음에서 개별원가계산시스템 또는 종합원가계산시스템을 사용해야 하는 회사는 어디인가?

회사

그랜드 뱅크 요트(Grand Banks Yachts)
존슨 음료회사(Jones Soda Company)
다우 케미칼(Dow Chemical Company)
파이저 제약(Pfizer, Inc.)
굳이어 타이어(Goodyear Tire and Rubber Company)
그레이 슈퍼컴퓨터(Gray, The Supercomputer Company)
리어젯 제트기(Learjet, a subsidiary of Bombardier Aerospace)
프리시전 캐스트 파츠, 주문제작금속부품(Precision cast parts, a manufacturer of custom metal components)

정답 : 개별원가계산; 그랜드 뱅크 요트, 그레이 슈퍼컴퓨터, 리어젯 제트기, 프리시전 캐스트 파츠
종합원가계산; 존슨 음료회사, 다우 케미칼, 파이저 제약, 굳이어 타이어

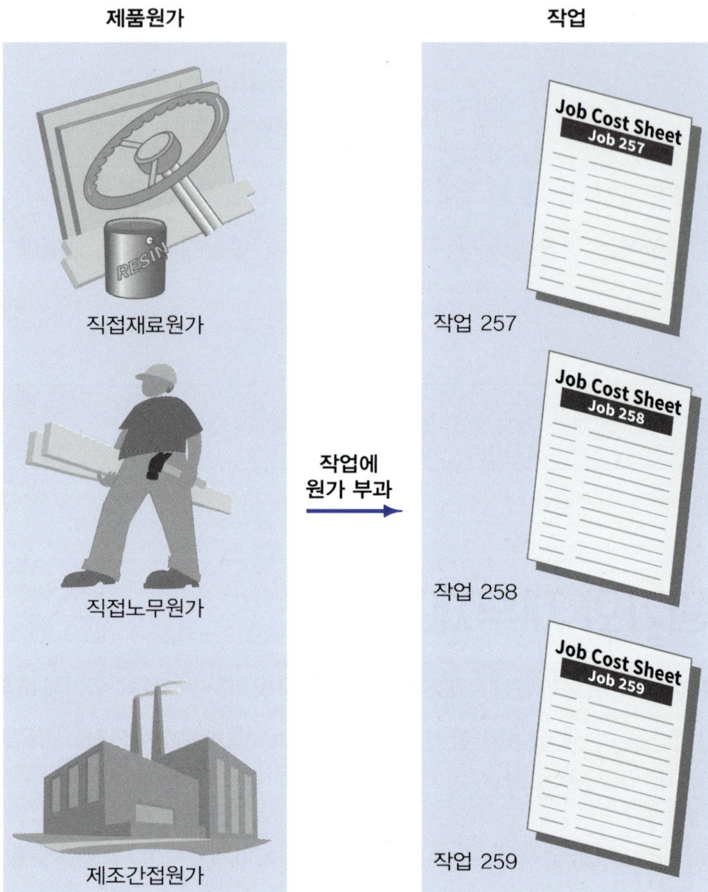

〈그림 2-7〉 제품원가와 작업의 관계

재료원가, 직접노무원가, 제조간접원가는 재공품계정으로 대체된다. 그리고 작업이 완료되면 그 작업의 원가(제품제조원가라고도 함)는 재공품계정에서 제품계정으로 대체된다. 그리고 제품이 판매되면 제품계정에서 매출원가계정으로 대체되는데, 이러한 원가흐름은 〈그림 2-9〉와 같다.

다음의 제시된 내용을 보면서 개별원가계산시스템의 요소에 대해 다시 한번 생각해 보자. 이는 개별원가계산시스템을 구축하기 위한 기본요소가 된다.

(a) 제품원가의 구성요소(직접재료원가, 직접노무원가, 제조간접원가),

(b) 원가의 흐름을 기록하는 재무제표의 계정(재공품, 제품, 매출원가)

재공품재고	제품재고	매출원가
생산중인 제품의 원가	완성되었지만 판매되지 않은 제품의 원가	판매된 제품의 원가

〈그림 2-8〉 개별원가와 재무제표 계정

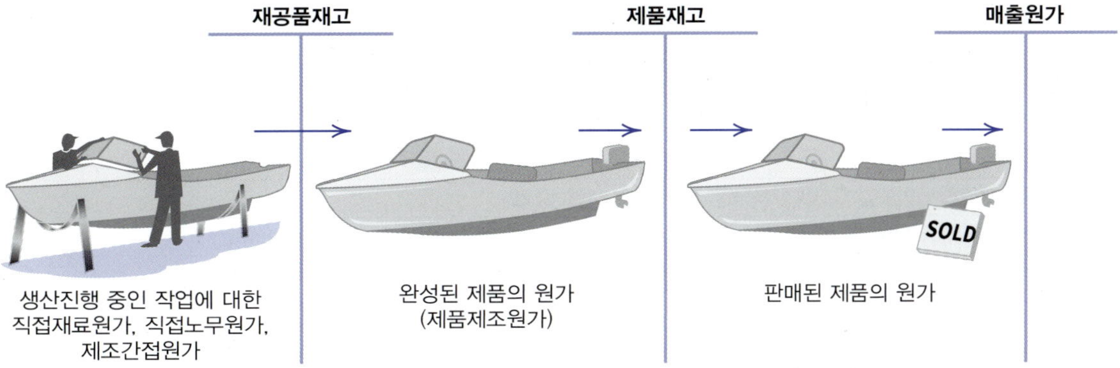

〈그림 2-9〉 원가흐름

Test Your Knowledge

다음은 로열 커스텀 금형사(Royal Custom Molds)의 당해연도 자료이다.

기초재공품재고	$200,000
기말재공품재고	$300,000
기초제품재고	$600,000
기말제품재고	$900,000
제품제조원가	$4,000,000

위 정보를 이용하여 매출원가를 계산하면 얼마인가?

a. $3,900,000 **b.** $3,700,000 **c.**$1,200,000 **d.** $100,000

정답 : d

학습목표 6 직접재료원가, 직접노무원가, 제조간접원가 배부방법에 대한 이해

2.8 개별원가계산시스템

회사가 특정제품의 생산을 결정하거나 주문형 제품에 대한 주문을 받을 때, 개별원가계산시스템은 시작된다. 예를 들면 전기모터제조사는 모델 XL25를 5개 생산하기로 결정하였다. 또는 인쇄소가 의류 회사로부터 의류 봄 신상품을 위한 20,000장의 카탈로그 제작을 주문받았다. 또는 주택건설업체가 피서용 별장 건설을 주문받으면 개별원가계산이 시작된다.

회사는 주문을 접수한 후 작업원가표를 준비해야 한다. **작업원가표**(job cost sheet)는 주문된 제품을 생산하는

이스트레이크 모터보트사

65 Shore Place
Kirkland, Washington 98006

작업번호: 20126 인도일: 5/30 시작일: 4/15 완성일: 5/25

고객: 메리와 존 휴즈(Mary and john Hughes), 647 Circle Drive, Redmond, Washington 98402

세부사항: 18-foot runabout, mahogany hull, 75 h.p. inboard, deluxe interior(cream/maroon)

	직접재료원가		직접노무원가			제조간접원가
날짜	재료출고청구번호	원가	작업전표번호	시간	원가	직접노무시간 당 $57.60
4/15	255	1,542.68	105	24	880.00	$1,362.40
4/16	261	5,450.00	106	12	432.00	691.20
4/17	266	4,225.42	107	15	576.00	864.00
4/18	272	1,820.65	108	7	262.50	403.20
4/19	282	436.80	109	9	297.50	518.40
4/22	289	854.64	110	4	140.00	230.40
4/23	295	1,620.22	111	5	175.00	288.00
(작업원가표 마지막 페이지)						
5/25	382	655.50	133	4	160.00	230.40
		합계 24,500.50		합계 568	21,025.30	합계 32,716.80

원가요약

직접재료원가	$24,500.50
직접노무원가	21,025.30
제조간접원가	32,716.80
	$78,242.60

〈그림 2-10〉 작업원가표

과정에서 생산하는 제품의 원가를 기록하는 양식이다. 〈그림 2-10〉은 이스트레이크 모터보트사의 작업원가표의 예이다. 해당 작업은 작업번호 20126으로 식별된다. 작업원가표에 나타난 금액은 무엇을 의미하는가? 작업원가표는 직접재료원가, 직접노무원가, 제조간접원가와 같은 제품원가의 3요소에 관한 구체적인 정보를 포함하고 있다.

2.8.1 직접재료원가

재료출고청구서(Material requisition form)는 재료를 생산에 투입하기 위해 창고에 출고를 요청하는 서류이다. 〈그림 2-11〉은 이스트레이크 모터보트사의 작업번호 20126에 대한 재료출고청구서의 예이다. 재료출고청구서에는 재료의 유형, 수량, 원가, 작업번호 등이 표시된다. 작업원가표의 작업번호를 통해 특정작업에 재료원가를 추적할 수 있다. 그리고 재료의 출고청구서는 감독자의 확인을 받도록 하고 있어 내부통제를

이스트레이크 모터보트사

재료출고청구번호 255
작업번호 20126 날짜: 4/15

항목	세부사항	원가
T5627	바닥 방수포	$246.36
L2005	120미터 마호가니 널판자	1,296.32
		$1,542.68

승인: 칼 젠슨

〈그림 2-11〉 재료출고청구서

견고히 하고 있다.

각각의 재료청구서는 작업원가표에 표시된다. 예를 들어 〈그림 2-11〉에 제시된 청구번호 255번을 보면 출고청구된 재료의 총원가는 $1,542.68이다. 이 재료가 창고로부터 출고되면 〈그림 2-10〉에서 보는 것 같이 총원가는 작업원가표에 기록되고, 재료출고청구번호를 통해 교차점검을 할 수 있다.

특정 제품을 생산하기 위해 창고로부터 출고된 재료는 원재료계정에서 재공품계정으로 대체된다. 주기적으로(매일, 매주 또는 매달) 생산을 위해 출고된 재료는 회사의 계정에 계상 또는 기록된다. $60,000의 재료가 특정 작업에 투입되었다고 가정하면 분개는 다음과 같다.

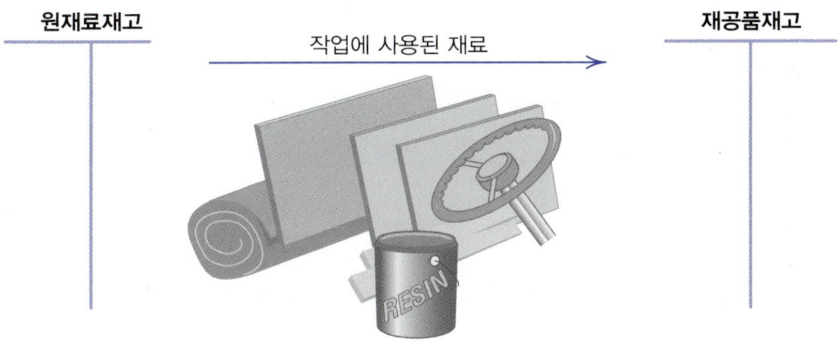

날짜	재공품재고	60,000.00	
	원재료재고		60,000.00
	사용된 원재료를 기록하다		

2.8.2 직접노무원가

개별원가계산시스템에서 회사의 근로자가 각 작업에 제공한 노동시간을 기록하기 위해서는 **작업전표**(time tickets; job tickets; work tickets)를 작성해야 한다. 〈그림 2-12〉는 이스트레이크 모터보트사 작업 20126의 근로

이스트레이크 모터보트사

작업전표 번호 1587	
종업원 수 21	등급 3
작업번호 20126	날짜 4/15
시작시간 8:00	종료시간 5:00
소요시간 8	

〈그림 2-12〉 근로자 작업전표

자 작업전표를 보여 준다. 특정작업에 다수의 종업원이 투입되었다면 개별근로자작업전표는 너무 상세한 정보를 나타내기 때문에 작업원가표에 직접적으로 기록되지 않는다. 〈그림 2-13〉은 작업별로 매일 발생하는 노무원가를 요약한 표이다. 근로자작업전표 1587은 4월 15일 작업 20126에서 수행된 세 가지의 작업 중 한 작업에서 소요된 시간을 보여준다. 4월 15일 총 24시간이 작업 20126에서 소비되었고, 해당 원가는 $880.00이다. 작업 20126($880.00)에 부과될 총 노무원가는 작업원가표에 표시된 금액이다(〈그림 2-10〉참조).

직접노무원가 분개

주기적으로 직접노무원가는 재공품계정에 차기해야 한다. $40,000의 직접노무원가가 발생하였다고 가정한다면 분개는 다음과 같다.

이스트레이크 모터보트사

일일 노무보고서 :105 **2017년 4월 15일**

작업	작업전표	시간	등급	임률	원가
20124	1583	8	4	42.00	$336.00
20124	1582	5	3	37.00	185.00
20124	1583	3	2	31.00	93.00
		16			**614.00**
20125	1584	3	3	37.00	111.00
20125	1585	5	2	31.00	155.00
		8			**266.00**
20126	1586	8	4	42.00	336.00
20126	1587	8	3	37.00	296.00
20126	1588	8	2	31.00	248.00
		24			**880.00**
				총일일노무원가	$1,760.00

〈그림 2-13〉 일일 노무원가 요약

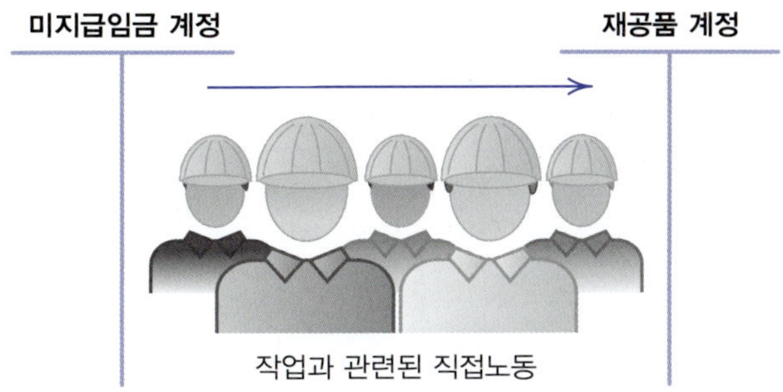

날짜	재공품	40,000.00	
	미지급임금		40,000.00
	직접노무원가를 기록하다		

2.8.3 제조간접원가

지금까지 개별작업에 직접재료원가와 직접노무원가를 부과하는 방법에 대해 학습하였다. 지금부터는 제조간접원가 배부 방법에 대해 살펴보고 보다 구체적인 내용은 제6장에서 학습하게 된다.

앞에서 살펴보았듯이 제조간접원가는 제품에 직접 추적되지 않는다. 따라서 제조간접원가를 작업에 배부하기 위해서는 간접배부방식에 대한 이해가 필요하다. 일반적으로 제조간접원가는 직접노동시간이나 직접노무원가를 기준으로 작업에 배부한다. 이를 제조간접원가 **배부기준**(allocation base)이라고 한다. 제조간접원가 배부는 간접원가를 발생시킨 다양한 작업에 제조간접원가를 나누어주는 과정이라 할 수 있다.

제조간접원가배부율은 추정 제조간접원가를 추정 배부기준량으로 나누어 계산한다. 예를 들어 이스트레이크 모터보트사가 한 해에 $720,000의 제조간접원가와 12,500시간의 직접노동시간이 발생할 것으로 추정하였다고 가정해 보자. 이를 통해 이스트레이크 모터보트사의 회계담당자 낸시 영은 직접노동시간당 $57.60($720,000÷12,500시간)의 제조간접원가 배부율을 결정할 수가 있다. 이 배부율에 근거하여 각 작업은 직접노동시간당 $57.60의 제조간접원가를 배부받게 될 것이다. 작업이 직접노동시간을 더 소비한다면 배부율에 근거해 더 많은 간접비를 배부받게 될 것이다. 작업에 배부된 제조간접원가의 금액은 **제조간접원가 배부액**(overhead applied)이라고도 한다. 〈그림 2-10〉에서 알 수 있듯이 이스트레이크 모터보트사는 직접노동시간을 기준으로 제조간접원가를 작업에 배부하였다. 직접노동시간당 제조간접원가 배부율 $57.60에 568시간의 직접노동시간을 곱하여 $32,716.80의 제조간접원가를 작업번호 20126에 배부하였다.

제조간접원가 분개

제조간접원가는 두 단계를 거쳐서 기록된다. 첫째, 실제 제조간접원가가 발생하면 제조간접원가 계정에 차기한다. 둘째, 제조간접원가가 배부되면 제조간접원가계정에 대기하고 재공품계정에 차기한다.

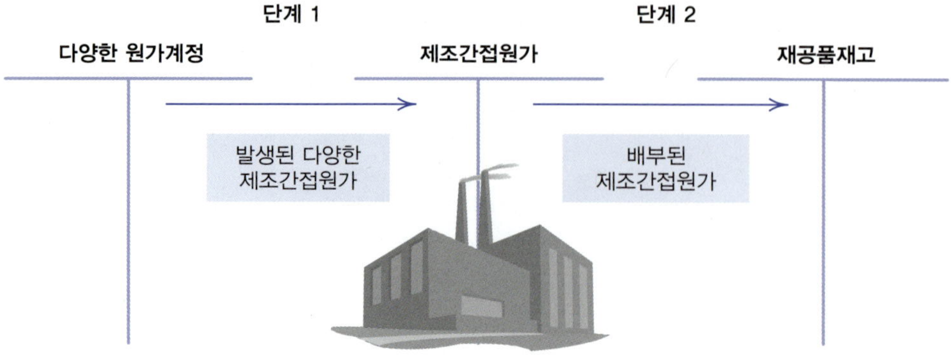

단계 1. 제조간접원가는 제조설비 감가상각비, 제조관련 제세공과, 간접재료원가, 기타 다른 다양한 원가를 포함한다. 따라서 제조간접원가를 차변에 기록하기 위해서 대변 계정에는 다양한 항목들이 나타날 수 있다. 예를 들어 $4,000의 감가상각비, $1,000의 제세공과, $1,000의 간접재료원가 그리고 $60,000의 다양한 다른 제조간접원가가 발생하였다고 하면 분개는 다음과 같다.

(날짜)	제조간접원가	66,000.00	
	감가상각누계액		4,000.00
	미지급제세공과		1,000.00
	원재료재고		1,000.00
	미지급비용		60,000.00
	발생한 제조간접원가를 기록하다		

단계 2. 작업에 배부된 추정된 제조간접원가 총액은 주기적으로 계산되고, 분개는 제조간접원가 계정에서 제거하고 재공품계정에 차기 한다. $60,000의 제조간접원가가 작업에 배부되었다고 가정하면 분개는 다음과 같다.

(날짜)	재공품	60,000.00	
	제조간접원가		60,000.00
	작업에 배부된 제조간접원가를 기록하다		

2.8.4 작업에 제조원가 배부: 요약

직접재료원가는 재료출고청구서를 통해 작업에 부과되고, 직접노무원가는 근로자 작업전표를 통해 작업에 부과된다. 제조간접원가는 작업에 직접적으로 부과될 수 없으므로 제조간접원가 배부기준에 의해 산출된 제조간접원가 배부율을 이용하여 작업에 배부한다. 〈그림 2-14〉는 제조원가를 작업에 배부하는 방법을 보여주고 있다.

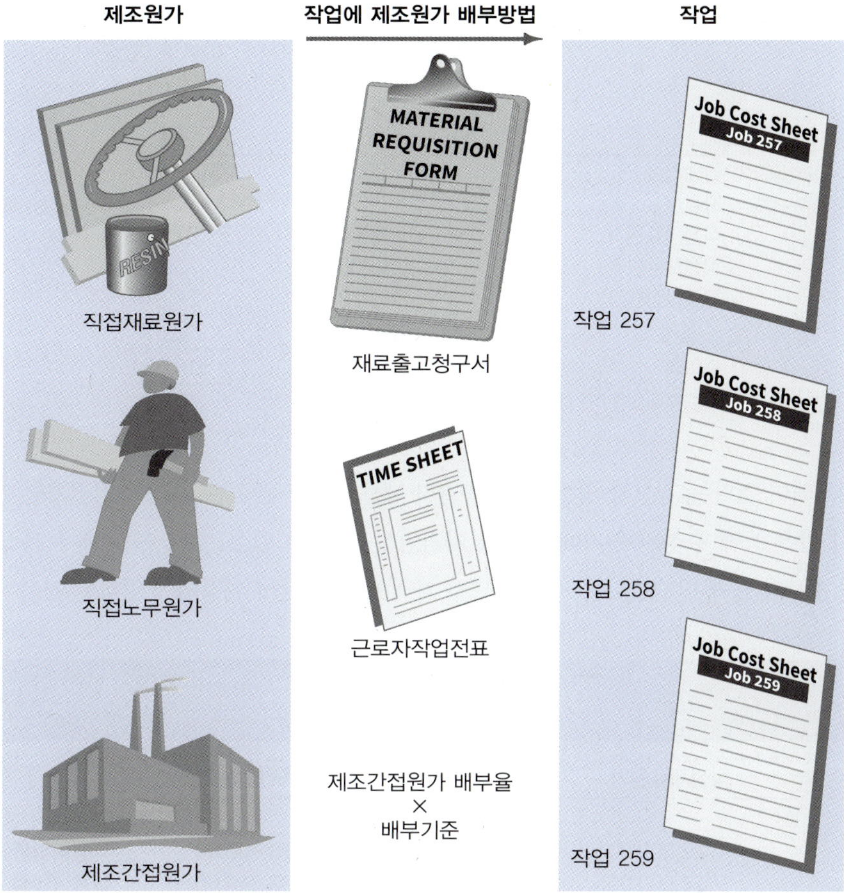

〈그림 2-14〉 제조원가를 작업에 배부하는 방법

2.9 이스트레이크 모터보트사 개별원가정보 활용 사례

지금까지 개별원가계산시스템과 관련한 재무회계정보를 검토하였다. 이 모든 정보가 어떻게 사용되는지 이스트레이크 모터보트사의 사례를 살펴보면 다음과 같다.

이 장의 도입부에서 살펴보았듯이 밥 윌리암스는 이스트레이크 모터보트사의 새로운 사장이고, 생산되는 보트의 원가가 과소평가되어 있으며, 가격 또한 낮게 설정되어 있다는 것을 알게 되었다. 작업원가표로부터 얻은 정보를 활용하여 회계담당자 낸시 영은 현재 진행중인 3개의 작업에 대한 추정원가와 실제원가 자료를 준비하였다(〈그림 2-15〉 참조). 밥은 실제원가가 추정된 원가보다 더 높다는 그의 예감이 옳다는 것을 알 수 있었다. 특히 직접재료원가가 평균적으로 추정된 것보다 14% 더 높게 발생하고 있었다.

문제는 추정 이익률과 실제 이익률간의 차이[(가격 − 원가) ÷ 가격]. 예를 들어 추정된 원가에 근거해서 작업 20124를 고려해 보면 회사는 22%의 이익률을 창출하고 있었다. 그러나 그것은 추정직접재료원가와 실제직접재료원가의 차이로 인해 발생한 것이고 실제 이익률은 단지 16% 수준에 불과하다.

	추정	실제
판매가격	$115,000	$115,000
차감:		
직접재료원가	27,000	31,600
직접노무원가	24,100	25,200
제조간접원가	38,078	39,816
합계	89,178	96,616
순이익	$25,822	$18,384
매출액대비순이익률	22%	16%

원가가 과소평가되어 있다는 정보와 함께 밥은 특별히 재료원가와 관련된 원가 추정절차를 개선하기 시작하였다. 그러나 밥은 높게 추정된 원가에 적절한 가격인상을 할 수 있겠는가? 이는 매우 복잡한 문제인데, 원가가 계획된 것보다 높게 발생한다는 것이 반드시 가격이 너무 낮게 설정되어 있다는 것을 의미하는 것은

이스트레이크 모터보트사

	직접재료원가	직접노무원가	제조간접원가		
작업 20126				**가격**	$102,000
추정	22,000.00	21,200.00	33,600.00	**추정이익률**	25%
실제	24,500.00	21,025.00	33,219.00	**실제이익률**	23%
차이	(2,500.00)	175.00	381.00	**차이**	−2%
차이비율	−11%	1%	1%		
작업 20125				**가격**	105,000
추정	25,000.00	22,500.00	35,550.00	**추정이익률**	21%
실제	28,600.00	23,500.00	37,130.00	**실제이익률**	15%
차이	(3,600.00)	(1,000.00)	(1,580.00)	**차이**	−6%
차이비율	−14%	−4%	−4%		
작업 20124				**가격**	115,000
추정	27,000.00	24,100.00	38,078.00	**추정이익률**	22%
실제	31,600.00	25,200.00	39,816.00	**실제이익률**	16%
차이	(4,600.00)	(1,100.00)	(1,738)	**차이**	−6%
차이비율	−17%	−5%	−5%		
추정합계	74,000.00	67,800.00	107,228.00		
실제합계	84,700.00	69,725.00	110,165.00		
총차이	(10,700.00)	(1,925.00)	(2,937.00)		
차이비율	−14%	−3%	−3%		

주: 실제제조간접원가 = 예정배부율 × 실제노동시간

〈그림 2-15〉 이스트레이크 모터보트사의 추정원가와 실제원가 비교분석

아니다.

의사결정/증분분석 제8장에서 더 자세히 설명하겠지만 제조원가를 고려하는 것과 더불어 관리자는 가격을 설정할 때 무엇이 고객으로 하여금 지불할 의향을 가지게 하는가에 대해 고려해야 한다. 작업 20124에서 고객은 보트 가격으로 $115,000를 지불할 의향이 있다고 가정해보자. 밥은 보트를 판매하지 않아야 하는가? 그렇지 않다.

의사결정을 할 때 증분분석을 할 필요가 있다는 것을 상기해 보자. 제조간접원가의 10%만이 변동원가이고 나머지는 감가상각비, 공장장의 급여와 같은 고정원가이다. 이 경우 증분원가는 직접재료원가 $31,600, 직접노무원가 $25,200, 제조간접원가 $3,982로 총 $60,782가 된다. 이 작업으로 인한 증분이익은 $54,218이므로 판매하지 않는다면 재무성과를 악화시키게 될 것이다.

증분수익		$115,000
증분원가:		
직접재료원가	31,600	
직접노무원가	25,200	
제조간접원가	3,982	60,782
증분이익		$54,218

가격을 조정하면서, 밥은 실제 수익성을 높여주는 판매를 거절하지 않도록 주의하여야 한다.

2.10 작업원가와 재공품, 제품, 매출원가 원가흐름의 관계

〈그림 2-5〉를 통해 제조원가의 흐름에 대해 간략히 살펴보았다. 지금부터는 작업원가와 원가흐름간의 연결관계를 공부하게 될 것이다. 회사가 제품을 생산하게 되면 제품원가는 분개를 통해 재공품계정으로 대체된다. 생산이 완료되면 재공품계정에서 제품계정으로, 판매되면 제품계정에서 매출원가계정으로 대체된다. 완제품의 원가가 $160,000이고, 매출원가가 $85,000라고 가정한다면 분개는 다음과 같다.

(날짜)	제품	160,000	
	재공품		160,000
	제품원가를 기록하다		
(날짜)	매출원가	85,000	
	제품		85,000
	매출원가를 기록하다		

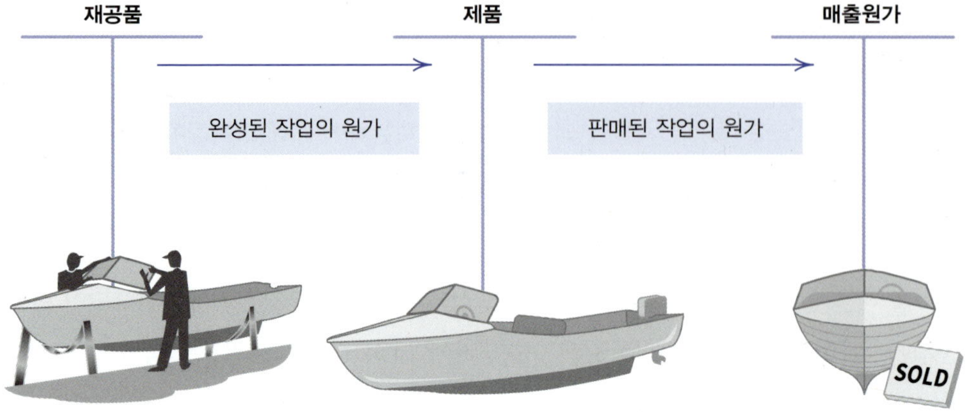

2.11 제조간접원가 배부: 심화학습

지금까지 개별원가계산시스템에서 직접재료원가, 직접노무원가 제조간접원가가 어떻게 누적되는지를 살펴보았다. 이 절에서는 제조간접원가배부(overhead allocation)라고도 하는 특정 작업에 제조간접원가를 배부하는 절차와 다양하게 발생하는 제조간접원가의 처리 절차에 대해 구체적으로 살펴보고자 한다.

2.11.1 제조간접원가 배부율

제조간접원가를 구성하는 원가항목은 생산되는 작업에 간접적으로 연관되어 있기 때문에, 작업에 제조간접원가를 배부하는 절차를 이해하는 것은 중요하다. 앞에서도 살펴보았듯이 제조간접원가는 제조간접원가 배부율에 의해 작업에 배부된다. 배부율은 활동당 제조간접원가 비율로서 계산할 수 있는데 여기서 활동은 직접노동시간, 직접노무원가, 기계작업시간, 직접재료원가 등을 포함한다. 이러한 활동의 측정치를 제조간접원가 배부기준이라고 한다.

$$\text{제조간접원가 배부율} = \frac{\text{제조간접원가}}{\text{배부기준}}$$

회사가 $50,000의 제조간접원가와 10,000시간의 직접노동시간을 발생시켰다고 가정해보자. 이 예에서 직접노동시간당 제조간접원가 배부율은 $5($50,000÷10,000)가 되고, 각 작업이 소비한 직접노동시간에 제조간접원가 배부율을 곱하여 제조간접원가가 배부된다. 예를 들어 특정 작업이 100시간의 직접노동시간을 발생시켰다면 $500($5×100)의 제조간접원가가 배부된다.

2.11.2 제조간접원가 배부기준

직접노동시간, 직접노무원가, 기계작업시간, 직접재료원가와 같은 다양한 대안 중에서 원가배부기준을 선택함에 있어서 고려해야 할 것은 작업이 배부기준을 많이 소비하면 제조간접원가도 많이 배부받게 된다는 것이다. 예를 들어 배부기준으로 기계작업시간이 사용되고 제조간접원가 배부율이 기계작업시간당 $10라고 가정해 보자. 만약 한 작업이 40기계작업시간을, 다른 한 작업은 20기계작업시간을 소비하였다고 한다면 각각 $400, $200의 제조간접원가를 배부받게 된다. 활동이 많으면 제조간접원가가 더 많이 발생한다면 이러한 배부방법은 타당성을 갖는다.

사용되는 배부기준은 제조간접원가와 밀접한 관련을 가지고 있어야 한다. 즉, 제조간접원가 증가는 배부기준의 증가와 함께 발생해야 한다. 이는 만약 제조간접원가의 증가가 직접노동시간보다는 기계작업시간에 비례하여 증가한다면 제조간접원가 배부기준으로 직접노동시간은 적합하지 않다. 따라서 배부기준을 선택함에 있어 생산과정이 노동집약적인지 아니면 자본집약적인지를 고려하는 것은 중요한 일이다. 즉, 노동집약적인 산업에서는 직접노무시간 또는 직접노무원가를, 자본집약적인 산업에서는 기계작업시간을 배부기준으로 선정하는 것이 더 적절하다고 할 수 있겠다.

측정해야 관리할 수 있다 배부기준을 선택함에 있어 "측정해야 관리할 수 있다!"라는 문장의 의미를 기억할 필요가 있다. 생산관리자는 경영기술과 관련한 원가정보를 숨기려는 경향이 있다. 만약 노동시간이 제조간접원가 배부기준으로 사용된다면 관리자가 책임지고 있는 특정 작업에 배부되는 제조간접원가를 줄이기 위해 노동시간을 줄이려 할 것이다. 같은 예로 기계작업시간이 배부기준으로 사용된다면 기계작업시간도 줄이려 할 것이다. 그러나 노동시간 또는 기계작업시간이 줄어든다고 해서 제조간접원가가 감소한다고 볼 수 있을까? 반드시 그렇다고 보기는 어렵다. 적어도 단기적인 관점에서 대부분의 제조간접원가는 고정원가이다. 그러므로 가시적인 원가의 절감은 발생하지 않는다. 즉, 원가계산시스템은 이를 보다 분명하게 보여줄 수 있다.

예를 들어 이스트레이크 모터보트사 공장장인 칼 젠슨(Carl Jensen)의 성과는 고객이 제시한 가격에서 추정된 원가보다 더 낮게 보트를 제작하는 것이라고 가정해 보자. 칼은 감독자이고, 그의 급여는 제조간접원가에 포함되어 있다. 그는 각 보트에 배부되는 제조간접원가 배부율이 직접노동시간당 $57.60라는 사실을 알고 있다. 작업 20130에서 추정된 원가는 $75,000이고 보트는 80%의 공정률을 보이고 있으며 원가는 이미 대략 $70,000가 배부되었다.

원가를 절감하기 위해 칼은 관련 노동자들을 다른 작업에 배치하였고 보트생산은 홀로 담당하면서 40시간의 직접노동시간을 감소시켰다. 이로 인해 다음과 같은 명백한 원가절감효과가 나타났다.

직접노무원가(80시간 × $38/직접노동시간당)	$3,040
제조간접원가(40시간 × $57.60)	2,304
절감된 총원가	$5,344

직접노동시간을 감소시켜 회사는 얼마나 많은 원가를 절감하였을까? 아마 그에 대한 답은 상황에 따라 달라질 수 있을 것이다. 만약 회사는 여유설비를 가지고 있지 않고 근로자들은 주당 40시간에 대한 임금을 받으며 초과근무는 없다고 가정해보자. 이 경우 칼이 작업 20130에 단독으로 작업한다고 해서 절감되는 직접노동시간은 없다.

그리고 직접노동시간을 줄이면서 얼마나 많은 제조간접원가의 감소가 발생하였는가? 제조간접원가의 90%는 고정원가이고 이 경우 제조간접원가의 감소는 $2,304의 제조간접원가의 10%에 해당하는 $230라고 가정해 보자. 이 경우에 칼은 중요한 작업자 감독업무보다 보트를 직접 생산하는 것이 그의 성과평가측면에서는 더 나은 결과를 가져온다. 회계시스템은 칼이 단지 $230이하를 절감했지만, $5,344를 절감한 것처럼 나타났다. 왜 이러한 현상이 발생하는 것일까? 칼의 성과를 평가하기 위해 사용한 성과측정치가 좋은 아이디어가 아님에도 불구하고 칼로 하여금 직접노동시간을 감소시키도록 유도하였기 때문이다. 이 사례를 통해 "측정해야 관리할 수 있다!"는 사실을 알 수 있다. 따라서 관리자의 성과평가시 적절한 성과측정치를 선택하는 것은 중요한 일이다.

2.11.3 활동기준원가계산과 다중배부율

많은 회사가 직접노동시간에 근거한 단일배부율을 사용하여 제조간접원가를 작업에 배부한다. 그러나 다양한 요인에 의해 발생하는 제조간접원가를 노동시간과 같은 단일 배부기준으로 배부하는 것은 제품원가계산의 왜곡을 야기할 수 있다.

활동기준원가계산(Activity-Based Costing, ABC)은 다양한 다른 배부기준을 사용하여 제조간접원가를 제품에 배부하는 방법이다. ABC는 제조간접원가를 발생시키는 주요 활동을 먼저 규명한다. 그런 다음 주요 활동의 원가는 **원가집합**(cost pools)으로 집계한 다음 각 원가집합의 금액을 **원가동인**(cost driver)이라고도 부르는 활동의 측정치로 나누어 원가배부율을 계산한다. 그런 다음 제조간접원가는 원가를 발생시킨 다양한 원가동인에 따라 제품에 배부된다. 활동기준원가계산에 관해서는 6장에서 공부하게 된다.

학습목표 7 제조간접원가 배부 시 예정배부율의 역할에 대한 이해

2.12 예정배부율

회사는 실제제조간접원가를 실제배부기준으로 나누어 제조간접원가 배부율을 계산한다. 그러나 실제총제조간접원가와 실제배부기준총액은 회계기말이 되기 전 까지는 파악할 수가 없기 때문에 실제제조간접원가

배부율을 회계기간 중에 파악하는 것은 불가능하다. 그러나 대부분의 경우 작업의 수익성을 결정하기 위해 적시성 있는 원가정보가 필요하다.

이럴 경우 제조간접원가 배부율은 실제제조간접원가총액과 실제배부기준총액보다는 추정된 제조간접원가 총액과 추정된 배부기준총액에 따라 결정된다. 이렇게 결정된 제조간접원가 배부율을 제조간접원가 예정배부율(predetermined overhead rates, budgeted overhead rates)이라 한다. 제조간접원가와 배부기준이 추정되면 제조간접원가 예정배부율은 추정된 제조간접원가총액을 추정된 제조간접원가 배부기준총액으로 나누어 계산한다.

$$\text{제조간접원가 예정배부율} = \frac{\text{추정된 제조간접원가총액}}{\text{추정된 총 배부기준}}$$

이스트레이크 모터보트사의 예를 생각해 보자. 올 한 해 $720,000의 총제조간접원가가 발생할 것이고 12,500시간의 직접노동시간이 필요할 것이라 가정해 보자. 이 경우 제조간접원가 예정배부율은 직접노동시간당 $57.60($720,000 ÷ 12,500시간)가 되고, 특정 작업은 600시간의 직접노동시간을 발생시켜 $34,560($57.60 × 600 직접노동시간)의 제조간접원가를 배부받게 된다.

추정된 제조간접원가와 추정된 제조간접원가 배부기준량은 회계기간 초에 결정이 되고 이에 따라 결정된 예정배부율은 회계기간 중에 매달 동일하게 적용된다. 만약 예정배부율이 월별로 적용된다면, 제조간접원가 배부율은 월별로 변동되고, 동일 제품도 생산된 월이 다르면 원가가 달라지게 될 것이다. 이러한 현상은 특정 제조간접원가 항목이 가지는 계절적 변동성에 기인하기도 한다. 예를 들어 여름철에 회사는 에어컨 가동을 증가시켜 전력비가 더 많이 발생할 수도 있다. 단기간에 있어 계절적 변동이 발생하는 또 다른 이유는 제조간접원가는 변동원가와 고정원가 둘 모두를 포함하고 있기 때문이다. 추정된 제조간접원가 배부기준량이 감소할 때 추정된 변동제조간접원가의 금액은 감소하지만, 추정된 고정제조간접원가의 금액은 감소하지 않는다. 따라서 제조간접원가 배부율은 배부기준량이 감소하여도 서서히 낮아지는 경향이 있다.

Test Your Knowledge

다음 중 제조간접원가에 대한 설명 중 **잘못된** 것은?

a. 제조간접원가는 예정배부율을 이용하여 작업에 배부된다.
b. 제조간접원가 예정배부율은 추정 제조간접원가를 추정 배부기준으로 나누어 계산된다.
c. 제조간접원가는 직접노무시간 또는 직접노무원가를 이용하여 작업에 배부된다.
d. 실제 제조간접원가는 작업원가표에 기록된다.

정답 : d

학습목표 8 실제배부와 예정배부 차이 조정방법에 대한 이해

2.12.1 제조간접원가 배부차이 조정: 과소배부 대 과대배부

앞에서 설명하였듯이 제조간접원가의 기록은 두 단계의 절차를 따른다. 첫째, 실제 다양한 제조간접원가의 항목을 제조간접원가계정에 누적시킨다. 둘째, 제조간접원가 예정배부율을 적용하여 제조간접원가를 배부한다. 이는 재공품계정은 증가시키고 제조간접원가계정은 감소시킨다. 실제제조간접원가는 제조간접원가계정의 차변에 기록되고 예정배부된 금액은 제조간접원가계정의 대변에 기록된다.

제조간접원가	
제조간접원가 실제배부액	제조간접원가 예정배부액

만약 추정된 제조간접원가가 실제제조간접원가와 다르고 실제제조간접원가 배부율과 제조간접원가 예정배부율이 다르다면 예정배부된 제조간접원가 금액과 실제 발생한 제조간접원가 금액은 다르게 된다. 그 이유는 추정이 완벽할 수 없기 때문에 제조간접원가 계정 차변에 기록된 실제제조간접원가와 대변에 기록된 제조간접원가 예정배부액은 달라지게 된다. 이러한 차이를 실제제조간접원가가 제조간접원가 예정배부액보다 크면 과소배부라 하고 그 반대의 경우는 과대배부라 한다.

과소/과대배분된 금액의 차이는 회계기말에 재공품, 제품, 매출원가의 계정에서 실제제조간접원가를 고려하여 조정되는데 배부차이가 크지 않을 경우에는 매출원가계정에서만 조정한다.

예를 들어 회사는 $50,000의 실제제조간접원가가 발생하였고 $48,000의 제조간접원가를 예정배부하였다고 가정해보자. 이 경우 제조간접원가가 $2,000 과소배부되었기 때문에 제조간접원가계정 대변에 이 금액을 가산하고 계정을 마감하기 위해 다음의 분개를 행하여야 한다.

(날짜)	매출원가	2,000.00	
	제조간섭원가		2,000.00
	제조간접원가 계정을 마감하고, 제조간접원가 과소배부액을 제거하다		

그리고 만약 배부차이의 금액이 중요하다면 과소 또는 과대 배부액은 재공품, 제품, 매출원가 계정의 상대적 비율에 따라 안분(apportion)해야 한다. 왜냐하면 예정배부된 제조간접원가는 재공품, 제품, 매출원가계정에 반영되어 해당 계정에 영향을 주었기 때문에 이 세 계정에서 배부차이를 조정해야 한다.

재공품, 제품, 매출원가에 배부차이를 조정하려면 먼저, 이 계정에 포함된 제조간접원가 예정배부액

의 상대적 비율을 결정해야 하고 그런 다음 이 비율에 의해 배부차이가 조정된다. 회사의 재공품재고는 $10,000, 제품재고는 $10,000, 매출원가는 $20,000, 그리고 과소배부액은 $2,000이라고 가정해보자. 이때 각 계정에서 조정해야 할 조정비율은 $0.05($2,000 ÷ $40,000)가 되므로 재공품 계정에서는 $500, 제품계정에서도 $500, 매출원가계정에서는 $1,000를 조정해야 하며 다음과 같은 분개를 수행하여야 한다.

(날짜)	재공품	500.00	
	제품	500.00	
	매출원가	1,000.00	
	제조간접원가		2,000.00
	과소배부차이를 안분하다		

배부차이를 매출원가에서만 조정할 것인지 아니면 재공품, 제품, 매출원가 모두에서 안분할 것인지의 여부는 과소 또는 과대 배부된 배부차이의 중요성에 따라 결정되는데, 배부차이의 금액이 중요하면 세 계정의 상대적 비율에 따라 조정해야 하고 배부차이가 중요하지 않다면 매출원가계정에서만 조정한다.

Test Your Knowledge

과대배부된 제조간접원가는?

a. 실제 제조간접원가 보다 더 많이 배부한 경우
b. 표준제조간접원가를 초과하는 제조간접원가
c. 예정배부율과 실제배부율이 같은 경우
d. 이전 회계기간의 금액을 초과하여 배부한 경우

정답 : a

Data Analytics in Action

수익성 향상을 위한 데이터 분석

이 장에서 우리는 제품제조원가를 결정하는 방법에 초점을 맞춘다. 하지만 우리는 또한 수익성을 증가시키는 방법에 대해 생각해야 한다. 한 가지 접근방식은 예측 분석을 사용하여 제조 장비의 유지보수를 수행하는 최적의 시간을 결정하는 것이다.

수요가 가장 많은 기간 동안 유지보수를 하면 생산량과 매출이 감소하고, 결과적으로 이익이 감소할 것이다. 그러나 데이터 분석을 사용하여 수요가 낮은 기간을 결정할 수 있다. 매출과 수익성에 부정적인 영향을 미치지 않는 정비 일정을 잡아야 한다.

출처: Mukund Rao, "How to Improve Manufacturing Productivity With Predictive Analytics", Digitalist(April 5, 2018) https://www.digitalistmag.com/digital-supply-networks/2018/04/05/improve-manufacturing-productivity-with-predictive-analytics-06042449

학습목표 9 서비스업의 개별원가계산에 대한 이해

2.13 서비스기업의 개별원가계산

지금까지는 제조기업의 개별원가계산에 대하여 살펴보았다. 이 절에서는 병원, 법무법인,회계법인, 컨설팅법인, 수리점 등과 같은 서비스업의 개별원가계산에 대해 공부한다. 예를 들어 병원은 환자가 발생시키는 원가정보를 필요로 할 수도 있다. 이 경우, 환자는 작업(job)이 되고 환자를 치료하는 과정에서 의사, 간호사, 약품, 엑스레이(X-rays) 등으로 인해 발생하는 원가는 제조업의 작업원가표와 같은 보고서에 누적된다. 자동차 정비 센터 또한 개별원가계산시스템을 사용할 수 있다. 자동차 정비 센터가 차량의 수리를 의뢰받으면 작업원가표에 노무원가, 부품비용 등을 기록한다. 일반적으로, 자동차 정비 센터는 제조간접원가를 작업에 배부하지 않고, 제조간접원가와 목표이익까지 고려한 금액을 노무원가와 부품원가에 포함시켜 자동차 수리비를 청구한다.

컴퓨터 정보시스템을 구축하는 컨설팅사 켄달/알렌사(Kendall/Allan)의 경우를 고려해보자. 컨설턴트는 월말에 자신이 수행한 컨설팅 업무시간을 근로자작업전표에 기록해야 한다. 각 컨설팅계약은 작업으로 인식되고, 근로자작업전표의 자료는 작업원가표에 기록된다(〈그림 2-16〉). 컨설턴트는 고객에게 제공할 소프트웨어와 매뉴얼의 원가를 청구항목에 기록한다. 이는 제조업이 직접노무원가와 직접재료원가를 작업원가표에 기록하는 것과 같은 작업이다.

제조간접원가를 작업에 배부하기 위해 켄달/알렌사는 추정된 제조간접원가와 배부기준을 이용하여 제조간접원가 예정배부율을 결정하였다. 제조간접원가에는 회사 사무실건물의 감가상각비, 컴퓨터, 팩스, 그리고 다른 사무장비에 대한 감가상각비, 제세공과, 사무직 직원의 급여, 그리고 기타 간접원가 등이 포함된다. 이러한 제조간접원가는 컨설턴트에게 지급되는 급여와 매우 밀접한 관계를 가지고 있다. 켄달/알렌사는 회계연도 초에 회사의 제조간접원가는 $4,000,000, 컨설턴트의 급여는 $20,000,000가 될 것이라고 추정하였다. 그러므로 제조간접원가 예정배부율은 컨설턴트 급여의 20%가 될 것이다. 〈그림 2-16〉에서 볼 수 있듯이, 디자인워크사(Design Works, Inc.)에 대한 컨설턴트의 인건비는 $2,782.55이다. 그러므로 $556.45(0.20×$2,782.25)의 제조간접원가가 이 작업에 배부된다. 디자인워크사의 원가는 총 $9,332.55인데, 이는 $2,782.25의 컨설턴트 인건비, $5,993.85의 청구가능항목 $556.45의 제조간접원가로 구성된다.

2.13.1 종합문제

서비스업의 개별원가계산에 대해 좀더 자세히 알아보기 위해 다음의 예제를 살펴보자. 인디아콜매니지먼

켄달/알렌, 컨설팅

고객 디자인워크사(Design Works, Inc.)

계약 기존 회계 프로그램(G/L program)에 연계되는 청구시스템(billing system) 구축

컨설턴트 작업시간

참조	날짜	이름	시간	임률	합계
S325	2월 15일	S. 윌슨(Wilson)	8.0	45.50	$ 364.00
S325	2월 15일	H. 스타(Starr)	8.0	65.50	524.00
S326	2월 16일	S. 윌슨(Wilson)	8.0	45.50	364.00
S326	1월 16일	H. 스타(Starr)	8.0	65.50	524.00
S326	2월 16일	J. 켄들(Kendall)	3.5	125.00	437.50
S327	2월 19일	S. 윌슨(Wilson)	8.0	45.50	364.00
S328	2월 20일	S. 윌슨(Wilson)	4.5	45.50	204.75
				합계	2,782.25

청구가능한 항목

참조	세부내역		금액
E8102	SQA 소프트웨어		5,868.25
E8156	SQA 매뉴얼		125.60
		합계	5,993.85
제조간접원가	(컨설턴트 인건비의 20%)		556.45
		총원가	$9,332.55

〈그림 2-16〉 서비스기업의 작업원가표

트서비스(India Call Management Service: ICMS)는 인도의 방갈로르(Bangalore)에 위치한 회사이다. 이 회사는 미국과 영국에 위치한 26개의 대기업에 콜 서비스 관리업무를 제공한다. 각 고객에게 부과되는 비용은 매년 갱신되고, ICMS는 전부원가의 30%를 이익으로 설정하고 있다. ICMS가 고객의 수익성을 평가하기 위해 각 고객에게 제공되는 서비스의 원가를 결정하는 것은 중요한 일이다. 만약 연차계약 협상시점에서 실제 비용이 예상보다 높거나 낮은 것으로 드러나면, 회사는 계약을 재협상할 때 이를 고려하여야 한다.

ICMS의 고객 중 하나는 RCP 커뮤니케이션스사(RCP Communications)이다. 이 회사와의 계약은 연간 $4.2백만이므로, 매월 $350,000가 된다. 7월초 ICMS는 RCP 커뮤니케이션스사에 제공하는 서비스의 원가를 결정하는데 이와 관련된 정보가 〈그림 2-17〉에 제시되어 있다.

콜센터는 RCP에 서비스를 제공하기 위해 60명의 교환원이 3교대로 근무하고 있다. 교환원은 평균적으로 시간당 $15.75의 급여를 받는다. 그러므로 작업은 $151,200의 교환원 인건비를 발생시킨다.

교환원은 20대의 단말기를 이용하여 RCP에 콜서비스를 제공한다. 20대의 단말기는 $500,000, 4년의 내용연수를 가지므로 월 감가상각비는 $10,416.67이 된다.

인디아콜매니지먼트서비스	
ICMS-간단한 것이 최선이다	
고객: RCP 커뮤니케이션스	
콜센타 운영인원	
60명 × 160시간 × 시간당 $15.75	$151,200.00
총 $500,000, 20대의 단말기 감가상각비	
($500,000÷내용연수 4년) ÷ 12개월	10,416.67
$1,000,000, 60,000제곱미터 빌딩에 대한 연 감가상각비	
($1,000,000÷60,000제곱미터) ÷ 12개월) × 2,000제곱미터	2,777.78
3명의 교대 근무조 책임자 × 월급여 $4,500	13,500.00
기타제조간접원가 $1.053 × 운영자 급여	159,213.60
합계	$337,108.05

〈그림 2-17〉 콜센터의 개별원가

ICMS가 사용하는 60,000제곱미터의 사무실은 연 $1,000,000의 감가상각비를 발생시킨다. 이 중 20대의 단말기 점유면적 2,000제곱미터에 근거하여 RCP에 배부하므로 월 $2,777.78의 감가상각비가 배부된다.

3교대 팀 각각에 감독자가 배치되며 감독자 급여는 월 $4,500이므로 RCP에 배부될 감독자 급여는 $13,500이 된다.

마지막으로, 콜센터에서 발생하는 나머지 모든 비용은 교환원 급여당 $1.053의 제조간접원가 배부율을 사용하여 배부한다. 이 비율은 다음과 같이 계산한다. 회계 기간 초에 ICMS는 교환원 급여, 단말기 감가상각비, 설비 감가상각비, 교대근무 조 감독자급여를 제외한 연간 발생하는 나머지 모든 비용은 $38,782,800이 될 것이라 추정하였다. 또한, 회사는 연간 교환원의 급여는 $36,843,660으로 추정하였다. 따라서 제조간접원가 예정배부율은 교환원 급여당 $1.053($38,782,800 ÷ $36,843,660) 이 된다.

RCP는 수익성이 있는 고객인가? 6월 작업의 총원가는 $337,108.05이다. 그 작업에 대한 월 수익은 $350,000이고 연 $4.2백만이다. 따라서 원가를 초과하는 3.8%에 해당하는 $12,891.95($350,000 - $337,108.05)의 이익이 발생하므로 30%의 이익을 목표로 하고 있는 회사의 기대보다는 낮은 것이다. 이러한 정보는 차기 계약에 있어 매우 중요한 정보이고 특히 RCP 커뮤니케이션스가 가격할인을 요구한다면 더욱 그러할 것이다.

($350,000.00 − $337,108.05) ÷ $337,108.05 = 0.038

Test Your Knowledge

다음 중 **틀린** 것은?

a. 서비스 회사는 개별원가계산을 사용할 수 있다.
b. 서비스 회사는 제조간접원가 예정배부율을 사용할 수 있다.
c. 제조회사는 개별원가계산을 사용할 수 있고, 서비스 회사는 개별원가계산을 사용할 수 없다.
d. 컨설팅법인은 개별원가계산시스템을 사용할 수 있다.

정답 : c

학습목표 10 혁신제조기법과 제품원가계산에 대한 이해

2.14 혁신제조기법과 제품원가계산시스템

글로벌 경제 환경에 효과적으로 대처하기 위해 1980년대 후반부터 미국의 많은 기업은 운영방식과 경영철학을 변화시키기 시작하였다. 이러한 제조환경의 변화는 발생하는 원가의 형태도 변화시켰고, 제품원가계산시스템에서 원가가 인식 · 기록되는 방식에도 영향을 미쳤다. 이 절에서는 JIT(Just-In-Time)생산, 컴퓨터기반 생산(Computer controlled manufacturing), TQM(Total Quality Management)과 같은 세 가지 혁신기법의 도입이 기업의 원가계산시스템에 미치는 영향에 대해 공부하게 될 것이다. 특히 제조환경의 변화속에서 중요한 의사결정을 해야 하는 경영진과의 대화에서 이러한 개념에 대한 이해를 바탕으로 아이디어를 제공할 필요가 있다.

2.14.1 JIT(Just-In-Time) 생산

일본의 도요타 자동차가 JIT 시스템을 처음으로 소개 · 운영하였다. JIT의 주요 목표는 원재료, 재공품과 같은 재고를 최소화하는 것이다. JIT를 도입한 기업은 재료가 생산 시작 전에 적시배달 될 수 있도록 공급자들과 협력관계를 구축한다. 또한 제품이 복수의 생산라인을 통해 생산될 때(예, 첫번째 용접, 다음 가공 생산라인), 한 생산라인의 작업은 다음 공정의 요구를 충족할 수 있도록 적시에 완성되어야 한다. JIT시스템에서는 원재료와 재공품 재고가 공장바닥을 차지하며 쌓이지 않는다. 따라서 JIT 시스템에서는 기본적으로 낭비되는 공간, 재고에 대한 과잉투자를 허용하지 않는다. 이러한 이유로 JIT는 린생산방식(Lean Production systems)이라고 부르기도 한다.

그러나 JIT는 재고에 대한 회사의 투자를 줄이려는 노력을 넘어서서 유연하고 순조로우며 재료의 신속한 흐름을 가능하게 해주는 균형생산시스템을 개발하는 것이다. 이러한 목적을 달성하려면 JIT를 도입한 회사

는 품질 개선, 생산 중단 방지, 공급자의 납품기한 미준수 방지 등과 같은 프로세스상에서의 혁신을 지속적으로 추진해야 한다. 공급자와의 협력을 강화하기 위해, 많은 회사는 인터넷을 활용하여 그들의 생산설비를 공급자와 연결시킨다(제1장의 공급망 관리 참조). JIT 생산방식을 도입하여 90%의 생산리드타임 감소, 89%의 재공품 재고감소, 80%의 생산공간 감소 등과 같은 제조성과를 혁신한 사례가 보고되기도 한다.[1]

JIT는 제품의 원가에도 영향을 미친다. JIT를 도입 · 운영하면서 회사의 제조간접원가가 과소 또는 과대 배부된다면 어떻게 될까? JIT 생산환경하에서 재공품과 제품재고잔액은 매출원가의 잔액보다는 상대적으로 적은 금액이 될 것이다. 그러므로 과소/과대 배부차이를 재공품재고, 제품재고, 매출원가의 상대적 비율로 조정하기 보다는 매출원가계정에서 조정하는 것이 더 적절할 수도 있다.

린생산(Lean Manufacturing)

린생산방식은 JIT와 매우 밀접한 관계를 가지고 있는데, 경우에 따라서는 이 두 용어가 함께 사용되기도 한다. 그러나 일반적으로 JIT는 재고관리에 초점을 두지만 린생산은 가치사슬상의 낭비를 제거하는 것을 목적으로 한다.

2.14.2 컴퓨터 기반 생산

대부분의 회사는 고도로 자동화된 **컴퓨터 기반 생산시스템**을 활용한다. 로봇을 포함한 설비를 운영하기 위해 컴퓨터를 활용하여 생산프로세스의 유연성과 정확성을 증가시킨다. 그러나 최첨단의 설비와 컴퓨터 기반 생산이 회사가 글로벌 경쟁에 대처할 수 있도록 도와줄 수 있지만 생산원가를 크게 증가시키기도 한다.

조사 자료에 따르면 최근 몇 년간 평균적으로 제품원가는 53%의 재료원가, 15%의 직접노무원가 그리고 32%의 제조간접원가로 구성된다. 그러나 휴렛팩커드(Hewlett-Packard)와 같이 고도로 자동화된 회사는 직접노무원가가 총생산원가의 3%에 불과하다고 한다. 감소한 노무원가는 제조간접원가 배부기준의 변경을 필요로 한다. 현재 일반적으로 사용되고 있는 제조간접원가 배부기준은 직접노동시간, 직접노무원가이지만

Link to Practice

린원칙은 제조기업에만 적합한 것은 아니다

린원칙(Lean Principles)이 도요타와 같은 제조기업에 의해 개발되었지만 주로 은행, 병원과 같은 서비스업에서도 널리 활용되어 왔다. 블로거 앤 올(Ann All)에 의하면 시애틀 아동병원장은 병원이 린개선노력을 통해 환자당 3.7%의 원가를 감소시켜 $2천 3백만의 절감효과를 가져왔다고 발표했다고 한다. 병원은 설비를 보다 효율적으로 사용하여 자본적 지출에 있어서도 $180백만를 절감하였다고 한다. 그리고 앤 올 여사에 의하면 아콘(Akron) 아동병원은 살균기기에 대한 프로세스를 점검하였고, 이를 통해 수술 부서 증설에 필요한 $3백 5십만의 비용을 절감하였다고 한다.

자료: Ann All, *Hospitals Use Lean Principles to Achieve Efficiency Gains*, July 14, 2010.

---

1 사례 참조, *The Just-In-Time Breakthrough: Implementing the New Manufacturing Basics*, Edward J. Hay, 1988, John Wiley & Sons.

자본집약적 산업에서 직접노무원가가 총생산원가에서 차지하는 비중은 적으므로 노동을 기준으로 제조간접원가를 배부하는 것은 적절하지 않다.

최신 설비에 투자하는 것 또한 고정원가와 변동원가의 구성을 변화시킨다. 설비가 노동을 대체하면 고정원가는 증가하고 변동원가는 감소하게 된다.

2.14.3 TQM

점점 더 치열해지는 경쟁환경하에서 생존하기 위해 기업은 고품질의 제품을 생산해야 한다. 많은 회사가 프로세스의 효율성을 바탕으로 고품질의 제품을 생산하기 위한 일환으로 **전사적품질관리**(total quality management, TQM)를 도입하였다. 현재, 대부분의 사람들이 합의한 TQM프로그램 도입 방법은 없지만, TQM을 도입한 대부분의 회사는 고객의 요구에 적절히 부응하고, 한 번에 제대로 된 제품을 생산해야 하며, 재작업을 줄이고, 지속적으로 생산프로세스를 개선해야 한다는 TQM의 철학을 추구하고 있다.

특히, TQM은 지속적인 품질개선 프로그램이라고도 한다. 열전기 냉각 장치 제조사인 말로 산업(Marlow Industries) 노동자는 다음과 같은 문장을 통해 품질선언문에 서약했다. "나는 내가 하는 작업이 제대로 이루어질 수 있도록 최선을 다할 것이다. 나의 이러한 작은 노력은 말로 산업의 성공을 가져오게 될 것이다."

TQM을 효과적으로 운영한다면 그 결과는 상당할 것이다. 예를 들어 워싱턴 주에 소재한 전기부품 제조업체인 선더스트랜드 데이터 콘트롤(Sundstrand Data Control)은 TQM을 운영하여 재작업이 66%나 줄어들었고,

Link to Practice

Just-In-Time 또는 Just-In-Case

JIT 시스템을 도입한 회사는 재고를 줄이고 비부가가치 활동을 제거하여 주주가치를 증가시킨다. 그러나 경우에 따라서는 기업이 충분한 여유재고(충격으로부터 재고의 원활한 흐름을 가져다주는 완충역할을 함)를 보유하는 것이 더 합리적일 수도 있다.

여유재고를 보유하는 것이 더 바람직한 경우에 대한 예는 다음과 같다.

- 가격상승이 예상되면 재무흐름을 양호하게 하기 위해 재고를 증가시킨다.
- 회사의 공급자가 사회적 인프라가 체계적으로 갖추어지지 않은 미개발국에 소재하고 있다면 여유재고를 보유하는 것이 더 적절하다. 만약 다리가 붕괴되고 필요한 재료가 적시에 항구에 도착하지 않는다면 어떠한 일이 발생하겠는가?
- 회사의 공급자가 날씨가 운송에 차질을 줄 수도 있는 지역에 소재하고 있다면 여유 재고를 보유하는 것이 더 적절하다. 눈보라가 고속도로를 마비시켜 필요한 부품이 제대로 배달되지 않는다면 어떠한 일이 발생하겠는가?
- 테러범의 공격 또는 세계적 대유행 독감의 발생은 회사의 공급망을 심각하게 붕괴시킬 수도 있다. 그러나 이러한 잠재적 재앙에 대비하여 회사가 여유재고를 보유해야 할까? 물론 회사는 이러한 대재앙의 낮은 발생확률 및 높은 발생비용과 함께 더 많은 재고를 보유함으로써 발생하는 원가를 동시에 고려하여야 한다.

2011년 일본에서 발생한 지진과 쓰나미는 여유재고 보유에 대한 필요성을 보여주는 사건이다. 이 재앙은 공장과 항만, 도로를 마비시켰고, 이로 인해 미국 등지로의 부품 수송에 영향을 미쳤다.

출처: The Associated Press, "Japan Crisis Disrupts Firms' Supply Routes," *The Seattle Times*, (March 17, 2011), A14.

Link to Practice

인더스트리 4.0(Industry 4.0)—제조업의 미래?

이 번 장에서는 전 세계 제조업에 영향을 미치고 있는 세 가지 주요 기법 및 기술(예: JIT, 컴퓨터 기반 생산, TQM)에 대해서 논의하였다. 그러나 많은 사람들은 우리가 인더스트리 4.0이라고 불리는 제조업 혁명을 보게 될 것이라고 믿는다.

인더스트리 4.0으로의 전환은 다음과 같은 수 많은 기술의 융합을 의미한다:

방대한 양의 데이터를 저장할 수 있는 클라우드의 능력; 매우 큰 데이터 집합(빅 데이터)으로부터 유의적인 통찰력을 산출해 낼 수 있는 분석 도구; 사물 인터넷(인터넷을 통해 여러 장치를 연결할 수 있는 기능); 공장에서 이동하며 최소한의 인적자원 투입으로 작업을 완료할 수 있는 자율 로봇; 생산 공정의 최적화를 돕는 머신 학습; 3D 프린팅 등

인더스트리 4.0(증기와 수력, 전기, 대량생산, 전산화 다음에 나타났기 때문에 인더스트리 4.0이라 부름)은 노동력이 기술로 대체되면서 사회에 지대한 영향을 미칠 수 있다.

자세한 내용은 올리비에 스칼라브르(Olivier Scalabre, BCG 파트너)의 "차기 제조업 혁명이 여기에 있다(The Next Manufacturing Revolution Is Here)"는 TED 강연 참조

불량률 60% 감소, 싸이클 타임 90% 단축 등의 혁신을 창출하였다.[2]

어떻게 TQM이 생산원가시스템에 영향을 줄 수 있을까? TQM 주창자들은 TQM을 운영하지 않는 회사는 생존할 수가 없기 때문에 TQM 없는 원가계산시스템은 필요 없다고 한다. TQM은 작업에서 추적해야 할 불량과 재작업을 감소시켜 제품원가계산시스템에 영향을 준다. 만약 TQM이 이러한 원가를 유의하게 감소시킬 수 없다면 원가를 추적한 효과는 기대하기 어렵다.[3]

Test Your Knowledge

다음 중 **틀린** 것은?

a. 컴퓨터 기반 생산시스템을 도입하면 고정비가 증가한다.
b. JIT를 활용하는 회사는 원재료 재고를 더 많이 보유하게 된다.
c. JIT를 활용하는 회사는 실제제조간접비와 예정배부율을 적용하여 배부된 제조간접비의 차이를 줄일 수 있다.
d. 품질에만 집중하는 것은 역효과를 낳을 수 있다.

q : 县吕 (정답: b, 거꾸로 인쇄됨)

Decision Making Insight

의사결정을 위해 원가정보를 활용할 때 작업에 배부될 원가 중 일부는 제조간접원가에 포함되는 설비에 대한 감가상각비와 같은 고정원가와 직접재료원가와 같은 변동원가로 구분된다는 사실을 기억해야 한다. 따라서 생산에서 발생한 모든 원가는 작업으로 인한 증분원가와 동일하지 않다.

---

2 Steve Wilhelm, "Quality Program Keeps Spreading at Sundstrand," *Puget Sound Business Journal* 11, No. 52 (May 13, 1991), Sec. 1, p. 17.

3 Many service firms, such as banks, insurance companies, and hospitals, have adopted the TQM programs initially developed by manufacturers. TQM is especially popular in the healthcare field.

복습

학습목표 요약

학습목표 1 제조원가와 비제조원가, 제품원가와 기간원가의 이해

제조원가는 제품의 생산과 관련한 모든 원가이다. 여기에는 직접재료원가, 직접노무원가, 제조간접원가가 포함된다. 비제조원가는 제품생산과 관련되지 않은 모든 원가이다. 대표적으로 판매비와 관리비가 비제조원가의 예가 된다. 원가는 또한 제품원가와 기간원가로 구분되기도 한다. 제품원가는 제조원가와 같은 의미로 직접재료원가, 직접노무원가, 제조간접원가를 포함한다. 제품원가는 제품이 판매되기 전까지는 자산으로 처리되고, 제품이 판매되면 매출원가로 인식된다. 그러나 기간원가는 그 비용이 발생한 기간에 비용으로 인식된다. 기간원가에는 판매비와 관리비가 포함되는데 이는 비제조원가라고 한다.

학습목표 2 제조기업의 세 가지 재고계정에 대한 이해

3개의 재고계정은 원재료재고계정, 재공품재고계정, 제품재고계정을 말한다. 원재료재고계정은 생산에 투입될 원재료의 원가이다. 재공품재고는 판매를 목적으로 생산진행 중에 있는 재고의 원가를 의미한다. 제품재고계정은 판매를 위해 생산완료한 제품의 원가를 의미한다.

학습목표 3 제품원가 흐름에 대한 이해

원가의 흐름이 시작되면 제품의 원가는 재공품재고에 배부된다. 생산이 완료되면 제품의 원가는 재공품계정에서 제품계정으로 대체된다. 그리고 제품이 판매되면 제품계정에서 매출원가계정으로 대체된다. 그러므로 제품원가는 제품이 판매가 되었을 때 비용으로 인식된다.

학습목표 4 제품원가계산시스템의 유형에 대한 이해

제품원가계산시스템은 개별원가계산시스템과 종합원가시스템의 두 유형으로 구분할 수 있다. 일반적으로 개별원가계산시스템을 사용하는 기업은 개별제품 또는 배치제품을 생산하고 종합원가계산시스템을 사용하는 기업은 대량의 동종제품을 연속생산하는 경우가 많다.

학습목표 5 작업원가, 재공품재고, 제품재고, 매출원가 간의 관계에 대한 이해

재공품재고는 현재 생산 중에 있는 모든 작업의 원가를 포함한다. 제품재고는 완성되었지만 판매되지 않은 작업의 원가를 의미하며, 매출원가는 판매된 제품의 원가를 의미한다.

학습목표 6 직접재료원가, 직접노무원가, 제조간접원가 배부방법에 대한 이해

작업원가표는 각 작업의 직접재료원가, 직접노무원가, 제조간접원가를 추적할 수 있게 해준다. 직접재료원가는 재료출고청구서를 통해서, 직접노무원가는 근로자작업전표를 통해서 추적할 수 있다. 그리고 제조간접원가는 배부율을 이용하여 배부한다.

학습목표 7 제조간접원가 배부 시 예정배부율의 역할에 대한 이해

대부분의 회사는 실제배부율보다 예정배부율을 이용하여 제조간접원가를 배부한다. 실제배부율은 회계기간 말까지 파악할 수가 없고, 회사는 실제의 제조간접원가를 배부하기 위해 회계기간 말까지 기다릴 수가 없다.

학습목표 8 실제배부와 예정배부 차이 조정방법에 대한 이해

재고에 배부된 제조간접원가의 금액이 실제제조간접원가와 같지 않다면 그 차이는 재공품재고, 제품재고, 매출원가의 상대적 비율에 따라 조정되어야 한다. 이러한 조정을 하는 이유는 예정배부한 금액을 실제금액으로 조정하기 위한 것이다. 만약 과소 · 과대배부된 차이가 적다면 매출원가계정에서만 조정할 수도 있다.

학습목표 9 서비스업 개별원가계산에 대한 이해

제조업과 마찬가지로 병원, 법무법인, 회계법인, 컨설팅법인, 수리점과 같은 서비스업도 개별원가계산을 사용할 수 있다. 개별원가계산을 사용하면서 임금, 다양한 재료원가, 그리고

제조간접원가를 작업에 배부한다. 컨설팅법인의 경우 컴퓨터 정보시스템 구축 건과 같은 특정 계약이 작업이 된다. 개별원가계산을 사용하면서 컨설턴트의 급여는 고객에게 제공한 매뉴얼, 소프트웨어와 같은 기타 다른 재료원가와 함께 작업에 배부된다. 사무실의 감가상각비, 판매사원의 급여와 같은 제조간접원가는 예정배부율을 사용하여 작업에 배부된다.

학습목표 10 혁신제조기법과 제품원가계산에 대한 이해

미국의 많은 회사는 해외의 다른 기업으로부터 경쟁적 도전에 직면해 있다. 이에 대응하기 위해 미국의 회사들은 원재료, 재공품재고를 줄여줄 수 있는 JIT와 같은 제조시스템을 도입하여 왔다. 특히 몇몇 회사는 고도로 자동화된 TQM을 도입하여 왔다. JIT생산시스템은 재고를 줄여주고 자동화는 제조간접원가와 고정비의 수준을 증가시켰으며 TQM은 재작업과 불량률을 줄여주었다.

종합예제

종합예제 1

엘리 리차드 상업용 바닥재Ellie Richard's Commercial Flooring는 사무실, 콘도, 레스토랑의 바닥, 타일, 카펫을 시공하는 회사이다. 회사는 개별작업별로 노무원가와 재료원가를 추적하고 간접비는 노동시간에 근거해서 배부한다. 연말에 추정된 제조간접원가는 다음과 같다.

임차료	$35,000
트럭감가상각비	25,000
설비감가상각비	5,000
감독자급여	150,000
기타 제조간접원가	20,000
	$235,000

총 노동시간은 11,520시간으로 추정되었다.

12월 첫째 주에 회사는 조이 디 레스토랑(Joey D's Restaurant)의 라운지를 검은색 화강암 타일로 교체작업을 하였는데, 교체시간은 36시간이 소요되었다. 노동자의 평균임률은 시간당 $35이고 재료원가는 타일과 그라우팅(grouting, 미세한 틈에 시멘트 주입)에 소요된 $7,500이다.

요구사항

a. 작업원가는 얼마인가?

b. 회사는 노동자 설치시간당 $80에다 30%의 이윤을 가산한 재료원가를 더하여 가격을 설정한다고 하면 이 작업으로 인한 이익은 얼마인가?

정답

a. 노무시간당 제조간접원가는 $20.40($235,000÷11,520 노무시간)이다. 그러므로 작업원가는:

노무원가	
36시간 × 시간당 $35	$1,260.00
재료원가	7,500.00
제조간접원가	
$20.40 × 36시간	734.40
총	$9,494.40

b. 설치비는 $12,630이다. 그러므로 작업에 대한 이윤은 $3,136.60이 된다.

노무원가 $80 × 36시간	$2,880.00
재료원가 $7,500 × 1.3	9,750.00
총가격	12,630.00
작업원가 차감	(9,494.40)
이익	$3,136.60

종합예제 2

헐버트 플럼빙사(Herber Plumbing Products)는 다양한 밸브, 커넥터, 배관설비 등을 생산하는 회사이다. 회사는 JIT시스템을 도입하여 원재료, 재공품, 제품재고는 상대적으로 적게 가지고 있다.

10월말 회사는 원재료 재고는 $20,000이고, 작업 281, 282는 진행 중이며, 작업 279는 완성되었다. 작업원가보고서는 다음과 같다.

10월 말

	직접재료원가	직접노무원가	제조간접원가	합계	작업상태
작업 279	$50,000	$15,000	$30,000	$ 95,000	완성
작업 281	20,000	5,000	10,000	35,000	생산중
작업 282	60,000	20,000	40,000	120,000	생산중

11월 중에 회사는 작업 283, 284 그리고 285를 착수하였고, 11월말 현재 작업 상태는 다음과 같다:

11월 말

	직접재료원가	직접노무원가	제조간접원가	합계	작업상태
작업 279	$50,000	$15,000	$30,000	$ 95,000	판매
작업 281	25,000	8,000	16,000	49,000	판매
작업 282	62,000	21,000	42,000	125,000	판매
작업 283	30,000	20,000	40,000	90,000	판매
작업 284	80,000	30,000	60,000	170,000	판매
작업 285	15,000	10,000	20,000	45,000	생산중

또한 11월 한 달 동안 회사는 $120,000의 재료를 구매하였고, 실제로 발생한 제조간접원가는 $130,000이다. 회사는 과대 또는 과소 배부된 제조간접원가를 매출원가계정에서만 조정한다.

요구사항

11월에 사용된 모든 재료는 직접원가라고 가정한다.

a. 11월말 현재 원재료 재고는 얼마인가?
b. 11월말 현재 재공품 재고는 얼마인가?
c. 11월말 현재 제품재고는 얼마인가?
d. 11월 한달 동안 제품제조원가는 얼마인가?
e. 11월 한달 동안 매출원가는 얼마인가?

정답

a. 원재료재고 기초잔액은 $20,000이다.

구매 $120,000

11월 중 사용된 재고:

작업 281		$ 5,000
작업 282		2,000
작업 283		30,000
작업 284		80,000
작업 285		15,000
	합계	$132,000

기초잔액 + 구매 − 사용된 금액 = 기말잔액

$20,000 + $120,000 − $132,000 = $8,000

b. 재공품 재고 기말잔액은 11월 말 현재 생산 진행 중에 있는 작업의 원가이다. 이는 작업 285가 되고 원가는 $45,000이다.

c. 제품재고 기말잔액은 완성된 작업의 원가이다. 모든 완성품은 판매가 이루어졌으므로 잔액은 0이다.

d. 재공품재고의 기초잔액은:

작업 281		$35,000
작업 282		120,000
	합계	$155,000

11월에 추가된 비용

재료원가		$132,000	(요구사항 a)
직접노무원가			
작업 281	$3,000		
작업 282	1,000		
작업 283	20,000		
작업 284	30,000		
작업 285	10,000	64,000	
제조간접원가			
작업 281	6,000		
작업 282	2,000		
작업 283	40,000		
작업 284	60,000		
작업 285	20,000	$128,000	
합계		$324,000	

재공품재고 기말잔액은 $45,000(요구사항 b)이다.

기초재공품재고 + 당기총제조원가 − 기말재공품재고 = 당기제품제조원가

$155,000 + $324,000 − $45,000 = $434,000

e. 제품재고의 기초 잔액은 작업 279의 원가 $95,000이다. 제품제조원가는 $434,000(요구사항 d)이고, 기말 제품재고는 $0(요구사항 c)이다. 따라서 매출원가는 다음과 같이 계산된다:

기초제품재고 + 당기제품제조원가 − 기말제품재고 = 매출원가

$95,000 + $434,000 − 0 = $529,000

매출원가는 다음과 같이 단순한 방법으로 계산할 수도 있다:

작업 279	$ 95,000
작업 281	49,000
작업 282	125,000
작업 283	90,000
작업 284	170,000
합계	$529,000

주의: 실제제조간접원가는 $130,000이고, 직접노무원가 당 $2로 제품에 배부한 제조간접원가는 $128,000이다. 따라서 매출원가는 다음과 같이 $2,000가 증가한다.

매출원가 = $529,000 + $ 2,000 = $ 531,000

핵심용어

객관식 문제

(정답은 아래)

1. 다음 중 기간원가는?

a. 재료원가
b. 공장유지비
c. 생산노동자 임금
d. 재무부사장의 급여

2. 제품원가를 결정할 때 전부원가는 다음 중 어느 것을 포함하는가?

a. 변동비만
b. 고정비만
c. 관리비
d. 모든 변동비와 고정비

3. 매출원가는 $200,000, 기초제품재고는 $50,000이고, 기말제품재고는 $100,000이며, 기말재공품재고는 $10,000이다. 제품제조원가는 얼마인가?

a. $100,000
b. $250,000
c. $50,000
d. 답 없음

4. 기초제품재고는 $50,000, 기말제품재고는 $100,000, 제품제조원가는 $200,000이다. 매출원가는 얼마인가?

a. $100,000
b. $250,000
c. $150,000
d. 답 없음

5. 다음 중 개별원가계산시스템이 적합한 산업은?

a. 섬유업

b. 시멘트업

c. 석유화학업

d. 고전 자동차 복원업

6. 예정배부율 결정 방법은?

a. 추정제조간접원가 ÷ 추정배부기준

b. 실제제조간접원가 ÷ 추정배부기준

c. 추정제조간접원가 ÷ 실제배부기준

d. 실제제조간접원가 ÷ 실제배부기준

7. 제조간접원가가 과대배부된다 만약:

a. 실제제조간접원가 배부율이 예정배부율보다 크다면

b. 제조간접원가계정이 회계기말에 대변잔액을 가진다면

c. 실제제조간접원가 배부율이 이전 기간에 적용된 배부율보다 크다면

d. 제조간접원가 배부율이 중요하다면

8. 제조간접원가 전통적 배부방식과 비교할 때 ABC는 사용한다:

a. 다양한 배부기준

b. 직접노동과 관련된 배부기준만

c. 배부기준으로서 기계작업시간

d. 답 없음

9. 서비스업은:

a. 개별원가계산시스템을 사용하지 않는다.

b. 개별원가계산시스템을 사용한다.

c. 그들이 제공한 서비스의 원가를 계산하지 않는다.

d. 내구성이 있는 제품을 생산한다.

10. 다음 중 JIT에 관한 설명으로 틀린 것은?

a. JIT는 원재료와 재공품재고를 최소화 한다.

b. JIT는 "fat" 생산이라고도 한다.

c. JIT는 품질개선에 초점을 둔다.

d. JIT는 공급자와의 관계를 중요시 한다.

정답

1. d **2.** d **3.** b **4.** c **5.** d

6. a **7.** b **8.** a **9.** b **10.** b

과제

주관식 문제

1. 제조원가와 비제조원가의 차이는 무엇인가?

2. 제품원가와 기간원가의 차이는 무엇인가?

3. 대표적인 원가계산시스템 두 개를 예로 들어보고, 각 원가계산시스템이 적용될 수 있는 생산환경에 대해 설명하라.

4. 작업원가표란 무엇이고, 어떠한 정보가 포함되어 있는가?

5. 제조간접원가 예정배부율을 사용하여 제조간접원가를 배부하는 이유를 설명하라.

6. 적절한 제조간접원가 배부기준이 되기 위해 갖추어야 할 속성은?

7. 자본집약적 산업에서는 총 제조원가에서 직접노무원가가 차지하는 비중이 줄어들고 있다. 이러한 현상이 제조간접원가의 배부기준을 선택하는 방식에 미치는 영향을 설명하라.

8. 기말재공품, 기발세품, 매출원가의 상대적 비율에 따라 제조간접원가 배부차이를 조정해야 하는 상황은 언제인지 설명하라.

9. 기대하지 않았던 판매와 생산의 증대로 인해 제조간접원가가 과대배부되는지 아니면 과소배부되는지를 설명하라.

10. 회사가 컴퓨터기반생산시스템을 사용하게 된다면 제품원가(직접재료원가, 직접노무원가, 제조간접원가)의 구성에 어떠한 영향을 미치는가?

연습문제

연습문제 2-1. [학습목표 6] 그룹과제 측정해야 관리할 수 있다! 세 개의 유사한 회사가 있다고 가정해 보자. A사는 직접노동시간을, B사는 기계작업시간을, 그리고 C사는 직접재료원가를 배부기준으로 하여 제조간접원가를 배부한다.

요구사항

세 회사 모두가 유사한 특성을 가지고 있음에도 불구하고, A사의 관리자는 직접노동시간을, B사의 관리자는 기계작업시간을, C사의 관리자는 직접재료원가를 통제하는 것에 관심을 집중할 것이다. 그 이유를 "측정해야 관리할 수 있다!"는 명제의 관점에서 설명하라.

연습문제 2-2. [학습목표 8, 10] 논술형 JIT생산과 제조간접원가 과대/과소배부 스타플라스틱(Star Plastics)의 제조간접원가 잔액(과소 또는 과대)은 항상 매출원가계정에서 마감된다. 이는 잔액이 상대적으로 중요할 때에도 적용된다. 회계담당자 수젯 바저(Suzette Barger)씨는 우리 회사는 JIT 생산시스템을 도입하고 있고 제품이 완성된 후 한 시간 이내에 고객에게 인도되기 때문이라고 하였다.

요구사항

수젯 바저씨가 말한 것처럼 제조간접원가를 재공품재고, 제품재고, 매출원가 계정의 상대적 비율에 따라 조정할 필요가 없는 이유는 무엇인가?

연습문제 2-3. [학습목표 7] 작업에 제조간접원가 배부 프리시전 커스텀 금형사(Precision Custom Molds)에서는 연초에 제조간접원가는 $20,000,000으로 추정되었고, 직접노무시간은 200,000시간으로 추정되었다. 제조간접원가는 직접노동시간을 배부기준으로 제조간접원가예정배부율을 이용하여 작업에 배부된다. 올 한해 작업 525에서 25시간의 직접노동시간이 배부되었다. 이 작업에 배부되는 제조간접원가는 얼마인가?

연습문제 2-4. [학습목표 4] 제품원가계산시스템 아래에 제시된 제품제조자의 목록에서 개별원가계산시스템이 적합하면 J, 종합원가계산시스템이 적합하면 P를 표기하라.

_______ **a.** 화학업
_______ **b.** 페인트제조업
_______ **c.** 법무법인
_______ **d.** 금형업
_______ **e.** 애완동물사료제작업
_______ **f.** 주문제작건축업

연습문제 2-5. [학습목표 1, 2] 재고관련계정 개별원가계산시스템에서 재고와 관련된 총계정원장의 계정에는 Y를, 아니면 N을 표기하라.

_______ **a.** 원재료재고
_______ **b.** 관리비
_______ **c.** 재공품재고
_______ **d.** 제품재고
_______ **e.** 사장급여
_______ **f.** 매출원가
_______ **g.** 제조간접원가
_______ **h.** 판매비

연습문제 2-6. [학습목표 3, 6] 개별원가계산에서 재료원가 기록 8월 한달 동안 스타플라스틱(Star Plastics)은 특정작업에 추적가능한 $200,000의 재료와 간접원가로 분류되는 $10,000의 다양한 재료에 대한 청구서를 가지고 있다.

요구사항

8월 한 달 동안 자료의 사용을 기록하기 위한 분개를 하라.

연습문제 2-7. [학습목표 3, 6] 엑셀활용 개별원가계산에서 재료원가 기록 세인트루이스파운드리(Saint Louis Foundry)의 재료창고에 9월 첫째 주 동안 다섯 개의 재료출고청구서(MR)가 접수되었다. MR 101은 작업 1501에 대한 직접재료원가 $250, MR 102는 작업 1502에 관한 직접재료원가 $350에 관한 것이다. MR 103은 공장에서 발생된 $100의 간접재료원가, MR 104는 작업 1501에 대한 $400의 직접재료원가, MR 105는 작업 1503에 대한 $500의 직접재료원가에 관한 것이다.

요구사항

이러한 재료의 사용을 위한 분개를 하라(힌트: 직접재료원가와 간접재료원가의 분개는 별도로 행한다).

연습문제 2-8. [학습목표 3, 6] 개별원가계산에서 노무원가 기록 8월 한 달 동안 스타플라스틱(Star Plastics)은 특정 작업에 추적되는 $70,000의 노무원가가 발생하였다. 또한 회사는 감독자의 급여와 관련하여 $50,000의 간접노무원가가 발생하였다(힌트: 직접노무원가와 간접노무원가의 분개는 별도로 행한다).

요구사항

8월 한 달 동안 발생한 노무원가를 기록하기 위한 분개를 하라.

연습문제 2-9. [학습목표 3, 6] 엑셀활용 개별원가계산에서 노무원가 기록 존슨 프라덕트(Johnson Products)의 2월 한 달 동안 근로자 작업전표는 다음과 같다.

전표번호	근로자번호	임률	노동시간	작업번호
2101	011	$10.00	110	201
2102	008	21.00	90	201
2103	011	12.00	40	201
2104	008	20.00	50	202
2105	008	18.00	70	203

요구사항

a. 각 작업에 배부해야 할 직접노무원가는 얼마인지 계산하라.
b. 근로자 작업전표를 요약하고 직접노무원가를 기록하기 위한 분개를 하라.

연습문제 2-10. [학습목표 7] 제조간접원가배부기준 로울러 매뉴팩처링(Lawler manufacturing company)은 연간 제조간접원가로 $900,000가 발생할 것으로 예상하고 있다. 또한 회사는 60,000 직접노동시간과 $1,800,000의 직접노무원가 그리고 30,000시간의 기계작업시간을 예상하고 있다.

요구사항

직접노동시간, 직접노무원가, 기계작업시간을 기준으로 한 제조간접원가 예정배부율을 계산하라.

연습문제 2-11. [학습목표 6, 7, 9] 서비스기업의 제조간접원가 배부 프랭클린 컴퓨터 수리전문점(Franklin Computer Repair)은 수리요청건수를 작업으로 취급한다. 제조간접원가는 수리기사의 시간당 임금을 기준으로 배부한다. 연초에 추정한 수리기사의 연간 임금은 $800,000이고, 제조간접원가는 $500,000이다.

요구사항

a. 제조간접원가 배부시 예정배부율이 선호되는 이유를 설명하라.

b. 한 수리작업에서 부품 $200와 수리기사의 임금 $100가 투입될 것이라고 가정한다면 이 작업으로 인해 발생하게 될 총작업원가는 얼마인가?

연습문제 2-12. [학습목표 6, 7] 엑셀활용 제조간접원가 배부 웨버 패브리케이팅(Webber Fabricing)은 다음과 같이 연간 작업시간과 원가를 추정하였다.

추정연간직접노동시간	20,000
추정연간직접노무원가	$ 625,000
추정기계작업시간	20,000
추정직접재료원가	$ 800,000
추정제조간접원가	$1,000,000

요구사항

a. 주어진 네 개의 배부기준을 이용하여 배부기준별 제조간접원가 예정배부율을 계산하라.

b. 주어진 네 개의 배부율을 이용하여 작업 253의 총작업원가를 계산하라.

작업 253	
직접재료원가	$3,000
직접노무원가(150시간 @$25/시간)	$3,750
기계작업시간	100

연습문제 2-13. [학습목표 3, 6, 7] 실제제조간접원가와 제조간접원가 배부에 대한 분개 8월 한 달 동안 스타 플라스틱(Star Plastics)은 직접노무원가 당 $3의 제조간접원가 배부율을 적용하여 제조간접원가를 배부하고 있다. 8월에 발생한 직접노무원가는 $100,000이고, 실제제조간접원가는 $260,000이다. 실제제조간접원가의 구성항목은 다음과 같다.

간접재료원가	$ 40,000
간접노무원가	80,000
제세공과	25,000
감가상각비	60,000
수선비	55,000
합계	$260,000

요구사항

a. 제조간접원가를 배부하기 위한 분개를 하라.

b. 실제제조간접원가를 배부하기 위한 분개를 하라.

연습문제 2-14. [학습목표 8] 제조간접원가계정 마감 연습문제 2-13의 정보를 이용하라.

요구사항

a. 제조간접원가잔액을 결정하고 매출원가계정에서 마감하라.

b. 제조간접원가 잔액을 마감하는 것이 왜 중요할까?

c. 스타플라스틱은 JIT를 도입하였다고 가정하면 제조간접원가를 재공품, 제품, 매출원가의 상대적 비율에 따라 배부하는 것보다 매출원가에서만 조정해도 타당한 이유는 무엇인가?

연습문제 2-15. [학습목표 3, 6, 10] 작업원가 밀턴사(Milton Company)는 철강조립회사이다. 작업 325는 웬델건설사(Wendell Construction Company)가 주문한 철강지지대 500개를 생산하는 것이다. 제조간접원가는 직접노동시간을 기준으로 배부하고, 예정배부율은 직접노동시간 당 $25이다. 작업 325와 관련된 직접원가는 직접재료원가($10,000), 직접노무원가(직접노동시간 당 $16, 직접노동시간 250시간)이다.

요구사항

작업 325의 원가를 계산하라.

연습문제 2-16. [학습목표 6, 7, 9] 예정배부율을 사용하는 서비스기업 스미스와 베이커 법률회사(Smith and Baker Legal Services)는 상근 변호인 5명과 변호 보조인 9명을 고용하고 있다. 상근 변호인과 변호 보조인에 대하여 추정된 1인당 급여는 각각 $300,000와 $100,000이다. 그리고 추정된 간접원가(예: 임차료, 비서실 업무추진비, 복사비 등)는 $600,000이다. 회사는 상근 변호인과 변호 보조인의 비용을 개별 고객별로 추적하고 있고, 추적된 총액을 기준으로 간접원가로 배부한다.

요구사항

개별고객별로 $25,000의 상근 변호인 급여와 $20,000의 변호 보조인 급여가 부과된다면,배부되어야 할 간접원가의 금액은 얼마인가?(소수점 둘째 자리로 반올림)

연습문제 2-17. [학습목표 8] 제조간접원가 과소/과대배부 인젝션 몰딩서비스사(Injection Molding Services)는 개별원가계산시스템을 도입하였다. 제품원가와 관련된 계정의 기말잔액은 다음과 같다.

원재료재고	$300,000
재공품재고	500,000
제품재고	600,000
매출원가	900,000
제조간접원가(대변)	90,000

요구사항

$90,000의 제조간접원가 금액 차이가 중요하다고 가정하고 제조간접원가 배부차이를 조정하기 위한 분개를 하라.

연습문제 2-18. [학습목표 10] 혁신제조기법 JIT 생산은 원재료, 재공품, 제품재고를 줄여준다. 그러나 회사는 다양한 상황에 대처하기 위해 일정부분을 재고로 보유한다. 그와 같은 상황 세 가지를 예로 들고 왜 일정부분을 재고로 보유해야 하는지 설명하라.

연습문제 2-19. [학습목표 6] 증분분석과 제조간접원가배부 연초 벤코사(Vencor company)는 제조간접원가가 $2,000,000가 될 것이라고 추정하였다. 제조간접원가의 80%는 설비의 감가상각비와 관련한 고정원가이고, 나머지 20%는 변동원가이다. 회사는 기계작업시간이 100,000시간이 될 것이라 추정하였으므로 제조간접원가 예정배부율은 기계작업시간 당 $20가 된다. 그리고 회사는 재료이동을 단축시키는 새로운 방법을 발견함으로써 기계작업시간을 30,000시간 단축시킬 수 있었다.

요구사항

회사가 기계작업시간을 단축시킴으로 인해 절감된 제조간접원가의 금액은 얼마인가? 그리고 왜 절감된 금액은 기계작업시간당 $20보다 작은가?

고급연습문제

고급연습문제 2-1. [학습목표 3] 엑셀활용 제품제조원가, 매출원가, 그리고 이익 다음의 정보는 새터필드커스텀 글래스(Satterfield's Custom Glass)의 2020년 12월 31일 현재 자료이다.

재공품재고 기초잔액	$ 210,000
재공품재고 기말잔액	300,000
제품재고 기초잔액	500,000
제품재고 기말잔액	400,000
직접재료원가	2,500,000
직접노무원가	3,000,000
제조간접원가	1,700,000
판매비와 관리비	1,350,000
매출	8,500,000

요구사항

a. 제조원가명세서를 작성하라.

b. 2020회계연도의 손익계산서를 작성하라(법인세는 무시할 것).

고급연습문제 2-2. [학습목표 3] 제품제조원가, 매출원가, 그리고 이익 테라코타 디자인(Terra Cotta Designs)은 타일생산업체이다. 다음의 정보는 2020년 12월 31일의 자료이다.

원재료 기초재고	$ 450,000
원재료 매입	1,500,000
원재료 기말재고	200,000
재공품 기초재고	650,000
재공품 기말재고	350,000
직접노무원가	2,500,000
제조간접원가배부	650,000
제품재고 기초재고	750,000
제품재고 기말재고	350,000
매출	7,000,000
판매비	500,000
일반관리비	850,000

요구사항

a. 간접재료원가는 없다고 가정하고 제조원가명세서를 작성하라.

b. 2020회계연도의 손익계산서를 작성하라(법인세는 무시할 것).

고급연습문제 2-3. [학습목표 6] 엑셀활용 개별원가계산제도: 재고계정과 매출원가 스미스 금형사(Smith Die Company)는 신발산업을 위한 절단다이스(cutting dies)를 생산하는 업체이다. 각 다이스는 고객에게 맞게 디자인되어 있다. 5월 첫 째 주에 여섯 건의 주문을 받았고 작업번호 1005에서 1010이 할당되었다. 다음 거래는 5월 첫 째 주에 발생한 거래이다.

스미스 금형사는 이스턴시티스틸(Eastern City Steel)로부터 $5,500에 철강을 할부로 구매하였고, 공급업체 맬러드(Mallard Supply)로부터 구매한 소모품(간접재료원가)에 대해 $2,400을 지불하였다.

재료출고청구서는 다음과 같다.

작업번호	직접재료원가	간접재료원가
1005	$ 650	
1006	850	
1007	1,550	
1008	650	
1009	450	
1010	350	
합계	$4,500	$1,000

근로자 작업전표는 다음과 같다.

작업번호	직접노무원가	간접노무원가
1005	$1,600	
1006	2,000	
1007	3,300	
1008	1,400	
1009	900	
1010	700	
합계	$9,900	$6,500

제조간접원가는 직접노무원가 180%의 비율로 모든 작업에 배부된다. 작업 1005, 1006, 1007, 그리고 1008은 완성되어 제품계정으로 대체되었고, 작업 1009, 1010은 현재 작업 진행 중이다. 작업 1005, 1006, 1007, 그리고 1008은 고객에게 인도되었는데 가격은 총제조원가의 150%이다.

요구사항

a. 각 작업의 총원가를 계산하라.

b. 위 정보를 이용하여 필요한 분개를 하라.

고급연습문제 2-4. [학습목표 3, 6] 작업원가표와 재고계정 렌톤 커스텀 윈도우사(Renton Custom Windows)는 산업과 가정용 유리창을 생산하는 업체이다.

2020년 초 진행 중인 작업은 다음과 같다.

2020년 1월 1일 현재 발생한 원가	
작업 258	$5,000
작업 259	6,000
작업 260	3,500

2020년 초 완성된 작업은 다음과 같다.

2020년 1월 1일 현재 발생한 원가	
작업 257	$9,000

2020년 회사는 다음과 같은 원가가 발생하였다.

직접재료원가	$ 750,000
직접노무원가	1,650,000
제조간접원가	2,150,000

2020년 말 진행 중인 작업은 다음과 같다.

2020년 12월 31일 현재 발생한 원가	
작업 345	$2,500
작업 346	5,900

2020년 말 완성되어 출고를 기다리고 있는 작업은 다음과 같다.

2020년 12월 31일 현재 발생한 원가	
작업 341	$1,500
작업 342	3,300
작업 343	2,400
작업 344	4,500

요구사항

a. 재공품의 기초/기말잔액은 얼마인가?

b. 제품의 기초/기말잔액은 얼마인가?

c. 매출원가는 얼마인가? 매출원가의 잔액과 관련이 있는 작업번호는?

고급연습문제 2-5. [학습목표 6, 7] 개별원가계산에서 다양한 제조간접원가 예정배부율 자오신발사[Zhao Shoe Company]는 $12,000,000의 제조간접원가가 발생할 것으로 예상하고 있다. 제조간접원가의 대부분은 직접노동자에게 생산을 지원하는 과정에서 발생한다. 직접노무원가 시간당 임률은 시간당 $10에서 $20로 변하였고, 복잡한 작업은 높은 임금을 받는 숙련공이 담당한다. 자오신발사는 $4,800,000의 직접노무원가와 300,000 직접노동시간이 필요할 것으로 예측하였다. 신발은 모델/사이즈별로 단독 생산되는데, 그 해 자오신발사는 모델 K25, 사이즈 8의 신발을 9,000켤레 생산하였고, 그 과정에서 총 11,000 직접노동시간, $165,000의 원가가 작업에 배부되었다.

요구사항

a. 직접노동시간, 직접노무원가를 배부기준으로 할 경우, 모델 K25, 사이즈 8의 신발에 부과해야할 제조간접원가는 얼마인가?

b. 직접노동시간과 직접노무원가 중에서 어떤 것이 제조간접원가 배부기준으로 더 타당한가?

고급연습문제 2-6. [학습목표 6, 7] 제조간접원가 배부율이 다를 경우 작업원가 커스텀 자동차 부품[Custom Auto Parts]은 앤틱한 자동차에 필요한 부품을 생산하는 회사이다. 자동차 펜더에서부터 엔진블럭에 이르기까지 다양한 부품을 생산한다. 고객별로 주문받은 건은 개별 작업으로 처리하는데, 현재 작업번호 9823과 9824 두 개의 작업이 완료된 상태이다. 다만, 제조간접원가가 아직 두 작업에 배부되지 않았다. 회사는 (1)직접노무원가, (2)직접노동시간, 그리고 (3)기계작업시간 등을 배부기준으로 하였을 경우, 작업원가가 각각 얼마가 되는지 알고 싶어 한다. 배부기준별로 추정된 내용은 다음과 같다.

직접노무원가	$300,000
직접노동시간	10,000
기계작업시간	5,000
제조간접원가	$600,000

기계의 감가상각비는 제조간접원가의 75%이다. 작업원가표는 다음과 같다.

	작업 9823	작업 9824
직접재료원가	$1,000	$2,000
직접노무원가	$2,700	$6,500
직접노동시간	100	200
기계작업시간	40	110

요구사항

a. 제시된 세 가지 배부기준별로 제조간접원가 배부율을 계산하라(소수점 둘째 자리로 반올림).

b. 세 가지 배부기준을 이용하여 작업 9823과 작업 9824의 원가를 계산하라(소수점 둘째 자리로 반올림).

c. 어떤 배부기준이 더 타당한지 설명하라.

고급연습문제 2-7. [학습목표 7, 8] 제조간접원가 과소/과대배부 과거에 오크 크래프터 캐비닛사(Oak Crafters Cabinets)의 총수익은 $2,500,000, 매출원가 $1,000,000(과소, 과대 배부차이 조정전), 관리비 $600,000, 판매비 $400,000였다. 올해 직접노무원가의 75%에 해당하는 예정배부율을 사용하여 제조간접원가를 배부하였다. 실제 직접노무원가는 $700,000, 실제제조간접원가는 $450,000이다. 재고계정의 기말잔액(과대 배부 조정 전)은 다음과 같다.

원재료재고	$32,000
재공품재고	50,000
제품재고	200,000

요구사항

a. 과대 배부된 제조간접원가의 금액이 중요하지 않다고 가정하고 당기순이익을 계산하고 매출원가계정에서 조정하라.

b. 과대배부된 제조간접원가의 금액이 중요하다고 가정하고 당기순이익을 재고계정과 매출원가계정의 상대적 비율에 따라 조정하라(소수점 둘째 자리에서 반올림, 금액은 소수점 첫째 자리에서 반올림).

c. 두 방법이 미치는 영향을 설명하라.

고급연습문제 2-8. [학습목표 8] 제조간접원가 과소 또는 과대배부 월드윈도우사(World Window Company)는 건축가의 설계지시서에 따라 창문을 생산하는 업체이다. 회계기말에 회사의 계정잔액은 다음과 같다.

원재료재고	$ 80,000
재공품재고	66,000
제품재고	44,000
매출원가	440,000
제조간접원가(대변 잔액)	50,000

요구사항

a. 매출원가계정에 배부한 제조간접원가의 금액이 중요하지 않다고 가정할 경우 조정되어야 할 금액은 얼마인가?

b. 제조간접원가의 금액이 중요하다고 가정할 경우 조정되어야 할 금액은 얼마인가? (금액은 소수점 첫째 자리에서 반올림)

고급연습문제 2-9. [학습목표 6, 7, 9] 개별원가계산(서비스업의 예) 라플랫 앤 어소시에이트사(LaPlatt & Associates)는 소매업에 속하는 중간 규모의 회사를 대상으로 감사, 세무, 회계서비스를 제공하는 회계법인이다. 회사는 종업원 50명(책임컨설턴트 10명, 업무지원 40명)을 고용하였다. 그리고 책임컨설턴트에게는 1인당 연간 $120,000의 급여를 지불 할 예정이다. 라플랫 앤 어소시에이트사의 서비스에 대한 수요는 높은데, 책임컨설턴트는 대 고객서비스를 위해 1인당 최대 1,600시간을 근무한다. 모든 책임컨설턴트의 급여는 개별 고객별로 추적한다. 책임컨설턴트 급여외에 다른 모든 원가는 간접원가 집합(업무지원)이라는 하나의 계정으로 처리한다. 간접원가는 책임컨설턴트 근무시간을 배부기준으로 하여 배부한다. 올해 예상되는 간접원가의 금액은 $5,200,000이다.

요구사항

a. 종업원 근무시간당 추정된 간접원가 배부율을 계산하라.

b. 라플랫 앤 어소시에이트사는 책임컨설턴트의 근무시간이 100시간이 소요되는 세무와 감사서비스의 입찰에 성공하였다. 책임컨설턴트 임률과 간접원가배부율을 이용하여 작업원가를 추정하라.

고급연습문제 2-10. [학습목표 3, 6] 재고관련원가 기록 빈칸을 채워라.

원재료재고

기초잔액	30,000	
구매	40,000	(a)
기말잔액	15,000	

재공품재고

기초잔액	80,000	
직접재료원가	(a)	(b)
직접노무원가	45,000	
제조간접원가	63,000	
기말잔액	82,000	

제조간접원가

70,000	60,000
	(d)

제품

기초잔액	95,000	
	(b)	(c)
기말잔액	110,000	

매출원가

(c)	
(d)	

고급연습문제 2-11. [학습목표 6, 7] 재고원가기록 불칸 몰딩사(Vulcan Molding)는 성형고무부품을 생산하는 업체이다. 연초에 회사는 $4,000,000의 직접노무원가, $9,000,000의 제조간접원가가 발생할 것으로 추정하였다. 제조간접원가는 직접노무원가를 기준으로 제품에 배부된다. 당해 실제 사용된 재료는 $5,750,000이고 실제 직접노무원가는 $4,500,0000이며 실제제조간접원가는 $11,000,000이다.

요구사항

a. 당해 제조간접원가 배부율을 계산하라(소수점 둘째 자리까지만).
b. 직접재료 사용에 대한 분개를 하라.
c. 직접노무원가 발생에 대한 분개를 하라.
d. 제품에 배부된 제조간접원가를 기록하기 위한 분개를 하라.
e. 배부된 제조간접원가를 매출원가계정에서 마감하는 분개를 하라.

고급연습문제 2-12. [학습목표 6, 7] 복수의 배부율 불칸 몰딩사(Vulcan Molding)는 세 개의 생산부서가 존재한다. 연초에 회사는 $3,080,000의 직접노무원가와 $10,000,000의 제조간접원가가 다음과 같이 발생할 것으로 예측하고 있다.

	부서 A	부서 B	부서 C	합계
추정제조간접원가	$4,000,000	$3,000,000	$3,000,000	$10,000,000
추정직접노무원가	$1,200,000	$ 630,000	$1,250,000	$ 3,080,000
제조간접원가예정배부율	$3.33	$4.76	$2.40	$3.25

다른 업체와 마찬가지로 불칸 몰딩사는 당해 다음과 같은 세가지 작업을 수행하였다.

직접노무원가				
	부서 A	부서 B	부서 C	합계
작업 201	$9,500	$3,000	$4,500	$17,000
작업 202	$5,000	$6,500	$9,000	$20,500
작업 203	$2,000	$5,000	$2,000	$ 9,000

요구사항

a. 회사가 직접노무원가를 기준으로 공장전체의 단일배부율을 사용한다고 가정한다면, 각 작업에 배부될 제조간접원가는 얼마인가?

b. 회사가 직접노무원가를 기준으로 각 생산부서별로 제조간접원가 배부율을 사용한다고 가정한다면, 각 작업에 배부될 제조간접원가는 얼마인가?

c. 공장전체 단일배부율 또는 복수배부율 중 어떤 방법이 더 타당한 방법인지 설명하라.

고급연습문제 2-13. [학습목표 6, 7] 제조간접원가 배부기준 선택 울프 매뉴팩처링사(Wolf Manufacturing)는 올 해에 제조간접원가가 다음과 같이 발생할 것으로 예상하고 있다.

간접재료원가	$ 45,000
간접노무원가	55,000
기계의 감가상각비	160,000
기계의 수선유지비	135,000
수도광열비와 제세공과	55,000
합계	$450,000

25,000 직접노동시간을 투입하여 $525,000의 원가가 발생할 것으로 예측하고 있고, 그 해 기계사용시간은 15,000시간이 투입될 것으로 예측하였다.

요구사항

적절한 배부기준을 선택하고 제조간접원가 예정배부율을 계산하라.

고급연습문제 2-14. [학습목표 7, 8, 9] 서비스업에 제조간접원가 배부 다음은 찰리 라이트세무대리(Charles Wright Tax Preparation Company)의 사무실 간접원가와 관련된 원가자료이다.

발생한 간접원가	
사무실 임차료	$ 25,000
사무실 소모품	6,000
사무실 수도광열비	15,000
사무 관리자 급여	55,000
접수 담당자 급여	35,000
사무실 설비 감가상각비	10,000
소프트웨어 라이센스 비용	24,000
기타 비용	30,000
합계	$200,000

회사는 예정배부율을 사용하여 제조간접원가를 배부한다. 당해 배부율은 세무작업시간당 $6인데, 총 35,000 세무작업시간이 발생하였다.

요구사항

당해 과소 또는 과대배부된 제조간접원가 금액을 계산하라.

고급연습문제 2-15. [학습목표 7, 8, 9] 서비스업의 제조간접원가 예정배부율: 과대 또는 과소배부 로즈몬트 뮤직(Rosemont Music)은 오하이오 주 애크론(Akron)에 위치한 악기수리점이다. 로즈몬트는 개별원가시스템을 도입하였고 수리공의 작업시간을 기준으로 제조간접원가를 배부한다. 연초 예정배부율을 결정하는 과정에서 사용된 자료는 다음과 같다.

수리공 작업시간	10,000
추정된 제조간접원가	$170,000

당해연도에 애크론에 다른 악기수리점이 개업하여, 로즈몬트 뮤직의 수리작업이 줄어드는 결과를 가져왔다. 회사의 실제원가와 운영자료는 다음과 같다.

수리공 작업시간	7,000
제조간접원가	$140,000

요구사항

a. 회사의 제조간접원가 예정배부율을 계산하라.

b. 제조간접원가 과소 또는 과대배부액을 계산하라.

c. 제조간접원가 과소 또는 과대배부액을 매출원가계정에서 마감한다고 가정할 경우 필요한 분개를 하라.

d. 개별원가계산시스템 또는 종합원가계산시스템 중 어느 방법이 더 적합한지 설명하세요

고급연습문제 2-16. [학습목표 6, 7, 9] 서비스업의 제조간접원가 예정배부율 사우스웨스트 지역병원(Southwest Community Hospital)은 개별원가시스템을 도입하였다. 다음의 자료는 무릎수술을 한 캔디스 오디(Candice O'Dea)씨의 병원비 청구내역이다.

의약품	$ 450
소독제	1,500
소모품	4,500
수술실서비스(간호진)	4,500
마취	1,500
마취과의사	3,500

사우스웨스트지역병원은 예정배부율을 적용하여 수술실 사용요금을 청구한다. 수술실에대한 추정제조간접원가는 $5,5000,000이고, 추정사용시간은 2,000시간이다. 외과의사의 수술비용은 직접노무원가로서 배부하지 않고 환자별로 부과한다.

요구사항

a. 수술실에서 사용하는 제조간접원가 예정배부율을 결정하고, 캔디스 오디씨에게 배부할 금액을 계산하라. 캔디스 오디의 담당 외과의사의 수술소요시간은 3시간이라고 가정한다.

b. 무릎수술에 부과된 총비용을 계산하라.

사례연구

사례 연구 2-1 기업윤리 사례 : 브릭스톤 외과 기기(Brixton Surgical Devices) [학습목표 6, 7, 8]

브릭스톤 외과 기기(Brixton Surgical Devices)는 클램프(clamps), 톱, 나사, 스텐트(stents) 등 외과용 의료장비를 생산하는 공기업으로 연 $900,000,000 이상을 판매하는 세계적인 의료기기회사이다. 주로 연구병동에서 근무하는 의료진들에게 필요한 의료기기를 생산한다.

2020년 3분기말 COO(chief operating officer) 에드 월터스(Ed Walters), CFO(chief financial officer) 로빈 스미스(Robin Smith)는 회사가 연초 이사회에서 설정하였던 연간 목표이익을 달성하기가 어렵게 되었다는 사실을 알게 되었다. 이럴 경우 이들은 보너스(기본 보상금에 35%)를 받을 수 없게 된다. 따라서 이들은 다음과 같은 두 가지 의견을 제안하였다. 에드 월터스는 2020년 4분기(10, 11, 12월)에 이행해야 할 주문 건에 대해 25% 할인을 제공하자고 하였다. 그러자 로빈 스미스는 물론 그렇게 하면 매출을 증대시킬 수는 있겠지만 총매출이 증대되는 것은 아니라고 하였다. 즉, 2020년 1분기의 매출을 2020년 4분기의 매출로 이동시키는 것에 불과하다는 것이다. 로빈은 2020년도에 보너스를 받기 위한 다른 방법을 제안하였는데 그것은 4분기 생산량을 증대시키자는 것이다. 즉, 생산량을 증대시켜 제조간접원가를 재고자산에 흡수시키자는 것이다. 즉, 낮아진 단위당 원가와 증대된 매출을 통해 이익을 창출할 수 있다는 것이다. 로빈은 당장 이를 실행하자고 하였다.

요구사항

에드와 로빈이 제안한 의견에 윤리적인 문제는 없는가? 그리고 이들이 제안한 방법대로 실행될 경우 주주가치에 미치는 영향은 무엇인지 논하라.

사례 연구 2-2 : YSL 마케팅 리서치 [학습목표 9]

YSL마케팅 리서치(YSL Marketing Research)는 워싱턴주, 시애틀에 위치한 소규모 리서치회사이다. YSL은 고객의 의뢰를 받아 포커스 그룹 미팅, 전화나 메일을 통한 설문조사, 그리고 마케팅전략평가 등의 업무를 수행하고 있다. 현재 YSL은 2명의 파트너와 6명의 외부전문가와 함께 업무를 수행하고 있다. 연초에 YSL은 3명의 파트너와 6명의 외부전문가에 대한 전문가보상수수료(professional compensation)가 총 $1,600,000가 될 것으로 추정하였다. YSL은 이러한 인력의 확보가 회사의 수익성 창출에 도움이 되는 것인지를 평가하기 위해 실제 전문가보상수수료를 직접원가와 함께 각 계약건별로 추적하였다. 직접원가는 여비교통비, 리서치수행비(예, 문서, 우편)로 구성된다. 또한 각 계약건별로 전문가보상수수료에 근거하여 간접원가도 배부받는다. 간접원가는 임차비용, 제세공과 그리고 사무실 설비의 감가상각비를 포함하고 있는데, 연초에 이러한 원가는 $480,000가 될 것으로 예상하였다.

최근, YSL의 파트너 고니 바흐만(Connie Bachmann)은 신설 첨단기술회사인 슈어넥스(Surenex)가 이러한 설문조사를 담당하게 되었다. 코니 바흐만은 이 거래를 성공적으로 수행한다면 YSL이 3년에서 5년 이내에 프리미엄가격을 받을 수 있는 유명하고 큰 회사로 성장할 수 있는 기회라고 생각하고 있다. 이러한 관점에서 코니는 슈어넥스의 현금흐름상의 문제를 언급하면서 YSL의 정상가격에서 할인을 해 줄 것을 제안하고 있다. 일반적으로 YSL은 전문가보상수수료의 1.5배를 정상가격으로 설정하고 있다. 또한 YSL은 리서치과정에서 발생하는 출장, 서류, 우편과 관련한 비용 모두를 현금으로 결제하고 있다. YSL이 슈어넥스와의 계약을 체결한다면 또 다른 향후 다른 고객에 대해서도 가격할인을 해 주어야 할 것이다.

코니는 슈어넥스와의 계약은 제조간접원가와 더불어 다음과 같은 원가를 발생시킬 것으로 예상하고 있다.
코니 바흐만(파트너) : 40노동시간 × 시간당 $200 = $8,000
앰브로스 번디(Ambrose Bundy)(외부전문가) : 100노동시간 × 시간당 $60 = $6,000
출장, 우편, 우표 등에 대한 실제비용 = $3,000
합계 = $17,000

요구사항

a. 배부받는 제조간접비를 포함하여 슈어넥스와의 계약으로 인해 발생할 것으로 기대되는 총원가는 얼마인지 계산하라. 정답은 실수, 예정배부율은 소수점 둘째 자리에서 반올림

b. 회사의 이익에 영향을 주지 않으면서 코니가 이 계약과 관련하여 부과할 수 있는 가장 낮은 가격은 얼마인가?

c. 가격을 결정하면서 코니가 (b)에서 계산된 금액 외에 추가적으로 더 고려해야 할 것은?

사례 연구 2-3 : 듀페이지 파우더 코팅(DuPage Powder Coating) [학습목표 6, 7, 8]

듀페이지 파우더 코팅(DuPage Power Coating)은 중소규모 기업에서 사용되는 다양한 재료와 부품에 분체도료(powder coating) 마감작업을 수행하는 회사이다. 근본적으로 분체도료작업은 분체powder가 열과 복사에너지에 의해 연속적인 막으로 융해된 다음 분체(powder; 유기고분자 입자, 충전재, 첨가제)를 도료(바르기)하는 작업을 의미한다. 이러한 과정을 통해 녹이 쓸지 않는 내구성 있는 마감칠을 하게 된다.

그 동안 마감작업은 수작업으로 진행되어 왔고 제조간접원가는 직접노무시간을 기준으로 하여 배부하였다(직접노동시간 당 $12 × 직접노동시간 90,000시간 = $1,080,000). 그러나 올 초에 회사는 컴퓨터기반 정전기분체도료시스템을 $1,800,000에 구매하였고 이를 설치하여 운영하고 있다. 이 장비는 5년의 내용연수를 가지고 있고, 연간 $360,000의 추가 간접원가를 발생시킨다(따라서 추정된 현재 총 제조간접원가는 $1,440,000가 된다). 이 장비가 운영되면서 노동시간은 연간 15,000시간이 감소하였고, 올해 시간당 평균 임률 $40, 총 $600,000의 임금이 절약될 것으로 예상되고 있다.

듀페이지는 분무실을 포함한 이 설비를 구입하면서 기존의 분무실과 소규모 작업에서 사용되던 수작업설비도 그대로 유지하고 있다.

듀페이지는 소규모 실외가구제작사인 시더그린 엔터프라이즈(Cedargreen Enterprises)으로부터 4개의 테이블과 16개의 의자에 대한 분체도료작업을 수행해 달라는 신규 주문을 받았다. 듀페이지는 이번 주문건과 같은 소규모 작업은 새로운 설비를 사용하지 않고 기존의 분무실과 수작업설비를 활용할 생각이다. 이 번 작업으로 재료원가는 $500가 발생할 것이고, 직접노동시간은 7시간이 소요될 것으로 예상하고 있다.

대규모 작업을 위해 컴퓨터 기반의 새로운 장비로 교체하는 동안 시더그린이 발주한 소규모 작업도 수행하고 있다.

요구사항

a. 위의 정보를 이용하여 올해 발생할 총 작업원가를 계산하라. 듀페이지는 회사전체 단일 제조간접원가 배부율을 사용한다고 가정한다.

b. (a)와 같은 조건으로 전년도 총 작업원가를 계산하라.

c. 공장장 빌 맥컬리(Bill McCally)는 시더그린과 같은 소규모작업은 원가가 적게 발생한다는 점을 발견하였다. 그러나 현재 회사가 이러한 소규모 작업을 수행하는 것이 비효율적이지 않다고 지적하였다. 즉 작년과 마찬가지로 올해에도 소규모 작업을 진행하면서 동일한 장비, 동일한 노동을 투입하고 있기 때문이다. 그러나 현행 회계시스템은 이러한 소규모작업이 비용을 많이 발생시키는 것처럼 정보를 산출하여 제공하고 있다. 회계시스템은 이러한 소규모 작업이 왜 더 비용이 많이 발생하는 것처럼 정보를 산출하고 제공하고 있는지에 대해 설명하라.

d. 소규모작업이 고비용을 초래한다는 사실은 소규모 작업에 대한 판매가격이 증대되어야 한다는 것을 의미하는 것인가?

CHAPTER 3

ginosphotos1/Deposit Photos

종합원가계산

학습목표

1. 공정간 제품흐름과 계정간 원가흐름에 대한 이해
2. 완성품환산량의 개념에 대한 이해
3. 완성품환산량 단위당 원가계산에 대한 이해
4. 공정부서에서 제품제조원가와 기말재공품의 잔액의 계산방법에 대한 이해
5. 제조원가보고서에 대한 이해

스테이시 브래넌(Stacy Brannen)은 켄트 화학(Kent Chemical)의 중서부지역공장을 방문하였다.

2주전 스테이시는 주립대학에서 기계공학사 학위를 취득하였고, 켄트 화학에서 근무할 예정이다. 공장을 방문한 신입사원을 대상으로 부공장장 빌 머튼(Bill Merton)은 공장 견학을 진행하고, 도색공정, 착색공정, 목재보존공정에 관해 설명하였다.

이 번 공장 견학의 목적은 생산공정에서 운영되고 있는 설비에 대한 이해를 높이는 것에 초점이 있었다. 그러나 스테이시는 제품의 원가가 어떻게 결정되는지도 궁금했다. "부공장장님, 제품의 원가가 어떻게 결정되는지 알고 싶습니다"라고 스테이시가 말했다. "예를 들어 1 리터의 목재보존재가 선적되려면 혼합공정과 포장공정을 운영해야 합니다. 그렇다면 각 공정별로 발생한 직접재료원가, 직접노무원가, 제조간접원가를 목재보존재에 배부하는 것은 어려운 일입니까?

빌이 대답하였다. "우선 월터 헌트(Walter Hunt)를 만나봅시다. 그는 우리 회사의 공장 관리회계담당자로서 우리 회사의 제품원가가 어떻게 계산되는지에 관해 자세히 설명해 줄 수 있을 겁니다."

켄트 화학이 사용하는 원가계산시스템은 종합원가계산시스템이다. 이는 동종의 제품을 대량으로 연속 생산하는 경우에 적합한 원가계산방법이다. 일반적으로 페인트, 플라스틱, 종이제품, 시리얼, 화장품, 금속 등의 산업에서 종합원가계산을 사용한다. 그러므로 듀폰(Dupont), 퀘커 오츠(Quaker Oats Company), 펩시(PepsiCo)와 같은 회사도 종합원가계산을 사용한다. 이 장에서는 종합원가계산시스템에 대해 공부하게 된다.

3.1 개별원가계산시스템과 종합원가계산시스템의 차이

제2장에서도 공부한 바와 같이 제품원가계산시스템은 개별원가계산과 종합원가계산의 두 유형으로 구분할 수 있다. 개별원가계산시스템은 개별 또는 배치(batch) 생산방식에 적합한 원가계산방법으로 작업별로 발생한 제조원가를 추적할 필요가 있다. 작업이 완료되면 작업원가는 재공품계정에서 제품계정으로 대체되고, 제품이 판매되면 제품계정에서 매출원가계정으로 대체된다.

반면에 종합원가계산은 본질적으로 평균화(averaging)하는 시스템이며, 생산한 제조원가를 생산한 수량으로 나누어서 평균 단위당 제조원가를 결정하는 원가계산방법이다. 제품이 완성되면 완성된 제품의 수에 제품 단위당 원가를 곱하고 그 금액만큼 재공품계정에서 제품계정으로 대체된다. 그리고 제품이 판매되면 판매된 수량에 제품단위당원가를 곱한 금액이 제품계정에서 매출원가계정으로 대체된다. 〈그림 3-1〉은 개별원가계산시스템과 종합원가계산시스템의 차이를 보여주고 있다. 다음의 절에서 종합원가계산시스템에 대해 자세히 알아보기로 한다.

Link to Practice

액슨모빌(ExxonMobill)이 제품 모빌(Mobil) 1을 생산하기 위해서 어떠한 원가계산방법을 채택해야 하는가?

액슨모빌은 원유와 천연가스를 탐사, 생산, 판매하는 세계적인 회사이다. 회사는 석유

jfmdesign/iStock Unreleased/Getty Images

제품을 대량 생산한다. 그 중에서 모빌 1은 세계 1위의 합성 자동차 오일이다. 액슨모빌은 어떤 원가계산시스템을 사용해야 하는가? 동종의 제품은 연속 대량생산된다. 따라서 모빌 1의 원가를 계산하기 위해 액슨모빌은 종합원가계산시스템을 사용해야 한다.

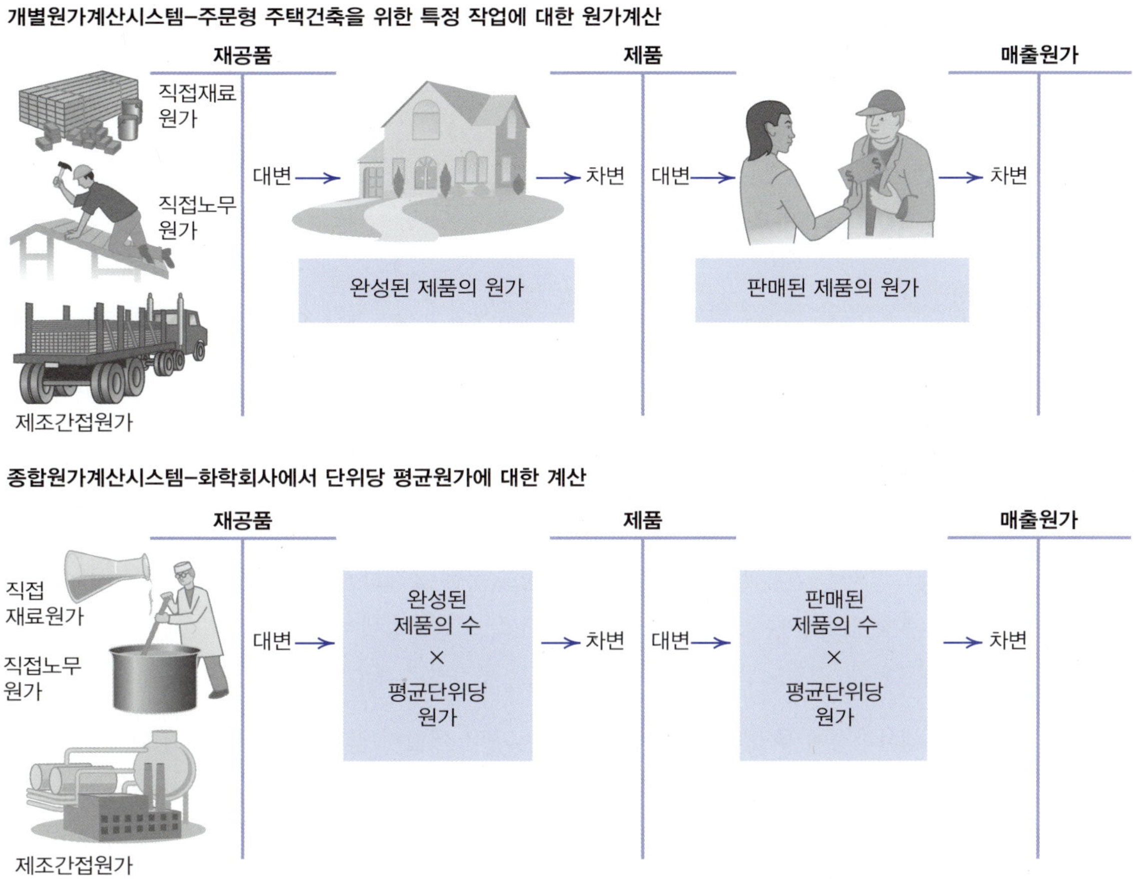

〈그림 3-1〉 개별원가계산시스템과 종합원가계산시스템 비교

Any Questions?

Q: 어떤 회사가 동종의 제품을 대량 생산한다. 예를 들어 한 회사가 수 천대의 유사한 노트북 컴퓨터를 생산할 수 있다. 모델마다 케이스, 키보드, 화면이 같지만 하나의 모델은 다른 모델보다 프로세서가 빠르고 메모리가 많을 수 있다. 또한 까베르네(cabernet) 와인 생산자를 생각해 보면, 이 회사의 와인 중 두 개는 프랑스산 참나무 통에서 숙성된 반면 다른 하나는 미국산 참나무 통에서 숙성된 것을 제외하면 모든 면에서 유사할 수 있다.

이들 회사는 종합원가계산과 개별원가계산 중 어떠한 원가계산시스템을 사용하여야 하는가?

A: 좋은 관찰력이군요! 실제로 기업은 개별원가계산과 종합원가계산을 결합한 혼합원가계산시스템(hybrid system)을 종종 사용한다. 혼합원가계산시스템은 운영원가계산(operations costing)이라고도 한다. 운영원가계산에서 가공원가는 종합원가계산과 마찬가지로 제품에 부과된다. 그러나 다른 재료는 개별원가계산과 같이 제품에 부과된다. 만약 일반관리자가 되기를 원한다면 이에 관한 더 많은 정보가 필요하지 않겠지만 회계담당자가 되고자 한다면 이에 대해 더 자세히 공부할 필요가 있다.

학습목표 1 공정 간 제품흐름과 계정 간 원가흐름에 대한 이해

3.2 제품과 원가흐름

제품은 몇몇 공정(departments)을 거쳐서 완성되고, 원가는 제품계정에 기록되기 전에 몇 개의 계정을 통과해야 한다. 이 절에서는 종합원가계산시스템에서 공정간 제품의 흐름과 계정간 원가의 흐름에 대해 공부한다.

3.2.1 공정간 제품흐름

종합원가계산시스템을 사용하는 회사의 경우 제품은 두 개 혹은 그 이상의 공정을 통과해야 하고 원가는 각 공정에 누적된다. 켄트 화학은 혼합과 포장이라는 두 공정을 통해 목재보존재를 생산한다. 혼합공정에서는 화학재료를 혼합한 후 액체보존재는 포장공정으로 대체되고, 포장공정에서는 플라스틱 용기에 액체보존재를 주입한다. 직접재료원가, 직접노무원가, 제조간접원가는 공정별로 배부된다.

일반적으로 재료가 생산과정에 투입되는 단계를 확인하는 것은 어렵지 않다. 혼합공정에서 화학재료는 공정의 초기에 투입된다. 그러나 직접노무원가와 제조간접원가가 공정에 배부되어야 할 시점을 결정하는 것은 어려운 일이다. 직접노무원가와 제조간접원가는 합해져서 **가공원가**(conversion cost)라 하는데 이러한 가공원가는 공정의 진행에 따라서 발생한다.

〈그림 3-2〉는 두 공정을 통한 제품의 흐름과 원가의 흐름을 보여준다. 앞에서 설명하였듯이 재료는 공정의 초기에 투입되지만 가공원가는 공정의 진행에 따라 일정한 비율로 투입된다.

3.2.2 계정간 원가흐름

종합원가계산에서 제품원가의 요소는 본질적으로 개별원가계산의 직접재료원가, 직접노무원가, 제조간접원가와 동일하다. 다만 **전공정대체원가**(transferred-in-cost)라는 것이 별도로 존재하는데 이는 전공정에서 완성

Link to Practice

전기 테이프 제조를 위한 가상 공장투어

종합원가계산은 동종의 제품을 대량으로 연속 생산하는 업종에 적합한 원가계산방법이다. 그런 생산공정을 가진 공장에 가본 적이 있는가? 가본 적이 없다면, 가상 투어(virtual tour)를 한 번 해 봅시다. 3M은 많은 다른 제품뿐만 아니라 전기테이프를 생산하고, 종합원가계산을 사용한다. 종합원가계산에 대한 가상 투어는 http://electrictv.net/videos/3m-tape-manufacturer-how-its-made-necaibew-team/에서 확인할 수 있다.

〈그림 3-2〉 공정간 제품의 흐름

되어 차공정으로 대체된 전공정의 완성품원가이다. 예를 들면 켄트 화학의 혼합공정에서 발생한 원가가 포장공정으로 대체되는 경우에 대체된 금액을 전공정대체원가라 한다.

각 공정별로 별도의 재공품계정을 사용하여 제품의 원가를 집계한다. 공정별 재공품계정의 합계는 회사 전체의 재공품 금액이 된다. 다음 분개는 공정간 원가흐름을 보여준다.

직접재료원가

켄트 화학의 혼합공정에서 $142,000의 직접재료원가가 4월 한달 간 사용되었다고 가정해보자. 이 경우에 적절한 분개는 다음과 같다.

(날짜)	재공품—혼합공정	142,000	
	원재료		142,000
	원재료의 사용을 기록하다		

직접노무원가

혼합공정에서 $62,200의 직접노무원가가 발생하였다고 가정한다면 다음과 같이 분개해야 한다.

(날짜)	재공품—혼합공정	62,200	
	미지급임금		62,200
	직접노무원가를 기록하다		

제조간접원가

종합원가계산에서 제조간접원가를 배부하려면 회사는 실제제조간접원가 배부율 또는 예정제조간접원가 배부율을 사용해야 한다. 제조간접원가의 금액과 생산수준이 매월 일정하지 않을 경우에 실제제조간접원가를 적용한다면 단위당 제품원가의 변동폭이 달라지게 된다. 이러한 이유로 대부분의 회사는 예정배부율을 사용한다.

연초에 혼합공정은 $2,160,000의 제조간접원가와 $720,000의 직접노무원가가 발생할 것으로 추정하였다고 가정해보자. 배부기준으로 직접노무원가를 사용하면서, 부서는 예정배부율로 직접노무원가 단위당 $3($2,160,000 ÷ $720,000)를 결정하였다. 4월 한달 동안 발생한 직접노무원가가 $62,200이면 재공품 재고에 배부되어야 할 제조간접원가는 $186,600($62,200 × $3)가 된다.

(날짜)	재공품–혼합공정	186,600	
	제조간접원가		186,600
	재공품계정에 제조간접원가를 기록하다		

전공정대체원가

한 공정에서 작업이 완료되면 그 공정의 완성품은 관련원가와 더불어 다음 공정으로 대체된다. 이를 전공정대체원가라 한다. 혼합공정에서 4월 한 달 동안 완성한 혼합공정의 완성품원가가 $360,000이라고 가정해보자. 이는 포장공정으로 대체되고 관련원가는 포장공정에서 전공정대체원가로 분류된다. 분개는 다음과 같다.

(날짜)	재공품–포장공정	360,000	
	재공품–혼합공정		360,000
	전공정대체원가를 기록하다		

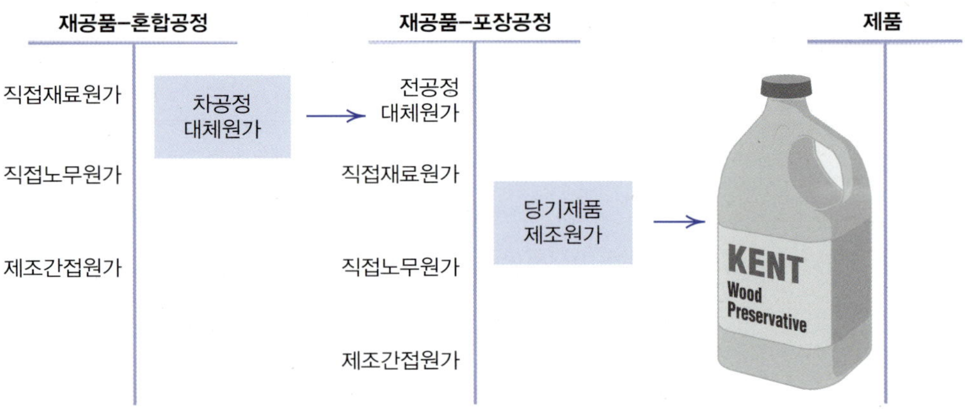

〈그림 3-3〉 공정별 원가흐름

공정별 재공품계정간 원가흐름이 〈그림 3-3〉에 제시되어 있다.

학습목표 2 완성품환산량의 개념에 대한 이해

3.3 단위당 원가의 계산

종합원가계산은 평균화 과정을 통해 원가를 계산하는 시스템이다. 이 절에서는 종합원가계산의 **완성품환산량**(Equivalent Units) 단위당원가가 어떻게 계산되는지에 대해 공부하게 된다.[1] 이를 위해 종합원가계산과 완성품 환산량의 개념에 대해 이해하여야 한다.

3.3.1 완성품환산량(Equivalent Units)

재공품과 완성품의 완성도는 다르기 때문에 평균단위당원가를 계산하기 위해서는 재공품의 단위를 완성품의 단위로 환산해야 한다. 예를 들어 50% 가공된 재공품이 100개가 있다고 가정한다면 이를 완성품으로 만들었더라면 〈그림 3-4〉에 제시된 것처럼 재공품의 완성품 환산량은 50개(100×50%)가 된다.

재공품의 완성품 환산량은 재료와 가공원가에서 다를 수 있다. 예를 들어 7월말에 켄트 화학의 혼합공정은 50% 가공된 목재보존재 100리터를 재공품으로 가지고 있는데 재료는 공정의 시작 시점에 투입되고, 가공원가는 전 공정에 걸쳐 균등하게 발생한다고 가정해보자. 이때 공정의 진척은 50%이지만 재료는 이미 공정의 초에 모두 투입되었으므로 재료의 투입은 100%가 된다(〈그림 3-2〉 참조). 그러므로 재공품계정에서 직접재료원가의 완성도는 100%가 된다. 그러나 가공은 50%가 이루어졌으므로 추가가공의 과정에서 50%의 직접노무원가와 제조간접원가가 더 투입되어야 한다(〈그림 3-5〉 참조).

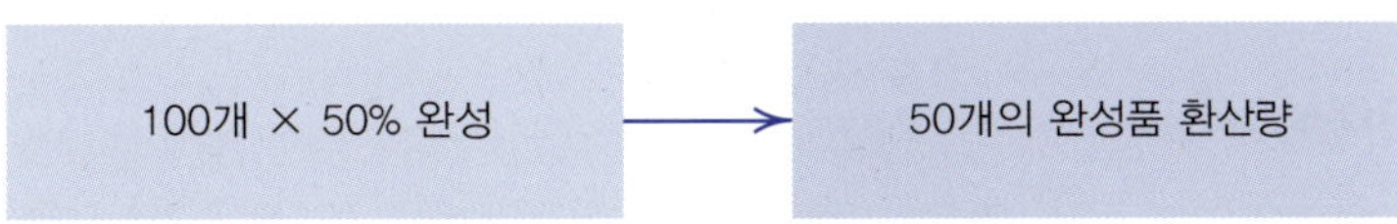

〈그림 3-4〉 완성품환산량 계산방법

1 여기서는 가중평균법하의 종합원가계산방법에 대해서만 설명한다. 가중평균법과 함께 주로 사용되는 또 하나의 방법은 선입선출법(First-in First-out, FIFO)인데 이는 고급과목인 원가회계에서 다루기로 한다.

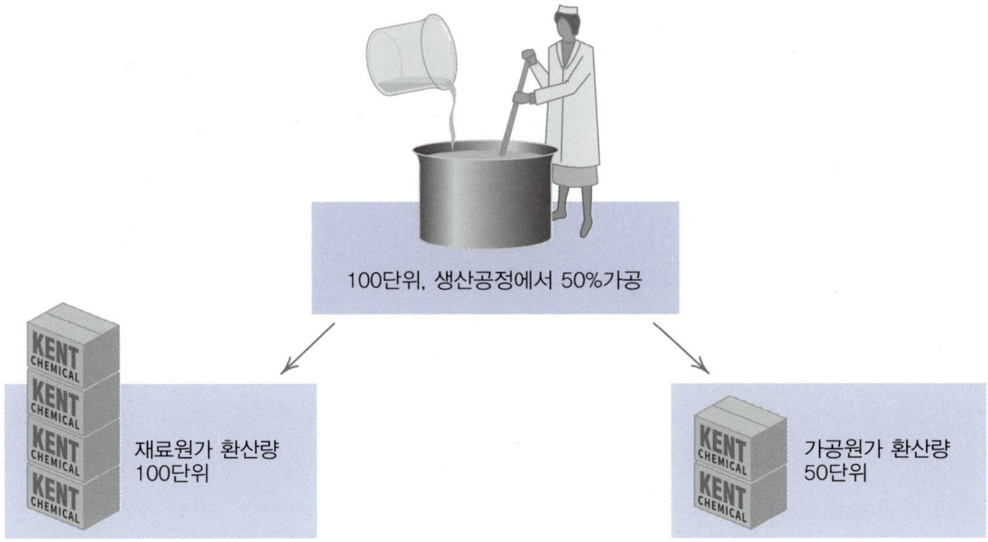

〈그림 3-5〉 재료와 가공원가의 환산량 차이-재료는 공정의 초기시점에 투입 가정

3.3.2 완성품환산량 단위당 원가(Cost per Equivalent Unit)

학습목표 3 완성품환산량 단위당 원가계산에 대한 이해

종합원가계산에서 평균단위당원가는 **완성품환산량 단위당 원가**(cost per equivalent unit)라고 한다. 완성품환산량 단위당 원가를 계산하는 공식은 다음과 같다.

$$\text{완성품환산량 단위당원가} = \frac{(\text{기초재공품원가} + \text{당기총원가})}{(\text{제품완성품환산량} + \text{재공품완성품환산량})}$$

분자는 기초재공품원가에 당기에 발생한 총원가를 더한다. 이 금액은 공정부서가 기간별로 인식해야 할 총원가가 된다. 총원가는 제품완성품환산량에 재공품완성품환산량을 더한 수량으로 나누어준다. 이렇게 결정된 완성품 환산량 단위당 원가는 기초재공품 원가, 당기제품제조원가, 기말재공품 원가를 계산하는데 적용된다.

Test Your Knowledge

레이니어 화학(Rainier Chemical)의 가공원가(직접노무원가와 제조간접원가)는 전공정에 걸쳐 균등하게 발생한다. 회계기간 말에 80% 가공된 200단위의 재공품재고가 존재한다면 가공원가의 입장에서 재공품재고의 환산량은 몇 개인가?

a. 200 **b.** 160 **c.** 360 **d.** 280

답 : b

학습목표 4 공정부서에서 제품제조원가와 기말재공품의 잔액의 계산방법에 대한 이해

3.4 완성품환산량 단위당 원가의 계산과 적용 - 혼합공정의 사례

켄트 화학 혼합공정의 완성품환산량단위당 원가를 계산하는 과정을 살펴보자. 혼합공정은 생산의 시작 시점에 80% 가공된 10,000리터의 재공품재고를 보유하고 있다. 4월 한 달 동안 70,000리터를 투입하여 60,000리터를 완성하였고, 4월말에 50% 완성된 20,000리터를 보유하고 있다. 기초재공품에는 직접재료원가 $18,000, 직접노무원가 $7,800, 제조간접원가 $23,400가 포함되어 있다. 4월 한 달 동안 혼합공정은 직접재료원가 $142,000, 직접노무원가 $62,200을 발생시켰다. 혼합공정의 직접노무원가 단위당 제조간접원가 예정배부율은 $3이므로 4월 한달 동안 생산과정에 배부될 제조간접원가 예정배부액은 $186,600($3 × $62,200)이 된다.

혼합공정의 완성품환산량 단위당 원가는 〈그림 3-6〉에 제시되어 있다. 직접재료원가는 기초재공품에 $18,000가 포함되어 있고, $142,000의 직접재료원가가 4월 한 달 동안 추가적으로 발생하였다. 총원가 $160,000을 80,000단위(제품완성품환산량 60,000리터 + 기말재공품완성품환산량 20,000리터)로 나누면 $2의 직접재료원가 완성품환산량 단위당 원가가 계산된다.

이 공식에서 사용된 환산량에 대해 좀 더 자세히 알아보자. 4월 말에 50% 가공된 20,000단위의 기말재공

	직접재료원가		직접노무원가		제조간접원가		합계
원가							
기초재공품	$ 18,000		$ 7,800		$ 23,400		$ 49,200
당기총원가(4월 한 달)	142,000		62,200		186,600		390,800
총원가	$160,000		$70,000		$210,000		$440,000
수량							
완성품 수량	60,000		60,000		60,000		
기말재공품수량	20,000		10,000		10,000		
총수량	80,000		70,000		70,000		
완성품환산량단위당원가 (총원가 ÷ 총수량)	$2	+	$1	+	$3	=	$6

〈그림 3-6〉 혼합공정의 완성품환산량 단위당 원가계산

품이 존재한다. 그러나 재료는 공정의 초기시점에 투입되기 때문에 20,000단위에 대한 직접재료원가의 완성도는 100%가 된다. 그러므로 직접재료원가 기말재공품완성품환산량은 20,000리터가 된다. 반면에 직접노무원가와 제조간접원가는 50% 가공이 되어 있으므로 가공원가 기말재공품 완성품환산량은 10,000단위가 된다.

〈그림 3-6〉의 마지막 줄에 나타나 있듯이 완성품환산량 단위당 총원가는 $6(직접재료원가 $2 + 직접노무원가 $1 + 제조간접원가 $3)가 된다. 이는 제품제조원가와 기말재공품원가 그리고 포장공정으로 대체되는 차공정대체원가를 계산하는데 사용될 수 있다.

Test Your Knowledge

레이니어 화학(Rainier Chemical)의 4월 초 기초재공품에 포함된 직접노무원가는 $50,000이고, 4월 한 달 동안 $450,000의 직접노무원가가 추가로 발생하였다. 4월말 재공품재고에 80% 가공된 200단위가 포함되어 있고, 840단위가 완성되었다. 직접노무원가 환산량 단위당 원가는 얼마인가?

a. $225 **b.** $481 **c.** $536 **d.** $500

정답 : d($50,000 + $450,000) ÷ [840 + (200 × 0.8)]

3.4.1 차공정대체원가(Cost Transferred Out)

4월 한 달 동안 혼합공정에서 완성된 60,000리터은 포장공정으로 대체되어야 한다. 완성품환산량 단위당 총원가가 $6이므로 $360,000(60,000리터 × $6)가 차공정대체원가가 된다. 분개는 다음과 같다.

(날짜)	재공품—포장공정	360,000	
	재공품—혼합공정		360,000
	혼합공정에서 포장공정으로 대체되는 차공정대체원가를 기록하다		

3.4.2 기말재공품(Ending Work in Process)

혼합공정의 기말재공품재고는 $80,000이다. 이 잔액은 직접재료원가 완성품환산량 20,000단위에 $2의 직접재료원가 완성품환산량 단위당 원가를 곱한 금액에 직접노무원가 완성품환산량 10,000단위에 $1의 직접노무원가 완성품 환산량 단위당 원가를 곱한 금액과 제조간접원가 완성품 환산량 10,000단위에 $3의 제조간접원가 완성품환산량 단위당 원가를 곱한 금액 모두를 더한 값이 된다.

혼합공정의 기말재공품

직접재료원가(20,000단위, $2 환산량 단위당원가)	$40,000
직접노무원가(10,000단위, $1 환산량 단위당원가)	10,000
제조간접원가(10,000단위, $3 환산량 단위당원가)	30,000
합계	$80,000

기말재공품 잔액이 $80,000인 혼합공정에 대한 재공품계정의 내역을 요약하면 다음과 같다.

재공품-혼합공정

	기초잔액	49,200	
당기투입	직접재료원가	142,000	360,000 차공정대체원가
	직접노무원가	62,200	
	제조간접원가	186,600	
	기말잔액	80,000	

학습목표 5 제조원가보고서에 대한 이해

3.5 제조원가보고서

종합원가계산에서 월말에 작성되는 **제조원가보고서**(production cost report)는 수량과 원가 그리고 완성품환산량 단위당원가에 관한 정보를 제공하는데 이를 통해 오류의 수정도 가능하다. 켄트 화학 혼합공정의 제조원가보고서가 〈그림 3-7〉에 제시되어 있는데 환산량단위당원가를 계산하는 절차는 지금까지 공부한 내용과 동일하다. 따라서 수량과 가격을 조정하는 내용에 대해 추가적으로 살펴보기로 한다.

3.5.1 수량조정

증발, 파손, 도난 등으로 인한 수량손실이 없다고 가정한다면 기초재공품재고에 당기투입수량을 더한 금액은 당기완성수량과 기말재공품수량의 합과 같아지게 된다. 혼합공정의 경우 10,000단위의 기초재공품에

제조원가보고서
혼합공정
4월

단계1 ⇒

수량조정	
기초재공품(100% 직접재료원가, 80% 가공원가)	10,000
당기투입	70,000
합계	80,000
포장공정대체수량	60,000
기말재공품(100% 직접재료원가, 50% 가공원가)	20,000
합계	80,000

환산량단위당 원가계산

단계2 ⇒

	직접재료원가	직접노무원가	제조간접원가	합계
원가				
기초재공품	$ 18,000	$ 7,800	$ 23,400	$ 49,200
당기투입	142,000	62,200	186,600	390,800
합계	$160,000	$70,000	$210,000	$440,000
수량				
완성품	60,000	60,000	60,000	
재공품	20,000	10,000	10,000	
합계	80,000	70,000	70,000	
환산량단위당 원가	$2	$1	$3	$6

단계3 ⇒

원가조정		
총원가		$440,000
포장공정대체원가(60,000 × $6)		$360,000
기말재공품원가		
직접재료원가(20,000 환산량 × $2)	$ 40,000	
직접노무원가(10,000 환산량 × $1)	10,000	
제조간접원가(10,000 환산량 × $3)	30,000	80,000
합계		$440,000

〈그림 3-7〉 제조원가보고서-혼합공정

70,000단위의 당기투입으로 합계 80,000단위로 당기완성수량 60,000단위와 기말재공품 20,000단위의 합과 같다.

기초재공품 수량	10,000	=	완성수량	60,000
+ 당기투입 수량	70,000		+ 기말재공품 수량	20,000
	80,000			80,000

3.5.2 원가조정

각 기간별로 계산되어야 할 총원가는 기초재공품원가에 당기투입원가를 더한 금액이다. 혼합공정의 경우는 $440,000가 된다. 이 금액은 차공정으로 대체되거나 기말재공품재고로 남아 있게 된다. 구체적으로 차공정대체원가는 $360,000이고 기말재공품은 $80,000이 된다.

기초재공품원가	$49,200	=	차공정대체원가	$360,000
+ 당기투입원가	390,800		+ 기말재공품원가	80,000
	$440,000			$440,000

3.6 종합원가계산의 기본절차: 요약

종합원가계산의 기본절차는 다음과 같다.

단계 1: 수량결정(물량흐름가정). 다음의 공식을 이용하여 수량을 파악한다.

기초재공품수량 + 당기투입수량 = 당기완성수량 + 기말재공품수량

단계 2: 완성품환산량 단위당 원가계산. 다음 공식을 이용하여 직접재료원가, 직접노무원가, 제조간접원가의 환산량 단위당원가를 계산한다.

(기초재공품원가 + 당기투입원가) / (제품완성품환산량 + 기말재공품완성품환산량)

단계 3: 제품과 기말재공품에 원가배부. 완성된 제품의 원가는 제품에 대한 완성품환산량 단위당원가 합계에 완성수량을 곱한 금액이다. 재공품의 원가는 기말재공품의 완성품 환산수량에 직접재료원가, 직접노무원가, 제조간접원가의 완성품환산량 단위당 원가 각각을 곱한 금액의 합이다.

단계 4: 제품원가 결정. 다음의 공식을 이용하여 제품원가를 결정한다.

기초재공품원가 + 당기투입원가 = 당기완성품원가 + 기말재공품원가

Data Analytics in Action

Shell에 새로운 통찰력을 가져다 준 데이터 분석

로열더치셸 PLC(Royal Dutch Shell PLC)(종합원가계산을 사용함)는 데이터 분석을 통해 석유와 가스 추출 비용을 낮춘다. 종종 1억 달러가 넘는 비용이 드는 수심이 깊은 해상유정에서, 적절한 곳을 찾는 것이 중요하다. 조사 현장에는 저주파 지진파를 감지하기 위한 탐침이 사용된다. 파동이 석유나 가스를 통과하면, 파동이 비틀리게 되며, 이러한 장소가 시추하기 좋은 곳이다. 이러한 작업은 백만 번 이상의 판독이 필요할 수 있다. 데이터 분석 도구를 사용하여, 이러한 판독은 지질학자들이 정확한 추천을 할 수 있도록 전 세계의 다른 수천 개의 장소와 비교될 수 있다.

출처: Bernard Marr, "Big Data In Big Oil: How Shell Uses Analytics to Drive Business Success," Forbes (May 26, 2015). https://www.forbes.com/sites/bernardmarr/2015/05/26/big-data-in-big-oil-how-shell-uses-analytics-to-drive-business-success/#4d6d071b229e

3.7 켄트 화학 사례: 스테이시의 질문에 대한 답변

이 장의 도입부에서 스테이시가 켄트 화학의 목재보존재의 제품원가는 어떻게 결정되는지를 질문한 내용을 상기해보자. 이제 우리는 스테이시의 질문에 답변할 수 가 있을 것이다. 직접재료원가, 직접노무원가, 제조간접원가는 본질적으로 각 공정에서 누적되고, 각 공정에서 직접재료원가, 직접노무원가, 제조간접원가에 대한 완성품환산량 단위당원가가 계산된다(종합원가계산 단계 2). 그런 다음 완성품환산량 단위당원가는 완성된 제품과 기말재공품의 원가를 계산하는데 사용된다(종합원가계산 단계 3).

3.8 전공정대체원가 처리방법: 포장공정의 예

종합원가계산을 사용하는 회사는 복수의 공정을 통해 제품을 생산한다. 한 공정의 완성품은 다음 공정으로 대체된다. 이러한 절차는 마지막 공정까지 반복되고 마지막 공정의 완성품은 완제품이 된다.

이 절에서는 전공정대체원가의 처리 방법에 대해 자세히 공부한다. 켄트 화학의 포장공정을 고려해 보자. 포장공정에서 제품원가의 계산은 혼합공정의 제품원가계산 절차와 동일한 방식으로 이루어진다.

단계 1. 포장공정의 제조원가보고서는 〈그림 3-8〉과 같다. 4월초 포장공정은 50% 가공된 15,000리터의 재공품재고를 보유하고 있고, 혼합공정에서 대체된 수량은 60,000리터다. 그리고 4월말에 40% 가공된 5,000리터의 기말재공품이 남아 있고, 70,000리터가 완성되어 제품계정으로 대체되었다. 종합원가계산에서 단계 1은 수량을 결정하는 과정으로 제조원가보고서상의 수량조정 부분에 나타나 있다(〈그림 3-8〉).

단계 2. 단계 2에서는 완성품환산량 단위당 원가를 계산한다. 기초재공품에는 직접재료원가 $10,500, 직접노무원가 $4,500, 제조간접원가 $9,000, 혼합공정에서 대체된 전공정대체원가 $92,250가 포함되어 있다. 그리고 당기에 직접재료원가 $49,500, 직접노무원가 $27,900, 제조간접원가 $55,800, 전공정대체원가 $360,000이 추가로 발생하였다. 이러한 직접재료원가, 직접노무원가, 제조간접원가, 전공정대체원가는 각각의 완성품과 기말재공품의 완성품환산수량을 더한 값으로 나누어 직접재료원가, 직접노무원가, 제조간접원가, 전공정대체원가 완성품환산량 단위당 원가를 결정한다. 제조원가보고서에서도 볼 수 있듯이 직접재료원가, 직접노무원가, 제조간접원가, 전공정대체원가의 완성품환산량 단위당 원가는 각각 $0.80, $0.45, $0.90, $6.03이 된다. 재료가 공정의 초기시점에 투입된다고 하면 50% 가공된 기말재공품에 재료는 100% 모두 투입된 것이다. 전공정대체원가의 완성품환산량단위당 원가를 계산해보면 다음과 같다.

먼저, 전공정대체원가의 합은 기초재공품에 포함된 $92,250에 4월 한 달 동안 추가로 발생한 $360,000을 더하여 $452,250가 된다. 이를 전공정대체원가에 대한 제품완성품환산량 70,000단위에 기말재공품완

제조원가보고서
포장공정
4월

수량조정	
기초재공품(100% 직접재료원가, 50% 가공원가)	15,000
당기투입(4월 한 달, 혼합공정으로부터 대체된 수량)	60,000
합계	75,000
완제품으로 대체된 수량	70,000
기말재공품(100% 직접재료원가, 40% 가공원가)	5,000
합계	75,000

환산량단위당 원가계산

	직접재료원가	직접노무원가	제조간접원가	전공정대체원가	합계
원가					
기초재공품	$10,500	$ 4,500	$ 9,000	$ 92,250	$116,250
당기투입	49,500	27,900	55,800	360,000	493,200
합계	$60,000	$32,400	$64,800	$452,250	$609,450
수량					
완성품	70,000	70,000	70,000	70,000	
재공품완성품환산량	5,000	2,000	2,000	5,000	
합계	75,000	72,000	72,000	75,000	
환산량단위당원가	$0.80	$0.45	$0.90	$6.03	$8.18
원가조정					
총원가					$609,450
완제품대체원가(70,000 환산량 × $8.18)					$572,600
기말재공품원가					
직접재료원가(5,000 환산량 × $0.80)				$ 4,000	
직접노무원가(2,000 환산량 × $0.45)				900	
제조간접원가(2,000 환산량 × $0.90)				1,800	
전공정대체원가(5,000 환산량 × $6.03)				30,150	36,850
합계					$609,450

〈그림 3-8〉 제조원가보고서-포장공정

성품환산량 5,000단위를 더한 75,000단위로 나누어주면 전공정대체원가의 완성품환산량 단위당 원가는 $6.03이 된다.

기말재공품환산량의 경우에 4월 말 포장공정에서 40% 가공된 기말재공품이 5,000단위가 있다. 그런데 여기에 포함된 전공정대체원가의 완성도는 100%가 된다. 그 이유는 이미 혼합공정에서 공정이 완료된 상태로 대체되었기 때문이다. 따라서 기말재공품에 포함된 전공정대체원가의 완성품환산량은 5,000단위가 된다.

단계 3. 단계 3에서는 원가를 완성품과 기말재공품에 배부한다. 완성품의 원가는 제조원가보고서(〈그림 3-8〉)에서 볼 수 있듯이 $572,600이다. 이는 완성품환산량 단위당원가 $8.18에 완성품의 완성품환산수량 70,000단위를 곱한 값이다. 포장공정에서 제품이 완성되면 혼합공정과 포장공정에서 발생한 원가 둘 모두를 포함하게 되고 이는 즉시 제품계정으로 대체된다. 분개는 다음과 같다.

(날짜)	제품	572,600	
	재공품–포장공정		572,600
	완성품의 원가를 기록하고, 완성품의 원가를 제품계정으로 대체하다		

기말재공품원가는 직접재료원가, 직접노무원가, 제조간접원가, 전공정대체원가를 포함하고 있다. 각각의 제조원가요소별로 기말재공품환산량에 환산량단위당원가를 곱하여 그 금액을 합한 값이 기말재공품의 잔액이 되는데 이 예에서는 $36,850이 된다.

단계 4. 단계 4에서는 제품원가를 계산한다. 기초재공품 $116,250에 당기발생한 원가 $493,200을 더하면 $609,450이 되는데 이는 완성품원가 $572,600에 기말재공품원가 $36,850을 더한 값과 같다.

Test Your Knowledge

레이니어 화학의 포장공정은 4월 초에 기초재공품재고가 없다. 4월 한 달 동안 혼합공정으로부터 $300,000의 전공정대체원가를 대체받아 600단위를 완성하고 200단위가 기말재공품으로 남아 있다. 포장공정은 4월 말, 마감 직전에 전공정으로부터 대체받았기 때문에 아직 공정을 시작하지 못하였다. 재공품에 포함된 전공정대체원가 200단위의 완성품환산량은?

a. 200단위
b. 0단위
c. 100단위
d. 가공원가의 환산량과 동일

정답 : a

3.9 종합원가계산과 증분분석

의사결정/증분분석 제1장에서 의사결정을 할 때 증분분석을 할 필요가 있다는 것을 공부하였다. 즉, 의사결정시 수익의 변화와 원가의 변화를 고려하여 의사결정을 해야 한다는 것이다. 증분이익이 양(positive)이면 이익창출에 공헌할 수 있기 때문에 그 안을 채택해야 하는 것이고, 증분이익이 음(negative)이면 손실을 발생시키므로 그 안은 기각해야 한다.

종합원가계산시스템과 개별원가계산시스템을 사용하면서 단위당원가는 고정원가와 변동원가 둘 모두를 포함하고 있다는 점에 유의해야 한다. 그러므로 원가의 변화량은 생산량에 비례하지 않는다. 제7장에서 이에 대해 구체적으로 살펴볼 수 있는데, 여기서는 간단한 예를 통해 살펴본다.

회사는 2020년에 기초재공품, 기말재공품을 보유하고 있지 않다. 2020년 한 해 동안 회사는 직접재료원가 $100,000, 직접노무원가 $200,000, 제조간접원가 $300,000를 발생시켜 200,000단위를 완성하였고 $3.25에 판매할 예정이다. 직접재료원가와 직접노무원가는 변동원가이고 제조간접원가는 고정원가라고 가정해보자. 이 경우에 2020년의 이익은 다음과 같이 $50,000가 될 것이다.

	200,000단위	환산량단위당원가
직접재료원가	$100,000	$0.50
직접노무원가	200,000	1.00
제조간접원가	300,000	1.50
합계	$600,000	$3.00
현행판매가($3.25)		
이익 = 매출 − 매출원가		
= ($3.25×200,000) − $600,000		
= $50,000		

회사는 2021년에 판매가격을 $2.90로 인하하려는 계획을 가지고 있는데 이럴 경우 수요는 75,000단위가 증가하여 275,000단위가 될 것이라고 가정해보자. 판매가격 $2.90은 2020년의 환산량단위당원가 $3.00보다 적기 때문에 단순한 관점에서 보면 가격인하는 좋은 의사결정이 아니다. 보다 나은 의사결정을 위해서는 증분분석을 수행할 필요가 있다.

새로운 수익($2.90×275,000)		$797,500
현재 수익($3.25×200,000)		650,000
증분수익		$147,500
새로운 원가		
직접재료원가: 변동원가($0.50×275,000)	$137,500	
직접노무원가: 변동원가($1.00×275,000)	275,000	
제조간접원가: 고정원가	300,000	$712,500
현재 원가		600,000
증분원가		$112,500
증분이익		$ 35,000

새로운 가격에서 수익은 $147,500이 증가하고 비용은 $112,500이 증가하여 환산량 단위당 원가 $3.00보다 낮은 판매가격 $2.90에 판매하여도 $35,000의 순이익을 창출한다. 이는 증분분석을 통해 얻을 수 있는 정보이다. 증분분석을 수행하면서 변동원가와 고정원가에 대한 고려를 하였다. 만약 새로운 원가가 환산량 단위당 원가 $3.00에 275,000단위를 곱하여 $825,000이 될 것이라고 생각한다면 이는 큰 실수를 범하는 것이다. 왜냐하면 환산량 단위당 원가 $3.00 중에서 $1.50는 고정원가로서 판매량에 비례해서 변하지 않기 때문이다.

3.10 "측정해야 관리할 수 있다!"와 제조공정

측정해야 관리할 수 있다 제조기업의 원가정보는 가격결정 등과 같은 의사결정에 매우 유용하게 사용된다. 그리고 비재무적 성과측정치도 제조기업의 가치를 창출하는데 공헌할 수 있다. 예를 들어 켄트 화학의 비재무적 측정치 중 하나인 안전보고사례(reportable instance)는 안전성을 나타내는 지표이다. 안전보고사례는 생산의 방식을 변화함으로써 예방할 수 있었던 피해사례로서 예를 들어 혼합공정에서 화학제품을 취급하는 종업원이 보호장갑을 착용하지 않아서 발생하는 재해가 그 예가 될 수 있다.

만약 이 성과측정치를 중요하게 생각하였다면 종업원은 안전성에 더 주의를 기울였을 것이고 이로 인해 피해는 줄었을 것이고, 보험소송도 줄었을 것이며, 피해로 인한 작업중단도 없었을 것이다.

중요한 사실은 제조사는 회사의 주요 목표와 관련된 성과측정을 통해 가치를 창출할 수 있다는 것이다. 만약 안전성이 중요하다면 안전보고사례와 같은 안전성과 관련된 측정치를 개발 · 운영해야 할 것이다. 목재보존재 1리터 용기 4,000개를 포장하는데 소요되는 시간이 중요하다면 시간과 관련된 측정치를 개발하고 운영해야 할 것이다.

Decision Making Insight

개별원가계산시스템과 종합원가계산시스템은 증분원가정보보다는 전부원가정보를 제공한다. 따라서 의사결정시 증분분석을 수행하여 의사결정을 할 필요가 있다.

복습

학습목표 요약

학습목표 1 공정간 제품흐름과 계정 간 원가흐름에 대한 이해

종합원가계산은 동종제품을 대량생산하는 회사에 적합한 원가계산방법이다. 주로 복수의 연속공정을 통해 제품이 생산된다. 제품이 완성되면 완성품의 원가는 다음 공정으로 대체된다. 이러한 절차는 마지막 공정까지 반복된다. 전공정대체원가와 함께 각 공정은 공정별로 직접재료원가, 직접노무원가, 제조간접원가를 발생시킨다.

학습목표 2 완성품환산량의 개념에 대한 이해

재공품의 단위는 완성품의 단위와 동일하지 않다. 따라서 제품단위당 원가를 계산하기 위해서는 완성품환산량의 개념을 적용한 완성품환산량 단위당원가를 계산해야 한다.

학습목표 3 완성품환산량 단위당 원가계산에 대한 이해

종합원가계산은 본질적으로 평균화 과정을 통해 제품의 원가를 계산한다. 제품의 평균원가는 환산량단위당 원가라고도 한다. 이는 기초재공품원가에 당기투입원가를 더한 금액을 제품의 완성품환산량과 기말재공품완성품환산량을 더한 수량으로 나누어 계산할 수 있다.

학습목표 4 공정부서에서 제품제조원가와 기말재공품의 잔액의 계산방법에 대한 이해

완성품의 원가를 계산하려면 제품에 대한 완성품환산량 단위당 원가 합계에 완성품수량을 곱한다. 재공품의 원가를 계산하려면 기말재공품 원가요소별(직접재료원가, 직접노무원가, 제조간접원가, 전공정대체원가) 완성품환산량 단위당 원가에 기말재공품 원가요소별 완성품환산량에 곱한다. 왜냐하면 기말재공품에 포함된 직접재료원가, 직접노무원가, 제조간접원가, 그리고 전공정대체원가의 투입 정도가 다르기 때문이다.

학습목표 5 제조원가보고서에 대한 이해

제조원가보고서는 기초재고수량, 당기투입수량, 기말재고수량에 관한 정보를 제공한다. 그리고 기초재고원가, 당기투입원가, 기말재고원가, 전공정대체원가에 관한 정보도 제공한다.

종합예제

종합예제 1

K/9 플러스 도그 간식(K/9 Plus Dog Treats)은 혼합공정과 포장공정 두 개의 공정이 존재한다. 포장공정의 12월 초에 재공품 재고 20,000킬로그램, 전공정대체원가 $12,000이고, 당기투입원가는 발생하지 않았다.

12월 한 달 동안 포장공정은 혼합공정으로부터 100,000킬로그램을 넘겨받았고, 전공정대체원가도 $54,000가 더 발생하였다. 그리고 포장공정의 12월 한 달 동안 직접재료원가는 $17,250, 직접노무원가는 $13,800, 제조간접원가는 $8,050이다.

12월 말 포장공정의 기말재공품재고는 5,000킬로그램인데, 이는 혼합공정으로부터 대체받아 포장공정에서는 추가공정이 이루어지지 않은 상태이므로 직접재료원가, 직접노무원가, 제조간접원가의 완성도 모두 0%이다.

요구사항

포장공정의 12월 제조원가보고서를 작성하라.

K/9 플러스 도그 간식(K/9 Plus Dog Treats)
제조원가보고서
포장공정
12월

수량조정

기초재공품	20,000
당기투입	100,000
합계	120,000
완성품	115,000
기말재공품	5,000
합계	120,000

*완성품수량 = 합계 120,000단위 - 기말재공품 5,000단위 = 115,000단위

완성품환산량 계산

	직접재료원가	직접노무원가	제조간접원가	전공정대체원가	합계
원가					
기초재공품	$ -0-	$ -0-	$ -0-	$12,000	$ 12,000
당기발생	17,250	13,800	8,050	54,000	93,100
합계	$17,250	$13,800	$8,050	$66,000	$105,100
수량					
완성품	115,000	115,000	115,000	115,000	
기말재공품 완성품환산량	-0-	-0-	-0-	5,000	
합계	115,000	115,000	115,000	120,000	
환산량단위당원가	$0.15	$0.12	$0.07	$0.55	$0.89
원가조정					
총원가					$105,100
완성품원가(115,000×$0.89)					$102,350
기말재공품원가($0.55 전공정대체원가×5,000)					2,750
총원가					$105,100

종합예제 2

리틀가드너사(Little Gardener Company)는 화단과 야채 텃밭에 사용될 수 있는 친환경비료를 생산하는 업체이다. 회사는 혼합공정과 포장공정으로 구성되어 있다. 혼합공정에서는 액체비료를 가공하고, 포장공정에서는 가공된 비료를 1리터 용기에 주입한다. 재료는 각 공정의 초기에 투입되고, 노무원가와 제조간접원가는 공정의 진행에 걸쳐 균등하게 발생한다. 포장공정에 투입된 모든 단위는 매달 완성되므로 포장공정의 기말재공품은 존재하지 않는다.

다음은 2월의 생산관련 자료이다.

단위정보(리터)	혼합	포장
기초재공품		
(혼합)	2,000	
(포장)		-0-
3월 당기투입	60,000	61,000
기말재공품		
(혼합: 재료원가 100%, 가공원가 60%)	1,000	
(포장)		-0-

원가정보, 기초재공품	혼합	포장
직접재료원가	$4,000	$-0-
직접노무원가	800	-0-
제조간접원가	1,120	-0-
전공정대체원가	-0-	-0-
2월 당기 투입		
직접재료원가	$120,000	$18,300
직접노무원가	30,000	3,050
제조간접원가	42,000	6,100
전공정대체원가	-0-	?

요구사항

2월의 혼합공정과 포장공정의 제조원가보고서를 작성하라.

리틀가드너사(Little Gardener Company)
제조원가보고서
혼합공정
2월

수량조정

기초재공품	2,000
2월 당기투입	60,000
합계	62,000
완성품	61,000
기말재공품(직접재료원가 100%, 가공원가 60%)	1,000
합계	62,000

완성품환산량 단위당 원가

	직접재료원가	직접노무원가	제조간접원가	합계
원가				
기초재공품	$ 4,000	$ 800	$ 1,120	$ 5,920
2월 당기투입	20,000	30,000	42,000	192,000
합계	$124,000	$30,800	$43,120	$197,920
수량				
완성품	61,000	61,000	61,000	
기말재공품 완성품환산량	1,000	600	600	
합계	62,000	61,600	61,600	
환산량 단위당 원가	$2.00	$0.50	$0.70	$3.20
원가조정				
총원가				$197,920
완성품(61,000×$3.20)				$195,200
기말재공품				
직접재료원가(1,000단위×$2)			$2,000	
직접노무원가(600단위×$0.50)			300	
제조간접원가(600단위×$0.70)			420	2,720
합계				$197,920

리틀가드너사(Little Gardener Company)
제조원가보고서
포장공정
2월

수량조정	
기초재공품	-0-
2월 당기투입	61,000
합계	61,000
완성품	61,000
기말재공품	-0-
합계	61,000

완성품환산량 단위당원가

	직접재료원가	직접노무원가	제조간접원가	전공정대체원가	합계
원가					
기초재공품	$ -0-	$ -0-	$ -0-	$ -0-	$ -0-
2월 당기투입	18,300	3,050	6,100	195,200	222,650
합계	$18,300	$3,050	$6,100	$195,200	$222,650
수량					
완성품	61,000	61,000	61,000	61,000	
기말재공품 완성품환산량	-0-	-0-	-0-	-0-	
합계	61,000	61,000	61,000	61,000	
환산량 단위당 원가	$0.30	$0.05	$0.10	$3.20	$3.65
원가조정					
총원가					$222,650
완성품(61,000단위×$3.65)					$222,650
기말재공품					-0-
합계					$222,650

핵심용어

가공원가(Conversion costs) 100
전공정대체원가(Transferred-in cost) 100
완성품환산량(Equivalent units) 103
완성품환산량 단위당원가(Cost per equivalent unit) 103
제조원가보고서(Production cost report) 107

객관식 문제

(정답은 아래에)

1. 다음 중 종합원가계산제도의 특징과 관련된 것은 어느 것인가?

a. 상이한 제품
b. 동종의 제품
c. 연속 생산 제품
d. 불연속 생산 제품
e. 원가는 작업에 추적가능하다.
f. 원가는 공정부서에 추적가능하다.

2. 종합원가계산시스템을 적용하기 적합한 업종은?

a. 맞춤형 캐비닛 가게
b. 골동품 가구 복원회사
c. 비누제조업
d. 자동차 수리점

3. 종합원가계산에서 원가는 다음 중 어디에 추적될 수 있는가?

a. 특정 작업
b. 특정 고객
c. 특정 회사 관리자
d. 특정 생산부서

4. 다음에 제시된 자료를 이용하여 용어와 용어의 정의를 연결하라.

a. 가공원가
b. 완성품환산량
c. 전공정대체원가
d. 완성품환산량 단위당 원가

(1) 추가가공을 위해 전공정으로부터 대체되어 온 원가
(2) 종합원가계산시스템에 있어서 단위원가
(3) 직접재료원가를 완제품으로 전환시키는 원가로 직접노무원가, 제조간접원가를 포함한다.
(4) 부분적으로 완성된 제품의 수량을 완성품의 관점에서 표현한 것

5. 다음의 원가자료를 이용하여 가공원가의 금액을 계산하라.

a. 직접재료원가 $25,000
b. 직접노무원가 $35,000
c. 제조간접원가 $45,000
d. 판매비 $10,000
e. 관리비 $50,000

6. 원재료가 공정의 초기에 생산부서에 투입된다고 하면 재료에 대한 기말재공품의 완성품환산량에 관해 올바르게 설명한 것은?

a. 재공품에 포함된 재료원가의 완성도는 100%이다
b. 재공품에 포함된 재료원가의 완성도는 50%이다.
c. 재료의 완성품환산량은 재료가 공정에 투입되었을 때의 함수가 아니다.
d. 모두 정답

7. 생산부서 1에서 생산부서 2로 대체되는 단위는 다음 중 무엇으로 기록되는가?

a. 재공품계정 차변, 부서 1; 재공품계정 대변, 부서 2
b. 재공품계정 차변, 부서 2; 재공품계정 대변, 부서 1
c. 매출원가계정 차변; 재공품계정 대변, 부서 1
d. 매출원가계정 차변; 재공품계정 대변, 부서 2

8. 제조원가보고서의 수량조정부분에 포함되지 않는 항목은?

a. 기초수량
b. 기말수량
c. 제품 수량
d. 차공정대체수량
e. 당기착수수량

9. 제조원가보고서의 수량조정부분에서 볼 수 있는 항목은?

a. 완성품환산량
b. 완성되지 않은 수량
c. 재료완성단위
d. 기초원가 완성단위

10. 다음 중 전공정대체원가가 발생하는 곳은?

a. 모든 생산부서
b. 첫 번째와 마지막 공정부서
c. 첫 번째를 제외한 모든 생산부서
d. 답 없음

정답

1. b, c, f **2.** c **3.** d **4.** (1)–c, (2)–d, (3)–a, (4)–b
5. $80,000 **6.** a **7.** b **8.** c **9.** b **10.** C

과제

주관식 문제

1. 개별원가계산과 종합원가계산의 주요한 차이점을 설명하라.

2. 종합원가계산시스템이 적합한 산업 세 개를 예로 들고, 그 산업에서 생산되는 제품의 어떠한 특징이 종합원가계산에 적합한지를 설명하라.

3. 완성품환산량의 개념과 계산식을 설명하라.

4. 가공원가는 무엇인가?

5. 전공정대체원가는 무엇인가?

6. 원재료와 가공원가의 완성도가 다른 이유를 설명하라.

7. 제조원가보고서에 표시되는 총원가는 어떤 원가 항목으로 구성되는가?

8. 제조원가보고서에서 수량조정을 수행함으로써 확인할 수 있는 것은 무엇인가?

9. 종합원가계산시스템을 사용할 경우 전공정대체원가는 모든 부서에서 발생하는가?

10. 제조원가보고서를 작성하는 4단계를 설명하라.

연습문제

연습문제 3-1. **[학습목표 2, 3]** 그룹과제 기업윤리 **완성품환산량** 테크노 엔터프라이즈(Techno Enterprises)는 마이크로칩을 생산하는 업체이다. 생산공정은 복잡하고 100단계 이상의 공정으로 구성되어 있으며 작고 둥근 실리콘 웨이퍼를 투입하여 완성된 칩을 생산한다. 회사는 종합원가계산시스템을 사용하고 있으며 웨이퍼는 생산과정에 투입되었고 가공원가의 완성도는 50%라고 가정한다.

당해 테크노 엔터프라이즈는 컴퓨터의 판매감소로 인해 칩에 대한 수요가 줄어들었다. 회사는 이익을 창출하기 위해 웨이퍼를 생산공정에 대량 투입하기로 하였다. 세라믹 캐리어 사용과 마이크로 칩의 기타 고성능 특징으로 인하여 테크노 엔터프라이즈의 생산프로세스는 대체로 30일 정도 소요된다.

요구사항

대량의 웨이퍼를 생산에 투입하기로 한 결정이 완성되지 않거나 판매되지 않을 칩을 생산하는 것임에도 불구하고 회사의 이익을 증가시킬 수 있는가? 그리고 회사의 이러한 결정은 윤리적인 관점에서 타당한지를 설명하라.

연습문제 3-2. **[학습목표 3]** 논술형 **완성품환산량 단위당원가** 완성품환산량 단위당원가의 계산식(즉, 분자와 분모)을 설명하라. 그리고 분모에 포함된 직접재료원가, 직접노무원가, 제조간접원가의 완성품환산량 단위당 원가가 다른 이유를 설명하라.

연습문제 3-3. **[학습목표 1]** **제품원가 흐름** 종합원가계산을 적용하는 각 공정에 투입될 수 있는 네 가지 원가항목은 무엇인가?

연습문제 3-4. **[학습목표 1]** **물량의 물리적 흐름** 아래에 제시된 각각의 경우에 대해 비어있는 수량을 채워라.

사례 1	재공품, 10월 1일	5,000리터
	10월 착수량	?
	10월 완성량	15,000리터
	재공품, 10월 31일	2,500리터

사례 2	재공품, 3월 1일	16,000톤
	3월 착수량	4,000톤
	3월 완성량	14,400톤
	재공품, 3월 31일	?
사례 3	재공품, 12월 1일	300,000킬로그램
	12월 투입량	950,000킬로그램
	10월 완성량	?
	재공품, 10월 31일	350,000킬로그램

연습문제 3-5. [학습목표 1] 엑셀활용 수량조정 8월 한 달 동안 파나마페인트사(Panama Paint Company)는 90,000통의 페인트를 완성하였다. 8월 초 회사는 직접재료원가의 완성도 75%, 가공원가 완성도 50%인 850단위를 가지고 있고, 8월 한 달 동안 회사는 95,000단위를 생산에 투입하였다.

요구사항

8월 말 재공품 재고는 몇 단위인가?

연습문제 3-6. [학습목표 1] 수량조정 8월 한 달 동안 윌슨정유(Wilson Lubricant)는 31,000리터의 제품을 완성하였다. 8월 초 재공품재고는 4,500리터가 있었고, 8월말 7,000리터가 재공품재고로 남아 있다.

요구사항

8월 한 달 동안 생산에 투입된 제품의 량(리터)은 얼마인가?

연습문제 3-7. [학습목표 3] 완성품환산량 단위당원가 빙러버사(Bing Rubber Company)의 기초재공품 재고에 포함된 직접노무원가는 $140,000이다. 3월 한 달 $800,000의 직접노무원가가 추가적으로 발생하였고, 35,000킬로그램의 고무제품이 생산되었다. 3월 말 50% 가공된 10,000킬로그램의 고무제품이 생산 중에 있고, 3월 초 회사는 40% 가공된 6,000킬로그램의 고무제품을 가지고 있었다.

요구사항

직접노무원가 완성품 환산량 단위당원가를 계산하라. 직접노무원가는 생산의 진행 과정에서 균등하게 발생한다고 가정한다.

연습문제 3-8. [학습목표 3, 4] 엑셀활용 원가조정 12월 한 달 동안 웨스턴솔벤트(Western Solvent)는 40,000단위를 완성하였다. 12월 말에 10,000단위의 재공품재고가 존재하였는데 직접재료원가의 완성도는 100%, 직접노무원가와 제조간접원가의 완성도는 30%이다. 12월 한 달 동안 회사는 직접재료원가 $260,000, 직접노무원가 $120,000, 제조간접원가 $161,000가 발생하였다. 직접재료원가, 직접노무원가, 제조간접원가에 대한 완성품환산량 단위당 원가는 각각 $6, $3, $4이다.

요구사항

기초재공품에 포함된 직접재료원가, 직접노무원가, 제조간접원가의 금액을 계산하라.

연습문제 3-9. [학습목표 2] 완성품환산량 계산 맥밀란 타이어(McMillian Tire Company)는 소형 트레일러에 사용되는 타이어를 생산하는 회사이다. 6월 말 600개의 타이어가 생산 진행 중에 있는데, 직접재료원가의 완성도는 90%, 가공원가의 완성도는 50%이다. 6월 완성품 수량은 2,000개이고, 2,400개가 당기에 투입되었다. 기초재공품재고의 직접재료원가 완성도는 60%, 가공원가의 완성도는 40%이다.

요구사항

직접재료원가와 가공원가의 환산량 단위당 원가를 계산하기 위해 사용되는 분모를 결정하라.

연습문제 3-10. [학습목표 2, 3, 4] 수량과 원가조정 6월 초 클래식자동차왁스사(Classic Car Wax Company)는 2,500단위의 기초재공품재고를 가지고 있고 직접재료원가의 완성도는 90%, 가공원가의 완성도는 45%이다. 원가는 $7,000(직접재료원가 $5,000, 가공원가 $2,000)이다. 6월 한 달 동안 회사는 40,000단위를 투입하였고 직접재료원가는 $224,500, 직접노무원가와 제조간접원가는 $91,750가 발생하였다. 환산량 단위당 원가는 직접재료원가는 $6.00, 직접노무원가와 제조간접원가는 $2.50이다. 완성된 제품의 원가는 $314,500(직접재료원가 $222,000, 직접노무원가와 제조간접원가 $92,500)이다. 기말재공품재고의 직접재료원가 완성도 25%, 가공원가 완성도 10%이다.

요구사항

a. 수량을 조정하라.

b. 기말재공품재고의 원가는 얼마인가?

연습문제 3-11. [학습목표 2, 3, 4] 완성품과 기말재공품 원가계산 9월 한달 동안 윌버피클사(Wilber Pickle Company)의 직접재료원가(피클, 식초, 양념 등) 환산량 단위당 원가는 $0.80, 가공원가(직접노무원가, 제조간접원가)의 환산량 단위당 원가는 $0.90이다. 윌버피클사에서 수량은 리터로 측정된다. 9월 초 600리터의 피클을 가지고 있고, 9월 한 달 동안 4,500리터의 피클을 완성하였다. 기말재공품은 950리터가 남아 있는데, 직접재료원가의 완성도는 100%, 가공원가의 완성도는 75%이다.

요구사항

기말재공품 재고와 완성품의 원가를 계산하라.

연습문제 3-12. [학습목표 2, 3, 4] 완성품과 기말재공품 원가계산 메이자이 클린(Magi-Clean)은 연속 생산 프로세스를 통해 산업용 세정제를 생산한다. 직접재료원가는 생산 초기에 투입되고, 가공원가는 공정에 걸쳐 균등하게 발생한다고 가정한다. 2월 말에 50리터 세정제 20개가 있었다. 가공원가(직접노무원가와 제조간접원가)의 완성도는 80%이다. 2월 한 달 동안 50리터 세정제 95개가 완성되었다. 2월 한 달 동안 직접재료원가 환산량 단위당원가는 $2,050, 직접노무원가 환산량 단위당 원가는 $800, 제조간접원가 환산량 단위당원가는 $1,500이라고 가정한다.

요구사항

기말 재공품재고와 완성품의 원가를 계산하라.

연습문제 3-13. [학습목표 2, 3, 4] 완성품과 기말재공품 원가계산 11월 초 펜코정제사(Penco Refinery)는 4,000단위의 재공품재고를 가지고 있는데, 직접재료원가의 완성도는 90%, 가공원가의 완성도는 50%이다. 원가는 $43,000(직접재료원가 $30,000, 직접노무원가와 제조간접원가는 $13,000)이다. 11월 한 달 동안 회사는 44,000단위를 투입하였고, $397,950의 직접재료원가, $394,880의 직접노무원가와 제조간접원가가 발생하였다. 회사는 11월 한 달 동안 45,000단위를 완성하였고, 기말재공품의 수량은 3,000단위이다. 기말재공품의 직접재료원가 완성도는 85%, 가공원가 완성도는 45%이다.

요구사항

a. 직접재료원가와 가공원가의 환산량 단위당 원가를 계산하라(소수점 둘째 자리로 반올림).

b. 완성품의 원가를 계산하라.

c. 기말재공품의 원가를 계산하라(소수점 둘째 자리로 반올림).

연습문제 3-14. [학습목표 2, 3] 수량조정과 완성품환산량 사이먼수산(Simon Fishing Company)은 연어를 가공하는 회사로 세척과 포장의 두 공정이 존재한다. 다음의 표는 6월 한 달 동안 세척공정에서 가공된 연어의 수량을 보여주고 있다.

	연어(킬로그램)	완성도*
6월 1일 재공품	40,000	50%
6월 착수량	500,000	-
6월 30일 재공품	30,000	75%

*직접노무원가와 제조간접원가만

모든 재료는 세척공정의 공정초기시점에 투입된다.

요구사항

6월 달 세척공정의 수량을 조정하고, 완성품환산량을 계산하라.

연습문제 3-15. [학습목표 2] 완성품환산량 계산 템피화학(Tempe Chemicals)은 다양한 세정제품용 화학품을 생산하는 회사이다. 다음 자료는 그린빌 공장(Greenville plant)의 자료이다.

재공품재고(5월 1일)	2,300,000리터
직접재료원가	100% 완성
가공원가	40% 완성
당기착수량	770,000리터
재공품재고(5월 31일)	235,000리터
직접재료원가	100% 완성
가공원가	60% 완성

요구사항

5월 달 직접재료원가와 가공원가의 완성품환산량을 계산하라.

연습문제 3-16. [학습목표 1, 2] 물량흐름과 완성품환산량 몬테로푸드사(Montero Food Corporation)의 세크라멘토 공장에서는 고급치즈를 생산한다. 다음 자료는 2020년 12월 31일의 자료이다.

		완성도	
	수량	직접재료원가	가공원가
재공품, 1월 1일	45,000킬로그램	65%	85%
재공품, 12월 31일	60,000킬로그램	80%	45%

당해 회사는 200,000킬로그램의 재료를 투입하였다.

요구사항

물량흐름을 파악하고 직접재료원가와 가공원가에 대한 완성품환산량을 계산하라.

연습문제 3-17. [학습목표 2, 3] 완성품환산량 단위당원가 간데라 유리회사(Gandera Glass Company)는 슬라이딩 도어에 사용되는 유리를 생산하는 회사이다. 8월 초에 2,000단위가 생산에 투입되었고, 8월 한달 동안 15,000단위가 완성되었으며 3,000단위가 생산진행 중에 있다. 생산중에 있는 제품의 직접재료원가 완성도는 100%이고 가공원가의 완성도는 40%이다. 기타 다른 정보는 다음과 같다.

재공품, 8월 1일	
직접재료원가	$52,000
가공원가	$44,000

8월 발생원가

직접재료원가	$200,000
가공원가	$280,000

요구사항

직접재료원가와 가공원가의 완성품환산량 단위당 원가를 계산하라.

연습문제 3-18. 증분분석 우딘빌 시멘트(Woodinville Cement)는 종합원가계산시스템을 사용한다. 2020년 회사는 100,000포대의 시멘트를 생산하여 판매하였고 원가는 다음과 같다.

	총	환산량 단위당
직접재료원가	$ 25,000	$0.25
직접노무원가	100,000	1.00
제조간접원가	200,000	2.00
합계	$325,000	$3.25

현행 판매가격은 단위당 $4이고 2020년 이익은 $75,000[=($4×100,000단위) − $325,000]이다. 2021년 예상되는 판매량은 평상시 수준일 것으로 예측되지만, 판매관리자는 판매가격이 $3.75로 인하된다면 판매량은 12,000단위가 증가할 것으로 예측하고 있다. 직접재료원가, 직접노무원가는 변동원가이고 제조간접원가는 고정원가라고 가정한다면 우딘빌 시멘트는 가격을 인하하여야 하는가?

고급연습문제

고급연습문제 3-1. [학습목표 3, 4] 엑셀활용 종합문제, 단수공정 리갈광택사(Regal Polish)는 단수공정에서 하나의 제품을 생산하는데 종합원가계산시스템을 도입하였다. 5월초 11,000개가 생산 중에 있는데 직접재료원가의 완성도는 100%, 가공원가의 완성도는 60%이다. 5월 한 달 동안 회사는 105,000개를 추가로 투입하였고, 기말재공품재고는 5,100개가 남아있는데 직접재료원가의 완성도는 100%이고 가공원가의 완성도는 70%이다.

원가정보	기초재공품	당기착수
직접재료원가	$4,000	$76,040.00
직접노무원가	200	8,957.60
제조간접원가	300	10,002.30
합계	$4,500	$94,999.90

요구사항

a. 세 원가항목의 완성품환산량 단위당원가를 계산하라(소수점 둘째 자리로 반올림).
b. 완성품과 기말재공품의 원가를 계산하라(소수점 둘째 자리로 반올림).
c. b에서 계산한 완성품과 기말재공품의 합과 기초재공품과 5월 당기착수량의 합을 조정하라.

고급연습문제 3-2. [학습목표 3, 4] 종합문제, 단수공정 마퀴타 필터사(Marquita Filters)는 제트비행기에서 사용되는 공기필터를 생산하는 회사이다. 부품은 생산 진행과정의 몇몇 시점에서 투입된다. 8월 기초재공품재고는 600개인데 직접재료원가의 완성도는 80%, 가공원가의 완성도는 70%이다. 8월 한 달 동안 2,700개가 착수되었다. 기말재공품재고는 700개이고, 직접재료원가의 완성도는 70%, 가공원가의 완성도는 60%이다.

8월의 원가정보	기초재공품재고	8월 당기착수
직접재료원가	$45,000	$267,090
직접노무원가	11,000	76,580
제조간접원가	80,000	496,820
합계	$136,000	$840,490

요구사항

a. 세 원가항목의 완성품환산량 단위당원가를 계산하라(소수점 둘째 자리로 반올림).
b. 완성품과 기말재공품의 원가를 계산하라(소수점 둘째 자리로 반올림).
c. b에서 계산한 완성품과 기말재공품의 합과 기초재공품과 8월 당기착수량의 합을 조정하라.

고급연습문제 3-3. [학습목표 2, 3, 4, 5] 제조원가보고서 카오타일(Kao Tiles)은 자기타일(ceramic tiles) 전문생산업체이다. 고도로 숙련된 생산기술자와 최고 수준의 장인들에 의해 제품이 생산된다. 각 타일이 채색, 금형작업, 건조시간 등의 작업으로 인해 3주가 소요되기 때문에 재공품재고는 비교적 많은 편이다. 10월에 기초재공품재고는 5,000단위인데 직접재료원가의 완성도는 65%, 가공원가의 완성도는 35%이다. 8월 한달 동안 6,000단위가 투입되었고, 기말재공품재고는 7,000단위인데 직접재료원가의 완성도는 75%, 가공원가의 완성도는 50%이다.

원가정보	기초재공품재고	당기착수
직접재료원가	$170,000	$ 422,000
직접노무원가	160,000	1,055,000
제조간접원가	50,000	107,500

요구사항

a. 10월의 제조원가보고서를 작성하라.
b. 완성품이 제품계정으로 대체되기 위한 분개를 하라.

고급연습문제 3-4. [학습목표 2, 3, 4, 5] 제조원가보고서 오지 방적(Aussie Yarn)은 호주로부터 수입된 울을 이용해 울 제품의 실을 생산하는 미국 회사이다. 재료는 공정의 초기에 투입되고 가공원가는 공정의 전반에서 균등하게 발생한다.

오지 방적의 기초재공품재고는 7,000단위인데 직접재료원가의 완성도는 100%, 가공원가의 완성도는 70%이다. 8월 34,000단위를 투입하여 8,000단위가 기말재공품으로 남아있는데 가공원가의 완성도는 50%이다. 원가자료는 다음과 같다.

기초재공품재고	
직접재료원가	$6,000
직접노무원가	2,000
제조간접원가	2,500
합계	$10,500

8월 당기 착수	
직접재료원가	$26,390
직접노무원가	12,430
제조간접원가	14,520
합계	$53,340

요구사항

8월의 제조원가보고서를 작성하라.

고급연습문제 3-5. [학습목표 1] 종합원가계산의 분개 레이크랜드 솔벤트(Lakeland Solvent)는 두 개의 공정을 통해 단일 제품을 생산한다. 4월 관련 원가정보는 다음과 같다.

	공정1	공정2
재공품, 3월 31일	$ 24,000	$ 44,000
4월 발생원가		
직접재료원가	80,000	15,000
직접노무원가	40,000	70,000
제조간접원가	220,000	100,000
차공정대체원가	N/A	?
재공품, 4월 30일	-0-	30,000

요구사항

다음 물음에 대해 필요한 분개를 하라.

a. 직접재료원가의 사용

b. 직접노무원가(대변: 미지급임금)

c. 제조간접원가의 배부

d. 두 공정에서 완성품과 관련된 원가의 대체

고급연습문제 3-6. [학습목표 1] 종합원가계산의 분개 윌몬트 박스사(Wilmont Box Company)는 항공특송회사인 에어스피드(AirSpeed)가 사용하는 항공기 선적용 박스를 생산하는 회사이다. 윌몬트 박스는 JIT시스템을 도입하여 원재료 재고, 재공품 재고, 그리고 제품 재고가 거의 존재하지 않는다. 혹시 재고가 존재한다고 하더라도 그 금액이 적어서 회계목적으로는 0으로 보고한다. 7월 한 달 동안 회사는 125,000박스를 단위당 $0.90에 생산하였다. 원가는 직접재료원가 40%, 직접노무원가 15%, 제조간접원가 45%로 구성되어 있다.

요구사항

다음 물음에 대해 필요한 분개를 하라.

a. 직접재료원가의 사용

b. 직접노무원가(대변: 미지급임금)

c. 제조간접원가의 배부

d. 완성품을 제품계정에 대체

e. 매출원가

고급연습문제 3-7. [학습목표 2, 3, 4, 5] 엑셀활용 제조원가보고서, 누락자료 클래식 50년대 바닥재(Classic 50s Flooring)는 리놀륨(linoleum) 바닥재를 생산하는 회사이다. 아래의 자료는 혼합공정의 제조원가보고서이다. 보고서에서 단위는 리터다.

제조원가보고서
혼합공정
6월

수량조정	
기초재공품수량	700
당기착수량	2,700
합계	3,400
완성품	2,300
기말재공품(직접재료원가 100%, 가공원가 70%)	(a)
합계	(b)

완성품환산량 단위당원가 계산

	직접재료원가	직접노무원가	제조간접원가	합계
원가				
기초재공품재고	$475	$1,200	$2,400	$4,075
당기발생	4,115	11,080	22,160	37,355
합계	$4,590	$12,280	$24,560	$41,430
수량				
완성품	2,300	2,300	2,300	
기말재공품	(c)	(d)	(e)	
합계	(f)	(g)	(h)	
완성품 환산량 단위당 원가	(i)	(j)	(k)	(l)

요구사항

빈 칸을 채워라(소수점 둘째 자리로 반올림).

고급연습문제 3-8. [학습목표 2, 3, 4, 5] 제조원가보고서, 누락자료 매리언 화학(Marion Chemical)은 페인트의 주성분이 되는 화학제품을 생산하는 회사이다. 제조공정에서 모든 재료는 공정의 초기에 투입되고 직접노무원가와 제조간접원가는 전공정에 걸쳐 균등하게 발생한다.

요구사항

다음에 주어진 매리언 화학의 제조원가보고서의 빈칸을 채워라.

매리언 화학
제조원가보고서
12월

수량조정	
기초재공품(직접재료원가 100%, 가공원가 10%)	8,000
당기착수(12월)	?
합계	?
완성품	?
기말재공품(직접재료원가 100%, 가공원가 20%)	5,000
합계	?

완성품환산량 단위당원가

	직접재료원가	직접노무원가	제조간접원가	합계
원가				
기초재공품	$45,200	$10,500	$26,300	$ 82,000
당기발생	?	?	?	?
합계	?	?	?	?
수량				
완성품	?	?	?	
기말재공품	?	?	?	
합계	?	?	?	
완성품환산량 단위당원가	$1.80	$1.40	$2.64	?
원가조정				

	직접재료원가	직접노무원가	제조간접원가	합계
총원가				$3,020,640
완성품원가				$3,007,600
기말재공품원가				
직접재료원가		$?		
직접노무원가		?		
제조간접원가		?		?
합계				$3,020,640

고급연습문제 3-9. [학습목표 2, 3, 4, 5] 종합문제, 복수공정 심플리 샤인 샴푸(Simply Shine Shampoo)는 혼합과 포장이라는 두 개의 공정을 통해 제품을 생산한다. 샴푸 혼합이 완성되면 포장공정으로 대체된다.

다음의 자료는 3월의 생산과 관련된 정보이다.

	혼합	포장
수량정보		
기초재공품재고		
(혼합: 직접재료원가 100%, 가공원가 90%)	1,500	
(포장: 직접재료원가 60%, 가공원가 50%)		14,500
3월 착수량:	660,000	63,000
기말재공품재고		
(혼합: 직접재료원가 100%, 가공원가 70%)	40,000	
(포장: 직접재료원가 80%, 가공원가 60%)		38,000
원가정보, 기초재공품재고		
직접재료원가	$ 8,500	$ 925
직접노무원가	1,200	60
제조간접원가	2,500	115
전공정대체원가	—	3,800
3월 당기발생액		
직접재료원가	$254,750	$ 88,941
직접노무원가	78,360	12,626
제조간접원가	130,100	18,914
전공정대체원가	—	450,850

요구사항

혼합공정과 포장공정의 제조원가보고서를 작성하라(단위당 원가는 소수점 둘째 자리로 반올림하고, 총원가는 실수로 계산하라).

고급연습문제 3-10. [학습목표 2, 3, 4, 5] 종합문제, 복수공정 카니발 카라멜사(Carnival Caramel Company)는 고품질 카라멜 사탕을 생산하는 회사이다. 제조공정은 혼합과 성형으로 구분된다. 성형공정에서는 추가적인 재료가 투입되지 않는다. 다음은 3월의 생산과 관련한 정보이다.

	혼합	성형
수량정보		
기초재공품재고		
(혼합: 직접재료원가 100%, 가공원가 70%)	5,000	
(성형: 가공원가 80%)		5,000
3월 당기 착수	45,000	?
기말재공품재고		
(혼합: 직접재료원가 100%, 가공원가 50%)	3,000	
(성형: 가공원가 60%)		1,500
원가정보, 기초재공품재고		
직접재료원가	$ 4,000	—
직접노무원가	1,600	$ 800
제조간접원가	1,900	600
전공정대체원가	—	4,630
3월 당기 발생액		
직접재료원가	$45,500	—
직접노무원가	23,135	$13,592
제조간접원가	25,745	9,166
전공정대체원가	—	?

요구사항

혼합공정과 성형공정의 제조원가보고서를 작성하라(소수점 둘째 자리로 반올림).

고급연습문제 3-11. [학습목표 2, 3, 4, 5] 제조원가보고서 트로피칼 썬(Tropical Sun)은 혼합공정, 포장공정의 두 공정을 통해 선탠용 로션을 생산하는 회사이다. 다음은 혼합공정의 5월 달의 운영과 관련된 정보이다.

		완성도	
	수량	직접재료원가	가공원가
기초재공품	7,500	80%	55%
당기착수량	97,000		
완성품	92,500		
기말재공품	12,000	65%	20%
		원가	
기초재공품		$7,000	$8,000
당기발생액		$106,339	$143,840

요구사항

혼합공정의 제조원가보고서를 작성하라(단위당 원가는 소수점 둘째 자리로 반올림하고, 총원가는 실수로 계산하라).

고급연습문제 3-12. [학습목표 2, 3, 4, 5] 제조원가의 결정 키오다사(Kioda Corporation)는 컴퓨터용 칩을 생산하는 회사이다. 다음은 1월의 생산관련 정보이다.

- 기초재공품재고: 6,000단위, 가공원가 85%; 원가 $330,055(직접재료원가 $260,000; 가공원가 $70,055)
- 당기착수: 33,000단위
- 완성품: 29,000단위
- 기말재공품재고: 9,500단위, 가공원가 55%
- 직접재료원가 사용: X1, $295,000; Y2, $750,000; Z3, $490,170

• 직접노동 시간당 임금, $25; 총 직접노무원가, $162,500
• 제조간접원가배부율: 직접노동시간 당 $70

요구사항

모든 부품은 생산 초에 투입되고, 가공원가는 생산공정에 균등하게 발생한다.

a. 직접재료원가와 가공원가의 총 금액을 계산하라.

b. 완성품의 원가를 계산하라.

c. 기말재공품의 원가를 계산하라.

고급연습문제 3-13. [학습목표 2, 3, 4, 5] 가공원가 하트웰제약(Hartwell Drug Company)은 골밀도를 향상시키기 위한 약품을 제조하는 회사이다. 가공원가는 전 공정에 걸쳐 균등하게 발생한다. 다음은 3월달의 정보이다. 수량단위는 리터다.

	수량
기초재공품, 3월 1일(40%)	600
당기착수량	1,000
기말재공품, 3월 31일(80%)	300

	원가
기초재공품(가공원가), 3월 1일	
직접노무원가	$36,000
제조간접원가	6,000
3월 노무원가 발생액(5,100시간)	102,600
3월 제조간접원가 발생액	47,900

요구사항

a. 3월 완성품 수량을 계산하라.

b. 가공원가에 대한 완성품환산량 단위당 원가를 계산하라.

c. 3월 완성품에 포함된 가공원가를 계산하라.

d. 3월 기말재공품에 포함된 가공원가를 계산하라.

고급연습문제 3-14. [학습목표 2, 3, 4, 5] 제조원가보고서 쎄시코튼사(Sassy Cotton)는 면직물을 생산하는 업체이다. 원재료는 공정의 기초시점에 투입되고 가공원가는 전공정에서 균등하게 발생한다.

7월 초에 쎄시코튼은 8,000단위의 기초재공품을 가지고 있었고, 직접재료원가의 완성도는 100%, 가공원가의 완성도는 40%이다. 회사는 7월 한 달 동안 31,000단위를 투입하였고, 기말재공품은 8,500단위이다(가공원가 완성도 60%). 원가자료는 다음과 같다.

기초재공품:	
직접재료원가	$7,500
직접노무원가	3,400
제조간접원가	2,200
7월 원가발생액:	
직접재료원가	$33,060
직접노무원가	10,484
제조간접원가	17,024

요구사항

7월 달 제조원가보고서를 작성하라.

고급연습문제 3-15. [학습목표 2, 3, 4, 5] 종합문제, 단수공정 린디사(Lindy Manufacturing)는 단일제품 단수공정의 원가를 계산하기 위해 종합원가계산시스템을 사용한다. 11월 초 8,000단위의 기초재공품이 존재하였는데 직접재료원가의 완성도는 100%이고, 가공원가의 완성도는 70%이다. 린디사는 당기에 83,000단위를 투입하였고, 1,800단위의 기말재공품이 존재한다(직접재료원가 100%, 가공원가 80%).

원가정보	기초재공품	당기발생액
직접재료원가	$3,000	$71,620
직접노무원가	300	8,764
제조간접원가	200	13,396
	$3,500	$93,780

요구사항

a. 세 항목에 대한 완성품환산량 단위당 원가를 계산하라.

b. 완성품과 기말재공품의 원가를 계산하라.

c. b에서 계산한 완성품과 기말재공품원가의 합과 기초재공품과 11월에 투입된 원가의 합을 조정하라.

고급연습문제 3-16. [학습목표 2, 3, 4, 5] 종합문제 뉴베리사(Newberry Company)는 종합원가계산을 사용한다. 직접재료원가는 공정의 초기에 투입되고, 가공원가는 전 공정에서 균등하게 발생한다. 5월달 정보는 다음과 같다.

수량정보	
기초재공품, 5월 1일(75%)	40,000
당기착수량	90,000
합계	130,000
완성품	110,000
기말재공품(45%)	20,000
합계	130,000

원가정보

	직접재료원가	가공원가	합계
기초재공품, 5월 1일	$43,000	$340,300	$383,300
5월 발생원가	87,000	733,080	820,080

요구사항

a. 직접재료원가와 가공원가에 대한 완성품환산량 단위당 원가를 계산하라.

b. 완성품원가를 계산하라.

c. 기말재공품원가를 계산하라.

d. 당기제품제조원가를 기록하기 위한 분개를 하라.

고급연습문제 3-17. [학습목표 1] 종합원가계산의 분개 더글라스 바스켓(Douglas Basket)은 선물용 스페셜티 바구니를 제작하는 회사이다. 더글라스 바스켓은 JIT 시스템을 도입하여 원재료, 재공품, 제품에 대한 재고를 거의 보유하고 있지 않다.

8월 한 달 동안 회사는 150,000개의 바구니를 개당 $1.75에 판매하였다. 원가의 구성은 재료원가 55%, 노무원가 25%, 제조간접원가 20%로 구성되어 있다.

요구사항

다음에 필요한 분개를 하라.

a. 직접재료원가 투입

b. 직접노무원가발생(미지급임금)

c. 제조간접원가 배부

d. 재공품에서 제품계정으로 대체

e. 매출원가

고급연습문제 3-18. 측정해야 관리할 수 있다! 플라스틱 글로우사(Plastic Glow Company)는 형광봉을 생산하는 회사로 종합원가계산시스템과 JIT시스템을 도입하였다. 공장은 500,000,000단위의 생산능력을 가지고 있는데 현재는 연간 300,000,000단위를 생산하고 있다. 직접재료원가와 직접노무원가는 변동원가이고 제조간접원가는 고정원가이다. 2020년 생산원가정보는 다음과 같다.

생산판매된 단위	300,000,000
직접재료원가	$ 15,000,000
직접노무원가	30,000,000
제조간접원가	105,000,000
총원가	$150,000,000
환산량단위당 원가	$0.50

사장인 짐 테일러(Jim Taylor)는 매년 영업이익에 근거해서 보너스를 받는다. 짐은 2021년의 이익을 증가시키기 위해서 원가를 절감하고자 한다. 그는 2021년에 판매량이 증가하지 않을 것으로 예측하였지만, 초과생산능력을 이용하기 위해 생산량을 350,000,000단위로 증가시켰다.

요구사항

a. 짐이 350,000,000단위로 생산량을 증가시킨다면 새로운 완성품환산량 단위당 원가는 얼마인가?

b. 생산량을 증가시키는 것이 좋은 아이디어인지에 대해 논의하라.

사례연구

사례연구 3-1 : 테크-토닉 스포츠 음료(Tech-Tonic Sports Drink) [학습목표 2, 3, 4, 5]

웨스턴 베버리지사(Western Beverage Company)는 새로운 제품 테크-토닉 스포츠 음료시럽(Tech-Tonic Sports Drink Syrup)을 홍보하고 있다. 제품은 리터당 $16에 판매하고 있고, 최근 회사는 매월 525,000리터를 판매하였다. 소비자는 음료를 만들기 위해 시럽과 물을 1:5의 비율로 혼합한다.

4월 1일 200,000리터의 기초재공품이 존재하였다. 재료원가의 완성도는 100%, 가공원가의 완성도는 50%이다. 4월 한 달 동안 500,000리터를 투입하였고, 총 700,000리터 중 100,000리터가 기말재공품으로 남아 있다(재료원가 100%, 가공원가 20%). 4월 한 달 동안 300,000리터가 완성되었고, 300,000리터가 작업자의 실수로 공손처리되었다. 새로운 노동자가 생산공정에서 투입해야 할 나트륨의 양과 시기를 올바르게 처리하지 못하였고, 그 결과 나트륨을 지나치게 많이 투입하였으며 작업은 엉망이 되어버렸다. 이러한 실수는 공정의 마지막 단계에 해당하는 품질보증을 위한 검사를 시행하기 전까지도 발견되지 않았다.

웨스턴 베버리지의 회계담당자 건터 버그만(Gunther Bergman)은 두 가지 측면에서 공손처리방법을 생각하고 있는데 그 중 하나는 완성품과 재공품에 공손을 포함(bury)시키는 것이다. 이 경우에는 완성품원가 $1,659,000와 기말재공품의 원가 $222,600는 다음과 같이 계산된다.

방법 1

테크-토닉 스포츠 드링크 시럽
제조원가보고서
4월

수량조정	
기초재공품(직접재료원가 100%, 가공원가 50%)	200,000
당기착수량	500,000
합계	700,000
완성품	300,000
기말재공품(직접재료원가 100%, 가공원가 20%)	100,000
공손수량	300,000
합계	700,000

완성품환산량 단위당 원가계산

	직접재료원가	직접노무원가	제조간접원가	합계
원가				
기초재공품	$110,000	$ 50,000	$100,000	$ 260,000
당기발생액(4월)	450,000	373,000	800,000	1,623,000
합계	$560,000	$423,000	$900,000	$1,883,000
수량				
완성품	300,000	300,000	300,000	
기말재공품	100,000	20,000	20,000	
합계	400,000	320,000	320,000	
환산량단위당원가	$1.40	$1.32	$2.81	$5.53
원가조정				
총원가				$1,883,000
완성품원가(300,000×$5.53)				$1,659,000
기말재공품				
직접재료원가(100,000 환산량 × $1.40)			$140,000	
직접노무원가(20,000 환산량 × $1.32)			26,400	
제조간접원가(20,000 환산량 × $2.81)			56,200	222,600
				$1,881,600
소수점 차이				1,400
합계				$1,883,000

두 번째 방법은 공손된 수량을 별도로 파악하는 방법이다. 이럴 경우 완성품의 원가는 $879,000, 재공품의 원가는 $122,600, 그리고 공손품의 원가 $879,000이 되고 이는 매출원가계정에 반영된다.

방법 2

테크-토닉 스포츠 드링크 시럽
제조원가보고서
4월

수량조정	
기초재공품(직접재료원가 100%, 가공원가 50%)	200,000
당기착수량	500,000
합계	700,000
완성품	300,000
기말재공품(직접재료원가 100%, 가공원가 20%)	100,000
공손수량	300,000
합계	700,000

환산량 단위당 원가계산

	직접재료원가	직접노무원가	제조간접원가	합계
원가				
기초재공품	$110,000	$ 50,000	$100,000	$ 260,000
당기발생액(4월)	450,000	373,000	800,000	1,623,000
합계	$560,000	$423,000	$900,000	$1,883,000
수량				
완성품	300,000	300,000	300,000	
기말재공품	100,000	20,000	20,000	
공손품	300,000	300,000	300,000	
합계	700,000	620,000	620,000	
환산량단위당원가	$0.80	$0.68	$1.45	$2.93
원가조정				
총원가				$1,883,000
공손품원가				879,000
기말재공품				879,000
직접재료원가(100,000 환산량 × $0.80)			$ 80,000	
직접노무원가(20,000 환산량 × $0.68)			13,600	
제조간접원가(20,000 환산량 × $1.45)			29,000	122,600
				$1,880,600
소수점 차이				2,400
합계				$1,883,000

요구사항

a. 4월 완성품의 80%가 판매되었다고 가정한다면 두 방법 간 보고된 이익의 차이는?

b. 어떠한 방법이 개념적 관점에서 더 적합한가?

c. 관리자는 목표이익대비 초과이익을 달성한 정도에 따라 보너스를 받는다 이럴 경우 어떠한 방법이 더 적합한가?

사례연구 3-2 : 젠슨 PVC(Jensen PVC) [학습목표 2, 3, 4]

젠슨 PVCJensen PVC, Inc.는 PVC 파이프를 생산하는 회사이다. 2020년 파이프의 미터 당 원가는 $0.30이고, 미터 당 판매가격은 $0.39이다. 2021년에 제조원가가 $0.40 증가할 것으로 예상되지만 판매가는 $0.39로 변하지 않을 것으로 예측되고 있다.

	2020	2021
판매가	$0.39	$0.39
제조원가	0.30	0.40

원가의 증가는 제조간접원가가 2020년 $0.15에서 2021년 $0.25로 증가하였기 때문에 발생한 것이다. 이는 경쟁력이 낮은 가격조건으로 인해 생산량은 감소하였지만 제조간접원가가 고정원가인 영향이라 볼 수도 있다. CFO 밥 엘거Bob Elger는 회사 생산원가시스템의 자료를 검토하였다.

2020년 회사 모든 부서(혼합, 분출, 절삭, 포장)의 제조간접원가는 $1,500,000이고 파이프생산은 10,000,000미터였다. 2021년 제조간접원가는 여전히 $1,500,000이지만 파이프 생산은 6,000,000미터가 감소하였다. 최근 관리자 미팅에서 밥 엘거는 이러한 문제를 제기하였다. "문제는 우리가 생산설비를 충분히 활용하지 못한 결과입니다. 우리가 가지고 있는 설비의 생산능력은 15,000,000미터인데 현재 50%수준에서만 운영되고 있습니다."

요구사항

밥 엘거는 시장에서 15,000,0000미터의 파이프가 판매된다면 회사는 가격을 미터 당 $0.35만큼 인하할 수 있을 것이고, 또한 원가도 미터 당 $0.40만큼 감소시킬 수 있다고 생각하고 있다. 가격인하는 좋은 의사결정인가?

CHAPTER 4

Mark Bowden/123RF

원가-조업도-이익 분석

학습목표

1. 일반적인 원가의 행태 확인
2. 계정분석법과 고저점법을 이용한 원가와 활동간의 관계 추정
3. 단일 제품에 대한 원가-조업도-이익분석 실행
4. 복수의 제품에 대한 원가-조업도-이익분석 실행
5. 영업레버리지의 효과 이해
6. 자원제약 상황 분석에서 제약요인의 단위당 공헌이익 이용 이해

메리 스튜어트(Mary Stuart)는 바코드 리더기를 제조하여 판매하는 코드커넥트사(CodeConnect)의 운영담당 부사장이다. 고위경영자인 그녀는 계획, 통제, 의사결정과 관련한 다양한 질문들에 대한 답변을 하여야 한다. 메리가 직면하고 있는 다음의 질문들을 고려해보자.

계획. 전년도에 코드커넥트사는 20,000대의 바코드리더기를 대당 $200에 판매하였다. 이들 제품의 제조원가는 $2,940,000, 판매비와 관리비는 $800,000, 총이익은 $260,000이었다. 올해 회사는 25,000대를 판매할 것으로 예상하고 있다. 이에 따른 예상이익은 얼마인가?

통제. 4월의 제조원가는 $250,000였으며, 5월에는 제조원가가 $265,000로 증가하였다. 생산량은 4월의 1,750대에서 5월에 2,000대로 증가하였다. 5월의 제조원가를 경영자가 잘 통제하였다고 할 수 있는가?

의사결정. 바코드리더기의 대당 판매가격은 $200이다. 만약 판매가격을 $225로 인상한다면 판매량은 20,000대에서 17,000대로 감소할 것이다. 가격 인상을 해야만 할까?

각각의 질문에 대한 대답은 생산량이 변경될 때 원가와 이익의 변동행태에 따라 달라진다. 생산량변동에 따른 원가와 이익의 변화를 분석하는 것을 **원가-조업도-이익**(cost-volume-profit, CVP) **분석**이라고 한다. 본 장에서는 원가-조업도-이익 관계의 분석 방법을 학습한다. 이를 통하여 여러분들은 경영자들이 일상적으로 직면하고 있는 위에서 제기된 질문들에 대한 답변을 할 수 있을 것이다.

학습목표 1 일반적인 원가의 행태 확인

4.1 원가행태의 기본 패턴

원가-조업도-이익(cost-volume-profit, CVP)분석을 수행하기 위해서 여러분들은 기업 활동수준(예: 생산량과 판매량)이 변동하면 원가가 어떻게 변동되는지 파악하여야 한다. 본 절에서는 원가의 일반적인 행태에 대해서 살펴본다. 일반적인 원가행태가 생산량이나 활동량의 변화에 반응하여 원가가 변동하는 방법에 대한 정확한 설명을 제공하지 않을 수도 있다. 하지만 변동원가, 고정원가, 혼합원가, 계단형 원가로 분류되는 일반적인 원가행태는 대체적으로 합리적인 근사값을 제공한다.

4.1.1 변동원가

1장에서 살펴본 것처럼, **변동원가**(variable costs)는 생산량이나 활동량의 변화에 비례하여 변동한다. 만약 활동량이 10% 증가하면, 변동원가도 10% 증가할 것이라고 가정할 수 있다. 변동원가는 일반적으로 직·간접 재료원가, 직접노무원가, 판매수수료 등을 들 수 있다.

변동원가를 분석하기 위한 활동의 측정방법은 상황에 따라 다르다. 맥도날드(McDonld's restaurants)의 햄버거나 음료원가는 이를 구입한 고객 수에 따라 변동하며, 유나이티드항공(United Airlines)의 연료비는 운항거리에 따라 변동한다. 이 경우 고객 수와 운항거리는 활동의 유용한 측정치이다.

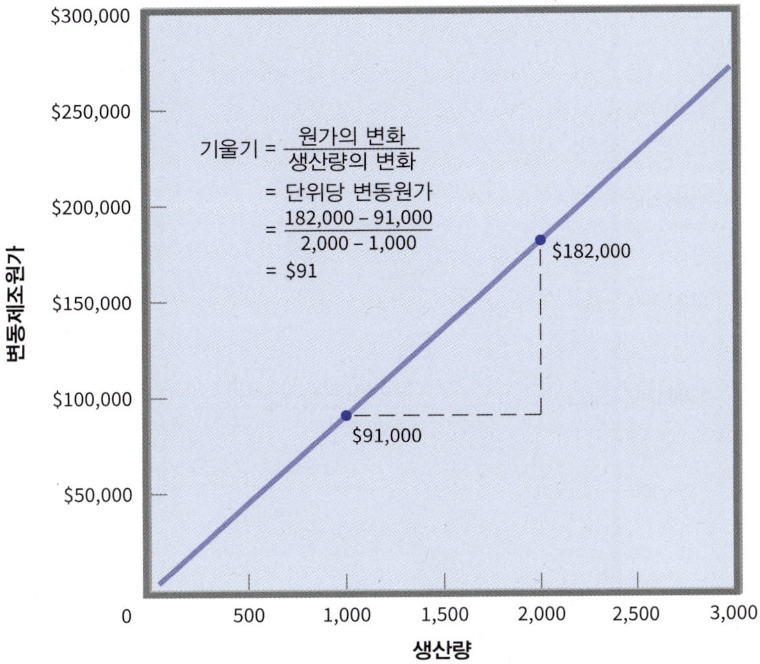

〈그림 4-1〉 코드커넥트사의 변동원가 행태

코드커넥트사의 사례를 살펴보자. 코드커넥트사에서 바코드리더기 1대를 생산하는데 발생하는 변동제조원가는 $91이다. 이 경우, 1,000대(활동수준 측정치)를 생산하였을 경우 총변동원가는 $91,000($91×1,000)이며, 2,000대를 생산하였을 경우 총변동원가는 $182,000($91×2,000)이다. 총변동원가와 생산량의 관계에 대한 그래프가 〈그림 4-1〉에 제시되어 있다. 그래프에서 직선의 기울기는 활동 1단위의 변화에 대한 원가의 변화를 의미한다. 생산량에 따라 총변동원가는 증가하지만, 단위당 변동원가는 여전히 $91임을 주목하라.

4.1.2 고정원가

제1장에서 **고정원가**(fixed costs)는 활동수준이 변경되더라도 변동하지 않는 원가라고 설명한 것을 기억할 것이다. 고정원가의 대표적인 예로 감가상각비, 감독자 급여, 건물유지관리비 등을 들 수 있다. 코드커넥트사의 월 고정원가가 $94,000라고 가정하자. 〈그림 4-2〉에 고정원가와 생산량의 관계가 제시되어 있다. 그래프에서 볼 수 있듯이 생산량이 증가하더라도 총고정원가는 $94,000이다. 그러나 단위당 고정원가는 활동수준의 변화에 따라 변동한다. 활동수준이 증가하면, 단위당 고정원가는 감소하게 되는데, 생산량이 많아질수록 각 생산단위에 할당되는 고정원가의 금액이 작아지기 때문이다. 예를 들어, 1,000대를 생산하는 경우 단위당 고정원가는 $94($94,000 ÷ 1,000)이지만, 2,000대를 생산하는 경우 단위당 고정원가는 $47($94,000 ÷ 2,000)이다.

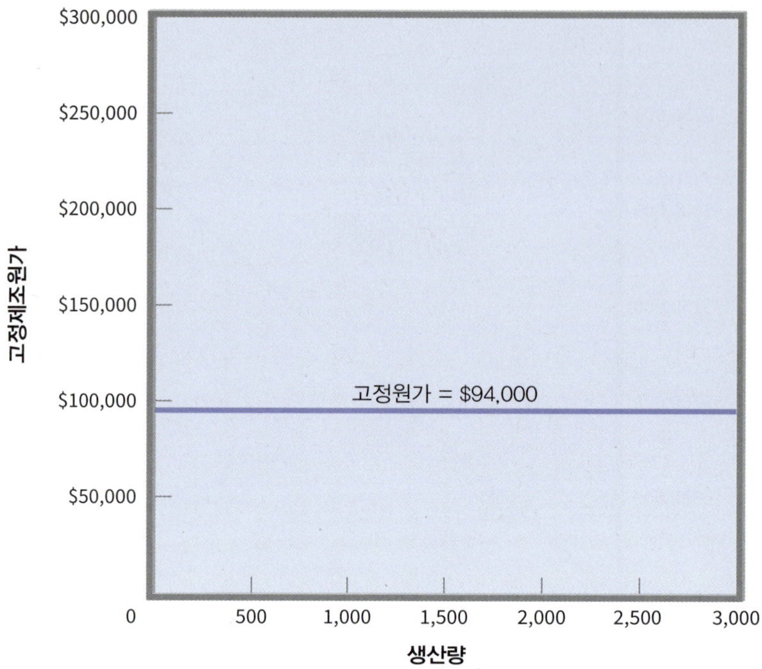

〈그림 4-2〉 코드커넥트사의 고정원가 행태

재량고정원가와 확정고정원가

고정원가는 단기적으로 변동될 수 있는 고정원가와 변동되지 않는 고정원가로 구분할 수 있다. **재량고정원가**(discretionary fixed costs)는 경영자의 재량적인 결정에 따라 단기적으로 변경할 수 있는 고정원가를 의미한다. 일부 기업에서는 매출이 감소할 경우 이익수준을 일정하게 유지하기 위하여 이들 재량고정원가를 삭감하기도 한다. 그러나 이러한 결정은 매우 근시안적인 결정일 수 있다. 예를 들어 연구개발비의 삭감은 장기적으로 수익성에 부정적인 영향을 미치게 되며, 수선유지비의 삭감은 고가 생산 설비의 수명을 단축시키기 때문이다. **확정고정원가**(committed fixed costs)는 비교적 짧은 기간에 쉽게 변경될 수 없는 고정원가이다. 확정고정원가에는 건물과 설비의 임차료 및 감가상각비, 보험료 등이 있다.

Link to Practice

물 사용량을 줄이는 것이 오히려 더 많은 요금을 부담할 수 있다!

AP통신의 보도대로 텍사스주 오스틴의 주민들은 물을 절약하는 데 성공함으로써 도리어 피해를 보고 있다. 절약 노력 때문에, 그 도시의 수도사업은 연간 상수도 판매에서 2,700만 달러의 손실을 보았다. 그러나 물 사용량이 적다고 해서 수도사업의 고정원가가 줄어드는 것은 아니다. 따라서 다소 직관과 다른 결과는 수도사업국이 현재 비용을 충당하기 위해 요금 인상을 고려하고 있다는 것이다. 요금 납부자들에게 이것은 "좋은 일을 해도 인정받지 못하고 오히려 벌을 받는 경우도 있다!"의 또 다른 예처럼 보인다.

출처 : Associated Press, February 25, 2014, kxan.com.

4.1.3 혼합원가

혼합원가(mixed costs)는 변동원가요소와 고정원가요소를 모두 포함하고 있는 원가이다. 혼합원가는 **준변동원가**(semivariable costs)라고도 한다. 예를 들어, 판매사원의 급여로 연간 $80,000의 기본급(고정금액)에 판매금액의 1%(변동금액)를 지급한다고 가정하자. 이 경우 판매사원의 급여총액은 혼합원가이다. 총제조원가도 재료원가, 노무원가, 변동제조간접원가 및 고정제조간접원가로 구성되어 있기 때문에 혼합원가이다.

코드커넥트사의 총제조원가가 $94,000의 월 고정원가와 $91의 단위당 변동원가로 구성되어 있다고 가정하자. 이 경우 총제조원가는 혼합원가이다. 〈그림 4-3〉에 혼합원가 그래프가 제시되어 있다. 총원가선이 $94,000($100,000의 바로 아래 지점)과 세로축에서 교차하는 것을 주목하라. 이 금액은 월 고정원가이다. 이 지점에서 총원가는 한 단위가 생산될 때마다 $91씩 증가한다. 3,000단위를 생산하였을 경우 총원가는 $367,000이며, $94,000의 고정원가와 $273,000의 변동원가($91×3,000)로 구성되어 있다.

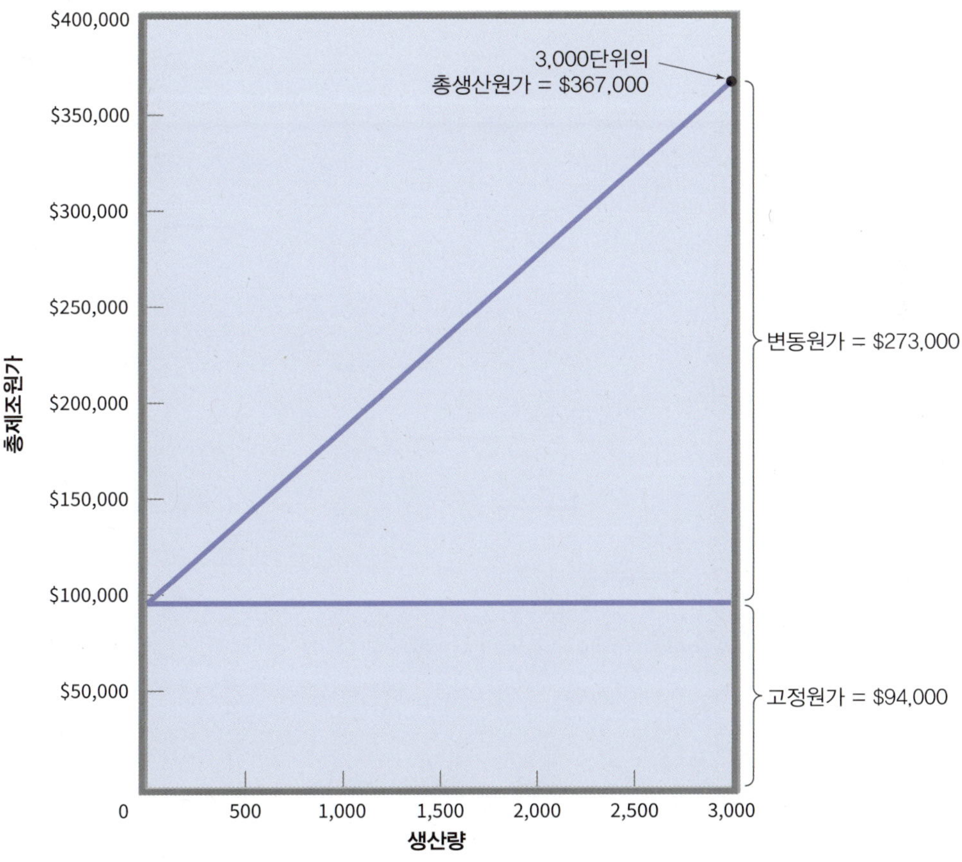

〈그림 4-3〉 혼합원가 행태

4.1.4 계단형 원가

계단형 원가(Step costs)는 조업도가 특정 범위 안에 있을 경우 원가가 고정되어 있지만, 조업도가 특정 범위를 초과하여 증가할 경우 원가도 증가한다. 증가한 원가는 조업도가 특정 범위 내에서 유지되는 경우 다시 고정된다. 계단형 원가는 원가가 고정되는 활동 크기에 따라 **계단형 변동원가**(step variable costs) 또는 **계단형 고정원가**(step fixed costs)로 분류할 수 있다. 크기가 상대적으로 작다면 계단형 변동원가로 분류하며, 크기가 상대적으로 크다면 계단형 고정원가로 분류한다.

코드커넥트사에서 계단형 변동원가는 바코드리더기 출고 전 검사활동을 수행하는 작업자의 노무원가를 예로 들 수 있다. 검사작업자의 월 임금은 $4,000이며, 월 300단위를 검사하고 있다. 이에 대한 그래프가 〈그림 4-4〉에 제시되어 있다.

제시된 구간별 활동범위가 상대적으로 작기 때문에(즉, 계단의 너비가 작기 때문에), 계단형 변동원가는 대개 일반적인 변동원가(활동수준에 비례하여 변경하는 원가)처럼 다루기도 한다.

계단형 고정원가의 예로는 공장감독자의 노무원가를 들 수 있다. 코드커넥트사에서는 1명의 감독자가 바코드리더기 1,500대의 생산을 감독하고 있으며, 월 급여는 $7,000이다. 그러나 바코드리더기를 1,501대에

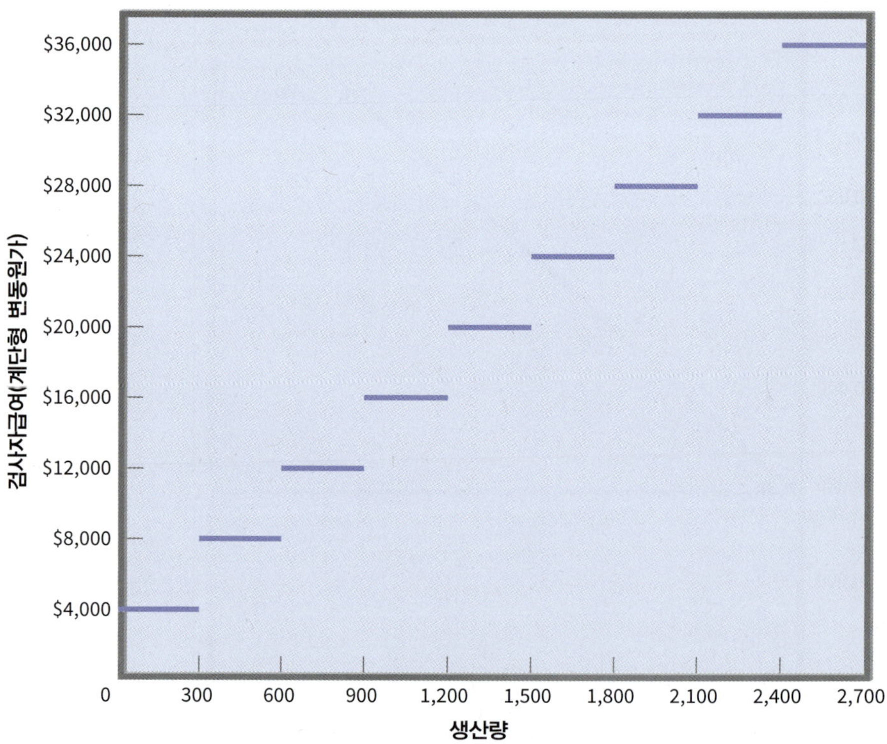

〈그림 4-4〉 계단형 변동원가- 검사작업자 노무원가

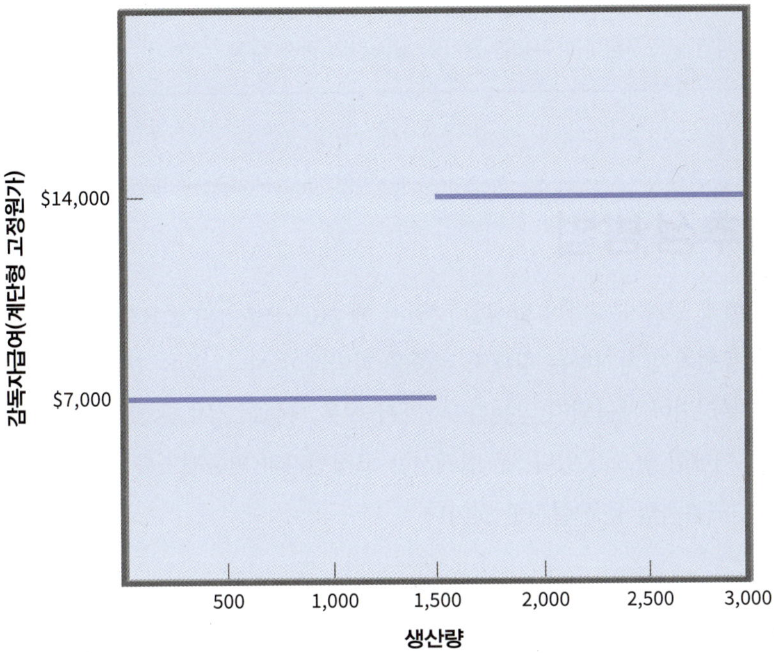

〈그림 4-5〉 계단형 고정원가- 공장감독자의 노무원가

서 3,000대 범위에서 생산하기 위해서는 2교대의 생산활동이 이루어져야 한다. 따라서 감독자가 1명이 더 필요하며, 공장의 감독자 급여는 $14,000로 증가하게 될 것이다. 이에 대한 그래프는 〈그림 4-5〉에 제시되어 있다.

〈그림 4-5〉에 제시된 계단의 폭은 〈그림 4-4〉의 계단의 폭보다 넓다는 점을 주목하라. 즉 감독자급여의 그래프는 변동원가에 가깝지는 않다.

Any Questions?

Q: 직접노무원가는 항상 변동원가인가요?

A: 일반적으로 노무원가는 변동원가라고 인식하지만, 일부 국가, 특히 한국과 일본의 경우 경기가 후퇴하더라도 종업원들을 해고하는 것을 매우 꺼려하며, 수요가 증가하더라도 역시 고용을 늘리는 것을 주저한다. 한국과 일본의 많은 기업들에 있어 노무원가는 고정원가이다. 미국의 경우 기업들은 경기 상황에 따라 매우 유연하게 고용과 해고정책을 실시하기 때문에 노무원가가 변동원가라고 판단한다. 미국의 일부 기업들은 고도로 자동화되어 있기 때문에 수요의 변동 범위가 매우 크더라도 동일한 노동력으로 이를 처리할 수 있으며, 이러한 경우 노무원가는 거의 고정원가로 분류하는 것이 좀 더 합리적일 것이다. 특정 기업에 있어 노무원가가 고정원가인지 또는 변동원가인지 판단하기 위해서는 기업이 직면하고 있는 독특한 상황을 분석해야 한다.

학습목표 2 계정분석법과 고저점법을 이용한 원가와 활동간의 관계 추정

4.2 원가추정 방법

다양한 활동수준에 따라 원가가 얼마나 발생할 것인지 예측(CVP분석의 중요한 부분)하기 위해서는 총원가에서 고정원가와 변동원가가 차지하는 상대적 비중을 파악해야 한다. 많은 경우 원가정보는 고정원가요소와 변동원가요소로 분리되어 제공되지 않는다. 따라서 이용 가능한 정보를 활용하여 고정원가와 변동원가를 추정하는 방법을 이해할 필요가 있다. 본 절에서는 고정원가와 변동원가를 추정하는 3가지 방법인 계정분석법, 고저점법, 회귀분석법 등을 살펴볼 것이다.

4.2.1 계정분석법

계정분석법(account analysis)은 고정원가와 변동원가를 추정하는 가장 일반적인 방법이다. 계정분석법을 이용하여 원가를 고정원가 또는 변동원가로 분류하기 위해서는 경영자의 전문적인 판단이 필요하다. 변동원가로 분류된 원가의 합계액을 활동수준으로 나누면, 활동 단위당 변동원가를 산출할 수 있다. 고정원가로 분류된 원가의 합계액은 고정원가 추정치가 된다.

코드커넥트사의 예를 이용하여 살펴보자. 5월의 DX375 바코드리더기 생산량은 2,000대이며, 2,000대의 제조원가는 $265,000이다. 계정분석법을 수행하기 위해서 제조원가 $265,000를 구성하고 있는 계정들에 대한 상세한 분석이 필요하다. 원가 내역이 다음과 같다고 가정하자:

5월	
생산량	2,000
제조원가	
부품원가	$130,600
조립노무원가	32,400
수도광열비	7,100
임차료	22,000
조립장비 감가상각비	72,900
총제조원가	$265,000

경영자의 전문적인 판단에 근거하여 부품원가와 조립노무원가는 변동원가로, 다른 모든 원가항목은 고정원가로 분류하였다. 그 결과가 〈그림 4-6〉에 제시되어 있다. 총제조원가 중 $102,000은 월 고정원가이

변동원가 추정치		
부품원가	$130,600	
조립노무원가	32,400	
계	$163,000	(a)
생산량	2,000	(b)
단위당 변동원가	$81.50	(a) ÷ (b)

고정원가 추정치	
수도광열비	$7,100
임차료	22,000
조립장비 감가상각비	72,900
월별 고정원가	$102,000

〈그림 4-6〉 변동원가와 고정원가의 추정치

며, 단위당 변동원가는 $81.50이다.

〈그림 4-6〉에서 각 원가들을 단순하게 고정원가와 변동원가로 분류하였지만, 계정분석법에서는 반드시 그럴 필요는 없다. 예를 들어, 수도광열비 중 일부가 변동원가라고 판단하고 있다고 가정하자. 이 경우 경영자는 계정분석법을 이용한 원가추정치를 자신의 판단에 근거하여 수정할 수 있다. 경영자가 수도광열비 중 적어도 50%가 변동원가라고 판단한다고 가정한다면, 〈그림 4-7〉에 제시된 바와 같이, 변동원가 총액은 $166,550, 단위당 변동원가는 $83.28이 되며, 고정원가 추정치는 $98,450으로 변경된다.

이러한 추정치를 이용하면 다양한 생산수준에서 원가를 예상할 수 있다. 예를 들어 코드커넥트사에서 2,500대를 생산한다면 얼마의 원가가 발생할 것인가? 2,500대의 변동원가는 $208,200, 월 고정원가는 $98,450, 따라서 총제조원가는 $306,650로 다음과 같이 예상될 것이다:

DX375 바코드리더기 월간 예상 생산량; 2,500대	
변동원가(2,500 × $83.28)	$208,200
월별 고정원가	98,450
계	$306,650

계정분석법은 동일한 원가자료에 대해 관리자마다 어떤 원가가 고정원가이고, 어떤 원가가 변동원가인지에 대해 다른 결론을 내릴 수 있다는 점에서 주관적이다. 이러한 제약에도 불구하고 대부분의 관리자들은 계정분석법을 고정원가와 변동원가를 추정하는 중요한 방법 중 하나로 생각하고 있다.

변동원가 추정치		
부품원가	$130,600	
조립노무원가	32,400	
수도광열비($7,100의 50%)	3,550	
계	$166,550	(a)
생산량	2,000	(b)
단위당 변동원가	$83.28	(a) ÷ (b)

고정원가 추정치	
수도광열비	$3,550
임차료	22,000
조립장비 감가상각비	72,900
월별 고정원가	$98,450

〈그림 4-7〉 변동원가와 고정원가의 수정된 추정치

4.2.2 산포도

경우에 따라 관리자는 여러 기간에 걸친 원가정보를 이용하여 활동변화에 따른 원가행태를 추정할 수 있다. 주, 월, 분기 보고서 등은 특히 원가정보의 유용한 원천이다. 반면, 연간보고서는 원가와 활동 간의 관계가 수년에 걸쳐 일관되지 않고 안정적이지 않기 때문에 유용하지 않다.

코드커넥트사의 월간 생산량과 원가정보가 〈그림 4-8〉에 제시되어 있다. 제조원가와 활동의 관계를 알아보기 위하여 제조원가들과 각 활동수준의 좌표를 그래프에 표시한다. 자료의 좌표들을 **산포도**(scattergraph)라

월	생산량	원가
1월	750	$170,000
2월	1,000	175,000
3월	1,250	205,000
4월	1,750	250,000
5월	2,000	265,000
6월	2,250	275,000
7월	3,000	400,000
8월	2,750	350,000
9월	2,500	300,000
10월	1,250	210,000
11월	1,000	190,000
12월	500	150,000
	20,000	$2,940,000

〈그림 4-8〉 월별 제조원가 정보

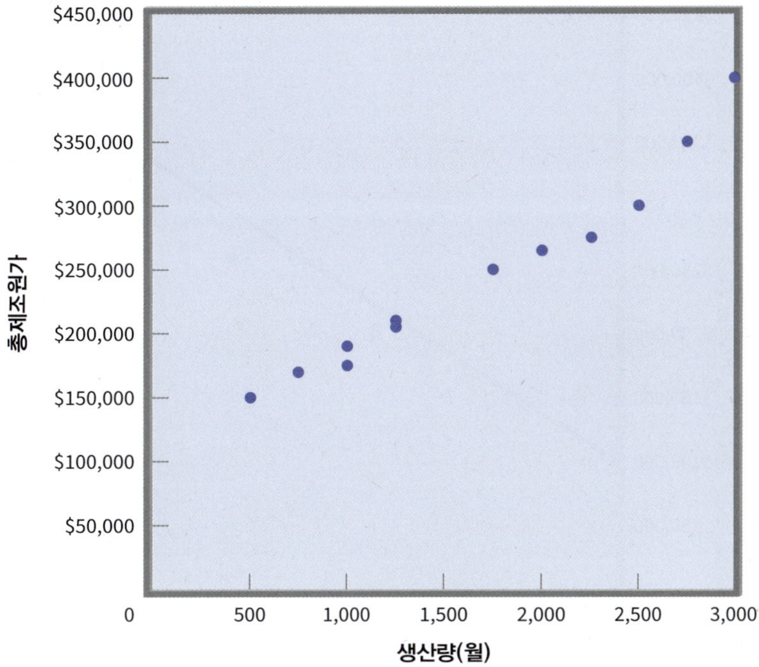

〈그림 4-9〉 원가와 생산량 정보의 산포도

고 한다. 〈그림 4-8〉의 자료에 대한 산포도가 〈그림 4-9〉에 제시되어 있다.

일반적으로 〈그림 4-9〉의 산포도처럼 세로축은 측정된 원가를, 가로축은 측정된 활동수준을 표시한다. 산포도의 각 좌표는 한 쌍의 원가와 활동을 나타낸다. 엑셀과 같은 스프레드시트 프로그램을 이용하면 산포도를 쉽게 작성할 수 있다. 이용 가능한 모든 자료를 입력하면, 프로그램이 자동으로 좌표를 표시한다.

원가행태를 추정하기 위하여 우리가 사용하는 방법들은 원가가 선형이라고 가정하고 있다. 즉, 원가의 행태를 직선으로 표현할 수 있다고 가정한다. 산포도는 원가행태의 선형가정이 타당한지 여부를 확인할 수 있기 때문에 유용하다. 〈그림 4-9〉의 산포도에서는 좌표들이 거의 선형의 형태를 나타내기 때문에 원가행태의 선형가정이 타당하다는 것을 알 수 있다. 또한 산포도는 이상치(outliers)를 쉽게 확인할 수 있기 때문에 유용하다. 이상치는 다른 자료의 좌표들과 현저하게 차이가 난다. 제시된 그래프에는 이상치가 없다.

4.2.3 고저점법

산포도에서 이용한 동일한 자료를 가지고 **고저점법**(high-low method)을 이용하여 다양한 활동수준에서 고정원가와 변동원가를 추정할 수 있다. 고저점법은 가장 높은 활동수준과 가장 낮은 활동수준을 나타내는 좌표가 직선 상에 존재할 때 적합한 방법이다. 직선의 기울기는 단위당 변동원가의 추정치(기울기는 활동 1단위의 변화에 대한 원가의 변화를 측정한 것임)를 나타내며, 절편은 고정원가(직선과 원가 축이 교차하는

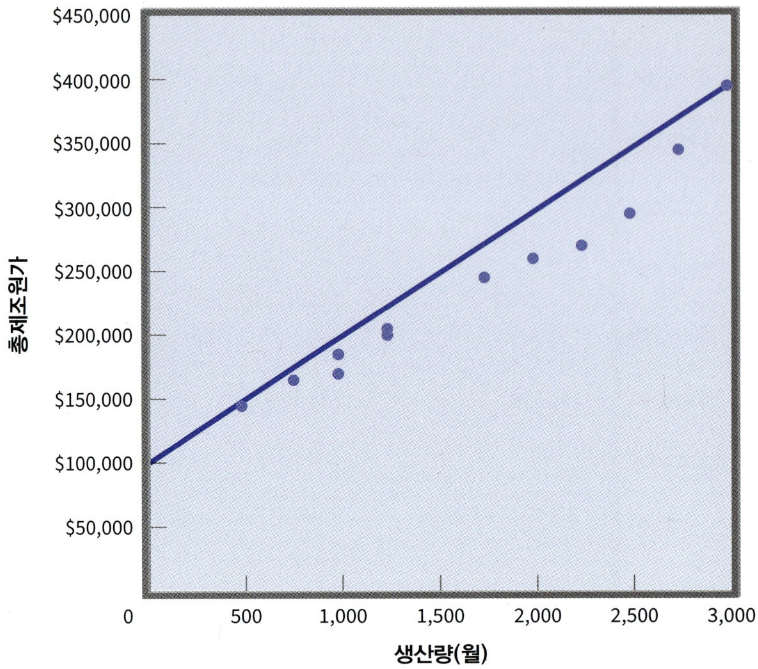

〈그림 4-10〉 제조원가와 생산량 정보의 산포도

지점)의 추정치이다.

〈그림 4-9〉의 자료를 이용하여 고저점법을 살펴보기로 하자. 〈그림 4-8〉에서 가장 높은 활동수준은 7월에 생산량이 3,000대일 때이며 제조원가는 $400,000이다. 가장 낮은 활동수준은 12월의 생산량이 500대일 때이며, 제조원가는 $150,000이다. 이들 두 좌표를 선으로 연결시키면 〈그림 4-10〉과 같다.

〈그림 4-10〉의 그래프에서, 기울기는 원가의 변화량을 활동의 변화량으로 나눈 것이다. 가장 낮은 수준의 활동에서 가장 높은 수준의 활동간의 원가 변화량은 $250,000이며, 활동의 변화량은 2,500단위이다. 변동원가의 추정치(기울기)는 단위당 $100이다.

$$\text{변동원가의 추정치} = \frac{\text{원가의 변화량}}{\text{활동의 변화량}}$$

$$\text{변동원가의 추정치} = \frac{\text{가장 높은 활동수준의 원가} - \text{가장 낮은 활동수준의 원가}}{\text{가장 높은 수준의 활동량} - \text{가장 낮은 수준의 활동량}}$$

$$\text{변동원가의 추정치} = \frac{\$400,000 - \$150,000}{3,000 - 500}$$

$$\text{변동원가의 추정치} = \frac{\$250,000}{2,500} = \$100 \ / \ \text{단위}$$

변동원가의 추정치를 이용하여 고정원가(직선의 절편)의 추정치를 계산해 보자. 고정원가는 특정 활동수준의 총원가와 추정한 변동원가의 차이이다. 예를 들어, 가장 낮은 수준의 활동(500단위)에서 총원가가 $150,000인 경우, 추정된 단위당 변동원가는 $100이므로 총원가 중 $50,000(500대 × $100)가 변동원가이다. 즉, 총원가 중 나머지 $100,000은 고정원가이다. 다음의 계산식에 제시된 것과 같이, 가장 낮은 활동수준이나 가장 높은 활동수준 모두에서 동일한 고정원가($100,000)가 산출된다.

가장 낮은 활동수준을 이용한 추정치		가장 높은 활동수준을 이용한 추정치	
총원가	$150,000	총원가	$400,000
차감: 변동원가추정치(500×$100)	50,000	차감: 변동원가추정치(3,000×$100)	300,000
추정된 월 고정원가	$100,000	추정된 월 고정원가	$100,000

〈그림 4-8〉에 제시된 월별 자료를 이용했기 때문에, 본 예제에서 산출한 고정원가는 월 고정원가이다. 만약 연간 자료를 이용했다면, 계산한 고정원가는 연간 고정원가가 될 것이다.

〈그림 4-10〉에서 제시된 것은 〈그림 4-8〉의 원가와 활동에 대한 고저점선을 보여주는 것이다. 다음의 등식을 이용하면 이 직선 위에 존재하는 어느 한 점에서의 총원가를 산출할 수 있다.

$$\text{총원가} = \text{고정원가} + (\text{단위당 변동원가} \times \text{활동량})$$

위의 등식을 이용하여 주어진 수준에 대한 총원가를 추정할 수 있다. 예를 들어, 활동수준이 1,500단위라면, 총원가는 $250,000가 발생한다.

$$\begin{aligned}\text{총원가} &= \$100{,}000 + (\$100 \times 1{,}500)\\ &= \$100{,}000 + \$150{,}000\\ &= \$250{,}000\end{aligned}$$

〈그림 4-10〉을 자세히 살펴보면 고저점법의 한계점을 확인할 수 있다. 원가선은 활동수준이 가장 높은 지점과 가장 낮은 지점만을 통과하며 다른 지점들은 원가선의 아래에 존재하고 있다. 즉, 원가선이 나타내는 추정치는 이용가능한 자료들을 모두 적절하게 나타내고 있지는 못하다.

고저점법의 중대한 한계점 중 하나는 오직 2개의 데이터만 이용한다는 것이다. 단지 2개의 자료를 이용해서 원가와 활동 간의 일반적인 관계를 대표하기에는 한계가 있다. 2개의 지점은 일반적이지 않은 수준, 즉 가장 높은 수준과 가장 낮은 수준의 활동과 해당 원가를 나타내고 있는 것이다. 예를 들어, 가장 높은 수준의 활동, 즉 생산수량이 가장 많은 경우, 정규 작업자를 보완하기 위하여 파트타임 작업자가 투입될 수 있다. 하지만, 이들은 정규 작업자에 비하여 생산효율성이 떨어지기 때문에 제조원가는 일반적인 수준보다 높을 수 있다. 즉, 추가적인 자료를 이용할 수 있을 때는 2개 이상의 더 많은 자료를 이용하는 것이 바람직하다.

Test Your Knowledge

아일랜드 에어사(Island Air)는 지난 1년 동안 성수기인 8월에 15,000마일을 비행했으며, 총원가는 $300,000가 발생했다. 비수기인 11월의 운항거리는 5,000마일이었으며 총원가는 $200,000이다.

고저점법을 이용하여 마일당 변동원가와 월 고정원가를 추정하라.

a. 마일당 변동원가 $20과 월 고정원가 $100,000
b. 마일당 변동원가 $15과 월 고정원가 $250,000
c. 마일당 변동원가 $10과 월 고정원가 $150,000
d. 마일당 변동원가 $5과 월 고정원가 $250,000

정답 : c
마일당 변동원가 : ($300,000−$200,000)÷(15,000−5,000)=$10
월 고정원가 = $200,000 −(5,000×$10) = $150,000

4.2.4 회귀분석법

회귀분석(regression analysis)은 원가함수의 절편과 기울기를 추정하기 위하여 이용 가능한 모든 자료를 사용하는 통계적 기법이다. 회귀분석에서 산출된 직선은 이용 가능한 모든 자료를 가장 적절하게 나타내는 선이다. 회귀분석을 실행할 수 있는 소프트웨어 프로그램들이 폭넓게 이용되고 있으며, 엑셀과 같은 스프레드시트 프로그램도 그 중 하나이다. 엑셀을 이용하여 회귀분석을 실행하는 방법은 본 장의 부록에 소개되어 있다. 회귀분석은 통계학 시간에 다루기로 하고, 본 교재에서는 〈그림 4-8〉에서 제시된 자료를 이용하여 회귀분석을 실행한 결과 산출된 방정식을 살펴 보기로 하자:

총원가 = 고정원가 +(단위당 변동원가 × 활동수준)
총원가 = $96,619 + ($90.83 × 활동수준)

1,500단위를 생산하였을 경우 총원가는 $229,864이다:

총원가 = $93,619 + ($90.83 × 1,500)
= $229,864

고저점법에서는 1,500단위를 생산할 경우 총원가를 $250,000으로 추정하였다. 회귀분석에서 추정한 총원가가 더 낮다는 것을 알 수 있다.

회귀분석에서 산출된 원가추정 그래프가 〈그림 4-11〉에 제시되어 있다. 고저점법으로 추정된 그래프보다 회귀선이 이용 가능한 자료들을 더 잘 대표하고 있다는 점을 주목하라. 회사의 과거 자료와 회귀선의 일치 정도가 높을수록, 미래원가 예측의 정확성도 높아진다.

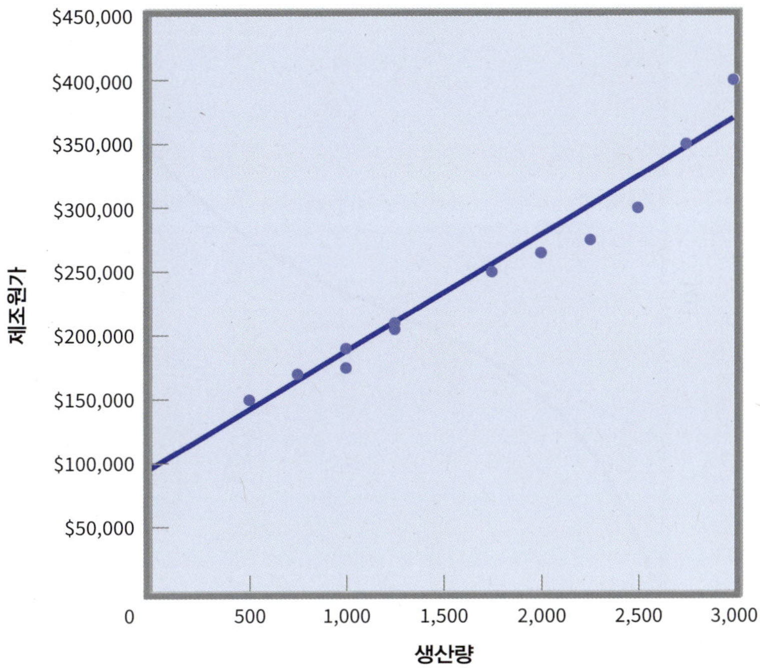

〈그림 4-11〉 회귀분석을 이용한 제조원가 추정

4.2.5 관련 범위와 원가추정

고정원가와 변동원가의 추정치를 이용하는 경우, 이들 추정치들은 오직 제한된 활동범위에서만 타당하다는 것을 반드시 기억해야 하는데 이러한 제한된 활동범위를 **관련 범위**(Relevant range)라고 한다. 관련 범위 밖에서는 고정원가와 변동원가의 추정치가 유용하지 않다. 종종 경영자들이 과거에 경험해보지 않은 활동수준에 대하여 고정원가와 변동원가의 추정치를 이용하여 예측을 하는 경우 추정치에 대하여 확신하지 못하는 경우가 있다. 과거에 접해보지 않은 활동수준이기 때문에, 과거에 이루어진 원가와 활동간의 관계는 이러한 상황에서 원가를 추정하기에 유용하지 않을 수 있다. 예를 들어, 코드커넥트사는 생산량이 4,000단위일 때 회귀분석을 이용하여 추정한 고정원가 $93,619와 단위당 변동원가 $90.83을 이용한 원가추정을 신뢰하지 못할 수도 있다. 〈그림 4-8〉에 제시된 것처럼, 기존의 가장 높은 생산수준은 3,000단위이므로 4,000단위는 관련범위밖에 존재한다.

일부 사례에서, 실제원가의 행태가 이제까지 토의한 것과 다를 수 있다. 원가와 활동간의 원가행태에 대하여 암묵적으로 선형을 가정하였으나, 실제로 어떤 원가행태들은 비선형으로 나타나기도 한다. 기업들이 비정상적으로 대량 생산을 하는 경우, 비효율적인 생산이 이루어질 수 있고, 결과적으로 직선으로 적용된 증가율보다 원가가 급속도로 증가할 수 있다. 하지만 이러한 상황은 예측치 또는 추정치가 관련 범위 내에 있을 경우 원가행태의 직선 가정은 문제가 되지 않을 것이다. 〈그림 4-12〉를 살펴보자. 원가와 활동간의 관계가 비선형이지만, 관련 범위 내에서, 원가와 활동간의 관계는 거의 선형에 가깝다는 것을 알 수 있다.

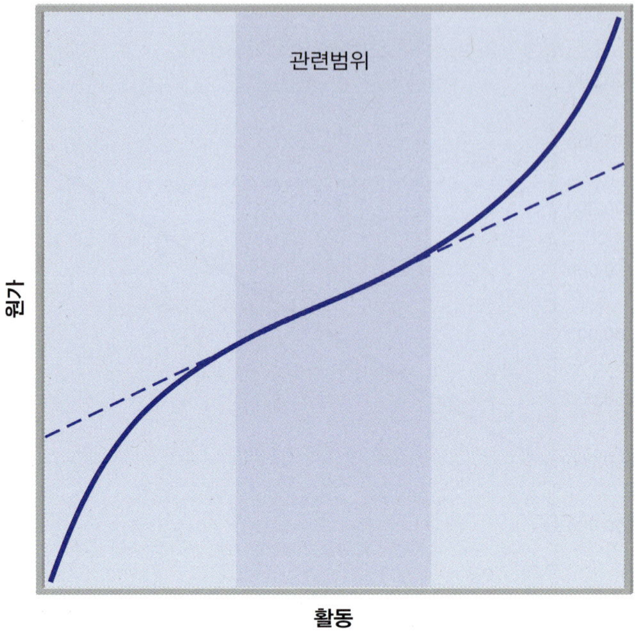

〈그림 4-12〉 관련범위

Test Your Knowledge

지난 달, 벤처 트러킹(Venture Trucking)은 다양한 고객들을 위해 8만 마일을 배달한 것으로 기록했다. 이 달의 비용은 다음과 같다.

연료	$30,000
유지 보수	10,000
타이어	4,000
운전자 급여	60,000
보험	5,000
감가상각	10,000
사무실 비용	6,000
허가비용	3,000

연료, 유지 보수, 타이어, 그리고 운전자 급여는 변동원가로 취급하고, 나머지 원가는고정원가로 본다.

계정분석법을 사용하는 경우, 마일당 변동원가, 월 고정원가는 얼마인가? 위의 정보를 이용하면 매출원가는 얼마인가?

a. 마일당 변동원가 = $1.30; 월 고정원가 = $24,000
b. 마일당 변동원가 = $1.20; 월 고정원가 = $24,000
c. 마일당 변동원가 = $1.50; 월 고정원가 = $22,000
d. 마일당 변동원가 = $1.40; 월 고정원가 = $20,000

정답 : a

학습목표 3 단일 제품에 대한 원가-조업도-이익분석 실행

4.3 원가-조업도-이익 분석

고정원가와 변동원가의 추정이 이루어지면 원가-조업도-이익(CVP)분석을 수행할 수 있다. 기본적으로, CVP분석은 원가, 조업도 또는 활동수준, 이익 간의 관계를 분석하는 것이다.

4.3.1 이익등식

CVP분석은 이익등식을 토대로 이루어진다. **이익등식**(profit equation)에서 이익은 수익(판매가격 × 판매량)에서 변동원가(단위당 변동원가 × 판매량)와 총고정원가를 차감하여 구할 수 있다.

$$\text{이익} = SP(x) - VC(x) - TFC$$

여기서

x = 생산판매량
SP = 단위당 판매가격
VC = 단위당 변동원가
TFC = 총고정원가

4.3.2 손익분기점

CVP분석을 이용하면 손익분기점을 계산할 수 있다. **손익분기점**(break-even point)은 이익도 손실도 나지 않는 손익분기를 위해서 판매해야 하는 수량을 의미한다. 〈그림 4-13〉에 제시된 이익그래프에 손익분기점이 나타나 있다. 매출액과 총원가(고정원가와 변동원가의 합)가 같아지는 지점이 회사의 손익분기점이다.

손익분기점을 계산하기 위해서, 손익분기점은 이익이 "0"이 되는 지점이므로, 이익 등식을 "0"이 되게 한다. 그런 다음, 적절한 판매가격, 변동원가, 고정원가 정보를 대입하고 생산판매량(x)를 구한다.

예를 들어보자. 코드커넥트사의 운영담당 부사장인 메리 스튜어트는 바코드리더기 모델 DX375의 손익분기점을 알고 싶어한다. 손익분기점을 알게 되면 이 제품의 손실발생가능성을 평가하는데 도움이 될 것이다. 코드커넥트사의 단위당 판매가격은 \$200이며, 단위당 변동원가는 \$81.50이고 월간 총고정원가는 \$165,900이다. 월 고정원가 중 \$102,000는 고정제조원가며, \$63,900은 고정 판매비와 관리비이다.

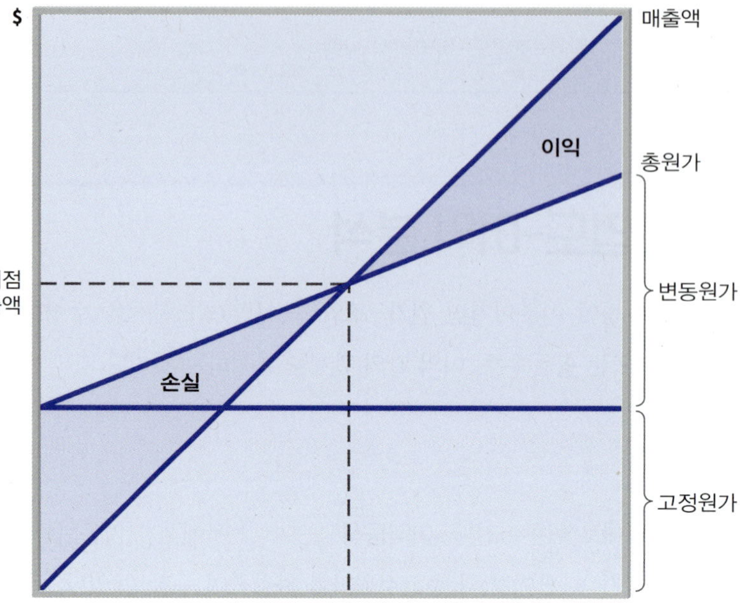

〈그림 4-13〉 이익그래프와 손익분기점

단위당 판매가격	$200.00
단위당 변동원가	81.50
고정제조원가(월)	$102,000.00
고정판매비와 관리비(월)	63,900.00
총고정원가	$165,900.00

이번 달에 손익분기점을 달성하기 위한 판매량은 얼마인가? 이 질문에 답하기 위해서, 우리는 x의 특정값에 대해 이익등식을 풀이한다.

Link to Practice

코노코필립스(ConocoPhillips)

2014년 6월 유가는 배럴당 $115달러까지 치솟았다. 2016년 11월, 가격은 배럴당 약 $46달러였다. 중국의 경제성장 둔화, 노스다코타주의 수압파쇄법(fracking)을 통한 셰일가스 시추, 캐나다 오일샌드에서 석유 추출 등 여러 요인이 유가 하락에 영향을 미쳤다. 이것이 전 세계에 사업장을 두고 있는 대규모 에너지 회사인 코노코필립스에 어떤 영향을 미쳤을까?

2016회계연도말인 12월 31일에 회사는 36억 달러의 순손실을 보았다. 그렇다면 이 회사는 앞으로 손익분기점 달성을 위해 어떤 조치를 취해야 할 것인가? 코노코필립스는 50억에서 80억 달러의 자산을 매각할 계획을 세웠고, 지출 삭감, 자산 매각 그리고 다른 조치들을 통해 배럴당 50달러의 이익을 내고자 한다.

출처: https://www.cnbc.com/2016/11/10/conocophillips-to-raise-5-billion to-8-billion-from-asset-sales.html

$$
\begin{aligned}
\text{이익} &= \text{SP}(x) - \text{VC}(x) - \text{TFC} \\
0 &= \$200(x) - \$81.50(x) - \$165,900 \\
0 &= \$109.17(x) - \$160,285 \\
\$118.50(x) &= \$165,900 \\
(x) &= 1,400\text{단위}
\end{aligned}
$$

손익분기점의 판매량이 1,400단위 산출되었다. 경영자가 손익분기점의 판매량 대신 매출액을 알고 싶어 한다면, 단위당 판매가격 $200에 손익분기점의 판매량인 1,400단위를 곱하여 계산할 수 있으며, 손익분기점의 매출액은 $280,000이 산출된다.

안전한계

경영자에게는 자신이 올린 매출이 손익분기점 매출을 초과하는지 여부가 중요한 고려사항이다. 손익분기점수준에 예상매출액이 얼마나 근접하고 있는지를 표현하기 위하여 경영자들은 안전한계를 계산한다. **안전한계**(margin of safety)는 예상매출액과 손익분기점 매출액의 차이이다:

$$\text{안전한계} = \text{예상매출액} - \text{손익분기점 매출액}$$

예를 들어, 모델 DX375의 월 손익분기점 매출액이 $280,000이라고 하자. 만약 경영자가 $350,000의 매출을 예상하고 있다면, 안전한계는 $70,000($350,000 − $280,000)이다. 안전한계가 비교적 높게 산출되었다면, 메리 스튜어트는 모델 DX375가 손익분기점을 넘어설 것이라고 확신할 수 있다.

안전한계는 안전한계율로 나타낼 수도 있다. 안전한계를 예상매출액으로 나눈 것을 **안전한계율**(margin of safety ratio)이라고 한다. 모델 DX375의 안전한계율은 0.20이며, 제품이 손실을 보이게 되면 매출이 20%이상 하락했다는 의미이다. 반면, 안전한계율이 높을수록 이익은 손익분기점을 더 많이 초과할 것이다.

$$\text{안전한계율} = \frac{\text{안전한계}}{\text{예상매출액}}$$

$$\text{안전한계율} = \frac{\$70,000}{\$350,000} = 0.20$$

4.3.3 공헌이익

이익등식은 판매량을 포함하고 있는 요소들을 묶어서 **단위당 공헌이익**(contribution margin)—단위당 판매가격(SP)과 단위당 변동원가(VC)의 차이—이라는 용어를 이용해서 다시 표현할 수 있다.

$$이익 = SP(x) - VC(x) - TFC$$
$$이익 = (SP - VC)(x) - TFC$$
$$이익 = 단위당\ 공헌이익(x) - TFC$$

코드커넥트사의 모델 DX375 바코드리더기의 단위당 판매가격은 \$200.00이며, 단위당 변동원가는 \$81.50이므로 공헌이익은 다음과 같다:

단위당 판매가격	\$200.00
단위당 변동원가	(81.50)
단위당 공헌이익	\$118.50

단위당 공헌이익은 1단위를 추가로 판매할 때 증가하는 이익의 크기를 의미한다. 명확한 이해를 위하여 1단위를 생산하여 판매했을 때 어떤 일이 발생하는지 생각해보자. 1단위 판매로 인한 수익은 판매가격(\$200.00)과 동일하며, 판매에 따른 원가의 증가는 단위당 변동원가(\$81.50)와 같다. 고정원가는 1단위를 추가로 판매한다고 해서 영향을 받지 않는다. 즉 1단위 추가 판매에 따른 순이익은 \$118.50(\$200.00−\$81.50)이다. 단위당 공헌이익과 판매량을 곱하면, 판매량의 변화에 따른 이익의 증가분을 계산할 수 있다는 것을 기억하라.

예를 들어, 메리 스튜어트가 100단위를 추가 판매했을 때 이익의 증가분을 알고 싶어 한다고 가정하자. 단위당 공헌이익(\$118.50)에 100단위를 곱하게 되면 이익이 \$11,850 증가하는 것을 알 수 있다.

판매량	100.00
단위당 공헌이익	X \$118.50
100단위 판매에 따른 이익증가분	\$ 11,850

목표이익 달성을 위한 수량

손익분기점의 판매량이나 특정 수준의 이익을 달성하기 위하여 필요한 수량(x)은 이익등식을 이용하여 쉽게 계산할 수 있다.

$$목표이익\ 달성을\ 위한\ 판매량 = \frac{TFC + 이익}{SP - VC}$$
$$= \frac{TFC + 이익}{단위당\ 공헌이익}$$

코드커넥트사의 월 고정원가는 \$165,900이며, 단위당 판매가격이 \$200, 단위당 변동원가 \$81.50이므로, 단위당 공헌이익은 \$118.50이다. 월별 손익분기점에 도달하기 위한 판매량은 1,400단위이다.

$$1{,}400 = \frac{\$165{,}900 + 0}{\$118.50} = \frac{TFC + 이익}{단위당\ 공헌이익}$$

코드커넥트사의 경영진이 월 $35,550의 이익을 달성하기 위한 판매량을 알고 싶어한다고 가정하자. 목표이익 $35,550를 달성하기 위한 판매량은 1,700단위이다.

$$1{,}700 = \frac{\$165{,}900 + \$35{,}550}{\$118.50}$$

4.3.4 공헌이익률

공헌이익률(contribution margin ratio)은 매출액 $1가 증가할 때 증가하는 이익을 나타내는 비율이다. 단위당 공헌이익을 단위당 판매가격으로 나누어서 구할 수 있다:

$$\text{공헌이익률} = \frac{\text{SP} - \text{VC}}{\text{SP}}$$

모델 DX375 바코드리더기의 공헌이익률은 다음과 같다:

$$\frac{\$200.00 - \$81.50}{\$200.00} = 0.5925$$

공헌이익률이 의미하는 바는 $1의 매출액이 증가할 때마다 이익이 $0.5925가 발생한다는 것이다. 즉, 메리 스튜어트가 알고 싶어하는 $10,000의 매출액 증가에 따른 이익은 매출액 증가분에 공헌이익률을 곱하면 $5,925가 산출된다:

$$0.5925 \times \$10{,}000 = \$5{,}925$$

목표이익 달성을 위한 매출액

손익분기점이나 특정 수준의 목표이익을 달성하기 위하여 필요한 매출액을 계산할 때도 이익등식을 이용할 수 있다. 이익과 고정원가의 합계액을 공헌이익률로 나누는 공식을 이용하면 된다:

$$\text{목표이익 달성을 위한 매출액} = \frac{\text{TFC} + \text{목표이익}}{\text{공헌이익률}}$$

공헌이익률은 매출액 $1마다 얼마의 이익이 증가하는지를 보여준다. 따라서 이익과 고정원가의 합을 공헌이익률로 나누면, 고정원가와 목표 이익을 창출하기 위해서 필요한 매출액의 수준을 알 수 있다.

코드커넥트사에서 $35,550의 이익을 달성하기 위한 매출액의 수준을 계산해보자. 공헌이익률이 0.5925(공헌이익 $118.50 ÷ 판매가격 $200)이므로, 구하고자 하는 매출액은 $340,000이 된다:

$$\$340{,}000 = \frac{\$165{,}900 + \$35{,}550}{0.5925}$$

4.3.5 "What if" 분석

경영자가 고려하는 다양한 조건들이 이익에 미치는 영향도 이익등식을 이용하여 알 수 있다. 이러한 분석을 **"what if"분석**이라고 하는데 특정 상황이 발생한다면 어떤 결과가 발생할 것인지 예상할 수 있기 때문이다.

고정원가와 변동원가의 변경

코드커넥트사는 현재 3,000단위를 단위당 $200에 판매한다고 가정하자. 단위당 변동원가는 $81.50이며 총고정원가는 월 $165,900이다. 경영자는 생산프로세스의 변경을 고려 중이며, 이로 인한 고정원가는 $50,000에서 $215,900으로 증가하고 변동원가는 단위당 $80로 감소할 것으로 예상된다. 이에 따라 월간 이익은 어떻게 변하는가? 이익등식을 이용하면, 판매가격이나 판매량의 변화는 없으므로, 이익은 $144,100로 예상된다:

$$이익 = \$200(3,000) - \$80(3,000) - \$215,900 = \$144,100$$

생산프로세스를 변경하지 않는다면 이익은 $189,600이다:

$$이익 = \$200(3,000) - \$81.50(3,000) - \$165,900 = \$189,600$$

생산프로세스의 변경은 이익이 $45,500 감소하는 결과를 초래하기 때문에 생산프로세스의 변경은 적절하지 않다.

판매가격의 변경

이익등식을 구성하는 변수들은 다른 변수들의 변경에 영향을 받는다. 예를 들어, 코드커넥트사의 경영진이 3,000단위를 판매했을 때 이익이 $200,000가 되기 위한 판매가격을 알고 싶어한다고 가정하자. 이익등식을 이용하여 이에 대한 답을 구해보자:

$$\$200,000 = SP(3,000) - \$81.50(3,000) - \$165,900$$
$$SP(3,000) = \$610,400$$
$$SP = \$203.47$$

Test Your Knowledge

매튜 컨설팅사(Matthews Consulting)는 시간당 $300의 수수료를 부과하고 있다. 월 고정원가는 $600,000이며, 변동원가는 없다. 월 $900,000의 이익을 획득하기 위해서 얼마나 많은 시간을 작업해야 하는가?

a. 5,000 **b.** 2,000 **c.** 3,000 **d.** 6,000

정답 : a ($600,000 +$900,000)/$300

Data Analytics in Action

데이터 분석을 통한 항공사의 연료비용 절감

항공사에 있어 가장 중요한 변동원가는 연료비이다. 그러므로, 항공사들이 항공기 연료비를 절감하기 위해서 데이터 분석으로 눈을 돌리는 것은 놀라운 일이 아니다. 항공기 연료비를 절감하기 위해서, 항공사들은 항공기에서 지상 관제센터로 실시간 데이터를 전송한다. 차례로, 조종사들은 연료 사용을 최적화하는 비행 계획을 수정하는 데 도움이 되는 데이터를 받는다. 항공기가 수집한 데이터에는 기상 조건과 비행시스템의 상태가 포함된다.

지상에서, 데이터 모델은 이러한 정보뿐만 아니라 항공 교통 관제사 및 다른 항공기의 정보를 기반으로 비행의 최적 속도, 높이 및 경로를 재계산한다. 항공사 전체에서 2018년 연료비 지출 총액은 $1,560억였다. 따라서 2, 3퍼센트라도 절약하면 수십억 달러의 비용이 절감될 것이다.

출처: Jerome Bouchard and Fabrice Villaume, "New Technology May Help Airlines Cut Fuel Use and Travel Time," Forbes (July 20, 2018). https://www.forbes.com/sites/oliverwyman/2018/07/20/new-technology-may-help-airlines-cut-pricey-fuel-consumption-and-meetenvironmental-regulations/#1af388df0769

학습목표 4 복수 제품에 대한 원가-조업도-이익분석 실행

4.4 복수 제품에 대한 CVP분석

이제까지 CVP분석에 대한 설명은 한 종류의 제품을 대상으로 하였다. 하지만 CVP분석은 여러 종류의 제품에 대해서도 쉽게 적용할 수 있다. 여러 종류의 제품에 대한 CVP분석을 수행하기 위하여 공헌이익과 공헌이익률을 어떻게 이용하는지 학습하기로 하자.

4.4.1 공헌이익 접근법

유사한 제품(예, 다양한 맛의 아이스크림, 다양한 형태의 계산기, 유사한 보트의 다양한 모델)을 판매하는 기업의 CVP분석은 단위당 가중평균공헌이익을 이용한다. 간단한 사례를 살펴보자. 로어 워치사(Rohr Watch Company)는 2종류의 시계를 판매하고 있다: A모델은 자동 무브먼트에 의해서 작동되며 시각과 일자가 표시된다. B모델은 일자, 시각, 달의 모양이 표시된다. A모델의 판매가격은 $2,000, 단위당 변동원가는 $800이다. B모델의 판매가격은 $3,000이며, 단위당 변동원가는 $1,200이다. 평균적으로 A모델 2개가 판매될 때 B모델 1개가 판매되고 있다. 단위당 가중평균공헌이익을 계산하기 위해서 A모델이 B모델보다 2배 더 판매되고 있는 점을 반영해야 한다. 즉 A모델의 공헌이익에 2를 곱해주고 B모델의 공헌이익에 1을 곱한 다음, 그 합을 3으로 나누면, $1,400의 단위당 가중평균공헌이익이 산출된다(〈그림 4-14〉 참조).

로어 워치사의 고정원가가 $3,500,000라면, 손익분기점의 판매량은 얼마인가? 단위당 가중평균공헌이익을 이용하여 이를 계산하면, 손익분기점의 판매량은 2,500단위이다.

로어 워치사

	A모델의 공헌이익	B모델의 공헌이익
판매가격	$2,000	$3,000
변동원가	800	1,200
공헌이익	$1,200	$1,800

$$\text{단위당 가중평균공헌이익} = \frac{2(\$1,200) + 1(\$1,800)}{3}$$

$$= \$1,400/\text{단위}$$

〈그림 4-14〉 단위당 가중평균공헌이익의 계산

$$\text{손익분기점 판매량} = \frac{\text{총고정원가} + \text{이익}}{\text{단위당 가중평균공헌이익}}$$

$$2,500 = \frac{\$3,500,000 + 0}{\$1,400}$$

2,500단위의 A모델과 B모델의 판매비율은 2:1이다. 즉 A모델은 1,667단위(2,500의 2/3), B모델은 833단위(2,500의 1/3)가 손익분기점의 판매량이다.

4.4.2 공헌이익률 접근법

판매하는 제품이 상당히 다른 경우 공헌이익률을 이용하여 CVP분석을 할 수 있다. 수천 종류의 상이한 제품을 판매하고 있는 월마트(Walmart)와 같은 대형 매장을 생각해보자. 이런 경우, 손익분기점의 판매량이나 목표이익 $100,000을 달성하기 위한 판매량에 대한 정보는 중요하지 않다. 판매되고 있는 다양한 제품의 원가와 판매가격은 모두 다르기 때문에, 제품별 판매량에 관한 정보보다는 매출액에 대한 정보가 유용하다. 즉 손익분기점에 도달하기 위한 매출액, 목표이익 $100,000을 획득하기 위한 매출액에 대한 정보가 필요하다. 이러한 정보는 공헌이익률을 이용하여 구할 수 있다.

길버트 앤 깁스사(Gilbert and Gibbs)는 옥외용 생활용품(outdoor living products)을 판매하는 업체로, 정원용품, 옥외용 가구, 바비큐 용품, 파티오(집 뒷편 테라스)에서 사용하는 유리컵, 접시 그리고 야외조명 같은 접대물품(Entertainment Items) 등 4종류의 제품라인을 판매하고 있으며 CVP분석에 관심을 가지고 있다. 회사는 설립한지 2년이 되었으며, 전년도에 처음으로 고정원가와 변동원가, 제품라인별 수익성분석 등을 실시했다. 〈그림 4-15〉에 그 결과가 제시되어 있다.

각 제품라인의 매출액에서 변동원가를 차감하면 공헌이익을 산출할 수 있다. 산출한 공헌이익을 매출액으

길버트 앤 깁스사	정원용품	옥외용가구	바비큐용품	접대물품	계
매출액	$950,000	$2,500,000	$1,400,000	$1,600,000	$6,450,000
차감: 변동원가					
매출원가	665,000	1,800,000	910,000	640,000	4,015,000
매출연동 인센티브 보상	95,000	250,000	140,000	160,000	645,000
기타변동원가	12,000	13,000	11,000	10,000	46,000
총변동원가	772,000	2,063,000	1,061,000	810,000	4,706,000
공헌이익	178,000	437,000	339,000	790,000	1,744,000
공헌이익률	0.1874	0.1748	0.2421	0.4938	0.2704
차감: 직접고정원가					
판매사원급여	75,000	120,000	96,000	103,000	394,000
제품라인별 특정 광고비	20,000	35,000	25,000	10,000	90,000
총직접고정원가	95,000	155,000	121,000	113,000	484,000
제품라인별 이익	$83,000	$282,000	$218,000	$677,000	$1,260,000
차감:공통고정원가					
광고비					220,000
수도광열비					35,000
임차료					185,000
관리직급여					625,000
기타공통고정원가					55,000
총공통고정원가					1,120,000
이익					$140,000

〈그림 4-15〉 제품라인의 수익성 분석

로 나누면 공헌이익률을 구할 수 있다. 마찬가지로 회사 전체에 대한 공헌이익과 공헌이익률도 동일한 절차에 의해서 산출할 수 있다. 보고서에 제시된 정보에 근거할 때, 길버트 앤 깁스사의 손익분기점 매출액은 얼마인가?

손익분기점의 매출액은 총고정원가를 공헌이익률로 나누어서 구할 수 있는데, 회사의 총고정원가는 각 제품라인의 직접고정원가와 공통고정원가로 구성되어 있음을 알 수 있다. 공통고정원가는 각 제품라인에 대하여 추적할 수 없으며 공통으로 사용한 자원과 관련된 원가이다. 예를 들어 광고비, 수도광열비, 관리직 급여 등이 여기에 해당한다. 공헌이익률은 0.2704이며 총고정원가가 $1,604,000(직접고정원가 $484,000와 공통고정원가 $1,120,000로 구성)이므로 손익분기점의 매출액은 $5,931,953이다:

$$\text{손익분기점 매출액} = \frac{\text{총고정원가}}{\text{공헌이익률}}$$

$$\text{손익분기점 매출액} = \frac{\$1,604,000}{0.2704} = \$5,931,953$$

각각의 제품라인에 대한 손익분기점을 쉽게 계산할 수 있는데, 정원용품의 손익분기점 매출액은 $506,937 이다:

$$\text{손익분기점 매출액} = \frac{\$95,000}{0.1874} = \$506,937$$

정원용품의 손익분기점 매출액을 구할 때, 정원용품의 직접고정원가만을 고려했다는 것에 주목하여야 한다. 왜냐하면 공통고정원가는 제품라인별로 직접 추적할 수 없기 때문이다.

공헌이익률은 총매출액의 변화가 이익에 미치는 영향을 분석할 때 이용할 수 있다. 다음 연도에 경영자는 총매출액이 20% 증가할 것으로 예상하고 있으며, 이에 따라 회사 전체의 이익에 미치는 영향을 확인하기 원한다고 가정하자. 매출액의 20% 증가는 $1,290,000이다. 가중평균 공헌이익률이 0.2704이므로, 즉 매출이 $1 증가할 때 이익이 $0.2704 창출된다는 의미이다. 따라서 이익은 $348,816이 증가할 것으로 예상된다:

$$0.2704 \times \$1,290,000 = \$348,816$$

이러한 접근법은 매우 중요한 한 가지 가정을 근거로 한다는 것에 주목해야 한다: 전체 매출액이 증가하면, 정원용품, 옥외용 가구, 바비큐 용품, 접대물품의 매출액이 동일한 비율로 증가하기 때문에 매출배합비율은 변동하지 않는다. 만약 이와 같은 가정이 충족되지 않는다면, 4가지 제품라인의 공헌이익률은 증가한 비율에 따라 다시 가중평균하여야 한다. 예를 들어 매출액이 $1,290,000 증가하였으며, 이 중 정원용품이 $258,000, 옥외용 가구 $387,000, 바비큐 용품 $516,000, 접대물품 $129,000만큼 매출액이 증가하였다고 가정하자. 이익에 미치는 효과를 계산하기 위하여 각 제품라인의 공헌이익률을 각각의 매출액 증가분에 적용하면 이익은 $304,621 증가할 것으로 예상된다.

제품라인	매출액증가분	공헌이익률	이익증가분
정원용품	$258,000	0.1874	$48,349
옥외용 가구	387,000	0.1748	67,648
바비큐용품	516,000	0.2421	124,924
접대물품	129,000	0.4938	63,700
	$1,290,000		$304,621

매출배합비율이 일정하게 유지된 첫 번째 가정과 비교하여 두 번째 가정에서 이익이 증가한 크기가 적은 이유는 무엇일까? 첫 번째 가정에서는 매출배합이 변경되지 않으면서 매출이 증가하였으며($6,450,000 × 0.20), 접대물품의 매출액이 총매출액에서 25%를 차지하고 있다. 두 번째 가정에서는 증가한 매출액에서 매출배합이 변경되었고 그 결과 접대물품의 매출액 구성비율이 10%($129,000 ÷ $1,290,000)로 감소하였다. 즉 공헌이익률이 높은 제품의 매출배합이 줄어든다면 이익의 증가율도 감소하게 될 것이다.

의사결정/증분분석 마지막으로 길버트 앤 깁스사의 예를 이용하여 공헌이익률이 경영자의 이익증가를 위한 의사결정을 어떻게 지원하는지 살펴보기로 하자. 사라 윌리엄스(Sarah Williams)는 매장 관리자로, 다음 연도의 이익을 증가시킬 수 있는 방법에 대하여 고민 중이다. 특히 집중적으로 관리하여야 할 제품라인을 확인하고자 한다. 〈그림 4-15〉에 제시된 바와 같이, 접대물품이 가장 높은 공헌이익률을 나타내고 있다. 접대물품은 매출 $1당 $0.49의 이익을 창출하고 있다. 다음으로 바비큐 용품에서 매출 $1당 $0.24의 이익을 올리고 있다. 공헌이익률을 이용하면 매출을 중점적으로 관리하여야 할 제품을 확인할 수 있으며, 접대물품이 중점관리대상임을 알 수 있다. 그러나 제품을 중점적으로 관리하는 방법은 무엇인가? 매장내의 제품 진열 위치는 매우 중요하다. 가장 좋은 구역은 출입문 근처이다. 많은 쇼핑객들이 매장의 안쪽으로 이동하지 않기 때문에, 접대물품을 쇼핑객들이 볼 수 있는 위치로 옮길 필요가 있다. 또한 접대물품의 진열에 좀 더 많은 비용을 지출해서 쇼핑객들에게 매력적으로 보일 필요가 있다. 접대물품은 $1의 매출에 거의 50센트의 이익을 창출한다는 것을 반드시 기억해야 한다.

측정해야 관리할 수 있다 〈그림 4-15〉를 보면, 각 제품 라인의 인센티브 보상은 모두 매출액의 10%로 동일하다는 것을 알 수 있다. 판매사원에게 인센티브 보상을 지급하는 것은 판매사원들이 고객들에게 좋은 서비스를 제공하고 매출의 증가를 위하여 노력하도록 하게 한다. 매장 관리자인 사라 윌리엄스는 매출증가에 따른 인센티브 보상을 제공받지 않고 있기 때문에 사장은 이에 대한 인센티브 지급 여부를 고려 중이다. 사라에 대한 인센티브 지급계획은 매출 또는 공헌이익 중 어느 것을 기준으로 하여야 하는가?

이 질문에 대한 답변은 매우 주관적이기는 하지만, 매장에서 발생한 총공헌이익에 근거해서 성과를 측정하고 보상하는 것이 바람직하다고 할 수 있다. 사라가 과도하게 매출에 집중하는 것은 바람직하지 않다. 왜냐하면 모든 매출이 창출하는 이익이 동일하지 않기 때문이다. 접대물품의 매출은 다른 제품 라인보다 매출 $1당 더 많은 이익을 창출하고 있으며, 옥외용 가구는 다른 제품보다 적은 이익이 발생하고 있다. 만약 공헌이익을 기준으로 성과를 평가한다면, 사라는 공헌이익을 더 많이 창출하는 제품에 주의를 기울이게 될 것이며, 이것이 바로 길버트 앤 깁스사의 사장이 사라에게 원하는 것이다.

Test Your Knowledge

〈그림 4-15〉의 자료를 이용하여, $288,800의 이익을 창출하기 위한 매출액을 구하라.

a. $6,000,000 **b.** $6,500,0000 **c.** $7,000,000 **d.** $7,500,000

정답 : c ($484,000 + $1,120,000 + $288,800) ÷ 0.2704

Link to Practice

hdere/E+/Gettty Images

단위당 공헌이익 또는 공헌이익률을 언제 이용할 것인가

베스킨 라빈스
(Baskin-Robbins)

베스킨 라빈스(Baskin-Robbins)같은 아이스크림 회사의 CVP분석에서는 단위당 가중평균공헌이익 또는 가중평균공헌이익률을 이용하는 것이 매우 합리적이다. 예를 들어 아이스크림 매출이 1,000,000리터 증가하였을 때 이익에 미치는 영향을 경영자가 알기를 원한다고 가정하자. 리터 당 가중평균공헌이익이 $5라고 한다면, 이익은 $5,000,000 증가할 것으로 예상된다. 매출이 $1,000,000 증가했을 때 이익에 미치는 영향을 경영자가 알기를 원한다고 하자. 가중평균공헌이익률이 $0.30이라고 한다면, 이익은 $300,000증가할 것으로 예상된다.

홈데포 매장(Home Depot Store)

홈데포 매장(Home Depot Store)의 관리자는 단위당 가중평균공헌이익이 아니라 가중평균공헌이익률을 중요하게 생각할 것이다. 아이스크림 회사와 달리 홈데포 매장은 아주 다양한 종류의 상품들을 취급하고 있다. 냉장고부터 페인트까지 상품이 매우 다양하기 때문에 단위당 가중평균공헌이익을 이용하는 것은 적절하지 않다. 대신, 홈데포 매장의 관리자는 가중평균공헌이익률에 중점을 둘 것이다. "우리 매장의 가중평균공헌이익률이 얼마인가?"를 질문하는 것이 관리자에게 타당하며, 매출이 $20,000,000 증가할 경우 이익을 추정하기 위해서 가중평균공헌이익률을 이용한다. 공헌이익률이 0.2라면 이익은 $4,000,000 증가할 것이다.

4.5 CVP분석의 가정

CVP분석을 하기 위해서는 분석의 타당성에 영향을 주는 몇 가지의 가정이 전제가 된다. 가장 중요한 가정은 원가를 고정요소와 변동요소로 정확하게 구분할 수 있다는 것이다. 일부 회사의 경우 원가를 구분하는 것은 매우 어려울 뿐만 아니라 원가도 많이 발생한다. 다음 가정은 분석대상인 활동수준에서 고정원가는 일정하며, 단위당 변동원가는 변하지 않는다는 것이다. 활동수준이 큰 폭으로 변경된다면, 이러한 가정은 더 이상 타당하지 않다. 복수의 제품에 대한 CVP분석에서 중요한 가정은 매출배합이 변경되지 않고 일정하다는 것이다. 이러한 제한된 가정들에도 불구하고 대부분의 경영자들은 CVP분석이 다양한 이익목표의 달성과 "what if"분석에 있어서 유용한 도구라고 인식하고 있다.

4.6 코드커넥트사 사례 재검토: 메리의 질문에 대한 답변

본 장의 도입부분에서 코드커넥트사의 메리 스튜어트가 계획, 통제, 의사결정과 관련된 몇 가지 질문에 직면하고 있다는 것을 언급하였다. 이제 우리는 이들 질문에 대한 답변을 제공할 수 있다.

계획(Planning)

전년도에 코드커넥트사는 20,000대의 바코드리더기를 대당 $200에 판매하였다. 판매한 바코드리더기의 제조원가는 $2,940,000이고 판매비와 관리비는 $766,800이다. 다음 연도에 회사는 25,000대를 판매할 계획이다. 다음 연도의 예상되는 이익은 얼마인가?

제조원가 $2,940,000의 단위당 변동제조원가는 $81.50이며, 고정제조원가는 연간 $1,224,000이다. 판매비와 관리비는 모두 고정원가이며 연간 $766,800이다. 이 경우, 예상이익은 $971,700이다.

$$\text{단위당 판매가격}(x) - \text{단위당 변동원가}(x) - \text{고정제조원가} - \text{고정판매관리비} = \text{이익}$$
$$\$200(25{,}000) - \$81.50(25{,}000) - \$1{,}224{,}000 - \$766{,}800 = \$971{,}700$$

통제(Control)

4월의 제조원가는 $250,000이며, 5월의 제조원가는 $260,000로 증가하였는데, 생산량이 4월에 1,750단위에서 5월에 2,000단위로 증가하였기 때문이다. 제품원가에 책임을 가지고 있는 경영자는 5월의 원가를 잘 통제하였는가?

단위당 변동원가는 $81.50이며, 월 고정원가는 $102,000으로 추정되었다고 가정하자. 그렇다면 2,000대의 바코드리더기에 대한 예상제조원가는 $265,000가 산출될 것이다:

$$\text{단위당 변동원가}(x) + \text{고정원가} = \text{총원가}$$
$$\$81.50(2{,}000) + \$102{,}000 = \$265{,}000$$

실제원가가 예상원가보다 다소 적게 나왔으므로 제품원가에 책임을 가지고 있는 경영자는 원가에 대한 통제를 잘 수행했다고 판단할 수 있다.

의사결정(Decision Making)

의사결정/증분분석 바코드리더기의 현재 판매가격은 대당 $200이다. 판매가격을 $225로 인상한다면, 판매량은 20,000대에서 17,000대로 감소할 것으로 예상된다. 그렇다면 가격인상을 하여야 할까?

> **Link to Practice**
>
> **어느 회사의 공헌이익률이 높을까?**
>
> 다음에 공헌이익률(매출 $1당 공헌이익)이 다른 4쌍의 회사들이 제시되어 있다. 4쌍 각각에 대하여 공헌이익률이 높은 회사를 찾아라(정답은 아래에 제시되어 있음).
>
> **회사의 예**
>
> 맥도날드(McDonald's) 대 유나이티드 에어라인(United Airlines)
>
> 포드 자동차(Ford Motor Company) 대 크로거(Kroger, 대형 식료품체인)
>
> 오라클(Oracle , 대형 소프트웨어 기업) 대 노스트롬(Nordstorm, 의류체인)
>
> 코카콜라(Coca–Cola) 대 월마트(Walmart)
>
> 정답 : 유나이티드 에어라인; 포드자동차; 오라클; 코카콜라

이 질문에 대한 답변을 하기 전에, 1장에서 토의했던 내용을 기억해보자: 모든 의사결정은 증분분석을 필요로 한다. 가격책정을 위한 의사결정의 경우, 공헌이익을 이용하여 증분분석을 한다. 현재 단위당 공헌이익은 $118.50($200 − $81.50)이다. 따라서 총공헌이익은 20,000대에 $118.50을 곱해서 $2,370,000이 산출된다. 만약 판매가격을 $225로 인상한다면, 단위당 공헌이익은 $143.50($225 − $81.50)이 되며, 총공헌이익은 $143.50에 17,000대를 곱한 $2,439,500이 산출된다. 분석과정에서 고정원가는 왜 고려하지 않았는가? 고정원가는 증분원가가 아니기 때문에 분석에서 제외하였다. 판매가격의 수준과 관계없이 회사의 고정원가는 동일할 것이다.

증분분석

총공헌이익	= (단위당 판매가격 − 단위당 변동원가)	× 수량
$2,370,000	= ($200 − $81.50)	× 20,000 기존 판매가격 $200
$2,439,500	= ($225 − $81.50)	× 17,000 새로운 판매가격 $225
$69,500	= 새로운 가격의 증분이익	

학습목표 5 영업레버리지의 효과 이해

4.7 영업레버리지

CVP분석을 마무리하기 전에 2개의 주제를 추가로 다룰 것이다. 우선, 영업레버리지의 개념을 살펴본 후, 산출물에 대한 제약요인을 학습한다. **영업레버리지**(operating leverage)는 기업의 원가구조에서 고정원가 대 변동원가의 수준과 관련된 것이다. 비교적 높은 수준의 고정원가를 가지고 있는 기업은 영업레버리지가 높다. 기업들은 일부 영업레버리지의 수준을 통제할 수 있다. 예를 들어, 로봇공학을 이용한 자동생산시스템에 투자하는 기업의 경우 노무원가와 같은 변동원가가 감소하는 대신 고정원가가 증가할 것이다. 영업레버리지의 수준은 매출이 변할 때 이익의 변화에 영향을 미치기 때문에 중요하다. 이익수준은 동일하지만 고정원가와 변동원가의 배합비율이 다른 두 회사를 가정해보자.

Link to Practice

벌컨 머티리얼의 영업레버리지의 효과

벌컨 머티리얼(Vulcan Materials)은 미국 최대 건설 골재(파쇄된 돌, 모래, 자갈) 생산업체다. 이 회사는 중장비에 의존하고 있기 때문에, 영업 레버리지가 상당히 높다. 따라서 매출이 증가하면 이익은 더 높은 비율로 증가할 것이다. 매출은 2015년 $34억 2,000만에서 2016년 $35억 9,000만로 5% 증가했다. 그러나 매출총이익은 2015년 $8억 5,750만에서 2016년 $10억로 17% 증가했다. 영업 레버리지가 높은 기업의 경우 매출이 증가하면 이익이 크게 늘어나는 반면 매출이 감소하면 이익이 급격히 감소할 수 있다는 점도 명심해야 한다.

	기업1	기업2
매출액	$10,000,000	$10,000,000
변동원가	5,000,000	7,000,000
공헌이익	5,000,000	3,000,000
고정원가	3,000,000	1,000,000
이익	$2,000,000	$2,000,000

매출이 20% 증가하였다고 가정하자. 어떤 기업의 이익이 더 크게 증가하였을까? 기업1의 매출이 20% 증가하였다면, 이익은 $1,000,000(공헌이익 × 20%) 증가하게 되고, 이익이 50% 증가한 것이다. 기업2는 이익이 $600,000 증가하였으며, 비율로는 30% 증가하였다. 만약 매출이 20% 감소하였다고 가정하자. 어느 기업의 이익이 더 크게 감소하였을까? 역시 기업1의 이익이 더 크게 감소하였다. 기업1은 고정원가가 차지하는 비중이 상대적으로 크기 때문이다(즉 영업레버리지가 더 높다).

높은 영업레버리지를 가지고 있는 기업은 일반적으로 매출의 변동에 따른 이익의 변동폭이 크게 나타나는 경향이 있기 때문에 위험이 크다고 생각한다. 그러나 기업의 매출 증가가 확실하다고 판단된다면, 매출의 증가로 이익이 더 크게 증가하는 높은 영업레버리지를 가진 기업을 선호할 것이다. 그러나 불행히도 대부분의 경영자들은 매출증가를 확신하지 못한다.

영업레버리지에서 마지막으로 확인할 부분은 다음과 같다: 원가구조를 구성하고 있는 고정원가 때문에 매출이 10% 증가하면 이익은 10% 보다 높게 증가할 것이다. 매출이 증가한 비율만큼 이익이 동일한 비율로 증가하는 경우는 원가구조의 모든 원가가 변동원가로 구성된 경우이다. 모든 원가가 매출에 비례하여 변경된다면(즉, 모든 원가가 변동원가라면), 이익은 매출에 비례하여 변경될 것이다.

Link to Practice

너무 높은 고정원가는 변동원가로 전환하라

고정원가의 비중이 너무 높은 기업은 위험하다. 매출이 감소하면, 이익은 더 큰 폭으로 하락할 것이다. 그러나 기업들은 고정원가를 감소시킬 수 있다. 고정원가를 변동원가로 변경할 수 있는 2가지 방법은 인센티브 보상(incentive compensation)과 아웃소싱(outsourcing)이다.

1. 종업원들에게 높은 기본급 대신에 인센티브 보상을 지급하라. 판매담당중역의 연봉이 $200,000의 고정급이라고 가정하자. 이것은 고정원가이다. 이를 $100,000의 기본급에 매출의 1%를 인센티브로 지급하면 매출이 증가하는 경우 더 많은 급여를 지급하고 매출이 감소하면 더 적은 급여를 지급하게 될 것이다. 고정되어 있던 급여는 부분적으로 변동원가가 된다.
2. 많은 기업들은 급여처리, 콜센터서비스와 같은 활동들을 아웃소싱함으로써 고정원가를 변동원가로 변경시키고 있다. 예를 들어, 급여처리업무원가는 고정원가(고정급여, 사무용비품과 가구 등에 대한 감가상각비 등)이다. 그러나 급여처리업무를 아웃소싱하면, 급여처리건수에 따라 비용을 지불하게 된다. 즉, 아웃소싱을 통해 고정원가는 변동원가로 전환된다.

학습목표 6 자원제약 상황 분석에 제약요인의 단위당 공헌이익 이용 이해

4.8 제약

여러 상황(예, 공간, 설비, 노동력의 부족)에 따라 생산되는 제품의 수량이나 제공되는 서비스의 크기에 제약이 존재한다. 이와 같은 제약상황에서는 단위당 공헌이익보다 제약자원 단위당 공헌이익이 중요하다. 예를 들어, 동일한 설비를 이용하여 A제품 또는 B제품을 생산하는 회사를 가정해 보자. A제품의 공헌이익은 $200이지만 B제품의 공헌이익은 $100이다. 그러나 이용가능한 기계시간은 1,000시간이며, A제품 1단위를 생산하는데 필요한 기계시간은 10시간이고, B제품 1단위를 생산하는데 소요되는 기계시간은 2시간이다. 이 경우 회사는 B제품을 생산하여야 한다. B제품의 공헌이익이 작지만($100 대 $200), 기계작업 1시간당 공헌이익은 $50이며, A제품의 기계작업 1시간당 공헌이익은 $20이기 때문이다. 1,000시간의 기계시간에 대해서 A제품이 $20,000의 공헌이익을 창출하는 동안, B제품은 $50,000의 공헌이익을 창출한다.

	A제품	B제품
판매가격	$500	$300
변동원가	300	200
공헌이익	$200	$100
1단위 생산에 필요한 기계시간	10시간	2시간
시간당 공헌이익	$20	$50
1,000 기계시간의 공헌이익	$20,000	$50,000

Decision Making Insight

계정분석법, 고저점법, 회귀분석법을 이용하여 고정원가와 변동원가를 추정하는 방법에 대해서 학습하였다(회귀분석법은 부록에서 다루고 있다). 이러한 방법 전부는 과거의 원가가 미래원가의 훌륭한 예측치라고 가정하고 있다. 그러나, 매출이나 생산에서 중대한 증가가 포함된 의사결정을 하는 경우 고정원가는 더 높은 수준으로 급격히 뛰어오를 수 있다. 즉, 추가로 1명의 감독자를 고용해야 할 필요가 발생한다.

복습

학습목표 요약

학습목표 1 일반적인 원가의 행태 확인

일반적으로 원가행태에 따라 원가는 변동원가, 고정원가, 혼합원가, 계단형 원가로 구분할 수 있다. 변동원가는 조업도 또는 활동의 변화에 비례하여 변하는 원가이다. 고정원가는 활동수준과 상관없이 일정하다. 혼합원가는 변동원가요소와 고정원가요소를 모두 포함하고 있다. 계단형 원가는 특정 조업도 범위에서는 고정되어 있으나 특정 조업도의 범위를 초과하는 범위에서는 증가한다.

학습목표 2 계정분석법과 고저점법을 이용한 원가와 활동 간의 관계 추정

경영자들은 원가와 활동의 관계를 추정하기 위하여 계정분석법, 고저점법, 회귀분석법을 이용한다. 계정분석법은 경영자의 판단에 따라 원가를 고정원가와 변동원가로 구분한다. 고저점법은 가장 높은 활동수준의 원가와 가장 낮은 활동수준의 원가를 직선으로 연결하는 방법이다. 회귀분석법은 과거의 원가/활동 자료에 대하여 가장 최적의 직선을 제공해준다.

학습목표 3 단일 제품에 대한 원가-조업도-이익분석 실행

고정원가와 변동원가를 추정하면, 원가-조업도-이익분석을 할 수 있다. CVP분석은 이익등식을 이용한다:

$$\text{이익} = \text{단위당 판매가격} \times \text{판매량} - \text{단위당 변동원가} \times \text{판매량} - \text{총고정원가}$$

"what if"분석을 수행한다. 다양한 요소들의 변경에 따른 효과는 변경에 따라 영향을 받는 변수들에 대한 방정식을 통하여 구할 수 있다. 손익분기점의 도출 또는 특정 수준의 이익을 달성하기 위하여 필요한 활동수준을 결정하는 경우가 여기에 해당한다. 판매하여야 할 수량이나 특정 이익을 달성하기 위하여 필요한 매출액 수준을 결정하기 위하여 다음과 같은 공식이 이용된다:

$$\text{수량} = \frac{\text{고정원가} + \text{이익}}{\text{공헌이익}}$$

$$\text{매출액} = \frac{\text{고정원가} + \text{이익}}{\text{공헌이익률}}$$

학습목표 4 복수의 제품에 대한 원가-조업도-이익분석 실행

여러 종류의 제품을 생산하는 경우 단위당 가중평균공헌이익 또는 가중평균공헌이익률을 이용하여 쉽게 원가-조업도-이익분석을 실행할 수 있다.

학습목표 5 영업레버리지의 효과 이해

영업레버리지는 회사의 원가구조에서 고정원가와 변동원가의 수준과 관계가 있다. 고정원가의 수준이 높을수록, 영업레버리지는 커진다. 또한, 영업레버리지가 높을 수록, 매출의 변화율보다 이익의 변화율이 커진다. 높은 영업레버리지를 가지고 있는 기업들은 일반적으로 영업레버리지가 낮은 기업에 비하여 위험이 높다.

학습목표 6 자원제약 상황 분석에서 제약요인의 단위당 공헌이익 이용 이해

제약이 존재하는 경우, 단위당 공헌이익보다는 제약자원 단위당 공헌이익이 중요하다. 제약자원 단위당 공헌이익이 가장 높은 제품을 생산하여야 고정원가를 상쇄하면서 이익을 창출할 수 있는 가장 큰 공헌이익을 창출할 수 있기 때문이다.

종합예제

종합예제 1

포터 관리서비스(Potter Janitorial Services)는 집과 사무실에 청소서비스를 제공하고 있다. 전년도의 세전이익은 $4,250이다:

	집	사무실	계
매출액	$250,000	$425,000	$675,000
차감: 변동원가			
청소직원 급여	175,000	276,250	451,250
소모품	30,000	42,500	72,500
공헌이익	$45,000	$106,250	$151,250
차감: 공통고정원가			
청구 및 회계업무			25,000
사장급여			90,000
잡비			32,000
세전 이익			$4,250

사장인 제니스 포터(Janice Potter)는 올해 CVP분석을 시행하고자 한다. 다음의 각각의 독립된 질문에 대하여 답하라.

요구사항

a. 집과 사무실부문의 공헌이익률은 얼마인가? 전체 공헌이익률은 얼마인가?

b. 집과 사무실서비스의 매출비율이 변동되지 않는다고 가정하고, 제니스의 급여를 $125,000로 인상하는 경우 세전이익 $4,000을 달성하기 위한 매출액은 얼마인가?

c. 청소직원급여를 20% 인상할 경우, 전년도에 비하여 금년도의 손익분기점 매출은 얼마나 증가하는가?

정답

a. 집부문의 공헌이익률 = $45,000 ÷ $250,000 = 0.18

사무실부문의 공헌이익률 = $106,250 ÷ $425,000 = 0.25

전체 공헌이익률 = $151,250 ÷ $675,000 = 0.22407

b. ($25,000 + $125,000 + $32,000 + $4,000) ÷ 0.22407 = $830,097.73

c. 전년도의 손익분기점 = ($25,000 + $90,000 + $32,000) ÷ 0.22407 = $656,045

청소식원 급여를 20% 인상한다면 공헌이익률은 다음과 같다:

	집	사무실	계
수익	$250,000	$425,000	$675,000
차감: 변동원가			
청소직원 급여	210,000	331,500	541,500
소모품	30,000	42,500	72,500
공헌이익	$10,000	$51,000	$61,000
공헌이익률	0.0400	0.1200	0.09037

문제에서 손익분기점 매출액은 $1,626,646.01[($25,000 + $90,000 + $32,000) ÷ 0.09037]이 될 것이다. 분명한 것은 20%의 청소직원 급여인상으로 손익분기점 매출액에 상당히 큰 영향을 미치게 된다는 것이다.

종합예제 2

안티바디 의약연구소(Antibody Research Institute : ARI)는 다양한 질병을 치료하기 위한 인간화 항체(humanized antibodies)를 개발하는 생명공학회사이다. 항체는 바이러스와 같은 외부물질과 결합하여, 외부물질을 비활성 상태로 만드는 단백질이다. 회사는 보스턴에 실험실을 운영 중이며 현재 23명의 과학자가 고용되어 있다. 회사에서 이루어지는 대부분의 작업은 특정 제약회사의 인간화 항체를 개발하는 것이다. 수익은 개발작업과 안티바디 의약연구소에서 개발한 항체를 이용한 제품의 로열티에서 발생한다.

내년의 원가는 다음과 같이 예상하고 있다:

예상 원가 요약

23명의 연구 과학자에 대한 급여	$2,760,000
관리 급여	785,000
건물과 설비에 대한 감가상각비	3,200,000
실험실 소모품	765,000
수도광열비와 기타 고정비	285,000
계	$7,795,000

연간 계약 수익은 $4,000,000로 예상된다. 회사는 다음 연도에 출시될 제품인 옥사신(Oxacine) 판매와 관련된 로열티 수익을 예상하고 있다. 리치(Reach)제약에서 판매할 옥사신은 안티바디 의약연구소가 개발한 항체를 이용하고 있다. 제품의 개당 판매가격은 $120로 계획하고 있으며, 안티바디 의약연구소는 매출액의 20%를 로열티로 받게 되며, 개발에 참가하였던 과학자 팀에 로열티의 10%(20%의 10%)를 계약조건에 따라 지불할 것이다.

요구사항

a. 손익분기점에 도달하기 위한 옥사신의 판매량은 얼마인가?

b. 리치제약에서는 옥사신의 연간 판매량을 180,000개로 예상하고 있다. 이를 기준으로 할 때 안티바디 의약연구소의 세전 이익은 얼마인가?

c. 리치제약에서 옥사신을 160,000개 판매한다고 가정할 경우, 과학자들의 연간 평균급여가 $120,000이라면 손익분기점에 도달하기 위하여 몇 명의 과학자를 줄여야 하는가?

d. 안티바디 의약연구소의 영업레버리지 수준이 높다고 생각하는가, 아니면 낮다고 생각하는가? 그 이유를 설명하라.

정답

a. $4,000,000 + 0.20($120)(Q) − 0.10(0.20)($120)(Q) − $7,795,000 = $0

$21.6(Q) = $3,795,000

Q = 175,694.44

b. $4,000,000 + 0.20($120)(180,000) − 0.10(0.20)($120)(180,000) − $7,795,000 = $93,000

c. $4,000,000 + 0.20($120)(160,000) − 0.10(0.20)($120)(160,000) − $7,795,000 = ($339,000)

평균급여 = $2,760,000 ÷ 23 = $120,000($339,000) ÷ $120,000 = (2.825)

약 3명의 과학자를 줄여야 한다는 것을 의미한다.

d. 안티바디 의약연구소는 과학자들에게 지급해야 할 로열티 이외의 원가들이 일반적으로 고정적이기 때문에, 영업레버리지가 극도로 높다고 할 수 있다. 원가가 고정원가라고 해서 이를 감소시킬 수 없다는 의미는 아니다. 과학자에 대한 급여와 같은 일부 원가는 재량고정원가이다. 감가상각비와 같은 그 밖의 원가는 확정고정원가이다.

핵심용어

객관식 문제

(정답은 아래에)

1. 브랜슨사(Branson Corporation)의 단위당 판매가격은 $800이며, 단위당 변동원가는 $500이다. 고정원가가 연간 $1,000,000일 경우 단위당 공헌이익은 얼마인가?

a. $300
b. $0.375
c. 2,500단위
d. 정답 없음

2. 브랜슨사의 단위당 판매가격은 $800이며, 단위당 변동원가는 $500이다. 고정원가가 연간 $1,000,000이다. 매출액이 $3,000,000일 경우 이익은 얼마인가?

a. $125,000
b. $680,000
c. $750,000
d. 정답 없음

3. 공헌이익률은 __________의 측정치이다:

a. 단위당 이익
b. 매출액 $1에 대한 공헌이익
c. 매출액 $1에 대한 이익
d. 변동원가와 고정원가의 비율

4. 옥타비우스사(Octavius Company)의 3월, 5,000단위 생산과 관련된 원가는 다음과 같다:

직접재료원가	$60,000
직접노무원가	20,000
임차료	5,000
감가상각비	4,000

계정분석법을 이용하여 단위당 변동원가를 추정하라.

a. $17.80
b. $4.00
c. $5.80
d. $16.00

5. 다음 생산/원가자료를 보고 고저점법을 이용하여 단위당 변동원가를 추정하라.

월	생산량	원가
1월	2,000	$20,000
2월	2,500	$21,000
3월	3,000	$23,000
4월	1,900	$18,500

a. $4.00
b. $3.70
c. $4.20
d. $4.09

6. 브랜슨사의 단위당 판매가격은 $800, 단위당 변동원가는 $500, 연간 고정원가는 $1,000,000이다. 이 경우 손익분기점의 판매량은 얼마인가?

a. 3,333단위
b. 6,667단위
c. 5,500단위
d. 정답 없음

7. 포츠쿠에 제약(Fortesque Drug)의 5월, 3개 사업부문의 매출액과 변동원가정보는 다음과 같다:

	의약품	화장품	가정용품
매출액	$80,000	$40,000	$30,000
변동원가	40,000	15,000	25,000
공헌이익	$40,000	$25,000	$5,000

매출액이 $10,000 증가하였을 경우 이익의 증가액을 계산하라.

a. $4,667

b. $5,667

c. $3,334

d. 정답 없음

8. 7번 문제의 매출과 변동원가 정보를 이용하여 다음의 물음에 답하여라. 포츠쿠에 제약의 총고정원가를 월 $30,000라고 가정하였을 경우, 손익분기점의 매출액은 얼마인가?

a. $86,326

b. $45,876

c. $72,284

d. $64,286

9. 영업레버리지가 상대적으로 높은 기업의 경우, 다음 중 옳은 것은?

a. 변동원가가 상대적으로 높다.

b. 고정원가가 상대적으로 높다.

c. 영업비용이 상대적으로 낮다.

d. 영업비용이 상대적으로 높다.

10. 제품 A의 단위당 공헌이익은 $500이며 기계시간이 2시간이 필요하다. 제품 B의 단위당 공헌이익은 $1,000이며, 기계시간은 5시간이 필요하다. 기계시간이 100시간 이용가능하다면 각 제품의 생산량은 얼마인가?

a. A제품 50단위

b. B제품 25단위

c. A제품 50단위와 B제품 25단위

d. 정답 없음

정답

1. a **2.** a **3.** b **4.** d **5.** d **6.** a **7.** a **8.** d **9.** b **10.** a

과제

주관식 문제

1. 혼합원가의 개념을 설명하고 예를 제시하라.

2. 재량고정원가와 확정고정원가의 차이를 설명하라.

3. 변동원가의 예를 2가지 제시하라.

4. 고정원가의 예를 2가지 제시하라.

5. 판매사원의 급여가 혼합원가인 이유를 설명하라.

6. 계정분석법을 이용하여 고정원가와 변동원가를 추정하는 방법을 설명하라.

7. 관련범위의 개념을 설명하라.

8. 공헌이익과 공헌이익률의 차이를 설명하라.

9. 복수의 제품에 대한 공헌이익분석에서 가중평균 단위당 공헌이익을 이용하는 것이 적절하지 않은 경우는 언제인가?

10. 연구개발비에 대규모 투자를 한 소프트웨어회사와 개인 트럭운전사(즉, 자신의 트럭을 소유하고 운전하는 개인)에 의존하는 트럭 운송 회사 중 영업레버리지가 높은 회사는 어느 곳인가? 그 이유는 무엇인가?

연습문제

연습문제 4-1. [학습목표 5] 그룹과제 영업레버리지 존 디아즈(John Diaz)는 퍼시픽 냉동(Pacific Refrigeration)의 대표이다. 이 회사는 2,000명의 직원을 두고 있으며 다양한 상업용 냉장고를 생산/판매하고 있다. 최근 경기불황에 따라 매출이 급감하면서 대규모 손실을 기록하였다. 존은 고정원가의 비중이 높기 때문에 손실이 더 크게 발생하였다고 생각하고 있다.

요구사항

a. 존의 생각을 확장해서 고정원가가 손실을 더 크게 한 이유를 설명하라.

b. 존의 경우에 고정원가를 변동원가로 전환할 수 있는 방법을 제시하라.

연습문제 4-2. [학습목표 4] 논술형 단위당 공헌이익과 공헌이익률 오클랜드 힐 골프장(Oakland Hills Golf Course)과 브룩스 남성의류(Brooks Men's Clothing)를 대상으로 다음의 질문에 답하여라.

요구사항

원가-조업도-이익분석을 하는 경우 단위당 공헌이익에 중점을 두는 회사와 공헌이익률에 중점을 두는 회사는 각각 어디인가? 그 이유를 설명하라(참고 : 오클랜드 힐 골프장의 제품 1단위는 골프 라운딩 1회이며, 브룩스 남성의류의 제품 1단위는 의류 1벌이다).

연습문제 4-3. [학습목표 4] 원가-조업도-이익 분석 왓슨 수산(Watson's Fish Company)은 어부들로부터 연어를 킬로그램 당 $4에 구입하여 레스토랑에 킬로그램 당 $6에 공급하고 있다. 월간 고정원가는 $20,000이다.

요구사항

손익분기점의 판매량과 월 이익 $10,000을 달성하기 위한 판매량을 계산하라.

연습문제 4-4. [학습목표 1] 원가행태 부울사(Boole Manufacturing)의 1사분기 원가에 대한 정보가 다음에 제시되어 있다:

	월	원가	생산량
감가상각비	1월	$575,000	6,500
	2월	$575,000	9,500
	3월	$575,000	12,500
직접노무원가	1월	$234,000	6,500
	2월	$342,000	9,500
	3월	$450,000	12,500
통신비	1월	$249,000	6,500
	2월	$327,000	9,500
	3월	$405,000	12,500

요구사항

원가와 생산량을 가로축과 세로축으로 한 그래프에 월별 원가와 생산량을 표시하라. 각 원가(감가상각비, 직접노무원가, 통신비)를 고정원가, 변동원가, 혼합원가로 분류하라.

연습문제 4-5. [학습목표 2] 고저점법 캠퍼스 복사인쇄점(Campus Copy & Printing)은 복사수량에 따라 복사기 수선비를 예측하고 싶어 한다. 복사수량에 따른 수선비의 자료가 다음에 제시되어 있다:

복사기

월	수선비	복사수량(장)
5월	$9,000	300,000
6월	13,000	550,000
7월	22,000	950,000
8월	17,000	750,000
9월	10,500	400,000

요구사항

복사수량을 기준으로 고저점법을 이용하여 고정수선원가와 변동수선원가 요소를 결정하라(소수 둘째 자리로 반올림 할 것).

연습문제 4-6. [학습목표 2와 부록] 고저점법 마드리갈 극장(Madrigal Theater Company)은 고정원가와 변동원가를 추정할 계획이다. 관련 자료가 다음에 제시되어 있다:

	원가	티켓 판매량
1월	$160,000	19,000
2월	190,000	22,000
3월	215,000	28,000
4월	217,000	29,000
5월	209,500	29,500
6월	194,500	24,500
7월	240,000	35,000
8월	172,000	20,000
9월	185,000	22,000
10월	202,000	26,000
11월	191,500	23,500
12월	207,000	30,000

요구사항

a. 고저점법을 이용하여 월 고정원가와 티켓 1매당 변동원가를 계산하라[원가 = a + (b × 티켓 수량)과 같은 방정식에서 a와 b의 값을 계산하라].

b. 마드리갈 극장에서 광고를 실시하게 되면 연간 티켓 판매량이 15,000매 증가할 것으로 예상하고 있다. 티켓 1매당 판매가격이 $25라고 가정하고, 광고에 따른 추가비용이 없다면, 광고와 관련하여 이익은 얼마나 증가하는가?

c. 회귀분석을 이용하여 원가를 추정하고, b의 물음에 답하여라(단위당 변동원가는 소수 다섯째 자리로 반올림 할 것).

연습문제 4-7. [학습목표 2] 엑셀활용 산포도법 리프 사무용품(Reef Office Supplies)에서는 고객서비스원가와 매출액의 관계를 추정하길 원한다. 관련 자료는 다음과 같다:

월	고객서비스원가	매출액
5월	$9,740	$170,000
6월	10,100	210,000
7월	10,690	230,000
8월	12,750	255,000
9월	13,830	275,000

요구사항

a. 고객서비스원가(세로축)와 매출액(가로축)에 대한 산포도를 작성하라.

b. 원가와 매출액이 선형관계를 가지고 있는지 여부와 이상치가 나타나는지 여부에 대해서 기술하라.

연습문제 4-8. [학습목표 2] 계정분석법 리프 사무용품(Reef Office Supplies)에서는 신입직원 채용과 관련된 원가를 추정하고자 한다. 다음 자료는 신입직원 60명을 채용한 인사부의 5월 달 운영원가자료이다:

인사부	
5월	
직원급여	$30,000
인사부장 급여	7,500
사무용소모품	300
사무용비품 감가상각비	500
임차료(인사부의 점유면적 기준 배부)	2,000
계	$40,300

요구사항

a. 계정분석법을 이용하여 고정원가와 신규직원 1인당 변동원가를 계산하라.

b. 6월에 75명의 직원을 채용할 계획이다. 인사부의 6월 총원가를 계산하라.

c. 5월보다 15명 추가로 채용하는 경우 예상 증분원가는 얼마인가?

연습문제 4-9. [학습목표 2, 3] 계정분석법 마드리갈 극장(Madrigal Theater Company)은 고정원가와 변동원가를 추정하고자 한다. 12월의 관련 자료는 다음과 같다:

	티켓 판매량	원가
12월	4,200	$365,400
원가내역:		
작가 로열티/수수료*		$ 80,000
급여(배우, 매표소, 좌석안내원 등)		165,000
임차료		60,000
수도광열비		7,000
식음료비		29,400
감가상각비-극장 설비		14,000
사장 급여		10,000
계		$365,400

*작가 로열티/수수료는 극장이 연극의 상연권을 지불하기 때문에 고정되어 있고, 저작권료와 수수료는 판매된 티켓 수에 따라 지불되지 않는다.

요구사항

a. 계정분석법을 이용하여 월별 고정원가와 판매된 티켓 1매당 변동원가를 계산하라[즉, 원가 = a + (b × 판매량) 등식에서 a와 b를 추정한다]. 식음료비만 변동원가라고 가정한다.

b. 티켓 1매당 판매가격이 $25라고 가정하자. 또한, 평균적으로 각 티켓 소지자는 식음료비로 $10를 쓴다. a의 답변에 근거하여, 마드리갈 극장의 공헌이익률을 계산하라.

연습문제 4-10. [학습목표 2] 계정분석법 로페즈사(Lopez Mfg.)는 10월 자료를 이용하여 고정원가와 변동제조원가를 추정하고자 한다. 공장장의 급여는 고정원가와 변동원가로 구성되어 있다:

	생산량	원가	
10월	1,500	$136,100	
원가내역:			**원가행태**
재료원가		$63,000	변동
직접노무원가		24,000	변동
감가상각비		8,000	고정
통신료		300	고정
수도광열비		4,500	고정 20%
공장장 급여		25,200	고정 75%
설비수선비		6,500	고정 20%
간접재료원가		600	변동
공장 유지관리비		4,000	고정 80%
계		$136,100	

요구사항

a. 계정분석법을 이용하여 월 총고정원가와 단위당 변동원가를 계산하라.

b. a의 계산결과에 근거하여 생산량이 500단위 증가하였을 경우 증분원가는 얼마인가?

연습문제 4-11. [학습목표 3] CVP분석 개비 웨딩케익(Gabby's Wedding Cake)은 고급 웨딩 케익을 생산하고 있다. 케익의 개당 판매가격은 $600, 변동원가는 $250이며, 월 총고정원가는 $8,750이다.

요구사항

a. 손익분기점 판매량을 계산하라.

b. 월 $7,000의 이익을 달성하기 위한 판매량을 구하여라.

연습문제 4-12. [학습목표 3] 엑셀활용 CVP분석, 이익등식 레이크 스티븐스 마리나(Lake Stevens Marina)는 월 $350,000의 고정원가와 매출액 $1당 변동원가를 $0.30으로 추정하고 있다.

요구사항

a. 손익분기점의 매출액은 얼마인가?

b. 월 $70,000의 이익을 달성하기 위한 매출액은 얼마인가?

c. 7월, 마리나는 매출액을 $1,000,000로 예상하고 있다. 예상이익은 얼마인가?

연습문제 4-13. [학습목표 3] 공헌이익 레토릭스사(Rhetorix, Inc.)는 스테레오 스피커를 생산하고 있다. 스피커 한 쌍의 판매가격은 $1,000이다. 단위당 변동제조원가는 $300이며 월 고정원가는 $49,000이다.

요구사항

a. 스피커 한 쌍의 단위당 공헌이익을 계산하라.

b. 8월에 회사는 목표보다 스피커 8쌍을 더 판매하였다. 추가 판매에 따라 증가한 이익을 계산하라.

c. 단위당 공헌이익률을 계산하라(소수 둘째 자리로 반올림 할 것).

d. 10월에 목표보다 $10,000를 초과하여 매출하였다. 추가 매출로 증가한 이익을 계산하라.

연습문제 4-14. [학습목표 3] 안전한계 레토릭스사(Rhetorix, Inc.)는 스테레오 스피커를 생산하고 있다. 스피커 한 쌍의 판매가격은 $1,000이다. 단위당 변동제조원가는 $300이며 월 고정원가는 $49,000이다. 11월의 스피커판매량은 125쌍으로 예상하고 있다.

요구사항

a. 예상이익을 계산하라.

b. 안전한계 매출액을 계산하라(소수 둘째 자리로 반올림하라).

연습문제 4-15. [학습목표 3] "What if" 분석 레토릭스사(Rhetorix, Inc.)는 스테레오 스피커를 생산하고 있다. 스피커 한 쌍의 판매가격은 $1,000이다. 단위당 변동제조원가는 $300이며 월 고정원가는 $49,000이다.

요구사항

판매량은 계획한 것처럼 125쌍이지만(연습문제 4-14 참조), 스피커 한 쌍의 판매가격이 $1,200로 변경된 것으로 가정하고, 11월의 예상이익을 계산하라.

연습문제 4-16. [학습목표 4] 복수 제품, 공헌이익률 와일드 홈 앤드 가든(Wilde Home & Garden)은 3개의 사업부문을 운영 중이며, 각 사업부문의 전년도 매출액과 원가자료는 다음과 같다:

	A부문	B부문	C부문	합계
매출액	$450,000	$600,000	$750,000	$1,800,000
차감: 변동원가	270,000	450,000	450,000	1,170,000
공헌이익	180,000	150,000	300,000	630,000
차감: 고정원가	70,000	90,000	100,000	260,000
이익	$110,000	$60,000	$200,000	$370,000

요구사항

a. 가중평균공헌이익률은 얼마인가(소수 둘째 자리로 반올림 할 것)?

b. 현재의 매출배합을 가정할 때, $440,000의 이익을 얻기 위한 매출액은 얼마인가(소수 둘째 자리로 반올림 할 것)?

c. 와일드 홈 앤드 가든은 지역신문에 매주 광고를 하고 있다. 모든 것이 동일할 때, 광고에서 가장 강조해야 할 사업 부문은 어느 곳인가?

연습문제 4-17. [학습목표 4, 5] 영업레버리지 연습문제 4-16을 참조하여 다음의 요구사항에 답하라.

요구사항

a. 전년도 매출액에 대한 이익률을 계산하라.

b. 올해 매출이 15% 증가하였다고 가정할 경우, 매출액에 대한 이익률을 계산하고 a에서 산출한 이익률보다 큰 이유를 설명하라.

연습문제 4-18. [학습목표 6] 제약 드보르삭 뮤직(Dvorak Music)은 내구성이 좋은 2종류의 악보대를 생산하고 있다:

	악보대 A	악보대 B
판매가격	$110	$100
차감: 변동원가	50	64
공헌이익	$60	$36

악보대 A는 2시간의 직접작업시간이 필요하고, 악보대 B는 1시간의 직접작업시간이 필요하다. 주당 이용가능한 직접작업시간은 350시간에 불과하며, 회사는 생산한 제품을 모두 판매하고 있다.

요구사항

a. 회사는 어떤 악보대를 생산해야 하는가?

b. 15시간의 직접작업시간을 추가할 수 있다고 가정할 경우 증분이익은 얼마인가?

고급연습문제

고급연습문제 4-1. [학습목표 1] 원가행태 마제스틱 호텔(The Hotel Majestic)은 원가와 이익에 대한 좀 더 정확한 예측을 위하여 고정원가와 변동원가를 추정하는데 관심이 있다. 호텔은 11월부터 2월까지는 수요가 많으며, 7월과 8월에는 객실이용률이 50%에 불과하다.

요구사항

월별 호텔 투숙객의 수를 기준으로 다음의 원가항목을 고정원가(F), 변동원가(V), 혼합원가(M)으로 분류하라.

_______ **a.** 건물 감가상각비
_______ **b.** 레스토랑 직원의 인건비
_______ **c.** 관리직원의 인건비(관리자, 데스크직원, 회계직원 등)
_______ **d.** 객실에 비치되어 있는 비누, 샴푸 등 욕실용품
_______ **e.** 세탁 원가(침구원가, 청소용품, 세탁기기 감가상각비 등)
_______ **f.** 식음료 원가
_______ **g.** 호텔시설관리비

고급연습문제 4-2. [학습목표 2, 3] 계정분석법 랜서오디오(Lancer Audio)는 하이엔드 7.2 채널 AV 수신기를 대당 $1,300에 판매하고 있다. 7월의 총운영비용은 다음과 같다:

생산 및 판매량	150대
부품원가	$71,000
소모품비	2,500
조립노무원가	25,000
임차료	2,300
감독자 급여	5,600
전력비	350
통신비	280
가스비	300
운반비	2,000
광고비	2,600
관리비	15,000
합계	$ 126,930

요구사항

a. 계정분석법을 이용하여 월 총고정원가와 AV 수신기 1대당 변동원가를 계산하라. 부품원가, 소모품비, 조립노무원가, 운반비는 변동원가이고, 나머지는 고정원가라고 가정한다.
b. 175대를 생산해서 판매한다고 가정하고 8월의 예상 총원가를 계산하라.
c. DVD 플레이어의 단위당 공헌이익은 얼마인가?
d. 175대를 생산해서 판매한다고 가정했을 때 총이익을 추정하라.
e. 랜서오디오는 캐나다의 고객에게서 120대의 주문을 받았다. 이 주문은 향후 10개월 내에 생산될 예정이다. 단위당 판매가격은 $1,050이 될 것으로 예상하고 있다(정상 판매가격보다 낮은 가격이다). 그러나 랜서오디오의 상표는 제품에 부착하지 않는다. 이 주문으로 인한 이익은 얼마인가?

고급연습문제 4-3. [학습목표 2, 3] 고저점법, 손익분기점 랜서오디오는 하이엔드 7.2 채널 AV 수신기를 대당 $1,300에 판매하고 있다. 지난 12개월 동안의 총운영비용은 다음과 같다:

	생산 및 판매량	원가
8월	165	$140,345
9월	130	116,990
10월	150	130,650
11월	145	127,670
12월	155	133,790
1월	170	143,910
2월	140	123,520
3월	150	130,950
4월	145	127,385
5월	150	129,865
6월	140	122,720
7월	135	120,255

요구사항

a. 고저점법을 이용하여 고정원가와 변동원가를 추정하라.

b. 추정된 원가정보를 이용하여 손익분기점의 판매량을 계산하라(자연수로 표시할 것)

c. 다음 8월의 매출수량을 175대라고 가정하고 안전한계를 계산하라.

d. 생산량과 판매량을 175대라고 가정하고 총이익을 추정하라.

e. 고저점법을 이용한 랜서오디오의 원가추정이 가지는 한계점을 기술하라.

고급연습문제 4-4. [학습목표 2와 부록] 회귀분석(부록 참조) 랜서오디오는 하이엔드 7.2 채널 AV 수신기를 대당 $1,300에 판매하고 있다. 지난 12개월 동안의 총운영비용은 다음과 같다:

	생산 및 판매량	원가
8월	165	$140,345
9월	130	116,990
10월	150	130,650
11월	145	127,670
12월	155	133,790
1월	170	143,910
2월	140	123,520
3월	150	130,950
4월	145	127,385
5월	150	129,865
6월	140	122,720
7월	135	120,255

요구사항

a. 회귀분석법을 이용하여 고정원가와 변동원가를 추정하라(소수 둘째 자리로 반올림할 것).

b. 회귀분석에 의한 추정치를 고급연습문제 4-2의 계정분석법, 고급연습문제 4-3의 고저점법을 이용한 계산결과들과 비교하라. 고정원가와 변동원가에 대한 가장 좋은 추정치를 제공하는 방법은 무엇인가?

고급연습문제 4-5. [학습목표 3] 손익분기점, "What if" 마이클 보델릿(Michael Bordellet)은 보델릿 항공사(Bordellet Air Service)의 사장이자 조종사이다. 이 회사는 시애틀의 유니온 호수에서 캐나다의 리조트까지 매일 왕복으로 비행하고 있다. 2020년에 회사는 세전

연간이익으로 $120,403를 보고하였으며, 마이클의 급여 $70,000가 포함된 금액이다:

매출액($360 × 승객 1,560명)		$561,600
차감: 원가		
조종사 급여(사장 급여)	$70,000	
연료비(36,657리터 × $4.15)	147,977	
유지보수비(변동비)	127,920	
비행기 감가상각비	25,000	
사무용비품 감가상각비	2,800	
임차료	40,000	
보험료	20,000	
잡비(고정비)	7,500	441,197
세전이익		$120,403

승객 1인당 왕복운임은 $360이며, 1회당 평균 탑승객은 5명, 주당 6회 왕복운항하고 있고, 연간 52주를 기준으로 산정한 매출액 $561,600(6×52×5×$360 = $561,600)이다. 편도운항거리는 400마일이다. 연간 총왕복운항횟수는 312회(주당 6회×52주)이며, 총 운항거리는 249,600마일이다.

요구사항

(금액은 센트로 반올림하며, 운항횟수는 소수 첫째 자리에서 반올림할 것)

a. 마이클의 현재 왕복운항횟수를 제시하고 손익분기점을 달성하기 위한 왕복운항횟수를 계산하라.

b. 마이클의 급여를 $110,000로 인상하면서 동시에 손실을 보고하지 않을 왕복운항횟수는 몇 회인가?

c. 2020년의 왕복운항에 대한 평균 세전이익은 얼마인가?

d. 왕복운항이 1회 증가할 때마다 관련된 증분이익은 얼마인가?

고급연습문제 4-6. [학습목표 2, 3] 엑셀활용 계정분석법, 고저점법, 공헌이익 라이트 하우스 호텔(Light House Hotel)의 4월, 5월, 6월의 이용 객실수와 원가가 다음에 제시되어 있다:

	4월	5월	6월
이용 객실 수	1,700	1,850	1,950
주간 관리자 급여	$4,500	$4,500	$4,500
야간 관리자 급여	3,900	3,900	3,900
청소인력 인건비	15,960	16,275	16,590
감가상각비	12,500	12,500	12,500
객실이용에 포함된 조식: 식음료 원가	5,050	5,205	5,225
	$41,910	$42,380	$42,715

요구사항

a. 계정분석법을 이용하여, 4월의 월 고정원가와 객실 1개당 변동원가를 계산하라.

b. 고저점법을 이용하여 월 고정원가와 객실 1개당 변동원가를 계산하라.

c. 객실당 평균 숙박비가 $120일 때 객실 1개당 공헌이익은 얼마인가? 이에 대한 답변은 b에서 추정된 변동원가 정보를 이용하라.

고급연습문제 4-7. [학습목표 2, 3] 고정원가와 변동원가, 이익 등식 전년도에 에밀리 스탠포드(Emily Sanford)는 3일간 진행된 인디애나폴리스 공예품 전시회(Indianapolis Craft Expo)에서 부스를 운영하였다. 전시회에서 수작업으로 만든 다양한 은장신구를 판매하였으며, 세전 이익은 다음과 같다:

매출액	$21,000
차감:	
은장신구 원가	11,550
매출총이익	9,450
차감: 기타 비용	
등록비	1,800
부스임차료(매출액의 6%)	1,260
판매사원(민디 오웰)인건비	450
세전이익	$5,940

민디 오웰(Mindy Orwell)은 에밀리의 친구이며, 오전 9시부터 오후 2시까지 약 5시간 동안 부스를 관리하였다. 에밀리는 오후 2시부터 오후 9시까지 부스를 관리하였다. 에밀리는 몇 가지 디자인을 추가하였으며, 올해 전시회에서 매출이 20% 정도 증가할 것으로 예상하고 있고 예상매출액은 $25,200이다. 예상 매출액에 따른 세전이익의 세부내역은 다음과 같다:

전년도 세전이익	$5,940	a
전년도 매출액	21,000	b
매출액 대비 세전이익률	0.2829	a÷b
예상 매출액	$25,200	
매출액 대비 이익률	0.2829	
예상 세전이익	$7,129	

요구사항

a. 에밀리의 기본 가정은 무엇인가? 그리고 에밀리의 기본 가정이 명백하게 잘못된 이유는 무엇인가?

b. 인디애나폴리스 공예품 전시회와 관련된 좀 더 적절한 예상 세전이익을 계산하라.

고급연습문제 4-8. [학습목표 1, 2, 3] 이익등식 게이밍솔루션(Gaming Solutions)은 고객인 게이머의 주문에 따라 PC를 조립제작하는 작은 회사이다. 조립에 필요한 모든 부품을 노던 오리건 컴퓨터 부품(Northern Oregon Computer Warehouse)에서 구입하고 있으며, 전년도에 세전이익은 다음과 같다:

매출액		$1,800,000
차감:		
부품원가	$1,080,000	
직원급여	280,000	
임차료	40,000	
수도광열비	8,000	
광고비	7,000	1,415,000
상여금차감전 영업이익		385,000
차감:		
직원상여금		115,500
세금과 소유주인출 차감전 이익		$269,500

소유주는 스티븐 리치(Steven Rich)이며, 현재 7명의 전일제 직원이 근무 중이다. 직원들의 평균 기본급은 연 $40,000이며, 상여금차감전 영업이익의 30%를 상여금으로 지급하고 있다. 소유주 인출은 회사의 이익에서 지급되고 있다.

회사는 다음 연도의 이익계획을 수립하고 있다. 노던 오리건 컴퓨터 부품(Northern Oregon Computer Warehouse)은 구매금액이 $1,000,000를 초과할 경우 초과한 금액에 대하여 20%를 할인한 금액으로 부품을 공급하는 것에 동의하였다.

요구사항

매출액이 $1,600,000; $1,700,000; $1,800,000; $1,900,000; $2,000,000일 경우 각각의 매출액 수준에 대한 '세금과 소유주 인출 차감전 이익'을 추정하라.

고급연습문제 4-9. [학습목표 2] 엑셀활용 고저점법, 이익등식 크룩스사(Crux, Inc.)는 앰프를 생산하는 기업이다. 앰프 판매가격은 $900이다. 2020년의 생산/판매에 대한 정보는 다음과 같다:

	생산판매량	생산원가	판매관리비
1월	105	$88,860	$23,570
2월	117	97,600	25,200
3월	97	83,007	22,495
4월	106	89,600	23,720
5월	115	96,200	24,950
6월	125	103,500	26,250
7월	128	105,670	26,690
8월	132	108,550	27,200
9월	138	112,978	28,030
10월	126	104,200	26,400
11월	124	102,750	26,150
12월	108	91,050	23,990
합계	1,421	$1,183,965	$304,645
단위당 평균원가		$ 833.19141	$ 214.38776

요구사항

a. 생산원가와 판매비와 관리비에 대한 고정원가와 변동원가요소를 고저점법을 이용하여 확인하여라.

b. 2021년의 생산판매량을 1,650단위로 추정하고 있다. 이 추정치에 근거하여 2021년의 세전이익을 계산하라.

고급연습문제 4-10. [학습목표 2, 3] 고저점법, 산포도법, 손익분기분석 퍼스트타운 모기지금융사(FirstTown Mortgage)는 주택담보대출을 판매하고 있다. 각각의 대출고객은 대출업무에서 발생하는 비용 $500를 지불하고 있다. 퍼스트타운의 전년도 대출업무와 관련된 원가는 다음과 같다:

	대출 처리건수	원가
1월	190	$50,030
2월	170	48,550
3월	200	50,810
4월	211	51,012
5월	235	52,012
6월	285	54,530
7월	310	55,725
8월	240	54,420
9월	219	51,180
10월	185	49,700
11월	175	49,000
12월	180	49,290

요구사항

a. 고저점법을 이용하여 고정원가와 변동원가를 추정하라.

b. 추정된 원가정보에 근거하여 손익분기점에 도달하기 위한 대출건수를 계산하라.

c. 대출이 275건 처리될 때 총이익을 계산하라(소수 첫째 자리에서 반올림할 것).

d. 대출처리원가(세로축)과 대출건수(가로축)의 산포도를 작성하라.

e. 고저점법의 원가추정치가 합리적인지 여부에 대하여 기술하라. 대출건수와 대출처리원가의 관계가 선형인지 조사하라. 이상치가 존재하는가? 이상치가 고저점법에 의한 원가추정치에 영향을 미치는가?

고급연습문제 4-11. [학습목표 3] 손익분기분석, 안전한계, 이익증가 에디슨 앙트레프레너 서비스(Edison Entrepreneur Services, Inc.)는 회사설립관련 서류작업에 대한 법률서비스를 제공하는 기업이다. 에디슨 앙트레프레너 서비스는 회사설립지원서비스 1건당 $1,200을 부과하고 있으며, 다음 연도에 1,600건의 서비스제공을 계획하고 있다. 다음 연도의 예상 손익은 다음과 같다:

매출액	$1,920,000
차감: 변동원가	1,184,000
공헌이익	736,000
차감: 고정원가	300,000
영업이익	$436,000

요구사항

a. 서비스 1건당 공헌이익을 계산하고 손익분기점의 서비스 건수를 계산하라(소수 첫째 자리에서 반올림할 것). 공헌이익률(소수 둘째 자리로 반올림)과 손익분기점 매출액(소수 첫째 자리에서 반올림할 것)을 구하라.

b. 안전한계의 서비스 건수는 몇 건인가? 안전한계의 매출액은 얼마인가?

c. 에디슨 앙트레프레너 서비스가 다음 연도의 영업이익을 $500,000로 계획하고 있다면, 서비스는 몇 건이 제공되어야 하는가(서비스 건수는 소수 첫째 자리에서 반올림할 것)? 영업이익 $500,000을 달성하기 위한 매출액은 얼마인가(소수 첫째 자리에서 반올림할 것)?

d. 에디슨 앙트레프레너 서비스의 관리자가 차기 연도의 광고비(고정비)를 $75,000까지 증액할 필요가 있다고 제안하고 있다. 광고비의 증액으로 매출이 $300,000 증가할 것으로 예측하고 있다. 이 제안에 따른 예상 손익계산서를 작성하라. 에디슨 앙트레프레너 서비스는 광고비를 증액하여야 하는가?

고급연습문제 4-12. [학습목표 4] 복수 제품의 CVP 피델리티 멀티미디어(Fidelity Multimedia)는 오디오와 비디오장비, 차량용 스테레오 제품을 판매하는 기업이다. 전년도의 고정원가와 변동원가에 대한 분석을 수행한 후 다음과 같이 제품라인별 손익계산서를 작성하였다:

피델리티 멀티미디어
수익성 분석
2020년 12월 31일

	오디오	비디오	차량용 스테레오	합계
매출액	$3,250,000	$1,950,000	$1,300,000	$ 6,500,000
차감: 변동원가				
상품원가	1,920,000	1,374,000	617,000	3,911,000
파트타임 직원 인건비	192,500	108,000	59,000	359,500
총변동원가	2,112,500	1,482,000	676,000	4,270,500
공헌이익	1,137,500	468,000	624,000	2,229,500
차감: 직접고정원가				
정규직 인건비	325,000	240,000	220,000	785,000
합계	$812,500	$228,000	$404,000	$1,444,500
차감: 공통고정원가				
광고비				115,000
수도광열비				25,000
기타 관리비				570,000
총 공통고정원가				710,000
이익				$ 734,500

요구사항

a. 오디오, 비디오, 차량용 스테레오제품에 대한 공헌이익률을 계산하라.

b. 오디오 제품의 매출이 $125,000 증가할 때 이익에 미치는 영향, 비디오 제품의 매출이 $125,000 증가할 때 이익에 미치는 영향, 차량용 스테레오제품의 매출이 $125,000 증가할 때 이익에 미치는 영향을 비교하라. 이러한 제한된 정보에 기초하여, 당신은 어떤 제품라인의 확장을 추천할 것인가?

c. 전체 제품에 대한 손익분기점의 매출액을 계산하라(소수 첫째 자리에서 반올림할 것).

d. 현재의 매출배합이 유지된다고 가정하고, 이익 $1,800,000을 얻기 위한 매출액을 계산하라(소수 첫째 자리에서 반올림할 것).

e. d에서 계산한 매출액에서 오디오, 비디오, 차량용 스테레오제품의 매출액을 계산하라(소수 첫째 자리에서 반올림할 것)

고급연습문제 4-13. [학습목표 4, 5] 엑셀활용 복수 제품의 공헌이익률 컴퓨터가드사(ComputerGuard)는 컴퓨터 컨설팅, 교육훈련, 수리서비스를 제공하고 있다. 최근 회계연도의 이익은 $328,100였으며 세부내역은 다음과 같다:

	컴퓨터 컨설팅	교육훈련	수리서비스	합계
매출액	$600,000	$525,000	$375,000	$1,500,000
차감: 변동원가				
급여	300,000	210,000	225,000	735,000
소모품/부품	24,000	39,000	75,000	138,000
기타	1,200	2,700	5,000	8,900
공헌이익	$274,000	$273,300	$70,000	$618,100
차감: 공통고정원가				
임차료				55,000
사장 급여				212,000
수도광열비				13,000
기타				10,000
이익				$328,100

요구사항

a. 컴퓨터가드사의 사장인 린다 오플라허티(Linda O'Flaherty)는 다음 연도 매출이 15% 증가할 수 있다고 생각하고 있다. 현재 매출배합을 유지한다고 가정하고, 매출이 15% 증가하였을 때 이익의 증가율은 얼마인가? 이익증가율이 매출액 증가율보다 높은 이유는 무엇인가(공헌이익률은 소수 둘째 자리로 반올림, 이익증가액은 소수 첫째 자리에서 반올림할 것)?

b. 린다가 공헌이익률보다 단위당 공헌이익에 초점을 맞춘다면, 유망한 서비스는 무엇인가?

고급연습문제 4-14. [학습목표 4] 복수 제품의 공헌이익 내셔널 테니스 라켓(National Tennis Racquet Co.)은 세 종류의 제품을 판매하고 있다:

	스매셔	바셔	딩커	합계
판매량	2,000	3,000	3,000	8,000
매출액	$150,000	$180,000	$120,000	$450,000
차감: 변동원가	80,000	75,000	35,000	190,000
공헌이익	$70,000	$105,000	$85,000	$260,000
차감: 공통고정원가				140,000
이익				$120,000

요구사항

(퍼센트는 소수 둘째자리로 반올림하고, 금액은 소수 첫째 자리에서 반올림)

a. 가중평균 단위당 공헌이익은 얼마인가?

b. 현재의 매출배합을 가정하고 손익분기점의 판매량을 계산하라.
c. 스매셔(Smasher), 바셔(Basher), 딩커(Dinker)의 손익분기점 판매량은 몇 개인가?
d. 가중평균 공헌이익률을 계산하라.
e. 현재의 매출배합을 가정하고 이익 $125,000을 얻기 위한 매출액은 얼마인가?
f. e의 답변에서 스매셔, 바셔, 딩커 제품의 매출액은 각각 얼마인가?

고급연습문제 4-15. [학습목표 5] 영업레버리지 이클리온사(Equillion, Inc.)와 스토리스사(Storis, Inc.)는 제약업체들이다. 이클리온사는 상대적으로 연구개발과 관련한 고정원가의 비중이 높은 회사이며, 스토리스사는 연구개발을 거의 하지 않는다. 대신 스토리스사는 다른 기업이 이미 개발한 약품을 생산해서 판매할 수 있는 권리를 취득한다. 생산과 판매에 대한 권리를 취득한 대가는 매출액의 일정비율로 지급하고 있다. 즉 스토리스사는 상대적으로 변동원가 비중이 높고 고정원가 비중이 낮은 회사이다:

	이클리온사	스토리스사
매출액	$150,000,000	$150,000,000
차감: 변동원가	37,500,000	90,000,000
고정원가	90,000,000	37,500,000
이익	$22,500,000	$22,500,000

요구사항

a. 영업레버리지가 더 높은 회사는 어디인가?
b. 각 회사의 매출액이 20% 증가했을 경우, 이익의 예상 증가율을 계산하라.
c. 어떤 회사가 좀 더 위험한가?

고급연습문제 4-16. [학습목표 6] 제약 완화의 가치 3년 전부터 레토릭스사(Rhetorix, Inc.)는 모델 X100 스테레오 스피커를 생산해오고 있다. 제품에 대한 수요가 높아서 회사는 생산하는 수량을 전부 판매할 수 있다. 제품 판매가는 $900이며, 변동원가는 $300, 고정원가는 연간 $720,000이다. 제품 1단위의 조립에는 5시간이 소요된다. 현재 숙련공 5명이 조립작업을 하고 있으며 연간 총 12,500시간을 작업할 수 있다. 타이트한 노동시장으로 인해, 회사는 현재 작업자당 임률 $40에 모델 X100을 조립할 수 있는 숙련된 조립작업자를 추가적으로 고용하기는 어렵다. 레토릭스의 사장인 저기스 랜드(Jurgis Rand)는 조립작업자가 연간 12,500시간 이상을 작업하도록 하기 위해서 시간당 $20의 초과근무수당을 지급하는 것을 고려하고 있다. 초과근무수당으로 얼마를 지급할 것인지 고민하는 중에, 저기스는 다음과 같은 계산을 수행하였다:

매출액(2,500대 x $900)	$2,250,000
차감: 변동원가(2,500대 x $300)	750,000
차감: 고정원가	720,000
이익	$780,000
조립작업시간당 이익($780,000÷12,500)	조립작업시간당 $62.40

이와 같은 계산 결과, 저기스는 조립작업자에게 초과작업에 대하여 시간당 $20을 지급하기로 결정하였다. "작업자는 추가로 시간당 $20를 받을 수 있고, 나는 시간당 $42.40을 얻을 수 있기 때문에 매우 유익한 결정이다."라고 저기스는 이야기하고 있다. $42.40은 조립작업시간당 이익 $62.40에서 초과근무수당 $20.00을 차감한 것이다.

요구사항

a. 작업이 추가로 5시간 더 이루어질 경우, 이익은 얼마나 증가하는가?
b. a의 답변과 저기스가 산출한 계산 결과($62.40×5 = $312)를 비교하라. 저기스의 계산에서 문제점은 무엇인가?
c. 저기스는 초과작업에 대하여 시간당 $20.00을 초과근무수당으로 지급한다고 가정하자. 초과작업시간당 증분이익은 얼마인가?

고급연습문제 4-17. [학습목표 6] 제약 플리트 밸리 슈즈(Fleet Valley Shoes)는 육상선수용 신발인 Nx100과 일반 운동용 신발인 Mx100의 2가지 모델의 제품을 생산하고 있다. 최근 연도의 매출액과 원가는 다음과 같다:

	Nx100	Mx100
판매량(켤레)	20,000	80,000
매출액	$3,000,000	$8,800,000
차감: 변동원가	(700,000)	(1,200,000)
공헌이익	2,300,000	7,600,000
차감: 고정원가	(20,000)	(1,500,000)
이익	$2,280,000	6,100,000
1켤레당 조립시간	3시간	2시간
조립시간당 이익	$38.00	$37.50
조립시간당 공헌이익	$38.33	$47.50

요구사항

a. 현재 회사의 조립가능시간은 총 200,000시간이며, 경영자는 두 개의 세분화된 시장에서 영향력을 유지하기 위해서 각 모델을 최소 4,000켤레는 생산해야 한다고 생각하고 있다. 다음 연도에 각 모델은 얼마나 생산하여야 하는가?

b. 경영자가 각 모델에 대하여 최소 6,000켤레를 생산하기로 결정하였다고 가정하자. 4,000켤레를 생산하는 경우와 비교해서 기회원가는 얼마인가?

고급연습문제 4-18. [학습목표 2와 부록] 회귀분석(부록 참조), 이익등식 신디 하바나(Cindy Havana)는 캡틴 웨슬리 레스토랑(Captain Wesley's Restaurant)의 재무담당 부사장이며, 동부해안에 12개, 플로리다에 5개의 레스토랑 체인을 운영 중이다. 현재 생일을 맞이한 고객에게 결제금액의 20%를 할인해 주는 쿠폰을 우편으로 발송할지 여부를 고려 중이다. 우편발송원가(인쇄, 용지, 우표 등)는 $500,000로 추정하고 있다. 신디는 쿠폰발송이 이루어지면 연간 매출액이 $3,000,000(20%가 할인되면 $2,400,000)이 증가할 것으로 예상하고 있다.

재무적 타당성을 분석하기 위한 일환으로 신디는 매출액에 대한 월간 총운영원가를 대상으로 회귀분석을 시행하였다. 분석대상 자료와 분석결과의 요약은 다음에 제시되어 있다:

	운영원가	매출액
1월	$3,809,720	$4,141,000
2월	3,850,000	4,065,000
3월	3,969,000	4,410,000
4월	4,007,225	4,502,500
5월	3,895,000	4,750,000
6월	4,221,240	4,852,000
7월	4,343,200	4,880,000
8월	4,177,360	4,747,000
9월	4,070,000	4,625,000
10월	4,035,600	4,484,000
11월	3,795,850	4,265,000
12월	4,105,200	4,665,000
	$48,279,395	$54,386,500

회귀분석 결과 요약

회귀분석 통계자료				
R값	0.839596802			
R제곱	0.70492279			
수정된 R제곱	0.675415069			
표준오차	97375.78793			
관찰치 수	12			
	계수	**표준오차**	**t값**	**P값**
상수	1617476.445	493020.2996	3.28075	0.00827844
매출액	0.530824334	0.108604516	4.887682	0.000634652

요구사항

제공된 제한된 정보를 바탕으로, 쿠폰제공이 연간 이익에 미치는 순효과에 대한 추정치를 신디에게 제공하라(세금은 무시한다).

사례연구

사례연구 4-1 : 로스뮬러 박물관[학습목표 1, 3]

1928년 노스웨스트 철도왕 프란시스 P. 로스뮬러(Francis P. Rothmueller)는 미니애폴리스에 있는 로스뮬러 박물관에 자금을 대기 위해 기부금(endowment)을 설정하였다. 박물관의 현재 기부금은 $3천만이지만, 운영비용이 상당하며 현재도 계속해서 유화, 사진, 각종 회화, 1900년대 후반의 디자인 작품을 다방면으로 수집하고 있다. 연간 기부금으로부터 발생하는 이익(2020년도에 약 $2,500,000)은 운영활동과 미술품 수집을 위해서 충분하지 못하기 때문에, 미술관 재단 이사진과 관장은 일반인 관람, 특별 전시회, 미술관 상점 등에서 이익 창출 필요성을 인식하고 있다.

앨리스 모건(Alice Morgan)은 미술관 사진작품에 대한 큐레이터이며 2021년 9월에서 11월까지 전시할 안셀 아담스(Ansel Adams)의 사진전시회를 기획 중이다. 다음은 앨리스가 준비한 전시회 수익과 원가에 대한 예산안이다:

수익(10,000 × $15)		$150,000	1
차감:			
다른 박물관과 수집가로부터 작품 임차료	$100,000		2
다른 박물관과 수집가로부터 포장 및 운반비	5,000		3
전시회 보험	4,000		4
앨리스 모건 급여(25%)	15,000		5
윌리엄 제이콥 급여(25%)	13,000		6
경비 서비스	12,000		7
설치원가	2,000		8
광고료	7,000		9
전시회 프로그램 인쇄료	4,000	162,000	10
이익(손실)		($12,000)	

1. 관람객을 10,000명으로 추정하였으며 관람료는 $15/인

2. 전시작품 중 일부는 로스뮬러 소장품이며, 일부는 다른 박물관과 수집가로부터 임차

3. 포장과 운반비는 왕복요금

4. 전시회 기간 동안 전시작품에 대한 보험료

5. 사진작품 큐레이터인 앨리스 모건의 연간 급여의 25%

6. 보조 큐레이터인 윌리엄 제이곱(William Jacob)의 연간 급여의 25%
7. 전시회 경비서비스의 원가
8. 전시실 벽면의 페인팅 원가
9. 신문과 공중파 라디오 광고료
10. 안셀 아담스의 작품과 전시회의 작품들을 소개한 프로그램의 원가

추가정보

예산을 준비하면서, 전시기간이 3개월인 점을 감안하여 앨리스는 자신과 보조 큐레이터의 연간 급여 중 25%를 전시회에 할당하였다. 관람객의 박물관 기본 입장료는 $6이며, 전시작품을 관람할 경우 추가로 $15을 지불하게 된다. 전체 관람객 중 1/5은 전시회 개최 여부와 관계없이 박물관을 방문하며, 4/5는 특별 전시회가 열릴 경우에만 박물관을 방문한다.

기존 자료의 분석결과 관람객의 20%가 박물관 상점에서 물건을 구입했으며, 평균 구매금액은 $8이다. 상점의 매출총이익(매출액에서 매출원가 차감)은 30%이며, 이익(매출액에서 매출원가, 직원급여, 기타 운영비용 차감)은 $1당 5%이다.

요구사항

a. 관람객이 10,000명이라고 가정하고 로스뮬러박물관 전시회의 재무적 영향을 분석하라. 재무적 관점에서 전시회를 개최하는 것이 좋은 의사결정인가?
b. 전시회 개최가 박물관의 이익을 증가시키거나 감소시키지 않는 관람객 수는 몇 명인가?

사례연구 4-2 : 메이필드 소프트웨어, 고객 교육훈련[학습목표 3]

마리 스테파노(Marie Stefano)는 메이필드 소프트웨어(Mayfield Software)의 고객 교육훈련그룹 이사이다. 워싱턴주 커클랜드에 소재한 센터를 운영 중이며, 메이필드 제품을 사용하는 기업의 종업원들에게 교육훈련을 제공하고 있다. 교육훈련그룹에는 안내직원, 사무실관리자/회계담당자가 근무하고 있으며, 메이필드 소프트웨어를 은퇴한 종업원들을 여러 명 파트타임 트레이너로 고용하고 있다. 트레이너들은 전일제 교육프로그램에 대하여 $4,000를 지급받고 있다. 메이필드는 분권화된 기업으로 마리는 교육훈련에 대한 광고와 교육운영에 대한 상당한 권한을 가지고 있다.

2020년 운영결과보고서

수익		$6,120,000
차감: 운영원가		
트레이너 인건비	$3,400,000	
이사 급여	180,000	
안내직원	60,000	
사무실 관리자	80,000	
통신비, 수도광열비 등	38,000	
컴퓨터, 서버 등 임차료	400,000	
임차료	100,000	
교육훈련 참가자에게 제공하는 운영매뉴얼	510,000	
우표, 봉투, 용지 등	12,750	
광고비	160,000	
총운영원가		4,940,750
센터에 부과되는 비용 차감전 이익		1,179,250
센터에 부과되는 비용		1,224,000
그룹 이익		($44,750)

2020년 동안, 전일제 교육훈련이 850회 실시되었으며, 평균 참가인원은 20명이고 1일 참가비는 $360이었다. 운영결과보고서는 위에 상세하게 제시되어 있다.

추가정보

1. 모든 설비는 연간 기준으로 임차한다. 수강생들을 위한 교육훈련장비(25명이 교육받을 수 있는 4개 교육장의 모든 좌석에 1대의 장비 설치) 100대의 원가, 서버원가, 기타 장비원가를 포함한다. 평균 수강생은 20명이며, 일부 프로그램의 경우 25명이 수강하기도 한다. 수강신청인원이 15명 미만이면 프로그램은 취소된다. 프로그램은 월요일부터 금요일까지 진행되며, 일부 프로그램은 토요일과 일요일에 열리기도 한다.

2. 임차료는 커클랜드 소재의 교육훈련센터와 관련된 것이며, 워싱턴주 벨뷰(Bellevue) 소재 메이필드 메인 센터와는 관련이 없다.

3. 광고비는 업계 저널(예, TechWorker and Inventory Management)에 게재하는 월별 광고료이며, 광고에는 차기 교육훈련에 대한 정보를 제공한다.

4. 운영매뉴얼은 모든 참가자에게 제공한다.

5. 우표, 봉투, 용지 등 원가는 교육훈련 수강생이 소속한 회사에 비용을 청구하는 것과 관련하여 발생하며, 수강생의 수에 따라 변동한다.

6. 메이필드 소프트웨어는 매출액을 기준으로 본사의 비용을 각 그룹에 할당한다. CEO와 각 운영부문 사장의 급여, 법률자문비용, 본사 건물과 관련한 비용, 브랜드 광고비 등이 포함되며, 배부율은 수익의 20%이다.

요구사항

a. 이상에서 제시된 바와 같이, 교육훈련그룹은 2020년도에 손실을 기록하고 있다. 마리에게 공지하지 않았지만, 메이필드 경영진은 교육훈련센터의 폐쇄를 고려하고 있다. 제시된 2020년의 자료를 이용하여, 교육훈련센터를 2021년에 운영하지 않을 경우 회사 전체 이익에 미치는 영향은 어떠한가?

b. 현재의 교육훈련장 수준과 매출액의 20%가 본사비용으로 배부되고 있는 상황에서, 교육훈련센터가 손익분기점을 넘기 위해서 한 교육장당 수강생 수는 몇 명이어야 하는가?

c. 트레이너에게 지급하는 비용을 $3,500로 줄일 경우 b의 질문에 대한 계산을 다시 하라. 마리는 이 결정을 진지하게 실행하여야 하는가?

d. 메이필드 소프트웨어는 커스터머트랙 버전 4.0을 2021년에 출시하고 있다. 마리는 평균 수강생이 20명, 전일제 강좌에 대한 수요가 30개 더 발생할 것으로 예측하고 있다. 마리의 운영결과보고서에서 이러한 의사결정이 교육훈련 그룹 이익에 미치는 영향은 어떠한가? 단 트레이너에 대한 인건비는 강좌 당 $4,000로 가정하라.

사례연구 4-3 : 크로그 메탈펩, Inc. [학습목표 2, 4]

존 크로그(John Krog)는 크로그 메탈펩사(Krog's Metalfab, Inc.)의 사장이며, 이사회 의장, 생산감독자, 대주주이다. 그는 1991년에 시카고 지역에 맞춤제작형 알루미늄 방풍창을 생산, 판매하는 회사를 설립하였다. 설립 이후 회사는 급격하게 성장하였고 현재 시카고에 주 생산공장과 일리노이의 몰린(Moline)에 소규모 공장을 운영 중이다. 회사는 건설업과 관련한 다양한 철제창, 창틀 재료, 사다리, 기타 제품 등을 생산하고 있다. 최근 회사는 새로운 동소재의 방풍창을 개발하였으며, 최초 구매자의 반응은 꽤 호의적이었다. 회사의 전망이 밝은 것처럼 보였으나, 2020년 1월 3일 설비의 과열이 원인이 되어 시카고 공장의 전체 설비가 실질적으로 소실되었다. 3일 후 크로그는 시카고 작업인력의 50%를 일리노이 몰린 공장으로 이동시켰다. 작업자들은 호텔에서 숙박하였으며, 초과작업에 대한 수당을 지불하였고, 주말엔 작업자들이 집으로 이동할 수 있도록 버스를 제공하였다. 하지만 회사는 운영설비의 부족으로 배송일정을 지킬 수 없었으며, 전체 사업은 다시 기울기 시작하였다. 2020년 말에, 크로그는 상황이 점점 악화되고 있는 것을 느끼고, 시카고에 새 공장을 임차하였으며, 회사는 거의 정상으로 회복하는 것처럼 보였다.

마침내 크로그는 보험회사와의 합의라는 아주 중요한 문제에 주의를 기울일 수 있게 되었다. 보험회사는 건물과 설비의 손실은 대체원가로 계산한다고 규정하고 있었다. 이 규정은 매우 실질적이었으며, 절차는 신속하게 회사의 재건축을 지원하였다. 보험 규정 중 특히 유용한 부분은 "상실이익(lost profit)"에 대한 보상이었다. 보상의 범위는 "화재 또는 홍수와 관련된 가동능력 감소에 기인한 회사의 상실이익"이었으며, "상실이익"의 기간은 12개월로 제한하고 있었다. 보상의 정확한 본질을 해석하기가 어렵다는 것을 알게 되자, 보험회사는 몰린 공장에서 생산과 관련한 야간근무수당, 교통비, 숙박비 등을 보상의 범위로 제시하였다. 분명히 이는 12개월 동안 잃어버리거나 감소한 이익과 관련하여 최소한의 비용이다. 회사는 추가로 보상을 받을 수 있을까?

크로그는 ≪Construction Today≫의 최신호를 찾아냈다. 이 공신력있는 업계저널에 따르면, 크로그가 생산하는 제품과 유사한 제품의 매출이 2020년 한 해 동안 7%가 증가하였다. 크로그는 화재만 아니었다면, 자신의 회사도 이 정도 비율만큼 매출이 증가했을 것이라고 생각하였다.

화재 발생 전년도인 2019년의 손익계산서와 "상실이익"이 존재하는 2020년의 손익계산서를 이용할 수 있다. 2020년의 비용에는 $250,000의 초과 영업비용이 포함되어 있다. 크로그는 이들 비용항목에 대한 증빙자료를 가지고 있으며, 여기에는 몰린 공장과 관련한 초과근무수당, 호텔비용, 식대 등이 포함되어 있다. 보험회사는 상실이익에 대한 부분을 보상하지 않아도 되었기 때문에 이들 비용을 기꺼이 지불하고자 한다.

회사의 수석 회계사인 피터 뉴웰(Peter Newell)은 상실이익을 겨우 $34,184로 추정하였다. 피터는 $250,000이상을 보상받기 위하여 회사의 자원을 사용하는 것이 가치있는 일이라고 생각하지 않았기 때문이다. 피터의 계산결과는 다음과 같다:

2019년의 매출액	$5,091,094
2020년의 예상매출액(7% 증가 가정)	$5,447,471
2020년의 실제매출액	3,857,499
(A) 매출 상실액	1,589,972
(B) 2019년의 매출액 대비 이익률($109,495 ÷ 5,091,094)	0.0215
상실이익(A×B)	$34,184

요구사항

a. 크로그는 피터의 분석결과에 대해 의문을 가지고 외부의 컨설턴트인 여러분에게 분석을 의뢰하였다. 2019년과 2020년의 제한된 정보를 이용하여 상실이익을 계산하라.

1단계. 2019년의 매출액을 기준으로 고정원가와 변동원가의 수준을 결정하라. 계정분석법, 고저점법, 회귀분석법 중 여러분이 친숙한 방법을 이용하라.

2단계. 화재가 일어나지 않았다면 2020년의 매출은 얼마인가? 1단계의 계산결과를 이용하여 2020년의 이익을 추정하라.

3단계. 2020년의 실제이익과 2단계에서 추정한 이익의 차이가 상실이익이다.

b. 여러분의 예비분석을 기준으로 크로그에게 상실이익에 대한 보상을 공격적으로 청구해야 한다고 권고할 수 있는가?

c. 피터 뉴웰의 분석에서 근본적인 결함은 무엇인가?

크로그 메탈펩
영업이익, 2019년과 2020년

2019	1월	2월	3월	4월	5월	6월	7월	8월	9월	10월	11월	12월	계
매출	$501,260	$ 349,260	$ 361,250	$ 303,685	$ 435,650	$ 511,650	$ 561,625	$603,210	$ 421,210	$ 331,025	$ 330,009	$ 381,260	$ 5,091,094
차감 :													
매출원가	392,036	441,570	334,030	321,131	371,140	406,065	422,007	440,620	370,434	332,255	333,134	354,053	4,518,475
판매비	21,200	15,720	15,535	13,300	18,425	21,472	23,590	25,020	17,795	14,383	14,301	16,383	217,124
관리비	20,500	20,500	20,500	20,500	20,500	20,500	20,500	20,500	20,500	20,500	20,500	20,500	246,000
총비용	433,736	477,790	370,065	354,931	410,065	448,037	466,097	486,140	408,729	367,138	367,935	390,936	4,981,599
영업이익	$ 67,524	($128,530)	($ 8,815)	($ 51,246)	$ 25,585	$ 63,613	$ 95,528	$117,070	$ 12,481	($ 36,113)	($ 37,926)	($ 9,676)	$ 109,495

2020	1월	2월	3월	4월	5월	6월	7월	8월	9월	10월	11월	12월	계
매출	$447,252	$ 236,362	$ 291,370	$216,265	$ 278,165	$ 316,441	$357,662	$453,245	$ 363,772	$ 315,427	$ 264,273	$ 317,265	$3,857,499
차감 :													
매출원가	395,445	311,800	330,720	301,232	327,776	343,590	357,880	395,442	362,254	340,732	320,800	343,583	4,131,254
판매비	19,340	10,900	13,110	10,105	12,582	14,112	15,760	19,583	16,005	14,072	12,026	14,149	171,744
관리비	22,300	23,515	23,910	24,650	23,745	24,790	23,745	23,522	23,670	22,791	22,709	22,990	282,337
총비용	437,085	$ 346,215	$ 367,740	$ 335,987	$ 364,103	$ 382,492	397,385	438,547	401,929	377,595	355,535	380,722	4,585,335
영업이익	$ 10,167	($109,853)	($ 76,370)	($119,722)	($ 85,938)	($ 66,051)	($ 39,723)	$ 14,698	($ 38,157)	($ 62,168)	($ 91,262)	($ 63,457)	($ 727,836)

부록

엑셀의 회귀분석법을 이용한 고정원가와 변동원가의 추정

부록에서는 엑셀을 이용하여 〈그림 4-8〉에서 제시된 코드커넥트사의 고정원가와 변동원가를 추정하는 방법을 학습할 것이다. 스프레드시트 프로그램을 이용하면 회귀분석을 매우 쉽게 수행할 수 있다. 그렇지만 회귀분석을 이해하는 것은 쉽지 않다. 회귀분석프로그램의 산출결과를 해석하는 것을 토의하겠지만, 실무에서 회귀분석을 수행하기 전에 통계학서적을 이용하여 회귀분석을 수행하는 방법을 학습하는 것이 바람직하다.

스프레드시트 설정

스프레드시트를 열고 〈그림 4-8〉의 원가와 생산자료를 A열과 B열에 입력하라(〈그림 A4-1〉 참조). 이제 데이터 탭을 클릭한 다음 데이터 분석을 클릭하라. 데이터 분석에서 회귀 분석을 선택하라(참고: 데이터 탭에 데이터 분석이 표시되지 않으면 추가 기능을 클릭하고 분석 툴팩을 설치하라).

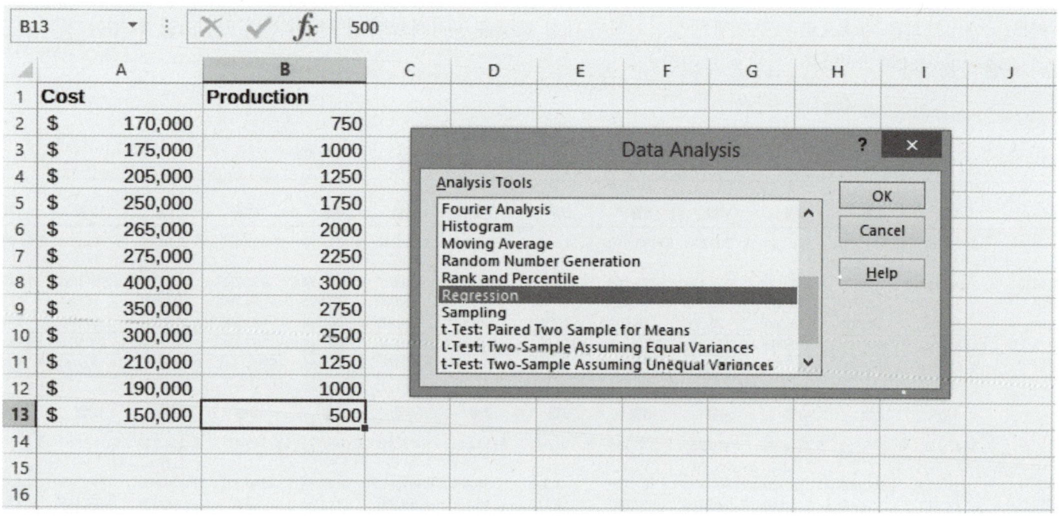

〈그림 4A-1〉 회귀분석 기능 선택

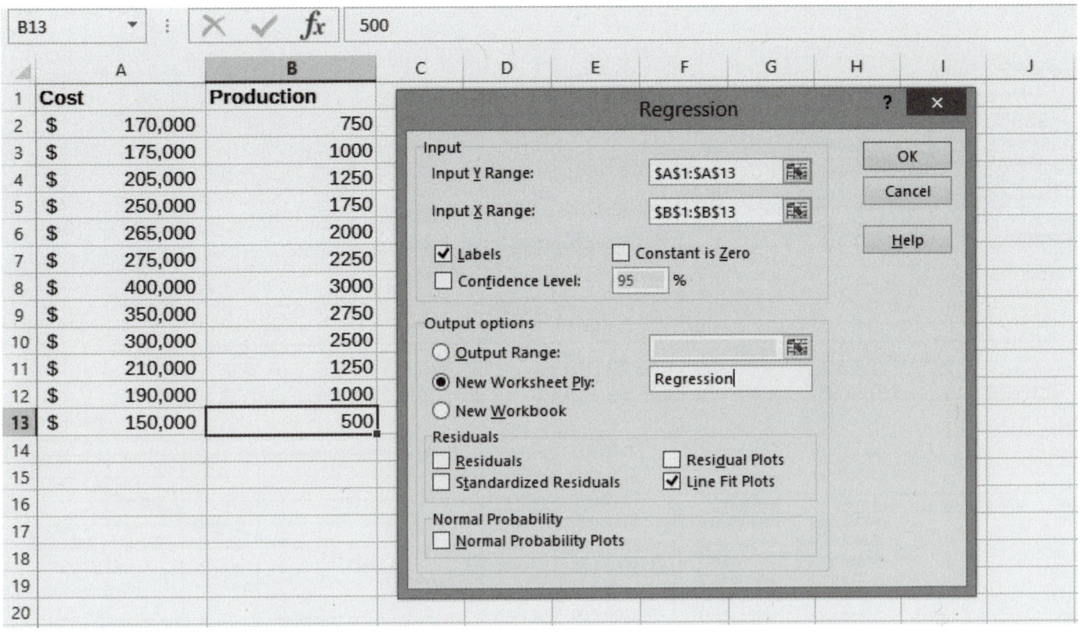

〈그림 4A-2〉 회귀분석 프로그램에 원가와 생산량 입력

회귀분석 프로그램이 열리면, 입력 Y에 A1에서 A13까지 범위를 지정한다. 여기에는 “원가”라는 제목이 포함된다는 점에 유의하십시오. 입력 X에서 B1에서 B13까지 아래로 범위를 지정한다. 여기에는 “생산량”이라는 제목이 포함되어 있다는 점에 유의하십시오. 생산량 및 원가 데이터 열에 대한 레이블이 있음을 나타내는 레이블을 누르십시오.

출력 옵션에서 새 워크시트를 누르고 워크시트의 이름을 지정하십시오. 잔차(Residuals)에서 회귀선 적합 도표(Line Fit Plots)를 누르십시오. 이것은 데이터 및 회귀선에 대한 그래프를 나타내는 기능이다. 이 시점에서 스프레드시트는 〈그림 A4-2〉와 같아야 한다. 확인을 클릭하면 회귀 프로그램이 〈그림 A4-3〉의 회귀분석 결과를 나타낸다.

SUMMARY OUTPUT

Regression Statistics	
Multiple R	0.979872122
R Square	0.960149376
Adjusted R Square	0.956164313
Standard Error	16069.6
Observations	12

ANOVA

	df	SS	MS	F	Significance F
Regression	1	62217679558	62217679558	240.9370988	2.51545E-08
Residual	10	2582320442	258232044.2		
Total	11	64800000000			

	Coefficients	Standard Error	t Stat	P-value	Lower 95%	Upper 95%	Lower 95.0%	Upper 95.0%
Intercept	93618.78453	10799.64948	8.668687325	5.79022E-06	69555.66595	117681.9031	69555.66595	117681.9031
Production	90.82872928	5.851556463	15.52214865	2.51545E-08	77.79064898	103.8668096	77.79064898	103.8668096

RESIDUAL OUTPUT

Observation	Predicted Cost	Residuals
1	161740.3315	8259.668508
2	184447.5138	-9447.513812
3	207154.6961	-2154.696133
4	252569.0608	-2569.060773
5	275276.2431	-10276.24309
6	297983.4254	-22983.42541
7	366104.9724	33895.02762
8	343397.7901	6602.209945
9	320690.6077	-20690.60773
10	207154.6961	2845.303867
11	184447.5138	5552.486188
12	139033.1492	10966.85083

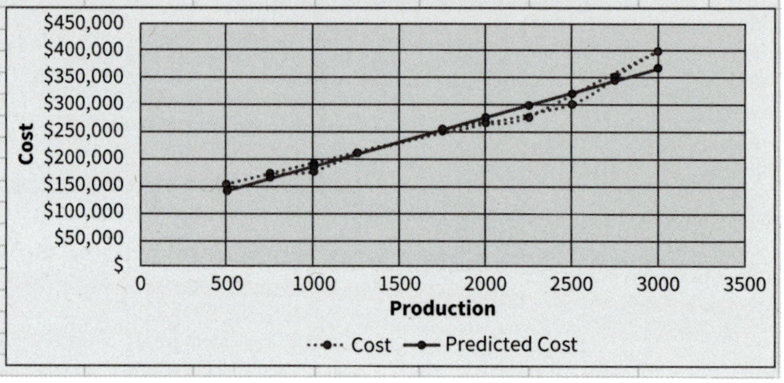

〈그림 4A-3〉 회귀분석 결과

회귀분석 결과의 해석

회귀분석 결과의 가장 중요한 요소를 해석해 보자.

도표

데이터 및 회귀선의 도표는 데이터가 회귀선에 상당히 가깝다는 것을 나타낸다. 이는 데이터에 대한 직선 적합도가 상당히 높다는 것을 의미한다.

R^2

R^2는 회귀선과 데이터의 적합도를 나타내는 통계치이다. 통계학적으로 독립변수(생산량)가 설명할 수 있는 종속변수(제조원가)의 비율을 의미한다. R^2의 가장 적은 값인 “0”은 원가와 생산량 간의 선형관계가 존재하지 않는다는 것을 의미한다. R^2가 가장 큰 값인 “1”의 값을 가진다면, 원가와 생산량 사이에 완전한 선형 관계가 존재한다고 해석할 수 있다. 이 예제에서 R^2는 0.96이며, 이 값은 상당히 높은 것이다. 이것은 즉 회귀식을 통해 설명할 수 있는 부분이 0.96이므로 제조원가의 변동 중 96%가 생산량에 의해 설명될 수 있다는 의미이다. 이것은 데이터 및 회귀선에 대한 그래프를 통해서 얻은 결론인 원가와 생산량의 선형관계를 확

실하게 뒷받침한다.

절편과 회귀선의 기울기

회귀선의 절편은 고정원가의 추정치로 해석되고, 회귀선의 기울기는 단위당 변동원가로 해석된다. 회귀분석 결과를 살펴보면, 절편은 $93,618.78이고, 반면 생산계수(회귀선의 기울기)는 $90.83이다. 따라서 회귀선은 다음과 같다.

원가 = $93,618.73 + $90.83(생산량)

P-값

절편과 기울기에 상응하는 P-값은 실제값이 0일 때 추정된 계수만큼 큰 값을 관찰할 확률을 측정한다. 즉, 실제 고정비용이 0일 때에도 $93,618.78의 추정치를 관찰할 가능성이 어느 정도 있다. 물론 우리는 P-값이 상당히 낮은 경우를 선호한다(적어도 0.05 미만). 현재의 경우에는 확률이 매우 낮다(0.00000579). 마찬가지로, 실제 단위당 변동원가가 0일 때 우리가 $90.83 만큼 큰 추정치를 관찰할 확률은 또한 매우 낮다(0.0000000252). 따라서, 실제 고정원가가 0이거나 실제 단위당 변동원가가 0일 가능성은 거의 없어 보인다.

CHAPTER 5

florinoprea1/Deposit Photos

변동원가계산

학습목표

1. 전부원가와 변동원가의 차이를 설명하고 변동원가계산을 사용하여 손익계산서를 작성
2. 전부원가계산과 변동원가계산의 이익에 생산이 미치는 영향에 대해 논의. 전부원가계산과 변동원가계산의 이익에 대한 JIT(Just-in-Time)의 영향을 설명하고 내부보고 목적을 위한 변동원가계산의 장점에 대해 논의

클라우젠튜브(Clausen Tube)가 생산한 진공관앰프는 2018년에 격찬을 받았으며 회사는 생산량 5,000 대를 모두 판매하여 $3,500,000의 이익을 달성하였다. 이를 바탕으로 회사는 다음 해에 생산량을 6,000대로 늘렸지만 4,800대만 판매할 수 있었다. 그러나 3분기와 4분기의 경제상황을 고려한다면 판매실적은 꽤 양호한 편이다. 2020년 1월 초에, 회사 설립자겸 사장인 로버트 클라우젠(Robert Clausen)이 2019년의 재무성과를 검토하던 중 놀랍게도 2019년의 이익이 전년도에 비하여 $3,528,000로 다소 증가한 것을 발견하였다. 로버트는 혼란스러워 즉시 회사의 관리회계이사인 레슬리 앤더스(Leslie Anders)에게 전화를 걸었다. 로버트는

놀란 감정을 숨기고 넌지시 물었다. "무슨 일이 있었습니까? 분명히 회사의 매출이 전년도에 비해 감소하고 제조원가와 판매가격은 변화가 없는데, 왜 이익이 증가한 거죠! 확실이 이익이 증가한 것이 분명합니까? 내 생각에는 계산오류가 있는 것 같습니다."

"이상한 결과처럼 보일 수 있습니다. 그러나 계산상의 오류가 아닙니다. 전부원가계산이라는 방법에 의해서 재무제표를 작성하였기 때문에 발생한 결과입니다. 대부분의 회사에서 주주와 채권자 등을 위한 외부보고에서 사용하고 있는 방법입니다. 사장님의 일정이 가능하다면 오늘 오후에 왜 이러한 일이 발생하였는지 설명하겠습니다. 전부원가계산을 이용하는 경우 발생하는 이와 같은 혼란스러운 결과 때문에, 내부보고 목적으로 변동원가계산법을 이용하기도 합니다. 변동원가계산법의 채택을 검토할 필요가 있다고 생각합니다. 또한 변동원가계산은 회사 경영에 유용하다는 것을 확신합니다."라고 레슬리가 보고하였다

본 장에서는 전부원가계산과 변동원가계산의 차이를 확인하고, 클라우젠튜브사의 매출이 감소하였음에도 불구하고 이익이 증가한 이유에 대해서 살펴볼 것이다. 또한 변동원가계산 손익계산서가 계획의 정확성과 의사결정의 유용성을 어떻게 지원하는지 살펴볼 것이다. 계획과 의사결정에 전부원가정보를 이용하는 경우 경영자들은 위험에 빠질 수 있다.

학습목표 1 전부원가와 변동원가의 차이를 설명하고 변동원가계산을 사용하여 손익계산서를 작성

5.1 전부원가계산(Full Costing)과 변동원가계산(Variable Costing)

외부보고 목적을 위한 제조기업의 손익계산서는 전부원가계산(또는 **흡수원가계산**(absorption costing)이라고도 한다)을 이용하여 작성한다. **전부원가계산**(full costing)의 재고원가에는 직접재료원가, 직접노무원가, 그리고 제조간접원가가 포함된다. 직접재료원가와 직접노무원가는 일반적으로 변동원가이지만, 제조간접원가는 변동원가 요소와 고정원가 요소를 모두 가지고 있다. 즉, 고정원가와 변동원가가 섞여있기 때문에 고정원가와 변동원가가 분리된 경우에 실시할 수 있는 "what if"분석을 실행하기가 어렵다. 내부보고 목적을 위하여 전부원가계산 대신 이용할 수 있는 대안적인 방법이 변동원가계산이다. **변동원가계산**(variable costing)은 재고원가로 변동제조원가만을 포함한다. 모든 고정제조원가는 기간비용으로 분류되어 발생된 기간에 비용으로 처리한다.

〈그림 5-1〉에서 볼 수 있듯이, 변동원가계산과 전부원가계산의 차이는 고정제조간접원가의 분류방법에 있다. 전부원가계산에서는 고정제조간접원가를 재고자산에 포함시키고, 제품이 판매되는 경우에만 매출원

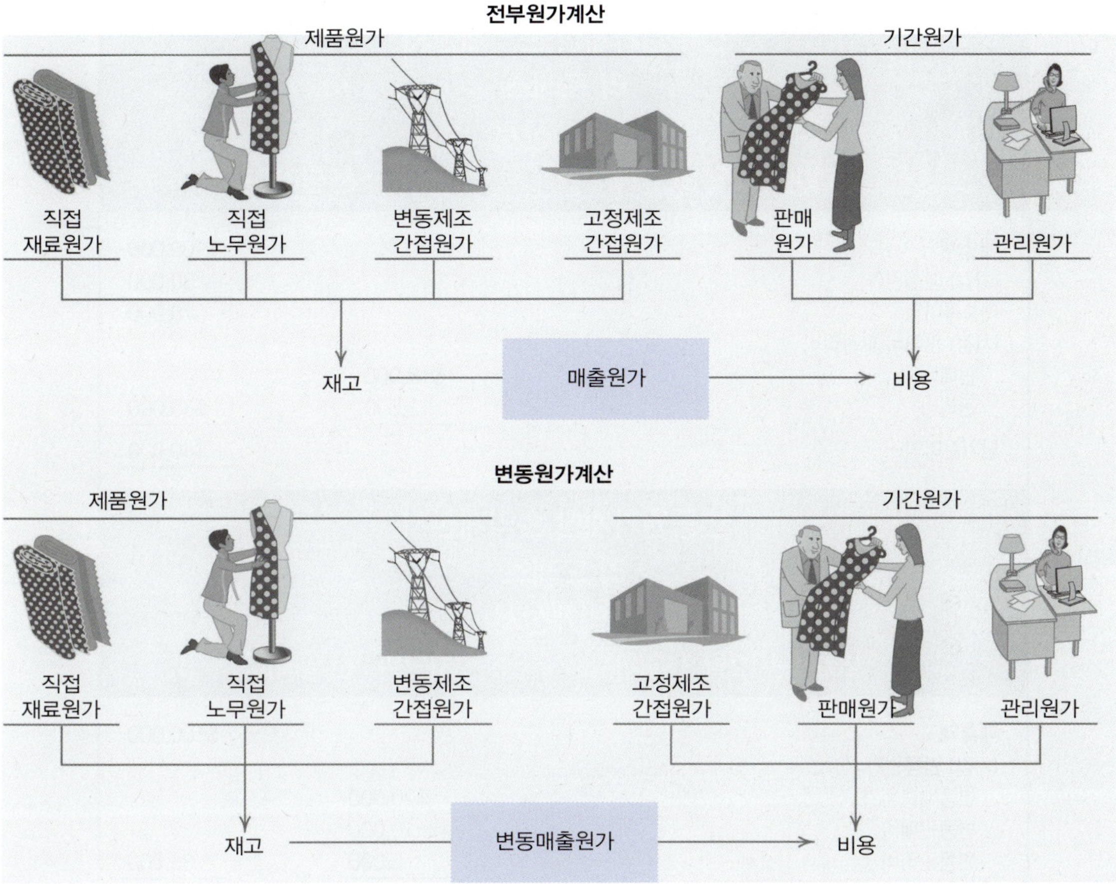

〈그림 5-1〉 전부원가계산과 변동원가계산의 비교

가로 비용처리 한다. 반면 변동원가계산에서는 판매비 및 관리비와 동일하게 발생된 기간에 비용으로 처리한다. 감가상각비를 생각해보자. 감가상각비는 제조간접원가 중 고정요소이다. 전부원가계산에서는 감가상각비의 일부가 기말재고자산에 포함되어 남아 있다. 반면 변동원가계산에서는 모든 감가상각비는 발생된 기간의 비용으로 처리한다.

5.1.1 변동원가계산 손익계산서

변동원가계산을 이용하여 손익계산서를 작성하는 경우 모든 비용항목들은 원가행태에 따라 고정비와 변동비로 분류한다. 고정비용과 분리된 변동비용을 이용하여 공헌이익을 계산할 수 있다. 또한 공헌이익정보를 이용하여 매출변화에 따른 이익의 크기를 합리적으로 추정 할 수 있다.

〈그림 5-2〉에는 일반적인 제조기업의 변동원가계산에 의한 손익계산서와 전부원가계산에 의한 손익계산서가 제시되어 있다. 의류 제조업체인 리 드레스(Lee Dress)의 매출이 $10,000,000 증가할 것이라고 가정해

전부원가계산 손익계산서
리 드레스
손익계산서
2020년 12월 31일까지 (단위 : 천 달러)

매출액		$100,000
(차감) 매출원가		30,000
매출총이익		70,000
(차감) 판매비와 관리비		
판매비	$18,000	
관리비	12,000	$30,000
당기순이익		$40,000

변동원가계산 손익계산서
리 드레스
손익계산서
2020년 12월 31일까지 (단위 : 천 달러)

매출액		$100,000
(차감) 변동원가		
변동매출원가	$20,000	
변동판매비	10,000	
변동관리비	5,000	35,000
공헌이익		65,000
(차감) 고정원가		
고정제조간접비	10,000	
고정판매비	8,000	
고정관리비	7,000	25,000
당기순이익		$40,000

〈그림 5-2〉 전부원가계산과 변동원가계산을 이용한 손익계산서의 비교

Link to Practice

독일 기업이 변동원가계산을 더 많이 이용하는 것으로 나타나

148개의 독일기업과 130개의 미국기업을 대상으로 한 설문조사에서 독일기업들이 변동원가계산을 더 많이 이용하는 것으로 나타났다(52% vs 21%). 독일기업의 한 응답자는 변동원가계산을 이용하면 고정제조간접비를 더욱 잘 파악할 수 있다고 응답하였다. 변동원가계산을 채택하고 있는 미국기업의 한 응답자는 기간별로 회사의 조업도 변동폭이 크기 때문에 변동원가계산을 선호한다고 응답하였다. 왜냐하면, 고정원가가 제품에 배부된다면, 단위당 제품원가는 왜곡될 것이기 때문이다.

출처 : Kip Krumwiede and Augustin Suessmair, "Getting Down to Specifics on RCA," Strategic Finance, June, 2007, pp. 50-55.

보자. 예상되는 이익은 얼마인가? 전부원가계산에 의해서 작성된 손익계산서는 변동비와 고정비를 구분할 수 없기 때문에 예상이익을 추정할 수 없다. 반면 변동원가계산에 의한 손익계산서의 경우 공헌이익을 매출로 나눈 공헌이익률을 이용하여 쉽게 예상이익을 산출할 수 있다. 공헌이익률이 65%이기 때문에 매출이 $10,000,000로 증가할 경우 예상 이익은 $6,500,000이다.

$$공헌이익률 = \frac{공헌이익}{매출액}$$

$$공헌이익률 = \frac{\$65,000}{\$100,000} = 0.65$$

매출 증가액	$10,000,000
공헌이익률	× 0.65
공헌이익 증가액	$6,500,000

전부원가계산에 의한 손익계산서가 〈그림 5-2〉의 상단에 제시되어 있다. 전부원가계산 손익계산서를 이용하면 매출액 증가로 인한 이익 증가액을 추정할 수 없다는 것을 주목해야 한다. 왜냐하면 매출원가에는 고정원가와 변동원가가 모두 포함되어 있기 때문이다. 매출이 증가하여도 고정원가는 증가하지 않는다는 것은 분명히 알고 있지만, 문제는 전부원가계산을 이용하였기 때문에 매출원가에서 변동원가 또는 고정원가가 어느 정도인지를 알 수 없기 때문이다.

리 드레스의 변동원가계산 손익계산서에서 판매비와 관리비가 고정요소와 변동요소로 구분되어 있는 것을 볼 수 있다. 공헌이익률을 계산하기 위해서는 판매비와 관리비 역시 고정요소와 변동요소로 구분하는 것이 중요하다. 바로 전에 살펴보았듯이 공헌이익률은 이익계획수립과 “매출이 $10,000,000까지 증가한다면 이익은 얼마나 증가할 것인가?”에 대한 답변을 제공한다.

학습목표 2 전부원가계산과 변동원가계산의 이익에 생산이 미치는 영향에 대해 논의. 전부원가계산과 변동원가계산의 이익에 대한 JIT Just-in-Time의 영향을 설명하고 내부보고 목적을 위한 변동원가계산의 이점에 대해 논의

5.2 전부원가계산과 변동원가계산이 이익에 미치는 영향: 클라우젠튜브사의 사례

전부원가계산과 변동원가계산의 차이점을 상세하게 살펴보기 위하여, 본 장의 첫 부분에서 제시된 클라우젠튜브사의 사례를 이용한다. 회사는 진공관앰프를 대당 $2,000에 판매하고 있다. 대당 변동제조원가는

직접재료원가(다양한 튜브와 기타 부품들) $600; 직접노무원가, $225; 변동제조간접원가 $75로 구성되어 있다. 고정제조간접원가는 연간 $1,200,000이다. 판매비는 대당 $40의 변동비와 연간 $100,000의 고정비로 구성되어 있다. 관리비는 모두 고정비로 연간 $500,000이다.

단위당 판매가격		$2,000
단위당 변동제조원가		
직접재료원가	$600	
직접노무원가	225	
변동제조간접원가	75	900
단위당 변동판매비		40
단위당 공헌이익		1,060
고정 제조간접원가		$1,200,000
고정판매비		$100,000
고정관리비		$500,000

5.2.1 생산량과 판매량이 동일한 경우

2020년도에 기초제품재고는 없으며, 5,000대를 생산해서 5,000대를 판매하였다. 〈그림 5-3〉에는 전부원가계산과 변동원가계산을 적용하여 계산한 표가 제시되어 있다. 총제조원가는 $5,700,000이며, $4,500,000의 변동제조원가($900 × 5,000대)와 $1,200,000의 고정원가로 구성되어 있다. 5,000대를 생산하였기 때문에 단위당 원가는 $1,140이다.

$$\frac{\text{변동제조원가} + \text{고정제조원가}}{\text{생산수량}} = \text{전부원가계산에 의한 단위당 원가}$$

$$\frac{\$4,500,000 + \$1,200,000}{5,000} = \$1,140/\text{대}$$

5,000대가 판매되었기 때문에, 매출원가는 $5,700,000이다($1,140 × 5,000대).

Link to Practice

완성차업체가 단기 이익목표를 달성하기 위하여 과잉생산을 하다.

회계학자들에 따르면 미국의 대형 3대 완성차업체 (포드(Ford), 제너럴 모터스(Jeneral Motors) 및 크라이슬러(Chrysler))가 단가를 낮추고 단가와 이익에 초점을 맞춘 단기성과목표를 달성하기 위해 수요에 비해 과잉생산한 것으로 나타났다. 이는 전부원가계산에 의한 회계처리 때문에 나타난 결과이다. 전부원가계산을 적용하면 고정제조간접원가는 과잉생산된 재고원가에 숨겨지게 된다. 변동원가계산을 사용하는 경우에는 변동원가만이 단위당 원가가 되므로 생산량 변경에 따라 단위당 원가가 변경되지 않는다.

Source: Marielle Segarra, "Why the Big Three Put Too Many Cars on the Lot," CFO.com (February 2, 2012). http://www.cfo.com/managementaccounting/2012/02/why-the-big-three-put-too-many-cars-on-the-lot/

판매비는 고정판매비 $100,000과 단위당 변동판매비 $40을 합한 $300,000이다.

변동 판매비($40 x 5,000대)	$200,000
고정 판매비	100,000
총판매비	$300,000

고정관리비가 $500,000일 때, 당기순이익은 $3,500,000이다.

〈그림 5-3〉의 변동원가계산에 의한 손익계산서에서 변동제조원가는 단위당 $900이며, 단위당 변동 판매비는 $40이다. 5,000대를 판매하였기 때문에 변동비는 $4,700,000가 되며, 공헌이익은 $5,300,000가 된다. 고정제조원가 $1,200,000와 고정판매비 $100,000, 고정관리비 $500,000를 차감하게 되면, 전부원가계산에 의한 당기순이익과 동일한 $3,500,000의 당기순이익이 산출된다.

클라우젠튜브
손익계산서
2018년 12월 31일까지

전부원가계산		
매출액($2,000 × 5,000대)		$10,000,000
매출원가($1,140 × 5,000대)		5,700,000
매출총이익		4,300,000
(차감) 판매비와 관리비		
판매비	$300,000	
관리비	500,000	800,000
당기순이익		$3,500,000
변동원가계산		
매출액($2,000 × 5,000대)		$10,000,000
(차감) 변동원가		
변동 매출원가($900 × 5,000대)	$4,500,000	
변동 판매비($40 × 5,000대)	200,000	4,700,000
공헌이익		5,300,000
(차감) 고정원가		
고정 제조원가	1,200,000	
고정 판매비	100,000	
고정 관리비	500,000	1,800,000
당기순이익		$3,500,000

주의 : 생산량과 판매량 모두 5,000대로 동일

〈그림 5-3〉 생산량과 판매량이 동일한 경우 전부원가계산과 변동원가계산에 의한 손익계산서의 비교

의사결정/증분분석 지금까지 살펴보았듯이, 생산수량과 판매수량이 동일한 경우 전부원가계산과 변동원가계산에 의한 순이익은 차이가 없다. 생산수량이 모두 판매되었기 때문에, 기말재고에 포함되는 고정원가는 없다. 즉, 이러한 경우 전부원가계산과 변동원가계산의 유일한 차이는 변동원가계산에서는 공헌이익을 계산하기 위해 총원가를 고정원가와 변동원가로 구분하였다는 것이다. 그러나 이러한 차이는 중요하다. 왜냐하면, 공헌이익은 계획과 의사결정에서 매우 유용하기 때문이다. 예를 들어, 클라우젠튜브에서 광고캠페인 비용으로 $100,000를 지출할 경우 매출이 $200,000 증가할 것으로 예상하고 있다고 가정하자. 이러한 의사결정이 이익에 미치는 영향을 고려해보자. 회사는 이와 같은 의사결정을 실행하는 것이 바람직한가?

변동원가계산 손익계산서를 이용하면, 우리는 쉽게 공헌이익률이 0.53이라는 것을 계산할 수 있다:

$$\frac{\text{공헌이익}}{\text{매출액}} = \frac{\$5,300,000}{\$10,000,000} = 0.53$$

이와 같은 정보를 이용하여 매출이 $200,000 증가한다면 증분이익은 $6,000이라는 것을 계산할 수 있다:

매출 증가액	$200,000
공헌이익률	× 0.53
공헌이익 증가액	106,000
(차감)마케팅비용	100,000
이익 증가액	$6,000

의사결정으로 이익이 증가한다면 마케팅 계획을 실행하는 것이 적절하며 클라우젠튜브는 재무계획을 변경하게 된다.

클라우젠튜브의 경영자가 변동원가계산 손익계산서를 이용할 수 없기 때문에 전부원가계산 손익계산서만을 이용할 수 있다고 가정해보자. 마케팅 계획이 이익에 미치는 영향을 파악할 수 있는가? 두 가지의 가정이 존재하지만 모두 다 옳지 않다. 우선 매출원가가 모두 변동원가라고 가정하는 경우 매출 $1당 이익은 $0.43가 되며, 우리가 알고 있는 것보다 이익이 낮게 산출된다:

$$\frac{\text{매출총이익}}{\text{매출액}} = \frac{\$4,300,000}{\$10,000,000} = 0.43$$

두 번째는 모든 원가가 변동적이라고 가정하는 것으로 이 경우 순이익이 공헌이익이 되며, 매출 $1당 이익은 $0.35으로 매우 낮게 산출된다:

$$\frac{\text{순이익}}{\text{매출액}} = \frac{\$3,500,000}{\$10,000,000} = 0.35$$

여기서 기억해야 할 점은 변동원가계산은 계획과 의사결정 유용하다는 것이다. 즉, 변동원가계산은 경영자들이 잘못된 가정을 근거로 부적절한 계획이나 의사결정을 하지 않도록 지원해 준다.

5.2.2 생산량이 판매량보다 많을 경우

생산량이 판매량이 같을 경우, 전부원가계산과 변동원가계산에 의해 산출된 이익은 차이가 없다는 것을 확인하였다. 하지만 생산량이 판매량보다 많을 경우에는 그렇지 않다. 이 경우 전부원가계산에 의한 이익이 변동원가계산에 의한 이익보다 크게 산출된다. 그 이유에 대해서 상세하게 살펴보기로 하자.

2019년 클라우젠튜브는 6,000대를 생산하였으나 경기불황으로 4,800대만 판매하였다는 것을 기억할 것이다. 〈그림 5-4〉에는 이에 대한 전부원가계산과 변동원가계산에 의한 손익계산서가 제시되어 있다. 생산총원가는 \$6,600,000이며 변동제조원가는 \$5,400,000(\$900 × 6,000대)이며, 고정제조간접원가는 \$1,200,000이다. 6,000대를 생산했기 때문에 단위당 원가는 \$1,100이다:

$$\frac{\text{변동제조원가} + \text{고정제조원가}}{\text{생산수량}} = \text{전부원가계산에 의한 단위당 원가}$$

$$\frac{\$5,400,000 + \$1,200,000}{6,000} = \$1,100/\text{대}$$

Any Questions?

Q: 변동원가계산이 내부보고목적을 위하여 유용하다면, 왜 외부보고목적으로 이용하지 않는가? 외부이용자들은 유용한 정보가 필요하지 않는가?

A: 일반적으로 인정된 회계원칙(Generally Accepted Accounting Principles, GAAP)에서는 외부보고목적으로 변동원가계산을 허용하지 않고 있다. 허용되지 않기 때문에 사용하지 않는 것이다! 그러나 이에 대한 의문을 가질 수 있다. GAAP에서는 유용한 정보를 제공하지 말아야 하는가? 아마도 가장 적절한 답변은 변동원가정보가 제공되면 경쟁기업들이 원가구조를 잘 파악하게 되어 경쟁기업들을 유리하게 만들 수 있다고 경영자들이 생각하기 때문이다. 또 다른 이유로는 고정원가와 변동원가로 구분하는 것은 상당히 주관적이기 때문이다. 4장에서 살펴보았듯이, 원가를 고정원가와 변동원가로 구분하는 일반적인 방법은 계정분석법이다. 계정분석법에서 원가들은 경영자의 주관적 판단에 따라 분류된다.

직전 년도의 단위당 원가는 \$1,140이다. 단위당 원가가 감소한 이유는 생산량이 증가하였기 때문에, 단위당 고정원가의 배분금액이 감소되었다. 4,800대가 판매되었으므로 매출원가는 \$5,280,000이며, 순이익은 \$3,5280,000이다.

〈그림 5-4〉의 변동원가계산 손익계산서를 살펴보자. 변동제조원가는 단위당 \$900이며 변동판매비는 단위당 \$40이다. 4,800대 판매에 따른 변동비용은 총 \$4,512,000이며 공헌이익은 \$5,088,000이다. 고정제조원가는 \$1,200,000이며, 고정 관리비는 \$500,000, 순이익은 \$3,288,000로 전부원가계산으로 산출한 이익보다 \$240,000가 적다.

클라우젠튜브 손익계산서 2019년 12월 31일까지		
전부원가계산		
매출액($2,000 × 4,800대)		$9,600,000
매출원가($1,100 × 4,800대)		5,280,000
매출총이익		4,320,000
(차감) 판매비와 관리비		
판매비	$292,000	
관리비	500,000	792,000
당기순이익		$3,528,000
주의 : 6,000대를 생산해서 4,800대를 판매 판매비 = $100,000 + ($40 × 4,800대)		
변동원가계산		
매출액($2,000 × 4,800대)		$9,600,000
(차감) 변동원가		
변동 매출원가($900 × 4,800대)	$4,320,000	
변동 판매비($40 × 4,800대)	192,000	4,512,000
공헌이익		5,088,000
(차감) 고정원가		
고정 제조원가	1,200,000	
고정 판매비	100,000	
고정 관리비	500,000	1,800,000
당기순이익		$3,288,000
주의 : 6,000대를 생산하여 4,800대 판매		
전분원가계산의 이익이 변동원가계산이익보다 큼		$240,000

〈그림 5-4〉 생산량이 판매량보다 많은 경우 전부원가계산과 변동원가계산을 이용한 손익계산서의 비교

전부원가계산에 의한 경우 이익이 높게 나타나는 이유를 살펴보자. 전부원가계산과 변동원가계산의 차이는 전부원가계산에서는 재고원가에 고정제조간접원가가 포함되지만 변동원가계산에서는 기간비용으로 처리되기 때문이다. 〈그림 5-5〉에는 두 방법간의 비교가 제시되어 있다. 기말재고에서 $240,000의 차이가 나타나고 있음을 주목하라.

5.2.3 생산량이 판매량보다 적은 경우

생산량과 판매량이 같을 경우, 전부원가계산과 변동원가계산은 동일한 이익을 보고한다는 것을 살펴보았다(〈그림 5-3〉참조). 또한 생산량이 판매량보다 많은 경우, 전부원가계산은 고정제조간접원가의 일부가 기말재고자산에 포함되어 있는 반면, 변동원가계산은 고정제조간접원가 전체를 기간비용으로 처리하기 때

전부원가계산에 의한 재고평가

단위당 원가	
단위당 직접재료원가	$600
단위당 직접노무원가	225
변동제조간접원가	75
고정제조간접원가($1,200,000 ÷ 6,000대)	200
계	$1,100
기말재고원가($1,100 × 1,200대)	$1,320,000

변동원가계산에 의한 재고평가

단위당 원가	
단위당 직접재료원가	$600
단위당 직접노무원가	225
변동제조간접원가	75
계	$900
기말재고원가($900 × 1,200대)	$1,080,000

전부원가계산에서는 기말재고에 고정제조간접원가가 단위당 $200포함되어 있기 때문에 두 계산의 기말재고자산 차이는 $240,000임($200 × 1,200대 = $240,000)

〈그림 5-5〉 전부원가계산과 변동원가계산의 재고원가

문에, 전부원가계산이 더 높은 이익을 보고한다(〈그림 5-4〉와 〈그림 5-5〉 참조). 생산량이 판매량보다 적은 경우는 어떠한지 살펴보자. 생산량보다 판매량이 많다는 의미는 기초재고가 존재한다는 것이다. 전부원가계산에서는 고정제조간접원가를 재고에 포함시키기 때문에 변동원가계산보다 기말재고자산의 가치를 크게 보고한다. 즉, 기초재고가 매출원가에 포함되는 경우, 전부원가계산이 변동원가계산보다 기초재고금액이 크기 때문에 매출원가를 크게 보고하게 된다. 결과적으로 생산량이 판매량보다 적은 경우 변동원가계산보다 전부원가계산이 이익을 적게 보고하게 될 것이다.

2020년 클라우젠튜브는 6,000대를 생산하였으며 7,200대를 판매하였다. 1,200대는 2019년에 판매되지 않고 이월된 재고이다. 전부원가계산에서는 매출원가가 단위당 $1,100의 기초재고 1,200대와 단위당 $1,100의 당기 생산량 6,000대로 구성된다. 〈그림 5-6〉과 같이 전부원가계산으로 계산한 매출원가는 $7,920,000이다.

전부원가계산과 변동원가계산으로 산출한 이익의 차이는 $240,000(변동원가계산에 따른 이익은 $5,832,000이며, 전부원가계산으로 산출한 이익은 $5,592,000이다). 즉, 이미 언급하였듯이, 전부원가계산의 경우 기초재고에 고정제조간접원가가 포함되어 있는 반면, 변동원가계산에서는 포함하고 있지 않기 때문에 이익에서 차이가 발생한다.

이익에서 $240,000의 차이가 발생한 것은 기초재고 평가금액에 따른 차이임을 주목하라.

클라우젠튜브 손익계산서 2020년 12월 31일까지		
전부원가계산		
매출액($2,000 × 7,200대)		$14,400,000
매출원가		
1,200 대 × $1,100	$1,320,000	
6,000 대 × $1,100	6,600,000	7,920,000
매출총이익		6,480,000
(차감) 판매비와 관리비		
판매비	$388,000	
관리비	500,000	888,000
당기순이익		$5,592,000
주의 : 6,000대를 생산해고 7,200대 판매 판매비 = $100,000 + ($40 × 7,200대)		
변동원가계산		
매출액($2,000 × 7,200대)		$14,400,000
(차감) 변동원가		
변동 매출원가		
1,200대 × $900	$1,080,000	
6,000대 × $900	5,400,000	6,480,000
변동 판매비($40 × 7,200대)		288,000
공헌이익		7,632,000
(차감) 고정원가		
고정 제조원가	1,200,000	
고정 판매비	100,000	
고정 관리비	500,000	1,800,000
당기순이익		$5,832,000
주의 : 6,000대를 생산하고 7,200대 판매		
당기순이익차이(변동원가계산−전부원가계산)		$240,000

〈그림 5-6〉 생산량이 판매량보다 적은 경우 전부원가계산과 변동원가계신을 이용한 손익계산서의 비교

전부원가계산에서의 기초재고금액	$1,320,000
변동원가계산에서의 기초재고금액	1,080,000
차이	$240,000

생산량과 판매량의 조건에 따라 두 원가계산방법이 이익에 미치는 영향을 요약하여 제시하면 다음과 같다.

조건	결과
생산량과 판매량이 동일한 경우	이익의 크기가 동일
생산량이 판매량보다 많은 경우	전부원가계산에 의한 경우 이익을 크게 보고
생산량이 판매량보다 적은 경우	변동원가계산에 의한 경우 이익을 크게 보고

Link to Practice

생산량 감소의 결과 존 디어(John Deere)의 이익률 하락가능성

2015년 존 디어는 농작물 가격 하락으로 재무성과가 좋지 않을 것으로 예상했다. 회사는 20%의 농업 및 잔디 장비 판매 감소를 예상하고, 이로 인해 수요에 맞춰 생산량을 줄였다. 존 디어의 생산량 감소가 매출총이익률에 어떤 영향을 미쳤을까? 존 디어는 고정원가가 커서 생산량이 감소하면 제품 단위당 원가가 증가한다. 이는 결국 이익률의 감소로 나타난다.

Source: Trefis Team, "Why 2015 Might Not Be A Good Year For Deere," Forbes (January 2, 2015). https://www.forbes.com/sites/greatspeculations/2015/01/02/why-2015-might-not-be-a-good-yearfor-deere/#6e001a373bb3

5.2.4 클라우젠튜브 사례 분석

본 장의 도입부에서 설명했던 시나리오를 다시 생각해보자. 로버트 클라우젠은 2018년보다 2019년의 매출이 감소했음에도 이익이 증가한 이유에 대한 설명을 관리회계이사에게 요청하였다. 2019년에 회사는 판매량보다 많은 물량을 생산하였다. 생산량의 증가로 단위당 고정제조간접원가가 감소하였으며, 단위당 원가의 감소로 매출원가가 감소하였으나, 기말에 재고자산이 상당부분 증가하였다.

변동원가계산을 채택하였다면, 설명한 바와 같이 Robert는 이익이 감소하였다는 것을 알 수 있을 것이다. 〈그림 5-3〉에서 제시된 바와 같이 2018년도의 5,000대 판매로 인한 이익은 변동원가계산에 의할 경우 $3,500,000이다. 〈그림 5-4〉에서는 2019년도에 4,800대를 판매했을 때 변동원가계산에 의한 이익이 $3,288,000이 제시되어 있다. 변동원가계산에서는 고정제조간접원가가 기말재고에 포함되지 않고 모두 기간비용으로 처리하기 때문에 이러한 결과가 나타난 것이다.

5.2.5 전부원가계산과 변동원가계산의 이익효과에 대한 JIT의 영향

2장에서 설명한 것처럼, 많은 기업들은 적시(Just-In-Time, JIT) 재고관리시스템을 채택하고 있다. JIT를 도입한 기업들은 판매량만큼 제품을 생산하기 때문에 매우 낮은 재고수준을 유지할 수 있다. 따라서 생산량과 판매량의 수준이 거의 동일하다. 즉 JIT를 채택하고 있는 기업의 경우 변동원가계산을 적용한 이익과 전부원가계산을 적용한 이익의 차이가 매우 적다.

Test Your Knowledge

킨케이드 수전은 일반 가정과 기업에서 사용하는 다양한 수도꼭지를 생산하는 기업이다. 연초에 회사의 기초제품재고는 $1,000,000였으며, 기말제품재고는 $1,400,000이었다. 기중 제조설비에 대한 감가상각비가 $400,000 발생하였다.

변동원가계산에서 제품재고에 포함된 감가상각비는 얼마인가?

a. $285,714 **b.** $0.00 **c.** a와 **b** 모두 정답이 아님

답 : b

5.3 내부보고에서의 변동원가의 장점

내부보고목적으로 변동원가계산을 채택하는 경우 두 가지의 장점이 있다. 이에 대해서 자세하게 살펴보기로 하자.

5.3.1 변동원가계산은 CVP분석을 용이하게 한다.

변동원가계산은 원가를 고정원가와 변동원가로 구분하는데, 계획과 의사결정을 지원하는 원가–조업도–이익(CVP)분석을 위해서는 원가행태에 따른 원가의 구분이 반드시 선행되어야 한다. 이미 설명한 부분이기는 하지만 이를 반복하는 것은 의미가 있다. 경영자들은 원가를 변동요소와 고정요소로 분리할 수 없다면 활동수준의 변화가 원가와 이익에 미치는 영향을 정확하게 추정할 수 없다. 〈그림 5–4〉에서 제시한 전부원가계산 손익계산서를 검토하고 "매출이 $100,000 증가할 경우 이익에 미치는 영향은 어떠한가?"라는 질문에 대한 답변을 스스로 해보자. 불행하게도 전부원가계산 정보를 이용해서는 이에 대한 적절한 답변을 할 수 있는 방법이 없다. 변동원가와 고정원가를 알지 못하기 때문에 매출이 증가할 경우 어떤 원가가 증가할지 예상할 수 없기 때문이다.

이번에는 변동원가계산 손익계산서를 검토해보자. 손쉽게 공헌이익률이 0.53($5,088,000 ÷ $9,600,000)임을 알 수 있다. 따라서 매출이 $100,000 증가할 경우 이익이 $53,000 증가할 것이라고 예상할 수 있다.

5.4 변동원가계산은 생산량변동을 이용한 이익조정을 제한한다

측정해야 관리할 수 있다 경영자의 성과는 이익을 기준으로 평가되는 경우들이 있기 때문에, 경영자들은 판매할 수 있는 수준보다 생산을 더 많이 함으로써 인위적으로 이익을 증가시키려는 의도를 가실 수 있다. 판매량이 1,000단위가 예상되며, 단위당 판매가격이 $100, 단위당 변동제조원가는 $50, 고정제조원가는 $45,000인 경우를 가정해보자. 경영자가 1,000단위를 생산하기로 결정하였다면, 전부원가계산과 변동원가계산에 의한 이익은 $5,000(1,000단위 × ($100–$50) – $45,000)이다. 그러나 경영자가 전부원가계산을 적용할 경우 고정원가의 일부가 기말재고에 포함되어 비용의 일부가 차기로 이월된다는 것을 인지하고 있다고 가정하자. 따라서 경영자는 2,000단위를 생산하여, 고정원가의 1/2을 기말재고에 포함시키기 때문에 이익은 $22,500로 높아진다. 물론 이러한 결정은 결과적으로 재고수준이 높아지기 때문에 단기적인 전략일 뿐이다. 그러나 경영자가 다른 회사로 이직하기를 희망한다면, 이전의 회사에서 실적을 높이기 위해서 이와 같은 결정을 할 수 있다. 판매할 수 있는 수량보다 더 많은 제품을 생산하는 전략은 변동원가계산을 적용할 경우 이익이 증가하지 않는다. 왜냐하면, 어떠한 고정원가도 기말재고에 할당되지 않기 때문이다.

Data Analytics in Action

부정확한 데이터를 이용한 분석에 따른 잘못된 의사결정

데이터 분석팀이 제품의 단위당 원가가 대규모의 고정원가를 포함한 전부원가계산에 의해 계산되었음을 이해하지 못했다고 가정해 보자. 분석팀원들이 관리회계를 공부해 본 적이 없는 경우는 흔한 사례이다. 이제 이들이 회사의 15,000명의 고객 각각의 매출이익(매출 – 매출원가)를 분석하고 고객의 10%가 회사에 손실을 끼치는 고객이라고 분석했다고 해보자. 그들은 10%의 고객과의 거래 중단을 권유한다. 이는 회사의 수익성에 어떤 영향을 미칠까? 회사의 이익은 감소할 것이다. 왜냐하면 10%의 거래 중단을 권유 받은 고객들이 양의 공헌이익을 보였을 것이기 때문이다. 분석팀이 변동원가계산을 했다면 분명히 알았을 것이다. 여기서 교훈은 데이터 분석가가 데이터를 이해하지 못하고 사용하면 보고서 및 권장 사항이 실제로는 수익성을 손상시킬 수 있다는 것이다.

Decision Making Insight

변동원가계산 손익계산서는 총공헌이익 정보를 제공하기 때문에 의사결정을 지원할 수 있다. 공헌이익을 매출로 나누면, 공헌이익률이 산출되며, 매출이 이익에 미치는 영향을 분석할 때 이용할 수 있다. 많은 의사결정들이 매출에 영향을 미치기 때문에, 매출에서의 변화가 이익에 미치는 영향을 추정할 수 있다는 것은 의사결정을 더욱더 용이하게 할 수 있다.

복습

학습목표 요약

학습목표 1 전부원가계산과 변동원가계산의 차이를 설명하고 변동원가계산을 이용한 손익계산서 작성

전부원가계산의 제품원가에는 직접재료원가, 직접노무원가, 변동 및 고정제조간접원가가 포함된다. 반면 변동원가계산에서는 고정제조간접원가를 제품원가에 포함하지 않고 기간비용으로 처리한다. 변동원가계산 손익계산서에서는 변동원가와 고정원가를 구분한다. 공헌이익을 계산하기 위하여 모든 변동비용은 매출액에서 차감한다. 그런 다음 공헌이익에서 고정원가를 차감하면 순이익이 산출된다.

학습목표 2 생산활동이 전부원가계산과 변동원가계산에 미치는 영향 확인, JIT(적시생산)활동이 전부원가계산과 변동원가계산의 차이에 미치는 영향 확인, 내부보고목적에서 변동원가계산의 장점 토의

생산수량과 판매수량이 동일하다면, 이익에는 차이가 없다. 생산량이 판매량을 초과한다면, 전부원가계산으로 산출된 이익이 변동원가계산에 의해 산출된 이익보다 크게 된다. 생산량이 판매량보다 적다면, 전부원가계산에 의한 이익이 변동원가계산에 의한 이익보다 적다.

JIT시스템에서는 생산량과 판매량의 차이가 거의 없기 때문에, 전부원가계산과 변동원가계산에 의한 이익의 차이는 매우 적다.

변동원가계산에서 제공되는 공헌이익은 계획수립과 의사결정활동에 유용하다. 또한 변동원가계산에 의해 산출된 이익은 생산량을 증가한다고 해서 변동되지 않는다.

종합예제

종합예제 1

인렛제강(Inlet Steel Plate)은 매우 유명한 컨설턴트인 알버트 퍼넬리(Albert Pernelli)를 고용하였다. 그가 고용되기 전인, 전년도에 회사는 60,000톤의 강판을 생산하여 톤당 $800에 판매하였다. 고정제조간접원가는 $20,000,000이며 톤당 변동제조원가는 $400이었다. 판매비와 관리비는 고정비이며 $9,000,000이었고, 그 해의 손실은 $5,000,000 이었다:

매출액(60,000톤 × $800)	$48,000,000
차감: 매출원가($20,000,000 + ($400 × 60,0000톤)	44,000,000
매출총이익	4,000,000
차감: 판매비와 관리비	9,000,000
순손실	($5,000,000)

알버트는 강판시장의 불황 때문에 회사는 적정 가동률보다 매우 낮게 공장을 가동하고 있다는 것을 발견하였다. 그는 가동률을 높일 필요가 있다고 판단하고 강판을 90,000톤 생산하도록 지시하였다. 또한 광고비를 삭감하고 사무직원을 해고하여 $2,000,000를 절감하였다. 매출은 여전히 60,000톤이었지만, $5,000,000의 손실이 $3,666,667의 이익으로 변경되었다. 알버트는 많은 보수를 받았으며 그의 명성은 더욱 높아졌다.

요구사항

a. 가격 또는 원가구조가 변경되지 않았다고 가정하고 알버트가 실행한 방법에 따라 이익을 계산하여라.

b. 기말재고에 배부된 고정원가는 얼마인가?
c. 알버트는 정말 회사의 이익을 창출하였는가?

정답

a. 단위당 제조원가의 계산

고정원가	$20,000,000
변동원가($400 × 90,000톤)	36,000,000
합계	$56,000,000
생산량(톤)	÷90,000
톤당 원가	$ 622.2222

순이익의 계산

매출액(60,000톤 × $800)	$48,000,000
차감: 매출원가($622.2222×60,000톤)	37,333,332
매출총이익	10,666,668
차감: 판매비와 관리비	7,000,000
순이익	$3,666,668

b. 기말재고에 배부된 고정원가

고정원가	$20,000,000
생산량(톤)	÷90,000
톤당 고정원가	$222.2222
기말재고수량(90,000−60,000)	×30,000
기말재고에 배부된 고정원가(30,000 × $222.2222)	$6,666,666

알버트가 실제 이익을 창출했다고 보기 힘들다. 증가한 이익의 대부분은 고정원가 중 $6,700,000가 기말재고에 포함되어 매출원가가 감소하였기 때문에 발생한 것이다. 알버트가 증가시킨 이익은 $2,000,000이며 광고비 삭감과 사무직원의 해고에 따라 발생한 것이다. 단기적으로는 비용의 절감을 가져와서 이익의 증가에 기여하였지만, 광고비의 삭감은 장기적인 수익성을 하락시킬 것이다.

종합예제 2

버틀러사(Butler Manufacturing) 불연성소재의 데이터저장장치를 생산하여 대당 $6,000에 판매하고 있다. 회사의 원가구조는 다음과 같다:

제조원가:	
단위당 직접재료원가	$1,000
단위당 직접노무원가	2,000
단위당 변동제조간접원가	500
단위당 총변동제조원가	$3,500
연간고정제조간접원가	$2,000,000
판매비:	
매출$1당 변동판매비	$0.10
연간고정판매비	$600,000

관리비:	
연간고정관리비	$800,000

2020년의 기초재고는 없었으며, 2020년 한해 동안 회사는 2,000대를 생산하여 전량 판매하였다. 2021년에는 2,500대를 생산하여 2,000대를 판매하였다.

요구사항

a. 2020년과 2021년의 단위당 전부제조원가를 계산하라.
b. 2020년과 2021년의 전부원가계산에 의한 손익계산서를 작성하라.
c. 2020년과 2021년의 단위당 변동제조원가를 계산하라.
d. 2020년과 2021년의 변동원가계산에 의한 손익계산서를 작성하라.
e. 2021년의 전부원가계산에 의한 이익과 변동원가계산에 의한 이익의 차이를 조정하라.

정답

a. 2020년의 단위당 전부제조원가

단위당 직접재료원가	$1,000
단위당 직접노무원가	2,000
단위당 변동제조간접원가	500
단위당 고정제조간접원가($2,000,000 ÷ 2,000 단위)	1,000
합계	$4,500

2021년의 단위당 전부제조원가

단위당 직접재료원가	$1,000
단위당 직접노무원가	2,000
단위당 변동제조간접원가	500
단위당 고정제조간접원가($2,000,000 ÷ 2,500 단위)	800
합계	$4,300

b. 2020년의 전부제조원가에 의한 이익

매출액($6,000 × 2,000단위)		$12,000,000
매출원가($4,500 × 2,000단위)		9,000,000
매출총이익		3,000,000
차감 : 판매비와 관리비		
판매비($600,000 + (0.10×$12,000,000))	$1,800,000	
관리비	800,000	2,600,000
순이익		$400,000

주의 : 생산량과 판매량이 모두 2,000단위이다.

2021년의 전부제조원가에 의한 이익

매출액($6,000 × 2,000단위)		$12,000,000
매출원가($4,300 × 2,000단위)		8,600,000
매출총이익		3,400,000
차감 : 판매비와 관리비		

판매비($600,000 + (0.10×$12,000,000))	$1,800,000	
관리비	800,000	2,600,000
순이익		$800,000

주의 : 2,500단위를 생산하여 2,000단위를 판매하였다.

c. 2020년과 2021년의 단위당 변동제조원가

단위당 직접재료원가	$1,000
단위당 직접노무원가	2,000
단위당 변동제조간접원가	500
합계	$3,500

d. 2020년과 2021년의 변동제조원가에 의한 이익

매출액($6,000 × 2,000단위)		$12,000,000
차감 : 변동원가		
변동매출원가($3,500 × 2,000단위)	$7,000,000	
변동판매비(0.10 × $12,000,000)	1,200,000	8,200,000
공헌이익		3,800,000
차감 : 고정원가		
고정제조원가	2,000,000	
고정판매비	600,000	
고정관리비	800,000	3,400,000
순이익		$400,000

e. 단위당 고정제조간접원가 $800 × 기말재고 500단위 = $400,000

핵심용어

변동원가계산 198　　전부원가계산 198　　흡수원가계산 198

객관식 문제

(정답은 아래에)

1. 전부원가계산이 변동원가계산과 다른 점은 무엇인가?

a. 전부원가계산은 판매비를 고려하지 않는다.

b. 전부원가계산은 관리비를 고려하지 않는다.

c. 전부원가계산은 재고원가에 변동제조간접원가를 포함한다.

d. 전부원가계산은 재고원가에 고정제조간접원가를 포함한다.

2. 생산량이 판매량보다 많다면?

a. 전부원가계산은 변동원가계산보다 높은 이익을 보고한다.

b. 전부원가계산은 변동원가계산보다 낮은 이익을 보고한다.

c. 전부원가계산과 변동원가계산은 같은 이익을 보고한다.

3. 적시생산 재고관리시스템을 운용하면?

a. 변동원가계산에 의한 이익과 전부원가계산에 의한 이익의 차이가 증가한다.

b. 변동원가계산에 의한 이익과 전부원가계산에 의한 이익의 차이가 감소한다.

c. 변동원가계산에 의한 이익과 전부원가계산에 의한 이익의 차이에 영향을 미치지 않는다.

4. 내부보고목적이라는 관점에서 변동원가계산의 장점은 무엇인가?

a. CVP분석을 할 수 있다.

b. 판매량을 초과하여 생산함으로써 이익을 증가시키는 것을 제한한다.

c. 경영자가 순이익을 관리할 수 있도록 한다.

d. 2개의 답변을 선택할 수 있다.

5. 생산량이 판매량보다 작다면?

a. 전부원가계산은 변동원가계산보다 이익을 높게 보고한다.

b. 전부원가계산은 변동원가계산보다 이익을 낮게 보고한다.

c. 전부원가계산과 변동원가계산은 동일한 이익을 보고한다.

다음의 정보를 이용하여 6~10번의 질문에 답하여라.

아이아스사의 원가구조는 다음과 같다:

직접재료원가	$10
직접노무원가	20
변동제조간접원가	5
합계	$35
연간 고정제조간접원가	$100,000
연간 고정 판매비와 관리비	$200,000

6. 아이아스사가 10,000단위를 생산해서 8,000단위를 판매했다고 가정하자. 이 경우 전부원가계산에 의한 기말재고는 얼마인가?

a. $70,000

b. $90,000

c. $130,000

d. $140,000

7. 아이아스사가 10,000단위를 생산해서 8,000단위를 판매했다고 가정하자. 이 경우 변동원가계산에 의한 기말재고는 얼마인가?

a. $70,000

b. $90,000

c. $130,000

d. $140,000

8. 아이아스사가 10,000단위를 생산해서 8,000단위를 판매했다고 가정하자. 이 경우 전부원가계산에 의한 매출원가는 얼마인가?

a. $360,000

b. $350,000

c. $300,000

d. $280,000

9. 아이아스사가 10,000단위를 생산해서 8,000단위를 판매했다고 가정하자. 이 경우 변동원가계산에 의한 매출원가는 얼마인가?

a. $360,000

b. $350,000

c. $300,000

d. $280,000

10. 아이아스사가 10,000단위를 생산해서 8,000단위를 판매했다고 가정하자. 단위당 판매가격은 $90 이다. 이 경우 변동원가계산 손익계산서에 보고된 공헌이익은 얼마인가?

a. $350,000

b. $440,000

c. $550,000

d. $700,000

정답

1. d **2.** a **3.** b **4.** d **5.** b **6.** b **7.** a **8.** a
9. d **10.** b

과제

주관식 문제

1. 변동원가계산과 전부원가계산의 차이점을 설명하라.
2. 생산량이 판매량을 초과할 경우 변동원가계산에 의한 이익보다 전부원가계산에 의한 이익이 더 큰 이유를 설명하라.
3. 내부보고목적의 측면에서 변동원가계산의 장점은 무엇인가?
4. JIT재고관리시스템을 운용할 경우 전부원가계산과 변동원가계산에 의한 이익 차이가 근소하게 되는 이유는 무엇인가?
5. 전부원가계산으로 계산한 기말재고잔액(0이 아닌 경우를 가정)이 변동원가계산으로 계산한 기말재고잔액보다 항상 큰 이유를 설명하라.
6. 한 회계기간 동안 50,000단위를 생산해서 46,000단위를 판매하였을 경우, 순이익을 높게 보고하는 원가계산 방법은 무엇인가? 그 이유를 설명하라.
7. 생산량이 판매량보다 적을 경우(생산량을 초과한 판매량은 기초재고이다), 순이익을 높게 보고하는 원가계산 방법은 무엇인가? 그 이유를 설명하라.
8. 변동원가계산과 전부원가계산 각각의 방법에서 고정제조간접원가를 어떻게 처리하는지 설명하라.
9. 전부원가계산에서 제조기업이 고정제조원가를 기말재고에 이연시키는 방법을 설명하라.

연습문제

연습문제 5-1. **[학습목표 2]** **그룹과제** 본 교재의 주요 아이디어 중 하나는 증분분석을 이용한 의사결정이다.

요구사항

증분분석을 이용한 의사결정을 변동원가계산이 어떻게 지원하는지 설명하라.

연습문제 5-2. **[학습목표 2]** **논술형** 윌슨 인더스트리(Wilson Industries)는 연간 60,000단위를 생산하는데 평균적으로 $24,000,000의 고정제조간접원가가 발생한다. 올해, 수요감소에 따라 50,000단위를 판매할 것으로 예상하고 있다. 상급경영자들은 보너스 중 일부가 당기순이익과 연계되어 있다는 점에 우려하고 있다. 이 때문에, 그들은 생산량을 계속 60,000단위로 유지할 것을 고려하고 있다.

요구사항

생산량이 판매량을 초과하는 경우 이익이 증가하는 이유를 기술하고, 10,000단위를 초과 생산했을 경우 그 영향을 계산하라. 경영자들의 이러한 조치가 주주에게 가장 유익한 것인가?

연습문제 5-3. **[학습목표 1]** 멘델프레임(Mendel Manufacturing)은 항공기 제작사들에게 공급하는 창틀을 생산하고 있다. 기초재고는 없었으며, 기중 5,000단위를 생산해서 4,000단위를 판매하였다. 직접재료원가 $500,000, 직접노무원가 $400,000, 변동제조간접원가 $800,000, 고정제조간접원가가 $1,000,000 이었다.

요구사항

전부원가계산과 변동원가계산에 의한 단위당 원가를 계산하라.

엑셀활용 **연습문제 5-4에서 5-10까지는 다음의 정보를 이용하라:**

제녹음향(Xenoc)은 스테레오 스피커를 생산하고 있다. 스피커 1쌍의 판매가격은 $1,800이며, 기초재고는 없다.

제조원가:	
단위당 직접재료원가	$150
단위당 직접노무원가	200
단위당 변동제조간접원가	100
단위당 총변동제조원가	$450
연간 고정제조간접원가	$600,000
판매비:	
연간 고정판매비	$210,000
연간 고정관리비	$110,000

연습문제 5-4. **[학습목표 1]** 기중, 제녹음향은 1,500쌍의 스피커를 생산해서 1,200쌍을 판매하였다.

요구사항

전부원가계산에 의한 기말재고는 얼마인가?

연습문제 5-5. **[학습목표 1]** 기중, 제녹음향은 1,500쌍의 스피커를 생산해서 1,200쌍을 판매하였다.

요구사항

변동원가계산에 의한 기말재고는 얼마인가?

연습문제 5-6. **[학습목표 1]** 기중, 제녹음향은 1,500쌍의 스피커를 생산해서 1,200쌍을 판매하였다.

요구사항

전부원가계산에 의한 매출원가는 얼마인가?

연습문제 5-7. **[학습목표 1]** 기중, 제녹음향은 1,500쌍의 스피커를 생산해서 1,200쌍을 판매하였다.

요구사항

변동원가계산에 의한 매출원가는 얼마인가?

연습문제 5-8. **[학습목표 1]** 기중, 제녹음향은 1,500쌍의 스피커를 생산해서 1,200쌍을 판매하였다.

요구사항

전부원가계산에 의한 순이익은 얼마인가?

연습문제 5-9. **[학습목표 1]** 기중, 제녹음향은 1,500쌍의 스피커를 생산해서 1,200쌍을 판매하였다.

요구사항

변동원가계산에 의한 순이익은 얼마인가?

연습문제 5-10. **[학습목표 1, 2]** 기중, 제녹음향은 1,500쌍의 스피커를 생산해서 1,200쌍을 판매하였다.

요구사항

전부원가계산에서 기말재고에 포함된 고정제조간접원가는 얼마인가? 연습문제 5-8과 연습문제 5-9에서 계산된 이익의 차이와 비교하라.

엑셀활용 연습문제 5-11에서 5-18까지는 다음의 정보를 이용하라:

서밋사(Summit Manufacturing)는 제설용 삽을 생산하고 있다. 단위당 판매가격은 $30이며, 기초재고는 없다.

제조원가:	
단위당 직접재료원가	$5
단위당 직접노무원가	4
단위당 변동제조간접원가	3
단위당 총변동제조원가	$12
연간 고정제조간접원가	$180,000

추가로 연간 고정판매비와 관리비는 $160,000이다.

연습문제 5-11. **[학습목표 1]** 기중, 서밋사는 50,000개의 삽을 생산해서 45,000개를 판매하였다.

요구사항

전부원가계산에 의한 기말재고는 얼마인가?

연습문제 5-12. **[학습목표 1]** 기중, 서밋사는 50,000개의 삽을 생산해서 45,000개를 판매하였다.

요구사항

변동원가계산에 의한 기말재고는 얼마인가?

연습문제 5-13. **[학습목표 1, 2]** 기중, 서밋사는 50,000개의 삽을 생산해서 45,000개를 판매하였다.

요구사항

손익계산서를 작성하지 않은 상태에서 전부원가계산과 변동원가계산에 의한 이익의 차이를 계산하라.

연습문제 5-14. **[학습목표 1]** 기중, 서밋사는 50,000개의 삽을 생산해서 45,000개를 판매하였다.

요구사항

전부원가계산에 의한 매출원가는 얼마인가?

연습문제 5-15. **[학습목표 1]** 기중, 서밋사는 50,000개의 삽을 생산해서 45,000개를 판매하였다.

요구사항

변동원가계산에 의한 매출원가는 얼마인가?

연습문제 5-16. **[학습목표 1]** 기중, 서밋사는 50,000개의 삽을 생산해서 45,000개를 판매하였다.

요구사항

전부원가계산에 의한 순이익은 얼마인가?

연습문제 5-17. **[학습목표 1]** 기중, 서밋사는 50,000개의 삽을 생산해서 45,000개를 판매하였다.

요구사항

변동원가계산에 의한 순이익은 얼마인가?

연습문제 5-18. **[학습목표 1, 2]** 기중, 서밋사는 50,000개의 삽을 생산해서 45,000개를 판매하였다.

요구사항

전부원가계산에서 기말재고에 포함된 고정제조간접원가는 얼마인가? 이 금액과 연습문제 5-13에서 계산한 이익의 차이와 비교하라.

고급연습문제

고급연습문제 5-1. **[학습목표 1, 2]** **엑셀활용** **변동원가계산과 전부원가계산: 판매량은 동일하나 생산량이 증감하는 경우** 스펜서 일렉트로닉스(Spencer Electronics)는 소비자들이 자가용에서 집까지 안전하게 이동하도록 도와주는 가정용 무선조명장치를 생산하고 있다. 회사의 처음 3개 연도에 대한 정보는 다음과 같다:

	2020	2021	2022	계
판매량	20,000	20,000	20,000	60,000
생산량	20,000	25,000	15,000	60,000
고정제조원가	$ 750,000	$750,000	$750,000	
단위당 변동제조원가	$150	$150	$150	
단위당 판매가격	$250	$250	$250	
고정 판매비와 관리비	$220,000	$220,000	$220,000	

요구사항

a. 전부원가계산을 이용하여 각 연도별 이익과 기말재고를 계산하라.
b. 단위당 판매가격, 판매량, 원가구조는 그대로인데 각 연도의 이익의 크기가 다른 이유를 설명하라.
c. 변동원가계산을 이용하여 각 연도별 이익과 기말재고를 계산하라.
d. 변동원가계산에 의한 경우 각 연도별 이익이 모두 동일한 이유를 설명하라.

고급연습문제 5-2. **[학습목표 1, 2]** **엑셀활용** **변동원가계산과 전부원가계산: 판매량과 생산량의 변동** 해밀튼 무대조명(Hamilton Stage Spplies)은 극장에서 사용하는 전문 조명기구를 생산하고 있다. 처음 3개 연도의 정보는 다음과 같다:

	2020	2021	2022	계
판매량	5,000	5,000	5,000	15,000
생산량	5,000	6,000	4,000	15,000
고정제조원가	$ 48,000	$48,000	$48,000	
단위당 변동제조원가	$75	$75	$75	
단위당 판매가격	$225	$225	$225	
고정 판매비와 관리비	$400,000	$400,000	$400,000	

요구사항

a. 전부원가계산을 이용하여 각 연도별 이익과 기말재고를 계산하라.
b. 단위당 판매가격, 판매량, 원가구조는 동일하지만 각 연도별 이익이 다른 이유를 설명하라.
c. 변동원가계산을 이용하여 각 연도별 이익과 기말재고를 계산하라.
d. 변동원가계산에 의한 경우 각 연도별 이익이 모두 동일한 이유를 설명하라.

고급연습문제 5–3. [학습목표 1, 2] 변동원가계산과 전부원가계산: 전부원가계산에 의한 이익관리; 생산량과 판매량의 변경 파이어마스터 비비큐(Firemaster BBQ)는 프로판 가스 그릴용 스테인리스 강판을 생산하고 있다. 회사 운영은 3년째를 맞이하고 있으며, 최근 경쟁의 증가로 매출이 감소하고 있는 추세이다. 이용 가능한 정보는 다음과 같다:

	2020	2021	2022	계
판매량	30,000	28,000	27,000	85,000
생산량	30,000	30,000	25,000	85,000
고정제조원가	$30,000,000	$30,000,000	$30,000,000	
단위당변동제조원가	$1,000	$1,000	$1,000	
단위당 판매가격	$2,500	$2,500	$2,500	
고정 판매비와 관리비	$350,000	$350,000	$350,000	

요구사항

a. 전부원가계산을 이용하여 각 연도별 이익과 기말재고를 계산하라.

b. 변동원가계산을 이용하여 각 연도별 이익과 기말재고를 계산하라.

c. 2021년도에 판매량을 초과하여 생산함으로써 파이어마스터의 경영자가 이익을 조작한 방법을 설명하라. 이와 같은 방법을 매년 계속 반복할 수 있을까?

고급연습문제 5–4. [학습목표 1, 2] 변동원가계산과 전부원가계산: 전부원가계산에 의한 이익관리; 생산량과 판매량의 변경 샘슨제강(Sampson Steel)은 고급형 작업테이블을 생산하고 있다. 최근 3년 동안 경쟁의 증가로 매출이 감소하고 있다. 이용 가능한 정보는 다음과 같다:

	2020	2021	2022	계
판매량	10,000	9,000	8,000	27,000
생산량	10,000	10,000	7,000	27,000
고정제조원가	$350,000	$350,000	$350,000	
단위당변동제조원가	$100	$100	$100	
단위당 판매가격	$350	$350	$350	
고정 판매비와 관리비	$300,000	$300,000	$300,000	

요구사항

a. 전부원가계산을 이용하여 각 연도별 이익과 기말재고를 계산하라.

b. 변동원가계산을 이용하여 각 연도별 이익과 기말재고를 계산하라.

c. 2021년도에 판매량을 초과하여 생산함으로써 샘슨의 경영자가 이익을 조작할 수 있던 방법을 설명하라. 이와 같은 방법을 계속 반복할 수 있을까?

고급연습문제 5–5. [학습목표 1, 2] 변동원가계산과 전부원가계산: 기초재고의 제거가 이익에 미치는 효과 스키퍼풀(Skipper Pools)은 설치식 수영장 설비를 생산하고 있으며, 이용 가능한 정보는 다음과 같다:

	2020	2021	계
생산량	12,000	8,000	20,000
판매량	10,000	10,000	20,000
단위당 판매가격	$4,000	$4,000	
단위당 직접재료원가	$800	$800	
단위당 직접노무원가	$1,500	$1,500	
단위당 변동제조간접원가	$300	$300	
연간 고정제조간접원가	$2,400,000	$2,400,000	
연간 고정 판매비와 관리비	$1,500,000	$1,500,000	

1차 연도에 12,000단위를 생산하였으나 10,000단위만 판매하였다. 2차 연도에는 2020년도에 판매하지 못하였던 재고까지 모두 판매하였으며, 8,000단위를 생산하였다.

요구사항

a. 전부원가계산에 의하여 각 연도의 이익을 계산하라.
b. 2021년도의 이익이 감소하였다는 점에 주목하라. 실제로 2020년에 비하여 2021년의 실적이 나쁜가?
c. 변동원가계산에 의하여 각 연도의 이익을 계산하라.
d. 변동원가계산이 기업성과에 대해 좀 더 현실적인 관점을 제공하는가? 그 이유를 설명하라.

고급연습문제 5-6. [학습목표 1, 2] 변동원가계산과 전부원가계산: 기초재고의 제거가 이익에 미치는 효과 던월스카누(Dunworth Canoes)는 저렴한 알루미늄 카누를 생산하고 있으며, 이용 가능한 정보는 다음과 같다:

	2020	2021	계
생산량	21,000	15,000	36,000
판매량	18,000	18,000	36,000
단위당 판매가격	$500	$500	
단위당 변동제조원가	$200	$200	
단위당 직접재료원가	$80	$80	
단위당 직접노무원가	$50	$50	
단위당 변동제조간접원가	$70	$70	
연간 고정제조간접원가	$630,000	$630,000	
연간 고정 판매비와 관리비	$200,000	$200,000	

1차 연도에 21,000단위를 생산하였으나 18,000단위만 판매하였다. 2차 연도에는 2020년도에 판매하지 못하였던 재고까지 모두 판매하였으며, 15,000단위를 생산하였다.

요구사항

a. 전부원가계산에 의하여 각 연도의 이익을 계산하라.
b. 2021년도의 이익이 감소하였다는 점에 주목하라. 실제로 2020년에 비하여 2021년의 실적이 나쁜가?
c. 변동원가계산에 의하여 각 연도의 이익을 계산하라.
d. 변동원가계산이 기업성과에 대해 좀 더 현실적인 관점을 제공하는가? 그 이유를 설명하라.

고급연습문제 5-7. [학습목표 1] 변동원가계산과 전부원가계산의 이익 조정 밀러난방(Miller Heating)은 보조 난방기를 생산하는 소규모 제조업체이다. 단위당 판매가격은 $300이다. 2020년도에 1,000단위를 생산하고 800단위를 판매하였다. 기초재고는 없으며, 2020년의 전부원가계산과 변동원가계산에 의한 손익계산서는 다음과 같다:

변동원가계산에 의해 작성된 손익계산서
밀러난방
손익계산서
2020년 12월 31일까지

매출액		$240,000
(차감) 변동원가		
변동 매출원가	$32,000	
변동 판매비	16,000	48,000
공헌이익		192,000

변동원가계산에 의해 작성된 손익계산서
밀러난방
손익계산서
2020년 12월 31일까지

(차감) 고정원가		
고정 제조원가	50,000	
고정 판매비	20,000	
고정 관리비	30,000	100,000
당기순이익		$92,000

전부원가계산에 의해 작성된 손익계산서
밀러난방
손익계산서
2020년 12월 31일까지

매출액		$240,000
매출원가		72,000
매출총이익		168,000
(차감) 판매비와 관리비		
판매비	$36,000	
관리비	30,000	66,000
당기순이익		$102,000

요구사항

전부원가계산에 의한 손익계산서상의 이익과 변동원가계산에 의한 손익계산서상의 이익의 차이를 조정하라.

고급연습문제 5-8. [학습목표 1] 변동원가계산과 전부원가계산의 이익 조정 옥타비우스사(Octavius Company)는 주방에서 사용하는 10인치 크기의 주방용 칼을 생산하고 있다. 개당 판매가격은 $200이며, 2020년에 10,000개를 생산해서 8,000개를 판매하였다. 기초재고는 없으며, 변동원가계산과 전부원가계산에 의한 2020년도 손익계산서가 다음에 제시되어 있다:

변동원가계산에 의해 작성된 손익계산서
옥타비우스사
손익계산서
2020년 12월 31일까지

매출액		$1,600,000
(차감) 변동원가		
변동 매출원가	$800,000	
변동 판매비	160,000	960,000
공헌이익		640,000
(차감) 고정원가		
고정 제조원가	300,000	
고정 판매비	100,000	
고정 관리비	200,000	600,000
당기순이익		$40,000

전부원가계산에 의해 작성된 손익계산서
옥타비우스사
손익계산서
2020년 12월 31일까지

매출액		$1,600,000
매출원가		1,040,000
매출총이익		560,000
(차감) 판매비와 관리비		
판매비	$260,000	
관리비	200,000	460,000
당기순이익		$100,000

요구사항

전부원가계산에 의한 손익계산서상의 이익과 변동원가계산에 의한 손익계산서상의 이익의 차이를 조정하라.

고급연습문제 5-9. [학습목표 1, 2] 변동원가계산에 의한 손익계산서의 정보를 이용한 의사결정 음료수용 용기를 생산하는 위너 유리(Wilner Glass)의 변동원가계산에 의한 손익계산서가 아래에 제시되어 있다. 다음 연도에 $80,000의 기본급에 2명의 판매직원을 채용하는 것을 고려하고 있다. 각 판매사원은 연간 $900,000의 매출을 올릴 것으로 회사는 예상하고 있다.:

위너유리
손익계산서
2020년 12월 31일까지

매출액		$20,000,000
(차감) 변동원가		
변동매출원가	$8,000,000	
변동 판매비	4,000,000	12,000,000
공헌이익		8,000,000
(차감) 고정원가		
고정 제조원가	2,600,000	
고정 판매비	1,800,000	
고정 관리비	3,000,000	7,400,000
당기순이익		$600,000

요구사항

a. 판매직원 채용 결정이 이익에 미치는 영향을 계산하라. 회사는 2명의 직원을 고용해야 하는가?

b. 회사의 최고 회계담당자가 수행한 의사결정에 대한 분석결과와 a번에서 여러분이 분석한 결과를 비교해보자. 최고 회계담당자의 분석 중에서 잘못된 점은 무엇인가?

최고 회계담당자의 분석결과

매출 증가분	$1,800,000
2020년의 매출 $1당 이익률($600,000 ÷ $20,000,000)	0.03
	54,000
차감: 기본급여 증가액	160,000
이익에 미치는 영향	($106,000)

고급연습문제 5-10. [학습목표 1, 2] 변동원가계산에 의한 손익계산서의 정보를 이용한 의사결정 고품질의 스테이플러로 잘 알려진 트리오 사무용품(Trio Office Supplies)의 변동원가계산 손익계산서가 아래에 제시되어 있다. 다음 연도에 기본급 $150,000의 급여

조건으로 3명의 판매직원 채용을 고려하고 있다. 회사는 1명의 판매직원이 연간 $400,000의 추가적인 매출을 창출할 것으로 기대하고 있다:

트리오 사무용품
손익계산서
2020년 12월 31일까지

매출액		$30,000,000
(차감) 변동원가		
변동 매출원가	$15,000,000	
변동 판매비	3,000,000	18,000,000
공헌이익		12,000,000
(차감) 고정원가		
고정 제조원가	2,000,000	
고정 판매비	1,500,000	
고정 관리비	3,000,000	6,500,000
당기순이익		$5,500,000

요구사항

a. 직원 채용결정이 이익에 미치는 영향을 계산하라. 회사는 3명의 판매직원을 채용해야 하는가?

b. 회사의 최고 회계담당자가 수행한 의사결정에 대한 분석결과와 a번에서 여러분이 분석한 결과를 비교해보자. 최고 회계담당자의 분석 중에서 잘못된 점은 무엇인가?

최고 회계담당자의 분석결과	
매출 증가분	$1,200,000
2020년의 매출 $1당 이익률	0.183
($5,500,000 ÷ $30,000,000)	219,600
차감: 기본급여 증가액	450,000
이익에 미치는 영향	($230,400)

고급연습문제 5-11. [학습목표 1, 2] 변동원가계산과 전부원가계산 그리고 이익관리 렌턴 트랙터사(Renton Tractor)는 2018년도에 처음 영업을 개시하였으며 정원용 소형 트랙터를 생산하고 있다. 단위당 판매가격은 $4,800, 단위당 변동제조원가 $2,000, 연간 고정원가 $6,400,000, 연간 고정 판매비와 관리비가 $3,600,000이다. 2018~2020년의 전부원가계산에 의한 손익계산서가 아래에 제시되어 있다.

2018년과 2019년의 레턴 트렉터의 사장은 에드워드 벤던 이었다. 이사회에서는 그의 리더십이 회사의 성과에 기여했다고 매우 만족하였다. 회사는 첫 해에 손익분기점에 도달했으며, 두 번째 해인 2019년에도 적정수준의 이익을 기록하였다. 에드워드는 2019년 말에 퇴사하고 인터넷에서 중고차를 판매하는 전자상거래 기업을 시작하였다. 그의 후임으로 온 쟈크 돌턴은 에드워드처럼 만족스러운 성과를 올리지 못하였다. 하지만 쟈크는 초과 재고를 정리하여 회사의 성과를 개선하였다고 주장하였으나, 이사회에서는 오히려 2020년에 $2,360,000의 손실이 발생했음을 지적하였다.

	2018	2019	2020
판매량	4,000	4,000	2,000
생산량	3,000	3,300	3,700
단위당 판매가격	$3,600	$3,600	$5,200
매출액	$14,400,000	$15,840,000	$17,760,000
차감: 매출원가	10,800,000	11,880,000	16,520,000
매출총이익	3,600,000	3,960,000	1,240,000
차감: 판매비와 관리비	3,600,000	3,600,000	3,600,000
순이익(손실)	$-0-	$360,000	($2,360,000)

요구사항

a. 변동원가계산을 이용하여 각 연도별 순이익을 다시 계산하라.

b. 제한된 이용 가능한 정보를 근거로, 에드워드와 쟈크의 상대적 성과에 대한 의견을 제시하라.

c. 전부원가계산에서는 2020년에 상당한 손실을 보고하고 있다. 제한된 이용 가능한 정보에 근거하여, 회사는 트랙터 사업을 폐지해야 하는가?

고급연습문제 5-12. [학습목표 1, 2] 변동원가계산과 전부원가계산 그리고 이익관리 호돈 골프(Hawthorne Golf)는 인기 있는 골프 클럽을 생산하는 기업으로 2015년도에 설립되었다. 단위당 판매가격은 $1,700, 단위당 변동제조원가 $900, 연간 고정원가 $2,100,000, 연간 고정 판매비와 관리비가 $2,250,000이다. 2018~2020년의 전부원가계산에 의한 손익계산서가 아래에 제시되어 있다.

2018년과 2019년의 호돈 골프의 사장은 마일로 호돈 주니어(Milo Hawthorne, Jr.)이었다. 이사회에서는 그의 리더십이 회사의 성과에 기여했다고 매우 만족해 하였다. 회사는 첫 해에 손익분기점에 도달했으며, 두 번째 해인 2019년에도 적정수준의 이익을 기록하였다. 마일로는 2019년 말에 퇴사하고 골프 코스를 구입하고 프로 전문점을 개업하였다. 그의 후임으로 온 데럴 샐머(Daryl selmer)는 마일로처럼 만족스러운 성과를 올리지 못하였다. 하지만 데럴은 초과 재고를 정리하여 회사의 성과를 개선하였다고 주장하였다. 그러나, 이사회에서는 오히려 2020년에 $350,000의 손실이 발생했음을 지적하였다.

	2018	2019	2020
판매량	7,000	7,000	2,500
생산량	4,500	5,500	6,500
단위당 판매가격	$1,200	$1,200	$1,740
매출액	$7,650,000	$9,350,000	$11,050,000
차감: 매출원가	5,400,000	6,600,000	9,150,000
매출총이익	2,250,000	2,750,000	1,900,000
차감: 판매비와 관리비	2,250,000	2,250,000	2,250,000
순이익(손실)	$-0-	500,000	($350,000)

요구사항

a. 변동원가계산을 이용하여 각 연도별 순이익을 다시 계산하라.

b. 제한된 이용 가능한 정보를 근거로, 마일로와 데럴의 상대적 성과에 대한 의견을 제시하라.

c. 전부원가계산에서는 2020년에 회사는 상당한 손실을 보고하고 있다. 제한된 이용 가능한 정보에 근거하여, 회사는 골프 클럽 사업을 폐지하여야 한다고 보는가?

고급연습문제 5-13. [학습목표 1, 2] 변동원가계산과 전부원가계산의 이익조정 다음의 정보는 자든 인더스트리(Jarden Industries)의 첫 사업연도인 2020 회계연도에 관한 것이다:

생산량	150,000
판매량	120,000
기말재고수량	30,000
고정제조간접원가	$900,000

요구사항

a. 전부원가계산을 이용하여 2020년에 비용으로 처리된 고정제조간접비를 계산하라.

b. 변동원가계산을 이용하여 2020년에 비용으로 처리된 고정제조간접비를 계산하라.

c. 전부원가계산에서 기말재고에 포함될 고정제조간접원가를 계산하고 a와 b의 계산결과를 조정하라.

고급연습문제 5-14. [학습목표 1, 2] 변동원가계산과 전부원가계산의 이익조정 다음의 정보는 싱클레어 인더스트리(Sinclair Industries)의 첫 사업연도인 2020 회계연도에 관한 것이다:

생산량	500,000
판매량	450,000
기말재고수량	50,000
고정제조간접원가	$1,500,000

요구사항

a. 전부원가계산을 이용하여 2020년에 비용으로 처리된 고정제조간접비를 계산하라.

b. 변동원가계산을 이용하여 2020년에 비용으로 처리된 고정제조간접비를 계산하라.

c. 전부원가계산에서 기말재고에 포함될 고정제조간접원가를 계산하고 a와 b의 계산결과를 조정하라.

고급연습문제 5-15. [학습목표 1, 2] 변동원가계산과 전부원가계산의 이익: 종합문제 다음의 정보는 포터사(Porter Manufacturing)의 첫 사업연도인 2020 회계연도에 관한 것이다:

단위당 판매가격	$150
단위당 직접재료원가	$75
단위당 직접노무원가	$30
단위당 변동제조간접원가	$5
매출액 $1당 변동판매비	$0.05
연간 고정제조간접원가	$2,750,000
연간 판매비	$1,500,000
연간 관리비	$900,000
생산량	250,000
판매량	230,000

요구사항

a. 전부원가계산을 이용하여 손익계산서를 작성하라.

b. 변동원가계산을 이용하여 손익계산서를 작성하라.

c. 전부원가계산에 의해서 기말재고에 포함된 고정제조간접원가를 계산하고 변동원가계산과 전부원가계산에 의한 이익의 차이를 조정하여라.

고급연습문제 5-16. [학습목표 1, 2] 변동원가계산과 전부원가계산의 이익: 종합문제 다음의 정보는 도리안 인더스트리(Dorian Industrial)의 첫 사업연도인 2020 회계연도에 관한 것이다:

생산량	420,000
판매량	400,000
단위당 판매가격	$50
단위당 직접재료원가	$15
단위당 직접노무원가	$5
단위당 변동제조간접원가	$2
매출액 $1당 변동판매비	$0.20
연간 고정제조간접원가	$1,260,000
연간 고정판매비	$300,000
연간 고정관리비	$100,000

요구사항

a. 전부원가계산을 이용하여 손익계산서를 작성하라.

b. 변동원가계산을 이용하여 손익계산서를 작성하라.

c. 전부원가계산에 의해서 기말재고에 포함된 고정제조간접원가를 계산하고 변동원가계산과 전부원가계산에 의한 이익의 차이를 조정하여라.

고급연습문제 5-17. [학습목표 1, 2] 변동원가계산과 전부원가계산의 이익: 종합문제 다음의 정보는 조겐슨사(Jorgensen Manufacturing)의 첫 사업연도인 2020 회계연도에 관한 것이다:

생산량	8,000
판매량	7,000
단위당 판매가격	$4,500
단위당 직접재료원가	$2,000
단위당 직접노무원가	$1,200
단위당 변동제조간접원가	$900
단위당 변동판매비	$225
연간 고정제조간접원가	$800,000
연간 고정판매비와 관리비	$400,000

요구사항

a. 전부원가계산을 이용하여 손익계산서를 작성하라.

b. 변동원가계산을 이용하여 손익계산서를 작성하라.

c. 전부원가계산에 의해서 기말재고에 포함된 고정제조간접원가를 계산하고 변동원가계산과 전부원가계산에 의한 이익의 차이를 조정하여라.

d. 회사의 판매량이 8,000단위라고 가정하자. 변동원가계산에 의한 이익은 얼마인가? 전부원가계산에 의한 이익은 얼마인가?

고급연습문제 5-18. [학습목표 1, 2] 변동원가계산과 전부원가계산의 이익: 종합문제; 손익분기점 계산 다음의 정보는 악사㈜(Axar)의 첫 사업연도인 2020 회계연도에 관한 것이다:

생산량	20,000
판매량	18,000
단위당 판매가격	$30
단위당 직접재료원가	$6
단위당 직접노무원가	$4
단위당 변동제조간접원가	$2
단위당 변동판매비	$3
연간 고정제조간접원가	$160,000
연간 고정판매비와 관리비	$80,000

요구사항

a. 전부원가계산을 이용하여 손익계산서를 작성하라.

b. 변동원가계산을 이용하여 손익계산서를 작성하라.

c. 변동원가계산 손익계산서를 이용하여, 손익분기점의 판매량과 매출액을 구하라. 전부원가계산 손익계산서를 이용하면 손익분기점을 쉽게 계산할 수 있는가? 동의하는 경우 또는 동의하지 않는 경우에 대한 이유를 기술하라.

사례연구

사례연구 5-1 : 마이크로이미지 테크놀로지(MicroImage Technology), Inc. [학습목표 1, 2]

마이크로이미지 테크놀로지는 내시경을 포함한 의료기기에 부착할 수 있는 소형 디지털 칼라 카메라를 생산하는 기업이다. 카메라의 대당 판매가격은 $215이며 카메라는 사용후 폐기처분된다. 첫 사업연도인 2020년에 80,000대를 판매하였고 $9,810,000의 손실을 기록하였다:

마이크로이미지 테크놀지
손익계산서
2020년 12월 31일까지

매출액		$17,200,000
매출원가		18,360,000
매출총이익		(1,160,000)
(차감) 판매비와 관리비		
판매비	$3,750,000	
관리비	4,900,000	8,650,000
당기순손실		($9,810,000)

회사는 6명의 발명가가 소유하고 있다. 2021년 1사분기 초에 회사의 CFO인 워렌 로간은 다음 2개 연도에 대한 예상수익을 추정하여 소유주들에게 보고하였다. 워렌(Warren)은 회의 분위기가 좋지 않을 것으로 예상하고 있다. 그 이유는 이틀 전 소유주 중 한 명인 산제이 파텔로(Sanjay Patel)부터 다음과 같은 메일을 받았기 때문이다:

> 워렌에게
> 손실이 발생할 것으로 예상은 했지만 이렇게 엄청난 크기의 손실일 줄은 몰랐습니다. 더욱이 판매량이 늘수록 손실이 발생하는 매출총손실은 생각도 하지 못했습니다. 다음 주 투자자들과의 회의에 참석할 때는 이에 대한 설명과 개선된 수치를 기대하겠습니다.
> 산제이 파텔

회의자료를 준비하면서, 워렌은 2020년의 실적에 대한 다음의 자료를 준비하였다:

판매량	80,000
생산량	80,000
판매가격	$215
제조원가	
직접재료원가	$1,280,000
직접노무원가	1,200,000
변동제조간접원가	
설비수리수선비	160,000
검사원가	400,000
기타변동제조간접원가	320,000
고정제조간접원가	
임차료	1,800,000
감가상각비	5,000,000
감독자 급여	4,500,000
기타고정제조간접원가	3,700,000
	$18,360,000

판매비	
변동판매비	
선적비	$280,000
수수료	800,000
여비	120,000
고정판매비	
급여	1,900,000
기타 고정판매비	650,000
	$3,750,000
일반관리비(고정비)	
연구개발비	2,700,000
관리직원 급여	1,300,000
기타 관리비	900,000
	$4900,000

2021년에 대한 가정

1. 2명의 판매 관리자를 각 $90,000의 기본급으로 추가 채용

2. R&D비는 $1,100,000 삭감할 예정

3. 판매량은 30% 증가

2022년에 대한 가정

1. 1명의 판매 관리자를 기본급 $90,000 추가 채용

2. 2021년에 비하여 R&D비를 $600,000 증액

3. 판매량은 2021년의 판매량보다 60% 증가

요구사항

a. 2020년의 전부원가계산에 의한 손익계산서를 변동원가계산에 의한 손익계산서로 다시 작성하라. 산제이 파텔이 우려한 것처럼 판매량이 늘어날수록 손실이 발생하는가?

b. 주어진 정보에 근거하여, 2021년의 손익분기점 매출액과 판매량을 계산하여라.

c. 워렌 로간은 2021년과 2022년에 대한 합리적인 가정들을 만들었다. 이들 가정을 이용하여, 변동원가계산에 의한 2021년과 2022년의 예상손익계산서를 작성하라. 주요 투자자들이 예상이익에 만족할 것으로 보이는가?

사례연구 5-2 : 레인룰러 스테인(Rainruler Stains) [학습목표 1, 2]

레인룰러 스테인은 보호력과 지속력이 좋은 다양한 실외용 목재 착색제를 생산하고 있다. 2020년에 310,000리터를 생산하여 판매하였다. 기초재고는 없었고 손익계산서는 다음과 같다:

레인룰러 스테인
손익계산서
2020년 12월 31일까지

매출액		$4,650,000
매출원가		3,300,000
매출총이익		1,350,000
(차감) 판매비와 관리비		
판매비	$870,000	
관리비	360,000	1,230,000
당기순이익		$120,000

회사는 오레곤, 워싱턴, 아이다호에 있는 대형 철물점에만 제품을 공급하고 있다. 최근 마케팅 부사장인 레기 셔먼(Reggie Sherman)은 몇몇 대형 건설회사와 협상을 하고 있다. 거래가 성사되면 1리터에 $12의 가격으로 연간 70,000리터를 추가로 판매할 수 있을 것으로 예상하고 있다(대형 철물점에는 리터당 $15에 판매하였으며, 이 가격은 신규 거래에 영향을 받지 않을 것이다.).

최근 최고 경영팀과의 회의에서 레기는 신규거래의 재무적 영향을 대략적으로 추정하여 제시하였다.

판매량 증가분(리터)	70,000
리터당 판매가격	$12.00
증분수익	$840,000
$1당 매출총이익($1,350,000 ÷ $4,650,000)	0.2903
증분이익	$243,852

신규매출로 인한 증분이익이 현재 이익의 2배보다 크기 때문에, 회의에 참석한 대부분의 경영진들은 매우 만족해하였다. 회사 관리회계이사인 에드 플레밍(Ed Flemming)을 지원하고 있는 인턴사원인 제니퍼 존스(Jennifer Jones)는 레기가 증분이익을 적게 추정하였다고 생각하였다. 회의 후, 그녀는 상사에게 의문사항을 이야기하였다. "지난 번 토의에서 임차료, 감가상각비, 기타 항목에 대한 고정제조원가가 약 $1,362,500이라고 하였습니다. 레기는 고정제조간접원가를 고려하지 않았습니다. 그리고 판매비에 포함되는 1리터당 선적비 $0.70를 고정비로 계산하였습니다. 엄밀히 말하면 레기는 모든 판매비를 고정비로 처리하였습니다. 관리비는 대체적으로 고정비이지만, 판매비는 그렇지 않습니다. 손익계산서를 변동원가계산을 이용한 공헌이익 손익계산서로 다시 작성한 후, 신규 거래로 인한 영향을 추정하는 것이 어떻겠습니까?" 에드는 제니퍼의 제안을 흔쾌히 받아들였다.

요구사항

여러분이 제니퍼라고 가정하고 변동원가계산을 이용하여 2020년의 손익계산서를 작성하라. 새로 작성된 손익계산서의 정보를 기준으로 건설회사에 대한 매출이 연간 이익에 미치는 영향을 추정하라.

CHAPTER 6

ЕвгенийГерасимов/123RF

원가배부와 활동기준원가계산

학습목표

1. 간접원가를 배부해야 하는 이유와 원가배부절차를 설명하고 서비스부문의 원가 배부에 대하여 논의
2. 원가배부의 잠재적 문제점을 확인하고 활동기준원가계산(ABC)과 원가동인에 대하여 논의하고 활동기준원가계산(ABC)과 활동기준관리(ABM)를 구분

맥마스터 스크린 테크놀러지(McMaster Screen Technologies)는 전화, 키오스크, 자동 내비게이션 장치, 기타 전자제품 등에서 사용되는 다양한 종류의 터치스크린 디스플레이를 생산하는 기업이다.

전화기에 사용되는 터치스크린의 매출이 전체의 약 80%를 차지하며, 매출의 나머지 20%는 키오스크, 맞춤제작설비, 군사용 제품에서 발생하고 있다.

최근 몇 개월 동안 맥마스터의 CFO(최고재무책임자)인 마이클 소마스(Michael Soma)는 몇몇 제품의 수익성에 대하여 신중하게 검토하고 있었다. 특히 생산량이 많은 자동 내비게이션 시스템용 터치스크린 제품인 모델 ND32는 손익분기점을 겨우 넘고 있었으며, 생산량이 매우 적은 군용 터치스크린 제품인 모델 MK420은 제조원가보다 판매가격이 매우 높게 나타나고 있었다. 회사는 생산 비효율성을 줄이기 위해서 지속적으로 노력하고 있으며, 생산량이 많은 제품이 수익률이 높을 것으로 예상하고 있었기에 이러한 예상 외의 결과에 마이클은 매우 놀랐다. 또한 엄격한 품질기준을 맞추기 위한 최신 생산기술이 필요한 군용제품은 생산을 시작한 지 얼마 지나지 않았기 때문에, 생산의 비효율성으로 인해 1년 이상 낮은 수익률을 나타낼 것으로 예상하고 있었다.

회사는 제조간접원가를 노무원가를 기준으로 배부하고 있다. 마이클은 배부방법이 단순하기 때문에 모델 ND32에는 제조간접원가가 너무 높게 배부되고, 모델 MK420에는 너무 낮게 배부될 수 있는 가능성을 생각하고 있다.

한 종류 이상의 제품 또는 서비스를 생산하고 있는 기업들은 한 종류의 자원을 여러 제품 또는 서비스들에 사용하기 때문에(예-서로 다른 2종류의 제품 생산에 하나의 생산설비가 사용되는 경우) 간접원가의 발생을 피할 수 없다. 다양한 부문들도 동일한 자원들을 나누어서 사용할 수 있다(예-마케팅부서와 인사부서가 한 대의 고속복사기를 함께 사용하는 경우). 공통자원 사용과 관련된 간접원가는 각 제품 또는 각 서비스에 대하여 직접적으로 추적할 수 없으며, 이들 원가를 할당하기 위한 특별한 방법이 필요하다. 간접원가의 할당 과정을 **원가배부**(Cost allocation)라고 하며, 이미 2장에서 이에 대해 살펴보았다. 불행하게도 원가배부는 마이클이 직면하는 문제들을 자주 일으킨다. 이러한 문제들을 처리하기 위해서는 원가가 배부되는 이유와 방법에 대한 충분한 이해가 필요하다. 본 장의 목표는 이에 대한 이해를 제공하는 것이다. 본 장의 요점 중 하나는 원가는 다양한 목적으로 배부되고 있다는 것이며, 즉 어떤 목적에서는 적절한 원가배부가 다른 목적에서는 적절하지 않다는 것이다.

제조기업의 많은 경영자들은 전통적인 원가배부방법이 제품원가를 심각하게 왜곡하고 있다는 것을 인식하고 있다. 대부분의 원가계산시스템은 간접원가를 생산량과 관계된 측정치를 이용하여 배부하고 있기 때문에 이러한 문제들이 발생하는 것이다. 맥마스터의 경우도 제조간접원가를 노무원가를 기준으로 배부하고 있다. 그러나 많은 제조간접원가들은 생산량에 비례해서 발생하지 않는다. **활동기준원가계산**(activity-based costing 이하 ABC)은 이러한 문제들을 발생시키는 간접원가를 배부하기 위한 방법이다. 2장에서 ABC를 간략하게 살펴보았으며, 본 장에서는 원가배부의 일반적인 과정에 대한 충분한 이해와 함께 ABC에 대해서 자세하게 살펴보고자 한다.

맥마스터의 사례를 이용하여 ABC를 학습한다. 그러나 ABC는 제조기업에만 국한된 것이 아니라, 은행, 병원, 보험회사, 기타 서비스 기업 등에서 고객에게 제공되는 서비스원가에 대한 통찰력을 제공해 줄 수 있다. 본 장의 끝 부분에서는 서비스 기업의 여러 문제들과 사례들을 제시하고 이와 같은 비즈니스 환경에서 ABC의 사고를 일반화할 수 있는 기회들을 제공할 것이다.

학습목표 1 간접원가를 배부하는 이유와 원가배부절차를 설명하고 서비스부문의 원가배부에 대하여 논의

6.1 원가배부의 목적

기업들이 원가를 제품, 서비스, 부문에 배부하는 목적은 4가지이다: (1) 적절한 의사결정에 필요한 정보를 제공, (2) 공통자원의 불필요한 사용 감소, (3) 경영자가 내부에서 제공받는 서비스의 효율성을 평가하도록 유도, (4) 재무보고목적과 원가기준 가격결정을 위하여 필요한 제품의 "전부원가" 계산(〈그림 6-1〉 참조). 이들 4가지 목적을 살펴보기로 하자.

6.1.1 의사결정을 위한 정보의 제공

경영자들이 회사의 자원을 사용하면, 이에 대한 원가를 배부 받는데, 즉, 경영자들은 자원사용에 대한 댓가를 배부 받는 것이다. 예를 들어, 메이필드 소프트웨어(Mayfield Software)의 생산부장인 멜린다 스미스(Malinda Smith)가 현재 개발 중인 제품을 위한 샘플 상자의 설계를 디자인부서에 의뢰하였다고 가정하자. 이 경우 그녀는 자신의 부서에서 생산하는 제품의 손익계산서에 작업과 관련하여 디자인부서에서 발생한 원가를 반영하게 될 것이다. 그녀가 의뢰한 작업이 많을수록 더 많은 원가를 배부 받기 때문에, 자신이 관리하는 부서의 이익은 감소하게 될 것이다. 그러나 이러한 원가배부가 적절한 것일까?

의사결정의 측면에서 회사 자원의 사용으로 배부된 원가는 기회원가로 측정되어야 한다. 이에 대한 이유를 살펴보기로 하자. 디자인부서가 추가적인 작업을 수행할 수 있는 여유가 있으며 설계작업이 아주 최소한의 재료원가 이외에 추가적인 원가가 발생하지 않는다고 가정해보자. 이러한 경우, 기회원가는 거의 "0"에 가까울 것이며, 적절한 원가배부액은 "0"이 될 것이다. 회사도 디자인부서에서 서비스를 지원받았다고 해서

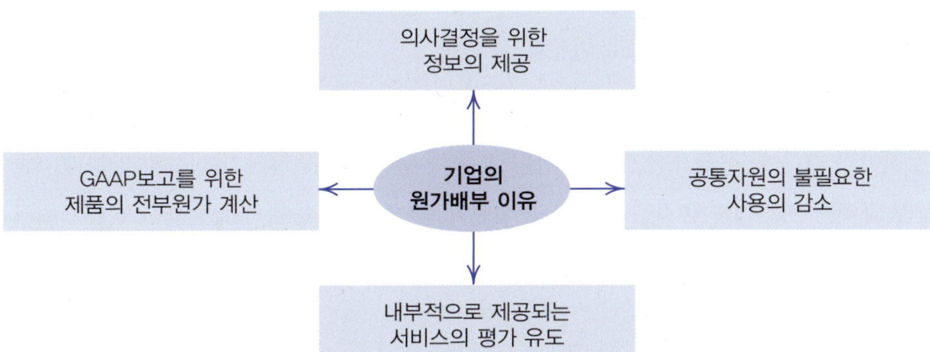

〈그림 6-1〉 기업들이 원가를 배부하는 이유

멜린다에게 추가적인 원가를 배부하여서 그녀를 실망시키지 않을 것이다.

반면, 디자인부서가 매우 바쁘기 때문에 멜린다가 의뢰한 작업을 하게 되면, 다른 작업들이 지연된다고 가정하자. 다른 생산라인 경영자는 설계작업이 기한 내에 이루어질 수 있도록 외부에 설계작업을 의뢰할 것을 회사에 요구할 것이며, 이 경우 $5,000 의 비용이 발생한다고 가정하자. 멜린다가 디자인부서에 의뢰한 설계작업의 기회원가는 $5,000 가 되며, 멜린다의 생산부문에 $5,000 를 배부하는 것이 적절할 것이다. 디자인부서에 의뢰한 설계작업으로 $5,000 의 비용을 부담하는 것에 동의하지 않는다면, 그녀는 작업을 의뢰하지 않을 것이고 다른 생산부문의 경영자가 그녀 대신 설계작업을 의뢰할 수 있게 됨으로써 회사는 $5,000 의 비용을 외부에 지불하지 않아도 된다.

배부된 원가는 사용한 회사 자원의 기회원가로 측정되어야 하지만, 현실에서는 실무적으로 쉽지 않다. 예를 들어, 수요일에 디자인부서가 급한 작업을 처리하여야 하므로 초과근무를 하였다. 그러나 금요일에는 급한 작업이 완료되었기 때문에 여유작업시간이 있다. 이런 경우 기회원가는 금요일보다 수요일에 작업한 경우가 더 크게 된다.

하지만 배부된 원가를 기회원가로 측정하는 것은 여전히 유용한 개념이다. 원가를 배부할 때마다, "배부된 원가가 사용한 자원의 기회원가와 얼마나 비슷한가?"라는 질문을 하도록 하자. 배부된 원가와 기회원가가 비슷할수록, 원가배부의 적절성은 좋아진다.

6.1.2 공통자원의 불필요한 사용의 감소

전 절에서 기술하였듯이, 배부된 원가는 내부자원 또는 서비스의 사용에 대한 대가로 부담하는 것이다. 어떤 회사가 세 개의 부문에서 이용하는 컴퓨터 네트워크를 운영하고 있다고 가정하자. 네트워크 운영원가는 연간 거의 $100,000가 고정적으로 발생하고 있다. 일부 회계담당자들은 운영원가가 고정비이며 네트워크 서비스를 이용한다고 해서 추가적인 원가가 발생하지 않기 때문에 네트워크 서비스를 이용하는 부문들에 비용을 부담시킬 필요가 없다고 주장할 수 있다. 그러나, 이들 부문에 서비스 이용에 따른 원가를 배부하지 않는다면, 서비스를 사소하거나 불필요한 용도(예-컴퓨터 게임, 불필요한 이메일의 전송, 네트워크의 과부하를 가져올 수 있는 동영상에 접속 등)로 이용할 수 있다.

이러한 상황이 회사 전체의 이익에 부정적이지 않다고 생각할 수 있다. 네트워크와 관련된 원가들이 기본적으로 고정적이기 때문에, 불필요한 이용을 한다고 해서 추가적인 원가가 발생하지 않는데, 왜 이를 억제해야 하는가? 그러나 여기에는 숨겨진 원가가 존재한다. 즉 다른 부문에서 불필요하게 네트워크를 이용하는 경우 네트워크를 이용하는 다른 부문의 서비스가 느려진다는 것이다. 즉, 기회원가는 네트워크서비스의 속도와 관련이 있다.

불필요한 이용을 제거할 수 있는 한 가지 방법은 서비스 이용에 대한 원가를 부담시키는 것이다. 예를 들어, 부문 1과 부문 2는 네트워크 이용시간을 연간 1,000시간으로 계획하고 있으며, 부문 3은 3,000시간을 계획하고 있다고 가정하자. 시간당 부담비용은 $25($100,000 ÷ 4,000시간)로 추정된다. 다음으로 각 부문이 계획과 같이 네트워크를 이용한다고 가정하고, 네트워크 총원가($100,000)를 3개의 부문에 배부한다. 부문 1과 부문 2는 $25,000가 배부되며, 부문 3은 $50,000가 배부될 것이다. 만약 각 부문의 경영자들이 원가를 이와 같은 방법으로 배부한다는 것을 인식한다면, 부문의 이익을 감소하는 불필요한 네트워크 이용을 줄이고자 노력할 것이다.

6.1.3 서비스 평가 유도

원가배부는 경영자들이 배부 받는 서비스를 평가하도록 유도하기 때문에 유용하다. 컴퓨터 서비스, 시설관리 서비스와 같이 내부적으로 제공되는 서비스에 대한 원가가 이용자에게 배부되지 않는다면 서비스 이용자들은 이들 원가들을 신중하게 평가하고자 하는 동기를 갖지 않을 것이다. 현실적으로 이러한 서비스들이 무료로 제공되는 것은 사실이다. 하지만, 서비스 이용자들이 자신이 이용하는 서비스에 대한 원가를 배부받게 된다면, 이용자들은 서비스를 신중하게 검토하고 좀 더 낮은 원가로 이용할 수 있는 대안들을 찾는 것에 강한 동기를 가지게 될 것이다. 만약 낮은 원가로 이용할 수 있는 대안들이 있다면, 이용자들은 이를 회사에 제안할 것이고, 회사는 내부적으로 제공되는 서비스의 효율성을 평가할 것이다.

멜린다 스미스의 예를 다시 생각해보자. 자신이 생산하는 제품의 포장설계를 디자인부서에 의뢰하였으며, 이에 대한 원가로 $5,000를 배부받는다고 가정하자. 만약 외부에 작업을 의뢰하였을 경우 $2,000가 발생한다는 것을 알고 있다. 이런 경우, 디자인부서의 경영자가 운영원가를 낮추도록 지시할 수 있는 상급경영자에게 이를 보고할 것이다. 만약 디자인부서의 원가가 더 이상 감소될 수 없다면, 회사는 디자인부서를 폐쇄하고 독립된 외부의 디자인 기업을 이용할 것이다.

6.1.4 전부원가 정보의 제공

이미 설명하였듯이, GAAP은 외부보고목적을 위하여 전부원가계산을 요구하고 있다. 제조간접원가들은

Link to Practice

원가가산계약은 잘못된 원가배부의 유인을 제공

국방부가 맺는 계약 방식을 흔히 원가가산계약이라고 한다. 이 계약방식에 따라 국방부에 납품하는 회사는 직접원가와 합리적인 간접원가, 그리고 적절한 이익을 보장 받는다(원가가산의 "가산"부분). 이러한 계약들은 공급자들에게 원가를 비정부부문에서 발생한 원가를 정부계약에 배분하도록 유인을 제공한다. 그 이유는 정부와의 계약에서 더 많은 비용을 할당할수록, 그들의 회수액이 더 높아지기 때문이다. 이런 부정행위를 막기 위해 정부는 내부고발자(정보제공자)가 되찾은 금액의 15~30%를 받을 수 있도록 하는 허위청구에 관한 법을 통과시켰다. 정보제공자들이 수백만 달러를 모을 수 있기 때문에, 이 법은 일반적으로 사기를 밝혀내는 데 상당히 효과적이라고 여겨진다.

이를 준수하기 위하여 생산된 제품들에 배부되어야 한다. 또한 전부원가정보는 발생한 원가를 기준으로 수익을 결정하는 계약을 하는 경우 필요하다. 예를 들어, 연방정부와 방위산업체들은 제조원가와 원가의 일정비율을 가산한 금액을 기준으로 계약을 하는 경우가 있다. 이러한 계약을 "원가-가산"계약이라고 한다. 원가가산계약에서 흥미로운 점은 제조원가 이외에 일반관리비도 일정부분 포함한다는 점이다. 즉, 배부되는 원가의 상당 금액이 계약된 작업을 위해 발생하는 제조간접원가와 일반관리원가를 대상으로 한다.

내부고발자 소송 중 TRW를 상대로 한 유명한 소송이 있다. 이 소송은 TRW가 비정부 계약에 대한 비용을 정부에 청구함으로써 정부계약을 악용했다고 주장했다. 2003년 소송이 종료되었을 때, TRW는 노스롭(Northrop)에 매각되었다. 노스롭은 소송을 해결하기 위해 1억 1,100만 달러를 지불하기로 동의했다.

원가가산계약의 중요한 한가지 문제는 원가가산기준에 따라 생산한 제품에 가능한 많은 원가와 관련이 없는 원가를 포함시키려고 하는 동기가 존재한다는 것이다. 원가가산계약에 배부되는 원가가 많을수록, 회사가 수령하는 금액은 커지기 때문이다.

이러한 한계에도 불구하고, 원가가산계약은 유용한 목적을 제공한다. 원가보상과 이익획득에 대한 확신이 없다면, 많은 제조기업들은 시도한 적이 없는 기술을 이용하여 최신식 제품을 생산하면서 발생할 수 있는 재무적인 위험을 감당하지 않을 것이다. 예를 들어, 개발에 소요되는 모든 원가를 보상받을 수 있다는 보증이 확보되어야만 최신 전투기를 개발하는 계약에 제조기업들이 참여할 것이다.

Test Your Knowledge

간접원가는 제품, 서비스, 부문에 다음과 같은 목적으로 배부되어진다:

a. 의사결정의 개선 **b.** 자원의 불필요한 사용의 감소
c. 서비스의 평가 유도 **d.** "전부원가"정보의 제공
e. 모두 정답

정답 : e

6.2 원가배부 과정

원가배부가 필요한 이유들을 살펴보았다. 원가배부는 어떻게 이루어지는가? 원가배부과정은 3단계로 구성되어 있다: (1) 원가대상의 확인, (2) 원가 풀의 작성, (3) 원가대상에 원가 풀을 연계시키기 위한 배부기준의 선택. 〈그림 6-2〉에 이에 대한 내용이 제시되어 있다.

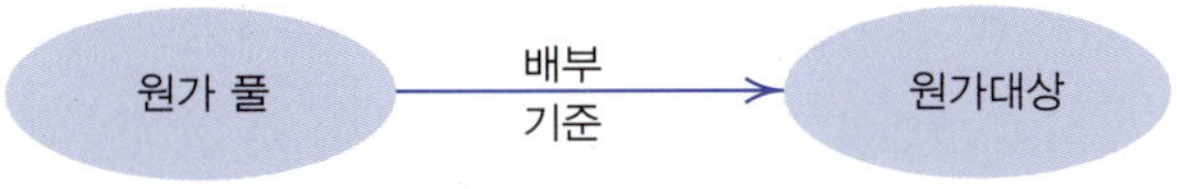

〈그림 6-2〉 원가배부과정

6.2.1 원가대상의 결정

원가배부과정의 첫 번째 단계는 배부된 원가가 집계되는 제품, 서비스, 부문을 결정하는 것이다. 배부대상은 **원가대상**(cost object)이라고 한다. 예를 들어, 드릴 기계의 감가상각비를 플랜지와 브라켓과 같은 제품에 배부하는 경우, 제품들이 원가대상이다. 만약 컴퓨터처리원가를 컴퓨터지원디자인 그룹이 작업한 계약에 배부한다면, 각각의 계약이 원가대상이 된다. 은행의 일반관리비를 제품라인(대출서비스, 유산상속계획 서비스)별로 배부한다면, 이들 제품라인이 원가대상이 된다(〈그림 6-3〉 참조).

6.2.2 원가풀 구성

원가배부과정의 두 번째 단계는 **원가풀**(cost pool)을 구성하는 것이다. 원가풀은 하나의 배부기준을 이용하여 배부되는 개별원가의 집합이다. 예를 들어, 유지관리부문의 모든 원가는 하나의 원가풀로 볼 수 있다. 유지관리부문의 원가풀에는 직원의 임금, 소모품, 공구, 및 다양한 원가들이 포함될 수 있다. 원가풀이 부문별

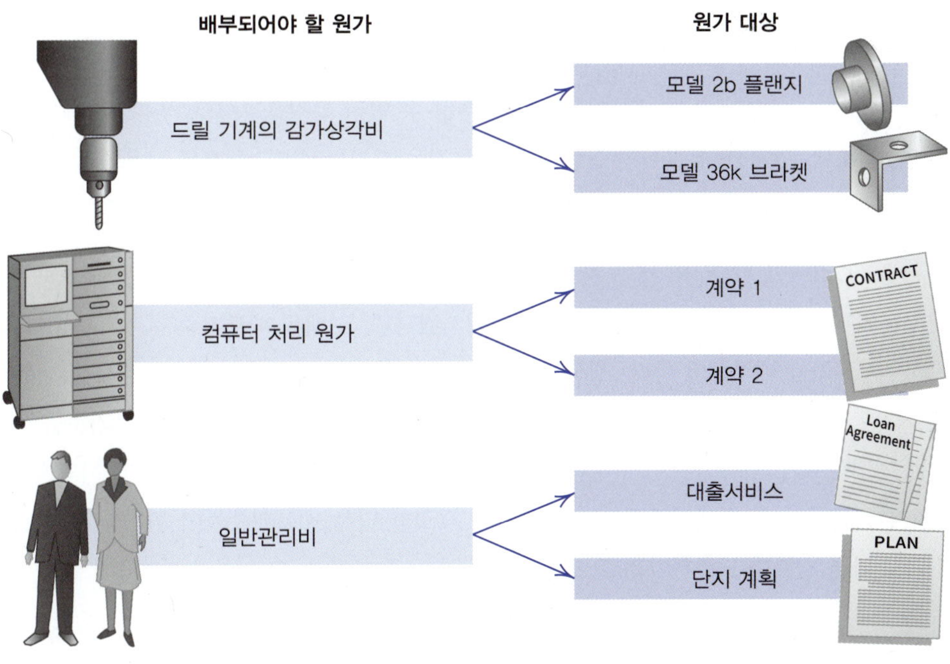

〈그림 6-3〉 원가대상

로 만들어지는 경우도 종종 있다(예-유지관리부문과 인사부가 각각 1개의 원가풀). 원가풀은 주요 활동별로 구성될 수도 있다. 예를 들어 대부분의 제조기업에서 주요 활동 중 하나인 생산설비 작업준비활동과 관련된 원가의 집합이 하나의 원가풀이다.

원가풀의 형성에서 최우선적으로 고려해야 할 사항은 원가풀을 구성하는 원가들이 동일하거나 유사하여야 한다는 것이다. 이들 원가들이 동종의 원가들인지 여부를 확인하는 방법은 전체 원가풀과 원가풀을 작게 나눈 후, 기존의 원가풀과 작게 만든 원가풀을 대상으로 다양한 배부기준을 이용하여 원가를 배부한 결과를 비교하는 것이다. 배부결과에 차이가 중요하지 않다면 원가풀을 구성하고 있는 원가들은 동종의 원가로 고려될 수 있다.

몇몇 제조기업에서는 모든 제조간접원가(전력원가, 컴퓨터처리원가, 재료처리원가 등)를 단일 원가풀에 포함시키기도 한다. 그러나 다양한 활동들과 관련된 원가들로 구성된 큰 규모의 원가풀을 이용한 원가배부는 유용한 정보를 제공하지 못한다(이 문제에 대해서는 본 장의 후반부에서 다룬다). 제조간접원가를 배부하기 위하여 하나의 원가풀을 이용하는 것은 너무 범위가 넓지만, 또한 제조간접원가를 배부하기 위한 원가풀을 몇 개로 구성해야 할지도 명확하지 않다. 경영자들은 원가-효익을 기준으로 의사결정을 하여야 한다. 원가풀을 많이 구성할수록 더 많은 분석과 기록을 관리할 필요가 있으며, 이에 따라 비용도 많이 발생한다. 그러나, 원가풀이 많을수록 정보의 정확성이 높아져서 이로 인한 효익도 커질 것이다.

6.2.3 배부기준의 선택

원가배부과정의 세 번째 단계는 원가풀과 원가대상을 연계시키기 위한 배부기준을 선택하는 것이다. 배부기준은 원가대상들에 대해서 공통적인 어떤 특징을 가지고 있어야 한다. 원가대상이 제품들이라면, 직접노무시간, 직접노무원가, 기계시간 등은 배부기준으로 사용될 수 있는 특징을 가지고 있다. 원가대상이 기업의 부문들이라면, 매출액, 총자산, 부문이익 등이 공통된 특징을 가지는 배부기준으로 사용될 수 있는 예이다.

적절한 배부기준을 결정하는 것은 쉽지 않다. 이상적인 배부기준은 원가가 발생된 원인에 따라 원가대상별로 원가를 나눌 수 있어야 한다. 이 경우 배부는 **인과관계**(cause-and-effect relationship)를 기준으로 한다. 예를 들어, 생산부문의 추가활동이 수선부문의 원가를 발생시켰다면, 선택된 배부기준은 추가활동이 발생한 생산부문에 원가를 추가로 배부해야 한다. 생산부문의 직접노무시간, 직접노무원가, 기계시간은 수선부문 원가를 발생시키는 활동들을 나타내기 때문에 배부기준으로 선택한다. 그러나 이들 배부기준들의 인과관계를 고려할 때 가장 우수한 배부기준인지는 판단하기 어렵다. 다음 절에서 살펴보겠지만, 이와 같은 점이 원가배부의 한가지 문제이다. 배부기준으로 이용하기에 적절한 많은 배부기준들이 원가를 원가대상에 할당하였을 때 서로 다른 결과를 도출한다는 것이다.

한 가지 예를 고려해보자. 와트 기계(Watts Equipment Company)는 조립과 마감이라는 2개의 생산부문에 수선부문의 간접원가를 배부 받고 있다. 다음 년도에, 수선부문에서 $200,000의 변동원가가 발생할 것으로 예상되며, 생산부문에서 발생한 노무시간과 기계시간 모두와 관련이 있다. 작업시간과 기계시간은 하단의 표에 제시되어 있다. 노무시간을 배부기준으로 할 경우, 배부율은 노무시간 당 $4이며, 조립부의 배부금액은 $80,000이다. 그러나 기계시간을 배부기준으로 할 경우, 배부율은 기계시간 당 $10이고, 조립부는 $110,000을 배부받는다. 배부기준에 따라 배부된 금액의 차이는 $30,000이 발생한다.

	노무시간	배부액	기계시간	배부액
조립	20,000	80,000	11,000	110,000
마감	30,000	120,000	9,000	90,000
계	50,000	200,000	20,000	200,000
배부율	$4/노무시간		$10/기계시간	

간접원가가 고정비인 경우 원가와 원가대상간에 인과관계를 기준으로 배부기준을 설정할 수 없다. 따라서 인과관계기준 대신 수혜기준, 부담능력기준, 공정성기준 등을 고려해 볼 수 있는데, 문제는 적용기준이 분명하지 않으며 용이하지 않다는 것이다.

수혜기준(relative benefits approach)은 발생된 원가가 제공한 효익을 많이 받은 원가대상이 원가도 많이 배부되어야 한다는 기준이다. 예를 들어, 컴퓨터 원가는 컴퓨터를 많이 이용할수록 컴퓨터 이용에 따른 효익도 많기 때문에 컴퓨터를 이용한 시간을 기준으로 배부하는 것을 의미한다. 그러나, 컴퓨터를 구입할 때 존재하지 않았던 부문들에게도 고정컴퓨터원가가 배부되는 문제가 발생할 수 있다.

부담능력(ability to bear)을 기준으로 원가를 배부하는 경우 이익이 많이 나는 제품, 서비스, 제품, 부문에 더 많은 원가를 배부하는 것이다. 이익이 많이 날수록, 배부율이 높아져서 증가한 원가를 부담할 수 있기 때문이다.

Link to Practice

연방보조금과 계약에 대한 원가배부 기준

워싱턴대학(University of Washington)의 의학 연구자들은 다양한 연방정부 보조금에 의한 연구활동과 일반 계약에 따른 연구활동을 수행하기 때문에 종종 실험실 공간, 비품, 지원인력, 기타 자원을 연구활동에 따라 구분한다. 왜냐하면, 각각의 연방정부 보조금과 일반계약 별로 원가를 구분해야 하기 때문이다.

예를 들어, 주사기들은 다양한 보조금과 관련된 다양한 실험에서 이용될 수 있으며, 실험원가이기는 하지만, 실험실에서 개별 주사기를 특정 보조금에 대하여 직접적으로 추적하지는 않는다. 대신 주사기의 원가는 각각의 보조금에서 수행된 실험의 상대적 횟수를 기준으로 배부하고 있다. 보조금별로 원가를 배부하는데 이용되는 배부기준의 예가 추가로 제시되어 있다:

- 컴퓨터설비원가는 각 프로젝트에서 사용한 시간을 기준으로 배부
- 개별검사원가는 검사가 시행된 의뢰인의 수를 기준으로 배부
- 임차료는 각 프로젝트 별로 전적으로 해당 프로젝트만 참여한 연구자의 수를 기준으로 배부

출처 : Post Award Fiscal Compliance, University of Washington, (June, 2017).

공정성 배부기준(equity approach to allocation)은 공정하다고 또는 공평하다고 인식되는 기준에 따라 배부하는 것이다. 분명한 것은 개인마다 공평하다고 인지하는 기준이 서로 다르기 때문에, 기준을 적용하기가 어렵다는 것이다.

6.3 지원부문 원가의 배부

대부분의 제조기업에서 조직 단위는 생산부문과 지원부문으로 구분할 수 있다. 생산부문은 직접적으로 제조활동에 참여하며, 지원부문은 간접적인 지원을 제공한다. 예를 들어, 가구제조기업의 경우 생산부문은 조립과 마감부를 들 수 있으며, 지원부문은 수선, 시설관리, 인사, 급식, 원가회계, 동력부문을 들 수 있다. 지원부문별로 만들어진 원가풀은 원가대상인 생산부문별로 배부된다. 궁극적으로 생산부문의 원가들은 특정 제품별로 배부된다.

6.3.1 지원부문 원가의 직접배부법

본 교재에서 다루는 지원부문의 원가배부방법을 직접배부법이라고 한다. **직접배부법**(direct method)에서는 지원부문원가를 생산부문에만 배부하며 다른 지원부문에는 배부하지 않는다.[1] 실제 시설관리부는 인사부에도 서비스를 제공하고 있다. 〈그림 6-4〉에 이에 대한 과정이 제시되어 있다. 그림을 보게 되면 시설관리부와 인사부 사이에는 화살표가 표시되어 있지 않은데 그 이유는 두 부문 사이에 배부될 원가가 없기 때문이다.

메이슨 가구(Mason Furniture Company)의 경우를 고려해보자. 회사의 시설관리원가는 $100,000이며, 이들 원가를 각 생산부문의 점유면적을 기준으로 배부하고자 한다. 점유면적은 조립부가 20,000 m^2이며, 마감부는 30,000 m^2이므로, 배부율은 m^2당 $2($100,000 ÷ 50,000 m^2) 이다. 조립부는 $40,000(20,000 m^2 × $2), 마감부는 $60,000(30,000 m^2 × $2)를 배부 받는다.

메이슨사의 인사부에서 발생한 원가는 $200,000이며, 이들 원가들은 각 생신부문의 종업원의 수를 기준으로 배부된다. 각 생산부문의 종업원은 조립부가 60명, 마감부가 40명이다. 따라서 배부율은 종업원 1인당 $2,000($200,000 ÷ 100명)이다. 조립부는 $120,000(60명 × $2,000)를 배부 받으며, 마감부는 $80,000(40명 × $2,000)의 인사부 원가를 배부 받는다.

6.3.2 지원부문 예산원가와 실제원가의 배부

일반적으로 지원부문의 실제원가보다는 예산원가를 배부하는 것이 적절하다. 예산원가가 배부되면, 지원

1 직접배부법 이외의 지원부문원가의 배부방법들(단계배부법, 상호배부법)은 원가회계교재에서 다루고 있다.

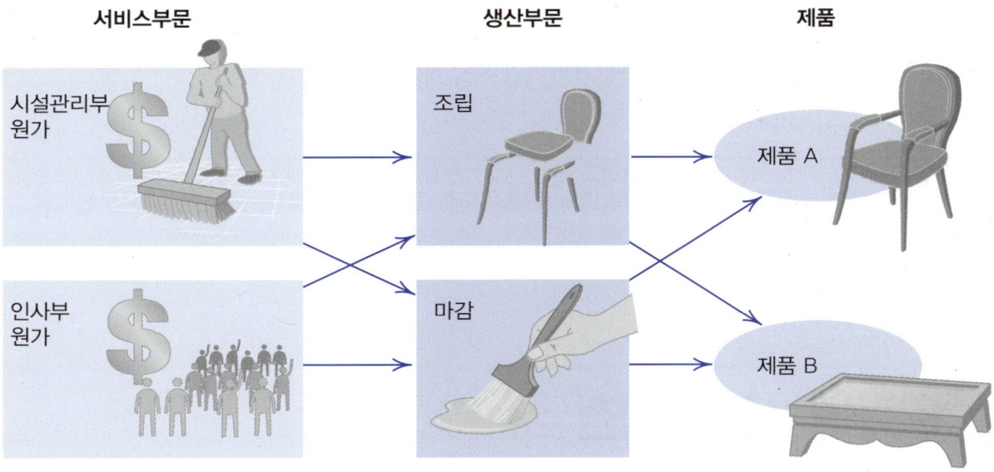

〈그림 6-4〉 직접법을 이용한 지원부문 원가의 배부

부문의 비효율성과 낭비적 요인 때문에 발생한 원가들이 생산부문에 배부되지 않는다. 예를 들어, 연초에 시설관리부의 원가를 $100,000로 예산을 세웠다면, 회계부서는 조립부와 마감부에 점유면적 당 $2의 원가가 배부될 예정이라고 알려 줄 것이다.

그러나 시설관리부의 실제원가가 $130,000이 발생하였다면, 이는 통제가 효율적으로 이루어지지 않아 $30,000가 초과 발생한 것이다. 만약 실제원가가 배부되었다면, 점유면적당 $2.60($130,000 ÷ 50,000 m^2)가 배부될 것이다. 조립부와 마감부의 경영자는 이에 대하여 강하게 거부할 것이다. 분명한 것은, 다른

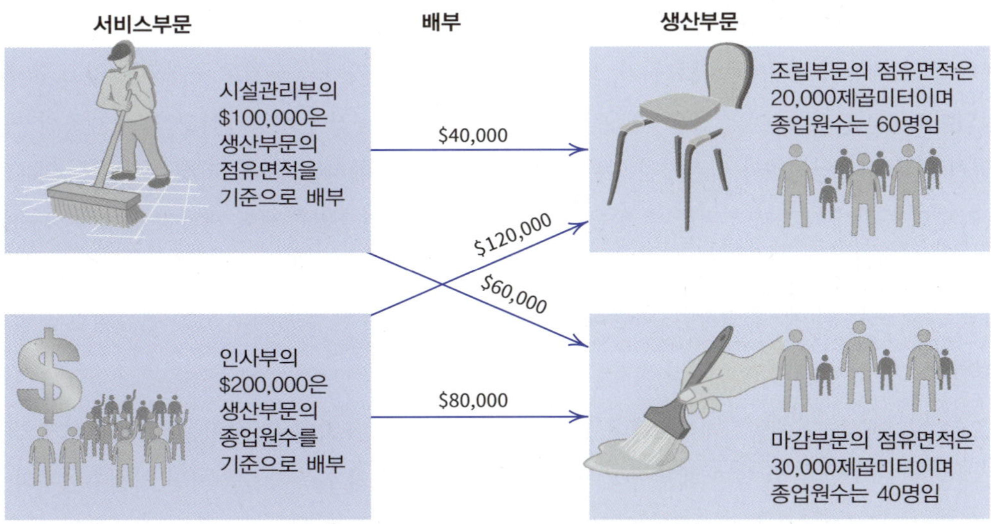

〈그림 6-5〉 메이슨 가구의 직접배부법에 의한 지원부문 원가배부

부문의 비효율성 때문에 자신의 원가가 증가하는 것을 원하지 않는다는 것이다. 예산원가를 배부한다면 이러한 문제는 피할 수 있으며, 이 경우 시설관리부의 원가는 m^2 당 $2.00을 배부하여야 한다.

학습목표 2 원가배부의 잠재적 문제점을 확인하고 활동기준원가계산(ABC)과 원가동인에 대하여 논의하고 활동기준원가계산(ABC)과 활동기준관리(ABM)를 구분

6.4 원가배부의 문제점

지금까지 원가의 배부방법을 중심으로 살펴보았다. 실무에서 원가를 배부할 때 수 많은 문제들이 존재한다. 이러한 문제점들로 (1) 통제불능원가의 배부, (2) 자의적 배부, (3) 변동원가처럼 보일 수 있는 고정원가의 배부, (4) 아주 적은 원가풀을 이용한 제조간접원가의 배부, (5) 조업도만 기준으로 하는 배부기준의 이용 등을 들 수 있다.

6.4.1 책임회계와 통제가능원가

1장에서 관리회계의 주요 주제 중 하나가 경영자와 경영자가 통제하는 분야에 대한 성과평가라는 것을 이미 배웠다. 성과평가는 조직 단위(예–부서와 부문) 각각에 대한 수익과 원가를 추적하며, 개인(예–공장관리자, 조립작업자의 감독, 운영부사장)별 수익창출과 원가통제를 파악할 수 있는 회계시스템을 이용해서 이루어진다. 이러한 회계시스템을 **책임회계시스템**(responsibility accounting system)이라고 한다.

테니스 라켓과 테니스 의류를 2곳의 공장에서 생산하는 회사를 가정해보자. 회사는 월간 제조원가보고서를 작성하고 있으며, 보고서에는 재료원가, 노무원가, 제조간접원가가 공장별로 구분되지 않고 합계금액으로 작성되어 있다. 그러나, 이와 같은 제조원가보고서는 각각의 공장에서 통제하고 있는 제조원가를 추적할 수 없기 때문에 책임회계와 일관되지 않는다. 책임회계시스템에서는 테니스라켓과 테니스 의류의 제조원가를 각각의 공장에 대해서 추적할 수 있을 뿐만 아니라 이들 원가를 통제할 책임이 있는 부서 또는 다른 조직 단위에 대해서도 추적할 수 있다. 예를 들어, 테니스라켓을 생산하는 공장에서 노무원가는 식별할 수 있는 작업 그룹 또는 팀(예–조립작업, 마감작업 등) 각각에 대해서 책임을 지고 있는 현장책임자 별로 추적할 수 있다.

일반적으로 원가배부 시 책임회계시스템이 필요한데, 그 이유는 조직의 한 부서는 다른 부서가 발생시킨 원가에 대한 책임이 있을 수 있기 때문이다. 예를 들어, 생산부문의 활동이 증가하면 기계수선부의 원가가 증가하게 된다. 생산부문은 기계수선부의 원가발생에 책임을 가지고 있기 때문에, 생산부문의 성과보고서에는 기계수선부의 원가 중 일부를 반영해야 한다. 즉, 기계수선부의 원가가 생산부문에 배부되어야 한다.

하지만 원가배부가 책임회계와 관련 없는 경우도 존재한다. 예를 들어 경영자는 자신이 통제가능한 원가에 대해서만 책임을 져야 한다. 여기서 통제가능한 원가란 경영자의 의사결정에 의해 영향을 받는 원가를 의미한다. 노무원가에 대한 통제책임이 있는 감독자의 성과보고서를 작성하는 과정에서 발생한 노무원가를 감독자에게 배부하는 것은 적절하지 않을 수 있다.

만약 경영자의 통제범위를 벗어난 원가가 성과보고서에 포함된다면, 경영자의 성과평가는 왜곡될 수 있다. 따라서 성과평가는 경영자가 통제가능한 원가의 범위 내에서 이루어져야 한다. 어떤 경우에는 경영자의 통제범위 밖의 원가가 배부되기도 하는데, 이때는 이러한 원가는 경영자의 의사결정에 영향을 받지 않는 통제불능원가라는 것을 반드시 명시하여야 한다.

6.4.2 자의적 배부

실무에서, 원가배부는 자주 토론이 되는 주제이기도 하고 종종 격론의 대상이 되기도 한다. 경영자들은 부문의 수익을 감소시킬 수 있는 간접원가를 불필요하게 많이 배부 받는다고 생각할 수 있다. 원가가산계약을 하는 정부기관은 계약자가 생산하는 제품들이 적정수준을 넘어선 매우 높은 간접원가를 포함하고 있다고 느끼기도 한다. 불행하게도 이러한 논쟁들은 앞으로도 계속 될 것 같다. 그 이유는 원가배부가 본질적으로 자의적이기 때문이다.

거의 대부분의 원가배부상황에서 "진실되고", "정확하며", "타당한" 원가가 배부되는 것은 거의 불가능하다. 본 장의 초반부에서 기술하였듯이, 다양한 배부기준(예–직접작업시간, 직접노무원가, 기계시간)들이 모두 타당하다고 판단되지만, 배부기준 결과는 상당한 차이가 있다. 이와 같은 이유 때문에 경영자들은 성과를 낮게 나타내는 배부기준은 회피하고 성과를 좋게 보고하는 배부기준을 선호하게 된다.

Link to Practice

원가배부에 대한 논쟁은 민간기업에만 국한되지 않아

원가배부에 대한 논쟁은 민간기업에만 해당되는 것이 아니다. 플로리다 브룩쉬빌 카운티의 시민운동가인 재니 볼드윈은 카운티의 기업연금 원가배부에 대하여 의문을 가졌다. 기업연금들은 민간부문과 유사하게 형성되고 사용요금을 재무자원으로 하여 서비스를 제공하고 있다.

볼드윈은 카운티 검사보가 연금운영뿐만 아니라 카운티의 기획부서와 건축규제부서의 업무도 처리하고 있으나, 급여 전액이 기업연금운영부문에만 배부되고 있다는 것에 의문을 제기했다. 볼드윈은 "이러한 원가배부시스템은 전혀 논리적이지 않으며, 그냥 가장 용이한 방법을 선택한 것이다"라고 주장한다. 가장 손쉬운 해결책은 검사가 업무를 수행한 시간을 개별 부서별로 파악한 후 이를 기준으로 원가를 배부하는 것이다. 그러나, 연금운영부서는 배부된 원가를 부담할 수 있으나, 기획과 건축제한부서에서는 이를 부담할 수 없다면 어떻게 할 것인가? 그런 경우에는 예산이 가장 큰 부서에 원가를 부담시키는 것과 같은 정치적인 해법을 구할 수 있다. 이러한 원가배부는 단순하기는 하지만 원가배부에 대한 논란을 일으키지는 않을 것이다.

출처 : "Michael Bates, "County to Examine Cost Allocations," Hernado Today, June 4, 2008."

6.4.3 단위화된 고정원가와 총액배부

원가배부와 관련된 가장 중요한 문제 중 하나는 원가배부가 고정원가를 변동원가처럼 보이게 할 수 있다는 것이다. 고정원가를 단위당 기준으로 표시하면 이러한 문제가 나타나게 되는데, 이를 설명하기 위해서 2개의 부문을 가지고 있는 스미스 공구사(Smith Tool Company)의 예를 들어보자. 연초에 회사는 2개의 사업부문의 운영에서 주로 발생하는 일반관리비를 추정한다. 여기에는 관리자 급여, 직원 인건비, 회계처리비용, 기타 다양한 비용이 포함되며, 단기적으로 봤을 때 고정비에 해당한다. 당기의 일반관리비는 $2,000,000가 될 것으로 예상하고 있다. 스미스는 각 사업부문의 운영활동에 따라 발생하는 일반관리비를 파악하는 것이 유용하다고 판단하고 있다. 왜냐하면, 원가를 각 부문 매출액의 상대적 비율에 따라 배부하고 있기 때문이다. 당기의 매출액은 $50,000,000일 것으로 예상하고 있다. 스미스는 매출 $1에 대하여 일반관리비를 $0.04($2,000,000 ÷ $50,000,000)를 배부하기로 하였다.

일반관리비는 본질적으로 고정비이지만 부문의 경영자는 일반관리비를 어떻게 해석할 것인가? 예를 들어, 목공용 공구 사업부문의 경영자인 밥 갤러고스(Bob Gallegos)는 다양한 종류의 목공용 공구(해머, 톱, 드릴 등)를 생산하고 있다. 밥은 매출이 증가하면 배분되는 원가도 증가한다는 것을 알고 있다. 즉, 밥은 원가의 행태가 변동원가라고 인식하고 있다. 이러한 인식은 밥의 의사결정이 부문의 수익은 극대화하면서 회사 전체의 이익에는 최상의 결과를 가져오지 않을 수 있다. 예를 들어, 목공용 공구 사업부문에서 1단위당 $20에 판매할 수 있는 새로운 해머를 생산하고자 고려하고 있다고 가정하자. 해머를 생산하기 위해서는 단위당 직접재료원가가 $12, 단위당 직접노무원가가 $6, 제조간접원가가 $130,000 증가할 것으로 예상하고 있다. 목공용 공구 사업부문의 이익에 미치는 영향을 분석한 결과가 〈그림 6-6〉에 나타나 있다.

제시된 바와 같이, 해머 매출액은 $2,000,000, 변동원가는 $1,800,000(직접재료원가와 직접노무원가)이고 제조간접원가는 $130,000가 증가할 것으로 예상된다. 해머의 생산과 판매에 따라 이익이 $70,000이 증가할 것이다. 이와 같은 정보에 따르면 목공용 공구 사업부문에 이익이 되는 의사결정이지만, 경영자는 해머를 생산하고자 않을 것이다.

해머 매출액(100,000 × $20)		$2,000,000
차감 : 추가원가		
직접재료원가(100,000×$12)	$1,200,000	
직접노무원가(100,000×$6)	600,000	
추가된 고정제조간접원가	130,000	1,930,000
이익의 실제증가액		$70,000
차감:배부된 고정원가		
(매출액 증가분 $2,000,000 × $0.04)		80,000
경영자가 인지한 해머매출손실액		($10,000)

〈그림 6-6〉 단위화된 고정원가의 문제

그 이유는 매출이 증가하면 중앙의 일반관리비를 증가한 매출액 $1당 $0.04씩 배부받게 되므로 매출이 $2,000,000증가하면 배부 받는 원가도 $80,000 증가한다. 사업부문에 배부되는 원가는 고정비(관리자 인건비, 직원 급여, 회계처리비용은 해머를 생산해도 증가하지 않는다)이지만 경영자는 이를 변동비로 인식한다. 그 결과 경영자는 해머생산이 $10,000의 손실을 사업부문에 초래할 것이라고 예상할 것이다.

이와 같은 문제를 해결하기 위해서는 원가를 배부 받는 부문의 경영자가 고정원가가 배부되고 있다는 것을 인식하게 하여야 한다. 즉 고정원가를 **총액 배부**(lump-sum allocation)하면 된다. 총액 배부는 배부를 받는 조직 단위들의 활동수준이 변하더라도 영향을 받지 않는 예정금액을 배부하는 것이다. 자원들은 사용자의 장기적인 수요를 고려하여 결정된다. 즉 고정원가의 배부는 경영자가 원가를 발생시키는 계획된 장기적 필요에 근거하여야 한다. 예를 들어, 스미스 공구사에서 각 사업부문을 지원할 컴퓨터를 구매했다고 가정하자. 컴퓨터의 구매에 따라 연간 $40,000의 고정원가가 발생한다. 컴퓨터 구매를 결정할 때, 경영진은 컴퓨터사용시간을 각각 목공용 공구 사업부에서는 연간 2,000시간을, 전문 공구 사업부에서는 연간 3,000시간을 예상하였다. 따라서 $16,000 ($40,000 × 2/5)는 목공용 공구 사업부에 $24,000 ($40,000 × 3/5)는 전문 공구 사업부에 배부하는 것이 적절하다.

총액 배부는 조직 단위의 활동수준이 예측에서 벗어나더라도 매년 일정하게 유지되어야 한다. 예를 들어, 목공용 공구 사업부의 활동수준이 증가하여 연간 컴퓨터 사용 시간이 3,000시간으로 증가하였고, 반면 전문 공구 사업부는 2,000시간으로 감소하였다고 가정하자. 두 사업부에 대한 총액 배부액을 변경하여야 하는가? 그렇지 않다. 배부액을 변경하게 되면 사업부의 경영자는 배부된 원가가 활동수준에 따라 변동한다고 인식하게 될 것이다. 즉, 고정원가를 다시 변동원가로 파악하게 된다는 것이다. 만약 고정원가의 총액배부가 고정비로 인식하기 위한 목적이라면, 배부될 원가는 다른 부문의 활동수준의 변화에 영향을 받으면 안된다.

총액 배부를 하면, 한 사업부에 배부되는 금액은 다른 사업부의 활동수준에 영향을 받지 않는다. 목공용 공구 사업부의 활동수준은 2,000시간이지만, 전문 공구 사업부의 활동수준은 3,000시간에서 2,000시간으로 감소하였다고 가정하자. 컴퓨터 원가를 현재 활동수준을 기준으로 배부하고 있다면, 목공용 공구 사업부에 배부되는 원가는 컴퓨터 사용시간이 변경되지 않았음에도 불구하고 $16,000에서 $20,000로 증가하게 된다. 목공용 공구 사업부의 경영자가 이와 같은 배부결과에 대해서 불만을 가지는 것은 당연한 일이다. 또한 사업부의 원가가 다른 사업부의 활동에 영향을 받기 때문에 계획수립도 용이하지 않을 것이다. 총액배부를 하게 되면 활동의 변화에 따라 배부금액이 변경되지 않는다.

총액 배부가 경영자의 의사결정을 개선할 수 있을까? 스미스 공구사의 목공용공구 사업부 경영자인 밥 갤러고스의 사례를 기억해보자. 스미스 공구사의 일반관리비가 총액기준에 따라 배부되며 목공용 공구 사업부에 배부되는 금액이 활동수준과 상관없이 $700,000이 배부된다고 가정하자. 밥은 일반관리비가 고정되어 있다고 생각하고 있다. 따라서 해머의 생산과 관계없이 배부된 원가 $700,000를 상쇄하기 위해서는 해머를 생산해야 한다는 의사결정을 하게 될 것이다.

6.4.4 원가풀이 소수인 경우

일부 기업들은 간접원가를 단지 1개 또는 2개의 간접 원가풀을 이용하여 제품에 배부하고 있다. 배부 과정이 단순하고 용이하다는 장점이 있지만, 너무 적은 원가풀을 이용하게 되면 제품원가가 심각하게 왜곡될 수 있다.

리드 제조사(Reed Manufacturing Company)는 조립과 마감이라는 2개의 생산부문에서 제품을 제조하고 있다. 리드사의 총 제조간접원가는 $1,000,000이며, 직접노무시간은 50,000시간이다. 회사가 모든 제조간접원가를 하나의 원가풀에 집계한 후 직접노무시간을 기준으로 배부한다면, 제조간접원가배부율은 직접노무시간 1시간 당 $20($1,000,000 ÷ 50,000 시간)이다. 제조간접원가 $1,000,000 중 $600,000은 조립부에서 발생하고, $400,000은 마감부에서 발생한다고 가정하자. 직접노무시간은 조립부가 40,000시간, 마감부가 10,000시간이다. 직접노무시간을 기준으로 한 제조간접원가 배부율은 조립부가 $15, 마감부가 $40이다(〈그림 6-7〉 참조).

리드사는 2종류의 제품(A와 B)을 생산하고 있다고 가정하자. 각 제품은 25,000시간의 직접노무시간을 필요로 한다. 그러나, A제품은 16,000시간의 조립시간과 9,000시간의 마감시간이 필요한 반면에 B제품은 24,000시간의 조립시간과 1,000시간의 마감시간을 필요로 한다. 모든 제조간접원가가 직접노무시간을 기준으로 하나의 원가풀을 이용하여 배부된다면 각각의 제품에 얼마의 제조간접원가가 배부되는가? 두 제품

1개의 원가풀

$$\frac{\text{총 제조간접원가}}{\text{총 직접노무시간}} = \frac{\$1,000,000}{50,000} = \$20/\text{직접노무시간}$$

제품 A에 배부되는 제조간접원가 = $20 × 25,000 노무시간 = $500,000

제품 B에 배부되는 제조간접원가 = $20 × 25,000 노무시간 = $500,000

2개의 원가풀(조립부 1개, 마감부 1개)

$$\frac{\text{조립부 제조간접원가}}{\text{조립부 직접노무시간}} = \frac{\$600,000}{40,000} = \$15/\text{ 조립직접노무시간}$$

$$\frac{\text{마감부 제조간접원가}}{\text{마감부 직접노무시간}} = \frac{\$400,000}{10,000} = \$40/\text{마감직접노무시간}$$

제품 A에 배부되는 제조간접원가

조립부 노무시간당 임률 $15 × 16,000 노무시간 = ₩240,000

마감부 노무시간당 임률 $40 × 9,000 노무시간 = ₩360,000

→ ₩600,000

제품 B에 배부되는 제조간접원가

조립부 노무시간당 임률 $15 × 24,000 노무시간 = ₩360,000

마감부 노무시간당 임률 $40 × 1,000 노무시간 = ₩40,000

→ ₩400,000

〈그림 6-7〉 1개의 원가풀과 2개의 원가풀을 이용했을 때 제조간접원가 배부율

모두 동일한 제조간접원가가 배부될 것이다. 두 제품 모두 25,000시간의 직접노무시간이 소요되므로 두 제품 모두 $500,000($20×25,000직접노무시간)의 제조간접원가가 배부된다.

어떤 제품이 과소배부 되고 어떤 제품이 과대배부 되었는가? A제품은 상대적으로 제조간접원가 높은 마감작업시간이 많이 필요하기 때문에 과소배부 되었다. B제품은 상대적으로 제조간접원가가 낮은 조립작업시간이 많이 필요하기 때문에 과대배부 되었다. B제품은 단일 원가풀을 이용할 경우 A제품과 동일한 제조간접원가를 배부 받게 된다. 리드사의 문제는 각 생산부문별로 제조간접원가풀을 만들 경우 쉽게 해결 할 수 있다.

일반적으로 제품원가는 제조간접원가풀이 많이 이용될수록 더욱 정확해진다. 제품가격결정과 같이 제품원가정보가 필요한 의사결정이 개선될 것이다. 그러나 원가풀이 많을수록 원가를 기록하고 유지하는 원가도 많이 발생하게 된다. 기업들은 원가-효익의 상반관계를 반드시 고려해야 한다. 원가풀을 설정하는데 발생하는 원가가 개선된 정보의 효익보다 더 큰가? 회계정보의 개선을 고려하는 경우 이에 대한 검토가 반드시 이루어져야 한다.

6.4.5 조업도 관련 배부기준만 이용

원가배부와 관련된 마지막 문제는 일부 제조기업들이 제조간접원가를 배부할 때 배부기준으로 생산량(예-직접노무시간, 기계시간)과 관계된 측정치만 이용한다는 것이다. 그러나, 모든 제조간접원가가 생산량과 관계된 것은 아니다. 이와 관련된 문제는 활동기준원가계산을 이용하여 해결할 수 있기 때문에 다음 절에서 활동기준원가계산에 대해서 살펴보기로 하자.

6.5 활동기준원가계산

활동기준원가계산(activity-based costing, ABC)은 비교적 최근에 관리회계에서 개발되었으며, 관리회계정보의 개선에 관심을 가지고 있는 학계와 실무자들 사이에서 많은 관심을 받았다.[2] 본 절에서 이를 자세히 살펴보기로 하자.

6.5.1 제조간접원가의 배부를 생산량 측정치로만 이용할 경우 문제점

제조기업들은 제조간접원가를 제품에 할당할 때 직접노무시간, 기계시간과 같은 것을 일반적으로 이용한

2 활동기준원가계산의 발전에 기여한 대표적인 연구자로 Robin Cooper와 Robert Kaplan가 있다. R. Cooper의 "The Rise of Activity-Based Costing-Part One: What Is an Activity-Based Costing System?" Journal of Cost Management, Summer 1988, pp. 45-54 와 R. Cooper와 R. Kaplan의 "How Cost Accounting Distorts Products Costs," Management Accounting, April 1988, pp. 20-27을 참조하라.

다. 이들 항목들은 모두 생산량의 측정치이다. 대부분의 기업은 생산량 조업도를 배부기준으로 하여 제조간접원가를 배부하는데, 이를 전통적 배부방법이라고 한다. 전통적인 배부방법의 문제는 모든 제조간접원가를 생산량과 비례하여 발생한다고 가정하는 것이다. 비례한다고 하는 의미는 생산량이 20% 증가하면, 제조간접원가도 20% 증가한다는 의미이며, 생산량에 50% 증가하면, 제조간접원가도 50% 증가한다는 의미이다. 그러나 많은 제조간접원가(예를 들어, 생산작업을 위한 작업준비활동원가, 원재료검사원가, 재료처리원가)는 생산량에 비례하지 않는다. 사실상 많은 제조간접원가들은 생산량 보다는 생산방법의 복잡성 정도에 영향을 받는다. 그 결과 단순히 생산량이 많은 제품들은 제조간접원가가 과대배부 되며, 생산방법은 복잡하나 생산량이 적은 제품은 제조간접원가가 과소배부 되는 문제가 발생한다.

생산라인을 가동하기 위해서 발생하는 간접원가를 가정해보자. 생산량이 많은 제품(직접작업시간과 기계시간이 대규모로 발생하는 제품)과 생산량이 적은 제품(직접작업시간과 기계시간이 적게 발생하는 제품) 모두 동일한 작업준비시간과 준비원가가 필요할 것이다. 그러나, 작업준비원가(다른 모든 간접원가와 마찬가지)는 생산량을 기준으로 배부되므로, 생산량이 많은 제품이 더욱 많은 작업준비원가를 부담하게 될 것이다. 이와같이, 생산량이 많은 제품은 원가가 과대 배부되는 문제가 발생한다. ABC에서는 이러한 문제를 어떻게 해결하는지 살펴보자.

Test Your Knowledge

다음 중 조업도 기준 원가동인이 아닌 것은 무엇인가?

a. 직접노무시간 **b.** 직접노무원가
c. 기계시간 **d.** 생산활동을 위한 작업준비 시간

정답 : d

6.5.2 활동기준원가계산 접근법

활동기준 접근법에서는 간접원가가 발생하는 원인이 되는 주요 활동들을 파악한다. 이들 활동들 중 일부는 생산량과 관련이 있지만, 또 다른 활동은 그렇지 않다. 이들 활동이 수행되면서 소비되는 자원들의 원가는 원가풀들로 묶여진다. 마지막으로, 원가들은 **원가동인**(cost driver)(활동기준원가계산시스템에서의 배부기준)이라고 하는 활동의 측정치를 이용하는 제품들에 할당된다. 활동기준원가계산 접근법에서 이루어지는 단계는 다음과 같다:

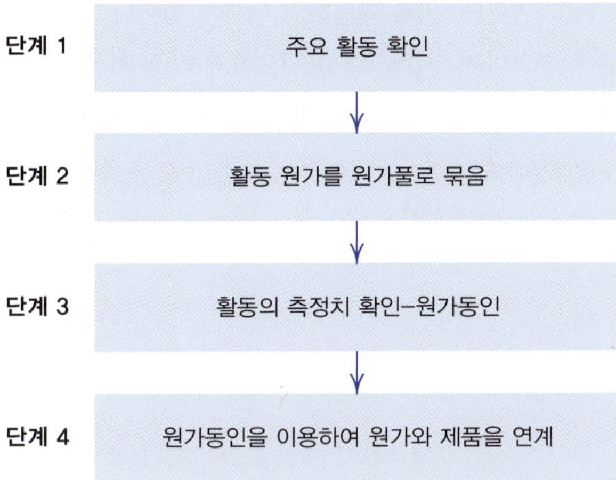

〈그림 6-8〉에 공통되는 활동들과 관계된 원가동인의 목록이 제시되어 있다. 원가동인 중 일부는 생산량과 관계되어 있다는 것을 주목하라; 기계시간과 조립작업시간이 여기에 해당한다. 기타 원가동인들은 생산량과 관계가 없다; 검사횟수가 이에 해당하는 예이다. 일부 생산량이 적으면서 복잡하거나 손상되기 쉬운 부품이 포함되어 있는 제품들은 검사횟수가 더 많이 필요한 반면, 생산량이 많지만 단순하거나 단단한 부품을 포함하고 있는 제품의 경우 비교적 검사횟수가 상대적으로 적다. 작업준비 횟수 또한 생산량과 관계없는 원가동인의 예이다. 생산량이 적은 제품과 생산량이 많은 제품 모두 작업준비 횟수가 동일할 것이다.

활동의 계층	주요 활동	관련 원가	원가동인
단위수준	재료 및 부품 처리	재료 및 부품처리 작업자의 노무원가; 재료와 부품 이동에 사용된 설비의 감가상각비(예-지게차 감가상각비); 재료처리설비의 가동에 사용된 연료 등	재료 요청 횟수
	제조설비를 이용한 제품 생산	기계 운전자의 노무원가; 기계의 감가상각비; 기계가동을 위한 동력비; 기계 수리수선비; 기계에 대한 보험료 등	기계 운전시간
	고객 주문품 포장	포장작업자의 노무원가; 포장재료 원가 등	선적된 상자의 수
배치수준	재료 및 부품 구매주문처리	주문수량 확인, 공급자와 계약, 구매 주문서 준비 작업자의 노무원가; 구매 주문처리에 사용된 소프트웨어와 컴퓨터설비의 상각비 등	구매주문 횟수
	기계 및 작업장 작업준비	작업준비 작업자의 노무원가; 기계장치의 조정 및 허용치 측정에 이용된 도구들의 감가상각비 등	작업준비 횟수
	품질관리를 위한 제품 검사	검사자의 노무원가; 고객의 요구사양을 만족시키는지 여부를 검사하기 위하여 사용되는 설비의 감가상각비	검사횟수
제품수준	제품설계	설계자의 급여; 설계도구의 감가상각비; 설계 시 사용되는 각종 비품	설계자의 작업시간 수
설비수준	공장관리	공장장 급여; 공장장을 지원하는 직원의 급여; 사무비품의 감가상각비	재량적으로 설정

〈그림 6-8〉 공통적인 활동과 관련 원가동인

기업은 활동들(관계되는 원가풀과 원가동인)을 확인하기 위하여 얼마나 많이 활동을 분류할 것인지 결정해야 한다. 너무 많은 활동들을 구분한다면, 시스템은 불필요하게 많은 비용이 소요되고 혼란을 초래할 수 있다. 예를 들어, 200종의 제품을 생산하는 기업에서 100개의 주요 활동들을 확인했다고 가정하자. 이 회사는 제품 활동만 20,000개가 될 것이다(제품 200종×100). 반면 활동 수가 너무 적다면 ABC는 정확한 자료를 산출하지 못할 것이다. 대부분의 회사에서 ABC를 설계할 때, 활동의 종류는 25~100개 정도이다.[3]

활동들의 계층

경영자들은 활동을 단위수준, 배치수준, 제품수준, 설비수준 등 4개의 계층으로 분류한다.

단위수준활동(unit-level activities)은 제품 생산이 1단위 증가할 때마다 필요한 활동들이다. 〈그림 6-8〉에서는 재료 및 부품 처리활동이 단위수준활동으로 제시되어 있는데, 제품을 생산할수록 필요한 재료 및 부품도 처리하여야하기 때문이다. 기계설비를 이용한 제품생산과 고객 주문품의 포장(각각의 주문을 개별 상자에 포장한다고 가정했을 때) 또한 단위수준활동의 예이다.

배치수준활동(batch-level activities)은 한 번의 배치에서 다루는 제품의 수와 관계없이, 각 제품의 묶음 생산을 위해서 필요한 활동들이다. 〈그림 6-8〉에는 주문처리활동과 기계의 작업준비활동이 배치수준의 활동으로 제시되어 있다. 검사활동이 1회에 소규모의 표본을 대상으로 수행된다고 가정하는 경우 제품검사활동 역시 배치수준활동이다.

제품수준활동(product-level activities)은 제품의 수량이나 배치 횟수와 관계없이 제품별로 요구되는 활동이다. 〈그림 6-8〉에는 제품설계가 제품수준활동의 예로 제시되어 있다.

설비수준활동(facility-level activities)은 모든 다른 활동들을 지원하는 활동이다. 〈그림 6-8〉에 제시된 공장관리가 이에 해당한다. 대부분의 경우 설비수준활동의 원가를 제품에 부과하는 것은 자의적이며 실제 인과관계가 존재하지 않는다. 즉 이와 같은 이유로 일부 기업들은 설비수준활동원가를 제품에 할당하지 않는다.

Data Analytics in Action

제품 설계에서 데이터 분석

〈도표 6.1〉에서 보듯이, 일반적인 원가동인 중 하나가 제품 설계이다. 그리고 제품 설계는 데이터 분석의 영향을 크게 받는 활동이다. 한 가지 예는 프로토타입에 다수의 센서를 부착하고 프로토타입이 사용될 때 가해지는 스트레스를 모니터링하는 것이다. 설계자와 엔지니어는 비교적 짧은 시간에 수천 개의 데이터 포인트를 수신하고 관찰된 열과 진동 같은 문제를 해결하기 위해 설계 내에서 수정을 한다. 대안용 프로토타입도 다른 재료(예: 탄소 섬유 또는 티타늄)로 제작할 수 있으며, 차이를 비교한다.

---

3 R. Cooper, R. Kaplan, L. Maisel, E. Morrissey, and R. Oehm,"Implementing Activity-Based Cost Management: Moving from Analysis to Action," Institute of Management Accountants, October 1993, p. 13."를 참조하라.

6.5.3 원가동인을 이용하여 원가풀과 제품을 연계하기

ABC접근법의 마지막 단계는 배부기준인 원가동인을 이용하여 원가풀을 제품에 배부하는 단계이다. 이 단계가 어떻게 이루어지는지를 이해하기 위하여 다음의 사례를 살펴보기로 하자.

킴 일렉트로닉스(Kim Electronics)는 단순한 휴대용 계산기부터 하드디스크 드라이브까지 다양한 전자제품을 생산하고 있다. 제품의 품질을 향상하기 위한 검사가 주요 활동 중 하나이다. 다음 연도의 검사원가는 $2,500,000가 발생할 것으로 예상하고 있다. 검사 프로세스에 투입된 작업자는 40명이며, 내년에 1,000,000개의 제품을 검사할 것으로 예상된다. 검사원가를 원가풀로 검사횟수를 원가동인으로 이용한 결과, 제품에 대하여 검사횟수 1회당 $2.50의 검사원가를 배부하기로 하였다.

킴사는 디스크 드라이브인 모델ZX를 20,000개 생산하고 있다. 각 드라이브는 생산공정에서 3회의 검사가 수행되며, 다양한 기능들에 대하여 회사에서 정한 엄격한 품질기준에 따라 검사가 이루어지고 있다. 총 $2,500,000의 검사원가 중 모델ZX에 배부될 검사원가는 얼마인가? 디스크 드라이브 20,000개에 대하여 드라이브 당 3회의 검사가 이루어진다는 것을 감안하면 총 60,000번의 검사가 이루어질 것이다. 검사 1회당 $2.50의 검사원가가 배부되므로 각 디스크 드라이브의 검사원가는 $7.50($2.50 × 3회)이며, 총 $150,000($7.50 × 20,000개)이 배부될 것이다. 검사원가를 다른 제품들에도 배부하기 위하여 유사한 배부방법이 적용될 것이다.

검사원가 예산	$2,500,000
예상 검사횟수	1,000,000
검사1회당 원가	$2.50
디스크드라이브 모델ZX 1개당 검사횟수	3
모델ZX 1개의 검사원가	$7.50

6.5.4 맥마스터 스크린 테크놀러지의 ABC: 종합사례

본 장의 첫 부분에서 제시된 맥마스터스크린 테크놀러지가 직면하고 있는 문제들을 이용하여 ABC의 접근방법을 설명한다. 이를 통하여 여러분은 ABC시스템을 적용할 경우, 생산량이 많은 제품(자동차 내비게이션 장치에서 사용되는 터치 스크린이 모델ND32)의 원가는 감소되고, 생산량이 적은 제품(군용 터치스크린 모델MK420)의 원가는 증가되는 이유를 설명할 수 있을 것이다.

전통적 접근법

제품원가계산 목적을 위하여, 맥마스터는 노무원가와 재료원가를 생산되는 제품에 대하여 직접적으로 추적하고 있다. 제조간접원가는 직접노무원가를 기준으로 제품에 배부하고 있다. 2019년을 시작하면서, 제조간접원가는 총 $100,000,000; 직접노무원가는 $25,000,000로 추정하였다. 따라서 제조간접원가 배부율은 직접노무원가 $1에 대하여 $4이다.

모델ND32와 MX420 판매에 따른 2019년의 원가와 수익은 다음과 같다.

	자동차용 내비게이션 터치스크린 모델ND32	군사용 터치스크린 모델MX420
수량	45,000	50
매출액	$21,375,000	$112,500
차감		
직접노무원가	2,025,000	2,600
직접재료원가	9,450,000	16,500
제조간접원가($4 × 직접노무원가)	8,100,000	10,400
총원가	19,575,000	29,500
매출총이익	$1,800,000	$83,000
단위당 판매가격	$475	$2,250
단위당 원가	435	590
단위당 매출총이익	$40	$1,660
매출총이익률	8.42%	73.78%

모델ND32에 배부된 간접원가는 $8,100,000로 직접노무원가 $2,025,000에 제조간접원가 배부율 $4를 곱해서 산출된 것이다. 맥마스터의 CFO인 마이클 소마는 상대적으로 매우 낮은 매출총이익률(매출액의 10%도 안됨)은 현재 사용중인 원가계산시스템에서 비롯되었다고 의심하고 있다. 더욱이, 군용장치에서 사용되는 디스플레이의 매출총이익률(매출액의 70%를 넘음)은 매우 높게 나타난 것에 대하여 상당히 놀랐다. 군용 디스플레이의 판매가격은 상대적으로 높지만, 생산량이 매우 적고, 엄격한 품질기준을 달성하기 위해서 새로운 생산기법이 필요한 상황이기 때문에 생산의 비효율성으로 인하여 1년 이상 매출총이익이 낮을 것으로 예상하고 있었다.

ABC 접근법

CFO는 맥마스터의 제품원가계산시스템에 대하여 우려하는 것이 적절하다. 제조간접원가를 배부하기 위해서 모든 제조간접원가가 직접노무원가라는 하나의 생산량 측정치에 비례한다고 가정하고 있다. 그러나 제조간접원가는 여러 개의 중요한 활동이 원인이 되어 발생한다.

CFO가 ABC 시스템을 적용한다면 모델ND32 터치스크린과 모델MX420 터치스크린의 원가가 어떻게 변경되는지 공식적으로 분석하기로 하였다고 가정하자. 분석결과 총간접원가 $100,000,000에 대하여 〈그림 6-9〉에 제시된 바와 같이 7개의 원가동인을 확인할 수 있었다. 작업준비원가는 작업준비횟수와 연계되

주요활동	연간원가	원가동인	추정한 연간활동량	원가동인 단위당 원가	
생산라인 작업준비	$10,000,000	작업준비 횟수	1,000	작업준비 1회당	$10,000
재료 주문	$ 4,000,000	구매주문 횟수	24,242	구매주문 1회당	$ 165
재료 처리	$ 5,000,000	재료요청 횟수	14,286	재료요청 1회당	$ 350
기계 가동	$45,000,000	기계시간	30,000	기계가동 1시간당	$1,500
검사	$18,000,000	검사횟수	40,000	검사 1회당	$ 450
설계	$15,000,000	설계시간	176,471	설계작업 1시간 당	$ 85
기타	$ 3,000,000	제품 전체에서 사용하는 작업장 수	1,000	작업장 1개소당	$3,000

〈그림 6-9〉 간접원가 항목과 원가동인

며, 재료주문원가는 구매주문횟수, 기계원가는 기계가동시간, 검사원가는 검사횟수, 설계원가는 설계시간과 관계가 있다. 기타의 모든 간접원가는 "기타"라는 한 개의 원가풀로 분류한다. 맥마스터는 "기타"로 분류된 간접원가가 발생되는 주원인이 "제조의 복잡성"인 것으로 결정하였다. 복잡성에 대한 원가동인은 제품의 생산에 필요한 작업장의 수이다. 작업장이 많이 필요한 제품일수록 복잡성이 높으며 더욱 많은 간접원가가 발생한다.

〈그림 6-9〉는 이미 언급한 ABC의 구축단계를 따르고 있다. 주요활동을 확인(1단계)하고, 관계되는 원가를 묶어서 원가풀로 구축(2단계)하며, 활동의 측정치인 원가동인을 파악(3단계)하는 것이다. 이제 특정 제품별로 원가동인을 이용하여 원가를 연계(4단계)시키자. 마지막 단계가 〈그림 6-11〉에 제시되어 있다.

자동차용내비게이션 터치스크린인 모델ND32는 작업준비활동 20회, 구매주문 250회, 재료요청 180회, 기계가동 500시간, 검사 450회, 설계 60시간, 20곳의 작업장이 사용되었다. 군용 터치스크린 모델MX420은 작업준비활동 2회, 구매주문 30회, 재료요청 5회, 기계가동 8시간, 검사 325회, 설계 30시간, 30곳의 작업장이 사용되었다. 이에 대한 정보는 〈그림 6-10〉에 요약 제시되어 있다.

이와 같은 정보를 이용하여, ABC시스템을 적용할 경우 모델ND32와 모델MX420의 단위당 원가를 산출할 수 있다. 〈그림 6-11〉에 이에 대한 결과가 제시되어 있다. ABC 접근법에서는 단위당 원가가 모델

	모델ND32	모델MX420
작업준비 횟수	20	2
구매주문 횟수	250	30
재료요청 횟수	180	5
기계시간	500	8
검사횟수	450	50
설계시간	60	325
제품 전체에서 사용하는 작업장 수	20	30

〈그림 6-10〉 모델ND32 45,000개와 모델MX420 50개에 대한 생산정보

	자동차용 내비게이션 터치스크린 모델ND32		군사용 터치스크린 모델MX420
수량	45,000	수량	50
직접노무원가	2,025,000	직접노무원가	2,600
직접재료원가	9,450,000	직접재료원가	16,500
제조간접원가		제조간접원가	
작업준비원가(20×$10,000)	200,000	작업준비원가(2×$10,000)	20,000
재료주문원가(250×$165)	41,250	재료주문원가(30×$165)	4,950
재료요청원가(180×$350)	63,000	재료요청원가(5×$350)	1,750
기계가동원가(500×$1,500)	750,000	기계가동원가(8×$1,500)	12,000
검사원가(450×$450)	202,500	검사원가(50×$450)	22,500
설계원가(60×$85)	5,100	설계원가(325×$85)	27,625
기타(20×$3,000)	60,000	기타(30×$3,000)	90,000
총제조간접원가	1,321,850	총제조간접원가	178,825
총원가	$12,796,850	총원가	$197,925
단위당 판매가격	$475.00	단위당 판매가격	$2,250.00
단위당 원가	$284.37	단위당 원가	$3,958.50
단위당 매출총이익	$190.63	단위당 매출총이익	($1,708.50)
매출총이익률	40%	매출총이익률	(76%)

〈그림 6-11〉 ABC를 이용한 모델ND32와 모델MX420의 원가

ND32는 $435.00에서 $284.37로 감소하는 반면, 모델MX420는 $590.00에서 $3,958.50으로 증가하였다.

	자동차용 내비게이션 터치스크린 모델ND32	군사용 터치스크린 모델MX420
전통적 접근법의 단위당원가	$435.00	$590.00
ABC 접근법의 단위당원가	$284.37	$3,958.50

모델 ND32의 단위당 판매가격은 $475인 것을 고려할 때, ABC접근법에서는 생산량이 많은 모델 ND32가 이익이 높다는 것을 파악하였다. 그러나, 모델 MX420은 단위당 판매가격이 $2,250이지만, 생산량이 적기 때문에 판매가격이 전체 제조원가를 보완하지 못한다는 결과가 나타났다.[4] 전통적인 접근법에서 제공되는 원가정보에 오류가 있다는 CFO의 직관은 정확했다. 전통적인 시스템에서는 생산량에 근거한 배부기준(직접노무원가)만을 이용하기 때문에, 생산량이 많은 제품(자동차 내비게이션 시스템에 사용되는 터치스크린)은 원가가 과대배부되어 이익이 낮은 것처럼 나타난다. 반면, 생산량이 적은 제품(군용 터치스크린)은

4 모델 MX420의 매출액보다 원가가 많이 발생했다는 사실 때문에 즉시 제품 생산을 중단해야 한다는 것을 의미하지는 않는다. 제품에 포함된 원가 중 일부(특히 감가상각비)는 제품이 생산되는 것과 관계없이 존재하는 것이다. 7장에서 다루고 있는 원가정보와 경영의사결정에 대한 내용을 참고하도록 하라.

원가가 과소배부되어 이익이 높은 것처럼 나타나지만, 실제로는 판매가격이 제조원가보다 낮게 책정되어 있었다.

Test Your Knowledge

직접노무시간을 기준으로 제품에 원가를 배부하는 전통적인 원가배부시스템과 비교했을 때, ABC 시스템은:

a. 생산량이 적은 제품보다 생산량이 많은 제품에 원가를 더 많이 배부한다.
b. 생산량이 적은 제품보다 생산량이 많은 제품에 원가를 더 적게 배부한다.
c. 생산량이 적은 제품과 생산량이 많은 제품에 배부하는 원가의 금액은 동일하다.
d. 고도로 전문화된 제품에 원가를 더 적게 배부한다.

답 : b

6.5.5 ABC의 장점과 단점

ABC가 여러 가지의 실질적인 장점을 제공하기도 하지만, 일부 한계점도 가지고 있다. 본 절에서는 ABC의 2가지 주요 장점과 2가지 주요 한계점을 살펴볼 것이다.

Link to Practice

ABC 이용하여 재앙적인 의사결정을 피하기

일리노이주 힌스델에 소재한 패리스 컨설턴트(Paris Consultants, Inc)는 ABC컨설팅을 수행하는 회사이다. 마이크 패리스는 이 회사의 회장이다. 의뢰기업이 ABC를 이용하여 어떻게 재앙적인 의사결정을 피할 수 있었는지에 대한 그의 체험담이 여기 제시되어 있다.

ABC 컨설팅을 의뢰한 기업은 일반적인 기성품인 표준기어박스와 선박 및 채굴용의 특수한 전문 링기어를 생산하는 제조기업이다. 전문 기어제조부문에는 86명의 엔지니어와 기술적인 교육을 받은 판매인력이 고용되어 있다. 표준 기어박스에는 단지 4명의 엔지니어가 고용되어 있으며, 대부분의 판매가 유통업자와 카달로그에 의해서 이루어지므로 최소한의 판매비만 발생하고 있다.

간접원가가 평균적으로 40%나 발생하고 있으며 너무 편중되어 있었다. 배부기준은 직접노무시간을 기준으로 하고 있었다. 전문기어라인과 표준기어박스라인의 엔지니어 비율이 86:4임에도 불구하고, 전문기어의 경우 표준기어박스보다 직접노무시간은 적게 발생하고 있었다. 직접노무시간을 기준으로 제조간접원가를 배부하는 회계시스템을 운용하기 때문에, 엔지니어링, 판매, 공기구 등에 대한 전문기어라인의 간접원가 중 상당부분이 표준기어박스에 배부되고 있었다. 실제로 표준기어박스라인이 이익을 많이 산출하고 있었음에도 불구하고 이러한 배부방법 때문에 경영진은 표준기어박스라인이 손실을 내고 있다고 믿게 하였다. 오히려 전문기어라인에서 손실이 발생하고 있었다. 회사에 치명적인 손실을 부담시키고 있는 전문기어라인에 집중하기 위해서 수익성 있는 사업의 대부분을 거의 매각하였다. Paris에서 이러한 사실을 지적하기 전까지 어느 누구도 이를 인식하고 있지 않았다.

PhotoDisc, Inc./Getty Images

출처 : Michael Paris and Dan Brassard, "Reading Between the Numbers," Strategic Finance, December 2004, pp. 41-45. Copyright © 2004 by the Institute of Management Accountants. Used with permission from Strategic Finance, published by the IMA, Montvale, NJ, USA, www.imanet.org, www.strategicfinancemag.com.

장점

전통적인 원가계산시스템은 복잡하면서 생산량이 적은 제품에는 원가를 과소배부하며, 단순하면서 생산량이 많은 제품에는 원가를 과대배부 하지만 ABC는 이러한 문제를 완화한다. 왜냐하면, ABC는 원가를 할당하기 위하여 많은 원가동인들을 이용하며 또한 이러한 원가동인들은 반드시 생산량과 관련되어있지 않기 때문이다.

두 번째 장점으로 ABC는 원가통제의 개선에 기여할 수 있다. ABC를 이용하면, 경영자는 원가를 한 개 또는 두 개의 간접원가풀로 인식하는 것이 아니라 많은 활동들 각각에 대한 원가를 인식할 수 있기 때문이다. 경영자가 작업준비원가, 검사원가, 주문처리원가, 재료처리원가, 재고관리원가, 기타 주요활동의 원가를 알지 못한다면, 효율성의 개선이 필요한 부분과 원가의 감소가 필요한 부분을 파악할 수 없다.

전통적인 제조간접원가 배부시스템을 다시 생각해보자. 맥마스터스크린 테크놀러지의 경영자들은 제조간접원가가 총 $100,000,000라는 것을 알고 있었다. 하지만 총제조간접원가를 결정하는 주요활동의 원가는 알지 못하였다. ABC시스템을 적용한 결과, (1) 작업준비원가는 총 $10,000,000이며 작업준비 1회당 원가는 $10,000; (2) 재료주문원가는 총 $4,000,000이며 재료주문 1회당 원가는 $165; (3) 재료처리원가는 총 $5,000,000이며 재료출고요청 1회당 원가는 $350; (4) 기계관련원가는 총 $45,000,000이며, 기계가동 1시간당 원가는 $1,500; (5) 검사원가는 총 $18,000,000이며, 검사1회당 원가는 $450; (6) 설계원가는 총 $15,000,000이며 설계1시간당 원가는 $85; (7) 기타 간접원가는 총 $3,000,000이며, 작업장1개소당 원가는 $3,000임을 알게 되었다. 경영자가 "이런 내가 생각 없이 재료처리에 $5,000,000를 지출하고 있었구나. 재료출고요청 1회당 원가를 $275까지 감소시킬 수 있을 것 같은데. 재료처리를 하는 단계와 관련 원가를 검토해보자. 현재 15명의 사람들이 재료를 수취하는 단계에 투입되어 있지만, 실제로 그렇게 바빠 보이지는 않는군! 우선 재료 수취단계부터 시작하는 것이 좋을 것 같다."라고 하는 것을 쉽게 생각할 수 있을 것이다.

단점

ABC의 주요 단점 중 하나는 많은 비용이 발생한다는 것이다; 하나의 ABC 시스템을 개발하고 유지하는 것은 전통적인 원가계산 시스템보다 많은 비용이 필요하다. 100종류의 제품에 20개의 원가풀을 적용한 ABC 시스템을 가정해보자. 각각의 원가풀에 원가를 할당하기 위한 비용들이 발생할 것이며, 제품별로 원가를 배부하기 위하여 2,000번(20개 원가풀 × 100종류의 제품)의 배부가 이루어져야 할 것이다.

의사결정/증분분석 실무에서 ABC의 주요 한계는 제품의 전부원가를 산출하는 경우에 발생한다고 할 수 있다. 전부원가는 고정원가(특히 건물과 설비에 감가상각비 및 감독자 급여) 배부액을 포함하지만, ABC 시스템에서 산출되는 단위당 원가는 제품 1단위 생산으로 발생하는 증분원가를 제공하지 않기 때문이다. 증분정보는 의사결정에 유용하다(1장에서 이루어진 증분분석을 이용한 의사결정에 대해서 상기하라).

맥마스터에서 생산하는 모델 MX420 터치스크린을 전 절에서 분석하였다. ABC 시스템에서는 단위당 원가가 $3,658.50이며, 판매가격이 $2,250이라는 정보를 보여줄 뿐이다. 만약 맥마스터에서 추가로 1단위를 생산한다면 실제로 증가하는 원가는 $3,658.50일까? 대답은 그렇지 않다는 것이다. 스크린 제조원가 중 많은 부분이 이미 지출이 발생한 설비의 감가상각비와 관련되어 있다. 이들 원가들은 고정비이기도 하지만, 생산으로 증가하지 않기 때문에 의사결정과 관계없는 매몰원가이기도 하다. 이와 같이 많은 경우에, ABC는 의사결정에 이용할 수 있는 명확한 원가를 제공하지 못한다. ABC의 단점이 장점을 능가하는가? ABC의 장점과 단점을 살펴보았기에 우리는 이에 대한 답변을 합리적으로 할 수 있다. 전부원가계산이 제공하는 원가정보를 의사결정에서 증분원가 정보처럼 사용하지 않는 기업이라면, ABC시스템은 매우 유용하다는 것이다.

Any Questions?

Q: 교재에서는 ABC의 주요 단점 중 하나로 고정원가와 변동원가를 구분할 수 없다는 점을 들고 있다. 이러한 문제를 간단하게 해결할 수 없을까? 각각의 원가풀을 고정원가와 변동원가로 분류한 후 변동원가는 각 제품에 원가동인을 이용하여 배부하고,고정원가는 단위당 기준으로 배부하지 않는 것이다.

A: 좋은 생각이다. 경영자들은 작업준비 1회당 변동원가, 재료출고요청 1회당 변동원가, 검사 1회당 변동원가 등등, 변동원가를 확인할 수 있을 것이며, 이러한 정보는 대부분의 경우 매우 유용할 것이다. 그러나, 실무에서는 당신이 제안한 것과 같이 단순하지 않다. 각각의 원가풀에 집계된 원가를 고정원가와 변동원가로 구분하기 위해서 아주 많은 분석이 이루어져야 하는데, 모든 분석이 단순하지는 않기 때문이다.

6.6 활동기준원가관리

활동기준원가관리(activity-based management, ABM)는 활동의 능률성과 효과성을 개선하기 위한 분석과 원가계산을 하는 경영기법의 하나이다. 여러분이 예상하듯이 ABM은 ABC와 유사하나, 기본적인 목표가 다르다. ABC는 제품과 서비스를 생산하는 활동들의 원가를 측정하는 것을 목표로 하는 활동에 중점을 두며, ABM은 그러한 활동들을 관리하는 것을 목표로 하는 활동에 중점을 둔다. 이러한 차이점은 〈그림 6-12〉에 제시되어 있다.

ABC와 ABM의 차이를 구분하기 위해서 생산을 위한 작업준비활동을 고려해보자. ABC는 작업준비원가를 측정한 후 각각의 제품이 필요로 하는 작업준비 횟수에 근거하여 원가를 제품에 할당한다. ABM의 목표는 활동들의 능률성과 효과성을 개선하는 것이다. 예를 들어, ABM은 작업준비 프로세스를 개선하고 작업준비원가를 감소하기 위하여 작업준비활동에 대한 수요를 줄이는 방법에 중점을 둘 것이다.

ABM을 이용하는 경영자들은 활동들의 원가를 파악하길 원하는데, 활동들이 얼마나 잘 수행되고 있는지를

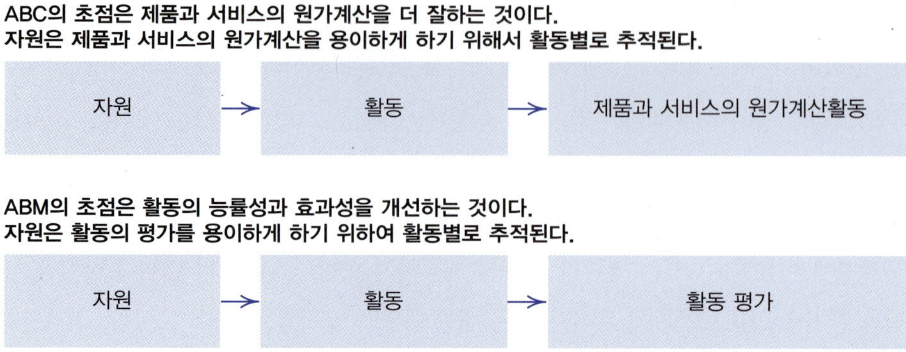

〈그림 6-12〉 ABC와 ABM의 비교

이러한 정보를 이용하여 확인할 수 있다. 예를 들어, 작업준비원가를 알고 있다면, 경영자들은 공장들간의 작업준비원가를 비교하는 벤치마킹을 할 수 있다. 만약 유사한 제품을 생산하는 A공장의 작업준비원가가 공장B의 작업준비원가보다 높다면, A공장의 원가가 통제가 제대로 이루어지지 않고 있다는 좋은 증거이다. 본질적으로, ABM은 측정할 수 없는 것은 관리할 수 없다는 경영학의 격언을 지지한다. 즉, 활동을 잘 관리하기 전에 활동의 원가를 아는 것이 필요하다. 본 장의 부록에서 ABM을 더 자세히 살펴보자.

6.7 "측정해야 관리할 수 있다!"를 기억하라.

측정해야 관리할 수 있다 원가배부에 대한 토론을 마무리하기 전에, 1장에서 제기했던 중요한 내용 중 하나를 다시 고려해보자: "측정해야 관리할 수 있다!" 이 내용이 원가배부와 어떻게 연관되는가? 원가배부는 경영자들의 성과보고서에서 보고하는 이익에 영향을 준다. 따라서 경영자들은 배부기준을 통제하는 것에 주의를 기울이는데, 배부기준이 더욱 많이 적용될수록 원가는 커지고 이익은 낮아지기 때문이다.

Link to Practice

은행과 기타 서비스 기업의 ABM 이용

ABC와 ABM이 처음에는 제조기업에서 사용되었지만, 현재는 서비스기업들도 사용하고 있다. 전 절에서 제시된 의료기관의 ABC이용에 대한 사례를 기억하라. 또한 은행과 기타 서비스업에 속한 기업들도 ABM을 사용하고 있다. 얼라이드 아이리쉬 뱅크(Allied Irish Banks)는 2006년 송금과 대출업무에 대한 원가구조를 파악하기 위하여 ABM을 도입하였다. 47개의 지점을 가지고 있는 은행은 수표처리와 대출신청처리를 분석하였다.

은행은 분석을 위해서 활동분석소프트웨어를 이용하였다. 은행의 수석회계사는 ABM분석을 이용하여 효율성을 개선하기 위한 리엔지니어링대상의 많은 프로세스들을 파악하고, 관련 비용을 절감하였다고 밝히고 있다.

출처 : "Christian Annesley, "Bank Tracks Costs by Activity Tool," Computer Weekly, January 24, 2006, p. 5."

Link to Practice

ABC는 프로세스 개선과 원가통제가 필요한 부분을 알려준다.

산업용 공기청정설비를 생산하는 에어코(AIRCO)에서 ABC분석을 실행한 결과 8개의 원가풀과 관련 원가동인을 확인하였다. 제조간접원가를 주요 활동별로 구분한 후, 회사는 재료처리활동이 전체 제조간접원가의 55%를 차지한다는 중요한 사항을 발견하였다. 이에 따라 회사는 재료보관 창고에서 작업장까지의 거리를 단축하였다. 또한 자동화 재료처리시스템의 타당성을 신중하게 고려하고 있다.

출처 : Heather Nactmann and Mohammad Hani Al-Rifai, “An Application of Activity Based Costing in the Air Conditioner Manufacturing Industry,” Engineering Economist 49, 2004, pp. 221-236.

기본적으로 동일한 2개의 회사가 있다고 가정해보자. A회사는 제조간접원가를 직접노무시간을 기준으로 배부하는 반면, B회사는 제조간접원가를 기계시간을 기준으로 배부하고 있다. 두 회사의 경영자들은 생산공정에 투입되는 직접노무시간과 설비시간에 관한 의사결정을 하여야 한다. 모든 것이 동일하다고 가정할 때, A회사의 경영자는 제품 생산에 직접노무시간이 많이 소요되기 때문에 직접노무원가가 비싸다고 생각하고 있다. B회사의 경영자는 제품생산을 위하여 기계가동시간이 많이 소요되기 때문에 기계가동원가가 비싸다고 판단하고 있다. 즉, 초과근무시간에, A회사의 경영자는 기계의 이용률을 높일 것으로 예상되며, B회사의 경영자는 직접작업자를 투입하고자 할 것이다.

유사하게, 배부기준으로 작업준비횟수를 이용하여 간접원가를 계산한다면, 경영자들은 작업준비횟수를 줄이기 위해서 노력할 것이다. 배부기준으로 검사횟수를 이용한다면, 경영자들은 검사횟수를 줄이기 위해서 노력할 것이다. 만약 배부기준으로 직접노무원가를 이용한다면, 마찬가지로 경영자들은 직접노무원가를 줄이고자 할 것이다. 회사들이 이익을 측정하는 방법에 따라 야기되는 이러한 행위들이 반드시 좋거나 나쁜 것은 아니다. 예를 들어, 원가를 절감하기 위하여 검사횟수를 줄이는 것이 유용할 수도 있지만, 제품의 품질을 위해서는 검사횟수를 증가시키는 것이 적절할 것이다. 작업준비횟수, 검사횟수, 직접노무원가를 배부기준으로 이용하는 경우의 적절성에 대한 이야기가 아니다. 즉, 배부기준의 선택이 분명하지는 않지만 경영자의 행동에 영향을 미친다는 것이다.

Decision Making Insight

의사결정은 증분분석을 이용한다. 원가배부와 관련된 잠재적인 문제점 중 하나는 고정원가가 변동원가처럼 인식되어서 증가한다는 것이다. 예를 들어, 고정원가를 매출액을 기준으로 배부하고 있다고 가정하자. 매출이 증가하면 원가도 증가할 것이다. 배부된 원가가 포함된 정보를 이용한 의사결정을 할 경우, 이를 경계하여야 한다!

복습

학습목표 요약

학습목표 1 간접원가를 배부하는 이유, 원가배부절차, 지원부문 원가 배부

간접원가의 배부는 의사결정을 위한 정보를 제공하고, 제품의 전부원가를 계산하며, 공통 자원의 낭비적 사용을 줄이고, 관리자가 내부적으로 제공하는 서비스의 효율성을 평가하도록 장려하기 위해 이루어진다. 의사결정 관점에서, 자원 배부 시에는 회사 자원을 사용함에 따른 기회원가를 측정해야 한다. 그러나 기회원가는 빠르게 변화하기 때문에 실무에서 적용하기는 어렵다.

원가배부절차는 (1) 원가대상의 식별, (2) 원가풀 구성, (3) 원가를 원가대상에 배부할 배부기준 선정의 세 단계로 구성된다.

지원부서 원가는 생산부서에 할당되고, 생산부서는 이 원가를 제품에 할당한다. 직접 방식은 지원 부서 원가를 생산부서에는 배분하지만 다른 지원부서에는 배분하지 않는다.

학습목표 2 원가배부의 잠재적 문제점 확인, 활동기준원가계산(ABC)과 원가동인, 활동기준원가계산(ABC)과 활동기준관리(ABM)의 구분

실무에서는 원가배부와 관계된 많은 문제들이 있다: (1) 원가를 배부 받는 경영자가 배부되는 원가를 통제하지 못할 수 있다; (2) 원가배부가 자의적일 수 있다; (3) 원가배부는 고정원가를 변동원가처럼 보이게 할 수 있다; (4) 원가배부에 너무 적은 원가풀을 이용하기도 한다; (5) 조업도 관련 배부기준만 이용해서 배부가 이루어지기도 한다.

활동기준원가계산(ABC)은 활동이 원인이 되어 발생하는 원가를 인식하는 원가계산방법이다. 원가를 발생시키는 주요 활동들에 대한 측정치를 원가동인이라고 한다. 원가동인은 간접원가를 제품에 연계시키기 위한 배부기준으로 이용한다. 전통적인 원가계산시스템과 달리, ABC는 조업도 관련 원가동인에만 중점을 두지는 않는다.

ABC는 활동에 따라 생산되는 제품과 서비스의 원가를 산출하기 위하여 활동원가에 중점을 두는 반면, ABM은 활동자체를 관리하는 것을 지원하기 위하여 활동의 원가에 중점을 둔다(측정해야 관리할 수 있다!").

종합예제

종합예제 1

윌튼 인터내셔널(Wilton International)은 화학제품, 타이어, 특수금속, 의약품을 생산하는 대기업이다. 2년 전에 CFO는 생산효율성, 종업원 동기부여, 투자의사결정, 기타 다양한 문제들에 대한 컨설팅비용이 연간 \$6,000,000가 발생하고 있다는 것을 주목하였다. 1시간당 컨설팅 비용은 평균 \$240이며 연간 \$6,000,000의 컨설팅 비용을 책정하고 있었다. CFO는 회사 내부의 컨설팅그룹을 만들게 되면 상당한 금액이 절감될 것으로 판단했다. 이에 따라, 5명의 고급 컨설턴트를 유명 컨설팅업체에서 고용했으며, 평균적으로 연간 \$300,000을 지급하기로 하였다. 보조 컨설턴트로 15명의 신규 관리자를 채용했으며 이들의 연간 평균 급여액은 \$100,000이다. 따라서 20명의 풀타임 컨설턴트들의 연간 급여는 \$3,000,000이다. 이들 컨설턴트들의 연간 총 컨설팅 수행시간은 37,974시간이다.

첫 해에 CFO는 모든 사업부문에게 더 이상 외부에서 컨설팅 서비스를 받지 않으며 내부 컨설팅 그룹이 대신할 것이라고 공지하였다. 지난 4년 동안 컨설팅 비용은 각 사업부문의 매출액을 기준으로 배부되었다. 따라서 이를 기준으로 컨설팅비용은 다음과 같이 배부되었다:

	배부액
화학	$300,000
타이어	600,000
특수금속	900,000
제약	1,200,000
합계	$3,000,000

이와 같은 배부기준은 각 사업부문의 경영자들이 컨설턴트의 서비스를 자주 요구하게 만들었으며, 이로 인해 컨설팅 서비스가 자주 지연되고 경우에 따라서 1달 이상 지연되기도 하였다.

다음 연도에, CFO는 배부기준을 컨설팅을 받은 시간으로 변경하였다. 컨설팅에 따른 연간 비용은 $3,000,000이며, 총 이용가능시간은 38,000시간이므로, 시간당 배부비용은 $79이다. 결과적으로 컨설팅 서비스에 대한 수요가 급격하게 감소하였다. 따라서 컨설턴트들은 평균적으로 작업 가능한 시간의 70%만 업무를 수행하였지만, 모든 컨설팅 서비스에 대한 요청은 하루 또는 이틀 이내에 컨설팅 서비스가 제공되었다.

요구사항

a. 두 가지 배부기준에 따라 수요가 차이가 나는 이유를 설명하라.

b. 현재 시간당 $79의 컨설팅비용은 제공되는 컨설팅 서비스의 기회원가보다 많은가 아니면 적은가?

c. 실제 컨설턴트에게 지급되는 시간당 급여를 기준으로 컨설팅 비용을 사업부문에 배부하고 있기 때문에, 컨설팅 수요가 실제 제공할 수 있는 컨설팅 시간보다 적다. 따라서 CFO는 내부 컨설팅 그룹을 폐쇄할 것을 고려하고 있다. 제한된 정보에 근거해서 여러분의 의견을 제시하라.

정답

a. 처음의 배부기준은 과거 4년간의 평균매출액을 기준으로 각 사업부문에 총액으로 배부하였다. 이것은 부담능력을 기준으로 한 것이다. 그 결과 컨설팅 서비스에 대한 수요가 초과되었으며 서비스가 지연되었다. "사무실 의자에서 삐걱삐걱 소리가 납니까? 그렇다면 컨설턴트에게 전화를 걸어 수리하라고 하세요!" "당신이 시장에서 수요가 낮을 것으로 생각하는 제품에 대하여 시장조사가 필요한 것 같습니다. 컨설턴트에게 전화를 하세요–추가적인 정보를 얻을 수 있을 뿐만 아니라 비용도 들지 않습니다!"

b. 새로운 배부기준은 시간당 $79이며, 연간 $3,000,000의 컨설턴트 총급여를 총연간근무시간인 37,974시간으로 나눈 것이다. 새로운 배부기준으로 컨설팅 수요가 제공 가능한 시간의 70%까지 급격하게 감소하였다. 이것은 서비스 이용에 대한 기회원가가 $79보다 작다는 것을 의미한다(만약 컨설팅 효익이 $79를 초과한다면, 컨설팅이 필요한 경영자는 컨설턴트에게 전화를 할 것이다.)

c. 기존에 회사에서는 외부 컨설턴트로부터 연간 25,000시간($6,000,000 ÷$240/시간)만 서비스를 제공받았다. 회사는 수요에 비해 너무 많은 컨설턴트를 고용하였으며, 컨설팅 제공 시간이 25,000시간이 되도록 규모를 축소할 필요가 있다.

물론, 현재의 상황이 적절하다고 주장할 수도 있다. 대부분의 컨설팅회사에서 컨설턴트들은 근무가 가능한 시간 중 70% 미만으로 업무를 수행하고 있다. 왜냐하면, 교육훈련이 필요하거나 새로운 여유시간이 필요하거나 프로젝트와 프로젝트 사이의 공백시간이 필요하기 때문이다.

컨설턴트의 근무가능시간 중 70%만 이용되고 있다고 너무 많은 우려를 할 필요는 없다. 왜냐하면 회사는 이미 연간 $3,000,000를 절감하고 있기 때문이다. 주요한 질문은 다음과 같아야 한다: 컨설팅 서비스의 품질은 어떠한가? CFO는 각 사업부문의 대표들과 회의를 가지고 내부 컨설턴트들이 제공하는 서비스의 품질에 대한 피드백을 받아야 한다.

종합예제 2

벤더 일렉트릭 모터스(Bender Electric Motors)는 가전제품과 제조기업에서 사용하는 전기모터를 생산하는 기업이다. 모든 제품은 고객이 요구하는 사양에 따라 생산되고 있으며 생산량은 최소 1단위에서 많게는 2,000단위까지 생산하고 있다.

벤더사는 최근 활동기준원가계산시스템을 도입하였으며, 간접원가와 원가동인은 다음과 같다.

원가풀	금액(연간)	활동량(연간)	원가동인
직접노무원가관련	400,000	$1,000,000	직접노무원가
재료주문	100,000	5,000	구매주문건수
재료검사	600,000	4,000	검수보고서
설비 작업준비	200,000	1,000	작업준비
품질관리	400,000	2,000	모터검사
기계관련	800,000	40,000	기계시간
기타	400,000	$4,000,000	기타간접원가를 제외한 제품원가
총간접원가	2,900,000		

회사는 최근 크로머 백화점(Kromer's Department Stoires)으로부터 모터 10개를 주문 받았으며 관련 활동과 원가를 다음과 같이 추정하고 있다:

재료원가	$500
노무원가	$200
재료구매	2
검수보고서	2
작업준비	1
검사	1
기계시간	10

위에 제시된 금액은 10개의 모터 전체에 대한 것이다.

요구사항

a. 활동기준원가계산시스템을 이용해서 크로머 백화점의 주문에 대한 원가를 계산하라.

b. 노무원가를 배부기준으로 하는 전통적인 원가계산시스템을 가정하고 크로머 백화점의 주문에 대한 원가를 계산하라.

c. a번과 b번의 계산 결과 차이가 발생하는 이유를 간략하게 기술하라.

정답

a.

원가풀	간접원가 배부율	
직접노무원가관련	직접노무원가 $1당	$ 0.40
재료주문	구매주문 건당	$ 20.00
재료검사	검수보고서 건당	$150.00
설비 작업준비	작업준비 1회당	$200.00
품질관리	검사 1건당	$200.00
기계관련	기계시간 당	$ 20.00
기타	기타 간접원가를 제외한 제품원가 $1당	$ 0.10

활동기준원가계산시스템에 의한 원가		
재료원가		$500
노무원가		200
간접원가:		
노무원가 관련($0.40x$200)	$80	
재료구매($20x2)	40	
재료검사($150x2)	300	
작업준비($200x1)	200	
품질관리($200x1)	200	
기계관련($20x10)	200	
기타($0.1x기타간접원가 제외원가)	172	
총간접원가		1,192
총원가		$1,892

기타간접원가를 제외한 제품원가 = $1,720

b.

전통적인 간접원가 배부율	
총간접원가	$2,900,000
총노무원가	$1,000,000
배부율	노무원가 $1당 $2.90

활동기준원가계산시스템에 의한 원가	
재료원가	$500
노무원가	200
간접원가($2.90 x $200)	580
총원가	$1,280

c. 활동기준원가계산으로 계산한 원가가 높은 이유는 크로머의 주문수량이 비교적 적으며, 간접원가를 발생시키는 여러 활동들이 생산량에 비례하지 않기 때문이다.

핵심용어

공정성 배부기준 242
단위수준활동 252
단위화 246
배치수준활동 252
부담능력기준 241
설비수준활동 252
수혜기준 241
원가대상 239
원가동인 250
원가배부 234
원가풀 239
인과관계 240
제품수준활동 252
직접배부법 243
책임회계시스템 244
총액배부 247
통제가능원가 244
활동기준원가관리 258
활동기준원가계산 249

객관식 문제

(정답은 아래에)

1. 간접원가를 배부하는 목적은 무엇인가?

a. 의사결정에 유용한 정보 제공

b. 자원의 사적인 이용 감소

c. 제공받는 내부서비스의 평가

d. GAAP에 의한 외부보고를 위한 제품/서비스의 전부원가 계산

e. 모두 정답

2. 원가풀을 구성할 때 중요한 고려사항은 무엇인가?

a. 금액이 적은 원가들을 같은 원가풀로 배치하는 것을 피하기 것

b. 원가풀을 구성하는 원가의 종류를 제한하는 것

c. 동종 또는 유사한 종류의 원가들로 원가풀을 구성하는 것

d. 정답 없음

3. 원가배부과정에서 배부기준에 대한 설명으로 맞는 것은?

a. 모든 원가대상에 공통된 특징을 가지고 있어야 한다.

b. 인과관계에 따라 원가가 배부되어야 한다.

c. 배부기준을 선택하는 것은 쉬운 문제가 아니다.

d. 모두 정답

4. 원가배부방법 중 직접배부법에 대한 설명은?

a. 한 지원부문의 원가를 다른 지원부문에 배부한다.

b. 직접원가만 배부한다.

c. 지원부문의 원가는 생산부문에만 배부한다.

d. 정답 없음

5. 고정원가를 단위당 고정원가로 나타내면?

a. 단위당 고정원가를 "총액"배부라고 한다.

b. 고정원가를 배부 받는 경영자는 고정원가를 변동원가로 인식한다.

c. 의사결정이 크게 개선된다.

d. 모두 정답

6. 고정원가를 단위당으로 나타낼 경우 발생하는 문제를 회피하기 위한 방법은?

a. 고정원가를 배부하지 않는다.

b. 배부되는 고정원가를 총액을 이용하여 배부한다.

c. 고정원가와 변동원가를 단일 원가풀로 구성한다.

d. 정답 없음

7. A생산부문 경영자의 통제가능원가에 포함되는 것은?

a. 재무부서의 원가

b. A생산부문에서 사용된 재료원가와 노무원가

c. A생산부문에서 생산된 최종 제품과 관련된 모든 원가

d. 모두 정답

8. 제품에 원가를 배부하는 경우, 원가계산의 정확성 정도는 일반적으로 어떤 요인에 의해 영향을 받는가?

a. 작업시간을 이용하여 원가를 배부하는 경우

b. 1개 이상의 원가풀을 가지고 있는 경우

c. 생산량을 기준으로 하는 배부기준을 이용하는 경우

d. 정답 없음

9. 활동기준원가계산의 원가동인이란?

a. 항상 생산량과 관련이 있다.

b. 원가통제에 영향을 미치는 작업자들이다.

c. 전통적인 배부방법에 비하여 자주 생산량이 적은 제품들에 더 많은 원가가 할당된다.

d. 정답 없음

10. 활동기준원가계산 시스템을 사용하는 기업들에 대한 설명으로 맞는 것은?

a. 원가풀이 없다.

b. 1개 또는 2개의 원가풀을 이용한다.

c. 2개 또는 5개의 원가풀을 이용한다.

d. 5개 이상의 원가풀을 이용한다.

정답

1. e **2.** c **3.** d **4.** c **5.** b **6.** b **7.** b **8.** b **9.** c **10.** d

과제

주관식 문제

1. "원가배부는 직접원가를 할당하는 과정을 의미한다"라는 문장의 진위여부를 대답하고 그 이유를 기술하라.
2. 원가대상이란 무엇인지 설명하고 예를 2가지 들어라.
3. 1개의 변동원가풀과 1개의 고정원가풀을 가지고 있는 보조부문에서 예상할 수 있는 장점을 설명하라.
4. 어떤 기업에서 급식부문의 원가를 회사의 모든 부문에 배부하는 경우, 인과관계가 반영된 배부기준은 무엇인가?
5. 지원부문의 원가를 배부하는 경우 실제원가가 아닌 목표원가를 배부하는 것이 왜 합리적인가?
6. 책임회계시스템이란 무엇인가?
7. 통제불능원가가 각 부문에 배부되는 이유를 설명하라.
8. 전통적인 간접원가배부방법을 이용하는 경우 생산량이 적은 제품에 간접원가가 과소배부되는 이유를 간략하게 설명하라.
9. 전통적인 원가계산방법과 활동기준원가계산방법의 차이점을 설명하라.
10. 전통적인 원가계산보다 활동기준원가계산에서 산출된 원가가 더 적합한 원가인 이유를 설명하라.

연습문제

연습문제 6-1. **[학습목표 2]** **그룹과제** 고정원가를 변동원가처럼 보이게 하는 배부방법이 왜 잘못된 의사결정을 유도하는지 설명하라.

연습문제 6-2. **[학습목표 2]** **논술형** 맨샤드 호텔(Mansard Hotels)은 보스턴, 뉴욕, 시카고, 샌프란시스코, 로스앤젤레스에 5개의 고급호텔을 운영하고 있다. 내부보고목적으로 작성된 손익계산서에는 각 호텔의 수익과 직접원가만이 보고된다. 회사는 일반관리비와 광고비(예–사장, 최고재무담당이사, 호텔체인광고비, 등)을 상대적 매출액을 기준으로 각 호텔에 배부하고 있다.

요구사항

일반관리비와 광고비를 각 호텔체인에 배부하는 것이 잠재적으로 유용한 것인지 또는 합리적인지를 설명하라.

연습문제 6-3. **[학습목표 1]** 샌프란시스코 대학교(San Francisco University)의 교무처장은 현재 각 단과대학에 대한 보안경비원가의 배부를 위하여 다음과 같이 3가지의 배부기준을 고려 중이다:

1. 전체 총비용에서 각 단과대학의 비용이 차지하는 비율
2. 전체 재학생 수에서 각 단과대학의 학생이 차지하는 비율
3. 총면적에서 각 단과대학이 점유하고 있는 면적의 비율

요구사항

배부되는 비용은 각 단과대학의 연간 예산에서 차감하고 이로 인해 반환되는 예산은 대학교 기금에 적립된다고 가정하자. 각 단과대학의 학장이 이러한 배부방법이 최선이라 하더라도 이에 동의하지 않는 이유를 설명하라.

연습문제 6-4. **[학습목표 1]** **간접원가 배부의 이유** 워너사(Warner Development Company)는 사내 보안서비스를 제공하는 보안부서를 운영하고 있다. 각 부서의 관리자는 보안강화를 위하여 보안부서 관리자와 작업하는 것에 대한 책임이 있다.

요구사항

워너사가 보안부서의 원가를 다른 부문에 배부하기 원하는 이유를 설명하라.

연습문제 6-5. [학습목표 1] 보조부문원가 배부기준(원가동인)의 선택 어번은행(Auburn Banking)은 6개의 보조부문을 운영하고 있다.

1. 인사(직원고용과 복리후생 관리)
2. 복사(복사서비스 제공)
3. 시설관리(일상적인 청소서비스 제공)
4. 회계(회계서비스 제공)
5. 그래픽 디자인(문서 양식 디자인)
6. 급식 서비스(직원들을 위한 무료 아침식사 및 점심식사 제공)

현재 개인금융 영업부문과 기업금융 영업부문이 보조부문의 지원을 받고 있다.

요구사항

a. 각 영업부문에 보조부문의 원가를 배부하기 위한 배부기준을 설명하라.
b. 급식서비스는 인사부서 직원들이 이용하고 있다. 직접배부법을 이용할 경우 급식서비스 원가를 인사부서에 배부할 수 있는가?

고급연습문제 6-6. [학습목표 1] 엑셀활용 원가배부 프로세스 아팩스사(Apex Company)의 복사부는 판매부와 관리부의 거의 모든 복사를 수행하고 있으며, 5백만 건의 복사를 기준으로 한 예산이 다음에 제시되어 있다:

급여(고정비)	$100,000
복리후생비(고정비)	12,500
복사기계 감가상각비(고정비)	10,000
수도광열비(고정비)	5,000
복사용지(변동비, 장당 1센트)	50,000
토너(변동비, 장당 1센트)	50,000

원가는 고정원가풀과 변동원가풀에 할당된 후 판매부와 관리부에 배부된다. 고정원가는 총액기준으로 배부되며, 판매부에 40%, 관리부에 60%가 배부되고 있다. 변동원가는 장당 2센트가 배부되고 있다.

요구사항

지난 1년 동안 4,800,000장의 복사가 이루어졌으며, 그 중 2,500,000장은 판매부에서 나머지 2,300,000장은 관리부에서 발생했다고 가정하고 복사부의 원가를 판매부와 관리부에 배부하라.

연습문제 6-7. [학습목표 1] 보조부문 원가배부 테일러 제조기업(Taylor Manufacturing)의 건물유지관리부는 다음 연도의 운영수준을 기준으로 연간 $5,250,000의 원가를 예산으로 책정하였다. 건물유지관리부의 원가는 2개의 생산부문에 배부되고 있다. 현재 테일러사는 원가배부를 위하여 (1)점유면적과 (2)직접작업시간 중 1가지를 배부기준으로 선택하고자 한다. 이들 배부기준과 관련된 자료가 다음에 제시되어 있다:

	생산부1	생산부2
점유면적	30,000	40,000
직접작업시간	40,000	30,000

요구사항

각각의 배부기준을 이용하여 각 생산부에 배부될 원가를 계산하라.
선호하는 배부기준에 대한 의견을 제시하라.

연습문제 6-8. [학습목표 1] 엑셀활용 보조부문 원가배부 마빈사(Marvin Company)는 S1, S2, S3의 3개의 지원부문과 P1, P2의 2

개의 생산부문을 운영하고 있다. 다음은 지원부문 원가배부와 관련된 자료이다:

	예산원가	종업원 수
S1	$4,500,000	90
S2	3,000,000	60
S3	2,700,000	40
P1		200
P2		300

보조부문의 원가는 직접배부법으로 배부하고 있으며, 종업원수를 기준으로 모든 지원부문의 원가가 배부되고 있다.

요구사항

a. 지원부문의 원가를 생산부문에 배부하라.

b. 지원부문의 총원가를 각 생산부문에 배부하라.

연습문제 6-9. [학습목표 2] 원가배부의 문제점 커스텀 메탈(Custom Metal Works)은 한 대형소매점에서 3,000개의 야외용 금속테이블을 개당 $220에 주문을 받았다. 현재 커스텀의 야외용 테이블의 생산원가는 다음과 같다:

직접재료원가	$125
직접노무원가	50
제조간접원가	70
합계	$245

제조간접원가 $70 중 변동원가는 $14이며 고정원가는 $56이다. 현재 고정제조간접원가는 직접노무원가를 기준으로 배부되고 있다.

요구사항

a. 주문을 수락할 경우 이익에 미치는 효과는 어떠한가?

b. 단위당 생산원가만 고려하는 경영자의 경우 주문을 수락하지 않을 수 있다. 그 이유를 설명하라.

연습문제 6-10. [학습목표 1, 2] 책임회계, 통제가능원가 밴스 메이슨(Vance Mason)은 포톤 일렉트릭(Proton Electronics) 서비스센터의 관리자이다. 보조부의 성과는 이익을 기준으로 평가하고 있다. 올해 일반관리비가 전년보다 많이 배부되었기 때문에 서비스센터의 이익이 감소하였다(일반관리비는 상대적 매출액을 기준으로 배부하고 있다). 회사의 주력 제품인 휴대용 게임기의 매출이 급격하게 감소하였기 때문에 상대적으로 서비스 센터의 수익이 증가하였다.

요구사항

a. 올해 서비스센터에 전년보다 일반관리비가 더 많이 배부된 이유를 설명하라.

b. 이와 같이 상황이 책임회계시스템과 통제가능원가에 어떻게 관련이 있는지를 토의하라.

연습문제 6-11. [학습목표 1, 2] 원가배부의 문제점 어번은행은 인사부, 복사부, 시설관리부, 회계부, 그래픽디자인부, 급식부 등 6개의 지원부가 있으며, 이들 지원부의 원가는 개인금융사업부문과 기업금융사업부문에 상대적 매출액을 기준으로 배부하고 있다.

요구사항

a. 여러분이 기업금융 사업부문의 경영자라고 가정하라. 배부되는 지원부의 원가는 고정원가, 변동원가, 혼합원가 중 어떤 원가로 인식할 것인가?

b. 사업영역의 확장이나 신규계약과 관련한 증분분석을 수행하는 경우, 각 사업부문의 경영자는 증분원가를 과대추정하는 경향

이 있는가? 또는 과소추정하는 경향이 있는가? 그 이유를 설명하여라.

연습문제 6-12. [학습목표 2] 소수의 원가풀을 사용하는 경우 모르턴 제조기업(Morton Manufacturing)은 제조간접원가의 배부기준으로 직접작업시간만 사용하고 있다. 현재 P1, P2의 생산부문이 가동 중이다. 신임 회계담당자는 다음 연도에 $40,000,000의 총제조간접원가와 약 500,000시간의 직접작업시간이 발생할 것으로 예상하고 있다. 한편, 생산부문 P1에서 100,000의 직접작업시간과 약 $30,000,000의 제조간접원가가 발생할 것으로 추정하고 있다. 생산부문 P2의 경우 400,000 직접작업시간과 $10,000,000의 제조간접원가가 발생할 것으로 예상하고 있다. 회사는 A1과 A2라는 두 종류의 제품을 생산 중이다. A1 제품 1단위를 생산하기 위하여 P1에서는 6시간의 직접작업시간이, P2에서는 4시간의 직접작업시간이 투입되고 있다. A2 제품은 P1에서 1시간의 직접작업시간과 P2에서 9시간의 직접작업시간이 생산에 투입되고 있다.

요구사항

원가풀을 1가지만 이용할 경우 제조간접원가가 과소배부되는 제품과 과대배부되는 제품은 무엇인가? 각 제품의 간접원가를 계산하라.

연습문제 6-13. [학습목표 1] 원가배부와 기회원가 어번은행은 2개의 사업부문에서 사용되는 서류와 기타 문서의 디자인을 위하여 그래픽디자인부를 운영하고 있다. 그래픽디자인부의 원가는 고정원가이며 부서원 2명의 급여이다.

요구사항

다음 4가지의 독립적인 상황을 분석하라.

a. 그래픽디자인부의 원가를 배부하지 않는 경우를 가정하라. 사업부에서 요청한 작업은 일반적으로 바로 다음날 완성되고 있다. 디자인서비스 이용에 대한 기회원가와 배부되는 원가를 비교하라.

b. 그래픽디자인부의 원가를 배부하지 않고 있으며, 작업완성에 소요되는 기간은 평균적으로 2주라고 가정하라. 따라서 사업부는 종종 외부의 그래픽서비스를 이용하고 있다. 디자인서비스 이용에 대한 기회원가와 배부되는 원가를 비교하라.

c. 사업부는 디자인작업 1시간당 $60을 배부 받고 있다고 가정하라. 작업완성은 일반적으로 2주일이 소요되고 있으며, 따라서 사업부는 종종 작업완성에 필요한 기간을 기다리지 못하고 외부의 서비스를 이용하고 있다. 외부의 디자인 서비스를 이용하는 경우 시간당 평균 $80을 지불하고 있다. 이 경우 디자인서비스 이용에 대한 기회원가와 배부되는 원가를 비교하라.

d. 사업부는 디자인작업 1시간당 $60을 배부 받고 있다고 가정하라. 디자인부는 바쁘더라도 사업부에서 요청하는 작업을 신속하게 수행하고 있다. 이 경우 디자인서비스 이용에 대한 기회원가와 배부되는 원가를 비교하라.

연습문제 6-14. [학습목표 2] 활동기준원가계산 다음은 어떤 회사의 활동기준원가계산을 위한 원가풀이다. 원가풀들은 원가동인들을 이용하고 있는 회사의 제품과 관련이 있다.

원가풀 :

1. 원새료 검사
2. 생산설비 수리수선
3. 원재료 보관
4. 공장 수도광열비
5. 완제품 품질관리
6. 생산라인 작업준비

요구사항

제시된 원가풀들에 대한 가능한 원가동인들을 제시하라.

연습문제 6-15. [학습목표 1, 2] 원가동인을 이용한 원가풀과 제품의 연계 파워일렉트릭(Power Electronics)은 휴대용 전원공급장치를 생산하고 있다. 회사는 최근 제품원가계산에 활동기준원가계산시스템을 도입하기로 결정하였다. 생산라인 작업준비는 중요

활동 중 하나이다. 다음 연도에 2,000번의 작업준비활동과 $4,200,000의 총원가가 발생할 것으로 예상하고 있다. 회사는 제품 EP150을 800개 생산할 계획이며 이에 따라 2회의 작업준비활동이 이루어질 것이다.

요구사항

EP150 한 개당 배부될 작업준비원가는 얼마인가?

연습문제 6-16. [학습목표 1, 2] 원가동인을 이용한 원가풀과 제품의 연계 클래식(Classic) 아트는 졸업파티용 드레스를 디자인해서 생산하는 회사이다. 사장은 다음 연도에 제품가격책정을 위하여 활동기준원가계산의 도입을 고려하고 있다. 생산라인의 작업준비는 회사의 주요 활동 중 하나이다. 다음 연도에 1,500회의 작업준비활동과 이로 인한 원가가 $105,000이 발생할 것으로 예상하고 있다. 회사는 A128 디자인의 드레스를 325벌 생산할 계획이며, 3회의 작업준비활동이 이루어질 것이다.

요구사항

A128 디자인의 드레스 1벌당 배부될 작업준비원가는 얼마인가?

연습문제 6-17. [학습목표 2] 활동기준관리 엘던사(Eldon Company)는 2개의 생산공장을 운영하고 있다. 최근 각 공장의 부품구매주문처리활동원가를 결정하기 위하여 활동기준관리를 실행하였다.

요구사항

주문처리원가를 관리하기 위하여 활동기준관리에서 산출된 원가정보를 어떻게 이용할 수 있는가?

연습문제 6-18. [학습목표 2] 활동기준관리 메이저 서플라이스(Major Supplies)는 세탁과 주방용 가전제품을 위한 부품을 공급하고 있다. 고객의 주문은 인터넷으로 이루어지고 있으며, 속달우편서비스를 이용하면 1일~2일의 기간이 소요된다.

메이저 서플라이스의 재고관리활동에 활동기준관리 컨설팅을 수행하고 있는 안젤라 편워스는 고객의 주문을 처리하기 위해 창고에서 부품을 선별하는 업무를 하는 5명의 종업원에 대한 인건비 $300,000와 제품을 선적하는 업무를 수해하는 6명의 종업원의 인건비 $450,000가 매해 일정하게 발생하고 있는 것을 확인하였다. 작년의 총 주문량은 125,000건 이었다. 안젤라는 대형 자동차부품 공급체인을 기준으로 1건당 주문처리원가를 $4.50으로 결정하였다.

요구사항

a. 자동차부품 공급업체의 주문처리원가와 메이저 서플라이스의 주문처리원가를 비교한 컨설팅안에 대한 의견을 기술하라.

b. 안젤라는 다음과 같은 사항들을 발견하였다: 종업원들은 개별 고객의 주문서가 담겨 있는 상자에서 가장 아래쪽(가장 먼저 주문한)의 주문서를 챙긴 후, 주문품을 담을 상자와 손수레를 가지고 창고에 간다. 창고에서 주문품을 박스에 담은 후 포장작업장으로 운반한다. 이러한 작업공정을 개선할 수 있는 방안을 제시할 수 있는가?

고급연습문제

고급연습문제 6-1. [학습목표 1] 원가풀의 갯수 아이콘닷컴(Icon.com)은 소프트웨어 판매와 인터넷 상거래 기업에 대한 컨설팅 서비스를 제공하고 있다. 회사의 사업부문은 2개(소프트웨어 판매, 컨설팅)로 구성되어 있으며, 각 사업부의 손익계산서는 다음과 같다:

	소프트웨어	컨설팅
매출액	$15,000,000	$10,000,000
차감 : 직접노무원가	6,000,000	4,000,000
배부된 원가	5,250,000	1,750,000
세전이익	$3,750,000	4,250,0000

직접노무원가에는 각 사업부문과 쉽게 관련성을 파악할 수 있는 원가들이 포함되어 있다. 소프트웨어 사업부문의 경우 프로그래머 인건비, 프로그래머가 사용하는 컴퓨터의 원가, 고객에게 판매한 소프트웨어 매뉴얼 원가 등이 직접노무원가에 포함되어 있다. 컨설팅 사업부문에는 컨설턴트 인건비, 컴퓨터 원가, 여비 등이 포함되어 있다. 배부된 원가에는 사업부문별로 직접 추적할 수 없는 원가들이 포함되며, 여기에는 복리후생비, 임차료, 통신비, 일반관리비, CEO의 급여가 있다.

2020년 초에 배부된 원가는 다음과 같이 추정하였다:

복리후생비	$2,500,000
임차료	1,000,000
통신비	500,000
일반관리비	3,000,000
세전이익	$7,000,000

기존에는 원가를 각 사업부문의 종업원수를 기준으로 배부되었다. 각 사업부문의 종업원 수는 소프트웨어 사업부문이 375명이며 컨설팅 사업부문은 125명이다. 아이콘닷컴의 신임 관리회계담당이사는 복리후생비와 통신비의 주요 원가동인이 종업원수라고 판단하고 있다. 그러나 임차료는 점유면적을 기준으로 일반관리비는 상대적 매출액비율을 기준으로 배부한다. 아이콘닷컴의 임차면적은 40,000M^{2}이며 20,000M^{2}은 소프트웨어 사업부문에서 20,000M^{2}는 컨설팅 사업부문에서 사용하고 있다.

요구사항

a. 종업원 수, 점유면적, 상대적 매출액비율을 기준으로 원가를 배부한다고 가정하고 소프트웨어 사업부문과 컨설팅 사업부문의 손익계산서를 작성하라. 단일 배부기준(종업원 수)을 이용하여 계산한 이익과 새로운 배부기준을 적용한 이익의 수준을 비교하라.

b. 간접원가에 대한 배부기준으로 종업원 수만을 이용한 경우와 종업원 수, 매출액, 점유면적을 배부기준으로 이용한 경우 중 수익성에 대한 유용한 정보를 제공해주는 방법은 무엇인가?

고급연습문제 6-2. [학습목표 1] 원가풀의 개수 키도컴퍼니(Kiddo Company)는 봉제 완구를 생산하여 전국에 배송하고 있다. 다음은 2개의 사업부문에 대한 손익계산서이다:

	일반 봉제완구	주문제작 봉제완구
매출액	$7,500,000	$5,000,000
(차감) 직접원가	2,500,000	4,000,000
배부된 원가	3,375,000	1,125,000
세전손익	$1,625,000	($125,000)

직접원가는 각 사업부문별로 쉽게 산출할 수 있다. 배부된 원가에는 복리후생비, 임차료, 통신비, CEO의 급여와 같은 일반관리비가 포함되어 있으며, 각 사업부문의 종업원 수를 기준으로 배부하고 있다.
2020년 초에 각 사업부문메 배부될 간접원가를 다음과 같이 추정하였다:

복리후생비	$1,500,000
임차료	1,500,000
통신비	500,000
일반관리비	1,000,000
합계	$4,500,000

일반 봉제완구와 주문제작 봉제완구의 종업원 수는 각각 240명, 80명이다. 신임 관리회계이사는 복리후생비와 통신비의 원가동인은 종업원 수가 적절하지만, 임차료는 점유면적을, 일반관리비는 상대적 매출액비율을 기준으로 배부기준을 변경하여야 한다고 생각하고 있다. 현재 키도사의 임차면적은 20,000 m^{2}이며, 대략적으로 일반 봉제완구 사업부문에서 10,000 m^{2}를 주문제작 봉제완구 사업부문에서 10,000 m^{2}를 점유하고 있다.

요구사항

a. 배부기준을 종업원 수, 점유면적, 상대적 매출액 비율을 기준으로 이용하여 간접원가를 배부할 경우 손익계산서를 작성하고 종업원 수만을 배부기준으로 이용한 기존의 손익계산서와 그 결과를 비교하라(소수 둘째 자리로 반올림).

b. 어느 방법이 수익성에 대하여 더 좋은 정보를 제공하는가?

고급연습문제 6-3. [학습목표 1] 배부된 원가와 기회원가 바인더사(Binder Manufacturing)는 가전제품에 사용되는 소형 전기모터를 생산하는 기업이다. 최근, 외국기업의 시장진입으로 생산시설 가동률이 급격하게 하락하였다. 현재 다콘가전㈜에 6,000대의 모델 350 전기모터를 공급하는 입찰이 진행 중이다. 전기모터의 단위당 원가는 $45이며, 세부내역은 다음과 같다:

직접재료원가	$25
직접노무원가	5
제조간접원가	15
합계	$45

연간 총제조간접원가 추정액 $15,000,000와 연간 총직접노무원가 추정액 $5,000,000를 기준으로 제조간접원가 예정배부율은 직접노무원가 $1당 $3 이다. 추정된 제조간접원가는 $6,000,000의 변동원가와 $9,000,000의 고정원가로 구성되어 있으며, 고정원가는 주로 건물과 설비에 대한 감가상각비이다.

요구사항

a. 간접원가와 관련하여 모델 350을 생산하는 경우의 기회원가는 얼마인가?

b. 바인더사에서 모델 350을 $39로 입찰할 경우 입찰에 성공할 수 있다고 가정하면, 바인더사는 $39에 입찰해야 하는가?

c. 기회원가를 기준으로 제조간접원가를 배부하는 것이 입찰관련 의사결정에 유용한 정보를 제공하는지 토의하라.

고급연습문제 6-4. [학습목표 1] 배부된 원가와 기회원가 브레넌사(Brenon)는 껌과 사탕 제조에 사용되는 민트시럽을 생산하는 회사이다. 최근, 새로운 경재업체의 시장진입으로 유휴 생산시설이 발생하였다. 최근 퀄리티 캔디에 5,000리터의 시럽을 납품하는 입찰을 진행 중이다. 시럽 1리터의 추정원가는 다음과 같다:

직접재료원가	$9
직접노무원가	5
제조간접원가	9
합계	$23

연간 총제조간접원가 추정액 $1,080,000와 연간 총직접노무원가 추정액 $600,000를 기준으로 제조간접원가 예정배부율은 직접노무원가 $1당 $1.80 이다. 추정된 제조간접원가는 $270,000의 변동원가와 $810,000의 고정원가로 구성되어 있으며, 고정원가는 주로 건물과 설비에 대한 감가상각비이다.

요구사항

a. 간접원가와 관련하여 시럽 1리터를 생산하는 경우의 기회원가는 얼마인가?

b. 브레넌사가 시럽 1리터 납품가격을 $19로 제안할 경우 입찰에 성공할 수 있다고 가정하였을 경우, 브레넌사는 $19에 입찰해야 하는가?

c. 기회원가를 기준으로 제조간접원가를 배부하는 것이 입찰관련 의사결정에 유용한 정보를 제공하는지 토의하라.

고급연습문제 6-5. [학습목표 2] 원가가산계약, 배부, 윤리 펠튼 인스트루먼트(Pelton Instruments)는 군부대와 민간에서 사용되는 다양한 전기용품을 생산하고 있다. 군부대에 제품을 공급하는 경우 원가의 10%를 이윤으로 가산하는 원가가산계약을 체결하고 있다. 군에서 사용하는 전기용품은 "이중안전장치"가 반드시 내장되어야 하기 때문에 직접작업시간이 더 많이 소요된다(민간에 공급하는 제품에는 이 장치가 포함되지 않고 있다). 올초 펠튼사는 $75,000,000의 간접원가와 750,000시간의 기계작업시간이 발

생할 것으로 추정하였다. 모델 KV10은 군부대와 민간에서 모두 사용되는 제품이다:

	민간용	군용
직접재료원가	$3,000	$3,500
직접노무원가	$900	$1,200
기계시간	100	100

요구사항

a. 직접노무원가와 기계시간을 배부기준으로 이용하여 모델 KV10의 민간용 제품과 군부대용 제품의 원가를 계산하시오.

b. 펠튼 인스트루먼트가 간접원가배부기준으로 직접노무원가를 사용하기로 결정하였는지 그 이유를 설명하시오.

c. 펠튼이 정부계약에 대해서 더 많은 간접원가를 배부할 수 있는 배부기준을 선택하는 것은 윤리적인가? 그 이유를 설명하시오.

고급연습문제 6-6. [학습목표 1] 보조부문 원가배부 월드에어라인(World Mirlines)은 3개의 보조부문이 있다: (1) 탑승권 발권, (2)수하물처리, (3)엔진 유지관리. 보조부문의 원가는 각 운영부문별로 만들어진 개별원가풀에 배부되고 있으며, 운영부문은 (1)국내운항, (2)국제운항 등 2개이다. 월드에어라인은 원가를 배부할 때 변동원가와 고정원가를 구분하지 않고 있다. 다음은 원가배부와 관련된 자료이다:

	예산 자료	
	원가	운항거리
탑승권 발권	$4,000,000	
수하물 처리	$2,000,000	
엔진 유지관리	$9,000,000	
국내운항		7,500,000
국제운항		22,500,000

요구사항

a. 운항거리를 배부기준으로 하여 보조부문의 원가를 운영부문에 배부하시오.

b. 운항거리를 배부기준으로 이용하는 경우 인과관계를 평가하시오. 인과관계가 가장 강하게 나타나는 원가풀은 무엇이라고 생각하는가? 인과관계가 약하다고 생각되는 나머지 2개의 원가풀에 대한 대안적인 배부기준을 제시하시오.

고급연습문제 6-7. [학습목표 1] 보조부문 원가배부 암스트롱 인더스트리(Armstrong Industries)는 해양산업에서 사용되는 전자설비를 생산하고 있다. 회사는 2개의 보조부문(유지관리와 컴퓨터처리)과 2개의 생산부문(조립과 검사)를 가지고 있다. 유지관리부의 원가는 점유면적을 기준으로 배부하고 있으며, 컴퓨터처리부의 원가는 컴퓨터 터미널의 수를 기준으로 배부하고 있다. 다음은 원가배부와 관련된 자료이다:

	유지관리	컴퓨터 처리	조립	검사
보조부문원가	$700,000	$900,000		
점유면적			84,000	36,000
터미널 수			6	14

요구사항

직접배부법을 이용하여 보조부문의 원가를 생산부문에 배부 하시오.

고급연습문제 6-8. [학습목표 1] 보조부문 원가배부 스노우캡 전자(Snowcap Electronics)는 데이터저장장치를 생산하는 기업이다. 회사는 2개의 보조부문(유지관리와 컴퓨터처리)과 2개의 생산부문(조립과 검사)를 가지고 있다. 유지관리부의 원가는 점유면적을 기준으로 배부하고 있으며, 컴퓨터처리부의 원가는 컴퓨터 터미널의 수를 기준으로 배부하고 있다.다음은 원가배부와 관련된 자료이다:

	유지관리	컴퓨터 처리	조립	검사
보조부문원가	$600,000	$1,000,000		
점유면적			60,000	40,000
터미널 수			20	30

요구사항

직접배부법을 이용하여 보조부문의 원가를 생산부문에 배부 하시오.

고급연습문제 6-9. [학습목표 1] 엑셀활용 원가배부기준의 선택, 원가배부의 문제 틸든 금융서비스(Tilden Financial Services)는 재무설계와 비즈니스 컨설팅 등 2개의 사업부문을 가지고 있다. 회사의 회계담당자는 인사부 원가의 배부기준을 고려 중 이다. 급여와 종업원 수 등 2개의 배부기준 중 배부기준을 선택하고자 한다. 현재 인사부의 원가는 연간 $1,500,000로 예상되고 있다. 원가배부와 관련된 자료가 다음에 제시되고 있다:

	재무설계	비즈니스컨설팅
급여	$15,000,000	$5,000,000
종업원수	200	50

요구사항

a. 각각의 배부기준을 이용하여 각 사업부문에 원가가 배부되는 과정을 제시하시오.

b. a번의 답변을 가지고 왜 원가배부가 종종 자의적이라고 하는 이유를 설명하시오.

고급연습문제 6-10. [학습목표 1] 원가배부와 수익성 사이먼사(Simon)는 보석을 가공한 후 소매 상점에 판매하고 있다. 과거 대부분의 보석세팅은 수작업으로 이루어졌으며, 간접원가의 배부율은 직접작업시간 당 $12이었다(간접원가 $2,700,000/직접작업시간 225,000). 올해, 간접원가는 생산설비의 구입에 따라 $800,000 증가하였다. 그러나 직접작업시간은 생산설비의 도입으로 50,000시간이 감소하였다. 회사의 거래처 중 하나인 쟈스민 쥬얼리는 수작업으로 이루어지는 상대적으로 작은 크기에 보석가공시간이 10시간 미만인 제품을 주문하고 있다.

요구사항

a. 올해도 간접원가를 직접작업시간을 기준으로 배부한다고 가정하자. 쟈스민에서 주문하는 작업시간이 10시간 미만의 제품에 어떤 영향을 미치는가? 전년도에 배부된 간접원가와 관련해서는 어떠한가?

b. 소규모 작업에 책정되는 가격이 올해도 변경되지 않았다고 가정하자. 과거보다 이익이 감소하였는가?

고급연습문제 6-11. [학습목표 2] 활동기준원가계산 서밋사(Summit Surfboard)는 레저용 카약과 전문가용 초경량 카약을 제조하고 있다. 레저용 카약은 1종류의 모델만 생산하고 있으나, 전문가용 카약은 고객의 요구에 따라 맞춤제작을 하고 있다

매출액의 대부분은 레저용 카약에서 이루어지고 있으나 최근 전문가용 카약의 매출이 꾸준히 증가하고 있다. 다음은 가장 최근 연도의 각 제품에 대한 자료이다:

	레저용 카약	전문가용 카약
판매량과 생산량	1,500	200
1대 판매가격	$600	$1,200
단위당 원가:		
직접재료원가	175	250
직접노무원가	120	300
간접원가	168	420
대당 총원가	463	970
대당 매출총이익	137	230

간접원가	
건물감가상각비	50,000
설비감가상각비	60,000
재료주문처리비	25,000
품질관리비	65,500
보안및유지관리비	37,500
작업준비원가	38,000
감독자 인건비	60,000
총 간접원가	$336,000
직접노무원가기준 배부율	
총간접원가	$336,000
총노무원가($125×1,500) + ($300×200)	240,000

*간접원가 배부율 = $1.40/직접노무원가
($336,000/$240,000)

서밋사의 제조부장인 빅토리아 메이슨은 전통적인 원가계산시스템에서 제공하는 원가정보의 정확성과 전문가용 카약의 판매가격이 실제 원가를 충분히 보상하는지에 대하여 우려하고 있다.

요구사항

a. 서밋사는 전통적 원가계산에서 총간접원가 $336,000의 83%를 레저용 카약에 배부하고 있다. 직접노무원가를 기준으로 간접원가를 배부하는 이러한 방식이 정확하지 않은 이유를 설명하라.

b. 서밋사가 ABC시스템을 이용하여 원가배부의 개선을 이룰 수 있는 방안을 토의하라.

c. 서밋사의 컨설턴트가 활동기준원가계산시스템을 개발하기 위하여 다음과 같은 자료를 작성하였다:

			원가동인의 활동량	
원가풀	금액	원가동인	레저용카약	전문가용 카약
건물	$50,000	점유면적	8,000	2,000
설비	60,000	기계시간	4,250	750
재료주문	25,000	주문건수	100	300
품질관리	65,500	검사건수	100	400
보안및유지관리	37,500	점유면적	8,000	2,000
작업준비	38,000	작업준비횟수	50	200
감독	60,000	직접노무원가	$180,000	$60,000
	$336,000			

활동기준원가계산 시스템을 이용하여 각 카약에 배부될 간접원가를 계산하고, 각 카약에 대한 총원가를 계산하라(소수 셋째 자리에서 반올림 할 것).

d. 활동기준원가계산과 전통적 원가계산의 간접원가 계산결과가 다른 이유를 설명하라.

고급연습문제 6-12. [학습목표 2] 활동기준원가계산 치즈케익샵(Cheesecake Shoppe)은 딸기 치즈케익이 유명한 제과점이다. 다양한 종류의 제과와 함께 12종류의 치즈케익을 만들고 있다. 최근 제조간접원가 배부를 위하여 활동기준원가계산시스템을 도입하였다. 딸기 치즈케익과 활동기준원가 풀이 다음에 제시되어 있다:

딸기 치즈케익

연간생산량(개)	19,500
개당 직접재료원가	$10
개당 직접노무원가	$2

원가풀	원가	원가동인
재료주문	$72,000	주문건수
재료검사	75,000	수취보고서
설비 작업준비	105,000	작업준비 횟수
품질관리	69,000	검사건수
기타	100,000	직접노무원가
제조간접원가 계	$421,000	

원가동인과 관련한 연간 활동량

원가풀	전 제품		딸기치즈케익
재료주문	8,000	주문건수	100
재료검사	375	수취보고서	60
설비 작업준비	3,000	작업준비 횟수	30
품질관리	3,000	검사건수	150
기타	$2,000,000	직접노무원가	$39,000

요구사항

a. 5개 원가풀 각각에 대하여 활동 단위당 제조간접원가 배부율을 구하라.

b. 딸기 치즈케익에 할당될 총 제조간접원가를 계산하라.

c. 딸기 치즈케익 1개당 제조간접원가를 계산하라(소수 셋째 자리로 반올림).

d. 딸기 치즈케익의 단위당 총원가를 계산하라(소수 셋째 자리로 반올림).

e. 치즈케익샵에서 직접노무원가를 배부기준으로 이용한 전통적인 조업도 기준 원가계산을 한다고 가정하자. 직접노무원가 당제조간접원가 배부율을 계산하고 딸기 치즈케익 1개에 배부될 제조간접원가를 구하라. 활동기준원가계산에 의한 결과와 비교하라(소수 셋째 자리로 반올림).

고급연습문제 6-13. [학습목표 2] 서비스기업의 활동기준원가계산 탄하우저 은행(Tannhauser Financial)은 다양한 종류의 예금계좌를 취급하고 있다. 최근 예금계좌별로 간접원가를 배부하기 위하여 활동기준원가계산시스템을 도입하였다. 다음은 예금계좌 중 하나인 수시입출금식 예금계좌와 활동기준원가풀이 제시되어 있다:

총 예금계좌 수	221,750
수시입출금 예금계좌 수	70,000

예금계좌원가 풀

원가풀	원가	원가동인
반송된 지불완료수표 원가	$3,000,000	반송 수표 수
은행계정조정 원가	60,000	계정조정 수
계좌개설	780,000	신규계좌 수
말소된 수표 사본	300,000	말소된 수표 사본 수
웹사이트 관리(온라인 뱅킹)	225,000	계좌유형별
총원가	$4,365,000	

원가동인별 연간 활동량

원가풀	전체 예금계좌		수시입출금 예금계좌
반송수표	200,000	반송수표 수	18,000
계정조정	3,000	계정조정 수	420
신규계좌	60,000	신규계좌 수	20,000
말소 수표	80,000	말소수표사본요청 건	50,000
웹사이트	10	예금계좌 유형	1

요구사항

a. 각 원가풀의 원가동인별 간접원가율을 계산하라(소수 둘째 자리로 반올림).

b. 수시입출금예금 계좌에 배부될 총원가를 계산하라(소수 둘째 자리로 반올림).

c. 탄하우저 은행에서 예금계좌 수를 단 하나의 배부기준으로 이용한다고 가정하자. 예금계좌당 간접원가배부율을 계산하고 수시입출금예금계좌에 배부될 원가를 계산하라. 활동기준원가계산의 결과와 비교하여 그 차이를 설명하라.

고급연습문제 6-14. [학습목표 1, 2] 제조간접원가의 전통적 배부방법과 ABC 배부방법의 비교 트라이텍크(Tritech Company)는 각 제품라인에 대한 간접원가를 직접작업시간의 상대적 비율을 기준으로 배부하고 있다. 다음 연도의 총 제조간접원가는 $1,800,000으로 추정하고 있으며, 직접작업시간은 120,000시간으로 추정하고 있다. 회사는 또한 다음과 같은 활동원가 정보를 추정하고 있다:

원가풀	원가동인	총금액	총 활동량
유지관리 원가	직접작업시간	$700,000	120,000
작업준비 원가	작업준비 횟수	500,000	200
엔지니어링 원가	설계변경 건수	600,000	400
		$1,800,000	

여러 제품 중, 스탠다스 스위치는 생산량이 많은 제품이며, 한 번에 대량으로 생산하고 있는 반면, 엘리트 스위치는 특수 제품으로 판매량이 매우 적은 편이다.

스탠다드 스위치와 엘리트 스위치에 대한 자료가 다음에 제시되어 있다:

	스탠다드	엘리트
직접노무시간	3,000	300
작업준비 횟수	1	14
설계 변경 횟수	2	20

요구사항

a. 직접노무시간을 기준으로 제조간접원가 예정배부율을 계산하라. 계산된 예정배부율을 이용하여 스탠다드 스위치와 엘리트 스위치의 간접원가 배부액을 계산하라.

b. 개별 활동기준원가계산 풀에 대한 원가동인을 이용하여 간접원가 배부율을 계산하라. 이를 이용하여 두 제품에 배부될 간접원

가 배부액을 계산하라.

c. a와 b에서 계산한 결과를 비교하시오. 계산의 결과가 다른 이유는 무엇인가? 제품원가를 추정하는데 있어 더 유용한 방법은 무엇인가?

고급연습문제 6-15. [학습목표 2] 활동기준원가계산-종합문제 리버데일 출판사(Riverdale Printing Company)는 한정판 예술서적을 출판하고 있으며 서적 당 최소 15,000권에서 100,000권까지 제작하고 있다. 최근 제조간접원가를 배부하기 위하여 활동기준원가계산시스템을 도입하였으며, Art of Design 이라는 서적과 관련된 ABC 원가풀에 대한 자료가 다음에 제시되어 있다:

Art of Design:

연간 생산량	40,000권
단위당 직접재료원가	$37
단위당 직접노무원가	$8

제조간접원가 풀:

원가 풀	원가	원가동인
재료주문	$840,000	재료주문건수
재료검사	525,000	수취보고서 건수
설비 작업준비	2,500,000	작업준비 횟수
품질관리	1,000,000	검사횟수
기타	25,000,000	직접노무원가
총제조간접원가	$29,865,000	

원가동인별 연간활동량:

원가 풀	전체 서적		Art of Design
재료주문	$120,000	주문건수	1,200
재료검사	2,100	보고서 건수	315
설비 작업준비	125	작업준비 횟수	1
품질관리	5,000	검사횟수	500
기타	$12,500,000	직접노무원가	$320,000

요구사항

a. 각 활동원가 풀에 대한 간접원가 배부율을 계산하라.

b. Art of Design의 생산에 할당된 총제조간접원가를 계산하라.

c. Art of Design 한 권당 제조간접원가를 계산하라.

d. Art of Design 한 권당 총원가를 계산하라.

e. 리버데일 출판사는 직접노무원가를 이용한 단일배부기준으로 간접원가를 배부한다고 가정하고, 직접노무원가를 배부기준으로 한 제조간접원가 배부율을 계산하라. 계산된 제조간접원가 배부율을 이용하여 Art of Design에 배부될 단위당 간접원가를 계산하라. 단일배부기준과 활동원가계산에 따라 계산된 원가배부액이 차이가 나는 이유를 토의하라.

고급연습문제 6-16. [학습목표 2] (부록) 활동기준원가관리 탈버트 파트너(Talbot Partner)는 전국을 대상으로 컨설팅 서비스를 제공하고 있다. 회사내의 출장지원부는 2,000명 이상의 컨설턴트들이 지방 출장 시 교통수단과 숙박시설의 이용을 지원하고 있다. 출장지원부의 운영원가(실제 숙박비와 교통비를 제외)는 연간 약 $1,500,000이다.

최근 탈버트 파트너는 활동기준원가관리 연구를 시행하였으며 그 결과 다음과 같은 정보들을 확인할 수 있었다:

1. 컨설턴트들의 연간 출장일 수는 약 15일이다.

2. 평균적으로 출장 중 약 30%는 갈등과 잘못된 출장계획으로 재조정되고 있다.
3. 출장지원부의 예약업무를 위하여 15명의 종업원이 연간 $50,000에 고용되어 있다. 또한 출장지원부에는 출장지원관리자와 보조 관리자가 있다.
4. 탈보트 파트너가 고객사를 벤치마킹 한 결과 고객사는 출장 1회당 출장지원업무에 소요되는 비용이 $35이었다.

요구사항

a. 탈보트 파트너의 원가를 벤치마킹 한 고객사의 원가에 비교하여 평가하라.
b. 탈보트 파트너는 갈등요소를 감소하는 것을 목표로 프로세스 개선 이니셔티브를 계획하고 있다. 출장일정 재조정률이 50% 이상 감소된다면 이로 인하여 절감되는 것은 무엇인가? 출장지원서비스 원가는 모두 변동원가로 구성되어 있다고 가정하라.

고급연습문제 6-17. [학습목표 2] (부록) 활동기준원가관리 덴버 프라임 은행(Primary Savings and Loan of Denver)은 창구업무에 대하여 활동기준원가관리 연구를 수행하고 있으며, 창구업무에서 이루어지고 있는 주요 활동을 다음과 같이 파악하였다:

1. 입금 프로세스
2. 출금 프로세스
3. 예금증서 요청 프로세스
4. 예금잔고, 차월액, 이자율, 등과 관련한 고객질의에 대한 응답
5. 고객 관련 보고서의 출력
6. 안전금고에 대한 접근 허용
7. 금전 출납함 조정

다른 도시에 있는 은행의 창구업무를 벤치마크 한 결과 유사한 규모의 은행에 비하여 창구직원이 더 많은 것을 발견하였다. 더욱이 회사는 비교적 단순한 웹사이트와 콜센터를 운영 중이다.

요구사항

a. 은행의 웹사이트와 콜센터가 창구직원의 활동량과 서비스 원가에 어떤 영향을 미치는가?
b. 창구 서비스를 감소하기 위하여 사용될 수 있는 기술들을 2~3개 제시하라.

고급연습문제 6-18. [학습목표 2] (부록) 활동기준원가관리 버몬트 와이어리스 테크놀로지(Vermont Wireless Technonogies)의 상급 관리자는 매월마다 다양한 부문에서 제출된 원가보고서를 검토하고 있다. 인사부에서 4월에 제출한 원가보고서는 다음과 같다:

인사부
2020년 4월

급여	$ 80,000
소모품	2,400
사무설비 감가상각비	1,700
계	$ 84,100

신임 운영부사장인 제이슨 폭스(Jason Fox)는 사장, 최고재무담당이사, 관리회계이사와의 회의에서 "이 보고서는 무용지물입니다."라고 원가보고서에 대해 불만을 표시하였다. "인사부의 인건비로 $80,000이 보고되어 있지만, 지급내역에 대한 정보는 제공되지 않고 있습니다. 우선 인사부의 활동확인 및 활동에 대한 원가를 분석해야 합니다. 그러한 정보가 없이 어떻게 활동들을 관리할 수 있습니까? 이전 회사에서는 정기적으로 활동기준관리연구를 수행했으며, 그 결과 관리가 필요한 활동과 원가에 대한 정보를 얻을 수 있었습니다."

관리회계이사인 맥스웰 데이빗(Maxwell Davies)은 즉시 활동기준관리연구를 시행할 필요가 있다고 의견을 제시하였다. 2주 후에, 인사부의 운영활동에 대한 다음과 같은 정보들이 준비되었다:

인사부의 활동	월간 원가
일반관리활동	
인사부장 급여	$10,000
인사부 직원 급여	5,000
사무설비 감가상각비	300
소모품	200
	$15,500
직원복리후생 관리	
관리자 급여	$8,000
사무설비 감가상각비	250
소모품	400
	$8,650
인사부 웹사이트개발/유지관리	
반일제 근무 직원	$4,000
관련 설비 감가상각비	500
소모품	200
	$4,700
운영	
채용, 퇴사, 정년 관련 담당업무직원 5명 급여	$18,000
사무설비 감가상각비	700
소모품	500
	$19,200
교육훈련	
신규직원 교육 담당직원 6명의 인건비	$35,000
설비 감가상각비	650
소모품	400
	$36,050
합계	$84,100

추가정보 : 전체 종업원은 약 6,000명이며 연간 이직률은 평균 15%이다.

요구사항

활동기준관리 연구에서 제공된 정보에 대한 의견을 제시하시오. 추가적인 연구와 원가절감이 이루어질 수 있는 활동은 무엇인가?

사례연구

사례연구 6.1 : 이스트사이드 메디칼 테스팅(Eastside Medical Testing) [학습목표 2]

이스트사이드 메디칼 테스팅은 5종류(T1–T5)의 의약품 검사를 시행하고 있다. 대부분의 의뢰인은 검사비용을 지불하는 실질적으로 회사의 고용주이다. 최근 회계연도에 대한 수익과 원가가 다음의 표에 상세하게 제시되어 있다.

검사수행을 위한 검사장비 준비는 3명의 고급기술자가 책임지고 있으며, 이중 한 명인 엠머 윌슨(Emmet Wilsoin)은 회사의 설립자이면서 소유주이다. T2–T5 검사는 배치사이즈가 큰 검사로 한 번의 검사에 100건의 검사가 수행된다. 예를 들어, T5는 하루에 3번 검사를 수행할 수 있으며, 연간 920회의 검사활동에 92,000건의 검사를 수행한다. T1은 비교적 수요가 적은 검사이다.

그러나 거의 매일 검사가 이루어지고 있으며(연간 350회), 그 이유는 검사결과를 고용주에게 즉시 보고하기 위해서이다. 이러한 신속한 검사결과의 제공은 회사의 중요한 경쟁우위 중 하나이다.

뉴클리어 시스템사(Nuclear Systems)는 T1검사를 의뢰하는 회사 중 한 곳이다. 전년도에 T1검사는 3,500건이 이루어졌으며, 이중 거의 절반이 뉴클리어 시스템사가 의뢰한 것이다. 최근 뉴클리어 시스템사의 운영부사장인 론 워스(Ron Worth)는 T1의 검사비가 상대적으로 높은 가격으로 책정된 것 같다는 의문을 제기하고 엠머 월슨에게 메일을 보냈다:

> 우리 회사는 T1검사 1건에 대해서 $35을 지불하고 있습니다. 귀사의 가장 비싼 검사보다 약 40%이상이 높은 검사비입니다. 검사비가 적정한 것입니까? 솔직히, 이것은 검사비가 높은 것에 국한된 문제는 아니라고 생각합니다. 물론 귀사는 T1검사를 수행할 수 있는 소수의 회사 중 하나이고, 당사는 검사를 의뢰하는 몇 안 되는 회사 중 하나이기 때문에 귀사가 우리 회사의 검사를 수행하는 것에 대해서 감사하게 생각하고 있습니다. 다른 검사에 비해서 검사원가가 많이 발생하기 때문에 검사비가 높게 책정되었다면, 이와 같은 편지를 쓰지 않았을 것입니다.

워스의 메일에 답신을 하기 전에 엠머는 다음의 표에 제시된 수익과 원가자료를 검토하였다. T1의 검사 1건당 이익은 $5.90이며, 다른 검사들의 건당 이익보다 훨씬 높다. 그러나, 시티 칼리지에서 "ABC와 정확한 숫자에 의한 관리"라는 전일제 강좌를 수강하고 있기 때문에, 엠머는 회사에서 사용하고 있는 단순한 간접원가 배부방식이 실제 검사의 수익성을 왜곡하고 있을 가능성을 염두에 두고 있다. 회사는 직접노무원가를 기준으로 간접원가를 배부하고 있는데, 직접노무원가는 검사에 필요한 표본을 준비하는 비교적 숙련도가 낮은 기술자에게 지급하는 급여와 복리후생비로 구성되어 있다. 이는 전체 간접원가의 9.6%에 불과하며 금액으로는 $325,650이다. 회계담당직원의 도움을 받아서, 엠머는 5종류의 검사에 대한 활동기준원가를 산출하였다. 전년도의 간접원가는 $3,386,760이었으며 그 내역은 다음과 같다:

간접원가 항목	원가
작업준비 인건비	$925,760
설비	1,476,000
임차료	390,000
청구	235,000
사무직원인건비	160,000
기타	200,000
합계	$3,386,760

엠머의 간접원가 분류에 대한 내용은 다음과 같다:

검사의 수익성 보고. 2020년 12월 31일

	T1	T2	T3	T4	T5	합계
개별검사건수	3,500	52,000	72,000	80,000	92,000	299,500
검사가동횟수	350	520	720	800	920	3,310
건당 검사비	$35.00	$26.00	$22.00	$21.00	$20.00	
차감:						
재료원가	12.00	10.50	7.50	7.35	5.85	
직접노무원가($18/시간)	1.50	1.00	1.10	1.10	1.10	
간접원가($10.40/직접작업시간)	15.60	10.40	11.44	11.44	11.44	
총원가	29.10	21.90	20.04	19.89	18.39	
검사1건당 이익	$5.90	$4.10	$1.96	$1.11	$1.61	
총이익	$20,650	$213,200	$141,120	$88,800	$148,120	$611,890
총간접원가	$54,600	$540,800	$823,680	$915,200	$1,052,480	$3,386,760
총노무원가	$5,250	$52,000	$79,200	$88,000	$101,200	$325,650

작업준비 인건비($925,760). T1~T5의 묶음수준의 검사활동 1회를 위하여 검사설비의 작업준비를 하는 엠머와 다른 고급기술자의 급여와 복리후생비로 구성되어 있다. 엠머는 작업준비 인건비에 대한 원가동인으로 배치작업횟수가 타당하다고 생각하고 있다.

설비($1,476,000). 검사에 사용되는 설비의 감가상각비이다. 모든 종류의 검사에서 공통으로 사용되는 설비에 대한 감가상각비로 이에 대한 원가동인으로 직접작업시간을 설정하였다. 왜냐하면 검사설비의 사용시간은 직접작업시간과 직접노무원가에 따라 변동하기 때문이다.

임차료($390,000). 회사에서 임차한 시설에 대한 연간 임차료이다. 검사종류에 상관없이 시설임차로 인한 효익은 동일하다고 생각하기 때문에 원가동인은 연간 총검사건수(전년도는 299,500건의 검사를 수행)로 결정하였다.

청구($235,000). 검사대금청구업무를 수행하는 직원의 인건비와 관련 컴퓨터설비와 관련한 기타 비용이 포함된 금액이다. 검사종류에 따라 이들 원가의 발생이 차이가 없는 것으로 판단하기 때문에 연간 총검사건수(전년도는 299,500건의 검사를 수행)를 원가동인으로 선정하였다.

사무직원인건비($160,000). 2명의 일반사무직원에 대한 연간 급여와 복리후생비이다. 자재주문, 파일관리, 등을 수행하기 때문에 이들 검사종류에 따라 사무직원의 업무가 차이가 없는 것으로 판단하고 연간 총검사건수(전년도는 299,500건의 검사를 수행)를 원가동인으로 선정하였다.

기타($200,000). 회계담당자의 급여와 복리후생비, 사무비품에 대한 감가상각비, 수도광열비, 등을 포함한 금액이다. 이들 비용의 발생이 검사종류에 차이가 없는 것으로 판단하고 연간 총검사건수(전년도는 299,500건의 검사를 수행)를 원가동인으로 선정하였다.

요구사항

a. 엠머의 가정에 근거하여, 각 검사종류별로 단위당 활동기준원가와 이익을 계산하라(소수 넷째 자리에서 반올림할 것).

b. 엠머는 검사 T1의 검사가격을 인하하여야 하는가 또는 뉴클리어 시스템과의 거래를 잃을 수 있는 현재의 검사가격을 유지하여야 하는가?

c. 엠머가 ABC분석에 근거하여 T1검사의 가격을 현재상태로 유지하기로 하였다고 가정하자. 뉴클리어 시스템과의 거래가 중단되었다면 연간 회사의 이익에 미치는 영향은 어떠한가(T1 검사가 1,750건의 감소하였다)?

사례연구 6.2 : 퀀텀TM(Quantum TM) [학습목표 2]

퀀텀TM사는 전자 검사 및 측정장비를 생산하고 있다. 함수발생기, 조화분석기, 로직분석기, 온도측정장치, 데이터수집장치 등에 대한 많은 주문들이 고객맞춤형으로 생산되고 있다. 회사에서는 추정된 원가(판매비와 일반관리비 제외)의 30%를 이익으로 가산한 금액으로 판매하고 있다.

최근 상급경영자는 제품배합이 변하였다는 것을 발견하였다. 특히, 비교적 생산이 단순한 제품에 대한 대규모 주문이 감소하였으며, 고객들은 제품의 가격경쟁력이 없다고 이야기하고 있다. 그러나 생산과정이 복잡한 소량의 제품을 주문한 고객들은 기꺼이 회사가 책정한 판매가격을 지불하고 있다. 경영진의 주간회의에서 이러한 상황이 논의되었다. 운영부사장인 제이슨 노튼은 진부화된 원가회계시스템을 지적하였다. "보세요, 만약 정확하지 않은 원가정보가 제공된다면, 판매가격이 잘못 책정됩니다. 우리는 여전히 1930년대와 동일하게 제품원가계산을 하고 있습니다. 얼마 전 활동기준원가계산에 대한 기사를 읽었습니다. 기사에서는 진부화된 원가계산 시스템이 단순한 제품의 원가는 높게 계산하고 복잡한 제품의 원가는 싸게 계산하고 있다고 주장하고 있습니다. 만약, 사실이라면 단순한 제품의 가격경쟁력이 없는 이유를 설명할 수 있습니다."

회의결과 활동기준원가계산으로 변경하였을 경우 제품원가에 미치는 영향을 조사하기 위하여 ABC를 수행할 컨설턴트를 고용하기로 결정하였다. 컨설팅사는 연구를 위하여 최근 2건의 주문을 선택하였다: 온도감시장치 900대에 대한 주문과 조화분석기 1대에 대한 주문. 원가와 가격은 다음과 같다:

	온도감시장치	조화분석기
단위당 부품원가	$250	$2,500
단위당 직접노무원가	25	500
단위당 간접원가	120	2,500
단위당 원가	395	5,500
이윤율(30%)	119	1,650
단위당 판매가격	$514	$7,150
수량	900	1
주문의 가치	$462,600	$7,150

현재 제조간접원가는 연간 $50,000,000, 직접노무원가는 $10,000,000로 추정되고 있다. 컨설턴트는 제조간접원가를 6개의 원가풀로 분리하고 [도표1]과 같이 원가동인을 설정하였다. [도표2]에는 컨설턴트가 분석한 각 제품에 대한 원가동인의 사용량이 제시되어 있다.

[도표1] 원가풀과 원가동인

원가풀	연간 원가	연간 원가동인 크기
제품설계	8,000,000	연간설계시간 160,000시간
재료주문과 처리	10,000,000	부품 수 125,000개
검사	3,500,000	검사횟수 560,000건
작업준비	2,500,000	작업준비횟수 80,000회
노무 관련 간접원가	8,000,000	직접노무원가 $10,000,000
건물과 설비 감가상각비	18,000,000	기계시간 225,000시간
	50,000,000	

[도표2] 원가동인의 크기

900대 감시장치에 대한 원가동인 크기		조화분석기 1대에 대한 원가동인 크기:	
설계시간	47	설계시간	110
고유 부품 수	17	고유 부품 수	25
검사횟수	225	검사횟수	20
작업준비횟수	1	작업준비횟수	1
기계시간	112	기계시간	7

요구사항

a. 컨설턴트의 작업에 근거하여, 각 제품의 단위당 활동기준원가를 계산하라.

b. 컨설턴트의 작업이 완료되고 퀀텀TM은 ABC시스템을 도입하였다. 최근 맞춤형 데이터 수집장치에 대한 주문을 받았다. 데이터 수집장치는 $9,000의 재료원가와 $3,000의 직접노무원가가 소요된다:

데이터수집장치의 원가동인 크기	
설계시간	27
고유 부품 수	17
검사횟수	12
작업준비횟수	1
기계시간	10

고객은 다른 공급업체에서 $22,000의 가격에 공급하겠다는 제안을 받았다는 것을 통보하였다. ABC를 이용하여 데이터수집장치의 원가를 계산하라.

c. 퀀텀TM은 경쟁사의 가격으로 제품을 공급하였다고 가정하자. 회사의 이익에 미치는 영향은 어떠한가? 다음에 제시된 가정을 반영하여 이에 대한 답변을 하라.

1. 설계원가의 40%는 고정원가이며, 60%는 설계시간에 따라 변동원가이다.
2. 재료주문과 처리원가의 30%는 고정원가이며, 70%는 고유부품의 개수에 따라 변동적이다.
3. 검사원가의 50%는 고정원가이며, 50%는 변동원가이다.
4. 작업준비원가의 80%는 고정원가이며, 20%는 변동원가이다.
5. 노무관련원가의 20%는 고정원가이며, 80%는 변동원가이다.
6. 이번 주문 또는 미래 다른 고객에 책정될 가격은 영향을 받지 않는다. 왜냐하면 분석대상이 되는 주문은 매우 특수하기 때문이다.

부록

활동기준관리

학습목표 A1 활동기준관리 4단계 이해

활동기준관리는 비즈니스 프로세스의 효율성과 효과성 개선을 목표로 활동을 분석하는 방법이다. 두 가지의 공정개선 사례 검토를 통하여 ABM의 목표를 구체적으로 살펴본 후, ABM연구의 실행을 위한 4단계 접근법에 대해서 토의할 것이다.

여러 개의 점포를 운영하는 규모가 큰 소매업자가 제품을 점포에 발송하는 활동을 고려해보자. 우선 회사의 창고에 공급자가 물품을 하차하는 활동이 있을 것이다. 다음으로 상품은 회사의 창고에서 트럭으로 옮겨진 후 개별점포로 보내지게 된다. 이러한 프로세스를 어떻게 개선할 것인가? 월마트(Wal-Mart)는 크로스도킹(cross-docking) 시스템을 이용하여, 공급자의 트럭에 적재된 물품이 바로 월마트의 트럭으로 옮겨진 후 점포로 배송된다. 이에 따라 회사의 창고로 물품을 보관했다가 다시 창고에서 물품을 트럭으로 옮길 필요가 없게 되었다.

또 다른 예로 호텔에서의 퇴실관리활동을 고려해보자. 수 많은 호텔들이 컴퓨터 기술을 이용하여 하여 입·퇴실 프로세스를 개선하고 있다. 고객이 처음 호텔을 이용했을 때 획득한 정보에 근거해서, 전산화된 데이터베이스를 이용하여 고객이 선호하는 객실의 위치와 고객의 금연여부 등을 확인할 수 있다. 신용카드 정보, 주소, 전화번호 또한 데이터베이스에 저장되어 있다. 이러한 정보는 언제든지 이용할 수 있으며, 등록 업무를 담당하는 직원들은 점점 더 신속하게 고객별 특성을 파악함으로써 고객의 충성도를 증가시키고 있다.

이들 두 가지의 예는 공정 개선이라는 측면에서 ABM의 목표를 좀 더 잘 이해할 수 있게 해주고 있다. 할인 매장에서 침대와 매트리스를 판매하고 있는 매트리스 웨어하우스를 이용해서 4단계 프로세스를 토의해보자. 달라스와 포트워스 지역에 1개의 창고와 15개의 매장을 운영하고 있다. 각각의 매장들은 전시용 제품만 진열하고 있고 모든 제품들은 창고에서 직접 고객에게 배송된다. 개업 이후 25년 동안 각 매장에서 100마일 이내의 배송은 무료로 배송하여 왔기 때문에, 회사는 배송 프로세스의 원가와 개선요인을 확인하기 위한 연구를 진행하기로 결정하였다. 연구 프로젝트는 컨설팅 회사에 의뢰하였다.

1단계 : 주요 활동의 결정

ABM의 1단계는 주요 활동을 결정하는 것이다. 주로 이용하는 방법은 인터뷰와 관찰이다. 주요 활동은 다음과 같다:

a. 고객의 거주지를 확인하고 이용 가능한 재고를 파악하며 배송 일정을 준비

b. 창고에서 출하

c. 트럭에 상차

d. 상품의 배송

e. 고객의 주문 취소 또는 부재로 인한 반품

f. 배송 트럭의 세차(매일 저녁)

g. 트럭에 대한 오일 교환과 같은 일상적인 관리와 비경상적인 수선 일정

2단계 : 각 활동이 사용하는 자원의 확인

ABM의 1단계는 주요 활동이 사용하는 자원을 확인하는 것이다. 활동(e)와 활동(f)에서 사용하는 자원들을 생각해보자.

고객의 변심 또는 부재로 인한 반품

보통 1개월 동안 25개의 주문이 매트리스 커버나 박스 스프링의 사소한 차이로 인해서 반품되고 있다. 예를 들어, 고객이 매장에서 파란색으로 마무리를 한 매트리스를 선택하였으나 실제로 붉은색으로 마무리한 제품이 배송되는 것이다. 또는 매트리스의 구성요소나 모양은 동일하지만 배송된 매트리스의 모델명이 매장에 전시되어 있던 제품과 다른 경우이다. 평균 1개월 동안 고객의 부재로 반품되는 수는 40개였으며, 이들 원가는 $2,050이다.

배송트럭 세차

매일 저녁 15대의 배송트럭을 세차하고 있다. 이와 관련된 원가에는 세차 작업자 3명의 인건비, 소모품, 감가상각비, 물, 기타 원가 등이 있으며 월간 $8,450가 발생하고 있다.

고객의 변심이나 부재로 인한 반품 원가(월간)	
반품 제품의 창고 관리 작업자의 급여(15시간×$20)	$300
재 배송을 위한 서류작업에 대한 원가	250
재 배송을 위한 제품 출고작업자의 급여(10시간×$20)	200
재 배송 운송비(연료비, 수선비, 배송자 급여 포함)	1,300
계	$2,050

배송트럭 15대의 세차 원가(월간)	
세차작업자 급여(3명의 풀타임 작업자)	$7,500
소모품	450
세차설비 감가상각비	300
물과 기타 원가	200
계	$8,450

3단계 : 활동의 성과 평가

솔루션컨설팅(Solution Analysis)은 주요 활동의 원가를 파악한 후 각 활동에 대한 평가를 실시하는데, 이것이 ABM의 3번째 단계이다. 활동을 평가하기 위한 방법으로 유사한 활동에 대한 벤치마킹이 있다. 회사는 15대의 배송트럭 세차와 관련해서 연간 $101,400($8,450×12개월)이 소요되고 있다는 것을 알고 있다. 즉 트럭 1대당 $6,760이 발생하고 있다. 배송서비스를 제공하는 다른 소매기업의 경우 배송트럭 1대당 연간 $3,000미만의 원가가 발생하고 있다면, 매트리스 웨어하우스에서는 너무 많은 원가가 발생하고 있다는 것을 알 수 있다.

4단계 : 활동의 효율성/또는 효과성 개선방법의 확인

4단계는 ABM분석 결과 활동의 효율성 또는 효과성을 개선하기 위한 방법들을 확인하는 단계이며 ABM 프로세스의 가장 마지막 단계이다. 위에서 분석한 활동들을 고려해보자. 여러분들은 프로세스 개선을 위한 제안을 할 수 있는가?

프로세스 개선을 확인하기 위해서 솔루션컨설팅의 컨설턴트들은 다른 회사에 대한 컨설팅 경험으로 알게 된 우수사례들을 분석하고, 브레인스토밍을 하며, 메트리스 웨어하우스의 관리자들이 같이 참여하도록 권유할 것이다. 실행 가능한 개선책이 〈그림 A6-1〉에 제시되어 있다.

- 고객이 주문한 마무리 색깔과 배송된 물품의 색깔이 다를 가능성을 최소화할 수 있는 방법을 확인하기 위하여 판매사원이 회의에 참여하도록 요청하라.
- 배송 전에 고객이 집에 있는지를 확인하기 위하여 고객에게 전화하도록 하라.
- 풀타임 세차 작업자를 3명에서 2명으로 줄여라. 작업자 1인의 축소로 월 $2,500을 절약할 수 있다. 또는 세차작업의 외주도 고려해보자.

〈그림 A6-1〉 매트리스웨어하우스를 위한 가능한 프로세스 개선안

결론

간략하게 제시된 ABM 사례를 통하여 ABM 연구의 본질을 이해하는데 도움이 되었기를 희망한다.[5] 제품과 서비스의 원가개선에 중점을 두는 ABC와 달리, ABM은 프로세스의 개선에 중점을 두고 있다. ABM에서도 ABC의 원가계산 활동들이 필요하다. 하지만 활동들의 원가가 확인 되면, 경영자는 ABM연구를 통해서 프로세스 개선을 위한 좋은 기회들을 확인할 수 있다. 즉 경영자는 비정상적으로 원가가 많이 발생하는 활동을 확인함으로써 즉시 이들 활동을 집중적으로 관리할 수 있다.

ABM연구가 각광을 받고 있는 이유 중 하나는 ABM연구가 종종 커다란 재무적 이익을 창출하기 때문이다. 매트리스 웨어하우스의 사례를 생각해보자. 세차작업자 1명을 줄이는 것이 적절하다고 판명되면, 회사는 연간 $30,000, 5년이면 $150,000를 절감할 수 있다. 솔루션컨설팅의 컨설턴트가 세차작업을 분석하는데 소요되는 시간은 8시간 미만일 것이며, 회사는 단지 $4,000 미만으로 이에 대한 비용을 지불하면 된다.

5 ABM에 대한 추가적인 정보가 필요하다면 다음에 제시된 책들을 참고하도록 하라: "Judith J. Baker, Activity-Based Costing and Activity-Based Management for Health Care, Aspen Publishers (1998); James A. Brimson and John Antos, Activity-Based Management, John Wiley and Sons (1994); and Robin Cooper, Robert Kaplan, Lawrence Maisel, Eileen Morrissey, and Ronald Oehm, Implementing Activity-Based Cost Management: Moving from Analysis to Action, Institute of Management Accountants (1992).

CHAPTER 7

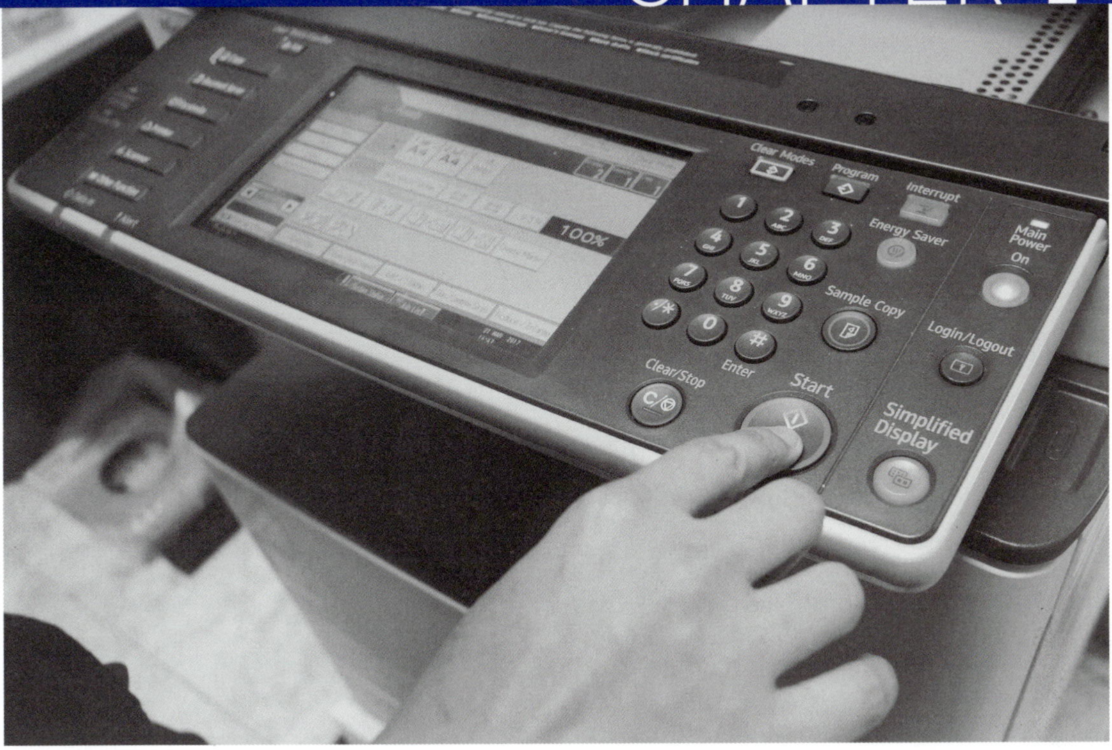

2youstockphoto/123 RF

경영의사결정에서 원가정보의 활용

학습목표

1. 경영의사결정에서 증분분석(증분원가와 증분수익의 분석)의 역할을 설명, 매몰원가, 회피가능원가 그리고 기회원가를 정의, 의사결정분석에서 이러한 개념의 이용방법을 설명
2. 결합원가를 포함한 의사결정 분석, 경영의사결정에서 질적인 고찰의 중요성에 대해 논의

존 옌슨(Jon Jensen)은 이스턴주립대학 근처에 위치한 대규모 복사업체인 래피드카피사(Jensen's Rapid Copy)의 소유주이자 운영자이다.

현재, 래피드카피사는 1주일 중 7일을 오전 6시부터 오후 8시까지 운영한다. 존은 두 가지 대안을 고려 중이다: (1) 자정까지 영업을 연장하는 방안 또는 (2) 하루 24시간 동안 운영하는 방안

적절한 결정을 내리기 위해 존은 증분분석을 수행해야 한다. 우리는 1장과 그 이후의 장에서 이 주제를 간단히 언급하였다.

학습목표 1 경영의사결정에서 증분분석(증분원가와 증분수익의 분석)의 역할을 설명, 매몰원가, 회피가능원가 그리고 기회원가를 정의, 의사결정분석에서 이러한 개념의 이용방법을 설명

7.1 증분분석

의사결정/증분분석 모든 결정은 행동의 대안적 방안들 중 선택을 포함한다. 1장에서 우리는 모든 기업의 문제에 대한 해결은 **증분분석**(incremental analysis) – 하나의 결정 대안이 다른 대안에 우선하여 선택되었을 때 기인되는 증분수익과 증분원가의 분석 – 을 포함한다고 배웠다. **증분수익**(incremental revenue)은 하나의 결정 대안을 다른 대안에 우선하여 선택한 결과 얻게 되는 추가수익이다. **증분원가**(incremental cost)는 하나의 결정 대안을 다른 대안에 우선하여 선택한 결과 발생된 추가비용이다. 대안에서 증분이익(증분수익과 증분원가 사이의 차이)이 발생한다면, 그 대안을 채택해야 한다. 증분원가는 의사결정 대안을 분석할 때 고려할 관련된 유일한 원가이기 때문에, 때로 **관련원가**(relevant costs)로 언급된다. 또한 결정 대안들 간에 차이가 있는 원가이기 때문에 **차액원가**(differential costs)로도 표현된다.

접근방식을 이해하기 위해 증분분석에 대한 사례를 살펴보자. 우리가 고려할 사례는 래피드카피사에서 존 옌슨이 직면한 결정이다. 이후 우리는 조금 더 복잡한 결정에 증분분석을 적용할 것이다.

현재, 래피드카피사는 오전 6시에서 오후 8시까지 영업 중이다. 현재의 영업시간과 자정까지 영업을 연장하는 대안을 비교해 보자. 이 상황에서는 두 대안 사이의 선택이 존재한다: 현재상태인 8시 마감 대 자정 마감. 이 결정의 증분분석은 〈그림 7-1〉에 제시되어 있으며, 3개의 열이 있다는 것에 유념하여야 한다. 첫 번째 열에서는 1년 기준 동안 현재 상태(대안 1)와 관련된 수익과 원가를 제시하고 있다. 두 번째 열에서는 자정까지 영업을 유지하는 것(대안 2)과 관련된 수익과 원가의 차이를 제시하고 있다. 세 번째 열에서는 두 결정 대안 사이의 수익과 원가의 차이를 나타내고 있다. 이는 영업시간을 연장하는 결정 대안과 관련된 증분수익과 증분원가이다. 우리는 1년 기준을 이용하였기 때문에, 이는 해당 기간과 관련된 분명한 증분수익과 증분원가이다. 추가로 우리는 장기간 동안의 분석도 수행할 수 있다. 그러나 장기를 고려할 경우 일반적으로 화폐의 시간가치를 고려하는 것이 중요하다. 즉 미래의 달러가치 보다 현재의 달러가치가 더 높다는 사실을 고려할 필요가 있다. 우리는 9장에서 이 주제를 설명할 것이다.

〈그림 7-1〉에서 제시한 것과 같이, 영업시간을 연장하면 수익은 $288,000 만큼 증가될 것이다. 이는 증분수익이다. 그러나 급여, 종이, 토너 및 기타소모품, 수도광열비, 보험료가 증가하여, $232,981의 총비용이 증가할 것이다. 이것은 시간연장에 따른 증분원가이다. 증분수익과 증분원가 간의 차이인 증분이익은 $55,019이다. 증분이익이 나타나므로, 두 번째 대안(연장영업)은 채택되어야 한다.

	대안1 현재 영업시간	대안2 자정까지 연장영업	증분수익 및 증분원가 (대안2에서 대안1을 차감함)
수익	$3,600,000	$3,888,000	$288,000
차감:			
급여	576,000	604,800	28,800
종이, 토너 및 기타소모품	2,520,000	2,721,600	201,600
수도광열비	26,640	28,771	2,131
보험료	7,800	8,250	450
감가상각비	60,000	60,000	-0-
임차료	55,000	55,000	-0-
기타고정원가	3,000	3,000	-0-
총비용	3,248,440	3,481,421	232,981
이익	$351,560	$406,579	$55,019

〈그림 7-1〉 자정까지 영업시간을 연장시키는 의사결정의 증분분석

이 의사결정에서 감가상각비, 임차료 그리고 기타고정원가는 변동하지 않았으므로, 이 원가들이 증가하지 않았다는 점에 유념하라. 이와 같이 이 원가들은 당면한 의사결정과는 관련이 없다. 그러나 이것이 고정원가는 절대로 증가하지 않음을 의미하는 것은 아니다. 이후의 사례에서 살펴볼 것과 같이 때로 의사결정은 운영에서 중요한 영향력을 가지며, 일반적으로 고정된 것으로 고려하는 원가를 변동하게 하는 원인이 된다. 예를 들면 존이 영업시간을 연장할 경우, 매장용품과 관련된 추가 공간을 임차할 필요가 있다고 가정하자. 이 예에서 임차료(일반적으로 고정원가로 고려)는 사실상 증분원가가 될 것이다.

증분분석은 두 개 이상의 결정 대안으로도 확대될 수 있다. 존은 하루 24시간 동안 복사업체를 운영하는 선택 대안도 고려 중임을 기억하자. 이제 3가지 선택이 존재한다: 8시 마감, 자정 마감 혹은 24시간 영업. 우리는 세 번째 선택 대안을 다룰 수 있는 몇 가지 방법이 있다. 현재 상태와 세 번째 대안을 비교할 수 있고, 자정까지 연장 영업할 경우의 증분이익 $55,019 보다 큰 증분이익이 산출되는지를 살펴볼 수 있다; 만약 그렇다면 세 번째 대안은 자정까지 운영되는 방안 보다 우선된다. 혹은 24시간 영업 안을, 현재의 대안 보다 더 우선하는 대안이라고 알고 있는 자정영업과 직접 비교할 수 있다. 후자를 살펴보자. 〈그림 7-2〉에 분석이 제시되어 있다. 제시된 바와 같이 24시간 영업과 관련된 증분수익은 $36,000이다. 그러나 증분원가는 $69,717이다. 이와 같이 존이 24시간 영업을 유지할 경우, 자정까지 영업을 유지하는 경우와 비교하면 $33,717의 손실을 볼 수 있다. 다시 말하면: "대안3을 초과하는 대안2의 증분이익은 $33,717이다." 따라서 세 가지 대안 중에서 존의 최선의 결정은 자정까지 영업을 유지하는 것이다.

최선의 대안을 결정하기 위한 세 번째 방법은 각각의 세 가지 대안에서 이익을 계산하는 것이다. 여기에서 최선의 대안은 가장 높은 이익을 갖는 대안이며, 해당 대안의 이익과 기타 다른 대안에서의 이익의 차이가 증분이익이다. 이 접근법은 〈그림 7-3〉에서 제시되어 있다. 대안2는 가장 높은 이익을 산출하며, 대안1과

	대안2 자정까지 연장영업	대안3 24시간 영업	증분수익과 증분원가 (대안3에서 대안2를 차감함)
수익	$3,888,000	$3,924,000	$36,000
차감:			
급여	604,800	648,800	44,000
종이, 토너 및 기타소모품	2,721,600	2,746,800	25,200
수도광열비	28,771	29,038	267
보험료	8,250	8,500	250
감가상각비	60,000	60,000	-0-
임차료	55,000	55,000	-0-
기타고정원가	3,000	3,000	-0-
총비용	3,481,421	3,551,138	69,717
이익	$406,579	$372,862	($33,717)

〈그림 7-2〉 24시간 영업 대 자정까지 연장 영업하는 의사결정의 증분분석

	대안1 현재 상태	대안2 자정까지 연장영업	대안3 24시간 영업
수익	$3,600,000	$3,888,000	$3,924,000
차감:			
급여	576,000	604,800	648,800
종이, 토너 및 기타용품	2,520,000	2,721,600	2,746,800
수도광열비	26,640	28,771	29,038
보험료	7,800	8,250	8,500
감가상각비	60,000	60,000	60,000
임차료	55,000	55,000	55,000
기타고정원가	3,000	3,000	3,000
총비용	3,248,440	3,481,421	3,551,138
이익	$351,560	$406,579	$372,862
대안1 및 대안3을 초과하는 대안2의 증분이익	$55,019 (대안2-대안1)		$33,717 (대안2-대안3)

〈그림 7-3〉 세가지 대안의 증분분석: 현재상태, 자정까지 연장영업, 24시간 영업

비교한 대안2의 증분이익은 〈그림 7-1〉에서 계산된 $55,019이다. 대안3과 비교한 대안2의 증분이익은 〈그림 7-2〉에서 계산된 $33,717이다.

Any Questions?

Q: 증분분석에 대한 관점은 확정적이고, 단지 숫자의 변화에만 기초한 결정 같다. 나는 주요 결정에서 "직감"이 매우 중요한 역할을 한다고 말하는 사업가들과 이야기를 해왔다.

A: 중요한 경영의사결정을 내릴 때, 증분분석을 수행하는 것은 항상 좋은 사고이다. 그러나 종종 불가능하지는 않아도 수량화하기 어려운 중요한 증분효익과 증분원가가 존재한다. 경영자들은 이를 간과하지 말아야 하며, 여기에 "직감"이 수행하는 역할이 존재한다. 우리는 "의사결정분석에서 질적인 고찰" 장의 끝에서 이에 대해 조금 더 자세히 논의한다.

7.1.1 당신의 상사가 "이 제품(서비스) 원가는 얼마인가"라고 묻는다면, "왜 알려고 하십니까?"라고 물어야 한다.

당신의 상사가 제품 혹은 서비스 원가가 얼마인지 묻는다면 "왜 알려고 하십니까?" 라고 질문해야 한다. 이 질문이 조금 무례할 수는 있지만, 이는 증분분석에서 중요한 부분이다. 모든 의사결정에 관련이 있는 **단일원가**(single cost number)는 존재하지 않는다. 이와 같이 당신은 상사가 계획하는 의사결정이 무엇인지 알 필요가 있으며, 당신은 그 결정에 적용할 수 있는 증분원가 정보를 구체화할 수 있다. 당신의 상사가 특정제품에 대한 특별주문의 수락 여부를 결정하려 한다고 가정하라. 이 경우 상사는 주문의 생산으로 인한 증분원가가 증분수익을 초과할 것이지 여부를 알기를 원한다. 생산감독자의 임금과 같은 일부 원가는 주문수락 결과에 따라 변동하지 않을 것이며, 증분원가로 고려하지 말아야 한다.

그러나 상사가 제품의 중단을 고려하고 있을 수도 있다. 제품을 중단할 경우, 감독자는 해고될 수 있으며 감독자의 임금과 관련하여 절감되는 원가는 증분원가이다. 이와 같이 감독자임금이 증분원가인지 그리고 의사결정과 관련이 있는지 여부는 선택되는 결정에 따라 좌우된다. 따라서 당신에게 제품 혹은 서비스 원가가 얼마인지 묻는다면 언제든지 당신은 질문할 필요가 있다: "왜 알려고 하십니까?"

Test Your Knowledge

계획된 생산운영을 1,000단위에서 1,010단위로 증가시키는 것과 관련하여 다음 중 증분원가가 될 수 있는 것은?

a. 설치원가 **b.** 설비의 감가상각비 **c.** 검사원가 **d.** 재료원가

답 : d

7.2 관리자가 직면한 의사결정의 분석

이제 우리는 증분분석을 적용하는 방법을 알고 있다. 관리자들이 자주 직면하는 세 가지 결정 상황에서 접근방식을 연습해보자.[1]

1. 제품의 추가가공 여부에 대한 결정
2. 제품을 제조할지 혹은 구입할지에 대한 결정
3. 제품라인 폐쇄에 대한 결정

7.2.1 추가가공 의사결정

때로 제조업체는 부분적으로 생산 완료된 단계에서 제품을 판매할 것인지 또는 제품의 제조완성에 요구되는 추가가공비용을 발생시킬 것인지 여부를 결정해야 한다. 사례로 pc제조업체 ㈜브릿지컴퓨터(Bridge Computer)에 대해 고려하라. ㈜브릿지컴퓨터는 모델 250 컴퓨터를 중단하기로 이미 결정했다. 현재 5,000개의 부분적으로 생산이 완료된 제품을 보유하고 있다. 지금까지 기업은 이 컴퓨터를 현재 단계로 제작하기 위해, 단위당 $800, 즉 $4,000,000를 지출했다. 기업은 컴퓨터 제조를 완성하기 위해 단위당 $400의 원가가 발생되어야 한다고 평가하고 있다. 원가는 다음과 같이 요약된다:

㈜브릿지컴퓨터
모델 250 컴퓨터의 원가

	현재까지 발생된 단위당 원가	완성을 위한 단위당 원가
직접재료원가	$300	$200
직접노무원가	200	100
변동제조간접원가	100	100
고정제조간접원가	200	-
	$800	$400

㈜브릿지컴퓨터는 모델 250을 중단할 것이라고 공지해왔기 때문에, 컴퓨터 가격은 하락해왔다. 이 제품의 제조를 완성한다면, 불과 $1,000에 판매할 수 있다. 이 가격은 컴퓨터의 총제조원가인 단위당 $1,200(현재까지의 원가 $800 + 추가원가 $400) 보다 낮다. 제품을 중단하는 안은 기존에 해왔던 것처럼 제품을 판매하는 것이다. 다른 주(state)의 소규모 컴퓨터 조립회사가 단위당 $500에 현재의 부분적으로 생산 완료된 단계의 제품에 대한 구매를 희망하고 있다.

1 경영자가 자주 직면하는 또 다른 결정은 특별주문가격결정이다. 이 결정은 8장에서 제시된다.

어떤 결정을 내려야만 하는가? 현재의 부분적인 완료 상태로 컴퓨터를 판매해야 하는가 혹은 추가가공원가를 발생시켜야 하는가? ㈜브릿지컴퓨터의 경영자는 회계정보의 이해와 증분분석 없이 추가가공이 부적절하다고 결론지을 수 있다. 이 결과 추가가공으로 인한 총원가는 단위당 판매가격인 $1,000을 초과하는 합계 $1,200가 될 것이다.

이러한 결론의 오류는 증분분석에 의해 나타난다. 분석에 대한 정보는 〈그림 7-4〉에 제시되어 있다. 도표가 3개의 열을 포함하고 있다는 것에 유념하라. 첫 번째 열은 현재의 완료상태(대안1)에서 컴퓨터를 판매하는 것과 관련된 수익과 원가를 열거한다. 두 번째 열은 완성된 컴퓨터(대안2)를 판매하는 것과 관련된 수익과 원가를 제시한다. 세 번째 열은 컴퓨터를 완성하는 것에 의해 발생될 수 있는 증분수익과 증분원가를 제시한다.

우리는 증분수익을 비교하는 것으로 시작할 것이다. 증분수익은 두 대안 사이에 단순한 수익의 차이임을 기억하라. ㈜브릿지컴퓨터는 $1,000에 완성된 제품을 판매할 수 있는 반면, $500에 현재의 완료상태로 제품을 판매할 수 있다. 이와 같이 단위당 $500의 증분수익은 대안2의 채택 및 완성 가공과 관련된다.

이제 증분원가로 돌아가자. 더 이상 설명하기 전에 우리는 1장에서 나온 또 다른 원가 단어 – 매몰원가(sunk

㈜브릿지컴퓨터
추가가공 증분분석

	현재 완료상태로 판매 (대안1)	완성가공 (대안2)	증분수익과 증분원가 (대안2 – 대안1)	
수익	$500	$1,000	$500	← 대안2와 관련된 증분수익
차감:				
이전 제조원가				
직접재료원가	300	300	0	
직접노무원가	200	200	0	
변동제조간접원가	100	100	0	
고정제조간접원가	200	200	0	
	800	800	0	
추가가공원가				
직접재료원가	0	200	200	
직접노무원가	0	100	100	
변동제조간접원가	0	100	100	
	0	400	$400	← 대안2와 관련된 증분원가
단위당 이익(손실)	($300)	($200)	$100	← 대안2와 관련된 증분이익

〈그림 7-4〉 추가가공 의사결정의 증분분석

Link to Practice

집 팔기 전에 리모델링 여부

누군가가 집을 팔 때, 종종 이 절에서 논의된 추가가공 의사결정과 유사한 결정의 순간에 직면할 것이다. 집의 추가가공이란 부엌과 욕실의 리모델링, 집 도장 및 새 카펫 설치가 포함될 수 있다. 물론 집을 리모델링하면 더 높은 가격에 팔 수 있다는 희망이 있다. 이 의사결정을 내릴 때 소유자는 리모델링 여부에 따라 집을 팔 때 발생하는 증분수익을 비교하고 이것이 리모델링의 증분비용을 초과하는지 확인해야 한다. 증분수익이 증분비용을 초과할 경우 리모델링은 가능하다.

costs) 혹은 과거에 발생된 원가를 회상할 필요가 있다. 매몰원가는 증분원가가 아니다. 이 원가들은 이미 발생했기 때문에 다른 어떤 대안의 선택에 의해 증가하거나 감소하지 않는다. ㈜브릿지컴퓨터의 사례에서 과거의 제조원가는 증분원가가 아니라 매몰원가이다. 이와 같이 매몰원가는 분석에 포함하지 않는다.

그러면 ㈜브릿지컴퓨터에서 증분원가는 무엇인가? 증분원가는 두 대안 사이의 원가의 차이라는 것을 기억하라. 제품의 완성원가인 $400(직접재료원가 $200, 직접노무원가 $100, 변동제조간접원가 $100)는 제품이 완성될 경우 발생될 것이다; 이와 같이 $400은 완성가공과 관련된 증분원가이다.

당신은 대안2를 채택함으로써, 회사가 단위당 $100(증분수익 $500 − 증분원가 $400)의 이익이 있음을 알 수 있다. 전체적으로 제품완성의 증분이익은 $500,000(100 × 5,000단위)이다. 초반에 설명한 것처럼 대안이 증분이익을 산출한다면 그 대안은 채택되어야 한다.

7.2.2 제조 혹은 구입 의사결정: (주) 제너럴냉동의 사례

대부분의 생산제품은 수많은 부품들로 구성된다. 경우에 따라 기업은 다른 기업으로부터 한 개 이상의 부품을 구매할 수 있다. 이것은 외부 공급자가 해당 부품의 생산에서 특별히 효율적이고, 합리적인 가격에서 부품을 제공할 수 있다면, 상당한 원가절감을 가져올 수 있다. 이 상황에서는 두 개의 의사결정 대안이 발생된다: 부품의 제조 혹은 구입. 여기에는 증분수익은 포함되지 않는다. 따라서 이 의사결정에 대한 분석은 단지 증분원가에만 집중된다.

㈜제너럴냉동(General Refrigeration)의 테네시 공장 관리자인 웬디 그랜트(Wendy Grant)가 직면한 상황을 고려하라. 이 기업은 식품가공업체와 식료품 상점이 이용하는 냉각장치를 제조 및 판매하고 있다. 냉각장치의 주요 부품 중 하나는 컴프레셔이다. 최근 웬디는 ㈜디랄드컴프레셔(Dillard Compressor)로부터 컴프레셔 50,000개를 단위당 $310에 공급받는 것을 제안받았다. 지난 해, 웬디의 공장에서 50,000개의 컴프레셔를 제조했을 때, 다음의 원가가 발생되었다:

컴프레셔 50,000개의 제조원가	
변동원가:	
직접재료원가(단위당 $100)	$5,000,000
직접노무원가(단위당 $120)	6,000,000
변동제조간접원가(단위당 $80)	4,000,000
총 변동원가	15,000,000
고정원가:	
건물의 감가상각비	600,000
설비의 감가상각비	800,000
감독자 임금	500,000
기타	350,000
총 고정원가	2,250,000
총원가	$17,250,000
단위당 원가	$345

추가분석을 통해 다음을 알게 되었다: (1) 컴프레셔 제조에 사용하는 기계장치의 시장가치는 거의 0이다. (2) 컴프레셔 제조를 중단한다면, 6명의 생산감독자 중 5명은 해고될 것이다. 그러나 10년 이상의 경력을 가진 감독자 중 한 명은 그의 경력이 실제로 필요하지 않더라도, 노동계약조항에 의해 보호되어, 다른 업무에 재배치될 것이다. 그의 연봉은 $110,000이다.

처음에는 ㈜제너럴냉동이 $310에 컴프레셔를 구입할 수 있는 반면, 단위당 제조원가가 $345 ($17,250,000 ÷ 50,000단위) 이기 때문에, 내부적으로 컴프레셔를 제조하는 것 보다는 구입하는 것을 고려할 수 있다. 그러나 증분원가에 대한 주의 깊은 고찰은 내부적으로 컴프레셔를 제조하는 것이 더 저렴하다는 것을 보여준다.

Link to Practice

보잉 787의 3년 납기지연의 책임은 글로벌 아웃소싱 전략에 있다

787 드림라이너(Dreamliner) 개발에 있어, 보잉은 중국, 일본, 이탈리아, 스웨덴, 한국 및 다른 국가들과 전략적 파트너 관계를 갖는 대규모의 복잡한 글로벌 공급사슬을 설정하였다. 해당 항공기는 예전에 생산되었던 다른 항공기에 비해, 보다 많은 30%의 국제적인 조달품(international contents)이 필요했다.

하지만 핵심기술과 부품을 아웃소싱하는 것은 재앙으로 판명되었다. 보잉 상용 항공기(Boeing Commercial Airplanes) 부문의 최고경영자인 짐 알바(Jim Albaugh)는 "핵심기술을 내부에서 유지하기 위해 노력할 때 우리가 지출했던 것 보다, 이 상황을 극복하기 위해 더 많은 돈을 지출했다." 고 인정했다.

일부 분석가들은 아웃소싱 결정때문에 보잉은 계획했던 원가보다 $120억 내지 $180억을 더 지출했다고 평가했다. 현재 보잉은 장기적인 성공에서 매우 중요한 항공기 납품기한을 3년이나 지연시켰다.

참고: "A Prescient Warning to Boeing on 787 Trouble," *Seattle Times*, February 6, 2011, p.D-1.

증분원가 분석

	컴프레셔 50,000개의 제조원가	컴프레셔 50,000개의 구입원가	증분원가 (절감액)
변동원가:			
직접재료원가	$5,000,000	-0-	($5,000,000)
직접노무원가	6,000,000	-0-	(6,000,000)
변동제조간접원가	4,000,000	-0-	(4,000,000)
총 변동원가	15,000,000	-0-	(15,000,000)
고정원가:			
건물의 감가상각비	600,000	600,000	-0-
설비의 감가상각비	800,000	800,000	-0-
감독자 임금	500,000	110,000	(390,000)
기타	350,000	350,000	-0-
총고정원가	2,250,000	1,860,000	(390,000)
컴프레셔 구입원가	-0-	15,500,000	15,500,000
총합계	$17,250,000	$17,360,000	$110,000

〈그림 7-5〉 제조 혹은 구입 의사결정의 증분분석

증분원가 분석

컴프레셔 외부구입 원가 (50,000단위 @$310)		$15,500,000
원가절감액(컴프레셔 외부구입시 회피가능원가):		
변동원가	$15,000,000	
감독자 임금(6명의 감독자 중 5명의 연봉)	390,000	(15,390,000)
컴프레셔 외부 구입원가의 초과액		$110,000

〈그림 7-6〉 증분분석을 위한 단일-열 형식

설명을 위해 우리는 증분분석을 수행할 것이며, 이는 〈그림 7-5〉에 제시되어 있다. 앞의 사례와 같이 〈그림 7-5〉는 세 개 열의 형식을 이용한다. 처음 두 열은 두 대안의 원가를 나타내며, 셋째 열은 증분원가를 나타낸다. 또 다른 선택은 증분원가와 증분효익만을 강조하는 단일열(single-column) 형식을 이용하는 것이다. ㈜제너럴냉동이 직면한 제조 혹은 구입 의사결정의 단일열 분석은 〈그림 7-6〉에 제시되어 있다.

분석에서 핵심주제는 앞에서 열거한 원가 중 어느 것이 실제 증분원가인지를 결정하는 것을 포함한다. 기업외부에서 컴프레셔를 구입하면, 분명히, 변동제조원가 $15,000,000 중 어느 것도 발생되지 않을 것이다. 이것이 두 대안 사이에서 절감되는 증분원가이다.

고정원가는 어떠한가? 고정원가를 한 항목씩 고려해 보자. 건물 및 설비의 감가상각비와 관련된 고정원가

는 절감되는 원가를 나타내지 않는다. 건물 및 설비 취득원가는 이전 기간에 발생하였다. 의사결정 분석을 위한 접근은 대안에 대한 증분수익 및 증분원가에 대한 고려만을 필요로 한다는 것을 기억하라. 건물 및 설비 취득과 관련된 매몰원가는 이미 발생하였으며, 어떤 결정 대안을 채택하는 것과 관계없이 변동하지 않을 것이기 때문에, 증분원가가 아니다.

사례는 "기타"로 분류된 고정원가 또한 비관련 매몰원가로 가정한다. 그러나 모든 고정원가가 비관련 매몰원가는 아니라는 것에 유념하라. 일부 고정원가는 **회피가능원가**(avoidable costs) – 특정 조치가 취해지면 피할 수 있는 원가 – 이다. 사례에서 컴프레셔를 외부로부터 구입할 경우, 5명의 생산감독자의 임금은 절감될 것이다. 총 절감액은 $390,000(총 감독자 임금 $500,000 – 유지될 감독자에게 여전히 지불해야 하는 $110,000)이다. 다시 말하면, 감독자 임금 $390,000은 회피가능원가이며, 증분원가를 나타낸다.

컴프레셔를 ㈜디랄드컴프레셔에서 구입할 경우, 변동원가 $15,000,000와 고정원가 $390,000은 제거되어, 총 $15,390,000의 원가를 절감할 수 있음을 알 수 있다. 그러나 ㈜디랄드컴프레셔로부터의 컴프레셔 구입원가는 $15,500,000(50,000단위×$310)이다. 차액은 $110,000(구입원가 $15,500,000 – 원가절감액 $15,390,000)이고, ㈜제너럴냉동이 컴프레셔 제조가 아닌 구입을 결정했다면 $110,000의 손실이 발생할 것이다. 그러나 최종 결정에 도달하기 전, 질적 요인이 고려되어야 한다. 우리는 이러한 요인을 다음 장에서 논의할 것이다.

의사결정에서 고려되어야 하는 원가는 기회원가이다. **기회원가**(opportunity cost)는 다른 대안 대신 하나의 결정 대안을 선택함에 따라 포기된 효익의 가치를 의미한다. 예를 들어, 당신이 양도성예금증서(CD)에 투자하는 것 대신 $1,000의 스테레오시스템을 구입하는 것을 선택할 경우, CD로부터 얻을 수 있는 잠재적인 이익이 스테레오 구입과 관련된 기회원가이다. 기회원가는 어떤 결정 대안을 선택하는가에 따라 다르기 때문에, 기회원가는 증분원가이며 결정 대안을 평가하는 것과 관련이 있다.

테네시 공장은 냉각장치에 이용되는 금속선반 제조를 위한 공간임차료로 현재 연 $500,000를 소비하고 있다고 가정하라. 컴프레셔 제조가 중단될 경우, 회사는 선반작업을 현재 컴프레셔 작업에 이용하던 작업

Link to Practice

파카는 엔진의 외주구입 뿐 아니라 자가제조도 선택

파카(PACCAR)는 미국 및 유럽에서 최대 규모의 트럭제조업체 중 하나이다. 북미에서 가장 많이 판매된 파카의 트럭 모델인 켄워스(Kenworth)와 피터빌트(Peterbilt)는 커민스(Cummins)나 캐터필러(Caterpillar)가 생산한 엔진으로 가동된다. 기업은 분명히 증분분석을 수행하였고, 자체 엔진 생산의 증분효익이 증분원가를 초과한다고 결론지었다. 이에 따라 기업은 미시시피의 콜럼버스에 4억 달러를 투자해 엔진 공장을 건설했다.

엔진 자가제조의 효익 중 하나는 트럭이 수선을 위해 입고되면 부품의 적시 운송을 확보하기 위해 중개인들과 긴밀히 협력할 수 있다는 것이었다. 그러나 그것이 매우 빈번한 것은 아니었다. 파카트럭은 일반적으로 160만 km 이상을 운행하며, 엔진점검은 120만 km에는 필요하지 않았다.

증분원가 분석		
컴프레셔 외부구입 원가 (50,000단위 @$310)		$15,500,000
원가절감액(컴프레셔 외부구입시 회피가능원가):		
변동원가	$15,000,000	
감독자 임금(6명의 감독자 중 5명의 연봉)	390,000	
컴프레셔 제조를 위해 공장에서 소비되는 기회원가 (포기된 임차료 절감액)	500,000	(15,890,000)
컴프레셔 외부 구입으로 기인되는 순원가절감액		($390,000)

〈그림 7-7〉 기회원가를 고려한 제조 혹은 구입 분석

장으로 이동할 예정이다. 이와 같이 회사는 컴프레셔 제조를 유지하는 것에서, 임차료 절감액 $500,000을 포기하게 된다. 포기된 임차료 절감액은 기회원가를 의미한다. 이러한 기회원가를 포함한 분석은 〈그림 7-7〉에 제시되어 있다. 이 분석에 따르면 컴프레셔 외부구입은 매년 $390,000의 순원가절감액을 가져오기 때문에 최선의 대안이다.

7.2.3 제품라인의 중단(dropping a product line)

제품라인의 중단은 매우 중대한 결정이며 많은 주의가 요구되는 결정이다. 문제점 분석을 위한 적절한 접근방식은 제품라인중단으로 야기될 이익의 변화를 계산하는 것이다. 만일 이익이 증가한다면, 제품라인은 중단되어야 한다. 만일 이익이 감소한다면, 제품라인은 유지되어야 한다. 이는 제품라인 중단으로부터 기인되는 증분수익과 증분원가를 비교하는 것과 같다.

소매업이 포함된 사례를 생각해 보자. ㈜머서하드웨어(Mercer Hardware)는 세 개의 제품라인(공구, 철물용품, 정원용품)을 판매한다. 〈그림 7-8〉은 제품라인에 대한 전기 손익계산서를 제시하고 있다. 각 제품라인의 순이익을 산출하기 위해, 직접고정원가(direct fixed costs)와 고정원가 배부액(allocated fixed costs)은 모두 각 제품라인의 공헌이익(contribution margin)에서 차감되었다.

직접고정원가는 제품라인에 직접적으로 추적할 수 있는 고정원가이다. 예를 들어, 철물점의 공구부문에서 노동시간의 100%를 근무하는 근로자의 임금은 공구제품라인의 직접고정원가이다.

고정원가 배부액은 개별 제품라인에 직접적으로 추적할 수 없는 고정원가이다. 이러한 원가는 모든 제품라인의 공통의 효익에서 기인되기 때문에 **공통원가**(common costs)와 관련된다. 고정원가 배부액의 예로는 철물점의 소유주/관리자 급여가 해당된다. ㈜머서하드웨어는 관련된 매출액에 기초하여 제품라인에 공통고정원가를 배분한다. 예를 들어, 공구 매출액은 매출액의 30%(공구매출액 $120,000, 총매출액 $400,000)이다. 이때 공통원가 $80,000 중 $24,000($80,000의 30%)는 공구제품라인에 배분된다.

㈜머서하드웨어 제품라인 손익계산서 2020. 12. 31 결산일 기준				
	공구	철물용품	정원용품	합계
매출액	$120,000	$200,000	$80,000	$400,000
매출원가	81,000	90,000	60,000	231,000
매출총이익	39,000	110,000	20,000	169,000
기타변동원가	2,000	4,000	1,000	7,000
공헌이익	37,000	106,000	19,000	162,000
직접고정원가	8,000	5,000	3,500	16,500
고정원가 배부액	24,000	40,000	16,000	80,000
총고정원가	32,000	45,000	19,500	96,500
순이익(손실)	$5,000	$61,000	($ 500)	$65,500

〈그림 7-8〉 ㈜머서하드웨어의 제품라인 손익계산서

제품생산라인 손익계산서의 사례에서, ㈜머서하드웨어의 소유주는 정원용품라인에서 현재 $500의 손실이 나타나고 있음을 확인하였다. 해당 제품라인의 중단이 하드웨어 매장의 수익성을 증가시킬 것인가? 이 질문에 답하기 위해, 우리는 증분분석을 재검토한다. 〈그림 7-9〉에서 나타난 바와 같이 정원용품을 중단할 경우, 매출액은 $80,000 만큼 감소될 것이다. 그러나 일부 원가는 감소되거나 완전히 제거될 것이다. 매출원가는 $60,000 감소될 것이며, 기타변동원가는 $1,000 감소될 것이다. 직접고정원가의 감소 여부는 고정원가의 원천에 따라 좌우될 것이다. 본 사례의 목적을 위해, 정원용품의 직접고정원가 $3,500은 시간제 근로자에게 지급된 급여를 나타낸다고 가정하라. 정원용품 생산라인이 중단된다면, 매장에서 이 근로자의 고용을 지속시키지 않을 것이다. 이 사례에서 $3,500의 직접고정원가는 회피가능하며, 정원용품 중단에

	정원용품을 포함한 이익				정원용품을 제외한 이익			차이
	공구	철물용품	정원용품	합계	공구	철물용품	합계	
매출액	$120,000	$200,000	$80,000	$400,000	$120,000	$200,000	$320,000	($80,000)
매출원가	81,000	90,000	60,000	231,000	81,000	90,000	171,000	(60,000)
매출총이익	39,000	110,000	20,000	169,000	39,000	110,000	149,000	(20,000)
기타변동원가	2,000	4,000	1,000	7,000	2,000	4,000	6,000	(1,000)
공헌이익	37,000	106,000	19,000	162,000	37,000	106,000	143,000	(19,000)
직접고정원가	8,000	5,000	3,500	16,500	8,000	5,000	13,000	(3,500)
고정원가 배부액	24,000	40,000	16,000	80,000	30,000	50,000	80,000	–
총고정원가	32,000	45,000	19,500	96,500	38,000	55,000	93,000	(3,500)
순이익(손실)	$5,000	$61,000	($ 500)	$65,500	($ 1,000)	$51,000	$50,000	($15,500)

〈그림 7-9〉 ㈜머서하드웨어에서 정원용품 중단의 효과

Data Analytics in Action

데이터 분석을 이용한 디지털 광고비 지출 결정

이제 여러분은 각 대안의 증분수익과 증분비용을 계산하고 순증분이익이 가장 큰 대안을 선택하는 의사결정에 대한 접근법을 알게 되었다. 그러나 문제는 우선 증분수익과 비용을 계산하는 것이다. 이것이 바로 데이터 분석이 도움이 될 수 있는 부분이다.

자동차 보험 회사인 프로그레시브사(Progressive)의 경우를 생각해 보자. 이 회사는 디지털 광고비를 지출함에 있어서 가장 좋은 방법을 알고 싶어했다. 즉, 어떤 접근법이 가장 많은 고객 수와 증분수익을 창출하는지 알고 싶었다. 이 문제를 해결하기 위해 회사는 데이터 분석팀으로 눈을 돌렸다. 이 팀은 전문 소프트웨어를 사용하여 몇 달 분량의 온라인 광고 데이터를 분석했다. 이것은 개별 고객들이 어떤 광고를 보고 있는 지에 대한 통찰로 이어졌다.

이 회사의 미디어 사업 리더인 앤드류 퀴그(Andrew Quigg)는 "우리는 어떤 사용자들이 우리의 광고를 보고 있는지 더 잘 이해할 수 있다"고 말했다. 같은 청중이냐, 다른 청중이냐. 이 프로젝트를 통해 중복되는 부분을 더 잘 파악할 수 있게 되어 미디어 구매의 효율성이 더욱 높아지고 있다."

참고: Stephanie Overby, "Progressive Insurance Uses Data Analytics to Fine-Tune Ad Strategy, *CIO*, (September 28, 2014). https://www.cio.com/article/2686835/data-analytics/progressiveinsurance-uses-data-analytics-to-fine-tune-ad-strategy.html

의해 달성할 수 있는 원가 절감액을 나타낸다.

공통고정원가 배부액은 일반적으로 회피불가능하다. 따라서 정원용품의 고정원가배부액 $16,000에 대해서는 원가를 절감할 수 없다. 예를 들면 고정원가 배부액의 구성요소인 하드웨어 매장의 임차료가 있다. 임차료는 제품라인 중 하나를 제거해서 간단히 감소되지는 않을 것이다. 또 다른 고정원가 배부액으로 전력비가 있다. 정원용품을 제거해도 매장은 여전히 거의 동일한 난방과 조도량을 필요로 할 것이기 때문에, 이 원가 역시 감소될 개연성은 낮다. 정원용품을 제거한다면, 공구와 철물용품의 고정원가 배부액은 단순 증가될 것이다.

증분분석 정원용품 중단	
매출액 감소	($80,000)
원가절감액:	
매출원가	60,000
기타변동원가	1,000
직접고정원가	3,500
총원가절감	64,500
중단에 따른 순손실	($15,500)

7.2.4 원가배부할 때 죽음의 소용돌이(Death Spiral)를 주의하라

제품 혹은 서비스 중단을 포함한 결정을 분석할 때, 공통원가(common cost)는 증분원가가 아님을 기억하라.

이것은 때로 원가배부의 죽음의 소용돌이로 일컫는 상황을 피하게 할 것이다. 많은 사례에서, 제품이나 서비스는 공통고정원가의 배부를 받기 때문에, 수익성이 있는 것으로 나타나지 않을 수 있다. 그러나 제품이나 서비스가 중단될 경우 공통원가에는 무슨 일이 나타날까? 공통원가는 남아있는 제품과 서비스에 배부될 것이다. 이것은 다른 제품이나 서비스가 수익성이 없는 것으로 나타나는 결과를 초래할 수 있다.

㈜머서하드웨어의 사례를 생각해 보자. 기업이 정원용품의 중단을 결정할 경우, 공통원가 $80,000는 공구와 철물용품에 배부될 것이다. 새로운 배부는 공구에서 $6,000가 증가되어, 공구는 손실 $1,000로 더 이상은 수익성이 없는 것으로 나타난다. 그러나 공구제품이 중단된다면 공통원가에는 무슨 일이 일어나는가? 그렇다, 그것들은 철물용품에 배부될 것이다. 머지않아, 매장(현재는 수익성이 있는)은 폐업할 것이다!

7.2.5 증분원가, 회피가능원가, 매몰원가 그리고 기회원가의 요약

지금까지 많은 원가용어들을 사용해 왔다. 본 절에서는 이러한 원가용어들을 간단히 살펴본다. 의사결정에 대한 기본적인 접근은 증가되는 원가와 수익의 측면에서 결정 대안을 비교하는 것임을 기억하자. 특정 대안을 채택함으로써 피할 수 있는 원가는 항상 증분원가이며, 의사결정분석과 관련이 있다. 매몰원가(즉, 이미 발생하였고, 바뀔 수 없는 원가)는 결정 대안 중에서 차이가 없기 때문에, 절대 증분원가가 될 수 없다. 그러므로 의사결정과 관련이 없다.

관리회계를 공부하는 학생들은 종종 고정원가는 매몰원가와 같으며, 비관련원가(즉, 증분원가가 아님)라고 가정하지만, 항상 그런 것은 아니다. 따라서 고정원가는 매몰원가일 수 있고, 비관련원가일 수 있다. 고정원가는 매몰원가가 아닐 수 있지만, 여전히 비관련원가일 수 있다. 마지막으로 고정원가는 매몰원가가 아닐 수 있지만 관련원가일 수 있다. 이러한 세 가지 가능성의 예는 〈그림 7-10〉에 제시되어 있다.

마지막으로 기회원가는 다른 대안 대신 특정 결정 대안을 선택함에 의해 잊혀진 효익을 의미한다. 그 본질에 따라 기회원가는 항상 증분원가이며, 의사결정에서 반드시 고려되어야 한다. 기회원가에 대한 예시를 위해서 앞서 제시했던 ㈜머서하드웨어 사례를 고려하라. 사례에서 기업은 정원용품 제품라인 중단을 고려중이다. 정원용품을 중단할 경우, 더 많은 공간을 공구판매에 이용할 수 있으며, 공구매출액이 증가해 공구

고정원가	분류
이미 구입한 설비에 대한 감가상각비	매몰원가이며 비관련원가(증분원가가 아님)
대안A와 대안B 모두에서 변동되지 않을 사장의 연봉	매몰원가는 아니지만, 비관련원가(증분원가가 아님)
대안A가 채택되면 유지되고, 대안B가 채택되면 해고될, 감독자의 연봉	매몰원가는 아니지만 관련원가(증분원가임)

〈그림 7-10〉 고정원가와 의사결정 관련성

Link to Practice

Ronald H. Coase의 증분분석에 대한 공헌

로널드 H. 코스(Ronald H. Coase)는 모든 경영상의 문제를 해결하기 위한 접근방식에 증분분석이 포함된다는 것을 발표한 초기학자 중 한 명이다. 1938년 이래로 런던대학 경제학부 교수로 재직하는 동안, 코스는 *Accountant*에 "Business Organization and the Accountant"라는 제목으로 게재된 12편의 연속논문을 저술했다. 코스는 논문에서 증분분석과 의사결정에 관한 생각을 제시하였다(축약판은 www.econlib.org/library/NPDBooks/Thirlby/bcthLS5/html에서 이용 가능하다).

연속논문에서 코스는 기술했다. "이행되고 매우 강조될 필요가 있는 첫 번째 요지는 특정결정을 선택할 때 초래될 변화에 주의가 집중되어야 하며, 경영결정과 관련된 그 변화들은 원가 그리고/혹은 수입 내에 있는 변화여야 한다는 것이다." 바꾸어 말하면, 경영결정과 관련된 원가와 증분수익은 증분원가와 증분수익이다. 코스는 또한 기회원가는 증분원가이므로 모든 결정과 관련이 있음을 명확히 제시했다.

STRINGER/AFP/Getty Images

코스가 그의 견해를 다소 분명하게 생각했던 반면(특히 학자들에게), 그를 비평하는 비평가들도 있었다. 실제로 런던대학 경제학부의 회계학과장인 스튜어트 W. 롤랜드(S. W. Rowland)는 코스의 기회원가 강조에 대해 비판하는 장소에서 공개적인 비평을 그에게 전했다. 1989년, 코스가 *Journal of Accounting and Economics*에 게재한 논문("Accounting and the Theory of the Firm")을 썼을 때, 롤랜드는 말했다. "다음 문장에서 그가 나의 논문을 참고한 것을 공개한다: '내가 상술한다면, 나는 순수한 객관성을 가지고 그렇게 한다. 나는 경제학 연구가 회계에 미치는 영향이 경험보다 이론적인 요소에 보다 큰 중점을 두는 사례에 주목한다' 게다가 그는 내가 말했던 것을 완전히 잘못 해석한 후 기회원가 개념을 조롱하는 것을 지속했다."

그의 성공 이후, 코스는 그의 연구 특히, 거래비용 및 재산권에 대한 연구에서 폭넓은 인지도를 얻었고, 1991년 그는 노벨 경제학상을 수상했다.

관련 공헌이익이 $20,000 증가할 것이라고 가정하자. 사례에서 정원용품 제품라인을 유지하는 결정과 관련된 $20,000가 존재한다. 이 기회원가는 제품라인중단을 바람직하게 한다. 이전에 수행했던 분석이 제품라인 중단으로 인해 이익이 $15,500 감소하는 것을 나타냈음을 기억하라. 그러나 공구매출을 망각하고 있었기 때문에 $20,000의 기회원가를 고려할 때, 매장이 정원용품을 중단한다면 $4,500(즉 $20,000 − $15,500)만큼 이득일 것이다.

Test Your Knowledge

다음 중 참인 것은?

a. 기회원가는 절대 증분원가가 아니다.
b. 기회원가는 항상 증분원가다.

정답 : b

학습목표 2 결합원가를 포함한 의사결정 분석, 경영의사결정에서 질적인 고찰의 중요성에 대해 논의

7.3 결합원가를 포함한 의사결정

공통 투입으로부터 항상 두 개 이상의 제품이 생산될 경우, 이것을 **결합제품**(joint products)이라고 한다. 공통으로 투입되는 원가는 **결합원가**(joint costs)로 표현된다. 결합원가는 식품가공, 추출 및 화학산업에서 흔히 나타난다. 예를 들어, 일일 공정(daily processing) 사업에서 원유의 공통투입은 크림, 탈지우유, 전유로 전환된다. 목재업에서 통나무의 공통투입은 다양한 등급의 판재로 전환된다. 원유업에서 원유의 공통투입은 다양한 연료와 윤활유로 전환된다.

결합제품과 결합원가의 도표 처리가 〈그림 7-11〉에 제시되어 있다. 도표에서 결합원가는 두 가지의 결합제품을 발생시킨다. 개별제품이 식별되는 생산단계는 **분리점**(split-off point)이라고 부른다. 분리점 이후 각 제품은 그 이상의 개별 처리과정으로 진행되거나 추가원가가 발생될 수 있다.

7.3.1 결합원가의 배부

재무보고 목적을 위해 공통투입원가는 결합제품에 배부되어야 한다. 그러나 정보가 결합제품의 수익성에 대해 경영자를 오도하지 않는 결과를 확보하기 위해서는 주의가 요구된다. 예를 들어 목재기업이 $600 오

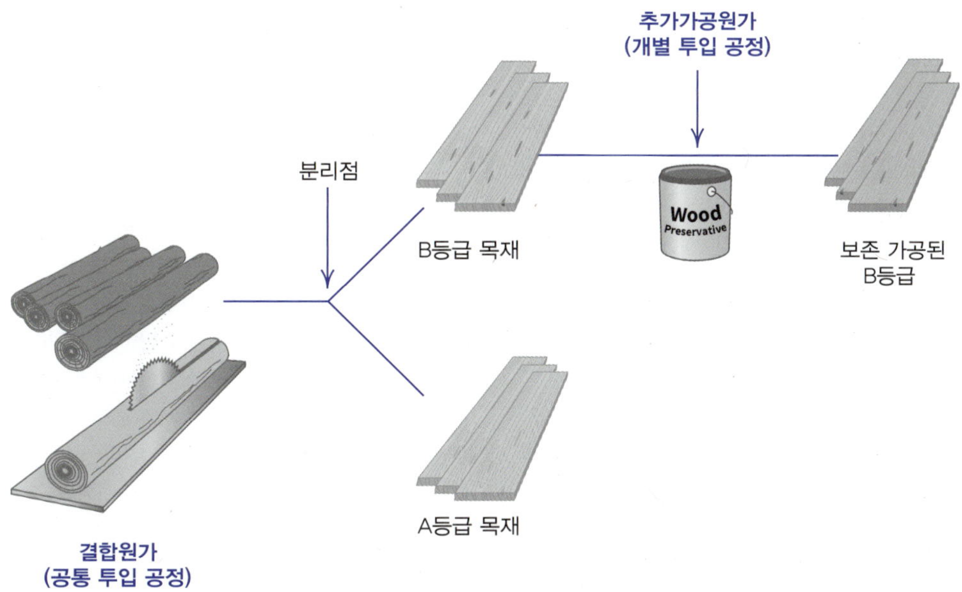

〈그림 7-11〉 결합원가와 결합제품

크 통나무와 이 통나무를 두 가지 등급의 목재로 자르기 위해 \$20를 소비한다고 가정하자. 이 과정을 통해 세제곱미터(m^3) 당 \$1에 판매되는 A등급 목재 $500m^3$와 m^3 당 \$0.5에 판매되는 B등급 목재 $500m^3$가 생산된다. 결합원가 \$620는 결합제품에 어떻게 배부되어야 하는가? 한 가지 접근은 산출물의 물량(physical quantity)에 근거해서 원가를 배분할 수 있다. 생산과정은 동일한 물량을 산출하기 때문에, 결합원가를 각 목재등급에 동일 비율로 배부하는 것이 합리적일 수 있다. 이 경우 A등급 목재와 B등급 목재 모두 \$310의 원가로 나타난다. 이러한 배부는 경영자가 B등급 목재는 수익성이 없고 폐기되어야 한다고 −결국 목재원가가 \$310인 반면 판매로 인한 수익은 \$250에 불과하므로− 판단하도록 유도할 수 있다. B등급 목재가 폐기된다면, 기업은 \$620의 결합원가를 부담하는데 기여했던 \$250를 잃게 될 것이다.

기업이 분리점 이후에 결합제품을 처리하더라도, 총결합원가는 발생될 것이라는 것을 인지하는 것은 중요하다. 결합원가는 개별 결합제품의 생산에 대한 증분원가가 아니기 때문에, 개별 결합제품과 관련된 어떤 결정과도 관련이 없다. 그러나 결합원가는, 그룹으로 결합제품을 포함하는 의사결정과는 관련이 있다. 만약 결합제품의 판매로 인한 총수익이 결합원가보다 적다면, 모든 결합제품 생산을 중단해야 한다.

결합원가를 배부하는 더 나은 방법은 **상대적 판매가치법**(relative sales value method)을 이용하는 것이다. 이 방법

Link to Practice

매몰원가 효과

의사결정시 경영자는 매몰원가에 영향을 받지 않는다는 것에 주의할 필요가 있다. 사람들은 심리적으로 계산에 매몰원가를 투입하려는 성향이 있기 때문에 이는 어렵다. 심리학자들은 매몰원가 효과(sunk cost effect)로 이러한 "비이성적" 경제 행동을 언급한다.

국회심사 예정인 상당한 비용의 수로공사에 대해 고려하라. 공사 제안자들은 완공에 이미 많은 돈이 투입되었기 때문에 중단은 부적절하다고 제안하였다. 즉, 공사 제안자들은 매몰원가 측면에서 공사의 지속을 합리화하였다!

심리학자인 홀 알키스(Hal Arkes)와 캐서린 블러머(Catherine Blumer)는 매몰원가 효과를 조사하였다. 연구에서 그들은 오하이오와 오레곤에서 61명의 대학생을 대상으로 다음 질문을 하였다:

> 당신은 미시간으로의 주말스키여행을 위해 티켓구입에 \$100를 소비했다. 당신은 몇 주 후의 위스콘신으로의 주말스키여행을 위해 \$50의 티켓을 구입한다. 당신은 미시간 보다 위스콘신 스키여행이 더 즐거울 것이라고 생각한다. 당신은 방금 구입한 위스콘신 스키여행 티켓을 지갑 속에 넣으면서, 미시간 스키여행과 위스콘신 스키여행이 같은 주임을 깨달았다! 티켓을 팔기에는 너무 늦었고, 당신은 어떤 티켓도 환불할 수 없다. 당신은 한 장의 티켓만 사용해야 하고 다른 한 장은 사용할 수 없다. 당신은 어떤 여행을 갈 것인가?

응답자의 반 이상은, 위스콘신 여행이 더 즐거울 것이라고 명시했음에도 불구하고, 미시간 여행을 선택했다. 이러한 결과와 다른 경험에 기초하여, 알키스와 블러머는 매몰원가의 개념을 공부하는 경제학 과목을 등록한 학생그룹을 대상으로 다시 위의 질문을 제시하였다. 이 그룹 조차도 3분의 1은 미시간 여행을 선호했다. 생각과는 다르게 경제학 공부는 매몰원가 효과를 대체로 학습하지 못한다. 반면 나는 관리회계 과목에서 매몰원가 효과를 공부한 학생그룹에게 질문을 제시하였다. 미시간 여행을 선택한 학생은 거의 없었다. 회계학 교수가 메시지 − 의사결정시 매몰원가를 주의하라! − 의 의미 전달에 효과적인 것으로 보인다.

참고: H. R. Arkes and C. Blumer, "The Psychology of Sunk Cost," *Organizational Behavior and Human Decision Processes* 35, 1985, pp. 124-140. Reprinted by permission of Elsevier.

결합원가:		
통나무원가	$600.00	
톱질원가	20.00	
합계	$620.00	

결합과정 산출량:
m^3 당 $1.00에 판매하는 A등급 판재의 500 m^3
m^3 당 $0.50에 판매하는 B등급 판재의 500 m^3

결합원가 배부에 물량을 이용한 결과

	A등급	**B등급**
판매수익		
500 m^3 × $1.00	$500.00	
500 m^3 × $0. 5		$250.00
원가		
$620 × (500 m^3 ÷ 1,000 m^3)	310.00	
$620 × (500 m^3 ÷ 1,000 m^3)		310.00
총이익	$190.00	($60.00)

결합원가 배부에 상대적 판매가치를 이용한 결과

	A등급	**B등급**
판매수익		
500 m^3 × $1.00	$500.00	
500 m^3 × $0.50		$250.00
원가		
$620 × ($500 ÷ $750)	413.33	
$620 × ($250 ÷ $750)		206.67
총이익	$86.67	$43.33

〈그림 7-12〉 결합원가의 배부를 위한 물량접근법과 상대적 판매가치 접근법의 비교

에서는, 분리점에서 제품의 상대적 판매가치에 따라 결합원가 합계를 제품에 배부한다:

$$\text{A제품에 배부되는 결합원가} = \frac{\text{A의 판매가치}}{\text{A의 판매가치} + \text{B의 판매가치}} \times \text{결합원가}$$

$$\text{B제품에 배부되는 결합원가} = \frac{\text{B의 판매가치}}{\text{A의 판매가치} + \text{B의 판매가치}} \times \text{결합원가}$$

앞의 사례에서, A등급 목재는 $413.33 [즉, $620×($500÷$750)]의 원가가 배부될 것이다. B등급 목재는 $206.67 [즉, $620×($250÷$750)]의 원가가 배부될 것이다. 이 방법의 유리한 특징은 제품에 배부되는 결합원가 합계가 분리점에서의 판매가치를 초과할 수 없다는 것이다(결합원가 합계가 결합제품의 판매가치보다 크지 않는 한 제품은 생산되어야 한다). 이와 같이 결합원가의 감당에 긍정적으로 기여한 제품은

수익성이 있는 것으로 나타날 것이다.

〈그림 7-12〉는 물량접근법과 상대적 판매가치 접근법을 이용하여 두 등급의 목재에 배분된 원가를 비교하고 있다. 특히 B등급 목재의 경우, 물량접근법은 (-)$60의 총손실을 산출하고 있는 반면, 상대적 판매가치 접근법은 (+)$43.33의 총이익을 산출하고 있음에 유념하라

7.3.2 추가가공결정과 결합원가

목재업의 경영자가 B등급 판재에 대해 부패에 대한 내구성을 강하게 할 압력가공 여부를 고려 중이라고 가정하자. m^3 당 추가가공원가는 $0.20가 예상된다. 압력가공된 판재는 미가공된 판재가 m^3 당 $0.50인 것과 비교하여 m^3 당 $0.75에 판매된다. 추가가공을 착수해야 하는가? 스스로에게 질문하라. "증분수익과 증분원가는 무엇일까?" 증분수익은 m^3 당 $0.25(즉, $0.75 − $0.50)이며, 증분원가는 $0.20일 것이다. 따라서 증분이익은 추가가공이 정당하다는 것을 나타내는 $0.05가 될 것이다.

결합원가는 이 결정의 어느 부분과 관련이 있을까? 결합원가는 증분원가가 아니기 때문에 관련이 없다. 추가가공이 이루어지든 그렇지 않든 기업은 통나무를 구입해야 하고, A등급과 B등급의 판재로 통나무를 잘라야만 한다(기업이 두 등급의 판재 제조업을 그만두길 원하지 않는 한).

7.4 의사결정분석에서 질적인 고찰

방금 제시한 문제에 대한 해결책은 의사결정 상황의 양적 특징에 초점을 맞추어왔다. 특히 우리는 결정 대안 중에서 원가와 수익의 양적인 차이에 집중했다. 그러나 대부분의 중요한 문제는 불가능하지는 않더라도

Link to Practice

해외 아웃소싱의 질적 고려사항

해외 아웃소싱을 생각하고 있는 기업은 아웃소싱 결정 분석 시 질적 요인(정량화가 매우 어렵거나 불가능한 요인)을 신중히 고려해야 한다. 다음과 같은 잠재적 문제가 있을 수 있다.

지연. 해외에서 선적할 때 리드 타임이 길기 때문에 해외 납품업체의 품질 실패가 더 심각하다. 며칠 안에 문제를 고치기보다는 몇 달이 걸릴 수도 있다.

지적 재산. 해외 공급자는 지식재산 관련 규제가 덜 엄격해질 수 있다. 이로 인해 기밀 제품 정보가 유출될 수 있다.

평판 위험. 상대적으로 규제가 열악한 국가의 공급자는 미성년 근로자를 고용하거나 환경보호의 책무를 위배할 수 있다. 이러한 관행은 거래하는 기업의 명성에 부정적인 영향을 미칠 수 있다.

문화적 차이. 문화적 차이는 혼란을 일으키고 의사소통을 복잡하게 만들 수 있다.

참고 : Pamela Hyatt, "The 4 Biggest Risks You Face When Outsourcing," *Trade Ready*, April 4, 2016. http://www.tradeready.ca/2016/ topics/supply-chain-management/4-biggest-outsourcing-risks-face/

수량화하기 매우 어려운 한 개 이상의 특성을 가진다. 이러한 문제의 질적 측면에 대해 양적인 항목과 같이 동일한, 주의 깊은 관심을 가져야만 한다.

질적인 고려요인의 중요성은 앞서 논의한 제조 – 혹은 – 구입의 상황에서 나타날 수 있다. ㈜제너럴냉동의 테네시 공장이 컴프레셔 생산을 지속할지 혹은 다른 기업으로부터 구입할지 여부를 고려 중에 있었음을 상기하라. 분석목표는 ㈜제너럴냉동이 컴프레셔를 생산하는 것이 원가가 더 높은지 혹은 컴프레셔를 외부 공급업체로부터 구입하는 것이 원가가 더 높은지 여부를 결정하는 것이었다. 그러나 분석은 단지 두 결정 대안 사이에서 원가의 양적 차이만을 고려했다. 그밖에 외부 공급업체를 이용하는 것과 관련된 질적인 효익과 원가가 존재한다.

외부 공급업체를 이용할 때 주된 효익은 아마도 사업 침체의 역효과가 덜 심할 것이라는 것이다. 냉각장치에 대한 수요에서 일시적 침체가 있다고 가정하라. 이러한 상황에서 ㈜제너럴냉동은 주요 원가를 회피하기 위해 간단히 외부공급업체로부터 컴프레셔 주문을 하지 않을 수 있다. 이와는 반대로 ㈜제너럴냉동이 컴프레셔 제조를 계속하고 있고, 사업에서 일시적 침체를 겪고 있다면 컴프레셔 제조와 관련된 고정원가의 일부를 제거하는 것은 보다 더 어렵다. 예를 들어 기업이 침체를 단지 일시적인 것으로 생각하였다면 감독자의 고정원가를 제거할 수 없을 것이다. 경력 있는 감독자는 찾기 어려우며, 사업의 일시적 변동에 따라 이들을 고용하거나 해고할 수는 없다.

외부 공급업체 이용에 따른 불이익은 제조과정 전반의 관리와 관련된 손실이다. 구입한 제품은 품질이 충분히 높지 않을 수 있고, 운송일정이 지켜지지 않을 수 있다. 추가로 기업이 내부생산을 재가동하는 원가가 높을 것이라는 것을 아는 외부 공급업체는 그 기업이 선택의 여지가 없다고 믿고 미래에 가격을 크게 올릴 수 있다. 또한 기업이 부품의 외부구입을 결정하고 그 결과 종업원이 해고되거나 이동하면, 종업원 사기가 저하될 수 있다. 사기저하에 따른 기업의 원가는 수량화하기 어렵지만, 이는 남아있는 종업원에 의해 생산되는 제품의 양과 질에 중요한 영향을 미칠 수 있다.

Decision Making Insight

본 서, 특히 7장을 통해 우리는 의사결정이 증분분석에 의존한다는 생각을 강조해 왔다. 그러나 이러한 접근방식의 실행이 가진 문제점은 일부 증분원가와 증분효익이 수량화하기 매우 어렵다는 것이다. 결정이 종업원 사기에 부정적인 영향을 미친다면 어떻게 할 것인가? 우리가 이것을 증분원가로 어떻게 수량화할 것인가? 혹은 결정이 고객만족에 긍정적 영향을 미친다면 어떻게 할 것인가? 우리는 증분수익의 평가에 이러한 질적인 효익에 대한 지식을 어떻게 활용할 것인가? 당신이 의사결정을 할 때 마다 수량화하기 어려운 항목에 대해 주의 깊게 생각하라. 질적 요인이라고 불리는 것들이 결정에서 가장 중요한 측면일 수 있다.

복습

학습목표 요약

학습목표 1 경영의사결정에서 증분분석(증분원가와 증분수익의 분석)의 역할을 설명, 매몰원가, 회피가능원가 그리고 기회원가를 정의, 의사결정분석에서 이러한 개념의 이용방법을 설명

의사결정은 두 개 이상의 대안 사이에서의 선택을 포함한다. 최선의 의사결정은 대안들 중 차이가 나타나는 원가 및 수익 항목의 측면에서 대안들을 비교함으로써 선택될 수 있다. 이러한 원가 및 수익은 증분원가 및 증분수익과 관련된다.

매몰원가는 과거에 발생하였으며, 현재와 미래의 결정과는 관련이 없는 것을 의미한다. 회피가능원가는 특정 대안을 선택함으로써 피할 수 있는 원가이다. 기회원가는 다른 대안 대신 특정 결정 대안을 선택함에 의해 잊혀진 효익을 의미한다. 회피가능원가와 기회원가는 의사결정분석에서 항상 증분원가이며, 관련원가이다.

학습목표 2 결합원가를 포함한 의사결정을 분석, 경영의사결정에서 질적인 고찰의 중요성에 대해 논의

결합원가는 두 개 이상의 결합제품으로 기인되는 공통투입원가이다. 결합원가는 모든 결합제품의 제조에 대한 유일한 증분원가이기 때문에, 결합제품들 중 단지 한 가지만 포함하는 결정의 분석과 관련이 없다. 분리점 이후의 추가가공과 관련된 결정의 분석에서는 단지 증분수익(추가가공과 관련된 추가의 수익)과 증분원가(분리점 이후에 발생되는 원가)만을 고려하라.

의사결정에서는 질적 요인의 다양성(예를 들어, 제품의 질, 종업원 사기 및 고객서비스)을 고려하는 것이 요구된다. 질적 요인은 종종 수량화하기 쉬운 원가와 효익보다 더 중요하다.

종합문제

종합문제 1

베인브릿지 하버 서비스(Bainbridge Harbor Service)는 현재 베인브릿지섬과 시애틀시내 간에 무예약제의 유람선서비스를 운영하고 있다. 주당 5일의 일정은 다음과 같다:

아침

오전 7시	유람선은 베인브릿지에서 출발하여, 오전 7시 30분에 시애틀에 도착한다. 베인브릿지에는 공선(空船)으로 돌아온다.
오전 8시 15분	유람선은 베인브릿지에서 출발하여, 오전 8시 45분에 시애틀에 도착한다

저녁

오후 5시 15분	유람선은 시애틀에서 출발하여, 오후 5시 45분에 베인브릿지에 도착한다. 시애틀에는 공선으로 돌아온다.
오후 6시 30분	유람선은 시애틀에서 출발하여, 오후 7시에 베인브릿지에 도착한다.

왕복티켓 가격은 $30이며, 왕복으로만 판매된다. 작년 이익은 다음과 같다:

수익(1일 왕복 승객 40명 × \$30 × 52주 × 5일)		\$312,000
감가상각비	20,000	
부두 임차료	12,000	
연료비	62,400	
선장급여	90,000	
선원급여	55,000	
기장료	15,000	
잡비	10,400	264,800
이익		\$47,200

베인브릿지와 시애틀 간의 거리는 5km이다. 배의 연비는 리터(L)당 1km이며, 연료의 리터 당 원가는 \$4로 추정된다. 매년 두 지점의 부두임차료처럼 기장료(bookkeeping)는 고정되어 있다.

회사는 지금 토요일 오전 10시에 시애틀에서 출발하여, 토요일 오후 3시에 베인브릿지에 도착하는 제안을 고려 중이다. 왕복요금은 \$30로 유지되며, 1일 승객을 15명으로 추정한다. 1일 급여는 선장에게는 \$300, 선원에게는 \$150를 지급할 것이다.

요구사항

토요일 운항과 관련된 연간 증분이익(손실)은 무엇인가?

정답

증분수익:	
(1일 왕복 승객 15명 × \$30 × 52주)	\$23,400
증분원가:	
연료(편도 횡단 5km × 2 × 리터 당 \$4 × 52주)	2,080
선장급여(\$300 × 52)	15,600
선원급여(\$150 × 52)	7,800
잡비 (아래 참고)	693
	26,173
증분손실:	(\$ 2,773)
증분손실이 나타나므로, 토요일 운항은 수락하지 말아야 한다.	

현재 연간 km:

1일 편도 횡단 6회 × 횡단 별 5km × 주당 5일 × 52주 = 연간 7,800km

매년 잡비 \$10,400 ÷ 7,800km = km 당 \$1.3333

토요일 운항에 따른 km = 1일 편도 횡단 2회 × 횡단 별 5km × 52주 = 520km

520km × \$1.3333 = \$693

종합문제 2

메이필드사(Mayfield Software)는 가장 큰 건물인 건물3의 지하에 200제곱미터(m^2)의 카페테리아를 운영하고 있다. 메이필드사의 영업 부사장은 음식의 가격이 합리적이어야 작업자들이 작업장에 머무를 것이고, 느린 서비스를 제공하는 레스토랑에서 시간을 낭비하는 것을 줄일 것이라고 주장하고 있다. 메이필드사의 직원들은 카페테리아 음식의 질과 서비스 수준에 대체적으로 만족하고 있다. 그럼에도 불구하고 메이필드사는 리갈푸드사(Regal Food Service)에 아웃소싱하는 것을 고려 중이다. 메이필드사의 사업은 확장되고 있으며, 향후 기업의 성공은 기업의 핵심 능력에 집중하는 것을 요구할 것이라고(그리고 음식 서비스는 핵심 능력이 아니라고!) 인식하고 있다.

2020년 카페테리아의 손익계산서는 다음과 같다. 보고서에서 카페테리아는 공간에 대해 제곱미터당 연간 $200를 지불하고 있고, 일반간접비용(법률 수수료, 브랜드 광고, CFO급여 등과 같은 메이필드사의 주요관리비용을 부담하기 위해)으로 매출액의 3%를 지불하고 있다. 모든 사업단위가 동일한 3%의 비용을 지불하고 있다.

2020년 카페테리아 손익계산서

매출액		$1,095,000
비용의 차감:		
식재료 및 저장품 원가	$657,000	
급여	342,000	
임차료	40,000	
설비감가상각비	6,000	
일반간접비용	32,850	1,077,850
카페테리아 이익		$17,150

리갈푸드사와의 계약조항은(아직 서명하지 않았지만) 2020년에 지불한 동일한 가격에 리갈푸드사가 동일한 품질의 음식 및 서비스를 제공할 것을 요구한다. 리갈푸드사는 현재의 카페테리아 공간을 이용할 것이고, 별도 비용 없이 현재의 설비를 이용할 것이다. 리갈푸드사는 매출액의 96%는 가져가고, 4%는 메이필드사로 지급할 것이다. 리갈푸드사는 모든 식재료와 저장품에 대해 지불할 것이며, 카페테리아 관리인, 요리사 및 서버(server)를 포함한 모든 직원을 채용하고, 급여를 지급할 것이다.

요구사항

내년 리갈푸드사의 운영매출이 2020년과 동일할 것이라는 가정 하에, 아웃소싱 결정에 따른 연간 재무적 효과를 평가하시오.

정답

증분수익 및 증분원가

매출액 감소	($1,095,000)
리갈푸드사로 부터의 4% 지급액	43,800
음식 절감액	657,000
급여 절감액	342,000
순 효과	($52,200)

음식서비스는 $52,200의 이익 감소 효과가 존재하기 때문에 아웃소싱하지 말아야 한다. 일반관리비용은 아웃소싱 결정으로 인하여 실제로 변동하지 않을 것이므로, 분석에 포함하지 않는다는 점에 유념하시오. 따라서 일반관리비용은 증분원가가 아니다.

핵심용어

객관식 문제

(정답은 아래에)

1. 차액원가는 때로 ______ 원가와 관련이 있다.

2. 다음 중 의사결정에서 고려하지 않아야 하는 원가는?

a. 기회원가
b. 매몰원가
c. 관련원가
d. 차액원가

3. 다음 중 보통 차액원가가 아닌 것은?

a. 직접재료원가
b. 직접노무원가
c. 변동제조간접원가
d. 고정제조간접원가

4. 참 혹은 거짓으로 답하시오. 고정원가는 절대 증분원가가 아니다.

5. 다음 중 제품의 중단여부를 고려할 때 관련이 없는 것은?

a. 공헌이익
b. 질적 요인
c. 다른 제품의 수요에 미치는 잠재적 영향
d. 배부된 공통원가

6. 기회원가는:

a. 절대 증분원가가 아니다.
b. 항상 증분원가이다.
c. 때로 매몰원가이다.
d. 답 없음

7. 결합제품 상황에서 발생한 결합원가는:

a. 분리점 이전에 발생된다.
b. 분리점 이후에 발생된다.
c. 물리적 특징에 기초해서만 배분되어야 한다.
d. 답 없음

8. 결합제품원가는 배분된 결합원가 $6를 포함하여 $18이다. 판매가격은 $16이다. 이 사례에서:

a. 기업이 제품생산을 중단할 경우 이익은 향상될 것이다.
b. 기업은 매출총손실을 최소화하기 위해 가능한 많은 제품을 판매해야 한다.
c. 배분된 결합원가 $6는 제품이 중단될지라도 발생될 것이기 때문에, 데이터가 혼동을 준다.
d. 모두 정답

9. (부록) 제약이론에 따라, 제약의 이용을 최적화하는 것이 요구하는 것은:

a. 단위당 이익이 가장 높은 제품의 생산
b. 생산시간이 가장 짧은 제품의 생산
c. 공헌이익이 가장 높은 제품의 생산
d. 제약자원의 단위당 공헌이익이 가장 높은 제품의 생산

10. (부록) 참 혹은 거짓으로 답하시오. 부품은 일반적으로 병목이 존재하는 부문으로 보내지기 전에 검사되어야 한다.

정답

1. 관련	**2.** b	**3.** d	**4.** 거짓	**5.** d
6. b	**7.** a	**8.** c	**9.** d	**10.** 참

과제

주관식 문제

1. 차액원가와 차액수익은 무엇인가?

2. 의사결정에서 매몰원가가 비관련원가인 이유는?

3. 회피가능원가는 무엇인가?

4. 의사결정에서 기회원가가 관련원가인 이유는?

5. 제품라인의 중단여부를 분석하기 위한 적절한 접근방법은 무엇인가?

6. 매몰원가는 아니지만 비관련원가인 고정원가의 예를 들어라.
7. 부품 구입에 비해 부품 제조가 갖는 질적인 이점은 무엇인가?
8. 결합원가 배부에서 상대적 판매가치법이 물량기준법 보다 더 타당한 이유는?
9. (부록) 병목부문에서 배치사이즈가 일반적으로 큰 이유는?
10. (부록) 제약이론에서 병목부문이 드럼과 관련이 있는 이유는?

연습문제

연습문제 7–1 [학습목표 1] 그룹과제 의사결정 상황에서 증분되는 고정원가의 사례를 제시하고, 결정과정을 설명하시오. 이어서 의사결정상황에서 증분되지 않는 고정원가의 사례를 제시하시오.

연습문제 7–2 [학습목표 1] 논술형 조던 월켄(Jordan Walken)은 워싱턴 시애틀에 전자상점을 소유하고 운영하고 있다. 그녀의 회계사는 아래와 같은 제품라인 손익계산서를 작성해왔다(조던의 두 가지 제품라인은 음악장비와 부속품이다). 회계사는 손익계산서 작성과정에서 임차료, 조던의 급여 및 직원 두 명의 급여, 수도광열비를 포함한 공통원가와 기타 공통원가를 모두 상대적 판매가치에 기초하여 배부하였다(천 단위에서 반올림). 조던은 "각 제품라인은 공통원가에 대한 할당분(share)을 부담할 필요가 있다"고 설명했다.

이 보고서의 관점에서, 조던이 부속품을 제거하는 것과 단독으로 음악장비 판매만 집중하는 것(비록 음악장비의 매출 향상을 기대하지 않을지라도)을 고려 중에 있다.

	음악장비	부속품	합계
매출액	$970,000	$150,000	$1,120,000
상품원가	705,000	120,000	825,000
매출총이익	265,000	30,000	295,000
임차료	43,000	7,000	50,000
급여	198,000	32,000	230,000
수도광열비	6,000	1,000	7,000
기타	5,000	1,000	6,000
합계	252,000	41,000	293,000
세전이익	$13,000	($11,000)	$2,000

요구사항

부속품 중단이 이익에 미치는 영향을 분석하시오. 그 후 분석에서 공통원가의 역할과 원가배분이 어떻게 원가배분 죽음의 소용돌이(death spiral)를 유도할 수 있는지 설명하시오.

연습문제 7–3 [학습목표 1] 재무용어사전 Investorwords.com(www.investorwords.com)에서, 매몰원가와 기회원가 구절을 검색하시오.

요구사항

의사결정에서 기회원가는 항상 관련원가인 반면 매몰원가는 절대 관련원가가 아닌 이유는?

연습문제 7–4 [학습목표 1] 엑셀활용 증분분석 인테리어 설계 회사인 러스틱인테리어(Rustic Interiors)는 이자율의 증가와 리모델링 프로젝트의 둔화로 인하여 사업중단을 겪어왔다. 사업을 활성화하기 위해 회사는 미들턴 가정용품 박람회(Middleton Home and Gardon

Expo) 참가를 고려 중이다. 박람회에서 러스틱인테리어는 공간이용료 $15,000를 지불해야 한다. 회사는 랩탑(laptop)으로 슬라이드 쇼를 보여주고, 기존에 (기업이 필요 이상으로) 인쇄했던 브로슈어를 배포하고, 이전 작업에 대한 포트폴리오를 보여줄 것이다.

회사는 박람회 결과 차기 수익이 $60,000 이상 증가될 것으로 예상하고 있다. 전년도 이익은 다음과 같다:

수익		$350,000
차감:		
인테리어소품 설계	$35,000	
소유주의 급여	130,000	
상근직 직원의 급여	58,000	
임차료	36,000	
수도광열비	7,000	
사무실 설비 감가상각비	4,000	
광고자료의 인쇄	1,000	
미들턴 저널 광고비	3,000	
차량운반구 감가상각비 이외의 여비교통비	17,500	
회사차량 감가상각비	10,000	301,500
순이익		$48,500

요구사항

박람회 참가가 기업의 이익에 미치는 영향을 계산하시오. 기업은 가정용품 박람회에서 전시를 해야 하는가?

연습문제 7–5 [학습목표 1] 엑셀활용 증분분석 나이트모터스(Knight Motors)는 매년 7,600명의 기존고객 및 잠재고객을 대상으로 만족도 및 브랜드 인지도와 관련된 설문조사를 해왔다. 기업은 이번 년도 조사대행 및 결과요약을 $35,000에 제안한 RBG 협회에 설문조사를 아웃소싱하는 것을 고려 중이다. ㈜나이트모터스의 사장인 크레이그(Graig Knight)는 RGB가 자사가 해 온 것 보다 높은 품질의 조사를 수행할 것이라 믿고 있지만, 현재 원가 보다 $10,000 이상 지출하는 것은 꺼리고 있다. 나이트모터스의 회계팀장은 전년도 설문조사와 관련하여 다음과 같은 원가 요약보고서를 준비하였다.

우편	$17,500
인쇄(㈜레스터프린트에 의해 수행)	6,000
설문조사 봉투 작업을 하고 회신되면 요약하는, 시간제 직원인 팻 피셔의 급여(130시간 × $16)	2,080
설문조사 회신을 추적하고 결과를 요약하기 위해 이용되는 컴퓨터와 소프트웨어의 감가상각비 할당액(share)	1,200
전기/전화/등 전체기업에서 팻피셔가 점유한 공간의 제곱미터(m^2)에 기초한 할당액	600
합계	$27,380

요구사항

설문조사의 외부시행 대(vs.) 자체시행에서 증분원가는 무엇인가? 크레이그는 RBG의 제안을 수락할 것인가?

연습문제 7–6 [학습목표 1, 2] 엑셀활용 증분분석과 기회원가 핀스 시푸드 레스토랑(finn's Seafood Restaurant)은 다음 달에 직원들의 만찬개최를 희망하는 뉴인베스트먼트(New Investments)의 연락을 받았다. 레스토랑의 매니저인 릴리(Lillian Sumner)는 175명에 해당하는 사람들의 음식, 와인 및 디저트에 대한 인당 식사비 $120에 동의했다. 그녀는 예약외주문 음식원가는 인당 $40, 음료는 인당 $25로 추정했다.

단체수용을 위해서, 릴리는 해당일 저녁에 레스토랑을 닫아야 할 것이다. 일반적으로 그녀는 인당 평균 $75를 청구하는, 190명의 고객을 받았다. 보통 저녁시간에는, 예약외주문 음식원가는 인당 $30, 음료는 인당 $15이다. 뉴인베스트먼트 단체예약 수용을 위해 추가 직원을 고용할 필요는 없다.

요구사항

a. 뉴인베스트먼트 단체예약을 수락하는 것과 관련된 증분손익을 계산하시오.

b. 뉴인베스트먼트 단체예약 수락의 기회원가는 무엇인가?
c. 릴리는 의사결정에서 다른 질적 요인을 고려해야 하는지 설명하시오.

연습문제 7–7 [학습목표 1] 구입 혹은 제조 결정: 관련원가 투판지 퍼니처(Tufanzi Furniture)는 가죽 가구를 생산한다. 생산과정은 받침대(brackets), 버팀대(braces), 바퀴(casters)와 같은 다양한 금속 부품들을 사용한다. 투판지 퍼니처의 구매담당자인 카를라 리드(Carla Reid)는 부품의 내부생산(현재 실행)에 비해 구입이 바람직한지 여부를 결정할 것을 요청받았다. 다음 중 결정과 관련된 항목을 찾으시오.

a. 현재 금속 부품 제조에 이용되는 설비의 취득원가
b. 현재 금속 부품 제조에 이용되는 설비의 시장가치
c. 공급업체로부터 금속 부품의 구입원가
d. 금속 부품을 내부 생산하지 않을 경우의 자율적 공간
e. 투판지 퍼니처 사장의 급여
f. 내부 생산되는 금속 부품의 품질
g. 공급업체로부터 구입하는 금속 부품의 품질
h. 금속 부품 생산에 이용되는 설비에 대한 감가상각비 (세금은 고려하지 않는다)
i. 생산 근로자와의 노동계약
j. 가구 제품의 판매가격

연습문제 7–8 [학습목표 1] 구입 혹은 제조 결정 ㈜하월(Howell Corporation)은 고급 제트기를 생산하며, 고급제트기에 사용되는 연료밸브를 현재 제조하고 있다; 밸브의 원가는 아래와 같다.

	단위당 원가
변동원가	
직접재료원가	$950
직접노무원가	650
변동제조간접원가	300
총변동원가	$1,900
고정원가	
설비 감가상각비	500
건물 감가상각비	200
감독자 임금	300
총고정원가	1,000
총원가	$2,900

㈜하월은 ㈜듀발밸브로부터 단위당 $2,100에 부품을 생산하여 1,000개(내년에 필요한 수량)의 밸브를 공급받는 제안을 받았다. ㈜하월이 제안을 수락하고 밸브생산을 폐쇄한다면, 생산근로자와 감독자는 다른 부문에 재배치해야 할 것이다. 설비는 기업 내 어디에서도 이용할 수가 없으며, 시장가치는 없다. 그러나 밸브생산에 이용되었던 공간은 현재 연간 $55,000에 임차하고 있는 다른 생산작업의 공간으로 이용할 수 있다.

요구사항

기업은 밸브를 제조해야 하는가 혹은 구입해야 하는가?

연습문제 7–9 [학습목표 1] 매몰원가, 회피가능원가 및 기회원가 연습문제 7–8의 정보를 이용하여, 다음의 문장을 참 혹은 거짓으로 구분하시오.

a. 기업이 밸브를 구입하기로 결정했다면 감독자 임금은 회피가능원가이다.

b. 기업이 밸브를 구입하기로 결정했다면 건물 감가상각비는 회피가능원가이다.
c. 공간임차료 $55,000는 밸브생산 지속과 관련된 기회원가이다.
d. 설비 감가상각비는 밸브생산 지속과 관련된 기회원가이다.
e. 기업이 밸브생산을 지속하더라도 건물 감가상각비는 매몰원가이다.
f. 기업이 밸브생산을 지속하더라도 감독자 임금은 매몰원가이다.

연습문제 7-10 [학습목표 1] 제품 중단: 관련원가 ㈜이텔러(E-Teller)는 ATM기계를 생산한다. 최근 기업은 고객지문을 인식할 수 있는 기계의 생산과 마케팅을 시작했다. 해당 기계에 대한 수요는 매우 높으며, ㈜이텔러의 최고경영자는 은행카드와 비밀번호에 의존해 온 구모델의 생산 중단을 고려 중이다. 이러한 결정으로 기업은 증가된 생산능력을 신모델에 투입한다. 다음 중 구모델의 기계를 중단하려는 CEO의 판단과 관련된 항목을 찾으시오.
a. 구모델 제조에 이용된 설비의 취득원가
b. 구모델 제조에 이용된 설비의 감가상각비(세금은 고려하지 않는다)
c. CEO의 급여
d. 각 모델 제조에 소요되는 시간
e. 생산관리자의 임금
f. 신모델의 판매가격
g. 신모델 제조의 변동원가
h. 신모델 제조를 위한 교육훈련비
i. 구모델에 배분되는 공장건물 감가상각비

연습문제 7-11 [학습목표 1] 추가 가공 결정 ㈜데이터포인트(Datapoint)는 양자모델(Quantum model) 전자수첩 생산의 중단을 고려해왔다. 현재 기업은 생산이 부분적으로 완료된 전자수첩을 대량 보유하고 있다. 현재까지 기업은 수첩 생산을 위해 단위당 $110을 소비했다. 각 단위의 제조를 완성하기 위해서는 직접재료원가 $14, 직접노무원가 $16가 발생될 것이다. 또한 변동제조간접원가 $10와 고정제조간접원가 배부액 $32(주로 유형자산 감가상각과 관련됨)가 추가로 발생될 것이다.

㈜데이터포인트가 수첩 제조를 완성할 경우, 수첩은 단위당 $130에 판매가능하다. 다른 제조업체는 부분적으로 완료된 수첩을 단위당 $107에 매입해서, 재고자산 추적장치로 전환하는 것에 관심을 보이고 있다.

㈜데이터포인트는 전자수첩 제조를 완성해야 하는지 혹은 현재 상태에서 전자수첩을 판매해야 하는지 여부를 판단하시오.

연습문제 7-12 [학습목표 1, 2] 구입 혹은 제조 결정 임페리얼사(Imperial)는 월풀욕조를 제조한다. 현재 기업은 물 분사장치를 작동하기 위해, 내부 생산한 펌프를 이용하고 있다. 임페리얼사는 펌프의 40%가 보증기간 12개월 내에 막대한 보증비용의 원인이 되는 결함을 가지고 있음을 확인하였다. 기업은 고성능의 펌프 생산능력이 없기 때문에, 경영자는 관련 보증비용을 감당할 수 있는 명성 있는 제조업체로부터의 펌프구입을 고려 중이다. 임페리얼사의 펌프 제조원가는 고정제조간접원가 배부액(주로 유형자산 감가상각비와 관련됨) $18를 포함하여, 단위당 $80이다. 또한 기업은 반품된 각 펌프의 수리(공임 및 부품)에 평균 $20를 지출해 왔다. 임페리얼사는 단위당 $85에 펌프를 구입할 수 있다.

요구사항

2020년 동안 임페리얼사는 15,000개 월풀(15,000개의 펌프가 요구됨) 판매를 계획하고 있다. 기업이 펌프를 제조 또는 구매해야 하는지 여부를 판단하고, 선택대안과 관련된 총 원가절감액을 결정하시오. 아웃소싱 결정에서 고려되어야 하는 질적 요인은 무엇인가?

연습문제 7-13 [학습목표 1] 제품라인 중단 퍼니처 빌리지(Furniture Village)는 가정용 가구와 사무용 가구를 판매한다. 현재 가정용 제품라인은 기업의 소매 매장면적의 약 50%정도를 차지하고 있다. 퍼니처 빌리지의 사장은 기업이 사무용 가구 판매를 계속해야 하는지 혹은 가정용 가구에 집중해야 하는지 여부를 판단 중이다. 사무용 가구 판매가 중단되면 급여나 기타 직접고정원가는 절감된다. 추가로 가정용 가구 매출은 직접고정원가에 영향을 미치지 않고, 15% 상승할 수 있다. 고정원가 배부액은 상대적 판매가치에 기초하여 할당한다.

	가정용 가구	사무용 가구	합계
매출액	$1,400,000	$1,100,000	$2,500,000
매출원가의 차감	900,000	800,000	1,700,000
공헌이익	500,000	300,000	800,000
직접고정원가의 차감			
급여	175,000	175,000	350,000
기타	60,000	60,000	120,000
고정원가배부액 차감			
임차료	13,440	10,560	24,000
보험료	3,360	2,640	6,000
청소비	3,920	3,080	7,000
사장급여	72,800	57,200	130,000
기타	6,720	5,280	12,000
순이익	$164,760	($13,760)	$151,000

요구사항

퍼니처 빌리지가 사무용 가구 라인을 중단해야 하는지 여부를 판단하고, 중단으로 인한 재무적 효익(원가)를 결정하시오.

연습문제 7–14 [학습목표 2] 의사결정에서 질적 요인 다음의 각 상황에서, 의사결정시 우선적으로 고려해야 하는 질적 요인을 표시하시오.

a. 생수를 제조 및 판매하는 회사는 보틀링(bottling) 작업의 아웃소싱을 고려 중이다. 기업이 여전히 물을 공급하며 보틀링 회사에 이를 운송한다.

b. 와인 제조업체는 프리미엄 브랜드 와인을 중단하고, 원가가 더 낮은 와인에 독점적으로 집중하는 것을 고려 중이다.

c. 소프트웨어 기업은 현재 게임과 광고에 이용되는 비디오를 생산하기 위한 대규모 시설을 보유하고 있다. 기업은 시설을 폐쇄하고, 외부기업이 공급하는 자원을 이용하는 것을 고려 중이다.

연습문제 7–15 [학습목표 2] 산출물의 물량에 기초한 결합원가 배부 ㈜베일리(Bailey)는 두 결합제품(A, B)을 생산한다. 분리점 이전에, 기업은 $6,000의 원가가 발생한다. A제품의 무게는 30kg이며 B제품은 120kg이다. A제품은 kg당 $240에 판매되며, B제품은 kg당 $20에 판매된다.

요구사항

a. 산출물의 물리적 측정에 기초하여, 결합원가를 A제품과 B제품에 배부하시오.

b. 판매가격 대비 원가를 비교하시오. 기업은 판매가격이 결합원가배부액 보다 낮은 제품을 판매하여야 하는가?

연습문제 7–16 [학습목표 2] 산출물의 상대적 판매가치에 기초한 결합원가 배부 ㈜베일리는 두 결합제품(A, B)을 생산한다. 기업은 분리점 이전에 $6,000의 원가가 발생한다. A제품의 무게는 30kg이며 B제품은 120kg이다. A제품은 kg당 $240에 판매되며, B제품은 kg당 $20에 판매된다.

요구사항

a. 분리점에서 상대적 판매가치에 기초하여, 결합원가를 A제품과 B제품에 배부하시오.

b. 상대적 판매가치를 이용하여 배부된 원가가 결합제품의 판매가격 보다 더 큰 상황은 어느 것인가?

연습문제 7–17 [학습목표 2] 결합원가 배부 ㈜아메리칸 프로듀스(American Produce Company)는 트럭 한대 분의 칸탈루프(cantaloupe)를 $900에 구매하였다(중량 4,000kg). ㈜아메리칸 프로듀스는 칸탈루프를 두 등급(우수, 일반)으로 분류하였다. 우수등급의 칸탈루프의 총중량은 3,200kg이고, 일반등급 칸탈루프는 총 800kg이다. ㈜아메리칸 프로듀스는 우수등급 칸탈루프는 kg당 $0.45

에 판매하며, 일반등급 칸탈루프는 kg당 $0.2에 판매한다.

요구사항

트럭 한대 분 원가 $900를 물량기준법과 상대적판매가치법을 이용하여 우수등급과 일반등급의 칸탈루프에 배분하시오.

연습문제 7-18 [학습목표 A1] 제약완화를 위한 가치 계산 RM샤프턴사(RM Sharpton)에서 판화부문은 병목이다. 기업은 이 문제를 감소시키기 위하여 추가 작업자의 고용을 고려 중이며, 이 작업자의 연봉은 $65,000이다.

추가 작업자를 이용하여, 기업은 연간 7,000단위를 추가로 생산, 판매할 수 있다. 단위당 판매가격은 $15이다. 현재 단위당 원가는 다음과 같이 $8이다.

직접재료원가	$2.75
직접노무원가	1.00
변동제조간접원가	0.25
고정제조간접원가(주로 설비의 감가상각비)	4.00
합계	$8.00

요구사항

추가 작업자의 고용으로 인한 연간 재무적 효과를 계산하시오.

고급연습문제

고급연습문제 7-1 [학습목표 1] 의사결정과 윤리 BG전자(BG Electronics)의 마케팅 담당 부사장인 조안 팩스톤(Joan Paxton)은 사장에게 보고하기 위한 마케팅 플랜을 개발해왔다. 마케팅 플랜은 기업이 전혀 이용한 적이 없었던 텔레비전 광고를 요청한다. 그녀는 보고의 일부로 TV광고가 기업이익에 미치는 영향을 다음과 같이 제시할 것이다.

광고확대로 인한 증분매출		$10,500,000
차감:		
증분매출원가	$4,200,000	
TV 광고원가	3,100,000	7,300,000
증분이익		$3,200,000

조안은 매출액이 $10,500,000일 경우의 광고원가와 증분매출원가에 대해서는 상당히 확신하는 반면, 매출액 증가에 대해서는 상당히 불확실해 한다. 사실, 그녀는 자신의 추정치가 지나치게 높다고 생각한다. 그러나 그녀가 보다 보수적인 추정치인 $9,000,000를 제시할 경우, 증분매출 $9,000,000에서 상당한 이익을 달성할 것임에도 불구하고 사장이 TV광고를 수락하지 않을 것이라고 믿고 있다.

요구사항

조안이 궁극적인 결과는 기업의 최대 이익이라고 믿고 있다고 할 때, 지나치게 높은 증분매출액 추정치의 편향(bias)을 가진 조안은 비윤리적인지 답하시오.

고급연습문제 7-2 [학습목표 1, 2] 아웃소싱 결정에 대한 증분분석 오클랜드 대학(Oakland College)은 정원관리 아웃소싱을 고려 중이다. 이와 관련하여 오클랜드 대학은 ㈜하이라인(Highline Grounds Maintenance)으로부터 연 $300,000의 제안을 받았다. ㈜하이라인은 이 제안이 "전년과 비교 가능한 조건에서 오클랜드 대학의 정원을 유지"하기 위해 요구되는 모든 서비스와 식목(planting) 자재를 포함할 것이라고 설명했다. 오클랜드 대학의 전년도 정원관리 원가는 $309,000로 다음과 같다:

세 명의 상근 정원사 급여	$195,000
조경자재	80,000
비료	10,000
연료	12,000
트랙터, 제조기 및 기타기기의 감가상각비	12,000
합계	$309,000

오클랜드 대학이 정원관리를 아웃소싱할 경우, 장비를 $30,000에 매각하고 정원사를 해고할 수 있다.

요구사항

a. 정원관리 아웃소싱의 연간 재무적 효과를 분석하시오.

b. 두 번째 연도의 절감액과 첫 번째 연도의 절감액과의 차이는?

c. 결정에서 고려해야 할 질적 요인에 대해 논의하시오.

고급연습문제 7-3 [학습목표 1, 2] 아웃소싱 결정에 대한 증분분석 법률서비스회사인 S&H(Selzer & Hollinger)는 급여정산기능의 아웃소싱을 고려 중이다. 회사는 ㈜ABC페이롤로부터 연간 $22,000에 제안을 받았다. ㈜ABC페이롤은 사원평가와 급여관련 세무신고를 포함한 모든 급여처리를 제공할 것이다. S&H에서 지난해 급여처리와 관련해 발생한 원가는 다음과 같다:

원가	금액
급여담당자(시간제)	$12,000
연간 급여처리소프트웨어 업데이트 비용	1,000
인사담당자 급여(연간 급여의 25%)	25,000
급여처리에 이용되는 컴퓨터의 감가상각비	2,000
매년 급여관련 개정세법 세미나에서 직원 1명의 교육비	1,500

현재 급여담당자는 급여 처리업무만을 수행하며, 급여처리를 아웃소싱하면 해고될 것이다. 인사담당자는 현재 급여관련 업무에 근무시간의 25%를 소비한다. 급여처리를 아웃소싱할 경우, 컴퓨터는 다른 업무에 이용할 것이다.

요구사항

a. 급여처리 아웃소싱에 따른 연간 효과는 무엇인가? 기업이 급여처리를 아웃소싱할 경우, 현금을 절약하는가 혹은 추가적인 현금을 지출하는가?

b. 이 결정에서 고려해야 하는 질적 요인은 무엇인가?

고급연습문제 7-4 [학습목표 1] 엑셀활용 제조 혹은 구입 결정 대부분의 건설 프로젝트에서, ㈜브래들리냉난방(Bradley Heating and Cooling)은 금속판을 구입하여, 필요한 냉/난방용 배관 형태로 제조한다. ㈜브래들리냉난방은 KP쇼핑몰(Kerry Park Shopping mall)에 사용할 배관의 제조 및 설치 원가를 다음과 같이 추정하였다.

직접재료원가	$35,000
배관 제작 직접노무원가	4,000
배관 설치 직접노무원가	10,000
기타 변동원가	1,500
작업시간에 기초한 고정원가배부액	3,000
총원가	$53,500

고정원가는 건물, 설비 및 사무실 직원과 관련된다. 기업은 KP쇼핑몰 개발업체에 용역대가로 $68,000를 청구할 계획이다. 현재 ㈜브래들리냉난방은 다른 프로젝트가 예정 보다 늦은 상태이며, 하루에 $1,200의 지체보상금을 지불하고 있다. ㈜브래들리냉난방의 소유주인 왈트 브래들리(Walt Bradley)는 KP쇼핑몰과 관련하여 조립식 배관 주문을 고려 중이다. 조립식 배관은 $42,000(금속판 원가를 포함)이다. 왈트가 조립식 배관을 구입하면, 작업자를 다른 프로젝트에 재배치할 수 있고 5일간의 지체보상금을 피할

수 있다.

요구사항

㈜브래들리냉난방은 배관을 생산해야 하는가 혹은 조립식 배관을 구입해야 하는가?

고급연습문제 7-5 [학습목표 1, 2] 유지 혹은 구입 결정, 매몰원가 수잔(Susan)은 $12,000에 중고 포드 포커스(Ford Focus)를 구입했다. 그녀는 차량구입과 관련하여 다음과 같은 부품과 공임 합계금액을 지출했다.

새 스테레오 시스템	$1,500
새 도장작업	2,500
새 타이어	1,200
새 머플러(muffler)	250
합계	$5,450

불행히도 차는 지금 몇 가지 중요한 수리가 필요하다; 여러 가지 중에서도, 브레이크 로터와 브레이크 패드(brake rotors and pads)는 반드시 교체되어야 하고, 라디에이터는 누설이 발생했다(새 라디에이터가 요구됨). 수선비는 총 $2,500로 예상된다.

수잔은 다른 중고차도 둘러보았는데, 상태가 매우 좋으면서 포드 포커스와 연식도 대략 비슷한 $10,500의 중고 혼다 시빅(Honda Civic)을 발견했다. 수잔은 포드 포커스를 현재 상태로 $8,500에 처분할 수 있다.

요구사항

a. 포드 포커스 수선 혹은 혼다 시빅의 구매 여부를 결정하는 도중, 수잔은 그녀가 이미 포커스에 $17,450를 소비한 것에 당혹스러워 하고 있다. 차는 이와 같이 큰 손실로 처분하기에는 원가가 너무 높은 것처럼 보인다. 당신은 그녀의 딜레마에 어떻게 대응할 것인가?

b. 포드 포커스나 혼다 시빅에 대한 수잔의 만족도가 동등하다고 가정할 때, 그녀는 시빅을 구입해야 하는지, 포커스를 수리해야 하는지 답하고, 이유를 설명하시오.

고급연습문제 7-6 [학습목표 1] 제조 혹은 구입 결정 ㈜커티스(Curtis Corporation)는 작은 스프레이 용기에 담긴 새로운 구강청결제인 마이티민트(Mighty Mint) 제조를 시작했다. 제품 한 상자에는 30개 용기가 포함되며, 상자당 $20로 도매업자와 대규모 약국체인에 판매될 것이다. 경영자는 마이티민트에 고정제조간접원가 $225,000을 배부한다. 제품 상자 100,000개의 생산을 예상할 때, 30개 용기가 포함된 한 상자 당 제조원가는 다음과 같다:

직접재료원가	$8.00
직접노무원가	3.50
고정제조간접원가(고정 및 변동)	3.50
합계	$15.00

기업은 스프레이 용기를 구입하는 것이 나은지 혹은 제조하는 것이 나은지를 결정하기 위해 수많은 포장용기 공급업체와 접촉해왔다. 제시된 최저가격은 용기 30단위당 $1.90이다. 공급업체로부터 용기를 구입하면 직접재료원가의 10%, 직접노무원가의 20%, 그리고 변동제조간접원가의 15%를 절감할 것으로 예상된다. ㈜커티스의 제조공간은 매우 제약적이다. 스프레이 용기를 구매하면 기업은 연간 $17,000로 추정되는 추가 제조공간을 임차할 필요가 없을 것이다. 또한 한 명의 감독자는 줄일 수 있다. 이에 따른 임금과 부가혜택은 연간 $72,000이다.

요구사항

㈜커티스는 용기를 제조해야 하는가 혹은 구입해야 하는가? 용기 제조가 아닌 구입의 증분원가(효익)은 무엇인가?

고급연습문제 7-7 [학습목표 1, 2] 추가가공 결정과 질적 요인 ㈜뮬란카펫(Mulan Carpet)은 일반등급 카펫 1,200m를 생산했다. 염색 과정에서, 안료에 결함이 있었고 그 결과 색상이 바래게 되었다. 카펫은 일반적으로 m당 $15에 판매된다: m당 변동원가 $7와

m당 고정원가 $6은 카펫에 배부된다.

기업은 염색과정을 반복해도, 정상적인 경로를 통해 m당 $15에 카펫을 판매할 수 없다는 것을 인식했다. 염색과정의 증분원가는 m당 $2이다. 한편, ㈜홈솔루션(Practical Home Solutions)은 현재의 바랜 상태로 m당 $9에 해당 카펫을 구입하길 희망하고 있다.

요구사항

a. ㈜뮬란카펫은 염색과정을 반복해야 하는가 혹은 ㈜홈솔루션에 카펫을 판매해야 하는가?

b. 카펫이 ㈜뮬란카펫에 의해 생산되었음(매우 명성 있는 제조업체)을 나타내는 상표를 붙여서 ㈜뮬란카펫의 브랜드와 관련되게 한다면, ㈜홈솔루션은 m당 $14에 카펫을 구매할 의사가 있다고 가정하시오. 당신이 ㈜뮬란카펫의 사장이라면 ㈜홈솔루션의 제안을 수락하겠는가?

고급연습문제 7-8 [학습목표 1] 엑셀활용 생산 제약을 가진 추가가공 결정 ㈜메가화학(Mega Chemical Company)은 제품A와 관련 제품인 제품B를 생산한다. 리터(L)당 $17.00에 판매되는 제품B는 제품A에 재료를 추가해서 생산한다. 제품A 1리터를 생산하는 데 25분이 소요되며, 제품B 1리터를 생산하기 위해 추가로 10분이 더 요구된다. 제품A 생산의 리터당 원가와 제품A를 제품B로 전환하기 위한 추가원가는 다음과 같다:

	제품A	제품A를 제품B로 전환하기 위한 추가원가
직접재료원가	$2.00	$1.75
직접노무원가	2.50	0.50
변동제조간접원가	2.25	1.00

두 제품은 모두 성공적이며, 두 제품에 대한 수요는 높아서 기업의 생산능력을 초과한다. 제품B의 생산에 소요되는 추가시간 때문에, 생산부사장은 제품B의 생산여부를 고려 중에 있다.

요구사항

생산시간의 측면에서 측정된 조업도 제약이 주어졌을 때, 어떤 제품이 기업의 이익에 가장 크게 기여하는가?

고급연습문제 7-9. 제품라인 중단 **[학습목표 1, 2]** 컴퓨터 성능향상을 처리하는 기업인 ㈜판테온게이밍(Pantheon Gaming)은 세 개의 제품라인을 보유하고 있다: 오디오 성능향상장비, 비디오 성능향상장비 및 연결－속도가속장비. 공통원가는 상대적 판매가치에 기초하여 배부된다. 제품라인 손익계산서는 다음과 같다.

㈜판테온게이밍
손익계산서
결산일 2020년 12월 31일

	오디오	비디오	가속장비	합계
매출액	$1,200,000	$2,450,000	$2,400,000	$6,050,000
차감: 매출원가	730,000	1,435,000	2,070,000	4,235,000
매출총이익	470,000	1,015,000	330,000	1,815,000
차감: 기타변동원가	53,000	69,000	20,000	142,000
공헌이익	417,000	946,000	310,000	1,673,000
차감: 직접 급여	155,000	175,000	65,000	395,000
차감: 공통 고정원가				
임차료	11,970	25,830	25,200	63,000
수도광열비	4,370	9,430	9,200	23,000
감가상각비	5,890	12,710	12,400	31,000
기타관리비	79,230	170,970	166,800	417,000
순이익	$160,540	$552,060	$31,400	$744,000

기업은 가속장비의 이익이 상대적으로 낮아, 해당 제품라인의 중단을 고려 중이다.

요구사항

a. 가속장비 제품의 중단이 연간 이익에 미치는 영향을 판단하시오.
b. 가속장비 제품의 판매 중단에 대한 잠재적인 질적 효과에 대해 논의하시오.

고급연습문제 7-10 [학습목표 1] 제품 중단 / 기회원가 ㈜미드웨스턴잔디(Midwestern Sod)는 두 종류(페스큐, 버뮤다)의 잔디 제품을 생산한다:

	페스큐 잔디	버뮤다 잔디
m^2당 판매가격	$3.00	$3.85
m^2당 변동원가 (수도, 비료, 유지관리)	0.85	1.57

기업은 이용가능한 재배공간으로 130,000m^2를 보유하고 있다. 지난해에 기업은 페스큐 잔디 재배에 65,000m^2를 이용했고, 버뮤다 잔디 재배에 65,000m^2를 이용했다. 매년 고정원가는 $130,000이며, 이는 상대적 재배공간을 기준으로 제품에 배부된다.

㈜미드웨스턴잔디의 CFO(재무담당 이사)인 로페즈(Martha Lopez)는 내년에는 130,000m^2 모두를 버뮤다 잔디 재배에 이용해야 한다고 제안하였다. 사장은 "나는 현재 우리 지역에서 주택건설이 호황을 누리고 있고, 우리가 재배하는 모든 잔디가 종류와 관계없이 판매 가능하다는 것을 알고 있다. 반면 당신은 많은 개발업체가 실제로 페스큐 잔디를 선호하고 있다는 것을 알고 있다. 나는 페스큐 잔디를 제공하지 않아서 개발업체들이 실망하는 것을 원치 않는다"고 말하며 그녀의 제안에 반대하였다.

요구사항

두 종류의 잔디를 모두 재배하는 사장의 결정에서 기회원가는 무엇인가?

고급연습문제 7-11. 제품 중단 결정 **[학습목표 1]** ㈜스미스 환풍기(Smith Fans)는 세 가지 모델의 산업용 환풍기를 제조한다. 각 환풍기의 표준판매가격과 원가는 다음과 같다.

	모델 501	모델 541	모델 599
판매가격	$7,000	$14,000	$18,000
단위당 원가:			
직접재료원가	1,500	5,000	7,000
직접노무원가	800	3,000	5,000
제조간접원가	1,200	4,500	7,500
단위당 이익(손실)	$3,500	$1,500	($1,500)

본질적으로 모든 제조간접원가는 고정원가이다. 고정제조간접원가의 일부는 특정 모델에 대한 직접원가이며, 나머지는 공통고정원가이다.

총 제조간접원가 예상액

	모델 501	모델 541	모델 599	합계
직접고정원가	$5,000,000	$2,000,000	$1,000,000	$8,000,000
공통고정원가				15,400,000
합계				$23,400,000

㈜스미스 환풍기는 다음과 같이 계산된 제조간접원가 단일배분율을 이용하여 제조간접원가를 제품에 배부한다. 예상총제조간접원가를 예상직접노무원가로 나눈다. 이것이 직접노무원가당 제조간접원가배부율이다. 이 비율은 제품에 표준제조간접원가를 배분하는데 이용된다.

예상판매량과 예상직접노무원가는 아래와 같다. 이 가치는 직접노무원가당 $1.50의 제조간접원가율을 나타낸다.

	모델 501	모델 541	모델 599	합계
예상판매량	2,000	3,000	1,000	6,000
예상직접노무원가	$1,600,000	$9,000,000	$5,000,000	$15,600,000

요구사항

a. 모델 599는 손실을 나타내고 있어, ㈜스미스 환풍기의 관리자는 당신에게 해당 제품의 중단여부를 분석하도록 요청하였다. 해당 모델을 중단할 경우, 당신은 직접고정원가는 회피할 수 있지만 공통고정원가는 회피할 수 없음을 가정해야 한다.

b. ㈜스미스 환풍기가 원가배분에 이용하는 방법이 모델 599 환풍기에서 비합리적으로 높은 비용이 나타나는 원인이 되는지 이유를 설명하시오.

고급연습문제 7-12. [학습목표 1] 원가배부 죽음의 소용돌이 ㈜카펫언리미티드(Carpets Unlimited)는 세 가지 카펫 라인을 생산한다: 일반, 표준 및 고급. 기업의 CFO인 제프 최(Jeff Choi)는 지난해 이익에 대한 보고서를 다음과 같이 작성했다. 보고서에서 고정원가는 카펫 미터(m)를 기준으로 배부되었다.

	일반	표준	고급	합계
카펫 미터	30,000	45,000	75,000	150,000
매출액	$325,000	$700,000	$1,525,000	$2,550,000
차감: 변동원가 (염색, 실, 직접노무원가 등)	175,000	430,000	925,000	1,530,000
차감: 고정원가 (감가상각비, 감독자 임금 등)	162,000	243,000	405,000	810,000
이익(손실)	($12,000)	$27,000	$195,000	$210,000

㈜카펫언리미티드의 사장인 매트 킴(Matt Kim)은 보고서를 보고, 기업이 일반등급을 중단하고 다른 두 라인에 집중해야 함을 제안하였다. 그러나 제프는 그것이 원가배부의 죽음의 소용돌이를 초래할 것이라고 대답하였다.

요구사항

a. 기업이 일반등급을 중단했다고 가정하고 보고서를 수정하시오.

b. a문항에서 표준등급 혹은 고급등급에서 손실을 보고한다면, 해당 등급 또한 중단했다고 가정하고 보고서를 수정하시오.

c. 제프가 말한 "원가배부의 죽음의 소용돌이"는 무슨 뜻인가?

고급연습문제 7-13 [학습목표 2] 결합원가와 의사결정 ㈜실반우드(Sylvan Wood)는 오리나무 통나무를 통나무 당 $100에 구입한다. 나무껍질이 벗겨진 후에, 통나무는 베니어(veneer) 칼날을 중심으로 회전시켜 나무의 얇은 층을 벗겨낸다(베니어판으로 지칭). 이는 가구 제조업체에 3m × 30m 베니어판 당 $150에 판매된다. 껍질이 벗겨진 통나무(껍질 벗긴 통나무로 지칭)는 야외놀이시설을 만들기 위해 통나무를 이용하는 기업에 판매된다. 평균적으로, 각 오리나무 통나무는 하나의 3m × 30m 베니어판과 (명확히) 하나의 껍질 벗긴 통나무를 만든다. 각 통나무를 베니어판과 껍질 벗긴 통나무로 가공하는 원가는 오리나무 원가 $100에 $35가 추가된다. 껍질 벗긴 통나무의 무게는 평균 60kg이며, 3m × 30m 베니어판의 무게는 평균 10kg이다.

요구사항

a. ㈜실반우드가 결합제품의 무게를 기준으로 모든 결합원가를 배부한다고 가정하시오. 베니어판과 껍질 벗긴 통나무 당 이익을 계산하시오.

b. a문항에서 껍질 벗긴 통나무 당 이익은 손실이 나타난다. 이는 기업이 해당 제품을 판매하지 말아야 함을 의미하는가?

c. ㈜실반우드는 결합제품의 상대적 판매가치를 기준으로 모든 결합원가를 배부한다고 가정하시오. 베니어판과 껍질 벗긴 통나무에 대한 각각의 이익을 계산하시오.

d. 상대적 판매가치법이 결합원가 배부를 위한 더 우수한 방법인 이유를 간략히 설명하시오.

고급연습문제 7-14 [학습목표 2] 결합원가와 추가가공 ㈜굿어스(Good Earth)는 오렌지주스와 설탕에 절인 오렌지 껍질을 생산한다. 원가 $500의 오렌지 1,000킬로그램(kg) 배치(batch)는 $50의 임금을 투입해서 오렌지껍질 100kg과 주스 300리터(L)로 전환된다. 기업은 분리점에서 껍질 100kg의 판매가격은 $350로, 주스 1리터(저온살균하거나 병에 담지 않은 상태) 당 판매가격은 $0.50로 정해왔다. 분리점 이후 100kg의 껍질에 설탕을 입히고 포장하는 원가는 $60이다. 주스 300L를 살균처리하고 포장하는 원가는 $240이다. 설탕에 절인 껍질 100kg 한 상자는 제과업체에 $600에 판매된다. 주스는 리터 당 $1.75에 판매된다.

요구사항

a. 분리점에서의 상대적 판매가치법을 이용하여 결합원가를 배부하고, 설탕 입힌 껍질 100kg 한 상자당 이익과 주스 리터(L) 당 이익을 계산하시오.

b. 분리점 상태에서 판매하는 것 보다 설탕 입힌 껍질로 판매할 때 기업의 증분 효익(원가)는 무엇인가?

c. 분리점에서 주스를 판매하는 것 보다, 저온살균하고 리터(L) 단위로 포장하여 주스를 판매할 때 기업의 증분 효익(원가)는 무엇인가?

고급연습문제 7-15 [학습목표 2] 결합원가 가빈 웨스트(Gavin West)는 상업적 어부이며, 메인(Maine)의 해변만을 항해하고 온다. 그는 어업원가를 다음과 같이 계산하였다.

갑판원의 급여	$35,000
가빈의 급여	18,000
음식, 의약품 등	7,000
그물 및 기타 장비의 감가상각비	5,400
배의 감가상각비	12,600
연료	18,000
합계	$96,000

가빈의 그물은 연어 15,000kg, 넙치(광어) 23,000kg, 도다리 37,000kg을 어획하였다. 연어는 kg당 $9, 넙치는 kg당 $6, 도다리는 kg당 $3에 판매된다.

요구사항

a. 무게를 기준으로 결합원가를 배분하시오. 각 생선 종류별 이익은 얼마인가?

b. 상대적 판매가치를 기준으로 결합원가를 배분하시오. 이 원가를 이용한, 각 생선 종류별 이익은 얼마인가?

c. 가빈은 도다리를 생선 페이스트(paste)로 판매하는 것을 고려 중이다. 이 과정의 증분원가는 $10,000이다. 도다리는 kg 당 페이스트 0.5kg를 만들 수 있고, 페이스트는 kg당 $6에 판매된다. 가빈이 도다리 판매 혹은 페이스트로 가공하여 판매하는 것 중 어느 것이 더 나은 방안인가? 이 결정에서 결합원가배부는 어떤 역할을 하는가?

고급연습문제 7-16 [학습목표 2] 결합원가 ㈜노스웨스트미네럴(Northwest Minerals)은 광산을 운영한다. 7월 동안, ㈜노스웨스트미네럴은 광석 500톤(ton)을 채굴하여, 금 250kg, 구리 62,500kg를 얻었다. 채굴과 관련된 결합원가는 $500,000이다. 금은 그램(gram)당 $1,300에 판매되며, 구리는 kg당 $2.5에 판매된다.

a. 상대적 중량을 이용하여 결합원가를 배부하시오(소수점 네 째 자리에서 반올림). 이 원가를 이용하여 각 광물과 관련된 이익을 계산하시오. 이 접근방식의 문제점은 무엇인가?

b. 상대적 판매가치를 이용하여 결합원가를 배부하시오(소수점 네 째 자리에서 반올림). 이 원가를 이용하여 각 광물과 관련된 이익을 계산하시오.

c. 상대적 판매가치 방식을 이용하여 배부할 때, 구리에서 손실을 보고하는 가장 낮은 결합원가 금액은 얼마인가? 금에서 손실을 보고하는 가장 낮은 결합원가 금액은 얼마인가?

고급연습문제 7-17 [학습목표 부록1] (부록) 배치사이즈 결정과 제약 ㈜달튼장비(Dalton Playground Equipment)에서 분말도장(powder-coating) 공정은 병목이다. 일반적으로 작업 간 전환에 대략 2시간이 소요된다. 이 시간은 노즐과 페인트 탱크를 세척하고 장비를 재측정하는데 이용된다. 현재 회사는 이 공정에 상대적으로 작은 배치사이즈를 운영하지만, 준비시간을 감소시키기 위해 배치사이즈 증가를 고려 중이다.

작은 배치사이즈를 유지할 때, 분말도장은 8시간 작업당 약 2,000단위를 가공할 수 있지만 제품은 평균 $60의 공헌이익을 생성한다. 큰 배치사이즈를 운영 시, 분말도장은 8시간 작업당 약 2,300단위를 가공할 수 있다.

요구사항

a. 분말도장 공정에서 큰 배치사이즈를 운영할 경우, 관련된 추가이익을 계산하시오.

b. 큰 배치사이즈에 의해 발생되는 잠재적인 문제점은 무엇인가?

고급연습문제 7-18 [학습목표 1, 부록1] (부록) 제약 관리 ㈜리스허브보충제(Reece Herbal Supplements)는 다양한 다이어트 제품을 벌크로 구매하여, 전국의 건강식품점과 약국에 제공하기 위해 병에 담고, 포장하여 운송한다. 기업은 높은 명성을 보유하고 있으며, 제품 수요는 높다. 지난 해 기업은 의약품 포장설비를 $300,000에 구입하고, 2명의 운송부문 인력을 줄여 연간 $120,000의 인건비를 절감하였다. 포장설비의 가동으로 포장은 기존의 수작업에 비해 20%만큼 빨라졌다. 불행하게도 설비는 수시로 4시간 까지 고장이 나곤 한다. 정상적으로(포장설비가 작동할 때) 기업은 시간당 2,500병을 포장하며, 병당 평균 공헌이익은 $0.60이다. 총 작업관리자는 새 포장시스템에 대한 보완으로 두 명의 포장인력을 재고용 할 것을 제안하였다. 사장은 작업자가 "1주일에 30시간은 아무것도 하지 않고 앉아 있을 것"이기 때문에, 이는 좋은 의견이라고 생각하지 않는다.

요구사항

총 작업관리자의 제안과 사장의 반응에 대해 논하시오. 두 작업자 재고용의 재무적 효과에 대한 평가를 가지고 당신의 대답을 설명하시오.

사례연구

사례연구 7.1 : 프라이머스 컨설팅 그룹(Primus Consulting Gropup) [학습목표 1, 2]

㈜프라이머스는 프로세스 리엔지니어링과 품질개선계획에 포커스를 맞춘 컨설팅 기업이다. ㈜노스우드인더스트리(Northwood Industries)는 ㈜프라이머스에게 정시운송 개선을 목표로 연구를 수행해 줄 것을 요청하였다. ㈜프라이머스의 일반적인 관행은 표준 임률에 따라 컨설턴트 시간에 대해 청구를 하고, 실제 여비교통비와 추정 간접원가에 대해 청구한다. 한편 해당 연구를 단 $75,000에 제안했다. 현재, ㈜프리이미스는 초과조입도를 보유하고 있어, 다른 비즈니스를 거절하거나 추가인력을 고용하는 것 없이 ㈜노스우드인더스트리 업무에 착수할 수 있다. 일반적 관행에 따른 청구서는 다음과 같다:

분류	투입시간	임률	총액
파트너	90	$260	$23,400
시니어컨설턴트	125	$160	20,000
스태프컨설턴트	160	$90	14,400
여비교통비			21,000
간접원가- 파트너 외 투입시간당 $30			8,550
합계			$87,350

간접원가(컴퓨터원가, 임차료, 수도광열비, 소모품비, 인쇄비 등)은 연 추정간접원가($2,400,000)를 총 추정 파트너 외 투입시간(80,000시간)으로 나누어 연초에 결정하였다. 총 합계의 약 20%는 변동원가이다. ㈜프라이머스의 모든 직원은 고정급여(즉, 초

과근무 수당은 없다)를 받는다. 전년도의 연간총급여는 다음과 같이 계산한다:

	시간당 임률
파트너	$250
시니어컨설턴트	$150
스태프컨설턴트	$80

요구사항

㈜노스우드인더스트리 요청의 수락과 관련하여 ㈜프라이머스의 이익에 미치는 영향은 무엇인가? 요청을 수락하거나 거절하는 결정에서 고려해야 할 질적 요인은 무엇인가?

사례연구 7.2 : ㈜오성공구(Five Star Tools) [학습목표 부록1]

(참고: 본 사례는 제약이론에 대한 부록과 관련됨)

㈜오성공구는 보석상이 이용하는 다이아몬드로 도금한 절단 공구(정과 톱)를 제조하는 소규모 가족기업이다. 제조는 세 가지 주요 공정을 포함한다. 우선 강철 "조각"(다이아몬드 도금을 하지 않은 공구)을 크기에 맞추어 절단한다. 다음으로 조각은 도금공정을 위해 공구를 만드는 화학용액조로 보내진다. 세 번째 주요 공정에서 조각은 도금과 동시에 각 공구의 칼날을 연마하는 특허 공정에서 다이아몬드 조각을 이용하여 도금된다. 도금 공정 이후, 각 공구를 검사하고, 결함을 수선하거나 폐기한다.

지난 2년 동안 기업은 중요한 성장과 성장에 따른 고통을 겪어왔다. 기업은 매우 숙련된 작업자와 고가의 설비를 필요로 하는 도금 및 연마 공정을 전면가동 해왔다. 이러한 운영으로 발생된 병목으로 인해, 기업은 몇몇 중요한 고객주문의 최종 기한을 어겼다.

㈜오성공구의 설립자 프레더릭 터너(Frederick Turner)의 아들인 맥스필드 터너(Maxfield Turner)은 기업의 사장이다. 맥스필드 터너는 마케팅 부사장인 베티 스펜스(Betty Spence)와 점심식사를 하면서, 이 상황에 대해 논의했다. "우리는 할 일이 있습니다," 베티가 입을 열었다. "우리가 고객주문의 최종기한을 지킬 수 있다고 판단하지 않으면, 사업을 폐쇄해야 합니다. 우리는 단순히 고객에게 계속해서 제품을 기다리라고 할 수 없고, 그렇지 않으면 신뢰할 수 없는 공급자로서의 평판만 키우게 될 것입니다. 나뿐 아니라 당신도 이것이 우리 사업에 타격을 주게 될 것이라는 것을 알고 있습니다"

"나는 다른 접근방법이 있을 수 있다고 생각합니다, 베티" 맥스필드가 대답했다. "우리 제품 중 일부는 특별히 수익성이 있습니다. 우리는 이 제품들에 집중하고 수익성이 적은 제품 중 일부는 중단해야만 할지도 모릅니다. 이는 우리의 생산자원을 여유롭게 할 것입니다. 또는 도금공정을 통해 더 많은 제품을 생산하는 방법을 알아낼 수 있습니다. 단지 제약을 완화시킬 수만 있다면, 나는 응답시간과 수익성을 개선시킬 수 있다고 알고 있습니다. 나는 당신에게 내가 무엇을 할지 말할 것입니다. 나는 회계부서가 제품수익성 분석을 준비하도록 지시할 것입니다. 이것은 우리가 어떤 제품에 집중해야 하는지를 알아내도록 도울 것입니다. 그리고 도금에서 일정시간의 제약을 완화하는 방법에 대한 생산직원들의 생각을 알아낼 것입니다. 우리는 다음달 초에 만나서 생산제약을 해결하는 방법에 대한 답을 얻기 위해 노력할 것입니다."

요구사항

a. 어느 단계에서 도금 및 연마의 제약을 완화시킬 수 있는가?

b. 모델 C210 정(chisel)과 모델 D400 정을 고려하여라. 도금과 연마에서의 제약이 완화될 수 없다면, 어느 제품에 주력해야 하는가?

c. 모델 C210 정과 모델 D400 정에만 주력하여, 도금과 연마에서 한 시간 이상의 생산시간을 확보하는 것이 기업에 어떤 효익을 미치는가?

d. 도금 및 연마 공정은 작업자가 화학용액조로부터 도착한 품목을 검사하는 것에서 시작한다. 거친 모서리나 흠이 발견되면, 작업자는 해당 품목을 실제의 도금 및 연마로 투입하기 전에 매끄럽게 하고/또는 연마한다(이 공정은 도금 및 연마 이후의 개별 검사 단계에서 행해지는 검사에 추가된다는 점에 유념하시오).

도금 및 연마에서 귀중한 시간을 절약하기 위해, 경영진은 도금 및 연마 공정 이전에 개별검사단계를 구성하는 것을 고려 중이다. 이 검사단계는 기존의 매끄럽게 하고 연마하는 설비를 이용할 수 있고, 초과 조업도를 보유하고 있는 화학용액조 부문에서 정상적으로 근무하는 작업자를 필요에 따라 충원할 수 있다(그래서 짧은 기간 동안 작업자들의 유휴노동력을 활용하게 될 것이다). 경영진들은 이러한 조치가 도금 및 연마에서 240시간의 여유시간을 발생시킬 것이라고 추정하였다. 경영진은 제품단위당 평균 공헌이익을 $300로 계산했다. 도금 및 연마의 소비시간당 평균공헌이익은 $850이다.

이상의 정보를 기초로, 새로운 검사단계의 추가와 관련된 연간 증분이익을 추정하시오.

	모델 C210 정		모델 D400 정	
판매가격		$500		$850
차감: 변동원가				
직접노무원가	$85		$180	
직접재료원가	150		180	
변동제조간접원가	15	250	60	420
공헌이익		250		430
차감: 고정원가 배부액		185		230
단위당이익		$65		$200
1단위 생산을 위해 도금 및 연마에 걸리는 시간	0.2시간		0.8시간	

부록

제약이론

학습목표 A1 제약이론(Theory of Constraints, TOC)에 접근하는 5단계의 이해

본 장은 의사결정을 위한 일반적인 접근(증분분석)에 초점을 맞추었다. 이어서 본 절에서는 제약과 관련된 결정에 대해 논의하고, 제조과정에서 병목(bottle-neck)의 제거에 의해 이익이 어느 정도로 증가하는지 제시한다. 특히 엘리 골드렛(Eli Goldratt)[2]에 의해 개발된 제조와 제약 관리에 대한 접근방식인 제약이론에 집중할 것이다.

2 TOC에 대한 추가설명은 다음을 참고하시오. E.Goldratt and J. Cox, The Goal (Croton-on-Hudson, NY: North River Press, 1984) / D.Smith, *The Measurement Nightmare , How the Theory of Constraints Can Resolve Conflicting Strategies, Policies, and Measures* (Boca Raton, FL: St. Lucie Press/APICS Series on Constraints Management, 2000)

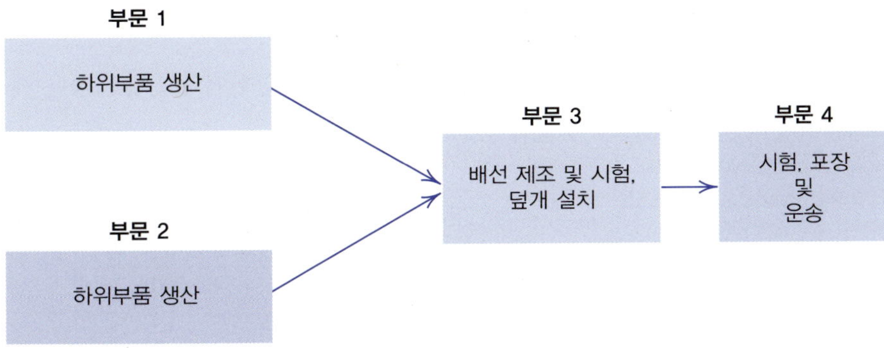

〈그림 A7-1〉 드와이어일렉트로닉스의 생산흐름

쉬운 설명을 위해, 전기측정기구 제조업자인 드와이어일렉트로닉스의 생산과정을 고려하자. 〈그림 A7-1〉에서 제시한 바와 같이 생산은 4개 부문에서 이루어진다. 하위부품들은 부문1과 부문2에서 생산된다. 하위부품들은 배선을 제조 및 시험하고 덮개(housing units)를 설치하는 부문3으로 이동된다. 그 후 제품은 최종시험을 완료하고 운송을 위해 포장하는 부문4로 이동된다.

A.1 제약이론의 5단계 프로세스

골드렛은 제약을 해결하기 위한 5단계 프로세스를 제시하였다. 본 절에서는 이 단계에 대해 논의한다.

A1.1 1단계: 구속된 제약을 식별하라.

제약이론에서 첫 번째 단계는 병목이나 구속된 제약(binding constraint)를 식별하는 것이다. 이것은 스루풋(throughput)을 제한하는 프로세스이다(스루풋은 한 기간에 생산되는 재고자산 총량을 의미한다).

모든 제조회사는 모든 부문의 작업량이 기업제품에 대한 수요를 초과하지 않는 한, 구속된 제약을 갖는다. 그리고 이러한 경우 수요는 구속된 제약이다. 드와이어일렉트로닉스에서 부문3을 병목이라고 가정하자. 부문1과 부문2로부터의 제품이 부문3 작업구역 앞에서 계속 쌓이고 있기 때문에, 경영진은 부문3을 병목으로 확인하였다.

제약이론에서 한 부문은 다른 부문의 생산을 조정하는 "리듬을 맞추는" 드럼과 유사하다. 드와이어일렉트로닉스에서 부문1과 부문2의 생산은 부문3에서의 수요와 연결되어야 한다. 부문1과 부문2가 부문3을 초과하여 생산할 수 있을지라도 그렇게 할 필요는 없다. 부문3에서의 필요 이상의 생산은 기업의 자금을 과다한 재공품 재고자산에 묶어 두는 것일 뿐이기 때문이다.

A1.2 2단계: 제약요인의 이용을 최적화하라.

두 번째 단계는 제약의 활용을 최적화하는 것이다. 이는 제약 단위당 공헌이익이 가장 높은 제품을 생산하는 것이다. 드와이어가 생산하는 다음의 두 제품을 고려해 보자.

	모델 A70	모델 B90
단위당 판매가격	$1,000	$2,000
단위당 변동원가:		
직접재료원가	400	900
직접노무원가	200	300
단위당 공헌이익	**400**	**800**
단위당 고정원가	100	300
단위당 이익	$300	$500
부문3의 1단위 완료시간	0.1시간	0.3시간
부문3의 시간당 공헌이익	$4,000 ($400÷0.1시간)	$2,667 ($800÷0.3시간)

모델 A70과 모델 B90 중에서 어떤 제품이 제약의 활용을 최적화하는가? 정답은 모델 A70이다. 그 이유는 모델 A70의 공헌이익은 단위당 $400이지만, 제약부문3에서 단위당 생산에 0.1시간만 소요되어 모델 A70은 시간당 $4,000의 증분이익을 창출하였다. 만약 드와이일렉트로닉스의 관리자자가 부문3의 부족한 시간을 이용하여 모델 A70나 모델 B90을 생산해야 하는 선택의 상황에 놓여있다면 당연히 모델 A70을 선택해야 할 것이다.

A1.3 3단계: 제약요인에 다른 모든 것을 종속시켜라.

세 번째 단계는 제약에 다른 모든 것을 종속시키는 것이다. 이것은 드와이어일렉트로닉스의 관리자들이 제약을 완화시키기 위한 노력에 주의를 집중하고, 다른 부문의 프로세스 개선에는 집중하지 않는 것을 의미한다. 가령 생산을 제한하고 있지 않다면, 왜 관리자들이 부문 1, 2 혹은 4의 프로세스 개선을 위한 작업을 해야 하는가? 오직 구속된 제약만이 생산을 제한하고, 이 부문에 관심이 완전히 집중되어야 한다.

부문3의 제약을 완화하기 위해 관리자들이 할 수 있는 수많은 것들이 있다. 예를 들어, 부문3의 작업자들 모두가 동일한 시간에 휴식을 취한다고 가정하자. 생산능력은 시차휴식(staggering break)에 의해서 획득될 수 있다. 이것이 상당한 금액의 자금을 창출할 것이란 점에 유념하라. 제품 모델 A70은 시간 당 $4,000을 창출한다. 시차휴식을 시행하여 기업이 부문3에서 하루에 한 시간의 추가생산능력을 획득한다면, 이는 주당 $20,000(5시간 × 시간당 $4,000)의 추가이익을 발생시킨다.

A1.4 4단계: 제약요인을 제거하라.

제약이론 프로세스에서 네 번째 단계는 제약을 제거하는 것이다. 이는 다양한 방법에 의해서 달성될 수 있다. 여기 몇 가지 예가 있다:

- 부문3의 작업을 지원할 수 있도록 부문 1과 2의 작업자를 교차-훈련하라.
- 부문3 작업의 일부를 아웃소싱하라.
- 부문3을 위한 추가 설비를 구입하라.
- 부문3을 위한 추가 작업자를 고용하라.
- 부문3의 작업자가 직무를 보다 효율적으로 수행할 수 있도록 훈련하라.

A1.5 5단계: 새롭게 결합된 제약요인을 식별하라.

마지막 단계는 새로운 구속된 제약을 식별하는 것이다. 부문 3에서 제약이 제거되면 다른 부문 1, 2 혹은 4가 병목이 될 것이다. 병목이 없거나, 기업이 모든 부문에서 초과 생산능력을 보유한다면, 수요증대에 노력을 집중해야 한다.

A.2 검사, 배치사이즈, 그리고 전반적인 제거에 대한 제약이론의 함축적 의미

제약이론은 경영자들이 직면한 수많은 의사결정에 대한 함축적 의미를 갖는다. 여기서 우리는 세 가지(: 검사, 배치사이즈 그리고 전반적인 제거)에 대해 논의할 것이다.

검사(inspection)

제약부문에서의 시간은 절대 낭비되어서는 안 된다. 따라서 작업을 제약부문으로 전환하기 전에 가능할 때마다 검사를 실행해야 한다. 이는 제약부문의 귀중한 시간이 불량품 작업에 낭비되지 않게 하기 위함이다.

배치사이즈(batch sizes)

최근 많은 기업은 새로운 주문의 수락에 대한 유연성을 획득하고 프로세스가 통제 불능할 경우 많은 양의 불량품이 생산되는 것을 피하기 위해, 소규모의 배치사이즈를 선택하고 있다. 그러나 제조과정에 구속된 제약이 있을 때, 대규모의 배치사이즈를 보유하는 것이 더 나을 수 있다. 그 이유는 제약부문의 중요한 시간을 수많은 소규모 배치사이즈 생산설비의 준비에 낭비하지 말아야 하기 때문이다.

전반적인 제거(across-the-board cuts)

제약이론에서 전반적인 제거를 하는 결정은 완전히 상충된다. 병목부문의 제거는 합리적일 수 있지만, 구속된 제약이 존재하는 부문일지라도 전반적인 제거는 이익에 심각하게 부정적인 영향을 미칠 수 있다. 드와이어일렉트로닉스에서 모델 A70의 생산에 시간이 소비된다면, 부문3에서 획득된 시간은 시간당 $4,000의 증분이익을 발생시킨다. 마찬가지로 상실된 시간은 시간당 $4,000의 이익을 감소시킨다. 전반적인 제거가 동등하게 하루 한 시간의 생산능력을 감소시킬 경우, 연간 $1백만 이상의 이익(1시간 × 주당 5일 × 52주 × 시간당 $4,000 = $1,040,000)을 잃게 될 것이다.

A.3 측정해야 관리할 수 있다는 것과 제약이론

측정해야 관리할 수 있다 본 서의 주요 주제는 "측정해야 관리할 수 있다"는 것이다. 다른 말로 하면 성과측정치는 경영자의 행동을 동인한다. 제약이론은 생산량(예를 들면, 시간 당 생산단위)과 관련된 성과측정치들이 비병목 부문에 적용될 경우, 주주가치에 부정적인 영향을 미칠 수 있음을 지적한다. 드와이어일렉트로닉스에서는 부문1과 부문2의 시간 당 생산단위를 측정하여 보상을 지급한다. 이 경우 두 부문은 병목인 부문3이 생산할 수 있는 제품 보다 더 많은 제품을 생산할 유인(incentive)을 갖는다. 그 결과 부문3 앞에 쌓이는 재공품 재고자산 수준은 높아질 것이다. 과다한 재고자산은 주주자금의 투자이지만 유용한 목적의 투자가 아니기 때문에 합리적인 투자수익률을 얻지 못할 것이다. 기억하라: 비병목 부문에서 초과생산을 유도하는 성과측정치에 주의하라!

CHAPTER 8

가격결정, 고객수익성 분석 및 활동기준가격결정

학습목표

1. 제품이나 서비스 이익을 극대화하는 가격결정 및 특별주문의 가격 결정과 관련된 증분분석의 이해
2. 원가가산 가격결정방법의 이해와 제조업의 가격순환문제 발생이유 및 신제품에 대한 목표원가계산 절차의 이해
3. 고객수익성 분석과 활동기준가격결정 방식의 이해

㈜PR오피스(Priced Right Office Supplies)의 마케팅 담당부사장인 낸시 산체스(Nancy Sanchez)는 최근 참석한 경영 세미나에서 다음과 같은 내용을 들었다.

고객이 모두 동일한 것은 아니다 – 일부 고객은 수익성이 매우 높지만, 일부 고객은 미미한 수익을 가져다 줄 뿐이다. 성공적인 결과를 위해서 기업은 고객수익성 분석을 할 필요가 있다. 미미한 수익을 내는 고객에게 더 높은 가격을 지불하게 하거나, 거래를 중단해야 한다. 수익성이 높은 고객에게 집중하여야 한다. 그들에게 마케팅 캠페인을 집중한다면, 당신은 주주가치의 중요한 증가를 달성하게 될 것이다!

집으로 오는 길에, 낸시는 세미나에서 배운 것과 PR오피스에서 수행될 필요가 있는 변화에 대해 생각했다. 특히 제품의 가격결정방식에 대해 생각했다. 현재, 기업은 주문된 제품의 원가에 10%의 이익을 가산하여, 모든 고객에게 동일하게 청구를 한다. 그러나 일부 고객은 다른 고객에 비해 요구사항이 많아 주문내용을 처리하기가 훨씬 더 어렵다. 특히 어떤 고객은 상대적으로 적은 양의 주문을 하면서, 빠른 배송을 원했다. 이런 고객의 주문은 상대적으로 제품 선택과 포장에 더 많은 시간이 필요하며, 운송비가 더 높다는 것을 의미한다. 낸시는 "우리가 해야 할 일은 다양한 고객들에 대한 수익성을 결정한 후, 합리적인 접근방식에 따라 가격을 결정할 것을 제안하는 것이다. 그것을 위해 첫 번째로 고객수익성측정 및 가격결정에 대해 분석할 유통, 마케팅 및 회계 관련 직원들로 팀을 구성해야 할 것이다" 라고 판단했다.

가격결정은 일반적으로 경영자가 직면하는 가장 중요한 의사결정이며, 본 장에서 이에 대해 보다 상세히 검토할 것이다. 경제이론의 관점에서 이익을 극대화하는 가격에 대한 논의로 출발하여 특별주문의 가격결정과, 신제품에 대한 목표원가 결정뿐 아니라 원가에 이익을 가산하는 가격결정방법에 대해 논의한다. PR오피스의 낸시가 직면한 두 주제 – 고객수익성측정과 활동기준가격결정 – 에 대한 논의로 본 장을 끝맺는다.

학습목표 1 제품이나 서비스 이익을 극대화하는 가격결정 및 특별주문의 가격 결정과 관련된 증분분석의 이해

8.1 이익극대화 가격

경제이론에서는 제품이나 서비스의 수요는 일반적으로 가격이 높을 수록 수요량이 줄어들고 가격이 낮을 수록 수요량이 증가하는 것으로 설명한다. 경영자가 다양한 가격에서 수요량을 추정할 수 있다면(어렵지만 불가능한 일은 아닌), 최적 가격을 결정하는 것은 상대적으로 간단하다. 단순히 여러 가격 수준에서 변동원가를 차감한 공헌이익에 수요량을 적용하여 고정원가를 차감하면 추정이익을 얻을 수 있다. 여기에서 가장 높은 이익을 가진 가격을 선택하면 되는 것이다. 사례를 살펴보도록 하자.

㈜테스트 테크놀러지(Test Technologies)는 다음달 새로운 전기검사장치 TM20의 판매를 시작할 것이다. 장치의 변동제조원가와 마케팅비용은 단위당 $1,500이며, 연간 고정원가는 $7,000,000이다. 회사의 시장조사팀은 〈그림 8-1〉에서 제시한 바와 같이 다양한 가격대의 수요량을 추정하였다. 단위당 $6,000의 가격에서 수요량은 1,000단위에 불과하지만, 단위당 가격을 $2,500로 내릴 경우 수요량은 19,000단위로 상승한다는 것을 알 수 있다. 각각의 가격에서 단위당 $1,500의 변동원가를 차감하여 계산된 단위당 공헌이익에

A	B	C	D=A−C	E=B× D	F	G=E−F
단위당 가격	수요량	단위당 변동원가	단위당 공헌이익	총공헌이익	고정원가	이익
$6,000	1,000	$1,500	$4,500	$4,500,000	$7,000,000	($2,500,000)
5,500	2,000	1,500	4,000	8,000,000	7,000,000	1,000,000
5,000	4,000	1,500	3,500	14,000,000	7,000,000	7,000,000
4,500	6,000	1,500	3,000	18,000,000	7,000,000	11,000,000
4,000	9,000	1,500	2,500	22,500,000	7,000,000	15,500,000
3,500	12,000	1,500	2,000	24,000,000	7,000,000	17,000,000
3,000	15,000	1,500	1,500	22,500,000	7,000,000	15,500,000
2,500	19,000	1,500	1,000	19,000,000	7,000,000	12,000,000

〈그림 8-1〉 이익극대화 가격의 추정

수요량을 적용하여 총공헌이익을 추정한다. 산출된 총공헌이익에서 고정원가 $7,000,000을 차감하여 이익을 추정한다. 본 사례에서 $3,500의 가격이 가장 높은 이익($17,000,000/년)을 얻을 수 있으므로, 최적 가격은 단위당 $3,500인 것이다.[1]

이익극대화 가격을 결정하는 가장 어려운 부분은 가격과 수요량 사이의 관계인, 수요함수를 결정하는 것이다. 이것은 과학적일뿐 아니라 기술적인 부분이기도 하지만, 많은 접근방식들이 이용될 수 있다. 예를 들

Link to Practice

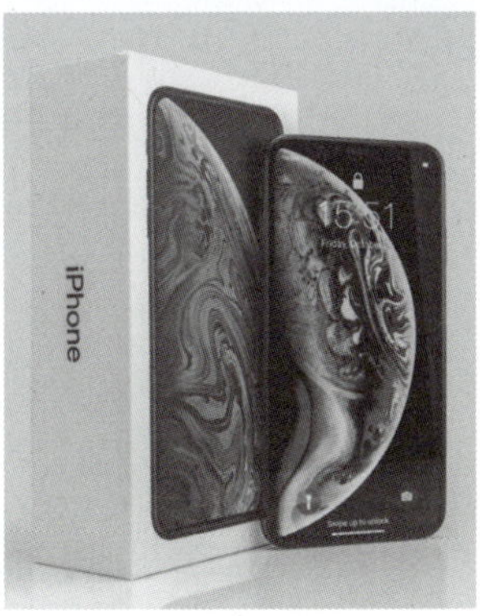

manaemedia/iStock Editorial/Getty Images

가격전략: 애플의 가격결정방법

경제이론이 가격결정에서 중요한 역할을 수행하고 있는 것처럼, 전략도 중요한 역할을 수행한다. 가격결정을 위한 두 가지 전략적 접근방식인 스키밍(skimming)전략과 침투(market penetration)전략이 있다. 스키밍 전략에서는 초기 제품 가격을 경쟁사 제품 보다 높게 책정하여 출시한다. 기업은 스키밍 전략을 이용해서 흥미로운 신제품을 가장 먼저 갖기 위해 기꺼이 높은 가격을 지불하려는 소비자들을 확보할 수 있다. 이러한 부류를 보통 얼리 어댑터라고 부른다. 출시 이후에는 추가고객을 확보하기 위해 가격을 낮은 수준으로 내린다. 침투가격전략을 이용하면, 가격을 경쟁기업 제품보다 더 낮게 책정한다. 이 방식은 신속하게 높은 판매량과 규모의 경제를 달성한다.

애플(Apple)은 스키밍 전략에 새로운 방식을 더 하였다. 제품을 높은 가격에 출시를 하고 시장 침투를 위해 가격을 낮추는 대신에 몇 가지 부가기능을 추가한 신모델을 출시하는 방법으로 가격을 유지시키는 전략이다. 2017년에 아이폰 X(iPhone X)를 $999에 출시한 것도 이런 전략인 것이다. 이러한 움직임은 고가의 야심찬 제품을 생산하려는 회사의 포지셔닝 전략과 일치하는 것이다.

출처: Michael Liedtke and Barbara Ortutay, "iPhone X Puts Exclamation Point on Apple's Pricing Strategy, *Phys.org*, September 13, 2017. https://phy.org/news/2017-09-iphone-exclamation-apple-price-strategy.html

1 〈그림 8-1〉에서 가격을 결정하는 접근방식은 경제학에서 학습한 방식과 동일하다: 즉 한계수익과 한계비용이 일치하는 가격을 선택하는 것이다.

Link to Practice

경영진보다 더 중요한 가격결정력

널리 존경받고 있고 자주 인용되는 버크셔 헤서웨이(Berkshire Hathaway)의 워런 버핏(Warren Buffett)은 100여 개의 기업을 매입하거나 투자해 왔다. 그러던 중 그는 세계에서 가장 부유한 사람 중 한 명이 되었다. 버핏이 투자기회를 고려할 때 살피는 것은 무엇일까? 그는 기업의 가격결정력에 주목한다. 버핏은 말한다, "당신이 경쟁사에게 사업을 뺏기지 않고 가격을 올릴 수 있는 힘을 가지고 있다면, 당신은 매우 성공적인 사업을 하고 있다. 당신이 10%의 가격을 올리기 전에 기도하는 시간을 가져야만 한다면, 당신은 힘든 사업을 운영하는 것이다." 또한 버핏은 정말로 성공적인 사업이 훌륭한 경영진을 필요로 하는 것은 아니라고 믿으며, 때로 그가 투자할 때 경영진이 누구인지 고려조차 하지 않는다.

출처: Will Ashworth, "7 Stocks to Buy for Real Pricing Power," *Investor Place* (October 25,2018). https://investorplace.com/2018/10/7-stocks-to-buy-for-real-pricing-power/

어, ㈜테스트 테크놀러지는 여러 지역의 판매본부장에게 다양한 가격에서 판매 가능한 수요량의 예측을 요청하여, 판매본부장들이 예측한 총수요량을 집계할 수 있다. 또는 기업은 많은 잠재 고객을 가진 제품을 시장에서 테스트할 수 있고, 다양한 가격으로 실험할 수 있다. 이러한 경험을 통해 기업은 제품에 대한 전체 시장을 추정할 것이다. 하지만 수요함수의 추정은 상당히 도전적이기 때문에, 일부 기업에서는 원가가산가격결정(cost-plus pricing)과 같은 단순한 접근방법에 의존하고 있음을 인정할 수 밖에 없다:

8.2 특별주문 가격결정

기업은 때때로 특별주문을 받는다. 이는 기업의 정상적인 영업활동의 범위를 벗어난 제품이나 서비스와 관련된 주문을 의미한다. 특별주문에 대한 가격은, 정상적인 영업활동 범주내의 가격에 영향을 미치지 않는 것으로 판단하여, 정상가격과 차이가 있을 수 있다. 실제로 기업에서는 발생된 총원가 이하로 가격을 책정하는 것이 바람직할 수도 있다.

의사결정/증분분석 카메라 렌즈를 생산하는 ㈜프리미어렌즈(Premier Lens Company)가 당면한 상황을 살펴보자. 이 기업에서 생산하는 렌즈는 디지털카메라(35mm)에 적용되는 다양한 종류의 마운팅 어댑터(mounting adapter)를 취급하는 카메라 전문점을 통해 판매된다. 최근 ㈜브릭스(Blix Camera)에서 소형 디지털카메라 렌즈 20,000개를 생산해 줄 것을 요청하였다. ㈜프리미어렌즈는 해당 렌즈를 모델 A로 분류하여 $85에 판매하고 있으나 ㈜브릭스로부터 주문받은 모델은 렌즈에 부착된 상표를 ㈜브릭스 상표로 대체하여 생산할 예정이다.

㈜프리미어렌즈는 전년도에 280,000단위의 모델 A를 판매하였으나 실질조업도(practical capacity)의 75%만을 가동하였으며, 20,000단위의 추가 생산을 수용할 설비를 갖추고 있다. 모델 A의 표준원가는 $75이다.

모델 A 렌즈 표준 단가	
직접재료원가	$30.00
직접노무원가	15.00
변동제조간접원가	10.00
고정제조간접원가	20.00
합계	$75.00

㈜브릭스는 20,000개의 렌즈주문에 단위당 가격 $73을 제시하였다. 총표준원가가 $75이므로, 특별주문은 거절해야 하지만 〈그림 8-2〉 증분분석의 결과에 나타난 바와 같이 특별주문이 기업의 이익에 상당한 기여를 할 것으로 나타난다.

특별주문에 대한 결정은 주문을 받아들이거나 거절하는 2가지 대안이 될 것이다. 정상적인 영업활동으로부터의 이익은 두 대안 내에서 동일하기 때문에 의사결정 과정에서 고려할 필요가 없다. 특별주문과 관련하여 유의할 항목은 특별주문으로 인한 추가수익이다. ㈜프리미어렌즈가 특별주문을 수락할 경우, $1,460,000만큼 수익이 증가할 것이며, 직접재료원가, 직접노무원가 및 변동제조간접원가가 추가적으로 $1,100,000 증가할 것이다. 이 원가들은 특별주문을 수락하면 발생하고, 특별주문을 거절하면 발생하지 않을 것이기 때문에 증분원가라고 할 수 있다. 추가적으로 발생한 증분수익이 증분원가를 $360,000만큼 초과하므로, 특별주문의 수락은 기업에 상당한 이익을 주는 것으로 나타났다.

특별주문의 순이익 계산에서, 고정제조원가는 증분원가가 아니라는 것에 유념하여야 한다. 고정제조원가는 특별주문 수락여부에 관계없이 발생되는 원가이다. 특별주문에 대한 이러한 가정은 ㈜프리미어렌즈가 특별주문 제품을 추가적으로 생산할 수 있는 여유생산능력이 있다는 가정하에 성립할 수 있을 것이다. 기업의 경영진은 특별주문을 수락할 경우, 고정원가의 일부분은 상승할 것으로 예측할 수도 있을 것이다. 특별주문의 수락 전에, 고정원가가 어느 정도 증가하면 주문의 수락이 어려울 것인지를 고려해야 한다. ㈜프리미어렌즈의 경우, 고정원가가 $360,000 이하로 증가하는 한, 증분수익이 증분원가를 초과하므로 특별주문의 수락은 기업의 이익을 증가시킬 것이다.

증분수익 (20,000 × $73)		$1,460,000
차감: 증분원가		
직접재료원가(20,000 × $30)	$600,000	
직접노무원가(20,000 × $15)	300,000	
변동제조간접원가(20,000 × $10)	200,000	1,100,000
특별주문의 순이익		$360,000

〈그림 8-2〉 렌즈 특별주문에 대한 증분분석

Test Your Knowledge

다음 중 올바른 것은?

a. 특별주문 가격결정에서, 고정원가는 일반적으로 관련이 없다.
b. 특별주문 가격결정에서, 고정원가는 일반적으로 관련이 있다.

정답 : a

학습목표 2 원가가산 가격결정방법을 이해하고, 제조업의 가격순환문제 발생이유 및 신제품의 목표원가계산절차의 이해

8.3 원가가산 가격결정

수요함수 예측의 어려움 때문에, 많은 기업들은 **원가가산 가격결정**(cost-plus pricing)이라 불리는 방식을 이용한다. 원가가산 방식은 추정된 제품원가(일반적으로 판매비와 관리비를 제외한)에, 일정액의 마크업/이익(markup)을 가산하여 합리적인 수준의 이익을 보장하는 판매가격을 결정하는 방식이다. 광산에서 사용하는 다양한 종류의 펌프를 생산하는 ㈜시카고펌프(Chicago Pump Company)의 원가가산 가격결정방법을 예를 들어 설명하기로 한다. 기업은 최근 L50 펌프를 출시했다. 펌프 생산에는 연간 고정원가 $1,000,000와 단위당 $200의 변동원가가 발생한다. 기업은 매년 10,000개의 펌프를 판매할 수 있으며, 원가에 30%의 이익을 가산한다. 〈그림 8-3〉 상단부에 나타난 바와 같이 펌프의 판매가격은, 총원가 $300에 $90의 이익을 가산하여 단위당 $390로 결정되었다.

원가가산 가격결정방식의 확실한 장점은 적용하기 간단하다는 것이다. 뿐만 아니라 특정가격대에서 충분한 수량을 판매힐 수 있다면 기업은 합리적인 이익을 얻을 수 있을 것이다. 그러나 이 접근방법은 한계도 존재한다.

원가가산 가격결정방식을 적용할 때의 어려움은 적용할 마크업비율을 결정하는 것이다. 30%가 적절한 비율인가? 또는 10%, 20%, 40%가 사용되어야 하는가? 적용할 합리적인 마크업비율의 결정은 상당한 판단력이 요구되며, 최종결정을 하기 전에 여러 마크업비율을 통한 시뮬레이션 과정이 필요할 것이다.

원가가산 가격결정의 또 다른 문제는 제조기업의 경우 발생하는 가격의 순환문제이다.[2] 수요를 예측하기 위해서는 단위당 고정제조원가를 결정해야 발생된 원가에 마크업을 가산하여 판매가격을 결정할 수 있을

2 소매업에서는 원가가산 가격결정방법을 적용하더라도 가격의 순환 문제가 발생하지 않는다. 소매업은 구입한 상품의 원가(변동원가)에 마크업을 가산하는 방식을 적용하기 때문이다. 소매업에서는 단위당 고정원가에는 마크업을 가산하지 않는다.

추정 수요량	10,000
총고정원가	$1,000,000
단위당 고정원가($1,000,000 ÷ 10,000)	$100
단위당 변동원가	200
단위당 총원가	300
마크업(30%)	90
판매가격	$390
실제 수요량이 감소하였다고 가정 (9,000단위로 가정)	9,000
총고정원가	$1,000,000
단위당 고정원가($1,000,000 ÷ 9,000)	$111
단위당 변동원가	200
단위당 총원가	311
마크업(30%)	93
판매가격	$404

〈그림 8-3〉 L50 펌프에 대한 원가가산 가격결정

것이다. 그러나 문제는 이렇게 결정된 가격은 수요량에 영향을 미친다는 사실이다. 대부분의 제품은 가격이 높을수록, 수요량은 낮아진다. ㈜시카고펌프가 생산하는 L50 펌프에 대한 수요가 실제로 9,000단위로 감소하였다면 어떤 결과가 나타날 것인가? 〈그림 8-3〉 하단부에 나타난 것처럼, 펌프의 단위당 원가는 증가할 것이며(고정원가가 예정보다 적은 단위에 배부되기 때문에), 판매가격도 $404로 증가될 것이다. 이렇게 증가된 가격대에서는 수요량은 어떤 결과를 가져올 것인가? 결과적으로 더 적은 단위의 판매가 이루어질 것이다. 단위당 원가가 증가하고, 마크업을 가산한 판매가격도 증가하여, 그 결과 더 낮은 수요가 나타난다. 성공한 기업들은 이런 가격의 순환문제(가격증가 → 수요감소 → 단위당 원가증가 → 가격증가) 가 발생하는 전략을 채택하지는 않을 것이다.

Any Questions?

Q: 최근 사무용품점에서 쇼핑을 하는 과정에서, 많은 제품가격이 $99로 끝나는 것을 확인하였다. 가령 복사지 한 박스는 $39.99, 볼펜 한 다스는 $7.99, 그리고 메모지는 $4.99이다. 왜 99에 집착하는가?

A: 대부분의 경영자들은 인간의 본성이 구매결정에 중요한 영향을 미친다고 믿는다. 그리고 인간의 본성이 소비자들로 하여금 특정 자리 수를 관련 없는 정보로 취급하도록 만든다고 믿는다. 박스당 $39.99인 복사지의 경우를 생각해 보자. 실제로는 박스당 $40에 근접하지만, 소비자들은 99는 무시하고 $30의 범주에 가격이 있는 것처럼 단순하게 분류한다는 것이다. 때로는 일부 경영자들이 99로 끝나는 가격은 세일 중에 있는 제품처럼 보여서 소비자들을 더 현혹시킬 것이라고 생각한다.

Link to Practice

코스트코 보물찾기 상품들의 가격결정

코스트코(Costco)는 모든 매장에서 약 4,000개의 판매 상품을 보유하고 있다. 약 3,000개의 상품은 일상적인 상품들이고 1,000개는 일명 "보물찾기" 상품으로 분류된다. 이 상품들은 끊임없이 교체되고 소비자들이 쇼핑을 하는 과정에서 지금 구매하지 않으면 좋은 기회를 놓치는 것처럼 생각하게 만든다.

코스트코의 전임 CEO인 짐 시네갈(Jim Sinegal)에 따르면 소비자들은 백화점에서 $300에 판매하고 있는 코치 핸드백(보물찾기 항목)을 $159에 구매한다면 큰 이익을 얻었다고 인식한다는 것이다. 보물찾기 상품들은 고객들을 돌아오게 만들며 소비자들 사이에 긍정적인 소문을 만들어낸다.

출처: Brendan Byrnes, "Jim Sinegal on Costco's Pricing Magic," *The Motley Fool* (August 8, 2013).

8.4 목표원가계산

제조기업들은 항상 원가를 절감할 방법을 찾고 있다. 불행하게도 신제품이 한번 설계되면(제품의 스펙이 구체화되어 있고, 상세설계계획이 만들어져 있으며, 제품생산이 개시될 준비가 되어 있다면), 원가를 절감할 변화를 만드는 것은 매우 어렵다. 제품이 한번 설계되면 사실상, 제품원가의 80%는 절감될 수 없다고 일반적으로 받아들여진다. 이러한 상황의 주된 이유는 제품특징이 원가의 동인이기 때문이다. ㈜KC가전(KC Home Appliances)의 사례를 보자. 기업은 자동 그라인더와 필터 그리고 6시간 동안 커피를 따뜻하게 유지시키는 스테인레스 물병으로 설계된 새로운 커피메이커를 시장에 출시한다. 이러한 특징들은 커피메이커 제조원가를 결정지을 것이고, 일단 생산이 되면, 소요되는 원가를 줄이기는 매우 어려울 것이다. 실제로 제품생산을 위한 기계설비의 취득원가는 매몰원가이기 때문에 변하지 않는다.

이러한 어려움에 대처하기 위해, 많은 기업들은 목표원가계산방식을 도입한 것이다. **목표원가계산**(target costing)은 신제품에서 합리적인 이익을 확보할 수 있도록 제품형태, 제품가격, 제품원가 및 제품설계 결정을 위한 통합접근방법이다. 목표원가계산 절차는 〈그림 8-4〉에 제시되어 있다. 이 방법은 경쟁 제품과 고

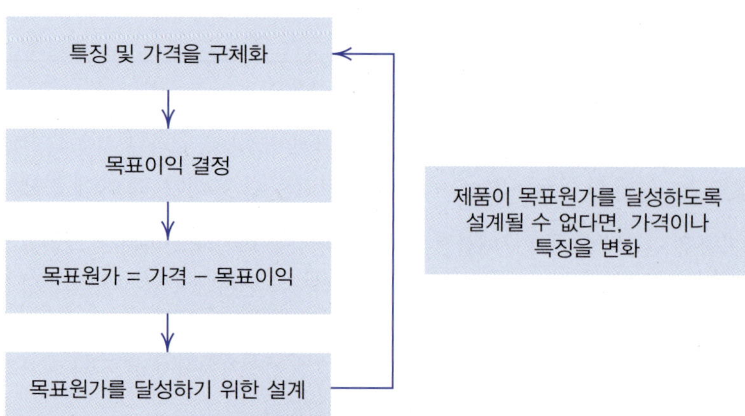

〈그림 8-4〉 목표원가계산 프로세스

주어진 스펙에서의 수요량	50,000단위
주어진 스펙에서의 가격	$200
요구되는 단위당 이익(30% × $200)	60
목표원가	$140

〈그림 8-5〉 ㈜KC가전의 새로운 커피메이커의 목표원가

객 요구사항의 세심한 분석으로 시작된다. 분석을 통하여 고객들이 매력적이라고 생각하게 만드는 가격과 제품의 스펙을 구체화한다. ㈜KC가전의 경우, 새로운 커피메이커의 스펙으로, 연간 50,000단위를 단위당 $200로 판매할 수 있다는 판단을 했다고 가정하자. 다음 단계는 목표이익수준을 구체화하는 것이다. ㈜KC가전은 30%의 이익률 혹은 $60의 이익을 원한다고 가정하자. 판매가격과 목표이익으로 목표원가를 $140로 결정한다(그림 8-5 참고). 마지막으로 제품엔지니어링부서에서는 원가회계부서와 협력하여 제품을 $140 이하로 생산할 수 있도록 구체적인 제품디자인을 개발하는 것이다. 제품이 $140에 생산될 수 없다면, 제품의 스펙과 가격을 재고해야 할 것이다. 예를 들어, 기업은 가격을 조금 낮추거나, 상대적으로 비싼 스테인레스 물병 대신 플라스틱 물병으로 변경하는 것이다.

목표원가계산을 이용하는 기업은 설계, 마케팅 및 원가회계 부서의 구성원을 포함하여 복합기능(cross-functional) 제품개발팀을 만들기도 한다. 이는 제품개발/가격결정 프로세스에 합류된 구성원 상호간 훌륭한 의사소통을 할 수 있도록 도와준다.

Link to Practice

인슐(Insull)의 가장 근본적인 혁신은 기술이 아니라 가격결정이었다!

사무엘 인슐(Samuel Insull)은 토마스 에디슨(Thomas Edison)의 재무, 영업, 고용, 해고 및 합병을 처리하는 최측근 사업파트너였다. 1892년에 그는 에디슨을 떠나, 소규모 전기제조업체를 설립하였다. 이 기업은 오늘날 많은 기업들이 겪는 것처럼 최대사용시간(peak usage hour) 동안에 요구되는 수요와 용량의 부조화 문제에 직면했다. 인슐은 기업들이 가동을 멈추는 야간에 사용량이 적은 수요자들에게 소비를 유발시킬 수 있는 차별화된 요금을 적용함으로써 이 문제를 해결했다. 인슐이 소비자에게 킬로와트당 평균원가 이하로 요금을 부과한 것은 사실이다. 그러나 그러한 조치가 수요를 창출하고 시간당 고정원가를 감소시켰을 뿐 아니라, 거대한 발전소를 수지타산이 맞도록 만들었다는 것을 알 수 있다.

미국을 만든 사람들(*They Made America*(Little Brown, 2004))의 저자인 해럴드 에반스경(Sir Harold Evans)은 이러한 전략을 "20세기의 가장 중요한 기술적 진보이자, 가장 중요한 혁신."이라고 언급했다. 1898년까지 인슐은 시카고 도심의 모든 발전기를 사들였으며, 커먼웰스 에디슨(Commonwealth Edison)으로 알려진 그의 기업은 15년 후 미국중서부에서 경쟁력 있는 전력회사가 되었다.

출처: Nicholas G. Carr, "Suits to the Rescue," *Strategy + Business*, Spring 2005, pp. 26-29.

학습목표 3 고객수익성 분석과 활동

8.5 고객수익성 분

본 장의 서두에서 PR오피스의 마카
로서 다양한 고객들의 수익성을 일
Customer Profitability Measurement) 시스템
원가, 반품처리원가, 운송비 등)를
이러한 원가들을 특정고객에게 배부
치를 산출한다. CPM을 도표화한 것

6장에서 제시한 활동기준원가계산
를 배부하기 위해 ABC를 이용하였
에게 원가를 배분하는 ABC를 이용
스에서 낸시가 직면한 상황을 살펴
템은 개별고객에 대한 판매수익과
객서비스간접원가를 개별고객에게

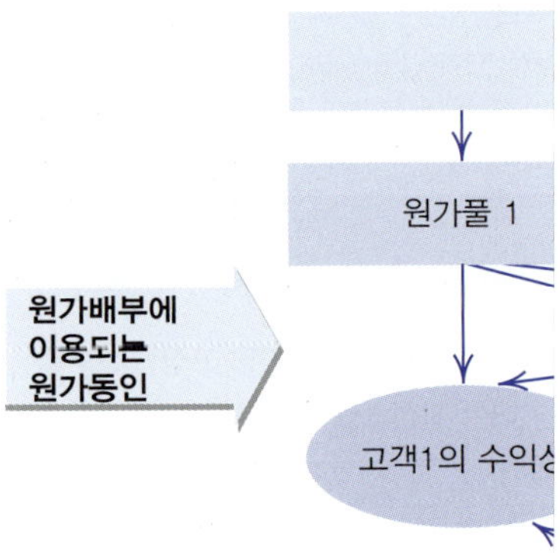

3 L. Brem and V. G. Narayanan, "
description of customer profitab
의 마지막에서 다룰 활동기준가격결정

고객1		
수익		$732,600
차감: 매출원가		666,000
매출총이익		66,600
차감: 간접원가		
인터넷 주문 165건 × $1.20	$198	
팩스주문 20건 × $4.50	90	
품목명 2,500개 × $0.90	2,250	
1,200km × $0.36	432	
900kg × $0.40	360	
반품된 품목 210건 × $0.80	168	3,498
고객이익		$63,102
매출액 당 이익률		8.61%
고객2		$727,650
수익		661,500
차감: 매출원가		66,150
매출총이익		
차감: 간접원가		
인터넷 주문 0건 × $1.20	$ -0-	
팩스주문 320건 × $4.50	1,440	
품목명 5,100개 × $0.90	4,590	
3,300km × $0.36	1,188	
870kg × $0.40	348	
반품된 품목 910건 × $0.80	728	8,294
고객이익		$57,850
매출액 당 이익률		7.95%

〈그림 8-8〉 두 고객에 대한 수익성 분석

Link to Practice

수익성 낮은 고객을 변화시키는 방법

기업은 수익성 낮은 고객들을 포기하기 전에, 그들을 변화시키는 방법들을 고려해야 한다. 예일대학교 경영대 교수인 신지웅(Jiwoong Shin)과 케이. 수디어(K. Sudhir)가 제시한 내용을 살펴보자.

1. 서비스의 감축: 캐나다 왕실은행은 수익성이 높은 고객에게 하루 만에 처리해 주는 수표교환업무를 수익성이 낮은 고객들을 대상으로는 3일에서 5일이 소요되도록 업무를 처리
2. 원가가 높은 서비스에 수수료를 부과: 일부 은행에서는 온라인 명세서는 무료로 발급하지만 종이명세서 발급에는 수수료를 부과
3. 저렴한 원가의 서비스를 이용하도록 고객을 교육: 적은 양의 주문, 긴급배송의 요구 그리고 주문취소와 같은 행동들이 공급자의 원가를 증가시키는 요인이라는 것을 고객들과 대화. 이런 대화들이 소비자의 행동을 변화시킬 수 있을 것이다.

출처: Jiwoong Shin and K. Sudhir, "Should You Punish or Reward Current Customers?" *MIT Sloan Management Review*(Fall, 2013).

Test Your Knowledge

고객수익성측정(CPM) 시스템은:

a. 간접원가를 개별고객에게 배부한다.
b. 개별고객들의 수익성을 추적한다.
c. 개별고객의 매출원가를 추적한다.
d. 모두 정답.

정답: d

Data Analytics in Action

Data Analytics for Pricing Decisions

맥킨지(McKinsey)컨설팅에 따르면 수 많은 기업들이 최적의 가격결정을 위한 엄청난 양의 자료(data)를 보유하고 있다. 문제는 그러한 자료들을 주문으로 연결시키는 방법을 모른다는 데 있다. 이를 해결하기 위해 자료분석이 필요한 것이다. 자료처리를 자동화하기 위해 소프트웨어를 사용함으로써 기업들은 수 많은 제품들을 분석하고, 중요한 시장세분화를 식별하여, 제품과 세분화된 시장에 적절한 가격을 설정할 수 있을 것이다. 맥킨지의 자료에 따르면 자료분석 기술이 없이는 기업은 단지 제품원가나 적절한 이익 그리고 수량할인과 같은 단순한 요인들에 전적으로 의지할 수 밖에 없을 것이라 한다.

출처: Walter Baker, Director Kiewell, and Georg Winkler, "Using Big Data to Make Better Pricing Decision," *McKinsey & Company*(June 2014). https://www.rnckinsey.com/business-functions/marketing-and-sales/our-insights/using-big-data-to-make-better-pricing-desions

Test Your Knowledge

다음 중 어느 유형의 고객이 수익성이 좋은가?

a. A고객은 매달 팩스로 다수의 다른 품목을 소액으로 자주 구매한다.
b. B고객은 매달 인터넷으로 적은 수량의 품목을 큰 금액으로 구매한다.

정답: b

8.6 고객수익성과 성과측정치

측정해야 관리할 수 있다 고객수익성 개선에 경영자의 관심을 집중시키기 위해서, 기업은 성과측정치를 이용할 필요가 있다. 여러 번 언급한 것처럼, "측정해야 관리할 수 있다"

경영자의 관심을 모으고, 고객수익성 개선을 위해 경영자를 움직이게 할 몇 가지 성과측정치 사례이다.

- 수익성이 없는 고객비율
- 수익성이 없는 고객에 대한 손실금액

- 고객 당 평균이익
- 100명의 고객 당 요구되는 고객서비스 수
- 반품고객비율
- 반품상품의 화폐가치

반품고객비율 측정치를 살펴보자. 이 측정치가 매우 가시적이고, 중요하게 인식된다면, 경영자는 이를 감소시키기 위한 노력을 할 것이고, 그로 인해 고객수익성은 개선될 것이다. 문제는 반품을 감소시키는 방법이다. 한 가지 방법은 고객의 요구를 충족시킬 흡족한 제품을 판매하도록 판매원을 훈련시키는 것이다. 혹은 고객의 주문이 정확하게 이행되도록 실행시스템을 개선시키는 것도 방법의 하나일 수가 있다.

8.7 활동기준가격결정

고객수익성분석에 활용된 정보들은 **활동기준가격결정**(activity-based pricing)을 위한 기초정보로도 활용할 수 있다. 본질적으로 활동기준가격결정은 고객이 구매한 상품의 원가와 추가적인 서비스에 대한 가격을 구분하여 가격을 결정하는 접근방법이다. 이 방법은 고객들로 하여금 그들이 추가로 요청한 서비스에 신중하게 생각하게 하며, 공급업체로 하여금 더 낮은 원가로 제공하도록 유도할 수도 있을 것이다. 고객이 구매한 제품뿐만 아니라 추가 서비스에 대한 가격을 메뉴 형식으로 제시하기 때문에, 일부 기업은 활동기준가격결정을 메뉴기준가격결정(menu-based pricing)이라고도 한다.

PR오피스에서 활동기준가격결정시스템이 작동되는 방식을 살펴보자. PR오피스는 〈그림 8-7〉의 간접원가분석에 기초하여, 〈그림 8-9〉와 같이 서비스가격을 책정했다. 그림에 나타난 바와 같이, 기업은 인터넷 주문의 경우 건당 $1.25를 청구하는 반면, 전화, 팩스 혹은 우편 주문의 경우 건당 $4.75를 청구하는 것으로 계획하였다. 주문서 항목에 따라 창고작업이 추가되어야 하기 때문에 항목당 $1을 청구한다. 배송비는 km당 $0.4(원가 보다 $0.04 높음), 포장비는 kg당 $0.5(원가 보다 $0.1 높음), 반품수수료는 $1(원가 보다 $0.2 높음)을 책정하였다.

인터넷 주문 수수료	$1.25
전화, 팩스 혹은 우편 주문 수수료	$4.75
주문서 항목당 수수료	$1.00
마일 당 운송수수료	$0.40
파운드 당 포장수수료	$0.50
반품수수료	$1.00

〈그림 8-9〉 PR오피스의 간접원가에 대한 활동기준가격

일부 고객은 자신들이 구매한 상품가격에 추가서비스에 대한 원가가 이미 포함되어 있다는 주장을 하면서, 기업의 가격정책에 반대할 수 있을 것이다. 이러한 고객의 저항에 대처할 많은 방법이 있다. 기업은 상품의 가격을 낮추고(최소한 조금만) 총원가를 줄일 수 있도록 적은 횟수의 대량 구매를 할 수 있도록 유도하는 것이다. 다양한 종류의 상품을 주문하는 것은 원가의 상승을 초래하기에 고객이 다양한 상품을 주문하는 것을 제한하는 것도 유도할 수 있다(예를 들어, 고객이 정말로 4가지 다른 색상으로 10개의 다른 볼펜이 필요할까?). 또 다른 대안으로, 수익성이 낮은 고객을 대상으로만 활동기준가격결정방식을 적용하는 것이다. 이 방법에서는 수익성 높은 고객들은 자신들이 기업의 가치있는 고객으로 대우를 받고 있음을 인지하게 될 것이고, 수익성이 낮은 고객들은 그들이 기업에게 부담시키는 필요 이상의 원가에 대한 대가를 지불하게 되는 것이다.

Decision Making Insight

생산된 제품의 가격을 결정할 때, 현재의 단위당 원가에 집착해서는 안 된다. 가격은 수요량을 변화시키며, 수요량은 수요에 따라 배부되는 고정원가의 차이로 인해 단위당 원가를 변화시킨다.

경영자들은 이익을 극대화시키는 가격결정을 원한다. 본장에서 학습한 이익극대화 접근방식은 수요량과 가격 사이의 관계 추정의 어려움 때문에, 실행이 어려울 수 있다. 그러나 이 방식은 최소한 가격, 수요, 변동원가 및 고정원가를 고려할 수 있으므로, 가격결정에 대한 사고의 유용한 틀을 제공한다.

복습

학습목표 요약

학습목표 1 제품이나 서비스 이익을 극대화하는 가격결정 및 특별주문의 가격 결정과 관련된 증분분석의 이해

이익을 극대화하는 가격을 계산하는 첫 번째 단계는 다양한 가격대에서 수요량을 추정하는 것이다. 그리고 가격에서 변동원가를 차감하여 단위당 공헌이익을 결정한다. 총공헌이익으로부터 고정원가를 차감하여 이익을 결정한다. 가장 높은 이익을 산출하는 가격이 이익을 극대화하는 가격이다.

특별주문은 판매가격이 주문 제품에 대한 증분원가를 초과하는 한 증분이익을 산출할 것이다. 특별주문에 의해 영향을 받지 않는 고정원가는 주문수락 여부에 대한 결정과 관련이 없다.

학습목표 2 원가가산가격결정방법의 이해와 제조업의 가격순환문제 발생이유 및 신제품에 대한 목표원가계산 절차의 이해

원가가산가격결정에서, 단위당 총원가(full cost)가 결정되면, 총원가에 마크업을 더하여 가격이 책정된다. 이 방식은 제조기업에서 가격순환문제(단위당 총원가를 추정하기 위해 사용된 수요량은 가격에 영향을 미치고, 가격은 또 수요량에 영향을 미치게 되는)를 야기시킨다.

목표원가계산을 이용할 때 기업은 시장을 분석하고 제품의 스펙과 가격을 하나의 관점에서 결정해야 한다. 목표원가는 가격에서 목표이익을 차감하여 산출한다. 제품을 생산할 때, 반드시 목표원가를 달성하도록 설계해야 한다. 만일 목표원가를 달성될 수 없을 경우, 기업은 제품스펙과 가격을 수정하거나, 그 제품의 생산을 포기해야 할 것이다.

학습목표 3 고객수익성 분석과 활동기준가격결정 방식의 이해

고객수익성은 고객이 어떤 제품을 구매했는가의 문제가 아니라 고객에게 제공된 추가적인 서비스에 따라 결정된다(예를 들면, 주문처리, 배송, 반품처리 등). 고객수익성분석에서 이러한 서비스원가는 고객별 총이익에서 차감되어야 한다. 서비스원가는 원가풀(cost pools)로 그룹화되어야 하며, 관련된 원가동인(cost drivers)은 서비스 단위당 원가가 특정고객에게 배부될 수 있도록 식별되어야 함을 요구한다.

활동기준가격결정에서 고객은 가격메뉴를 제공받고, 자신에게 제공되는 서비스에 대한 대가를 지불한다(고객이 구매한 상품에 대해 지불하는 것뿐 아니라). 이러한 서비스에 대한 대가는 일반적으로 고객의 원가분석에 기반하여 정해진다. 고객은 자신이 요청한 서비스에 대한 수수료를 지불하게 된다면, 그들이 요청한 서비스를 좀더 신중하게 생각할 것이고, 결국 공급업체의 원가부담을 줄이게 될 것이다.

종합예제

종합예제 1

㈜하트랜드(Heartland Tools)는 미국중서부에 위치한 대기업으로, 금형을 비롯한 특수기계를 설계 · 제작한다. 이를 위해 밀링머신이나 프레스와 같은 기계장치를 사용한다. 해외 기업과의 과당경쟁으로 현재 상당한 초과 설비를 보유하고 있으며, 작년에 545명의 근로자를 해고하였다.

제품 가격의 결정을 위해, 기업은 설계와 제품원가를 추정하고, 관리비와 마케팅 비용을 포함한 총원가의 40%에 상당하는 이익을 가산하였다. 제품원가에는 재료원가, 노무원가, 설비감가상각비 그리고 기타제조간접원가가 포함된다. 기타제조간접원가는 주로 고정원가이다.

원가는 다음과 같이 추정되었다:

1. 설계원가 추정된 생산시간을 기준으로, 시간당 $40
2. 재료원가 실제 재료원가의 추정
3. 노무원가 실제 직접노무원가의 추정(추정작업시간 × 작업자의 임률)
4. 생산설비의 감가상각비 각 설비유형별로 사전 결정된 제조간접원가 배부율을 적용.
   각 설비유형별로 추정된 감가상각비를 추정 가동시간으로 나눔.

설비유형	연간 감가상각비	연간 가동시간
밀링	$6,000,000	4,000
용접	$2,000,000	8,000
드릴프레스	$1,000,000	5,000
유압프레스	$4,000,000	4,000
열처리	$5,000,000	4,000

5. 기타제조간접원가 직접노동시간당 $50로 추정
   (감가상각비 제외)

기업은 현재 ㈜프레스톤(Preston Manufacturing)의 입찰에 참가하기 위해 제품의 가격을 책정하고 있으며, 예비입찰양식은 다음과 같다:

예비의 / 미완성의 원가추정과 ㈜프레스톤에 대한 입찰내역

재료원가		$25,000
직접노무원가	28시간 × $25	$700
	15시간 × $18	$270
	25시간 × $30	$750
설계시간	18.0시간	
밀링시간	9.0시간	
용접시간	5.0시간	
드릴프레스 시간	7.0시간	
유압프레스 시간	6.5시간	
열처리 시간	2.0시간	
기타 제조간접원가		______
추정된 총원가		______
마크업 40%		______
입찰금액		______

요구사항

a. 총원가를 추정하고, 마크업 40%를 적용한 입찰가를 추정하라.

b. ㈜프레스톤은 입찰가가 $50,000을 초과하면 다른 공급업체를 이용할 것이라고 예고하였다. ㈜하트랜드의 CFO는 총원가에도 미치지 못하는 가격으로 입찰하는 것에 반대하고 있다. CFO의 주장을 평가하고, ㈜하트랜드는 $50,000의 가격으로 입찰에 참가해야 하는지를 결정하라.

정답

a. ㈜프레스톤의 원가가산가격

재료원가			$25,000
직접노무원가	28시간 × $25	$700	
	15시간 × $18	270	
	25시간 × $30	750	1,720
설계시간	18시간 × $40		720
밀링시간	9.0시간 × $1,500	13,500	
용접시간	5.0시간 × $250	1,250	
드릴프레스 시간	7.0시간 × $200	1,400	
유압프레스 시간	6.5시간 × $1,000	6,500	
열처리 시간	2.0시간 × $1,250	2,500	25,150
기타 제조간접원가	68직접노동시간 × $50		$3,400
추정된 총원가			$55,990
마크업 40%			22,396
입찰금액			$78,386

설비유형	연간 감가상각비	연간가동시간	제조간접원가배부율
밀링	$6,000,000	4,000	$1,500
용접	$2,000,000	8,000	$250
드릴프레스	$1,000,000	5,000	$200
유압프레스	$4,000,000	4,000	$1,000
열처리	$5,000,000	4,000	$1,250

b. 입찰과 관련하여 설계, 재료 및 인력과 관련된 원가만이 추가적으로 발생될 가능성이 있는 원가이다. 증분원가의 관점에서 본다면, 기업은 $50,000의 입찰가격에서 $22,560의 증분이익을 얻을 수 있을 것이다. 기업이 초과 설비를 보유하고 있기 때문에(저가입찰 가격이 ㈜프레스톤이나 다른 고객들과의 미래 가격에 부정적인 영향을 미치지 않는다고 가정), $50,000의 금액으로 입찰에 참가하는 것은 바람직한 결정이다.

증분수익		$50,000
증분원가		
설계원가	$720	
재료원가	25,000	
직접노무원가	1,720	27,440
증분이익		$22,560

종합예제 2

㈜자동포장(Automated Packaging Solutions)은 컨베이어벨트, 박스적재시스템 및 기타 고속 설비를 포함한 고속포장시스템을 유통하는 업체이다. 일반적인 주문("일반")에는 다음과 같은 절차가 필요하다.

1. 요구사항 확정을 위한 고객과의 만남

2. 사전시스템의 설계

3. 사전시스템을 논의하기 위한 고객과의 만남

4. 설계 수정과 고객의 최종승인

5. 공급업자 또는 창고에서 부품의 선정

6. 고객에게 배송

7. 고객의 요구에 따른 시스템의 설치. 일부 고객은 자체적으로 설치

이상이 "일반적인" 절차인 반면 일부 고객은 단순히 고장난 부품이나 시스템을 업그레이드하는데 필요한 특정 부품을 교체하는 주문을 한다. 이런 경우 설계작업은 필요가 없다.

현재 기업은 대부분의 주문에 대해 30%의 매출총이익률을 달성하도록 가격을 결정한다 [(매출액 − 부품원가) ÷ 매출액 = 30%]. 마케팅 부사장인 팩스톤(Paxton Taylor)은 고객수익성측정에 관한 세미나에서 현재의 가격결정방식이 기업의 재무성과를 심각하게 제한할 수 있다는 점을 알게 되었다. 세미나 발표자에 따르면, 원가가산접근방식은 다음과 같이 심각한 결함을 가진다:

> 원가가산결정방식은 각자의 고객이 제품 원가에 비례하여 기업에 원가를 부담시키고 있음을 가정한다. 하지만 그것은 전혀 사실이 아니다. 일부 고객들은 단지 제품을 구입하여 사용하고 재구매를 위해 방문할 뿐이다. 하지만 어떤 고객들은 제품을 구입하여 반품을 하거나 결함을 지적하거나 빠른 배송을 독촉하는 등 추가적인 서비스를 요청한다. 이런 고객들은 구분할 필요가 있으며, 그들과 거래를 중단하거나 추가적인 요금을 부담시킬 필요가 있다.

팩스톤은 세미나를 통해 지금이 활동기준원가계산방식을 채택할 적절한 시기임을 인식하고 사장과 CFO의 승인을 받아 컨설팅 기업인 AAC사와 계약을 체결했다. AAC는 고객수익성측정(CPM)시스템을 설계하고 있다.

팩스톤은 AAC 직원들이 단 3일만에 CPM시스템을 개발할 수 있다는 것에 놀랐다. 첫째 날, CPM에 대한 아이디어를 설명하고, 작업이 핵심적인 활동과 활동에 투입되는 시간에 대한 내용들을 파악하기 위한 직원 면담을 가졌다. 둘째 날, 원가풀과 원가동인의 설정을 마쳤고, 원가풀에 원가를 배부하였다(표1 참고). 셋째 날, AAC에서는 ㈜자동포장이 일부 고객의 수익성 계산에 활용할 수 있는 엑셀기반의 분석도를 제시하였으며, 다음 주에 분석도를 이용하여 세 명의 고객에 대한 분석을 실시하였다(표2 참고).

〈표 1〉 원가풀과 원가동인

활동	연간원가	동인	동인수	동인단위당 원가
주문처리	$637,859	주문수	16,258	$39.234
부품의 선택	1,485,648	선택한 부품수	113,806	13.054
배송	1,405,793	주문수	16,258	86.468
급행처리	304,430	급행처리주문수	4,177	72.882
문제 주문 활동	104,500	문제 주문수	2,363	44.223
엔지니어링	482,351	엔지니어링시간	10,380	46.469
설치작업	90,879	설치 시간	1,985	45.783
사업유지활동	1,015,650	주문수	16,258	62.471
총제조간접원가	$5,527,110			

주문처리	급여, 사무용 비품 감가상각비, 건물 감가상각비 등을 포함
부품 선택	급여, 설비 감가상각비, 창고 감가상각비 등
배송	포장 및 적재 관련 급여, 리프트 트럭 감가상각비 및 해상 운송료 포함
급행처리	항공 및 익일 배송 할증액 포함
문제 주문 활동	고객서비스에 발생되는 총 급여 × "문제 주문"에 소비한 시간 비율
엔지니어링	급여, 초안에 사용된 소모품, 컴퓨터 감가상각비, 소프트웨어 등 포함
설치작업	설치에 동원된 인력의 급여, 소규모 공구관련 비용 포함
사업유지활동	부품원가 외의 모든 기타원가와 7개의 기타 원가중심점을 포함. 항목은 사장급여, 기장 및 법무비용, 본사건물과 가구 및 비품 등의 감가상각비를 포함

〈표 2〉 3명의 고객에 대한 분석

고객수익성분석

	고객A	고객B	고객C
매출	$25,000.00	$15,000.00	$2,000.00
매출원가	17,500.00	10,500.00	1,400.00
총이익	7,500.00	4,500.00	600.00
매출총이익률	30%	30%	30%
기타원가동인			
주문처리	1	2	4
부품 선택	30	10	4
배송	1	2	4
급행처리	–	–	4
문제 주문 활동	1	–	–
엔지니어링	102	6	–
설치작업	20	10	–
사업유지활동	1	2	4
기타원가	6,279.51	1,243.53	1,096.44
ABC 고객수익성	$1,220.49	$3,256.47	($496.44)
매출액 순이익률	4.88%	21.71%	–24.82%

주석:
고객A는 단일의, 상대적으로 복잡한 시스템을 구입
고객B는 두 개의 상대적으로 간단한 시스템을 구입
고객C는 고장난 부품을 교체하기 위한 부품을 4회 구입. 이 고객은 그들 시스템의 빠른 복귀를 위해 가능한 신속한 처리를 요청.

요구사항

a. 고객A에 대한 "기타원가"($6,279.51)의 계산 근거를 구체적으로 제시하라.

b. 팩스톤은 최근 "현재 각각의 고객에 대한 진실한 서비스원가를 알고 있다"고 말했다. 이것은 사실인가? 팩스톤에게 진실한 원가(true cost)라는 용어는 어떤 의미인가? 용어는 무엇을 의미해야 하는가?

c. 팩스톤은 현재 각각의 고객에 대한 수익성을 검토했으며, 고객들이 세 가지 범주 중 하나에 속한다는 것을 파악했다.

- 3~7%의 이익을 발생시키는, 크고 복잡한 시스템을 구입하는 고객(고객 A)
- 15~25%의 이익을 발생시키는, 상대적으로 단순한 시스템을 구입하는 고객(고객 B)
- 손실을 발생시키는 한 개나 두 개의 부품을 구입하는 고객(고객 C)

다음주, 팩스톤은 분석결과를 논의하기 위해 CFO를 만날 것이다. CFO는 한 두 개의 부품만을 구입하는 고객에 대해 판매중단을 요청할 것이며, 그러한 요청이 기업이익을 증가시킬 것이라고 믿고 있다. 기업이 C유형의 고객과 거래를 중단할 경우, 이익이 증가할 것이란 것에 동의하는가? 설명하라.

d. 회의에서 CFO는 안정적인 고객(sweet spot)에 보다 많은 관심이 기울여지도록, C유형 고객뿐 아니라 A유형 고객에 대한 판매도 단계적으로 중단할 것을 권고하였다.

1. CFO의 권유가 ㈜자동포장의 수익성을 감소시킬 수 있는 이유는?

2. 당신이 CFO의 권유를 채택하기 전에 수행해야 한다고 제시할 분석은 무엇인가? 분석에 정확히 무엇이 포함되어야 하는지에 대해 구체적으로 설명하라.

정답

a. 주문처리	$39.23	(1 × $39.234)
부품 선택	391.62	(30 × $13.054)
배송	86.47	(1 × $86.468)
급행처리	–	
문제주문 활동	44.22	(1 × $44.223)
엔지니어링	4,739.84	(102 × $46.469)
설치작업	915.66	(20 × $45.783)
사업유지활동	62.47	(1 × $62.471)
총제조간접원가	$6,279.51	

b. 진실한 원가란 매우 모호한 단어이다. 모든 결정에 "진실한 원가"를 적용할 수는 없다. 그러나 소수의 특정한 사안의 결정에는 진실한 증분원가를 적용할 수는 있을 것이다. 팩스톤은 '더 나은(better)'이라는 의미가 여전히 조금은 모호하기는 하지만, 의사결정을 위해 더 나은 총원가(full cost number)를 가지고 있다는 것을 의미할 것이다.

c. 고객C와 관련된 원가:

주문처리	$156.94
부품 선택	52.22
배송	345.87
급행처리	291.53
문제 주문	–
엔지니어링	–
설치작업	–
사업유지활동	249.88
총제조간접원가	$1,096.44

C유형 고객의 거래를 중단하더라도 사업유지활동과 같은 비용은 소멸되지 않고 계속 발생할 것이다. 더 중요한 것은 만일 기업이 부품을 공급하지 않는다면 향후 A유형과 B유형의 거래도 잃어버리게 된다는 것이다. 이는 부품판매에 대한 배송단가나 급행처리에 대한 단가를 인상하는 방법으로 C유형 거래를 유지해야 하는 것을 의미한다.

d. 1. 기업은 원가배분에 관한 죽음의 소용돌이에 빠질 수 있다. A유형과 C유형에 배부되던 원가들은 소멸되지 않고 발생되기 때문에 전체금액이 B유형 고객에게 배부될 수 밖에 없을 것이다. 그렇다면 기업은 원가절감보다는 수익의 상당부분을 잃게 되는 결과를 얻을 것이다.

2. 당연히 증분분석이 수행되어야 하며 다음과 같은 요소들이 포함되어야 한다.

- 고객A와 고객C로부터의 수익의 감소
- 고객A와 고객C의 거래중단에 따른 원가절감
- 고객B의 매출에 미치는 증분효과
- 고객B의 비용에 미치는 증분효과

핵심용어

고객수익성측정시스템 342
목표원가계산 340
원가가산 가격결정 338
활동기준가격결정 346

객관식 문제

(아래에 해답 있음)

1. 이익극대화 가격을 결정하기 위해서 경영자는:

a. 다양한 가격대에서 수요량을 추정해야 한다.
b. 변동원가를 추정해야 한다.
c. 다양한 가격에 대한 수요량과 변동원가를 추정해야 한다.
d. 정답 없음.

2. 원가가산가격결정은:

a. 이익극대화를 유도한다.
b. 제조업에서 본질적으로 순환한다.
c. 이행하기 어렵다.
d. 정답 없음

3. 목표원가계산은:

a. 목표이익수준의 구체화를 요구한다.
b. 특정원가의 절감을 목표로 한다.
c. 이미 생산에 투입된 제품에 주로 이용된다.
d. 이익극대화를 유도한다.

4. 고객수익성은 다음과 같이 측정된다:

a. 수익 − 매출원가
b. 수익 − 제조간접원가
c. 수익 − 매출원가 − 서비스간접원가
d. 수익 − 매출원가 − 제조간접원가

5. 활동기준가격결정을 이용하면,

a. 고객은 다양한 서비스에 대한 가격표를 제공받는다.
b. 고객은 스스로 공급업체에 부과한 원가에 대해 생각을 하게 만든다.
c. 고객은 자신이 주문한 제품의 종류를 줄이면, 비용을 줄일 수 있다.
d. 모두 정답.

6. 목표원가 공식은:

a. 가격 − 목표이익
b. 목표이익 ÷ 가격
c. 전부원가 × 이익률
d. 목표이익 − 전부원가

7. 일반적으로 목표원가 결정에 포함되는 부서는?

a. 설계
b. 마케팅
c. 원가회계
d. 모두 정답.

8. 다음 중 원가가산가격결정의 장점은?

a. 마크업 비율의 선정이 쉽다.
b. 적용하기 간단한 방법이다.
c. 원가가산가격결정방법은 본질적으로 가격순환의 문제가 발생한다.
d. 이상의 모든 설명은 원가가산가격결정방법의 장점이다.

9. 기업이 제품의 총원가보다 낮은 가격의 주문을 수락할 때, 효익이 있는 경우는 언제인가?

a. 기업이 전면 가동으로 운영하고 있을 때
b. 증분수익이 증분원가를 초과할 때
c. 높은 매출을 달성하면 항상 이익이 있다.
d. 총원가보다 낮은 가격의 주문수락은 절대 효익이 없다.

10. 다음 중 원가가산가격결정에 포함되는 원가는?

a. 제조원가
b. 판매비
c. 관리비
d. 이상의 모든 원가가 원가가산가격결정에 포함됨

정답

1. c **2.** b **3.** a **4.** c **5.** d **6.** a **7.** d **8.** b **9.** b **10.** a

과제

주관식 문제

1. 경제이론에 따르면, 경영자는 제품이나 서비스에 대한 이익극대화 가격을 어떻게 결정하는가?
2. 제조업에서 원가가산가격결정을 채택할 때 가격순환문제가 발생하는 이유는?
3. 신제품에 대한 목표원가계산을 이행하기 위해, 기업은 생산기술, 마케팅 및 원가회계부서의 직원들과 복합기능팀(cross-functional team)을 설정한다. 목표원가계산방식을 실행할 때, 복합기능팀이 바람직한 이유는?
4. 고객수익성분석에서 원가배부는 어떤 방식으로 이루어지는가?
5. 활동기준가격결정방식을 채택하는 경우, 수익성이 낮은 고객이 수익성이 높아질수도 있는 이유를 설명하라.
6. 목표원가계산에 대해 설명하라. 계산 방법은?
7. 이익극대화가격의 산출방법을 설명하라. 실제 제품에서 이익극대화 가격을 산출하기 어려운 이유는?
8. "특별주문"이란 무엇인가? 기업의 초과생산능력 여부와 관계없이 특별주문 수락여부를 결정하게 되면 어떻게 될 것인가?
9. 원가가산가격결정의 장점은 무엇인가?
10. 기업이 특별주문을 수락하여 손실을 보고하지 않을 특별주문의 최저 단위가격은 무엇인가?

연습문제

연습문제 8-1 [학습목표1, 2] 그룹과제 개인용 컴퓨터를 제조 및 판매하는 벨 컴퓨터(Bell Computers)는 최근 판매 가격을 크게 낮췄다. 기업은 매우 효율적으로 운영되고 있으며, 재고자산 보유기간은 단 5일이고, 매출채권은 30일 이내 회수되며, 공급업체에 대한 지급기일은 59일이다. 공격적인 가격결정에 대해 경쟁사는, "생필품 산업에서의 가격경쟁은 어리석은 짓이다." 라며 비난을 하였다.

요구사항

벨 컴퓨터의 가격정책은 어리석은 정책이라는 경쟁사의 비판에 대해 논하라.

연습문제 8-2 [학습목표 3] 논술형 ㈜브린들(Brindle Corporation)은 고객수익성의 분석을 계획하고 있다. 회사의 CFO인 브래들리(John Bradley)는: "나는 고객 중 일부는 회사에 도움이 되지 않는다."라는 생각을 한다며 다음과 같은 주장을 하였다. 그들은 제품원가와 서비스원가에 미치지 못하는 가격을 치르고 있다. 고객 A의 경우, 그들은 소량의 제품을 주문하면서 신속하게 처리해 줄 것을 요청하고 있다. 그리고는 주문서를 제때에 입력하지 않아 대금회수가 제때에 이루어지지 않는 경우도 발생을 한다. 회사는 고객수익성을 분석할 CRM을 도입하는데 $1,000,000를 투자할 생각인데, A고객 같은 수익성이 낮은 고객을 분류할 수 있다면 진정으로 좋은 투자가 될 것이라 확신한다."

그러나 마케팅 부사장인 브라운(Jerry Brown)의 입장은 상당히 차이가 있다. "$1,000,000의 투자는 돈의 낭비일 뿐이다. 수익성이 높은 고객과 수익성이 낮은 고객을 분류하여 참고하는 것은 필요하겠지만 우리는 아무것도 바꾸지 않을 것이다. 수익성이 낮은 고객도 회사의 간접원가에 기여하고 있기에, 우리는 단 한 명의 고객도 버리지 않을 것이다."

요구사항

CFO와 마케팅 부사장의 논쟁에 대하여 간단하게 평가하라. 마케팅 부사장의 인센티브는 판매량을 기준으로 산정된다는 사실을 참고하라. 이것이 마케팅 부사장의 입장을 변화시킬 수 있는가?

연습문제 8-3 [학습목표 1] (주)포틀랜드주류(Portland Brewing Company)는 다섯 종류의 표준화된 맥주를 생산하는 소규모 맥주 양조기업이다. 맥주는 박스당 $6로 판매하며, 현재 월별로 10,000박스를 판매한다. 회사는 10월, 11월, 12월에 판매될 계절맥주 생산을 고려하고 있으며 박스당 $6로, 2,000박스를 판매할 것으로 예상한다. 박스당 $7일 경우 판매량은 1,000단위가 될 것이다. 기업은 또한 계절맥주의 판매가 기존 품목의 매출을 잠식할 것이라고 예상한다. 계절맥주 1,000단위의 매출이 발생할 때 마다, 기존 품목 300단위의 매출은 감소할 것이다. 모든 맥주의 변동제조원가는 단위당 $1.20이다.

요구사항

계절맥주에 대한 고찰에서, 두 가지 판매가격($6과 $7)과 관련된 증분이익을 계산하라. ㈜포틀랜드주류는 계절맥주를 생산할 것인지 그리고 생산한다면 얼마의 가격에 판매할 것인지를 결정하라

연습문제 8-4 [학습목표 1] 이익극대화 가격 스펑크(spunk) 잡지의 편집자는 새로운 월간 정기간행물 가격으로 세 가지 대안을 고려 중이며, 가격과 수요량의 추정은 다음과 같다:

가격	수요량
$7.95	25,000
$6.95	31,000
$5.95	37,000

잡지의 월별 제조원가와 운송비는 $95,000의 고정원가와 부수당 $2.20의 변동원가로 구성되어 있다.

요구사항

이익을 극대화할 수 있는 가격을 산출하라?

연습문제 8-5 [학습목표 1] 이익극대화 가격 에린 해밀(Erin Hamill)은 태닝살롱의 사장이자 운영자이다. 그녀는 주별 태닝 입장권으로 4가지 가격을 고려 중이며, 가격 및 수요량의 추정은 다음과 같다.

가격	수요량
$12.50	330
$11.50	380
$10.50	390
$ 9.50	430

제공하는 태닝서비스의 원가는 $1,750의 고정원가와 서비스당 $2.50의 변동원가로 구성되어 있다.

요구사항

가장 높은 이익을 산출하는 가격은?

연습문제 8-6 [학습목표 1] 특별주문분석 ㈜파워드라이브(Power Drive)는 단위당 $175에 판매하는 하드디스크드라이브를 생산한다. 전년도에 생산한 25,000단위의 제조원가는 다음과 같다:

직접재료원가	$725,000
직접노무원가	475,000
변동제조간접원가	225,000
고정제조간접원가	1,500,000
총원가	$2,925,000

올해 초, 회사는 중국의 컴퓨터기업으로부터 3,000단위의 주문을 받았다. ㈜파워드라이브의 경영자는 주문에 대한 복합적인 생각을 가지고 있다. 회사는 현재 초과 생산능력을 보유하고 있을 뿐 아니라 해외로부터의 첫번째 주문이기에 당연히 주문을 수락하여야 하지만 중국기업은 제품 단위당 $125를 제시했기 때문에 주문의 수락을 망설이고 있는 것이다.

요구사항

중국기업으로부터의 주문수락은 회사의 이익에 어떠한 영향을 미칠 것인가?

연습문제 8-7 [학습목표 1] 특별주문분석 택스세무법인(Budget Tax Service)은 소기업을 위한 세무조정신고서를 작성하는 서비스를 제공한다. 전년도에 세무조정신고서 800개를 작성하였으며 발생된 원가는 다음과 같았다:

직접노무원가	$360,000
변동간접원가	320,000
고정간접원가	250,000
총원가	$930,000

올해 초, 택스세무법인은 종합서비스 업체인 ㈜선진(Advantage Business)으로부터 150개 소기업에 대한 세무조정신고서작성을 요청받았다. 택스세무법인은 통상적으로 1,000개 소기업의 세무조정신고서를 작성할 수 있는 인력을 보유하고 있으며, 이 특별주문이 기존고객의 거래에 어떠한 영향도 미치지 않을 것이다. ㈜선진은 세무조정신고서당 $900을 지불하려고 한다.

요구사항

㈜선진의 150개 기업고객에 대한 신고서 작성요청을 수락할 경우, 택스세무법인의 이익에 어떠한 영향은 미치는가?

연습문제 8-8 [학습목표 1] 특별주문서비스 기업 분석 생일이나 기념일 및 기타 중요한 사건을 기념하는 이벤트를 진행하는 ㈜플라밍고(Flamingos)는 고객의 정원에서 진행하는 특별한 이벤트를 실시하고 있다. 회사는 지난해 775건의 행사를 진행하였으며, 이벤트당 수익은 $75이며 발생된 원가는 다음과 같다.

직접노무원가	$13,950
변동간접원가	9,300
고정간접원가(광고비, 통신비, 보험료)	17,000
총원가	$40,250

올해 초, 회사는 로타리클럽으로부터 130명 회원 개개인의 생일에 진행할 동일한 이벤트를 요청받았다. 회사는 년간 1,000번의 이벤트를 고정원가의 추가없이 진행할 능력을 가지고 있으나 로타리클럽이 이벤트당 $57에 진행해 줄 것을 제안하였기에 요청의 수락을 고민하고 있다.

요구사항

㈜플라밍고가 특별주문을 수락할 경우 회사의 이익에는 어떤 영향을 미치는가?

연습문제 8-9 [학습목표 2] 원가기준가격결정 ㈜월드뷰(World View)는 조명이 부착된 지구본의 생산을 계획하고 있으며, 총원가에 25%의 마크업을 가산하여 가격을 결정할 것이다. 지구본의 생산원가는 $80의 단위당 변동원가와 $240,000의 연간 고정원가가 발생할 것으로 추정한다.

요구사항

a. 1,200단위의 매출을 가정할 때, 지구본의 총원가와 25%의 마크업을 가산한 가격은 얼마인가?

b. a문항에서 계산된 가격에서의 수요량이 단 600단위라고 한다면, 지구본의 총원가와 25%의 마크업을 가산한 가격은 얼마인가?

c. b문항에서 계산된 가격에서 기업은 600단위를 판매할 수 있을 것인가?

연습문제 8-10 [학습목표 2] 원가기준가격결정 ㈜퓨처텍(Future Tech)은 총원가에 30%의 마크업을 가산하여 판매할 수 있는 휴대용 전기 저장장치의 생산을 제안받았다. 회사는 제품의 연간 고정원가 $210,000과 제품 단위당 $15의 변동원가가 발생할 것으로 추정하였다.

요구사항

a. 제조 및 판매 단위를 600단위로 가정할 때, 저장장치의 총원가와 30%의 마크업을 가산한 가격은 얼마인가?

b. a문항에서 계산한 가격에서 수요량이 40,000단위에 지나지 않고, 40,000단위만 생산한다고 가정할 경우, 저장장치의 총원가와 30%의 마크업을 가산한 가격은 얼마인가?

c. a문항과 b문항에서 계산된 판매가격을 비교하라; 제조 및 판매 단위 수량이 감소할 때, 판매가격은 증가, 감소 혹은 동일하게 유지되는지를 비교하라.

연습문제 8-11 [학습목표 2] 목표원가계산 메저 시스템(Mazzor Systems)의 복합기능팀은 목표원가계산방법을 이용하여 신제품을 개발 중이다. 경쟁제품과 비교되는 이 제품은 단위당 $2,800의 가격과 판매가격의 25%의 이익을 요구하고 있다.

요구사항

a. 단위당 목표원가는 얼마인가?

b. 팀 내의 설계 및 원가회계 관련 팀원들은 제품이 a문항에서 계산된 원가로 생산될 수 없다고 결정했을 경우, 목표원가계산 프로세스의 다음 단계는 무엇인가?

연습문제 8-12 [학습목표 2] 목표원가계산 오딘 시큐리티(Odin Security)의 설계팀에서는 신제품을 설계하고 있다. 목표원가계산 방법을 이용하여 제품을 평가하고 원가를 결정하기 위해, 원가회계부서와 마케팅부서의 관리자도 이 팀에 속해 있다. 팀은 시장 내 유사제품의 분석에 따라 단위당 $150 가격을 제시하였으며, 판매가격의 30%의 이익을 요구하고 있다.

요구사항

a. 단위당 목표원가는 얼마인가?

b. 차후에 팀원은 제품이 a문항에서 계산된 원가로 생산될 수 없다고 판단했다. 신제품은 현재 고려에서 제거해야 하는가?

연습문제 8-13 [학습목표 2] 목표원가계산 뉴타임(New Time Products)의 제품설계팀은 목표원가계산을 이용하여 시계를 디자인하는 프로세스에 있다. 경쟁제품과 비교되는 이 제품은 단위당 $35의 가격과 판매가격의 35%의 이익을 요구하고 있다.

요구사항

a. 시계의 단위당 목표원가는 얼마인가?

b. 시계는 목표원가로 생산될 수 없음이 나타났다고 가정하라. 기업이 고려해야 하는 대안은 무엇일까?

연습문제 8-14 [학습목표 3] 고객수익성분석 ㈜델타(Delta Products)는 고객의 서비스원가를 다음과 같이 결정한다:

주문처리(주문당)	$6
긴급주문시 추가처리원가(주문당)	$11
고객서비스요청(요청당)	$12
고객관계관리원가(연간 고객당)	$3,500

서비스원가와 별도로 제품의 생산원가는 매출액의 85%에 이른다. 지난 해 존슨 브랜드(Johnson Brands)와 다음과 같은 거래가 발생했다.

매출액	$55,000
주문수	250
긴급주문비율	70%
고객서비스요청	160

요구사항

고객인 존슨 브랜드 계정의 수익성을 계산하라.

연습문제 8-15 [학습목표 3] 활동기준가격결정 연습문제 8-14의 정보를 참고. 회사는 존슨 브랜드에게 향후의 주문에 대하여 활동기준가격결정방식에 의한 가격을 적용할 것이며, 받아들이지 않을 경우 거래를 중지할 것이라고 통보하였다. 고객인 존슨 브랜드는 제품가격에 추가하여 다음의 서비스가격을 지불해야 할 것이다;

주문처리(주문당)	$7
긴급주문시 추가처리원가(주문당)	$13
고객서비스요청(요청당)	$17

요구사항

a. 존슨 브랜드의 주문이 전년도와 동일할 경우, 존슨 브랜드 계정의 수익성을 계산하라.

b. 존슨 브랜드는 ㈜델타가 제안한 활동기준가격결정방법을 받아들이기로 결정했다고 가정한다면, 존슨 브랜드가 실행할 것 같은 변화들은 무엇인가?

연습문제 8-16 [학습목표 3] 엑셀활용 고객수익성분석 트라이엄프(Triumph Corporation)는 전년도 고객의 주문처리자료를 분석하여 다음과 같이 원가를 결정하였다:

주문당 주문처리원가	$9
긴급주문시 추가원가	$11
고객기술지원 요청(요청당)	$13
고객관계관리원가(연간 고객당)	$1,800

서비스원가와 별도로 제품의 생산원가는 매출액의 80%에 이른다. 지난 해 줄리어스(Julius Company)와 다음과 같은 거래가 발생했다.

매출액	$22,000
주문수	170
긴급주문비율	80%
기술지원요청	90

요구사항

고객인 줄리어스 계정의 수익성을 계산하라.

연습문제 8-17 [학습목표 3] 활동기준가격결정 연습문제 8-16 참고. 회사는 고객인 줄리어스에게 향후의 주문에 대하여 활동기준가격결정방식에 의한 가격을 적용할 것이며, 받아들이지 않을 경우 거래를 중지할 것이라고 통보하였다. 줄리어스는 제품가격에 추가하여 다음의 서비스가격을 지불해야 할 것이다;

주문처리(주문당)	$11
긴급주문시 추가처리원가(주문당)	$20
기술지원 요청(요청당)	$21

요구사항

a. 줄리어스의 주문이 전년도와 동일할 경우, 줄리어스 계정의 수익성을 계산하라.

b. 줄리어스 회사가 제안한 활동기준가격결정방법을 받아들이기로 결정했다고 가정한다면, 줄리어스가 실행할 것 같은 변화들은 무엇인가?

고급연습문제

고급연습문제 8-1 [학습목표 1] 엑셀활용 이익극대화 가격결정 ㈜스펜서전자(Spencer Electronics)는 케이블TV 프로그램을 통해 판매할 저가의 헤드셋을 개발하였다. 프로그램은 회당 10분 분량으로 6회 이상 제품을 판매할 것이며, 프로그램 수수료는 매출액의 20%이다.

헤드셋의 고정제조원가는 $160,000이며 단위당 $28의 변동제조원가가 발생할 것으로 예상되며 배송비용은 단위당 $5이 예상된다.

제품담당 책임자는 헤드셋의 판매가격을 결정하는 책임을 맡았다. 유사한 품목, 표적 집단 응답 및 설문조사 정보와 과거의 경험에 기초하여, 다양한 가격에서 판매 가능한 단위수를 다음과 같이 추정하였다:

가격	수량
$85	15,000
$75	20,000
$65	30,000
$55	45,000
$45	65,000

요구사항

a. 각각의 가격대에서의 기대이익을 계산하라.

b. 회사의 이익을 극대화하는 가격은 얼마인가?

고급연습문제 8-2 [학습목표 1] 이익극대화 가격결정 ㈜엘리트주방기구(Elite Kitchenware)는 신규 접시세트를 출시하기 위한 사전 시장조사를 위해 지역상권에서 일련의 제품설명회를 가질 계획이다. 제품설명회를 통해 제품에 대한 확신이 선다면 다른 상권으로 접시세트의 출시를 확대할 것이다. 제품설명회에 소요되는 비용은 상권의 점포주에게 지급하는 $1,500의 고정수수료와 제품설명회를 하는 사람에게 지급하는 판매금액의 25%에 해당하는 수수료이다(제품설명회를 하는 사람은 이 수수료 외에 어떤 대가도 받지 않을 것이다).

접시세트의 고정원가는 $7,000이다. 모든 고객의 주문을 모아 정확하게 주문된 단위수를 생산할 것이며 기초와 기말 재고는 없는 것으로 가정한다. 변동제조원가는 접시세트 당 $15이며, 고객에게 접시세트를 배송하는 원가는 세트 당 $10이다.

제품담당 책임자는 접시세트의 판매가격을 결정하는 책임을 맡았다. 유사한 품목, 표적 집단 응답 및 설문조사 정보와 과거의 경험에 기초하여, 다양한 가격에서 판매 가능한 단위수를 다음과 같이 추정하였다:

가격	수량
$65.99	450
$55.99	725
$45.99	800
$35.99	1,000
$25.99	1,300

요구사항

a. 각각의 가격대에서의 기대이익을 계산하라.

b. 회사의 이익을 극대화하는 가격은 얼마인가?

고급연습문제 8-3 [학습목표 1] Ethics 윤리와 가격결정 저가약국.com(LowCostDrugs.com)은 온라인약국이다. 최근 저가약국.com은 프로그램을 이용하여 고객의 우편번호에 따른 구매행태를 분석하였으며, 일부 우편번호의 고객들이 다른 우편번호의 고객에 비해 평균적으로 가격에 덜 민감하다는 사실을 알았다. 이에 따라 저가약국.com은 가격에 덜 민감한 우편번호의 고객들을 대상으로 3%의 가격인상을 단행하였다. 고객이 저가약국.com의 웹사이트를 접속할 때, 우편번호는 자동으로 식별된다는 점을 참고하라.

요구사항

저가약국.com이 고객의 구매행태분석에 기초하여 일부 고객의 가격을 인상한 것은 윤리적인 행동이라 할 수 있는가?

고급연습문제 8-4 [학습목표 1] 이익극대화 가격결정 대형 애완동물제품 매장인 ㈜로버플러스(RoverPlus)는 새로운 브랜드의 사료가격을 결정하려고 한다. 회사는 인디아나의 기업으로부터 회사의 브랜드가 부착된 제품을 박스당 $9에 구입하여 고객에게 판매할 것이다.

㈜로버플러스는 프리미엄 사료(Royal Dog Food)도 판매하는데 박스당 $12에 구입하여 $20.99에 판매한다. 현재 프리미엄 사료는 한달에 26,000박스를 판매하지만, 새로운 브랜드(RoverPlus brand)의 사료가 출시되면 변동될 것으로 예상된다.

㈜로버플러스는 프리미엄 사료의 가격을 $20.99으로 유지할 계획이며, 새로운 브랜드의 가격대별 판매예측치는 다음과 같다.

가격(신제품)	수량(신제품)	수량(프리미엄)
$ 9.99	36,000	12,000
$10.99	35,500	12,300
$11.99	35,000	12,500
$12.99	34,000	13,000
$13.99	31,000	14,000
$14.99	26,000	15,000
$15.99	16,000	16,000
$16.99	11,000	20,000
$17.99	6,000	22,000

회사에서 신제품의 가격을 $9.99로 정할 경우, 신제품 36,000박스와 프리미엄 12,000박스를 판매할 수 있을 것이며, 신제품의 가격이 $17.99로 정해질 경우 신제품 6,000박스와 프리미엄 22,000박스를 판매할 수 있을 것이다.

요구사항

a. 신제품의 판매가 프리미엄 브랜드 매출에 미치는 영향을 고려하여, 신제품 브랜드의 이익을 극대화하는 가격을 산출하라.
b. a문항에서 산출한 가격을 기준으로, 신제품 브랜드의 출시로 얻을 수 있는 증분이익은 얼마인가?

고급연습문제 8-5 [학습목표 1] 이익극대화 가격 결정 아다지오뮤직(Adagio Music Publishing)은 작곡가의 악보를 출판, 인쇄하는 기업으로, 작곡가들의 작품을 CD로 녹음하고 판매하기도 한다. 회사는 유명 작곡가인 A씨(Jacques Elles)의 CD제품을 회사의 상표로 판매하기 위해 다른 기업으로부터 구매하는 것을 고려 중이다. 회사는 작곡가 A씨의 CD 구입에 장당 $6를 지불한다.

회사는 작곡가 B씨(Julian west)의 CD도 판매하는데, CD장당 $7에 구입하여, $16에 판매한다. 기업은 현재 B씨의 CD를 한달에 800장을 판매하지만, 작곡가 A씨의 CD가 발매되면 변동될 것으로 예상된다.

회사는 작곡가 B씨의 CD가격을 $16로 유지할 계획이며, 작곡가 A씨 CD의 가격 결정에 따라 판매될 작곡가 A씨와 작곡가 B씨의 CD 판매예측치는 다음과 같다.

가격 (작곡가 A씨 CD)	수량 (작곡가 A씨 CD)	수량 (작곡가 B씨 CD)
$10	950	200
$11	900	275
$12	825	350
$13	725	395
$14	550	475
$15	460	525
$16	300	575
$17	200	625
$18	125	675

작곡가 A씨의 CD가격이 $10이라면 A씨 CD 950장과 B씨 CD 200장을 판매할 것이고, 작곡가A씨의 CD가격이 $18이라면 A씨 CD 125장과 B씨 CD 675장을 판매할 수 있을 것이다.

요구사항

a. 작곡가 A씨 CD판매가 작곡가 B씨 CD판매에 미치는 영향을 고려하여, 회사의 이익을 극대화하는 가격을 산출하라.
b. a문항에서 산출한 가격을 기준으로, 작곡가 A씨의 CD판매로 얻을 수 있는 증분이익은 얼마인가?

고급연습문제 8-6 [학습목표 2] 원가가산가격결정 ㈜웬델스토브(The Wendel Stove Company)는 국내시장을 겨냥하여 고급형 난로를 개발 중이다. 단위당 변동원가는 $2,700, 연간 고정원가는 $12,600,000이 될 것으로 추정한다.

요구사항

a. 회사는 총원가의 30%를 가산한 금액으로 가격을 설정하는 것을 계획하고 있다. 연간 판매대수를 6,000단위로 추정할 경우에 회사에서 설정할 가격은 얼마인가?
b. 판매예측치 추정에 기초하여 가격을 결정하는 방식의 특이점은 무엇인가?
c. 회사에서 a문항처럼 6,000단위를 기준으로 가격을 설정하였지만 실제 수요량이 5,000단위에 지나지 않았을 경우, 5,000단위의 수요량을 기준으로 가격을 수정하라.
d. 제품가격이 c문항에서 계산한 가격으로 상승할 경우, 판매될 단위에는 어떤 변화가 일어나겠는가?
e. 제조기업이 사용하는 원가에 이익을 가산하는 가격결정방식에서 가격순환 문제가 발생하는 이유를 설명하라.

고급연습문제 8-7 [학습목표 2] 원가가산가격결정 ㈜세르반데스골프(Cervantes Golf) 제품설계팀은 골프백카트의 새로운 모델을 설계하는 과정에 있다. 단위당 변동원가는 $33, 연간고정원가는 $850,000이 될 것으로 추정한다.

요구사항

a. 회사는 총원가의 35%를 가산한 금액으로 가격을 설정할 계획이다. 원가를 결정하기 위해서는 생산 및 판매할 단위를 추정해야 한다. 올해에 판매 가능한 골프백카트는 8,500대라고 추정할 경우에 기업이 설정할 가격은 얼마인가?
b. 회사에서 a문항과 같이 가격을 설정하였지만, 그 가격에서 수요량이 6,250단위로 나타났다고 한다. 수요량 6,250단위에서의 가격을 산출하라.
c. 방금 계산한 두 가격을 비교하라; 왜 가격이 다른가? 제품가격을 b문항에서 산출한 가격으로 인상시킬 경우, 수요량에는 어떤 변화가 일어날 가능성이 있는가?

고급연습문제 8-8 [학습목표 2] 원가가산가격결정 ㈜에머슨벤처(Emerson Ventures)는 새로운 행글라이더의 생산을 고려 중이다. 제품의 단위당 변동원가는 $400, 연간고정원가는 $400,000가 될 것으로 추정한다.

요구사항

a. ㈜에머슨벤처는 제품가격이 총원가의 50%를 가산한 금액과 동일해야 된다는 가격정책을 가지고 있다. 회사는 일년 동안 생산 및 판매할 단위 수를 추정해야 한다. 연초에 행글라이더 1,600단위를 판매할 것으로 추정하였으며, 해당 판매량과 생산량에 대한 판매가격을 설정하였다. 판매가격은 얼마인가?

b. 연초에 경제가 급격히 악화되었고, 글라이더에 대한 수요가 급격히 감소하고 있음을 인지했다. 회사는 제품의 판매 및 생산 추정치를 연간 1,000단위로 수정하였다. 회사의 정책에 따라, 현재 판매가격은 얼마로 설정되어야 하는가?

c. ㈜에머슨벤처가 회사 정책을 따르고, 글라이더의 가격이 b문항에서 계산한 가격으로 인상될 경우, 판매될 글라이더 수에는 어떤 변화가 일어나겠는가?

d. 제조기업에서 원가가산가격결정방식을 적용하는 경우, 가격순환문제가 발생하는 이유는?

고급연습문제 8-9 [학습목표 2] 목표원가계산 ㈜베이커배관(Baker Plumbing Fixtures)은 샤워기 제품을 개발 중이다. 제품개발팀은 마케팅, 설계 및 원가계산 부서 직원들을 포함한다. 현재까지 제품개발팀은 여러가지 구성품을 이용하여 제품에 결합할 장치세트를 개발하고 있다. 제품개발팀은 이 장치세트가 $5,000의 가격이면 시장에서 매력적일 것이라고 생각한다. 회사는 단위당 판매가격 대비 30%의 이익을 목표로 한다.

요구사항

a. 단위당 목표원가를 산출하라.

b. 제품개발팀은 제품과 관련된 고정제조원가는 $2,500,000이며, 제품의 생산 및 판매에 대한 변동원가는 단위당 $2,500일 것으로 추정한다. 이를 감안하여, 단위당 목표원가를 충족시키기 위해서 회사에서 생산 및 판매할 단위수는 몇 개인가?

c. 회사는 판매가격 $5,000에서는 1,400단위 만을 판매할 수 있을 것이며, 그에 따라 목표원가에 도달할 수 없을 것이라고 판단하였다. 대안으로 회사는 구성품의 하나인 스팀 장치를 제거할 계획이다. 스팀 장치의 원가는 단위당 $800이며, 스팀장치없이 제품을 판매할 경우, $4,000의 가격에서 2,500단위를 판매할 수 있다고 추정한다. ㈜베이커배관은 새로운 목표원가 이하의 제품을 생산할 수 있을 것인가?

고급연습문제 8-10 [학습목표 2] 목표원가계산 ㈜심포니사운드(Symphony Sound)는 고객에게 판매할 이동형 녹음 장치를 설계 중이다. 제품개발팀은 마케팅, 설계 및 원가계산 부서 직원들을 포함한다. 이동형 녹음장치는 소음차단용 헤드폰, 음향녹음 및 음질개선 소프트웨어, 몇 가지 악기와 음성마이크, 그리고 이동형 접이식 음향판을 포함할 것이다. 제품개발팀은 이 장치세트가 $4,700의 가격이면 시장에서 매력적일 것이라고 생각한다. ㈜심포니사운드는 단위당 판매가격 대비 25%의 이익을 얻을 것을 추구한다.

요구사항

a. 단위당 목표원가를 계산하라.

b. 제품개발팀은 제품과 관련된 고정제조원가는 $1,800,000이며, 제품의 생산 및 판매에 대한 변동원가는 단위당 $2,900일 것으로 추정한다. 이를 감안하여, 단위당 목표원가를 충족시키기 위해서 필요한 생산 및 판매할 단위 수는 몇 개인가?

c. 회사는 $4,700의 가격에서는 2,000단위 만을 판매할 수 있으며 목표원가에 도달할 수 없다고 판단하였다. 회사는 단위당 변동원가 $650가 추가되는 접이식 음향판을 제품에 포함시키지 않는 방안을 고려 중이다. 이 장치를 포함시키지 않을 경우, 제품을 단위당 $4,000에 2,600단위를 판매할 수 있다고 생각한다. ㈜심포니사운드는 새로운 목표원가 혹은 그 이하의 원가에서 제품을 생산할 수 있을 것인가?

고급연습문제 8-11 [학습목표 3] 고객수익성 분석 ㈜로덴컨퍼런스(Lauden Conference Solutions)는 기업을 대상으로 회의나 컨퍼런스 장소의 설계 및 설치를 전문적으로 다룬다. 공사입찰 시 제조원가 및 설치작업자에 대한 직접노무원가를 추정하여, 총원가에 35%의 마크업을 가산한다. 회사는 고객 A(Orvieto Industries)에 대한 입찰예정가격을 다음과 같이 추정하였다:

연단, 의자, 조명 등을 포함한 제조원가	$175,000
설치작업자 급여	25,000
합계	200,000
35% 마크업	70,000
입찰가격	$270,000

공사진행과정에서 큰 혼란이 발생했다. 고객A는 제품가격이 크게 변하지 않는 범위 내에서 25번의 주문 변경을 요청했으며, 사소한 결점을 가진 33개의 품목을 반품했다. 그들은 정상적으로 단지 2~3회의 미팅이 필요한 사안들에 40시간 이상이 소요되는 회의를 7번이나 요구하였다.

회사의 재무책임자는 고객 A의 수익성을 측정하기 위해 수익성분석을 시행하기로 결정하고 서비스원가를 동인에 따라 3개의 범주로 분류했다.

동인	동인의 연간 가치	연간 원가
주문변경	850회 주문 변경	$212,500
반품 수	1,000건 제품반품	70,000
회의시간	1,300 회의시간	78,000

요구사항

a. 고객 A에게 수행된 작업과 관련된 간접 서비스원가를 계산하라.

b. 고객 A가 불균형한 간접서비스원가를 초래하고 있다고 가정한다면, 회사는 이 상황을 어떻게 해결해야 하는가?

고급연습문제 8-12 [학습목표 3] 활동기준가격결정 고급연습문제 8-11의 정보 참조. ㈜로덴컨퍼런스는 활동기준가격결정 방법을 채택하기로 결정했다. 회사는 이후의 공사에서 제조원가와 설치작업자 급여의 합계에 35%의 마크업을 가산하여 대금을 청구할 것이다. 추가로 주문 변경 당 $300, 양호한 상태의 제품에 대한 반품은 건당 $90, 그리고 회사 설계자와의 회의는 시간당 $85의 대금을 청구할 것이다.

요구사항

a. 고급연습문제 8-11, 고객 A의 주문내역에서 이익으로 나타나는 것은 무엇인가?

b. 활동기준가격결정방법 채택의 장단점을 구체적으로 설명하라.

사례연구

사례연구 8.1 : ㈜프레스톤 콘크리트(Preston Concrete) [학습목표 1, 2]

㈜프레스톤 콘크리트는 캘리포니아 지역에서 주상복합건축업자들에게 콘크리트를 공급하는 기업이다. 기업의 가격정책은 톤당 총원가(관리비 충당금 포함)대비 25% 이상의 이익을 얻는 것이다. 2020년도 초에 추정한 원가는 다음과 같다.

재료원가 = $75/톤

운송비 = $500,000/연간 + $10/km + $50/트럭운행시간

현장운영원가 = $300,000/연간 + $17/톤

관리비 = $2,000,000/연간

운송비는 거리가 증가하면 연료와 유지원가가 증가하므로, km당 비율을 포함한다. 또한 운송트럭이 근무지에서 대기하지 않더라도, 계속 가동을 유지해야 하고(콘크리트 혼합물이 굳지 않게 하기 위해) 운전기사에게 급여를 지급해야 하기 때문에, 운송비는 트럭운행시간 당 비율을 포함한다. 2020년 초에 기업은 500,000톤을 운송할 것으로 예상했다.

요구사항

a. 회사는 고객으로부터 콘크리트 6,000톤을 주문 받았다. 이 주문은 8,400km 운행과 300시간의 트럭 운송이 요구된다. 회사의 가격정책을 따른다면, 콘크리트 판매가격은 얼마가 되어야 하는가?

b. 이자율의 급격한 증가로 주택건축수요와 콘크리트수요가 감소되었다. 고객은 콘크리트 가격이 톤당 $115에서 결정되어야 한다고 주장을 한다. ㈜프레스톤 콘크리트는 주문을 수락해야 하는가? 이 결정에서 정량화하기 어렵지만 감안해야 하는 요소들을 간략히 제시하라.

사례연구 8.2 : 갤로웨이대학병원약국(Galloway University Medical Center Pharmacy) [학습목표 1]

갤로웨이대학병원(GUMC)은 첨단의료시설을 보유하고 있으며, 인근 3개주의 환자들을 돌보고 있다. GUMC에서 퇴원하는 날, 대부분의 환자들은 병원내 약국에서 처방약을 구입한다. 그러나 처방약의 재구매를 위해서는, 환자들은 병원 약국으로 차를 타고 오는 것에 비해 보다 편리한 시내약국을 이용한다. 처방약 재구매를 촉진하기 위해, GUMC는 무료 야간배송 혹은 재주문에 대한 가격할인을 제공하는 것을 고려 중이다.

현재 GUMC 약국은 846,000건의 처방 건에 대해 연간 $54,990,000의 수익을 내고 있다. 매출총이익률은 대략 25%이다. 만일 약국에서 무료 야간배송을 시행하게 되면 처방약의 재주문은 연간 125,000건이 증가할 것으로 예상되며, 건당 $9의 배송원가 추가가 예상된다. 그리고 증가된 주문을 처리하기 위해, 연봉 $90,000의 약사 2명과 연봉 $50,000의 배송직원 1명의 추가 고용이 필요할 것이다.

다른 대안으로 GUMC에서 재주문 가격의 20% 할인을 시행하면, 재주문은 연간 125,000건이 증가할 것으로 예상된다. 이 경우에는 약사 2명은 고용해야 하지만 배송직원을 추가로 고용할 필요는 없다.

요구사항

무료 야간배송안과 재주문에 대한 20%할인안이 약국의 이익에 미치는 효과를 각각 추정하라. 어느 안이 선택되어야 하는가?

사례연구 8.3 : ㈜터너의료기(Turner Hospital Supply Company) [학습목표 3]

터너의료기는 혈압계를 비롯한 각종의료기구와 반창고, 장갑, 마스크와 같은 소모품을 공급하는 회사이며, 전체적으로 1,000항목 이상을 판매하고 있다. 2021년 12월 31일 현재의 손익계산서는 다음과 같다.

매출액	$120,000,000	(100%)
매출원가	66,000,000	(55%)
매출총이익	54,000,000	(45%)
판매비와 관리비	48,000,000	(40%)
법인세차감전순이익	$6,000,000	(5%)

재무담당부사장인 로널드 스미스(Ronald Smith)는 고객수익성에 관한 세미나에 참석하여, 회사의 250개 고객병원에 대한 수익성을 분석해 보기로 결정하였다. 이를 위해 고객별 매출액과 매출원가 및 판매비와 관리비를 추적하였다. 매출액과 매출원가는 상대적으로 쉽게 고객별 추적이 가능하나 판매비와 관리비는 고객별 추적이 어려워 매출액 비율대로 배부하기로 하고 매출액의 40%를 배부하였다. 그 결과 10개의 병원 고객의 수익성이 낮은 것으로 판명되었다. 로널드는 즉각 임원회의를 소집하여 고객수익성 분석결과에 대해 발표를 하면서, 수익성이 낮은 10개 병원과의 거래를 중단할 것을 제안하였다.

판매담당부사장인 메리 웩슬러(Mary Wexler)는 10개 병원 가운데 7개 병원이 대형고객임을 알고 충격을 받았다. 병원당 평균 매출액은 $480,000인데 비해 7개 병원의 평균 매출액은 $800,000을 상회하고 있었다. 7개 병원 가운데 하나인 휴스턴기념병원(Houston Memorial Hospital)의 2021년의 손익계산서는 다음과 같으며 $90,000의 손실을 기록하였다.

매출액	$1,100,000
매출원가	750,000
매출총이익	350,000
판매비와 관리비	440,000
법인세차감전순이익	$(90,000)

메리는 휴스턴기념병원에 판매하는 항목이 제세동기나 수술대 그리고 수술용 조명과 같은 기구들이라는 것을 알고 있다. 이러한 항목들은 수술장갑이나 마스크와 같은 소모품에 비해 이익율(의료기구 30% 대 소모품 50%)은 낮지만 높은 가격대임을 감안하면 이익은 적지 않은 것이다. 메리는 다음 단계로 진행하기 전에 며칠간의 기간을 요청하였으며 임원회의는 이를 받아들여 다음 회의를 다음 주초에 개최하기로 결정하였다.

요구사항

a. 고객수익성을 산출하는 로널드의 접근방법은 휴스턴기념병원 같은 고객을 수익성이 낮은 고객으로 판단하는 사례와 같은 편파(bias)적인 경향을 가지고 있는가?

b. 만일 휴스턴기념병원에 판매하는 것을 중단하였다면 회사의 2021년 손익계산서는 어떤 영향을 받을 것인가? (하나 이상의 합리적인 가정을 포함할 것)

c. 수익성이 낮은 10개 병원에 대한 판매를 중단하는 것이 현명한 판단인지 설명하라.

CHAPTER 9

shutterbas/123RF

자본예산과 기타 장기 의사결정

학습목표

1. 자본적 지출 의사결정과 자본 예산을 정의하고, 순현재가치법과 내부수익률법을 이용한 투자 안의 평가에 대한 이해
2. 감가상각비 감세효과의 계산과 화폐의 시간가치를 이용한 기타 장기 의사결정의 평가에 대한 이해
3. 회수기간 및 회계적이익률법을 이용한 투자기회 평가와 경영자들이 투자의 순현재가치 보다 단기적 이익에 집중하는 이유에 대한 이해

윌슨항공(Wilson Air)은 시애틀에서 아이다호(Idaho)의 리조트나 워싱턴주 여러 지역으로 항공여객을 운영하는 회사이며 스티브 윌슨(Steve Wilson) 사장은 수년간 회사를 성공적으로 이끌어 왔다.

스티브는 37인승 비행기를 추가할 시기라고 생각하여 경리부장인 엘렌 오르테가(Ellen Ortega)에게 다음과 같이 말했다. "새로운 비행기를 추가하면 우린 매년 3,500명의 왕복승객을 확보할 수 있습니다. 평균요금을 $200로 계산한다면 총 $700,000만큼의 매출을 늘릴 수 있습니다." 이에 엘렌은 다음과 같이 대답했다. "우리가 기억해야 할 것은 새 비행기의 취득가격이 $1,000,000이고 운영유지비는 매년 $400,000가 소요될 것입니다. 또한 5년후 $1,000,000였던 비행기는 $500,000로 가치가 하락할 것입니다. 그러므로 새로운 비행기를 구입하는 것이 좋은 선택인지 확신할 수 없습니다."

이 장에서는 스티브 윌슨이 현재 당면하고 있는 문제 등을 해결하기 위해 제7장에서 다루었던 의사결정에 대한 논의를 확대해 볼 것이다. 스티브는 현재의 투자를 통해 미래의 현금흐름을 창출하고 싶어한다. 당연히 스티브가 이익을 얻기 위해서는 총 현금수입이 초기 투자비용보다 많아야 할 것이다. 이를 위해 미래의 현금유입이 초기 투자 비용에 대한 만족할 만한 보상인지 여부를 결정하는 방법을 논의할 것이다.

먼저 토지, 건물 또는 생산시설에 투자를 하는 자본예산 의사결정에 대해 알아볼 것이다. 자본예산 의사결정은 기본적으로 화폐의 시간가치를 고려해야 한다. 화폐의 시간가치란 간단히 말하면 오늘의 1달러가 내일의 1달러보다 가치가 있다는 것이다. 자본예산 의사결정에 화폐의 시간가치를 고려하는 평가방법을 적용해 본 후 이를 기타장기의사결정으로 확대 적용해 볼 것이다.

학습목표 1 자본적 지출 의사결정과 자본 예산을 정의하고, 순현재가치법과 내부수익율법을 이용한 투자 안의 평가에 대한 이해

9.1 자본예산 의사결정

가정에서 집, 자동차, 가전제품, 가구 등과 같은 장기보유 자산에 투자하는 것과 같이 회사도 장기보유 자산에 투자한다. 〈그림 9-1〉에서 이러한 투자의 사례를 보여주고 있다. 사례에서 회사는 회사의 운영에 장기간 영향을 미칠 자산들에 투자를 하는 것을 고려하고 있다.

투자의사결정은 회사의 운영에 장기적으로 영향을 미치는 사항이기에 매우 중요하다. 2017년에 BMW는 사우스캐롤라이나주의 공장확장을 위해 6억불을 투자하기로 발표했다. 이 추가생산설비의 투자는 향후 수년간 인건비와 운송비에 큰 영향을 미칠 것이다. 미국인 노동자의 비중이 독일인 노동자의 비중보다 커졌기 때문에 자동차를 생산하는데 드는 인건비가 미국의 임금 수준에 크게 영향을 받게 되었다. 또한 미국에 판매되는 상품의 경우 유럽대륙에서 운반해 올 필요가 없어졌기에 운송비가 크게 감소하였다.

중소기업에서도 투자의사결정은 매우 중요하다. 자동화 인쇄기를 구입하려고 하는 작은 인쇄소를 예로 든

1. 아마존(Amazon)은 올랜도에 2.4백만 제곱피트(ft^2) 규모의 창고를 건설하기 위해 투자한다. 전체 투자금액은 14백만달러로 예상된다.
2. 노드스트롬(Nordstrom)은 토론토에 새로운 백화점을 개점한다. 새로운 백화점은 캐나다의 6번째 점포이다.
3. 테슬라(Tesla)는 리튬이온 배터리를 생산하고 전기자동차를 조립하기 위한 공장을 네바다에 건설한다. 이 공장은 세계에서 가장 규모가 크고 5조 달러의 투자금액이 예상된다. 2018년 12월 현재 공장은 5.4 백만제곱피트(ft^2) 규모로 지어졌으나, 전체 예상 규모의 절반에도 미치지 않는다.
4. 스타벅스(Starbucks)는 맨하탄에 23,000 제곱피트(ft^2) 규모의 리저브 로스터리(Reserve Roastery)에 투자한다.
5. 크로거(Kroger)는 온라인 음식키트를 공급하는 홈 셰프(Home Chef)에 2억불을 투자한다.

〈그림 9-1〉 투자의사결정의 예

다면, 비록 새로운 기계의 구매비용이 인쇄소 총 자산의 50% 이상이 되겠지만 신기술에 투자를 하는 것이 시장에서 두각을 나타내느냐 혹은 실패하느냐의 분수령이 될 수 있다.

장기보유 자산의 취득과 관련된 투자의사결정은 **자본지출 의사결정**(capital expenditure decisions)이라고 불린다. 새로운 자원을 소유하기 위해선 회사의 자본을 사용해야 하기 때문이다. 또한 대부분의 회사들이 잠재적인 투자 안에 대해서 신중히 분석하고 평가하기 때문에 이를 **자본예산 의사결정**(capital budgeting decisions)이라고도 부른다. 투자기회를 평가하는 프로세스를 **자본예산편성**(capital budgeting)이라 하고, 편성된 최종계획안을 **자본예산**(capital budget)이라 한다.

9.2 투자 기회의 평가: 화폐의 시간가치 방법

자본예산 의사결정의 이해에서 가장 중요한 것은 화폐의 시간 가치에 대한 개념이다. 회사가 투자 기회를 평가할 때 어느 정도의 현금이 들어오는지도 중요하지만 언제 그 현금을 받을지도 매우 중요하다. 화폐의 시간가치란 기본적으로 현재의 1달러가 내년 혹은 미래의 1달러보다 가치가 있다는 것이다. 현재 가지고 있는 1달러를 다른 곳에 투자한다면 연말에는 1달러보다 더 큰 가치로 돌아올 수 있기 때문이다.

Link to Practice

MSC 크루즈 10억불 규모의 유람선을 건조하다

스위스에 본사를 둔 MSC크루즈(MSC Cruises)는 2017년에 10억불을 투자하여 171,598톤 규모의 MSC크루즈 메라비글리아호(Meraviglia)를 건조하였다. 메라비글리아호는 5,714명의 승객을 수용할 수 있는 규모이다. 회사는 크루즈선의 건조로 창출할 수 있는 현금흐름이 건조에 소요되는 원가를 충분히 상회할 수 있는 규모가 될 것이라고 판단하여 투자를 결정한 것이다.

출처: *Gene Sloan*, "Yet Another Giant Cruise Ship Takes to the Sea," USA Today, May 31, 2017. https://www.usatoday.com/story/travel/cruises/2017/05/31/msc-takes-delivery-of-giant-new-cruise-ship/102339646/

기업들은 투자결정을 할 때 항상 현재 투자하는 금액보다 많은 현금이 돌아오길 기대한다. 당연히 투자로 인한 수입이 투자 원금보다 많지 않으면 기업들은 투자하지 않을 것이다. 하지만 미래의 현금과 현재의 현금은 동등한 가치를 지니지 않기에 미래 현금유입이 얼마가 되어야 투자금액 보다 큰 가치를 지니는지에 대해 생각해볼 필요가 있다. 따라서 우리는 미래의 현금을 현재가치로 변환하는 방법을 연구할 필요가 있으며 그 방법을 현재가치법 혹은 화폐의 시간가치법이라고 한다.

어떤 독자들은 이미 재무회계나 사채의 평가에서 현재가치법에 대해서 학습하였을 것이다. 다음 절에서 "기본적인 화폐의 시간가치 계산"에 대해 학습하고, 이를 이용한 투자 의사결정방법인 순현재가치법과 내부수익률법을 배울 것이다.

9.2.1 화폐의 시간가치

만약 이자율이 10%인 투자처에 $100을 투자한다면 1년 후에는 $110을 소유하게 될 것이다.

$$\$100 \times (1 + 0.10) = \$110$$

반대로 생각해 본다면 10%의 이자율이 보장된다고 할 때 1년 후의 $110은 현재 어느 정도의 가치가 있을까? 양변을 (1 + 0.1)로 나누는 간단한 계산을 통해 $100의 가치가 있음을 알 수 있다. 즉 10%의 수익률을 기대한다면 1년 후 받게 될 $110의 현재가치는 $100이다. 또한 10%의 수익률에서 1년 후의 수입 $110를 보장하기 위해선 현재 $100을 투자해야 한다고 설명할 수 도 있다.

$$\$100 = \frac{\$110}{(1 + 0.10)}$$

이제 $100을 10%의 수익률을 지닌 투자처에 2년의 기간 동안 투자한다고 가정해 보자. 처음 1년이 지난 후 $100에 (1 + 0.10)을 곱한 금액을 가지게 된다. 2차년도에는 1차년도의 금액에 (1 + 0.1)만큼을 더 곱한 값을 얻게 되므로 총 $121를 가지게 된다.

$$\$100 \times (1 + 0.1) \times (1 + 0.1) = \$100\,(1 + 0.10)^2 = \$121$$

이 문제를 다른 방향에서 생각해 본다면, 만약 10%의 수익률이 필요한 상황에서 2년 후에 받게 될 $121의 현재가치는 얼마인가에 대한 답이 $100임을 알 수 있다.

$$\$100 = \frac{\$121}{(1 + 0.10)^2}$$

앞의 두 예제를 통해 공식을 도출해 보면, 요구수익률을 r이라 정했을 때, n년 후의 미래 현금수입(F)의 현재가치(P)는 다음과 같다.

$$P = \frac{F}{(1+r)^n}$$

즉, n년 후의 현금수입(F)의 현재가치(P)를 구하기 위해서 미래의 현금수입(F)을 1과 요구수익률(r)의 합의 n승으로 나눠주어야 한다.

이 공식을 적용하여 요구수익률이 12%일 때 5년 후 받게 될 $1,000의 현재가치를 구해 보자. 먼저 현재가치 $1,000을 1과 요구수익률 0.12의 합에 5년 후를 의미하는 5승으로 나누어주면 $567.43을 얻을 수 있다.

$$\begin{aligned} p &= \frac{F}{(1+r)^n} \\ &= \frac{\$1{,}000}{(1+0.12)^5} \\ &= \frac{\$1{,}000}{1.7623417} \\ &= \$567.43 \end{aligned}$$

계산을 간단히 하기 위해서, 현재가치표에서 현가계수(할인계수)[1]를 찾아 사용할 수 있다. 현가계수(present value factor)는 단순히 $1/(1+r)^n$을 계산한 것이다. 그러므로 미래현금의 현재가치는 미래현금에 현가계수를 곱함으로써 얻을 수 있다.

예를 들면, 앞에서 보았던 요구수익률이 12%라고 할 때 5년 후에 받을 $1,000의 현재가치를 구하는 문제에서 현가계수의 공식인 $1/(1+r)^n$에 수를 대입하여 문제를 풀 수 있으며 결과는 다음과 같다.

$$\begin{aligned} \text{현가계수} &= \frac{1}{(1+r)^n} \\ &= \frac{1}{1.7623417} \\ &= 0.5674 \end{aligned}$$

현가계수를 직접 계산하는 것 이외에 이 장의 부록 B의 〈표 B9-1〉에 있는 $1 현가표를 참조하는 방법도 있다. 표의 위쪽에서 할인율인 12%를 찾은 후 5칸 밑을 본다면(5년 후의 현금흐름이기 때문에 5칸을 내려갔다) 현가계수는 앞서 계산한 것과 같이 0.5674임을 알 수 있다. 이 계수를 $1,000에 곱하여 현재가치를 구할 수 있다.

$$\begin{aligned} \text{현재가치} &= \$1{,}000 \times \text{현가계수} \\ &= \$1{,}000 \times 0.5674 \\ &= \$567.40 \end{aligned}$$

---

1 현재가치표를 사용하는 방법 이외에 재무용 계산기나 스프레드시트 프로그램을 사용할 수도 있다. 부록A에서 현가계산을 위한 엑셀프로그램을 사용하는 방법을 학습할 것이다.

Test Your Knowledge

앞서 배운 공식을 이용하여, 요구수익률이 10%일 때 2년 후에 받을 $500의 현재가치를 구하라.

a. $413.20 **b.** $468.58 **c.** $471.60 **d.** $480.30

정답. a ($500 × [1 ÷ (1+0.10)²])

9.2.2 순현재가치법(The Net Present Value Method: NPV)

자본 투자 평가를 위한 순현재가치법은 화폐의 시간가치 개념을 기본으로 두고 있다.

순현재가치법의 단계

의사결정/증분분석 순현재가치법을 사용하기 위한 첫 번째 단계는 잠재적 투자 안에 대한 각각의 현금흐름의 기간과 규모를 확인하는 것이다. 투자 안은 현금의 유입과 유출을 동시에 고려해야 한다. 8장에서 논의했던 바와 같이, 투자 안의 시행으로 인한 추가적인 미래 현금흐름만을 관련된 현금흐름으로 생각해야 한다. 기존에 발생된 현금 흐름은 되돌릴 수 없으며 현재의 투자의사결정에 영향을 미칠 수 없기 때문이다.

두 번째 단계는 각각의 현재가치 현금흐름을 요구수익률로 할인하는 것이다. 이 요구수익률에 대해서는 이후에 다시 논의할 것이기 때문에 여기에서는 **요구수익률**(required rate of return 또는 hurdle rate)을 최고경영자가 투자를 통해서 얻으려 하는 최소한의 수익으로 단순히 가정하기로 한다.

마지막 단계로는 순현재가치를 평가하는 것이다. **순현재가치**(net present value)란 모든 현금흐름의 현재가치를 합한 것이다. 순현재가치가 "0" 인 경우, 투자안은 정확히 요구수익률만큼의 수익을 낸 것이며 시행되어야 할 프로젝트라고 할 수 있다. 순현재가치가 양수인 경우, 요구수익률 이상의 결과를 낼 수 있다는 의미이기 때문에 그 프로젝트 또한 시행되어야 한다. 그러나 순현재가치가 음수인 경우에는 프로젝트를 시행해서는 안된다. 프로젝트의 시행으로 요구수익률보다 낮은 수익률을 얻는 것을 의미하기 때문이다. 투자안에 대한 순현재가지법이 〈그림 9-2〉에 나타나 있다.

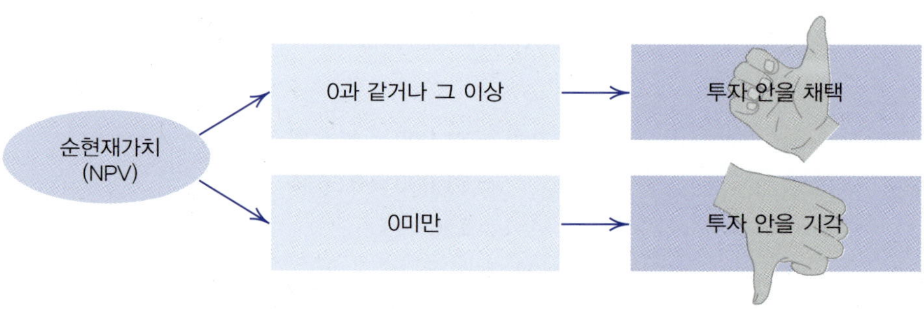

〈그림 9-2〉 투자안을 위한 NPV접근방법

순현재가치법의 예시

예제를 통해 순현재가치법이 어떻게 활용되는지 알아보자. 자동차정비회사에서 자동화된 도색분사 장비의 도입을 고려하는 중이다. 이 장비는 5년 동안 사용할 수 있으며, 장비의 사용으로 매년 $2,000만큼의 페인트를 절약할 수 있으며 $20,000의 인건비도 절감할 수 있다. 그러나 장비의 유지비용으로 매년 $1,000이 발생할 것으로 예상된다. 장비의 가격은 $70,000이며 5년 후의 잔존가치는 $5,000로 예상한다. 회사의 요구수익률이 12%라고 가정할 때 새로운 장비에 대한 투자 여부를 살펴보자.

이 투자안에 대한 현금흐름은 〈그림 9-3〉에 연도별로 나열되어 있다. 분석을 단순화하기 위하여 현금의 유입과 유출은 모두 연말에 이루어졌다고 가정한다. 이러한 가정은 흔히 사용하는 방법이며 비록 현금흐름이 연중에 발생했더라도 결과에 큰 영향을 주지 않는다.

〈그림 9-3〉에는 현가계수가 연차별로 표시되어 있다. 장비의 취득으로 발생하는 현금지출 $70,000와 관련된 현가계수는 1.0이다. 계획의 실행과 동시에 지출되기 때문에 그 자체가 현재가치라고 보는 것이다. 1차연도의 현금흐름을 보면, 순현금유입이 $21,000이며 12%의 수익률에 해당하는 현가계수는 0.8929이다(부록 B의 〈표 B9-1〉 참조). 순현금유입과 현가계수를 곱하면 1차연도 순현금유입의 현재가치는 $18,751이다. 장비에 대한 순현재가치는 각 년도의 현금흐름의 현재가치를 합계하여 구할 수 있으며 이 예에서는 $8,538이 된다. 순현재가치가 양수이므로 회사는 장비의 도입계획을 실행해야 할 것이다.

예제에서 $20,000의 노무원가 절감과 $2,000의 페인트 절약, 그리고 유지비용 $1,000의 지출은 5년간 매년 동일하게 발생한다. 그러므로 이 투자의 현재가치를 구하는 것은 매년 $21,000을 지급하는 5년만기 연금의 현재가치를 구하는 것과 같다고 할 수 있다. 이러한 방법은 〈그림 9-4〉에서 자세히 설명하고 있다. 부록 B에 있는 연금의 현가계수표(표 B9-2)에 따르면 수익률 12%의 5년 만기 연금의 현가계수는 3.6048

기간	현재	1차연도	2차연도	3차연도	4차연도	5차연도	
현금흐름							
취득원가	($70,000)						
노무원가 절감		$20,000	$20,000	$20,000	$20,000	$20,000	
페인트 절약		$ 2,000	$ 2,000	$ 2,000	$ 2,000	$ 2,000	
유지비용		($ 1,000)	($ 1,000)	($ 1,000)	($ 1,000)	($ 1,000)	
잔존가치						$ 5,000	
총 현금흐름	($70,000)	21,000	$21,000	$21,000	$21,000	$26,000	
현가계수	× 1.000	× .8929	× .7972	× .7118	× .6355	× .5674	
합계	($70,000)	$18,751	$16,741	$14,948	$13,346	$14,752	= $8,538 (NPV)

〈그림 9-3〉 자동화 페인트 분사기계 평가

항목	현금흐름	현가계수	현재가치
취득원가	($70,000)	1.0000	($70,000)
노무원가, 페인트, 유지비용	$21,000 (5년동안 매년)	3.6048	75,701
잔여가치	$5,000 (5차연도말)	0.5674	2,837
		Net present value	$8,538

$1의 연금현재가치 (부록B의 표9-2)

$1의 현재가치 (부록B의 표9-1)

〈그림 9-4〉 연금의 현재가치 방식을 이용한 자동화 페인트 분사기계의 현재가치 평가

이다. 이 값에 매년 지급하는 $21,000을 곱하여 연금의 현재가치가 $75,701임을 알 수 있다. 즉, 매년 $21,000를 지급하는 5년 만기 연금은 12%의 요구수익률을 생각했을 때 $75,701의 가치를 가지고 있다. 게다가 5년차에 발생하는 기계의 잔존가치 $5,000을 〈표 B9-1〉에 따라 현재가치로 계산하면 $2,837이다. 따라서 연금으로 생각하는 방법의 순현재가치는 〈그림 9-3〉과 마찬가지로 $8,538이다.

순현재가치법을 이용한 투자안의 비교

순현재가치법을 사용하면 상대적으로 간단하게 다양한 대안 투자안을 평가할 수 있다. 기본적으로 각 투자안의 순현재가치를 구한 후 가장 높은 값을 가진 대안을 선택하면 되는 것이다.

앞서 평가했던 투자 안의 대안을 예로 들어보자. 앞에서 설명한 투자안을 A라 하고, 또 다른 대안을 B라고 하자. 대안B에서 구입을 고려하고 있는 기계의 수명은 5년이며 매년 $3,000의 페인트 절약과 $27,000의 노무원가가 절감될 것이다. 연간 유지비용 $4,000을 감안하면 매년 $26,000을 절약할 수 있다.

페인트 절약	$3,000
노무원가 절감	27,000
유지비용	(4,000)
연간 순 절약	$26,000

이 기계의 가격은 $80,000이며 5년후 잔존가치는 $7,000이다. 대안B는 〈그림 9-5〉에 자세히 평가되어 있는데 이에 따르면 대안 B의 순현재가치는 $17,697로 가장 높은 현재가치를 가진다. 따라서 대안B가 A안 보다 선호될 것이며 구체적으로 B안은 A안 보다 $9,159만큼의 가치를 더 가진다고 할 수 있다.

투자 대안들을 평가하는 다른 방법은 증분 현금흐름의 현재가치를 구하는 것이다. 이 방법은 〈그림 9-5〉의 하단에 나타나 있다. 대안 B는 A안과 비교했을 때 기계구매비용으로 추가적인 $10,000의 현금유출이 있으며 노무원가, 페인트 절약, 그리고 유지비와 관련해서 매년 $5,000의 현금유입의 증가가 있다. (B로 인한 절약 분 $26,000과 A로 인한 절약 분 $21,000의 차이) 또한 기계 잔여가치가 $2,000 만큼 증가한다. 이 값들에 현재가치를 적용하면 대안 B의 현금흐름 증가분의 순현재가치는 $9,159이다. 이는 대안 B가 대안 A보다 $9,159의 가치를 더 가짐을 의미한다. 두 방법 모두 동일한 결과를 도출하지만 각자의 순현재가

Link to Practice

금광의 순현재가치는 −552백만달러

2017년 알라스카주 리븐굿(Livengood)광산의 소유주인 인터내셔날 타워 힐(International Tower Hill)사는 금광의 순현재가치를 산출하는 연구를 의뢰하였다. 5%의 할인율과 온스당 $1,250의 금가격을 이용한 광산의 순현재가치는 552백만달러의 손실이었다. 회사는 민감도분석도 수행하였는데, 금값을 30% 인상한 온스당 $1,625을 적용하면 순현재가치는 551백만달러로 증가하게 된다. 반면 가격이 30% 하락할 경우에는 1,887백만달러의 손실을 기록하게 된다.

이 연구에서 금값이 온스당 $1,250인 경우에 금광은 경제적이지 않다는 결론을 얻었다.

출처: Report to the Briytish Columbia Securities Commission Dated April 10, 2017 from International Tower Hill Mines entitled "Prefeasibility Study of The Livengood Gold Project, Livengood, Alasks, USA."

치를 구한 후 비교하는 방법을 사용하는 것이 실수를 줄이는 방법이다.

각 대안의 순현재가치 비교

대체 안 A	현금흐름	현가계수	현재가치	비고
구매비용	($70,000)	1.0000	($70,000)	
노무원가, 페인트, 유지비용	21,000	3.6048	75,701	연간(5년)
잔여가치(5차연도말)	5,000	0.5674	2,837	
			$8,538	

대체 안 B	현금흐름	현가계수	현재가치	비고
구매비용	($80,000)	1.0000	($80,000)	
노무원가, 페인트, 유지비용	26,000	3.6048	93,725	연간(5년)
잔여가치(5차연도말)	7,000	0.5674	3,972	
			$17,697	

→ $9,159 ($17,697-8,538)

→ 대안 B의 증분 값

대안A와 대안 B의 증분 현금흐름분석

증분 현금흐름	현금흐름	현가계수	현재가치	
구매비용	($10,000)	1.0000	($10,000)	
노무원가, 페인트, 유지비용	5,000	3.6048	18,024	연간(5년)
잔여가치(5차연도말)	2,000	0.5674	1,135	
			$9,159	

참조: 현가계수는 부록B의 표B9-1과 B9-2에서 인용

〈그림 9-5〉 순현재가치법을 이용한 대안 평가

9.2.3 내부수익률법(The Internal Rate of Return Method)

내부수익률법(Internal Rate of Return: IRR)은 투자기회를 평가하는 데 있어 순현재가치법의 대안이라고 할 수 있다. 이 방법은 순현재가치법과 마찬가지로 화폐의 시간가치를 고려한다. 내부수익률이란 현금의 유입과 유출의 현재가치를 동일하게 만드는 요구수익률을 뜻한다. 다시 말하면 순현재가치를 "0"으로 만드는 수익률

을 뜻하는 것이다. 만약 잠재적인 투자안의 내부수익률이 요구수익률과 같거나 그보다 높다면, 그 투자안을 채택해야 할 것이다. 이는 〈그림 9-6〉에 간략하게 설명되어 있다.

$100을 투자해서 1년 후와 2년 후에 각각 $60의 수익을 발생시키는 사례를 살펴보자. 이 경우 투자원금 $100을 가지고 2년 동안 $60의 연금을 얻을 수 있는 요구수익률은 얼마인가? 앞서 학습한 현재가치분석에서는 연금에 현가계수를 곱함으로써 그 값을 구했다.

$$\text{현재가치} = \text{현가계수} \times \text{연금}$$

이 사례는 해당기간 동안 현재가치와 초기 투자비용이 같도록 설정하였다. 따라서 현가계수는 초기 투자비용을 연금으로 나누어 계산할 수 있다.

$$\text{현가계수} = \text{초기 투자비용}/\text{연금}$$

실제로 투자비용 $100과 연금 $60을 대입하면 현가계수는 1.6667이다:

$$1.6667 = \$100 \ / \ \$60$$

$60은 2년간 매년 유입될 것이기 때문에 연금의 현재가치표(B9-2)에서 내부수익률을 찾아야 한다. 이 표의 2기간을 의미하는 행에서 1.6667이라는 현가계수와 가장 가까운 수는 13%의 요구수익률 칸에 있는 1.6681이다. 따라서 내부수익률은 약 13%라고 할 수 있다. 만약 이 프로젝트의 요구수익률이 13%보다 작거나 같다면 이 프로젝트는 실행되어야 한다.

투자안의 순현재가치를 계산해 보면 내부수익률에 대한 감을 얻을 수 있을 것이다. 만약 앞선 사례의 프로젝트 요구수익률이 13%인 경우 순현재가치는 얼마가 되겠는가? 이에 대한 대답은 "0"이다. 내부수익률이란 미래 현금흐름의 현재가치와 투자금액을 동일하게 만들어 주는 값이기 때문이다.

항목	현금흐름	현가계수	현재가치
현금흐름	$60	1.6681 부록 B 〈표 B9-2〉	$100.09
최초투자	($100)	1.0000	(100.00)
		차이(반올림에 의한)	$0.09

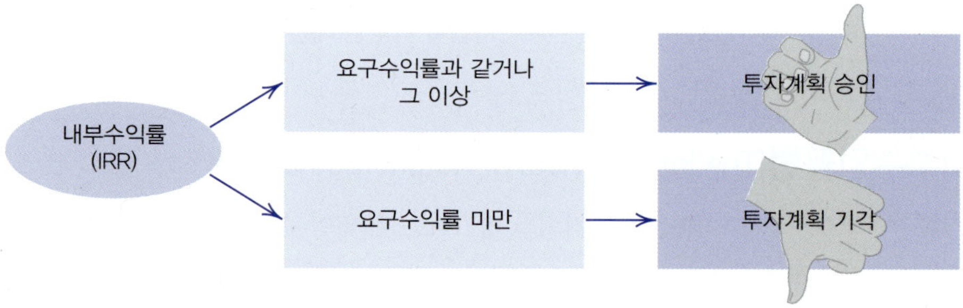

〈그림 9-6〉 투자평가의 내부수익률법

Test Your Knowledge

잠재적인 투자안은 어떤 상황일 때 받아들여져야 하는가?

a. 순현재가치가 0이거나 그 이상
b. 내부수익률이 요구수익률과 같거나 그 이상
c. a와 b 모두 정답

정답 : c

9.2.4 불균등한 현금흐름의 내부수익률

현금흐름이 매년 다르게 발생하는 프로젝트들의 경우 현가계수를 구할 때 단수의 현금흐름으로 초기투자비용을 나누어서 구할 수 없기 때문에 앞에서 설명 하였던 방법으로는 내부수익률을 구할 수 없다. 대안으로 내부수익률을 먼저 추정한 후에 그 값을 이용하여 프로젝트의 순현재가치를 구하는 방법을 사용하여야 한다. 이렇게 구한 순현재가치가 "0"보다 크다면 실제 내부수익률이 추정치보다 크다는 의미이므로 내부수익률 추정치를 증가시켜야 한다. 반대로 순현재가치가 "0"보다 작다면 내부수익률이 추정치보다 작다는 의미이므로 추정치를 감소시켜야 한다. 이런 시행착오를 통해 최종적으로 실제 내부수익률을 추정할 수 있다.

$120,000의 기계들을 구입하여 생산공정에 변화를 주려는 회사의 사례를 통하여 내부수익률을 추정하는 방법을 살펴보자. 회사는 투자를 통하여 1차연도에 $49,500, 2차연도에 $45,000, 3차연도에 $35,000, 4차연도에 $22,000, 그리고 5차연도에 $19,600 의 비용절감을 예상하고 있다.

기간	0	1	2	3	4	5
현금흐름	($120,000)	$49,500	$45,000	$35,000	$22,000	$19,600

Link to Practice

대학교육은 15%의 수익률

이 장에서 기업의 투자를 평가할 때 내부수익률을 어떻게 계산하는지 학습하였다. 대학에서의 학업에 대한 투자안의 경우에도 동일한 과정을 거쳐 내부수익률을 구할 수 있을 것이다. 실제로 2011년에 워싱턴DC에 위치한 비영리법인인 브루킹 인스티튜션(Brookings Institution)이 대학교육에 대한 내부수익률을 산출한 보고서를 발표하였다. 보고서에 따르면 4년제 대학에 수학한 수익률은 15.2%이다. 흥미로운 사실은 이러한 수익률이 1950년 이래 주식에 투자한 평균수익률의 2배 이상이며, 사채수익률의 5배 이상이라는 것이다. 보고서에서 별도로 명시하지는 않았지만 학부에서 경영학을 전공하거나 MBA를 취득한 경우에는 그 수익률이 15%를 훨씬 상회한다는 것이다.

출처: Michael Greenstone and Adam Looney, "Where is the Best Place to Invest $102,000-In Stocks, Bonds, or a College Degree?" *Brookings*, June 25, 2011.

		14%		20%		16%	
기간	현금흐름	현가계수	현재가치	현가계수	현재가치	현가계수	현재가치
0	($120,000)	1.0000	($120,000)	1.0000	($120,000)	1.0000	($120,000)
1	$49,500	0.8772	$43,421	0.8333	$41,248	0.8621	$42,674
2	$45,000	0.7695	$34,628	0.6944	$31,248	0.7432	$33,444
3	$35,000	0.6750	$23,625	0.5787	$20,255	0.6407	$22,425
4	$22,000	0.5921	$13,026	0.4823	$10,611	0.5523	$12,151
5	$19,600	0.5194	$10,180	0.4019	$ 7,877	0.4761	$ 9,332
		합계	$4,880		($8,761)		$26

〈그림 9-7〉 불균등한 현금흐름의 IRR계산

내부수익률을 이용하여 투자 안을 평가하기 위한 첫 번째 단계는 내부수익률이 어느 정도일지 추정하는 것이다. 투자안이 초기투자규모에 비해 상당한 크기의 현금흐름이 발생하기 때문에 내부수익률을 14% 정도로 추정을 하는 것이 합리적이다. 추정된 내부수익률 14%를 이용해서 순현재가치를 구하면 〈그림 9-7〉에서 나타난 바와 같이 현재가치가 $4,880으로 나타난다. 이는 곧 내부수익률이 14%보다 크다는 사실을 의미한다. 따라서 다음 추정치로 20%를 사용하면, 현재가치가 $8,761의 손실이 나타나게 되어 내부수익률이 너무 높게 추정되었음을 알 수 있다.

두 번의 시도 이후 내부수익률은 14%와 20% 사이의 값이라는 것을 알기 때문에 새로운 추정치 16%의 현재가치를 계산해 볼 수 있다. 그 결과 현재가치가 충분히 "0"에 가까운 값인 $26이기 때문에 내부수익률을 대략 16%라 추정할 수 있다. 만약 경영진에서 16%의 수익률이 충분하다고 판단한다면 회사는 투자안을 시행해야 할 것이다.

이러한 시행착오방법으로 내부수익률을 실제로 평가하는 데는 상당한 어려움이 있다. 실제로는 직접 내부

Data Analytics in Action

자체제작과 외부구입(Build versus Buy)—데이터분석의 투자에 가장 좋은 접근방법

대부분의 대기업들은 데이터분석에 투자할 필요가 있음을 확신하고 있다. 그러나 데이터분석을 위한 투자를 자체적으로 수행할 것인지 아니면 외부 전문기업으로부터 구입할 것인지에 대해 고민하고 있다. 이를 위해 각 대안에 대한 순현재가치(NPV)를 계산하여 평가할 필요가 있으며, 평가를 위해 다음 사항을 고려해야 할 것이다.

1. 소프트웨어 라이선스 비용은 1회성 지급이 아니라 매년 지급되는 비용이다.
2. 자체적으로 소프트웨어를 개발할 경우 많은 선행투자가 발생할 것이므로, 선행투자에 대한 화폐의 시간가치를 고려해야 한다.
3. 자체 개발한 소프트웨어는 기업에 특화(customized)되어 개발되었기에 다른 기업에 비해 경쟁우위를 점할 수 있다.
4. 외부기업으로부터 구입한 라이선스 소프트웨어는 자체 개발한 것보다 훨씬 빠르게 활용할 수 있다.

출처: Landon Starr, "Build or Buy: Finding the Right Data Science Software for Your Organization, "*Oracle + DATA SCIENCE.Com*, (August 16, 2018). https://www.datascience.com/blog/build-or-buy-finding-the-right-data-science-software-for-your-organization

수익률을 계산하기 보다는 엑셀(Excel)과 같은 스프레드시트 프로그램이나 특정 기능이 내장된 계산기를 통해서 손쉽게 계산한다. 사용자는 단순히 현금흐름 정보를 입력함으로써 내부수익률을 자동으로 얻을 수 있는 것이다.

9.2.5 순현재가치법과 내부수익률법의 요약

순현재가치법과 내부수익률법 모두 화폐의 시간가치를 사용하지만 대안을 평가하는 방법이 다르다. 순현재가치법에선 순현재가치가 "0"이나 양수가 될 때 프로젝트를 채택하고 내부수익률법에선 내부수익률이 요구수익률 이상일 때 프로젝트를 시행한다.

9.3 투자 결정에서 "비금전적 혜택"의 고려

기업에서 투자 결정을 할 때 프로젝트의 순현재가치나 내부수익률뿐만 아니라 비금전적 혜택(soft benefits)을 감안하는 것도 중요하다. 비금전적 혜택은 계량화하기 어려운 혜택을 말한다. 최첨단 휠체어의 생산을 계획중인 다이나믹 의료기기사(Dynamic Medical Equipment)의 상황을 예로 들어보자. 이 휠체어는 테니스 라켓 생산에 이용되는 가벼운 그라파이트(graphite) 구조 기술과 휠체어 경기 선수들에 의해 제안된 디자인 개선안을 적용할 것이다. 이 프로젝트의 평가에서 첨단 휠체어의 생산으로 혁신에 몰두하는 선두주자라는 명성을 얻을 수 있다는 사실을 포함시키지 못했다고 가정해보자. 이러한 명성은 매우 가치가 있으며 기업 전체 제품의 판매에 도움을 줄 수 있을 것이다. 그러나 그러한 가치를 계량화하는 것은 매우 어려운 것 또한 사실이다. 그러나 휠체어의 개발로 습득한 기술력이 향후 그래파이트 재질로 만들어 질 기업내 모든 제품의 생산에 도움을 줄 수 있을 것이다. 이러한 사실도 기업에는 대단한 혜택이지만 이것 또한 계량화하기는 힘들 것이다.

비금전적 혜택을 무시한다면 전략적인 중요성이 있는 투자들을 간과할 가능성이 있다. 특히 첨단 생산 기술의 진보에 대한 투자에서 많이 나타날 수 있다. 예를 들면, 로봇공학에 투자하는 것이 제품의 결함을 줄이는데 도움이 될 수 있고, 결함이 없는 제품은 기업 경쟁우위의 원천이 될 수 있을 것이다. 그러나 순현재가치법을 이용하여 투자분석을 하는 경우, 상대적으로 계량화가 쉬운 노동력의 감축에만 초점이 맞춰지고 상품수요의 증가로 인한 현금흐름은 수치화하기 어렵기 때문에 간과할 가능성이 크다는 것이다.

또 다른 사례로는 유연생산시스템(flexible manufacturing system)에 대한 투자를 들 수 있다. 유연생산시스템이란 매우 높은 수준의 자동화와 컴퓨터로 제어되는 장비들을 이용하여 여러 종류의 제품들이나 표준화된 제품의 변형들을 쉽게 생산할 수 있도록 하는 유연한 체제를 의미한다. 이러한 시스템을 이용하면 회사는 고객 개개인의 요구에 정확히 부합하는 제품들을 쉽게 맞춤 제작할 수 있다. 또한 제품의 배송 시간을 줄일 수 있

Link to Practice

CFO의 순현재가치와 내부수익률법 사용

듀크대학(Duke university)의 존 그라함(John Graham)과 캠벨 하비 Campbell Harvey는 CFO들을 대상으로 자본예산 방법론의 사용 여부를 조사하기 위한 설문조사를 시행하였다. 설문 결과에 따르면 74.9%의 CFO들이 항상 혹은 거의 항상 순현재가치법을 사용하고 있으며 75.7%의 CFO들이 내부수익률을 항상 혹은 거의 항상 쓰고 있는 것으로 나타났다. 또한 규모가 작은 회사보다는 큰 회사에서 순현재가치법을 사용하고 있다는 사실이 드러났다. 순현재가치법과 내부수익률 다음으로 많이 쓰이는 방법은 회수기간법으로 56.7%의 CFO들이 항상 혹은 거의 항상 쓰고 있다고 답변했다.

출처: J. Graham and Harvey, "How Do CFOs Make Capital Budgeting and Capital Structure Decisions," *Journal of Applied Corporate Finance*, Spring 2002, pp 8-22. Reprinted by permission of Blackwell Publishing Ltd.

을 뿐만 아니라 신제품의 출시를 빨리 할 수 있도록 도와줄 수 있다. 이러한 장점들이 기업의 경쟁력을 강화시킬 수 있는 요인이긴 하지만 금전적으로 계량화하기는 매우 어려울 것이다.

9.3.1 투자안 채택을 위한 비금전적 혜택의 가치 계산

투자 안의 분석을 위해서는 비금전적 혜택의 가치를 산출하기 위한 합리적인 노력이 동반되어야 한다. 하지만 비금전적 혜택의 계량화는 매우 어려울 때가 있다. 만일 투자안의 순현재가치가 음수로 나타난 경우에, 음수에서 양수로 전환하기 위해 추가적으로 어느 정도의 현금 유입이 필요한지를 확인하여 비금전적 혜택이 그 값을 초과한다는 확신이 든다면 투자를 결정할 수 있을 것이다.

다이나믹 의료기기사의 최첨단 휠체어 프로젝트를 예로 들면, 요구수익률이 15%이며 10년 이후에는 다른 제품으로 대체된다고 할 때 이 프로젝트의 순현재가치는 $80,000 손실이었다. 이 프로젝트를 평가할 때 비금전적 혜택은 고려되지 않았다. 이 프로젝트가 채택되기 위해서는 어느 정도의 비금전적 혜택의 발생이 필요한 것일까? 〈그림 9-8〉에 제시된 표를 살펴보자.

프로젝트가 채택되려면 비금전적 혜택의 현재가치가 최소한 $80,000이어야 한다. 연금의 현재가치표를 이용하면 15%, 10기간의 할인계수 5.019을 얻을 수 있다. 이 계수를 적용하면 비금전적 혜택이 최소 매년 $15,939이라면 이 프로젝트는 시행할 만한 가치가 있게 된다. 이 분석결과는 다이나믹 의료기기사에 매우

$$\text{필요한 현재가치} = \text{할인계수} \times \text{혜택의 가치}$$

$$\text{혜택의 가치} = \frac{\text{필요한 현재가치}}{\text{할인계수}} = \frac{\$80{,}000}{5.019} = \$15{,}939$$

〈그림 9-8〉 프로젝트 채택을 위해 필요한 비금전적 혜택의 계산

Link to Practice

정보기술의 투자와 관련된 비금전적 혜택

프로젝트관리 템플릿을 판매하는 테크노 PM사(Techno-PM)는 정보기술의 투자와 관련된 많은 비금전적 혜택이 있다는 것에 주목한다. 예를 들어 세련된 사용자 인터페이스에 투자하는 것은 회사의 웹사이트에서의 체크아웃 시간을 빠르게 해주며 결국은 고객 만족도의 향상을 이끌어 낼 수 있을 것이다. 고객 만족도의 향상은 매우 가치가 있는 사항이지만 계량화하기는 매우 어려울 것이다. 혹은 기술의 투자를 수동프로세스를 자동화하고 사람의 실수를 줄이는 것으로 간주하는 것이다. 실수를 줄이는 것은 가치가 있는 것이지만 가치를 특정하지는 못한다. 이것 역시 계량화하기가 매우 어렵기 때문에 실수를 줄이는 것도 비금전적 혜택이라 할 수 있을 것이다.

출처: Swapnil Wale, "10 Tangible Benefits Examples and Intangible Benefits Examples, "*Techno-PM*, July 9, 2015. http://www.techno-pm.com/2015/07/project-benefits-examples-list.html

유용할 것이다. 예를 들면, 비록 비금전적 혜택을 정확히 평가할 수는 없지만 그 혜택이 매년 $16,000을 넘는다는 일반적인 합의가 있다면 프로젝트를 시행할 것이다. 혹은 비금전적 혜택이 있다고 생각해도 매년 $10,000을 넘지 못한다는 생각이 지배적이라면 새로운 휠체어를 만드는데 투자하지 않을 것이다.

9.4 요구수익률의 추정

앞서 살펴본 사례들에서 순현재가치를 구할 때나 내부수익률과 비교할 때 표시된 요구수익률은 단순히 제시된 값이었다. 그러나 실무에서 활용하는 요구수익률은 경영진에 의해서 추정되어야 한다. 어떤 상황에서는 요구수익률이 기업의 자본비용과 같아야 한다. **자본비용**(cost of capital)이란 투자자금을 조달하는데 소요된 자기자본비용과 타인자본비용의 가중평균비용이다. 타인자본비용은 자금을 빌려온 개인, 은행, 그리고 다른 회사들에게 지급하는 이자비용을 일컬으며, 자기자본비용은 주주들의 자본투자에 대한 대가로 주주들이 요구하는 수익률이다. 자기자본비용을 추정하는 것은 노련한 전문가들도 어려움을 겪는 사안이다. 이러한 어려움 때문에 많은 경영진들은 요구수익률을 결정함에 있어 위험이 많을 수록 더 많은 요구수익률을 책정하는 방식을 따르고 있다.

Link to Practice

다양한 분야의 자본비용

뉴욕대학교 경영대학원(Stern School of New York University)에서는 각 사업별 자본비용을 웹사이트에 게재했다. 이 값들은 회사마다 다른 자본비용을 이해하는데 도움이 될 것이다. http://people.stern.nyu.edu/adamodar/New_Home_Page/datafile/wacc.htm

2019년 7월의 사례

항공우주/방위산업	8.72%
의류	6.98%
자동차 부품	7.86%
생명공학	10.49%
엔터테인먼트	9.42%
식품 가공	6.12%
반도체	9.75%
통신장비	8.30%

학습목표 2 감가상각비 감세효과의 계산과 화폐의 시간가치를 이용한 기타 장기 의사결정의 평가에 대한 이해

9.5 현금흐름에 대한 추가적인 고려

투자분석을 유용하게 하기 위해서 순현재가치법과 내부수익률법 모두 적절한 기준의 현금흐름을 필요로 한다. 특히 수익과 지출이 아니라 현금의 유입과 유출을 현재가치로 할인해야 한다는 것을 기억하는 것이 중요하다. 만약 1차년도에 매출이 발생하였으나 현금회수가 2차년도에 이루어진다면, 수익은 1차년도에 기록되더라도 현재가치를 평가할 때는 2차년도의 현금흐름을 현재가치로 할인해야 한다. 동일하게, 1차년도에 현금으로 기계를 구입하고 관련된 감가상각비를 1차년도에서 5차년도까지 계상했다면 순현재가치 분석을 위해서는 1차년도의 현금유출만을 고려하면 된다. 감가상각비는 정상적인 비용이지만 현금의 유출은 발생하지 않기 때문이다. 현재가치 분석은 현금의 흐름만 고려하기 때문이다.

이 절에서 현금흐름과 관련된 두 가지 주제를 다룰 것이다. 첫 번째는 감가상각비에 대한 것이다. 감가상각비는 현금흐름에 직접적인 영향을 미치지는 않지만 법인세에 영향을 미침으로써 현금흐름에 간접적인 영향을 줄 수 있다. 두 번째는 인플레이션이 현금흐름에 미치는 효과에 대한 것이다.

9.5.1 현금흐름, 세금, 그리고 감가상각비 감세효과

앞의 모든 사례에서 현금흐름의 법인세 효과를 고려하지 않았다. 그러나 세금은 자본예산 결정에 매우 중요한 부분이기에 여기서 다루고자 한다. 만약 투자 프로젝트에서 과세 가능한 수익이 발생한다면 그 부분에 관한 세금은 현금유입에서 차감되어야 할 것이다. 마찬가지로, 소득공제가 가능한 비용이 발생한다면, 납부해야 하는 세금이 줄어들기 때문에 현금의 유입량이 그 만큼 증가할 것이다.

앞에서 감가상각비는 실제 현금의 지출이 이루어지는 것이 아니기 때문에 투자안의 현재가치 분석과는 관련이 없다고 하였다. 그러나 감가상각비가 현금흐름에 직접적인 영향을 미치진 않더라도, 감가상각비로 인해 기업에서 납부해야 하는 세금이 줄어듦으로써 간접적인 영향을 미칠 수 있다. 이러한 효과를 **감가상각비 감세효과**(depreciation tax shield)라고 한다.

고객의 모습을 인쇄한 티셔츠의 판매를 고려하고 있는 만도 파티용품사(Mando Party Supply)의 사례를 살펴보자. 신제품의 출시를 위해서는 $100,000 규모의 기계장치 구입을 필요로 한다. 신제품의 판매로 매년 $70,000의 수익과 $40,000의 비용(감가상각비 제외)이 발생할 것으로 예상하고 있다. 또한 새로운 기계장치의 내용연수는 10년이며, 정액법에 따른 감가상각비는 매년 $10,000이 발생할 것이다. 법인세율은 20%

이다.[2] 만약 수익이 발생한 기간에 현금이 회수되고 감가상각비를 제외한 비용들 또한 발생한 기간에 현금으로 지급이 된다면 이 투자안과 관련한 순이익과 현금흐름은 다음과 같다.

순이익

매출액		$70,000
차감:		
영업비용(감가상각비 제외)	$40,000	
감가상각비	10,000	50,000
법인세차감전순이익		20,000
법인세(세율: 20%)		4,000
순이익		$16,000

현금흐름

매출액	$70,000
수익에 대한 법인세 차감	(14,000)
영업비용(감가상각비 제외) 차감	(40,000)
영업비용(감가상각비 제외)의 법인세 절감효과 가산	8,000
감가상각비에 대한 법인세 절감효과 가산	2,000
현금흐름	$26,000

매출액은 현금수입을 $70,000 증가시키지만 법인세비용 $28,000의 지출이 필요하다. 또한 감가상각비를 제외한 영업비용으로 $40,000이 차감된다. 하지만 영업비용으로 인한 현금흐름의 감소는 과세 가능한 수익의 감소로 이어져 $8,000의 법인세가 절감된다. 감가상각비는 현금지출이 없는 비용이기 때문에 현금흐름을 감소시키지 않지만 과세 가능한 수익을 줄어들게 함으로써 감가상각비에 세율을 적용한 만큼의 현금수입을 발생시킨다($10,000 × 0.20 = $2,000). 그러므로 감가상각비 감세효과는 $2,000이 된다.

이 사례에서는 감가상각비 감세효과를 설명하기 위해 현금흐름을 다소 우회적으로 계산하였다. 그러나 실무에서는 순이익에 감가상각비를 가산하는 단순한 방법으로 현금흐름을 계산하고 있다.

순이익	$16,000
가산: 감가상각비	10,000
현금흐름	$26,000

여기서 순이익에 감가상각비를 가산하는 이유는 순이익을 계산하는 과정에서 비용으로 차감이 되었지만 현금지출을 수반하지 않은 항목이기 때문이다.

---

2 법인세율은 20%로 가정하며 누진세율과 세율의 변화는 무시한다.

항목		현금흐름	현가계수	현재가치
최초투자		($100,000)	1.000	($100,000)
매출액	$70,000			
비용(감가상각비 제외)	(40,000)			
법인세	(4,000)	26,000	4.8332	125,663
순현재가치(NPV)				$25,663
			부록 B 〈표 B9-2〉	

〈그림 9-9〉 법인세를 감안한 NPV 분석

신제품에 대한 투자는 상당한 위험이 따르기에 회사의 경영진은 투자안의 요구수익률을 16%로 설정하였다. 이에 따른 순현재가치의 계산은 〈그림 9-9〉에서 보여주고 있다. 이 투자안의 수익, 비용, 법인세비용이 매년 일정하기에, 순이익에 해당하는 금액을 요구수익률이 16%인 10년 만기 연금으로 간주하여 계산을 할 수 있다. 그 결과 순현재가치가 $25,663이므로 회사는 기계장치에 대한 투자를 실행할 것이다.

감가상각비가 법인세를 줄여주는 효과가 있다는 사실은 투자안의 가치에 중요한 영향을 미친다. 감가상각비가 $10,000이고 세율이 20%라면 감가상각비로 인해 매년 $2,000의 세금을 절감할 수 있다. 이를 10년 동안 16%의 요구수익률로 계산한 법인세감면금액의 현재가치는 $9,666이다($2,000 × 현가계수 4.8332).

9.5.2 인플레이션에 의한 현금흐름 조정

투자의 현금흐름 예측에 관한 또 다른 쟁점은 인플레이션이다. 1970년대와 1980년대 초반 미국은 두 자리 숫자의 높은 인플레이션을 경험했으며, 높은 인플레이션은 여전히 많은 국가에서 발생하기 때문에 투자와 관련한 현금흐름의 예측에서 인플레이션의 고려는 매우 중요한 일이다.

현재의 현금흐름에 예상되는 인플레이션율을 곱함으로써 인플레이션의 영향을 예측할 수 있다. 투자안에

Link to Practice

델타항공(Delta Air Lines)의 감가상각비 감세효과

미국 연방 세법에 따르면 기업은 발생된 손실을 과거에 지급한 세금에 소급 적용하여 환급을 받을 수 있도록 허용하고 있다. 만약 소급적용을 하지 못한다면 손실을 이월시켜 미래에 지급할 소득세에서 차감할 수 있다.

세금의 손실을 이월시키는 제도는 델타항공에 특히 유용한 제도이다. 2013년에 회사는 특별항목을 제외하고 27억 달러의 이익을 기록하였지만 단 1 달러의 세금도 납부하지 않았다. 그 이유는 회사에서 150억 달러의 이월손실금이 있었기 때문이다.

이러한 상황에서 2014년 1월에 기계장치에 대한 투자를 한다면, 투자로 인한 2014년과 2015년의 감가상각비 감세효과는 어떻게 변화할까? 회사는 2014과 2015년에 세금을 내지 않을 것이기 때문에 추가적인 감가상각비로 인해 감면되는 세금도 존재하지 않는다. 그러므로 2014년과 2015년에는 감가상각비 감세효과가 없을 것이다.

대한 1차연도의 현금흐름이 $100로 예상이 되고, 예상 인플레이션이 연간 5%으로 예측이 된다면, 2차연도에는 $105 (100×1.05), 3차연도에는 $110.25(105×1.05), 4차연도에는 $115.76 등으로 현금흐름을 예측하는 것이 합리적이다. 인플레이션에 대한 예측은 금융저널이나 경제연구소 등의 자료를 통하여 얻을 수 있을 것이다.

순현재가치법에서 인플레이션이 간과된다면 많은 의미있는 투자기회들이 거부될 수 있을 것이다. 부채와 자기자본에 대한 조달비용은 이미 미래의 인플레이션을 반영하고 있기 때문이다. 예를 들어 은행은 인플레이션이 높아질 것이라고 예측할 경우 대출금의 이자율을 높게 책정한다. 기업에서 인플레이션이 반영된 자본조달 비용을 바탕으로 요구수익률을 결정하면서 미래의 현금유입에 대해서는 인플레이션을 반영하지 않는다면 미래의 현금유입은 상대적으로 낮게 그리고 요구수익률은 상대적으로 높게 추정하게 되는 결과를 가져올 것이다. 그 결과 적절한 투자기회들이 음의 순현재가치를 표시하게 될 것이다.

9.6 기타 장기의사결정들

지금까지 장기보유자산에 대한 투자와 관련된 자본예산 의사결정을 화폐의 시간가치를 이용하는 순현재가치법과 내부수익률법으로 분석해 보았다. 이러한 화폐의 시간가치 개념은 자본예산 의사결정에 대한 분석 이외에도 기타 장기의사결정에 사용될 수 있다. 장기의사결정이란 미래의 여러 기간에 걸쳐 현금흐름에 영향을 미치는 의사결정을 말한다. 현금흐름은 미래에 발생하고 오늘의 1달러의 가치는 내일의 1달러의 가치보다 크기 때문에 순현재가치법과 내부수익률법이 이러한 의사결정에도 적용될 수 있다. 투자의사결정은 아니지만 순현재가치법이나 내부수익률법을 이용하여 분석해야 할 장기의사결정들이 〈그림 9-10〉에 나열되어 있다.

화폐의 시간가치 개념이 자본예산 의사결정 이외의 의사결정에 어떤 방식으로 적용되는지 사례를 통해 살펴보자. 엑셀레이터 컨설팅사(Accelerator Consulting)는 피닉스에서 열리는 골프 토너먼트를 후원하는 계약을 고려 중이다. 계약의 내용은 5년간 매년 초에 $1,000,000을 지불하고, 그 대가로 대회의 명칭이 텔레비전 방송에서 '엑셀레이터 오픈(Accelerator Open)'이라고 불릴 것이며 클럽 하우스나 골프 코스의 곳곳에 회사의

1. 토지관리 위탁 결정
2. 생산라인 중단 결정
3. 부품의 제조 대신 구매 결정
4. 다년간에 걸친 광고 캠페인 결정
5. 상품 구매비용 지급방법 결정(고액의 선급금과 소액의 할부금 혹은 소액의 선급금과 고액의 할부금)

〈그림 9-10〉 기타 장기의사결정

현금흐름	현재	1차연도	2차연도	3차연도	4차연도	5차연도	
후원금	($1,000,000)	($1,000,000)	($1,000,000)	($1,000,000)	($1,000,000)	–	
후원금의 감세효과	–	200,000[a]	200,000	200,000	200,000	200,000	
이익증가분	–	600,000[b]	900,000	1,200,000	1,500,000	1,800,000	
추가이익에 대한 세금	–	(120,000)[c]	(180,000)	(240,000)	(300,000)	(360,000)	
현금흐름	($1,000,000)	($320,000)	($80,000)	$160,000	$400,000	$1,640,000	
현가계수	×1.0000	×0.9091	×0.8264	×0.7513	×0.6830	×0.6209	
합계	($1,000,000)	($290,912)	($66,112)	$120,208	$273,200	$1,018,276	= $54,660 (NPV)
							11.01% (IRR)[d]

a 후원금의 감세효과 = $1,000,000 × 0.2
b 이익증가분 = $2,000,000 × 0.3
c 추가이익에 대한 세금 = $600,000 × 0.2
d IRR은 부록A에서 설명한대로 엑셀을 사용하여 산출.

〈그림 9-11〉 골프대회 후원 의사결정의 평가

광고판을 내걸 수 있게 된다. 또한 18번 홀에서 무료 식사제공과 관람석을 제공받아 고객이나 VIP 접대에 사용할 수 있다.

엑셀레이터사는 5년 동안 토너먼트에 노출됨으로써 매출이 각 년도에 $2,000,000, $3,000,000, $4,000,000, $5,000,000, $6,000,000 만큼 증가할 것이라고 예측한다. 이 회사의 평균 세전이익률 (세전이익을 매출로 나눈 값)은 30%이며 법인세율은 20%이다. 이 계약을 통해 회사측은 10%가량의 이익을 얻을 수 있을 것으로 기대한다면 회사는 토너먼트 후원에 동의를 할 것인가? 〈그림 9-11〉에 나타난 순현재가치법과 내부수익률법 분석을 따르면 순현재가치는 $54,660이며 내부수익률은 11.01%이므로 엑셀레이터사는 토너먼트를 후원해야 한다.

Any Questions?

Q: 7장의 엑셀레이터 컨설팅(Accelerator Consulting) 사례에서 〈그림 9-10〉과 같은 방법으로 의사결정을 분석했지만 현금유입과 유출 대신 증분수익과 증분원가를 이용하였으며, 순현재가치를 도출하지도 않았다. 7장에서 다루지 않았던 화폐의 시간가치를 이번 장에서 다루는 이유는 무엇인가?

A: 7장에서는 증분수익과 증분원가를 분석하였다. 혼란을 주지 않기 위해서 표기하지 않았지만 기본적으로 증분수익은 증분현금유입과 같고 증분원가는 증분현금유출과 같다고 가정했다. 또한 화폐의 시간가치가 의사결정을 분석하는 데 중요하지 않다고 가정하였다. 1~2년간의 단기 의사결정이라서 화폐의 시간가치를 무시한다고 해서 큰 차이가 발생하지 않는다고 판단했기 때문이다. 또한 투자안들이 큰 투자를 요하지 않았으며 그 중 하나의 투자안이 매년 가장 큰 증분이익을 보이며 다른 투자안들에 비해 압도적으로 우월했기 때문에 화폐의 시간가치를 고려할 이유가 없었다.

학습목표 3 회수기간법과 회계적이익률을 이용한 투자기회 평가와 경영자들이 순현재가치보다 단기적 이익에 몰입하는 이유에 대한 이해

9.7 자본예산 편성을 위한 단순 접근방법

순현재가치법과 내부수익률법은 실무에서 자본투자안을 분석하는 방법으로 널리 쓰이고 있다. 그러나 여전히 많은 회사들은 단순한 접근법으로 자본투자안을 평가하고 있다. 그 중 회수기간법과 회계적이익률법을 이번 절에서 소개할 것이다. 이 방법들은 순현재가치법이나 내부수익률법과 비교하면 중요한 한계점들을 가지고 있다.

9.7.1 회수기간법(Payback Period)

회수기간(payback period)이란 초기투자비용을 회수하는데 소요되는 기간을 의미한다. $1,000의 초기투자로 연간 $500의 현금흐름을 발생하는 투자안의 자본회수기간은 2년이다. 또한 $1,000의 투자로 연간 $300의 현금흐름이 발생한다면 회수기간은 3.33년일 것이다. 다른 모든 조건이 같다면 회사는 자본회수기간이 짧은 것을 선택할 것이다.

회수기간법을 사용하는 유일한 접근방법은 어떠한 요구 조건보다 회수기간이 짧은 투자안을 선택하는 것이다. 그러나 이 방법은 매우 잘못된 결과를 초래할 수 있다. 예를 들어 $1,000의 초기투자가 필요한 두 가지 투자 안이 있다고 가정한다. 첫 번째 투자안은 3년동안 매년 $500의 현금 수익을 낼 것이며 회수기간은 2년이다. 두 번째 투자안은 처음 2년간은 수익을 내지 못하지만 3년차에는 $1,000, 4년차에는 $4,000의 수익을 낼 것이다. 따라서 회수기간은 3년이 된다. 두 번째 투자안이 더 많은 이익을 회사에 가져다 줄 것이지만 회사의 회수기간이 2년을 요구한다면 첫 번째 투자안이 선택되고 두 번째 투자안은 기각될 것이다. 즉, 회수기간법의 문제는 전체 현금흐름을 고려하지 않고 단순히 투자금이 회수되는 기간까지의 현금흐름만을 고려한다는 것이다. 그런 이유로 사례의 두 번째 투자안에서 4년차에 발생하는 $4,000의 현금흐름이 의사결정에 반영되지 않은 것이다.

또 다른 한계점은 화폐의 시간가치를 고려하지 않는 것이다. $1,000의 투자비용이 필요한 두 가지 투자 안을 생각해보자. 첫 번째 투자안은 1년차에 $700, 2년차에 $300, 3년차에 $300의 현금흐름이 발생한다. 두 번째 투자는 1년차에 $300, 2년차에 $700, 3년차에 $300의 현금흐름이 발생한다. 두 방법 모두 회수기간은 2년으로 동일하다. 하지만 화폐의 시간가치를 고려한다면 1년차에 $700을 얻을 수 있는 첫 번째 투자안이 더욱 매력적이다. 실제로 첫 번째 투자 안의 내부수익률은 17%인 반면 두 번째 투자안의 내부수익

Link to Practice

가정용 태양열전기의 회수기간

가정용 태양열전기에 투자하는 안의 회수기간은 얼마나 될까? 물론 태양열 패널의 수나 전기요금의 원가나 기타 요인들에 따라 차이가 있겠지만 펜실베니아 남부에 거주하는 가구의 예를 살펴보자. 케빈 토펠(Kevin Tofel)은 4개의 침실을 갖춘 그의 집에 $51,865를 들여 태양열 패널을 설치하였다. 주정부의 보조금과 소득세 세액공제 등을 감안한 실제원가는 $29,205이었다. 통상적으로 연간 $2,500의 전기요금이 청구된다는 것을 감안하여 회수기간은 약 11.7년($29,205 ÷ $2,500)이 될 것으로 예측하였다. 패널을 설치한 이후에 케빈은 휘발유차를 처분하고 전기자동차를 구입하였다. 새로운 태양열 전기는 충분한 용량을 갖추고 있으므로 추가적인 요금부담없이 휘발유값을 절약할 수 있었으며, 회수기간도 줄여 주었다.

출처: Kevin C. Tofel, "Adding an Electric Car Cut the Payback Point of our Solar Panel Investment in Half," *GIGAOM*, May 12, 2013.

률은 14%에 지나지 않는다.

회수기간법이 상당한 한계점들을 지니고 있지만 일부 회사들은 유용하게 활용하고 있다. 특히 현금흐름에 문제가 있는 회사들은 부도를 피하기 위해서 얼마나 빨리 현금을 회수할 수 있는지에 초점을 두고 투자안을 평가하기 때문에 이 방법이 유용하다.

9.7.2 회계적투자이익률(Accounting Rate of Return)

회계적투자이익률(accounting rate of return: ARR)은 평균 당기순이익을 평균 투자금액으로 나눈 것이다.

$$\text{회계적투자이익률(ARR)} = \text{평균당기순이익}/\text{평균투자금액}$$

여기서 평균투자금액이란 단순히 초기투자비용을 2로 나눈 것이다.[3] 회계적투자이익률은 회계적투자이익률과 요구수익률을 비교함으로써 투자안들을 평가할 수 있다. 이 방법의 가장 큰 한계는 자본회수기간법과 마찬가지로 화폐의 시간가치를 간과한다는 것이다.

자본비용은 15%이고 세율은 40%인 기업이 두 가지 투자안을 검토하고 있다. 두 투자안은 모두 $100,000을 기계장치에 투자하면 2년 동안 $180,000의 수익을 얻을 수 있다. 1년차에 투자안1은 $90,000의 매출이 발생하고 투자안2는 $70,000이 발생할 것이다. 2년차에 투자안1은 동일한 $90,000의 매출을 발생시키지만, 투자안2는 $110,000의 매출을 발생시킨다. 〈그림 9-12〉에 두 투자안의 2년간 순이익과 현금흐름이 나타나 있다. 매출액과 감가상각비를 제외한 비용은 발생한 기간에 회수되고 지급된 것으로 가정한다. 따라서 순이익과 현금흐름은 감가상각 금액만큼의 차이가 발생한다.

〈그림 9-13〉과 같이 투자안의 회계적투자이익률은 간단히 산출할 수 있다. 회계적투자이익률만을 감안하면 두 투자안 모두 ARR이 24%이므로 똑같이 매력적이다. 그러나 화폐의 시간가치를 고려한다면 투자안1이 투자안2보다 훨씬 매력적임을 명확하게 알 수 있다. 〈그림 9-14〉에 나타난 것처럼 15%의 요구수익률

3 만일 투자금의 처분가치가 존재한다면 평균투자금액은 최초투자금액에 처분가치를 더한 금액의 1/2이 될 것이다. 그리고 타 교재에서는 평균투자금액 대신에 최초투자금액을 사용하기도 한다.

		투자안1	투자안2
1년차			
	매출	$90,000	$70,000
	차감: 영업비용(감가상각비 제외)	20,000	20,000
	감가상각비	50,000	50,000
	법인세차감전순이익	20,000	0
	법인세	8,000	0
	순이익	12,000	0
	가산: 감가상각비	50,000	50,000
	현금흐름	$62,000	$50,000
2년차			
	매출	$90,000	$110,000
	차감: 영업비용(감가상각비 제외)	20,000	20,000
	감가상각비	50,000	50,000
	법인세차감전순이익	20,000	40,000
	법인세	8,000	16,000
	순이익	12,000	24,000
	가산: 감가상각비	50,000	50,000
	현금흐름	$62,000	$74,000

〈그림 9-12〉 투자안의 순이익과 현금흐름

일 때 투자안1의 순현재가치는 $793.40이다. 이에 반해 투자안2의 순현재가치는 음의 $568.60이다. 그러므로 화폐의 시간가치를 고려한다면 투자안1은 채택 가능하지만 투자안2는 기각해야 하는 투자이다.

Test Your Knowledge

순현재가치법과 비교했을 때 회계적투자이익률법과 자금회수기간법이 고려하지 않는 것은?

a. 비금전적 혜택
b. 예상치 못한 결과
c. 화폐의 시간가치

정답: c

$$\text{회계적투자이익률(ARR)} = \frac{\text{평균 순이익}}{\text{평균투자금액}}$$

$$\text{투자안 1의 ARR} = \frac{(\$12{,}000 + \$12{,}000) \div 2}{(\$100{,}000 \div 2)} = 0.24$$

$$\text{투자안 2의 ARR} = \frac{(\$0 + \$24{,}000) \div 2}{(\$100{,}000 \div 2)} = 0.24$$

〈그림 9-13〉 투자안에 대한 ARR의 비교

투자안1

기간	현금흐름	현가계수	현재가치
-0-	($100,000)	1.0000	($100,000.00)
1	$62,000	0.8696	53,915.20
2	$62,000	0.7561	46,878.20
		NPV	$793.40

투자안2

기간	현금흐름	현가계수	현재가치
-0-	($100,000)	1.0000	($100,000.00)
1	$50,000	0.8696	43,480.00
2	$74,000	0.7561	55,951.40
		NPV	($568.60)

〈그림 9-14〉 투자대안의 순현재가치 비교

회계적투자이익률은 신뢰할 만한 내부수익률의 추정치가 아니다.

일부의 학자들은 비록 회계적투자이익률이 화폐의 시간가치를 고려하지는 않지만 상당히 정확한 투자안의 내부수익률을 추정하는데 도움이 된다고 주장을 한다. 하지만 사실은 그렇지 않다. 엑셀을 활용하여 투자안1의 IRR이 15.62%임을 알 수 있다. 이 비율은 NPV를 "0"으로 만드는 수치이다. 회계적투자이익률은 IRR의 1.5배에 해당하는 24%를 나타내고 있다. 이는 회계적투자이익률이 내부수익률과 같은 프로젝트의 실질적인 수익률을 예측하는 데 도움이 되지 않는다는 사실을 보여주는 것이다.

9.8 성과평가와 자본예산 편성의 상충

측정해야 관리할 수 있다 순현재가치가 "0"보다 크거나 내부수익률이 요구수익률보다 크다는 사실은 경영진에게 투자안이 기업의 가치를 증진시킬 수 있음을 알려준다. 그러므로 주주의 부를 최대화하려는 경영진은 현재가치법을 사용하여 투자안들을 평가해야 한다. 그러나 어떤 기업에서는 경영진 자신의 성과가 평가되는 방식이라는 이유때문에 현재가치법을 사용하지 않으려 한다.

초기에는 높은 감가상각비와 낮은 매출로 인해 낮은 이익을 내거나 심지어 손실이 발생하지만 몇 년이 지난 후 투자의 순현재가치를 양수로 만들 만큼 매출이 급증하는 투자를 예로 들어보자. 만약 경영자의 성과가 공시된 회계이익으로만 평가된다면, 경영자는 초기의 낮은 이익으로 인해 해고를 당할지도 모른다는 걱정을 하게 될 것이다. 이러한 경우 경영자는 프로젝트의 순현재가치가 양수라는 사실을 무시하고 초기 공시이익이 낮은 것에 신경 쓸 것이다.

다른 예를 보도록 하자. 경영자가 기계장치에 $1,000,000을 투자해야 하는 신제품 출시를 고려 중이다. 감가상각은 정액법으로 10년간 $100,000씩 이루어질 것이다. 이 제품의 초기 판매는 부진할 것으로 예상되며 첫해의 예상매출은 $40,000에 불과하다. 그러나 매년 증가하여 7년차에는 $400,000의 매출이 예상된다. 감가상각비 이외에 연간 $40,000의 비용이 발생하며, 요구수익률은 10%이다.

〈그림 9-15〉에 순현재가치법을 이용한 분석을 보여주고 있다. 순현재가치는 $26,998이며, 투자안은 채택되어야 함을 나타내고 있다. 그러나 과연 경영자가 기업에 최선의 이익을 가져오는 이 투자안을 시행할 것

	1차연도	2차연도	3차연도	4차연도	5차연도
수익	$40,000	$60,000	$100,000	$150,000	$200,000
차감: 영업비용(감가상각비 제외)	40,000	40,000	40,000	40,000	40,000
감가상각비	100,000	100,000	100,000	100,000	100,000
순이익	(100,000)	(80,000)	(40,000)	10,000	60,000
가산: 감가상각비	100,000	100,000	100,000	100,000	100,000
합계	$0	$20,000	$60,000	$110,000	$160,000

	6차연도	7차연도	8차연도	9차연도	10차연도
수익	$300,000	$400,000	$400,000	$400,000	$400,000
차감: 영업비용(감가상각비 제외)	40,000	40,000	40,000	40,000	40,000
감가상각비	100,000	100,000	100,000	100,000	100,000
순이익	160,000	260,000	260,000	260,000	260,000
가산: 감가상각비	100,000	100,000	100,000	100,000	100,000
합계	$260,000	$360,000	$360,000	$360,000	$360,000

기간	현금흐름	현가계수	현재가치
0	($1,000,000)	1.0000	($1,000,000)
1	0	0.9091	0
2	20,000	0.8264	16,528
3	60,000	0.7513	45,078
4	110,000	0.6830	75,130
5	160,000	0.6209	99,344
6	260,000	0.5645	146,770
7	360,000	0.5132	184,752
8	360,000	0.4665	167,940
9	360,000	0.4241	152,676
10	360,000	0.3855	138,780
	NPV		$26,998

〈그림 9-15〉 신제품의 순현재가치 분석[a]

a 법인세는 없는 것으로 가정하였으며, 감가상각비 감세효과도 없는 것으로 가정한다. 그리고 수익과 비용은 발생한 시점에 회수되고 지급된 것으로 가정한다.

인가? 이 투자안은 처음 3년간 상당한 손실을 기록하여 경영자 자신의 성과평가에 좋지 않은 영향을 미치거나 최악의 경우 해고당할 것을 두려워하여 소중한 투자기회를 무시하고 넘어가는 경향이 있을 것이다.

이러한 문제의 부분적인 해결책은 경영자들이 만약 순현재가치가 양수(+)인 투자안을 시행한다면 비록 초기에 낮은 수익을 기록하더라도 그들의 평가나 보상은 미래의 효익을 고려해서 결정될 것이라는 것을 이해시키는 것이다. 경영자는 자신의 성과평가가 장기적인 수익성의 관점에서 평가된다는 점을 확신하여야 한다. 그렇지 못하면 자본 투자안의 평가에 장기적인 안목을 가지지 못할 것이다.

그리고 일부 기업에서는 고위 경영자들에게 회사주식을 보유하도록 요구하고 있다. 주식을 보유함으로써 경영자인 동시에 주주로서의 이해관계를 일치시키는 것이다. 이런 경영자들은 기업의 가치를 증진시키는 것이 자신의 가치를 증진시키는 것이라는 판단으로 기업의 가치를 최대화하려는 노력을 다할 것이다. 특히 투자안의 평가에서 현재가치법이 기업의 가치를 증가시키는 방법이라는 것을 인식하여 현재가치법에 집중하는 경향을 보일 것을 바라고 있다.

9.8.1 윌슨항공(Wilson Air) 사례의 검토

이 장의 첫 부분에서 윌슨항공(Wilson Air)의 사장인 스티브 윌슨(Steve Wilson)은 새로운 항공기의 구매를 고민하고 있었다. 이제 이러한 문제를 분석하는 방법들을 배웠으므로 다시 한번 생각해 보도록 하자.

새 항공기의 구입에는 $1,000,000가 소요될 것이다. 5년 후의 잔존가치는 $500,000일 것이며 정액법을 사용하면 매년 감가상각비가 $100,000씩 발생할 것이다. 매출은 매년 $700,000씩 증가할 것이고 감가상각비와 세금을 제외한 운영비는 매년 $400,000이 필요하다. 매출과 운영비 모두 발생한 기간 안에 회수되거나 지급될 것이다. 또한 세율은 20%이며 요구수익률은 10%이다. 이 투자안의 순현재가치는 얼마가 될

항목		현금흐름	현가계수	현재가치
취득원가		($1,000,000)	1.0000	($1,000,000)
매출	$700,000			
차감: 영업비용(감가상각비 제외)	400,000			
감가상각비	100,000			
법인세전 이익	200,000			
법인세	40,000			
순이익	160,000			
가산: 감가상각비	100,000			
연간현금흐름		260,000	3.7908	985,608
잔존가치		500,000	0.6209	310,450
		NPV		$296,058

부록 B, 표 9-2 10%, 5년 (→ 3.7908)

부록 B, 표 9-1 10%, 5년 (→ 0.6209)

〈그림 9-16〉 항공기투자의 현재가치

것인가? 〈그림 9-16〉에서 나타나 있듯이 투자안의 순현재가치는 $296,058이다. 즉, 순현재가치가 양수이므로 투자안은 채택되어야 할 것이다.

Decision Making Insight

자본예산 의사결정은 증분 현금유입과 유출의 예측치를 포함한다. 현금흐름은 매출이나 비용과 같은 기간에 발생하지 않을 수 있으며 현재의 현금의 가치는 미래의 현금 가치보다 크기 때문에, 순현재가치법이나 내부수익률법을 이용해서 화폐의 시간 가치를 고려할 필요가 있다.

그러나 경영진은 자신의 성과가 단기적 회계이익에 의해 평가되기 때문에 회계이익을 감소시키는 투자라면 비록 그것이 큰 순현재가치를 지니거나 내부수익률이 요구수익률보다 높은 투자라 할지라도 기각할 것이다.

복습

학습목표 요약

학습목표 1 자본적 지출 의사결정과 자본예산을 정의하고, 순현재가치법과 내부수익률법을 이용한 투자 안의 평가에 대한 이해

자본지출 의사결정은 장기보유자산의 취득을 포함한 투자의 사결정이다. 자본예산은 투자하기로 결정된 자산의 목록이다.

화폐의 시간가치를 고려한 투자안의 평가방법은 순현재가치법(NPV)과 내부수익률법(IRR)이다. NPV는 모든 현금흐름의 현재가치를 더해서 계산하며 그 합이 0과 같거나 그 이상이면 투자수익률이 요구수익률보다 크다는 의미이므로 투자를 채택한다.

IRR은 현금흐름의 현재가치와 초기투자비용이 같아지는 수익률을 계산하는 것이다. 산출된 수익률이 요구수익률과 같거나 그 이상이라면 투자를 채택한다.

학습목표 2 감가상각비 감세효과의 계산과 화폐의 시간가치를 이용한 기타 장기 의사결정의 평가에 대한 이해

순현재가치법이나 내부수익률법으로 현금흐름을 분석할 때, 감가상각비는 현금흐름은 아니지만 그로 인한 조세감면금액은 현금흐름이므로 고려해야 한다. 감가상각비로 인한 조세감면금액을 감가상각비 감세효과라 한다.

NPV와 IRR은 자본예산 의사결정 이외에도 기타 장기의사결정에 활용할 수 있다. 다년간에 걸친 광고 캠페인을 외부에 위탁하는 의사 결정을 예로 들 수 있다.

학습목표 3 회수기간 및 회계적투자이익률법을 이용한 투자기회 평가와 경영자들이 투자의 순현재가치 보다 단기적 이익에 집중하는 이유에 대한 이해

회수기간법이란 투자안의 초기투자금액을 얼마나 빨리 회수할 수 있는지를 평가하는 방법이다. 회계적투자이익률법은 평균 당기순이익과 평균 투자금의 비율로 투자안을 분석하는 것이다. 두 방법 모두 화폐의 시간가치를 고려하지 않는다는 한계점이 있다.

주주가치최대화를 위해 경영진은 순현재가치법이나 내부수익률법으로 투자 기회들을 평가해야 한다. 하지만 순현재가치가 0보다 크거나 내부수익률이 요구수익률보다 큰 경우라도 단기적인 손실이 발생할 수가 있는데 이럴 경우 장기적으로 기업에 이익이 되는 투자안이라 하더라도 경영자는 투자를 승인하지 않는다. 단기적 이익의 감소는 경영자 본인의 성과평가에 불이익이 되기 때문이다.

종합예제

종합예제 1

서밋유지보수사(Summit Maintenance Technology)는 시설과 장비의 유지관리와 관련한 소프트웨어 패키지를 기업들에 판매한다. 작업 주문 추적, 보수 기록 열람, 수리 기록 열람, 부품 재고 관리 등의 기능을 제공하는 이 소프트웨어는 공항, 제조공장, 사무단지, 병원, 대형 제과점 등에서 사용되고 있다. 제품 특징은 직관적인 인터페이스를 가지며 인터넷으로 접속 가능하다는 점이다. 더구나 어플리케이션 서버와 데이터베이스 서버, 그리고 보안문제까지 관리해 주기 때문에 고객들은 새로운 시스템을 구현하기 위해 새로운 기술 인력을 채용하거나 장비를 구매할 필요가 없다.

현재 회사는 오그덴 국제공항(Ogden National Airport)과 협상을 진행 중인데, 이 공항은 여러 가지의 정비 문제를 가지고 있다. 예를 들면 6명의 직원이 단순히 전구 교체작업만 하고 있다. 오그덴 국제공항 정비 부서에서 총 45명의 직원이 에스컬레이터, 엘리베이터, 트램(trams), 조명, 페인트칠 등의 다양한 유지보수 업무를 하고 있다.

공항의 고위 간부인 크레이그 브래들리(Craig Bradley)는 서밋유지보수사와 여러 차례에 걸친 회의를 통하여, 다음과 같은 비용절감사항을 발견했다.

1. 차년도에 $10,000인 서버를 구매하지 않아도 된다.
2. 개선된 추적시스템 덕분에 부품 재고를 줄일 수 있다. 향후 3년간 구매비용을 $30,000, $20,000, $10,000 만큼 줄일 수 있을 것이다.
3. 연봉이 $60,000인 정비인력 한 명을 줄일 수 있다.
4. 매년 $5,000의 비용을 유지보수 소프트웨어 업그레이드에 지출하고 있다.

크레이그는 오그덴 국제공항이 지불해야 할 소프트웨어 및 컨설팅 비용을 다음과 같이 예상하고 있다.

초기비용 – $90,000의 프로그램 비용과 시스템 통합 및 보고서의 개별화를 위한 컨설팅 비용 $55,000
계속되는 비용 – 3차연도까지 지불해야 하는 기타서비스비용 $20,000

요구사항

요구수익률이 15%라고 가정할 때 순현재가치와 내부수익률을 구하라. 분석기간은 3년이고 세금은 무시한다.
오그덴 국제공항은 새로운 소프트웨어에 투자해야 하는가?

정답

기간	0	1	2	3
최초프로그램비용	($90,000)			
최초컨설팅 비용	(55,000)			
유지보수비용		($20,000)	($20,000)	($20,000)
IT기계		10,000		
부품		30,000	20,000	10,000
정비사		60,000	60,000	60,000
구 소프트웨어 업그레이드		5,000	5,000	5,000
합계	($145,000)	$85,000	$65,000	$55,000
15% 현가계수	1.0000	0.8696	0.7561	0.6575
연간현금흐름	($145,000)	$73,916	$49,146.5	$36,162.5
NPV	14,225			
IRR	21.33%			

순현재가치가 0보다 크고 내부수익률이 요구수익률보다 크므로 오그덴 국제공항은 이 소프트웨어에 투자해야 한다.

종합예제 2

하와이의 유나이티드 보험(United Insurance)사는 호놀룰루 시내에 직원 500명을 수용할 수 있는 빌딩을 건설 중이다. 환경 파괴 없는 성장에 기여한다는 사실에 자부심을 가지고 있는 이 회사는 화석연료를 이용한 전기 사용을 줄이기 위한 2가지 방안을 고려 중이다.

첫 번째 방안은 건물 옥상에 태양열 패널을 설치하는 것이다. 회사의 예측에 따르면 $1,000,000의 초기투자비용이 발생할 것이고 연간 $280,000의 전기요금을 줄일 수 있다. 패널의 수명은 5년이다.

두 번째 방안은 나노테크놀로지를 사용한 태양광발전 물질을 창문에 설치하는 것이다. 이 경우 초기투자비용은 $1,500,000으로 증가되지만 연간 $400,000 만큼의 전기요금을 5년간 절약할 것으로 예측된다.

요구사항

요구수익률이 12%라 할 때 순현재가치법을 이용하여 어떤 투자안이 더 좋은 안인지 평가하라.

정답

태양열 패널	현금흐름	12% 현가계수	현재가치
취득가격	($1,000,000)	1.0000	($1,000,000)
에너지 절감(5년간 매년)	280,000	3.6048	$1,009,344
		NPV	$9,344

나노테크놀로지	현금흐름	12% 현가계수	현재가치
취득가격	($1,500,000)	1.0000	($1,500,000)
에너지 절감(5년간 매년)	400,000	3.6048	$1,441,920
		NPV	($58,080)

NPV 차이: $67,424

즉, 태양열 패널이 나노테크놀로지 보다 순현재가치가 $67,424만큼 높으므로 더 나은 대안이라 할 수 있다.

핵심용어

감가상각비 감세효과 382
내부수익률(IRR) 37
순현재가치(NPV) 372
시행착오 377
요구수익률 372
자본비용 381
자본예산 369
자본예산 의사결정 369
자본지출 의사결정 369
회계적투자이익률 388
회수기간 387

객관식 문제

(아래에 해답 있음)

1. 다음 중 자본지출 의사결정이 아닌 것은?

a. 새로운 공장 건설
b. 새로운 장비 구입
c. 컴퓨터 시스템 구입
d. 보기 모두 자본지출 의사결정이다.

2. 다음 중 미래의 현금을 현재의 현금가치로 변화시키는 방법은?

a. 순현재가치법
b. 회계적 투자수익률법
c. 자금회수기간법
d. 모두 정답

3. 만약 요구수익률이 8%라면 2년 후 받게 될 $100의 현재가치는?

a. $100 / (0.08)^2$
b. $(1 + 0.08)^2$ / $100
c. $100 / $(1 + 0.08)^2$
d. 답 없음

4. 만약 프로젝트의 현재가치가 0이라면 이 프로젝트의 수익률은 무엇과 같은가?

a. 0
b. 인플레이션율
c. 회계적투자이익률
d. 요구수익률

5. 다음 중 투자를 해야 되는 상황은 어느 것인가?

a. 내부수익률이 요구수익률과 같거나 더 클 때
b. 내부수익률이 0과 같거나 더 클 때
c. 내부수익률이 회계적투자이익률 보다 클 때
d. 내부수익률이 현가계수보다 클 때

6. 자본비용과 같은 것은?

a. 타인자본비용
b. 자기자본비용

c. 타인자본 비용과 자기자본비용의 가중평균
d. 내부수익률

7. 수명이 5년인 기계의 가격은 $100,000이다. 정액법으로 감가상각을 하며 세율이 40%라 가정한다.
a. 이 투자는 0년차에 현금의 유입이 있을 것이다.
b. 음의 감가상각비 감세효과가 있을 것이다.
c. 매년 $40,000만큼의 비용이 발생하겠지만 0년째 이후의 현금흐름에는 영향을 주지 않을 것이다.
d. 5년간 매년 $8,000만큼의 감가상각비 감세효과가 발생할 것이다.

8. 투자비용이 $100,000이며 5년간 매년 $40,000세후이익을 발생시킬 프로젝트가 있다. 5년후 잔존가치가 없다고 할 때 회계적투자이익률은 얼마인가?
a. 40%
b. 20%
c. 10%
d. 답 없음

9. 투자비용이 $2,000,000이며 내부수익률이 20%인 프로젝트가 있다. 자본비용이 15%밖에 안 된다고 할 때 경영자가 투자를 거부할 가능성이 있는 경우는?
a. 순현재가치가 양수이다.
b. 인플레이션율이 높다.
c. 회계적투자이익률이 높다.
d. 가속상각법을 사용하여 투자 초기에 손실이 발생한다.

10. 불균등 현금흐름이 발생하는 프로젝트에서 경영진은 내부수익률이 10%일 것이라고 추정한다. 만약 내부수익률이 10%일 때 순현재가치가 양수라면 다음 중 올바른 것은?
a. 내부수익률이 10% 이상이다.
b. 내부수익률이 10% 이하이다.
c. 내부수익률이 정확히 10%이다.
d. 답 없음

정답

1. d **2.** a **3.** c **4.** d **5.** a **6.** c **7.** d **8.** d **9.** d **10.** a

과제

주관식 문제

1. 자본지출 의사결정이란 무엇인가?
2. 자본예산 의사결정에서 화폐의 시간가치를 고려해야 하는 이유는?
3. 화폐의 시간가치를 고려하는 두 가지 투자 평가방법은 무엇인가?
4. 투자 대안들을 평가할 때 순현재가치법과 내부수익률법의 차이점은 무엇인가?
5. 자기자본비용은 무엇인가?
6. 감가상각비로 인한 세금의 변화는 현금흐름에 어떤 영향을 미치는가?
7. 투자안을 평가할 때 회수기간법이나 회계적투자이익률법과 비교해서 순현재가치법과 내부수익률법의 장점은 무엇인가?
8. 경영자들이 투자의 순현재가치보다 단기 이익에 더 집중하는 이유는?
9. 불균등 현금흐름의 경우, 내부수익률은 어떻게 결정하는가?
10. 비금전적 혜택을 제대로 파악하지 못할 경우 투자를 저해하는 이유는?

연습문제

연습문제 9–1 [학습목표 1] 그룹과제 순현재가치법 분석에서 자본예산의사결정의 이자비용을 현금유출로 취급하지 않는 이유는 무엇인가?

연습문제 9–2 [학습목표 1,3] 논술형 샐리(Sally Omar)는 월리스사(Wallace Enterprises)의 사무용품부서 관리자이다. 그녀의 성과금(annual bonus)은 부서의 순이익을 순자산(감가상각누계액을 차감한 금액)으로 나누어서 산출한 투자수익률에 의해 정해진다. 샐리는 투자수익률이 9% 이상이 되지 않는 한 성과금을 받지 못한다.

현재, 샐리는 테네시에 있는 공장의 현대화에 $40,000,000의 투자를 고려 중이다. 이 프로젝트로 인해 8년 동안 연간 $7,500,000만큼의 현금을 절약할 수 있을 것으로 예상하고 있다. 이 투자는 8년에 걸쳐 감가상각될 것이다($40,000,000 ÷ 8 년 = $5,000,000). 종합하면 연간 $2,500,000 ($7,500,000 − $5,000,000)만큼의 순이익 효과가 있을 것이다.

요구사항

요구수익률 10%를 사용하여 현대화 프로젝트의 순현재가치를 계산하라. 그리고 매년 프로젝트의 투자수익률을 구하라(투자수익률은 이익에 미치는 영향을 기말 장부가치로 나누어 계산할 수 있다. 또한 8년차에는 장부가치가 0이므로 투자수익률을 구할 수 없다). 마지막으로, 순현재가치가 양수로 나타나더라도 샐리가 투자를 하지 않을 수도 있는 이유에 대해서 설명하라.

연습문제 9–3 [학습목표 1] 엑셀활용 현재가치표 사용 요구수익률이 11%일 때, 6년 동안 매년 발생하는 $850의 현금흐름의 현재가치는 얼마인가? (부록 B의 〈표 B9–2〉를 사용하여 답하라)

연습문제 9–4 [학습목표 1] 현재가치표 사용 부록 B의 〈표 B9–1〉에서 행의 왼쪽에서 오른쪽으로 갈수록 숫자가 줄어드는 이유를 설명하라. 또한 열의 위에서 아래로 내려갈수록 숫자가 줄어드는 이유를 설명하라.

연습문제 9–5 [학습목표 1] 현재가치의 계산 향후 7년 동안 매년 $1,200을 받고, 7년차 말에 $950을 추가로 받는 투자안이 있다면 요구수익률 15%를 가정하여 투자안의 현재가치를 계산하라.

연습문제 9–6 [학습목표 1] 현재가치의 계산 메리 마르티네즈(Mary Martinez)는 은퇴를 앞두고 있다. 그녀는 세가지 연금안 가운데 하나를 선택하려 한다. A안은 즉시 $350,000의 현금을 수령하는 것이다. B안은 8년동안 매년 $40,000을 수령하고 8년째 말에 $200,000을 수령하는 것이다. C안은 8년간 $35,000을 수령하는 것이다. 메리 마르티네즈는 8%수익률을 요구한다. 개별 연금안의 현재가치를 구하고 어떤 안이 가장 매력적인지 선택하라.

연습문제 9–7 [학습목표1] 순현재가치 계산 $85,000의 초기투자로 5년동안 년 $35,000의 이익을 얻을 수 있을 것이다. 요구수익률이 12%일 때 투자안의 순현재가치를 구하고(세금은 무시) 투자안의 채택여부를 결정하라.

연습문제 9–8 [학습목표 1] 내부수익률 계산 $200,000의 초기투자로 12년동안 년 $35,000의 운영비를 절감시킬 것이다. 내부수익률을 구하고(세금은 무시) 요구수익률이 18%인 경우, 투자안의 채택여부를 결정하라.

연습문제 9–9 [학습목표 1] 내부수익률 계산 싱클레어 와인(Sinclair Fine Wine)의 소유주인 타냐 싱클레어(Tanya Sinclair)는 온도조절이 가능한 와인저장고 개발에 $195,000 투자를 고려하고 있다. 그녀는 와인저장고를 고객들에게 대여하고 매년 $55,000의 수익을 낼 수 있을 것이라고 예상한다(대여료에서 감가상각비를 제외한 기타 비용을 차감한 금액).

요구사항

a. 타냐의 5년치 계획을 평가할 경우, 투자의 내부수익률은 얼마인가? (세금 무시)

b. 타냐의 요구수익률이 10%인 경우 투자의 채택여부를 결정하라.

연습문제 9-10 [학습목표 2] 감가상각 감세효과 스트라우스사(Strauss Corporation)는 5년간 사용 가능한 장비에 $90,000를 투자하는 중이다. 이 회사는 정액법으로 감가상각을 하며 세율이 20%이다. 또한 요구수익률은 15%이다.

요구사항

장비의 감가상각비와 관련된 조세감면금액의 현재가치는 얼마인가?

연습문제 9-11 [학습목표 2] 세금공제손실이 현금흐름에 미치는 영향 웨스턴 기어사(WesternGear.com)는 영업 1차연도와 2차연도의 영업손실이 각각 $350,000, $270,000만큼 발생할 것으로 예상하고 있다. 그러나 3차연도와 4차연도에는 각각 $400,000과 $650,000의 세전이익이 발생할 것이라고 예상한다. 회사의 요구수익률은 14%이다.

요구사항

세율이 20%이며 영업손실을 차년도에 이월하여 과세소득을 상쇄할 수 있다고 가정하면, 1차연도와 2차연도의 영업손실로 인한 조세감면금액의 현재가치를 구하라.

연습문제 9-12 [학습목표 1,2] 세금의 순현재가치 그레이트 노던 수산(Great Northern Fishing Company)은 새로운 훈연기 구매를 고려 중이다. 훈연기의 취득원가는 $60,000이며 향후 6년간 연 $34,000의 추가매출이 예상된다. 감가상각비 외의 다른 비용은 연간 $12,000이 추가적으로 발생할 것이다. 훈연기의 예상 내용연수는 6년이며 잔존가치는 없다. 회사는 세금목적으로 정액법으로 감가상각을 한다. 요구수익률이 14%이며 세율이 20%인 경우, 투자의 순현재가치를 계산하고 훈연기 취득여부를 결정하라.

연습문제 9-13 [학습목표 3] 회수기간 계산 써니밸리사(The Sunny Valley Co.)는 새로운 저장고 건설을 고려 중이다. 저장고를 건설하는 데 총 $126,000이 소요될 것이다. 매년 $21,000의 수익이 예상된다면 회수기간은 얼마인가?

연습문제 9-14 [학습목표 3] 회계적투자이익률 계산 허볼트사(The Herbolt Company)는 새로운 사업을 구상 중이다. 사업을 위한 기계장치에 대한 초기투자비는 $355,000이다. 이 사업을 통해 매년 $32,000의 순이익이 증가할 것이다. 새로운 기계장치는 5년 동안 정액법으로 감가상각되며 잔존가치는 없다. 이 새 사업의 회계적투자이익률을 구하라.

연습문제 9-15 [학습목표 1] 불균등 현금흐름과 내부수익률 뉴포트백화점(Newport Department Store)은 전자상거래 사업을 구상 중이다. 초기투자 비용으로 $1,300,000이 소요될 것이며 기타의 현금 흐름은 다음과 같이 발생할 것이라고 예상한다.

1차연도	($750,000)
2차연도	$221,000
3차연도	$850,000
4차연도	$950,000
5차연도	$940,000

요구사항

5년간의 계획만을 평가한다고 할 때, 전자상거래 사업의 내부수익률을 구하여라. 회사의 요구수익률이 14%인 경우, 전자상거래 부문에 투자를 하여야 하는가?

연습문제 9-16 [학습목표 1] 불균등 현금흐름과 내부수익률 회사는 아래와 같은 현금흐름을 발생시킬 $2,500,000 투자를 계획하고 있다.

1차연도	$250,000
2차연도	$440,000
3차연도	$650,000
4차연도	$850,000
5차연도	$1,102,765

요구사항

이 투자의 내부수익률은 얼마인가?

연습문제 9-17 [학습목표 1] 비금전적 혜택 리스주얼리(Reece Jewelry)는 전국의 쇼핑센터에 45개의 지점을 가지고 있다. 이 회사는 현재 ReeceJewelry.com사이트를 통한 온라인 사업을 구상하고 있다. 이 사업은 기술적 요인에 많은 투자가 필요할 것이다.

요구사항

순현재가치법으로 계량화하기 어려운 온라인 사업의 잠재적인 혜택을 나열하라.

고급연습문제

고급연습문제 9-1 [학습목표 1, 2] 엑셀활용 현재가치 평가 제임스 하디(James Hardy)는 최근에 벤쿠버 실즈 하키 팀(Vancouver Seals hockey team)과의 5년 계약을 거절했다. 총 계약금액은 $20,000,000이며, 계약 시에 $7,500,000을 지급하고 매년 $2,500,000을 지급하는 조건이었다. 실즈의 구단주는 총 $22,000,000 규모의 5년 계약을 새로이 제시했다. 새로운 조건은 연 지급금의 인상과 5년 후 계약종료 시 보너스를 지급하는 방법이다.

1차연도	$2,500,000
2차연도	2,600,000
3차연도	2,700,000
4차연도	2,800,000
5차연도	2,900,000
5차연도 종료 보너스	8,500,000
합계	$22,000,000

요구사항

하디 대변인의 입장에서 두 조건을 요구수익률 15%로 평가한다면, 현재가치를 비교했을 때 두 번째 조건은 첫 번째 조건에 비해 어느 정도 좋은 조건인가?

고급연습문제 9-2 [학습목표 1] 현재가치 계산 메모리 플로리스트(Memory Florist)는 꽃을 저장하는 냉장고를 대용량으로 교체하는 계획을 가지고 있다. 교체를 통하여 매년 $9,000만큼의 추가 매출을 예상하고 있다(매출원가는 $5,000이다). 추가적으로 새 냉장고는 연간 $4,000의 추가 운영비용이 예상되지만 연간 전기요금은 $2,500감소될 것이다. 새 냉장고의 가격은 $25,000이고 10년간 사용이 가능하다. 현재의 냉장고는 감가상각이 완료되었으며 처리비용 정도의 가격으로 처분할 수 있을 것이며, 새 냉장고의 잔존가치는 $6,000이다. 요구수익률이 14%일 때 순현재가치를 구하고 투자여부를 결정하라(세금 무시).

고급연습문제 9-3 [학습목표 1] 투자 대안 중에서 선택하기 앨버트 신발상사(Albert Shoe Company)는 신발에 뒷굽을 붙이는 두 가지 기계 중 하나를 구매하려 한다. 기계A는 $70,000이며 6년간 매년 $20,000의 비용 감소가 예상된다. 기계B는 $95,000이며 6년간 매년 $25,000의 비용을 줄여줄 것으로 예상된다. 요구수익률이 13%라 할 때 각 기계의 순현재가치를 구하고 어떤 기계를 선택하여야 하는지 답하라.

고급연습문제 9-4 [학습목표 1] 엑셀활용 투자 대안 중에서 선택하기 내셔날 크루즈 선박회사(National Cruise Line)는 가격이 $600,000,000인 선박을 인수하려 한다. 이 투자와 관련해서 회장은 CFO에게 선박을 운용하는 두 가지 대안의 현금흐름을 분석해 달라고 요청하였다. 대안 1은 겨울에는 카리브해(Caribbean)를 여름엔 알래스카(Alaska)를 운항하는 것이며, 대안2는 겨울에 카리브해, 여름에 캐나다 동부해안을 운항하는 것이다. CFO는 향후 15년간의 현금흐름을 다음과 같이 예상하였다.

	대안 1	대안 2
매출액	$120,000,000	$105,000,000
차감		
직접프로그램비용	(25,000,000)	(24,000,000)
간접프로그램비용	(20,000,000)	(20,000,000)
영업외비용	(21,000,000)	(21,000,000)
감가상각비 가산	115,000,000	115,000,000
연간 현금흐름	$169,000,000	$155,000,000

요구사항

a. 요구수익률이 12%와 16%인 두 경우로 나누어 각 대안의 현재가치를 구하라. 분석기간을 15년이라 할 때 회사는 선박의 구입 여부를 각각의 요구수익률에서 결정하라

b. 회장은 요구수익률을 12%로 해야 할지 16%로 해야 할지 확신을 하지 못하고 있다. 현재 상황에서 어떤 요구수익률이 적절한지를 판단하는 것은 중요하지 않은 이유를 설명하여라.

c. 요구수익률이 12%라고 한다면 대안2 대신에 대안1을 선택할 경우의 기회비용은 얼마인가?

고급연습문제 9–5 [학습목표 1, 2] 순현재가치와 세금 펭귄프로덕션(Penguin Productions)은 영화 프로젝트를 평가 중이다. 이 영화는 $20,000,000의 투자가 필요하다. 투자 첫 해에 $16,500,000의 순수익을 낼 것으로 예상할 수 있으며 그 후 비디오로 출시되어 3년간 $10,000,000, $2,500,000, $1,000,000의 수익을 가져올 것이다. 세금목적으로 프로젝트의 상각은 1년차에 $12,000,000, 2년차에 $8,000,000으로 할 것이다. 세율은 20%이고 요구수익률이 12%이다.

요구사항

모든 비용이 초기에 필요하다고 가정한다면 이 영화 프로젝트의 순현재가치는 얼마인가? 또한 과연 투자를 시행해야 하는가?

고급연습문제 9–6 [학습목표 3] 엑셀활용 내부수익률과 세금 보스톤 주방기구(The Boston Culinary Institute)는 교실 재건축 프로젝트를 고려 중이다. 재건축 비용은 $350,000이며 6년간 정액법으로 감가상각될 것이다. 재건축을 통해 매년 5명의 학생을 더 받을 수 있으며 학생 한 명당 연간 학비는 $22,000이다. 학생 한 명당 추가적으로 소요되는 비용은 연간 $2,000이다. 회사의 세율은 20%이고 요구수익률은 12%이다.

요구사항

6년간 현금흐름을 분석할 때 이 프로젝트의 내부수익률은 얼마이며 프로젝트의 시행여부를 결정하라

고급연습문제 9–7 [학습목표 1,2,3] NPV, IRR, ARR, 회수기간 세금 아드리안 모터(Adrian Motors)의 소유주인 아드리안 소네트손(Adrian Sonnetson)은 자동차 매장에 페인트와 차체 부분을 추가하려 한다. 새로운 빌딩을 건축하고 필요 장비를 구매 하는데 약 $800,000이 소요될 것이며 건물과 장비 모두 10년간 정액법으로 감가상각 될 것이다. 자산들의 잔존가치는 0이다. 소네트손의 요구수익률은 12%이며, 매년 발생할 수익과 관련한 정보는 다음과 같다.

수익	$650,000
차감:	
재료원가	70,000
노무원가	150,000
감가상각비	80,000
기타비용	10,000
세전이익	340,000
세금(40%)	136,000
순이익	$204,000

요구사항

a. 프로젝트의 순현재가치를 구하고 투자의 시행여부를 결정하라.

b. 내부수익률을 계산하라.

c. 회수기간을 계산하라.

d. 회계적투자이익률을 계산하라.

고급연습문제 9-8 [학습목표 1] 대안 투자들 중에 선택하기 드라이 클리닝 체인점인 프론토 클리너(Pronto Cleaners)는 두 가지 드라이 클리닝 기계 중 하나를 구매하려 한다. 기계A는 가격이 $30,000이며 4년의 기대수명을 가지고 있다. 배달 및 설치비용으로 추가적인 $6,500이 필요하며 4년 후 잔존가치는 $4,000이다. 기계 B는 가격이 $55,000이며 4년의 기대수명을 가지고 있다. 배달 및 설치 추가 비용 $7,000이 소요될 것이고 4년 후 잔존가치는 $6,000이다. 프론토의 요구수익률은 14%이다. 기계와 관련된 추가 현금흐름 정보는 다음과 같다.

기계 A

항목	1차연도	2차연도	3차연도	4차연도
인건비 절감	$25,000	$25,000	$25,000	$25,000
전기료 절감	1,500	1,500	1,500	1,500
재료원가 절감	3,000	3,000	3,000	3,000
추가 유지비용	(1,200)	(1,200)	(1,200)	(1,200)
추가 기타비용	(2,500)	(2,500)	(2,500)	(2,500)

기계 B

항목	1차연도	2차연도	3차연도	4차연도
인건비 절감	$32,000	$32,000	$32,000	$32,000
전기료 절감	2,000	2,000	2,000	2,000
재료원가 절감	3,500	3,500	3,500	3,500
추가 유지비용	(1,500)	(1,500)	(1,500)	(1,500)
추가 기타비용	(2,700)	(2,700)	(2,700)	(2,700)

요구사항

a. 세금을 무시한다면 기계 A를 구입할 때의 순현재가치는 얼마인가?

b. 세금을 무시한다면 기계 B를 구입할 때의 순현재가치는 얼마인가?

c. 두 가지 기계 중에서 어떤 기계를 선택하여야 하는가?

고급연습문제 9-9 [학습목표 1,2] 순현재가치와 세금 드레이크 리무진 서비스(Drake Limousine Service)는 차량을 추가로 구입하려 한다. 현재 고려 중인 모델은 가격이 $160,000이고 5년의 기대수명을 가지고 있으며 잔존가치는 $45,000이 예상된다. 회사가 예상하는 연간이익은 다음과 같다.

매출		$120,000
차감:		
운전기사급여	40,000	
연료	9,000	
유지비	2,000	
보험료	1,800	
감가상각비	23,000	
기타	2,000	
총비용		77,800
세전이익		42,200
세금(40%)		16,880
순이익		$25,320

요구사항

회사의 요구수익률이 14%인 경우, 순현재가치를 계산하고 새로운 리무진의 구매여부를 결정하라.

고급연습문제 9–10 [학습목표 1,2] 순현재가치와 세금 아일랜드 페리사(Island Ferry)는 여객선을 추가로 구입하여 운행을 늘리려 한다. 선박회사는 40인승의 여객선을 $950,000에 판매하겠다고 제안하였다. 예상수명은 7년이며 잔존가치는 $50,000이다. 아일랜드 페리사의 세율은 20%이고 정액법으로 감가상각을 한다. 요구수익률은 10%이며, 새 여객선의 연간 현금흐름은 다음과 같다.

항목	연간 현금흐름
여객수익	$325,000
노무원가	(90,000)
연료비	(16,000)
유지비	(15,000)
기타비용	(4,000)
세금	?

요구사항

새 여객선의 순현재가치를 계산하고 여객선의 구입여부를 결정하라.

고급연습문제 9–11 [학습목표 1] 비금전적 혜택의 계량화 프리차드공업사(Pritchard Manufactured Products)는 유연생산시스템(flexible manufacturing system)을 구축하여 고객의 요구에 즉각적으로 반응하는 회사로 거듭나고자 한다. 프리차드의 관리자 벤 자비스(Ben Jarvis)는 시스템의 수명을 9년이라고 예측하였으며 순현재가치가 음수(−) $600,000이라고 평가하였다. 그러나 벤은 시스템 개선으로 인한 정시 배송이 잠재적인 매출에 미치는 영향을 포함시키지 못했다. 그의 말에 따르면 평가하기가 너무 힘든 항목이었기 때문이다.

요구사항

9년의 기대수명과 요구수익률 10%인 경우 순현재가치를 0으로 만들 수 있는 비금전적 혜택의 연간 가치를 구하여라. 또한 년간 최소 $120,000의 비금전적 혜택이 발생할 것이라고 추정할 경우, 투자의 시행여부를 결정하라.

고급연습문제 9–12 [학습목표 1,3] 종합 자본 예산 문제 밴 도렌사(Van Doren Corporation)는 디지다이얼(Digidial)이라는 신제품 온도조절기 생산을 고려하고 있다. 마케팅 자료에 따르면 $30의 가격으로 매년 45,000개의 제품을 판매할 것으로 추정된다. 신제품은 현재는 가동하지 않는 기존의 공장에서 생산할 것이다.

디지다이얼 생산을 위해서는 $500,000인 기계가 추가적으로 필요하다. 이 기계는 기대수명 6년과 잔존가치 $15,000으로 예측되며, 6년간 정액법으로 감가상각할 것이다. 기계 구매비용 외에도 부품 생산을 위해서 $370,000이 추가로 필요할 것이고 직접노무원가로 $425,000, 기타 비용으로 $200,000이 필요하다. 또한 회사는 매년 광고비로 $150,000을 사용하고자 한다. 밴 도렌사의 요구수익률은 15%이며 세율은 20%이다.

요구사항

a. 순현재가치를 구하라.
b. 회수기간을 구하라.
c. 회계적투자이익률을 구하라.
d. 디지다이얼 생산여부를 결정하라.

고급연습문제 9-13 [학습목표 1] 종합 자본예산 문제 신선식품사(True Fresh Grocery)는 40개의 지점을 운영하는 회사이다. 회사는 온라인 사이트를 통해 24시간 내에 매장과 같은 가격으로 집에서 이용할 수 있는 서비스를 시작하려고 한다.
새로운 사업과 관련해서 회사가 예측하는 향후 7년간의 매출과 비용은 다음과 같다.

	1차연도	2차연도	3차연도	4차연도	5차연도	6차연도	7차연도
매출	$1,700,000	$1,870,000	$2,057,000	$2,262,700	$2,488,970	$2,737,867	$3,011,654
차감 비용:							
기계원가	1,120,000	1,175,000	1,200,000	1,200,000	1,260,000	1,300,000	1,375,000
급여	350,000	365,000	380,750	397,000	414,652	432,884	462,030
감가상각비	60,000	60,000	60,000	60,000	60,000	60,000	60,000
기타	23,333	21,667	20,917	28,000	27,015	28,783	27,970
총비용	1,553,333	1,621,667	1,661,667	1,685,000	1,761,667	1,821,667	1,925,000
세전이익	146,667	248,333	395,333	577,700	727,303	916,200	1,086,654
법인세(20%)	29,333	49,667	79,067	115,540	145,461	183,240	217,331
순이익	$117,334	$198,666	$316,266	$462,160	$581,842	$732,960	$869,323

새로운 사업은 배달용 트럭과 다른 기타 장비구입을 위해 $500,000이 필요하다. 이 장비들은 7년간 정액법으로 감가상각할 것이며 7년 후 잔존가치는 $80,000이다.

요구사항

7년의 현금흐름만을 본다고 가정할 때, 요구수익률 14%인 경우 순현재가치를 계산하고 새로운 사업의 시행여부를 결정하라.

고급연습문제 9-14 [학습목표 1,2] 순현재가치와 인플레이션 테너지공업사(Tenergy)의 회계사 에드워드 라렌(Edward Laren)은 새 생산기계에 대한 투자를 다음과 같이 분석하였다.

비용 절감:	
노무원가 절감	$525,000
재작업 재료의 감소	125,000
기타	60,000
합계	710,000
비용 절감과 관련한 추가 세금	(142,000)
새 기계의 감가상각으로 인한 세금 감면액	92,000
연간 현금흐름	$660,000
현재가치(요구수익률 10%, 5년)	2,567,202
기계 취득원가	(2,300,000)
순현재가치	$267,202

에드워드의 상사인 메간(Megan Mangione)은 위의 분석을 본 후 다음과 같이 말했다. "에드, 당신은 인플레이션이 없을 것이라고 가정했는데 우리의 자본비용에는 이미 10%의 인플레이션이 반영되어 있습니다. 제 생각에는 감가상각비를 제외한 다른 비용들을 매년 4%씩 증가시켜야 할 것 같은데 제 의견을 바탕으로 다시 계산해 주시겠어요?"

요구사항

a. 메간이 말한 "10% 인플레이션이 자본비용에 이미 반영되어 있습니다."의 의미는 무엇인가?

b. 인플레이션 4%와 세율 20%를 가정하여 에드워드의 추정을 다시 하고 새로운 기계의 투자여부를 결정하라

고급연습문제 9-15 [학습목표 1] 불균등 현금흐름의 내부수익률 고급연습문제 9-14의 정보를 바탕으로 4%의 인플레이션을 감가상각비 외의 비용에 적용했을 경우의 내부수익률을 구하라. 만약 회사의 자본비용이 10%라면 투자를 진행해야 하는가?

고급연습문제 9-16 [학습목표 3] 성과 평가와 순현재가치 사용의 상충 크레이튼항공사(Creighton Aerospace)의 임원들은 목표 투자수익률을 기준으로 성과를 평가하여 보상을 받는다. 이번 년도에 상용제품부서 대표인 델마 리차드(Delmar Richards)의 목표 투자수익률은 12%였다. 투자수익률이 12% 이상일 경우, $400,000의 연봉 이외에 성과급으로 스톡옵션 250,000주를 받게 된다.

상용제품부서는 현재 제품개발에 $25,000,000를 투자하는 것을 고려하고 있다. 그러나 이 투자를 진행한다면 초기 2년간 손해가 발생할 것이고 그 후 8년간 큰 이익이 날 것이다.

요구사항

a. 회사의 성과평가시스템과 투자 프로젝트의 순현재가치 평가가 야기할 수 있는 잠재적인 문제점을 델마의 관점에서 논의하라.

b. 델마는 현재 회사의 주식 $1,250,000과 예전에 받은 스톡옵션 500,000주를 보유 중이라면 a.에서 기술한 문제점은 심화되겠는가 완화되겠는가?

고급연습문제 9-17 [학습목표 1] 불균등한 현금흐름의 내부수익률 팔레르모피자(Palermo Pizzeria)는 배달서비스 도입으로 영업을 확장하려 한다. 이를 위한 오븐의 구입과 설치에 $50,000가 필요하다. 오븐의 기대수명은 5년이며 잔존가치는 $5,000이다. 또한 정액법으로 감가상각될 것이다. 새로운 투자와 관련된 현금흐름은 다음과 같다.

항목	1차연도	2차연도	3차연도	4차연도	5차연도
매출액	$65,000	$66,300	$78,230	$88,000	$95,238
원재료	(25,100)	(27,600)	(30,392)	(33,441)	(36,695)
급여	(24,900)	(26,900)	(28,900)	(30,900)	(32,800)
추가영업비용	(2,100)	(2,300)	(2,500)	(2,700)	(2,800)
잔존가치					5,000

(회사에 적용되는 세율은 20%이다)

요구사항

배달사업 투자의 내부수익률을 구하여라(힌트: 14%에서 16% 사이의 값을 이용하라). 만일 팔레르모피자의 요구수익률이 10%인 경우, 투자의 채택여부를 결정하라.

사례연구

사례연구 9.1 : 쥬니퍼포장(Juniper Packaging Solutions) [학습목표 1,윤리문제]

쥬니퍼포장사는 미국 전역의 회사들에 개별화된 포장제품을 제공한다. 회사는 5개의 생산시설에서 판지 상자, 플라스틱이나 철제 드럼, 알루미늄 병, 그리고 충격흡수 주머니와 가방을 생산한다. 회사는 55갤런의 컨테이너에 담긴 화학약품부터 생물표본까지 모든 제품을 개봉여부를 확인할 수 있는 용기에 담아 배송한다.

메릴랜드 공장의 부사장인 스펜서 윌리엄(Spencer Williams)은 작년에 공장의 성과에 대한 고민을 하게 되었다. 고객 만족도에 영향을 줄 수 있는 공장의 주문 처리 시간과 불량률이 모두 증가한 것이다. 스펜서는 그 원인이 오래된 생산장비에 있다는 판단을 하고 설비교체를 위한 계획을 수립하였다. 계획에 따르면 새로운 설비는 메릴랜드 공장을 회사내 5개의 공장들 중 가장 효율적인 공장으로 만들어 줄 것으로 예상된다. 문제는 설비의 가격은 $2,000,000이나 회사에서는 $500,000 이상의 자본지출을 금지하고 있는 상황이다. 이 금지령은 아시아 경제의 불황으로 회사의 주요 고객인 일본과 한국의 고객에 대한 선적이 줄어들면서 3분기 수익이 10% 정도 하락되어 최고경영자에 의해 결정된 것이다.

스펜서와 메릴랜드공장의 재무담당자는 고객의 만족과 시장 점유율을 유지하기 위해서는 새로운 장비가 절대적으로 필요하다고 믿는다. 그들은 자본지출 동결을 우회할 방안을 고안하였다. 각각의 장비는 여러 부속품으로 이루어진 장치이다(예를 들면 컨베이어 벨트, 상자의 금형, 상자의 테이핑 등). 스펜서는 장비 생산업체에 이 장비를 부속품으로 쪼개서 각각의 청구서가 $500,000미만이 되도록 요청할 것이다. 그러면 공장의 관리자는 금지령을 어기지 않고 이 지출을 승인할 수 있다.

요구사항

스펜서와 재무담당자가 생각해 낸 이 방법이 윤리적인가? 스펜서와 재무담당자 모두 새로운 장비가 주주의 부를 증대시키는 방법이라는 확신을 가졌다고 가정하여 답하라.

사례연구 9.2 : 메트로은행(Metro Bank) [학습목표1,2]

메트로은행은 툴사(Tulsa) 지역에 20개의 지점을 개설하고 있으며 상당한 규모의 IT부서를 운영하고 있다. IT부서는 고객 거래처리와 데이터 저장을 위해 자체 서버를 사용하고 있으며 연간 $2,500,000의 예산을 사용한다. 은행의 CFO인 제임스 베이커(James Bake)는 IT업무를 클라우드텍서비스(CloudTech Services)로 아웃소싱을 검토하고 있다. 클라우드텍서비스는 연간 $700,000의 견적을 제출하였다. CFO는 아웃소싱을 이용할 경우 다음과 같은 내용의 비용절감을 예상하고 있다.

1. 내년 초로 예상되는 서버 업그레이드와 관련 소프트웨어 비용 $300,000을 절감할 수 있을 것이다. 서버는 내용연수 3년에 잔존가치는 없으며, 정액법으로 감가상각하고 있다.
2. 연간 $400,000의 IT종업원의 인건비를 절감할 수 있을 것이다.
3. 기타비용으로 연간 $100,000의 비용절감이 있을 것이다.

요구사항

클라우드텍서비스로 외주용역을 채택할 경우의 NPV를 계산하라. 외주용역기간은 3년이며 10%의 할인율과 20%의 법인세율을 적용하라. NPV 분석에서 고려되지 않은 외주용역으로 인한 비금전적 혜택이 있다면 나열하라.

서버 업그레이드 비용 $300,000은 1차연도 초에 발생하고, 클라우드텍서비스에 지불하는 외주용역비 $700,000을 비롯하여 인건비와 기타 절감되는 비용은 매 연말에 발생하는 것으로 가정하라.

부록A

엑셀을 이용하여 순현재가치와 내부수익률 구하기

부록에서 순현재가치와 내부수익률을 구하기 위해 엑셀의 함수기능을 사용하는 방법을 학습할 것이다. 〈그림 9-3〉에 나왔던 페인트 분사 장치에 대한 예제를 이용하여 살펴보자.

먼저 관련된 현금흐름을 스프레드 시트에 입력하는 것이다. 〈그림 A9-1〉의 셀B2에서 G2까지, 현금흐름을 기간 0 에 구매비용으로 $70,000을 입력하고, 기간 1부터 기간 5까지 연간 절감비용 $21,000을 입력한다. 단 5년차에는 장비의 잔존가치 $5,000을 포함하여 $26,000를 입력한다. 요구수익률은 0.12로 이를 B5셀에 입력한다.

순현재가치를 구하기 위해서는 셀에 NPV함수를 입력해야 한다. B8셀을 선택한 후 메뉴에서 수식, 함수삽입, 재무를 차례대로 클릭하여 NPV를 찾아서 클릭한다. 함수 창의 Rate에 요구수익률이 입력된 셀(B5)을 입력하고, Value1에 1차연도부터 5차연도의 현금흐름이 입력되어 있는 C2:G2를 입력한다. 이때 주의할 점은 NPV함수는 첫 현금흐름을 1차연도 말에 발생한 것으로 가정하므로 0차연도의 현금흐름을 포함시켜서는 안 된다. 이제 〈그림 A9-2〉의 화면과 같이 될 것이다.

확인 버튼을 누른 후 B8셀에서 B2셀에 있는 0년째 현금흐름을 더해 주면 프로젝트의 NPV $8,537.43를 얻을 수 있다.

IRR 함수는 B9셀을 선택한 후, 메뉴에서 수식, 함수삽입, 재무를 차례대로 클릭하여 IRR함수를 찾아 클릭한다. 함수 창에서 Values에 프로젝트의 현금흐름인 B2:G2를 입력한다. 필요한 경우 추정 내부수익률을 추가하여도 좋다. 추정치를 입력하면 프로그램이 그 추정치로부터 내부수익률을 계산할 것이다. 물론 이 과정은 생략 가능하다(그림 A9-3).

확인 버튼을 누르면 내부수익률 16.68%를 얻을 수 있다(그림 A9-4).

순현재가치가 "0"보다 크며 내부수익률은 요구수익률 12%를 초과하므로 이 프로젝트는 채택되어야 한다.

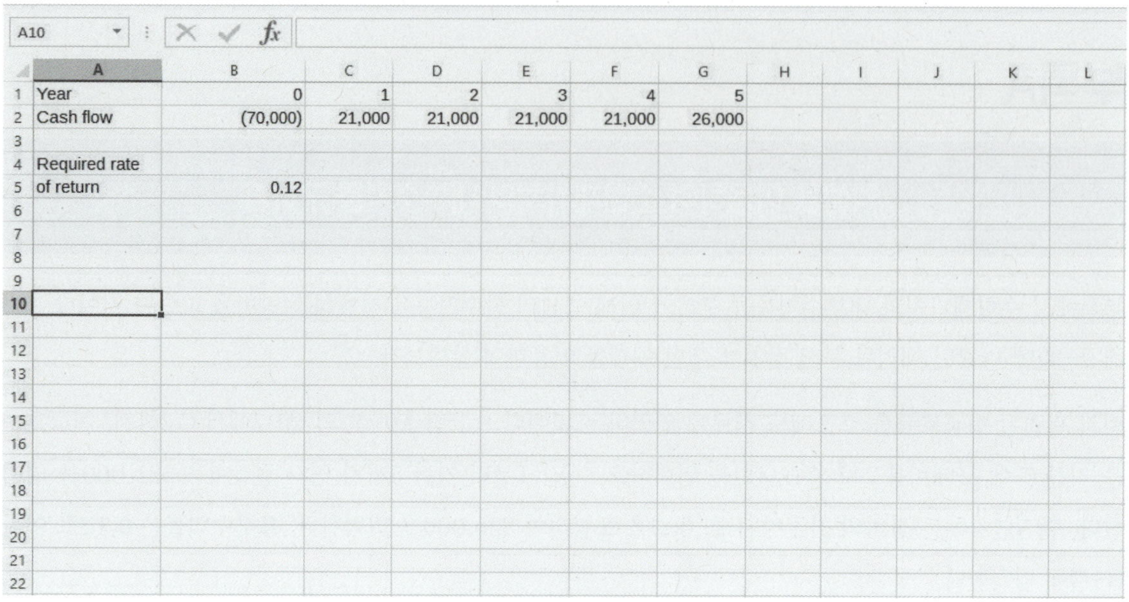

〈그림 A9-1〉 엑셀입력자료

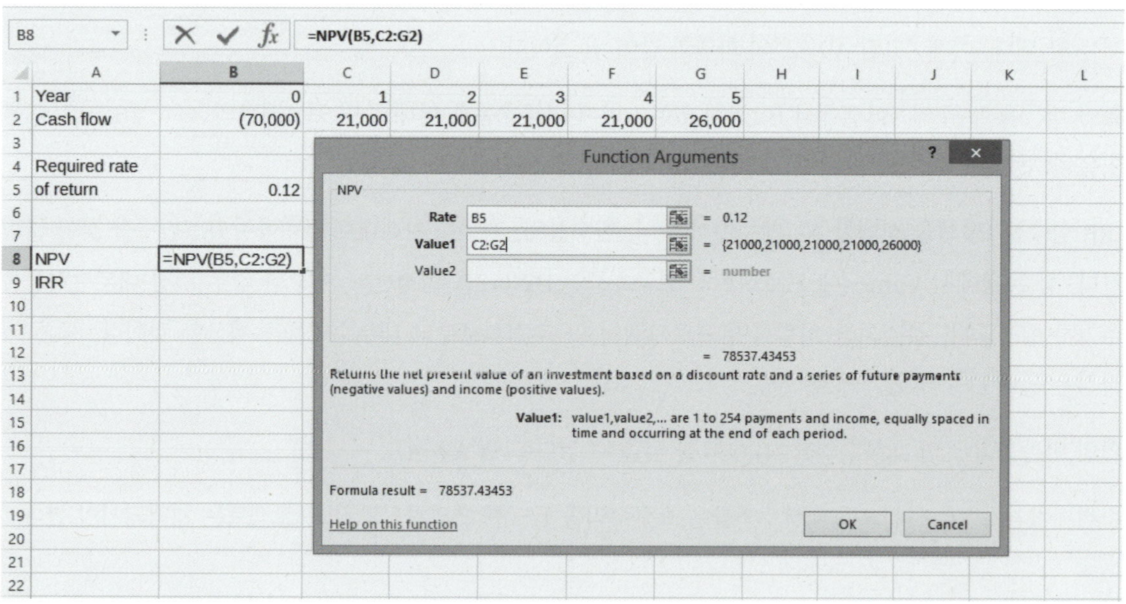

〈그림 A9-2〉 NPV함수의 사용

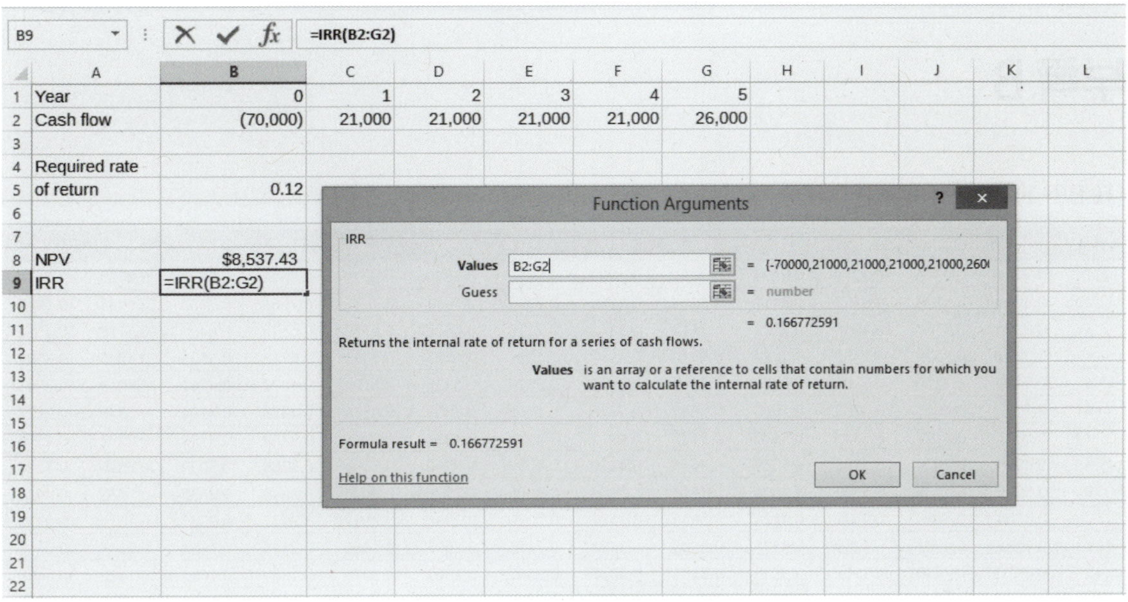

〈그림 A9-3〉 IRR함수의 사용

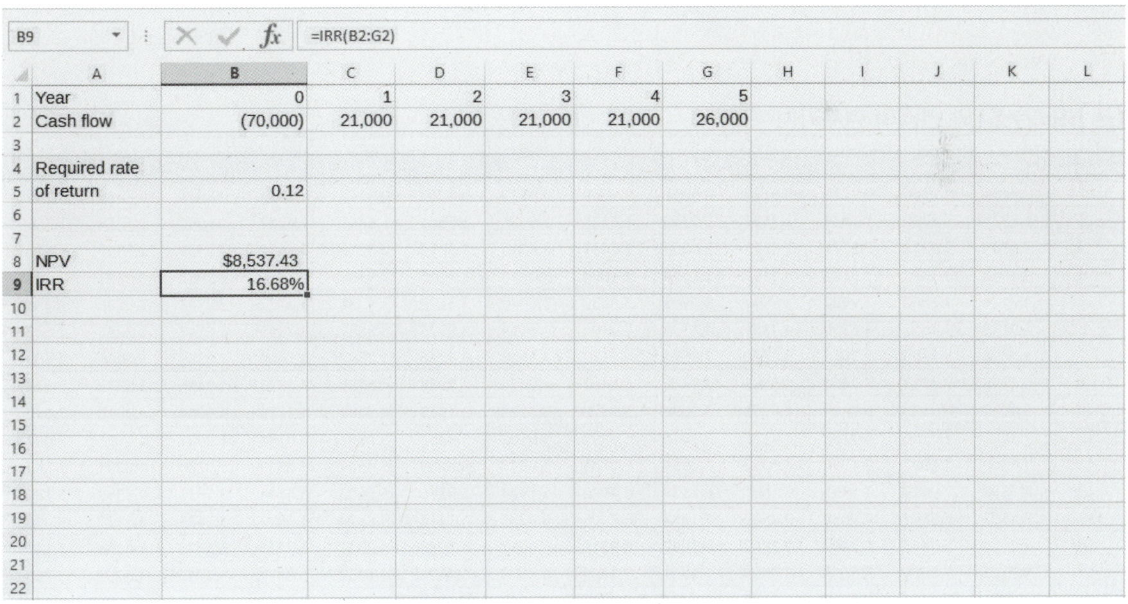

〈그림 A9-4〉 NPV와 IRR의 결과

부록 B

〈표 B9-1〉 $1의 n기간 현재가치

	6%	7%	8%	9%	10%	11%	12%	13%	14%	15%	16%	20%	30%
1	0.9434	0.9346	0.9259	0.9174	0.9091	0.9009	0.8929	0.8850	0.8772	0.8696	0.8621	0.8333	0.7692
2	0.8900	0.8734	0.8573	0.8417	0.8264	0.8116	0.7972	0.7831	0.7695	0.7561	0.7432	0.6944	0.5917
3	0.8396	0.8163	0.7938	0.7722	0.7513	0.7312	0.7118	0.6931	0.6750	0.6575	0.6407	0.5787	0.4552
4	0.7921	0.7629	0.7350	0.7084	0.6830	0.6587	0.6355	0.6133	0.5921	0.5718	0.5523	0.4823	0.3501
5	0.7473	0.7130	0.6806	0.6499	0.6209	0.5935	0.5674	0.5428	0.5194	0.4972	0.4761	0.4019	0.2693
6	0.7050	0.6663	0.6302	0.5963	0.5645	0.5346	0.5066	0.4803	0.4556	0.4323	0.4104	0.3349	0.2072
7	0.6651	0.6227	0.5835	0.5470	0.5132	0.4817	0.4523	0.4251	0.3996	0.3759	0.3538	0.2791	0.1594
8	0.6274	0.5820	0.5403	0.5019	0.4665	0.4339	0.4039	0.3762	0.3506	0.3269	0.3050	0.2326	0.1226
9	0.5919	0.5439	0.5002	0.4604	0.4241	0.3909	0.3606	0.3329	0.3075	0.2843	0.2630	0.1938	0.0943
10	0.5584	0.5083	0.4632	0.4224	0.3855	0.3522	0.3220	0.2946	0.2697	0.2472	0.2267	0.1615	0.0725
11	0.5268	0.4751	0.4289	0.3875	0.3505	0.3173	0.2875	0.2607	0.2366	0.2149	0.1954	0.1346	0.0558
12	0.4970	0.4440	0.3971	0.3555	0.3186	0.2858	0.2567	0.2307	0.2076	0.1869	0.1685	0.1122	0.0429
13	0.4688	0.4150	0.3677	0.3262	0.2897	0.2575	0.2292	0.2042	0.1821	0.1625	0.1452	0.0935	0.0330
14	0.4423	0.3878	0.3405	0.2992	0.2633	0.2320	0.2046	0.1807	0.1597	0.1413	0.1252	0.0779	0.0254
15	0.4173	0.3624	0.3152	0.2745	0.2394	0.2090	0.1827	0.1599	0.1401	0.1229	0.1079	0.0649	0.0195
16	0.3936	0.3387	0.2919	0.2519	0.2176	0.1883	0.1631	0.1415	0.1229	0.1069	0.0930	0.0541	0.0150
17	0.3714	0.3166	0.2703	0.2311	0.1978	0.1696	0.1456	0.1252	0.1078	0.0929	0.0802	0.0451	0.0116
18	0.3503	0.2959	0.2502	0.2120	0.1799	0.1528	0.1300	0.1108	0.0946	0.0808	0.0691	0.0376	0.0089
19	0.3305	0.2765	0.2317	0.1945	0.1635	0.1377	0.1161	0.0981	0.0829	0.0703	0.0596	0.0313	0.0068
20	0.3118	0.2584	0.2145	0.1784	0.1486	0.1240	0.1037	0.0868	0.0728	0.0611	0.0514	0.0261	0.0053

〈표 B9-2〉 $1의 연금의 현재가치

	6%	7%	8%	9%	10%	11%	12%	13%	14%	15%	16%	20%	30%
1	0.9434	0.9346	0.9259	0.9174	0.9091	0.9009	0.8929	0.8850	0.8772	0.8696	0.8621	0.8333	0.7692
2	1.8334	1.8080	1.7833	1.7591	1.7355	1.7125	1.6901	1.6681	1.6467	1.6257	1.6052	1.5278	1.3609
3	2.6730	2.6243	2.5771	2.5313	2.4869	2.4437	2.4018	2.3612	2.3216	2.2832	2.2459	2.1065	1.8161
4	3.4651	3.3872	3.3121	3.2397	3.1699	3.1024	3.0373	2.9745	2.9137	2.8550	2.7982	2.5887	2.1662
5	4.2124	4.1002	3.9927	3.8897	3.7908	3.6959	3.6048	3.5172	3.4331	3.3522	3.2743	2.9906	2.4356
6	4.9173	4.7665	4.6229	4.4859	4.3553	4.2305	4.1114	3.9975	3.8887	3.7845	3.6847	3.3255	2.6427
7	5.5824	5.3893	5.2064	5.0330	4.8684	4.7122	4.5638	4.4226	4.2883	4.1604	4.0386	3.6046	2.8021
8	6.2098	5.9713	5.7466	5.5348	5.3349	5.1461	4.9676	4.7988	4.6389	4.4873	4.3436	3.8372	2.9247
9	6.8017	6.5152	6.2469	5.9952	5.7590	5.5370	5.3282	5.1317	4.9464	4.7716	4.6065	4.0310	3.0190
10	7.3601	7.0236	6.7101	6.4177	6.1446	5.8892	5.6502	5.4262	5.2161	5.0188	4.8332	4.1925	3.0915
11	7.8869	7.4987	7.1390	6.8052	6.4951	6.2065	5.9377	5.6869	5.4527	5.2337	5.0286	4.3271	3.1473
12	8.3838	7.9427	7.5361	7.1607	6.8137	6.4924	6.1944	5.9176	5.6603	5.4206	5.1971	4.4392	3.1903
13	8.8527	8.3577	7.9038	7.4869	7.1034	6.7499	6.4235	6.1218	5.8424	5.5831	5.3423	4.5327	3.2233
14	9.2950	8.7455	8.2442	7.7862	7.3667	6.9819	6.6282	6.3025	6.0021	5.7245	5.4675	4.6106	3.2487
15	9.7122	9.1079	8.5595	8.0607	7.6061	7.1909	6.8109	6.4624	6.1422	5.8474	5.5755	4.6755	3.2682
16	10.1059	9.4466	8.8514	8.3126	7.8237	7.3792	6.9740	6.6039	6.2651	5.9542	5.6685	4.7296	3.2832
17	10.4773	9.7632	9.1216	8.5436	8.0216	7.5488	7.1196	6.7291	6.3729	6.0472	5.7487	4.7746	3.2948
18	10.8276	10.0591	9.3719	8.7556	8.2014	7.7016	7.2497	6.8399	6.4674	6.1280	5.8178	4.8122	3.3037
19	11.1581	10.3356	9.6036	8.9501	8.3649	7.8393	7.3658	6.9380	6.5504	6.1982	5.8775	4.8435	3.3105
20	11.4699	10.5940	9.8181	9.1285	8.5136	7.9633	7.4694	7.0248	6.6231	6.2593	5.9288	4.8696	3.3158

CHAPTER 10

silverkblack/123RF

예산 계획과 통제

학습목표

1. 계획과 통제에서 예산의 역할에 대한 이해
2. 종합예산을 구성하는 예산 계획의 준비
3. 성과평가를 위해서 변동예산이 필요한 이유와 예산을 활용한 계획과 통제의 대립에 대한 이해

프레스톤 조이스틱(Preston Joystick)은 많은 게이머들에게 사랑 받는 조이스틱을 생산하는 회사이다. 프레스톤 조이스틱의 회장인 알란 렌톤(Alan Renton)은 임원회의에서 과거의 성공과 실패들을 돌아보며 다음과 같이 말했다. "여러분들이 알다시피 회사에서 새로운 마케팅 캠페인을 시작했으며, 그 결과로 최소 20%의 매출증대를 확신합니다." 그러자 생산관리자인 잭 노스(Jack North)는 깜짝 놀라며 다음과 같이 말했다. "알란회장님, 만약 매출이 늘어난다는 것이 사실이라면 그에 대한 대비책을 마련해야 합니다. 작업자를 추가로 고용해야 하고 구매부서에서는 더 많은 부품을 확보해야 할 것 같습니다." 이에 재무담당부사장인 팜 스미스(Pam Smith)는 옆에서 "더 많은 판매는 더 많은 재고를 의미하고 이는 곧 우리가 확장을 하는데 필요한 돈을 빌려야 한다는 것을 의미하니 대출을 알아볼 시간이 필요합니다."라고 끼어들었다.

모두가 회사 활동의 계획에 좀 더 신경을 써야 한다고 동의하며 회의를 끝냈다. 알란은 사무실로 돌아가서 회사의 활동들을 지시하고 협력할 계획을 세우지 않는다면 내년은 끔찍한 한 해가 될 것이라고 확신했다. 그는 "마케팅, 생산, 그리고 재무담당자에 향후 발생할 사안을 알려서 회사가 효율적이고 효과적으로 운영되도록 해야겠다"는 결론을 내렸다.

경영에서 **예산**은 회사의 목표를 달성하기 위한 계획을 수치화 시킨 공식적인 문서이다. 대체로 기업들의 계획과 통제는 예산안에 기초하여 수립된다. 이 장에선 공통적으로 사용되는 예산의 준비에 대해서 알아볼 것이다. 또한 성과평가에서 예산의 역할을 살펴보고 예산과 관련된 다양한 주제들에 대해서 토론해볼 것이다.

학습목표 1 계획과 통제에서 예산의 역할에 대한 이해

10.1 계획과 통제에서 예산의 활용

마이크로소프트(Microsoft)에서 메리어트(Marriot)나 월마트(Walmart)에서 웬디스(Wendy's)에 이르기까지 기업의 예산은 최우선순위를 가진 업무이다. 앞서 언급했듯이 대다수 회사의 전반적인 계획과 통제 절차는 예산안을 기초해서 만들어진다. 이 절에서 예산이 계획과 통제에 어떻게 사용되는지 설명한다.

10.1.1 계획

예산은 소통과 협력을 증가시키는 도구이기에 계획단계에서 유용하다. 공식 계획을 수립하는 과정인 예산은 관리자들에게 그들의 목표와 목적을 주의깊게 생각하게 하며, 그것들을 달성하는 수단을 구체화하도록 만든다. 예산은 회사가 어디로 나가야 할지에 대한 정보를 소통하게 만드는 계기가 되며, 관리자들이 서로 협력히도록 돕는다. 예를 들면, 마케딩 부서는 판매량의 예측이 포함된 예산을 수립할 것이다. 생산부서에서는 예산에 포함된 정보를 이용하여 필요한 작업자와 원재료를 준비할 것이다. 이러한 방식으로 제품의 생산과 판매에 필요한 협력이 이루어지는 것이다.

10.1.2 통제

예산은 성과평가를 위한 기준을 제공하기에 통제과정에서 유용하다. 회사가 옳은 방향으로 향하고 효율적으로 운영되도록 통제하기 위해서는 관리자들과 그들이 책임진 부서의 성과를 평가하는 것이 중요하다. 성과평가는 실제 성과와 예산 성과(계획된 성과)를 비교함으로써 이루어진다.

계획된 성과와 실제 성과가 차이가 나는 요인은 다음과 같다.

1. **계획이나 예산이 잘 수립되어 있지 않을 수 있다.** 만약 예산이 신중하게 수립되지 않았다면 실제 결과가 계획된 결과와 차이가 발생하는 것은 당연하다.

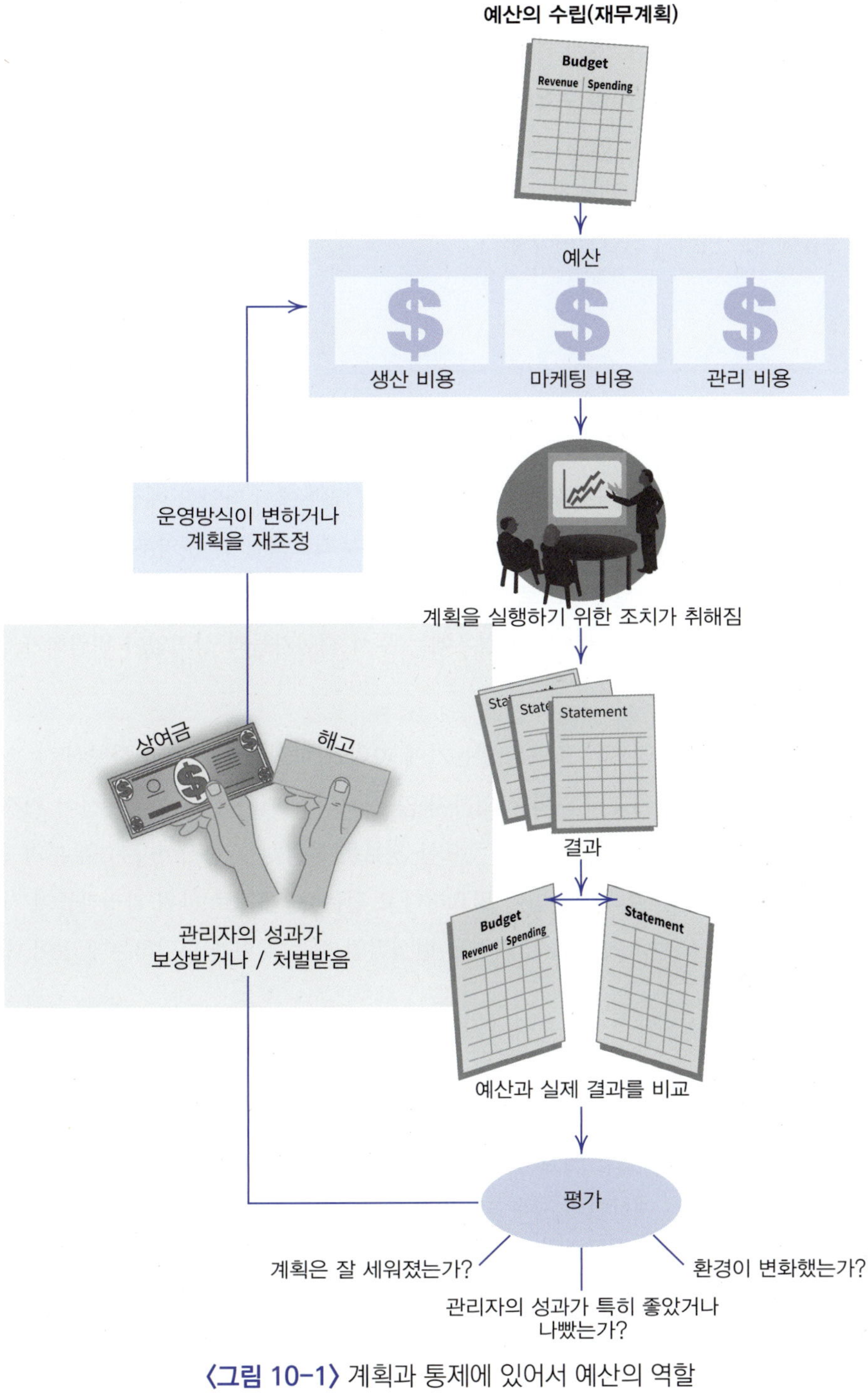

〈그림 10-1〉 계획과 통제에 있어서 예산의 역할

2. **비록 예산이 잘 수립되어 있더라도 상황이 변할 수 있다.** 예를 들면, 경기가 급락하였다면 실제 매출은 계획보다 작을 수 있다.
3. **관리자들이 자신의 부서를 특히 잘 관리했거나 혹은 관리를 잘못했을 수 있다.** 성과가 좋은 경우엔 성과급이나 승진 등의 보상을 받을 것이며, 성과가 나쁜 경우엔 징계를 받거나 해고될 수도 있을 것이다.

측정해야 관리할 수 있다 〈그림 10-1〉에서 계획과 통제과정에서 예산의 역할이 표현되어 있다. 이 그림을 통해 기억해야 할 것은 '**측정해야 관리할 수 있다**(you get what you measure!)'라는 것이다. 이러한 사실은 통제과정을 이해하는 데 도움이 될 것이다. 만일 관리자들이 그들의 성과가 예산과 연계하여 평가된다는 사실을 안다면 그들은 예산목표를 달성하기 위해서 매우 노력할 것이다. 그러므로 예산에서 목표는 충분히 고려되어야 하고 관리자들에게도 명백히 전달되어야 한다.

10.2 예산의 수립

예산은 부서, 사업부, 그리고 회사 전체를 위해 준비된다. 회사 내부에서 다양한 예산안을 승인하는 그룹을 **예산위원회**(budget committee)라고 부른다. 이 위원회는 사장, 재무최고책임자, 운영부사장, 관리회계이사 등을 포함한 고위임원들로 구성된다. 일반적으로 예산위원회는 부서에서 회사 전체의 목표와 일치하는 현실적인 계획들을 수립하도록 돕는다. 그러나 어떤 경우에는 부서 책임자들과 상의없이 위원회가 일방적으로 예산을 할당하기도 한다.

예산을 작성할 때 부서에서 어느 정도의 조언을 얻는가에 따라 상향식(bottom-up)과 하향식(top-down)접근법으로 나뉜다. 하향식 접근법은 하위 관리자와 상의하지 않고 고위 관리자에 의해서 예산이 결정되는 것이다. 상향식 접근법은 하위 관리자가 예산 수립의 주요한 정보를 제공하는 방식이다. 대부분의 관리자들은 성공적인 예산수립을 위해서는 상향식 접근법이 필요하다고 믿는다. 대체로 하위 관리자들이 자신의 부서와 관련한 기업 환경을 가장 잘 알기에 이들의 의견은 현실적인 재무 계획을 수립하는데 있어 매우 중요한 것이다.

10.2.1 예산기간

예산을 수립하기 전에 관리자는 적절한 예산기간을 결정해야 한다. 회사는 필요에 따라 다양한 기간에 대한 예산을 준비할 수 있다. 장기 예산안의 경우 3년 혹은 5년까지도 대비한다. 단기 예산의 경우 한달, 분기 또는 1년의 계획을 포함한다. 일반적으로 예산기간이 길수록 예산은 자세하지 않다.

10.2.2 제로베이스 예산

일반적으로 예산의 수립은 이전 기간의 수익과 비용을 고려하며 시작한다. 이 값들을 현재의 정보와 미래에 대한 가정이나 예측을 고려해 조정하는 것이다. 그러나 이러한 방식을 통해서는 새롭고 참신한 의견을 내지 못한다.

제로베이스 예산(zero-based budgeting)이란 예산을 수립할 때 예산에 포함된 금액의 근거를 명확하게 제시할 것을 각 부서에 요구하는 방법이다. 다시 말하면 "0"에서부터 예산의 수립을 시작하는 것이다. 이 방법은 예산 금액에 대한 당위성을 부여하지만 시간과 비용이 소요되는 방법이다. 제로베이스 예산은 주로 정부기관에서 사용되고 있으며 기업에서 널리 사용되는 방법은 아니다.

학습목표 2 종합예산을 구성하는 예산 계획의 준비

10.3 종합예산

종합예산(master budget)이란 여러 종류의 개별적인 예산들을 포함한 포괄적 계획이다. 주로 판매, 생산, 직접재료원가, 직접노무원가, 제조간접원가, 판매비와 관리비, 자산취득, 현금 수입과 지출 그리고 예산 손익계산서와 예산 재무상태표를 포함한다.

이 절에서 사용하는 예제들은 프레스톤 조이스틱사의 자료를 이용하였다. 각각의 예산은 상호간에 연결되어 있다. 구체적으로 판매 예산은 생산 예산에 영향을 미치고, 생산 예산은 직접재료원가, 직접노무원가,

Link to Practice

OJO Images/Exactostock - 1775/Superstock

예산 과정에서의 인사 문제

센테이지 경영연구소(Centage and the Institute of Management and Administration)는 20개 이상 기업의 재무최고책임자들을 대상으로 예산 과정에 대해 설문조사를 하였다. 응답자들에 따르면 예산의 가장 큰 문제는 관리자들을 다루는 것이다. 특히, 관리자들의 다음 특성에 대해서 지적했다.

- 주인의식을 가지지 않거나 책임감이 없는 것
- 협조 혹은 참여를 하지 않는 것
- 과정이나 필요사항을 이해하지 못하는 것
- 마감시한을 지키지 않는 것
- 의도적으로 달성하기 쉬운 목표치를 제공하거나 비현실적인 숫자를 제시하는 것

출처: Centage/IOMA, *Budgeting Survey: Benchmarks Issues*, 2008)

제조간접원가 등의 예산에 영향을 미친다. 이러한 관계는 〈그림 10-2〉에 나타나 있다.

10.3.1 판매 예산

예산을 수립하는 과정에서 첫 번째 할 일은 판매량을 예측하고 판매 예산을 수립하는 것이다. 판매 예산이 가장 먼저 필요한 이유는 판매량의 예측없이 다른 예산들을 수립할 수 없기 때문이다. 예를 들면, 생산 예산을 수립하는 관리자의 경우, 수요를 충족시키기 위해 필요한 제품을 생산하기 위해서는 판매에 대한 추정치가 필요한 것이다.

판매를 예측하기 위해 회사들은 다양한 방법을 사용한다. 대기업의 경우 경제학자들을 고용해서 인플레이션, 국가의 재정지출, 기타 경제학적 자료 등을 고려한 세련된 수학적 모델을 사용하여 예측하게 한다. 중소회사들은 판매 추세를 기반으로 예측을 한다. 업계에 대한 저널이나 잡지들은 거의 모든 산업에 존재하며 판매 예측을 위한 유용한 정보를 제공한다. 보통, 이 저널들은 산업의 과거 매출에 대한 정보를 포함한다. 또한 산업의 성장에 대한 예측도 한다. 영업사원들 또한 판매를 예측하는데 도움이 되는 정보를 가지고 있다. 어떤 회사들은 주기적으로 회사의 영업사원들에게 자신이 맡은 분야의 다음 년도에 대한 판매 예측을 하게 한다. 만일 영업사원이 고객의 요구사항을 반영하여 판매예측을 한다면 매우 정확한 정보가 될 것이다. 판매예측은 절반의 과학 절반의 예술이라고도 하는데 고차원적 수학모델을 활용하여 예측하였다고 하더라도 관리자들의 판단에 따라 조정되기도 한다.

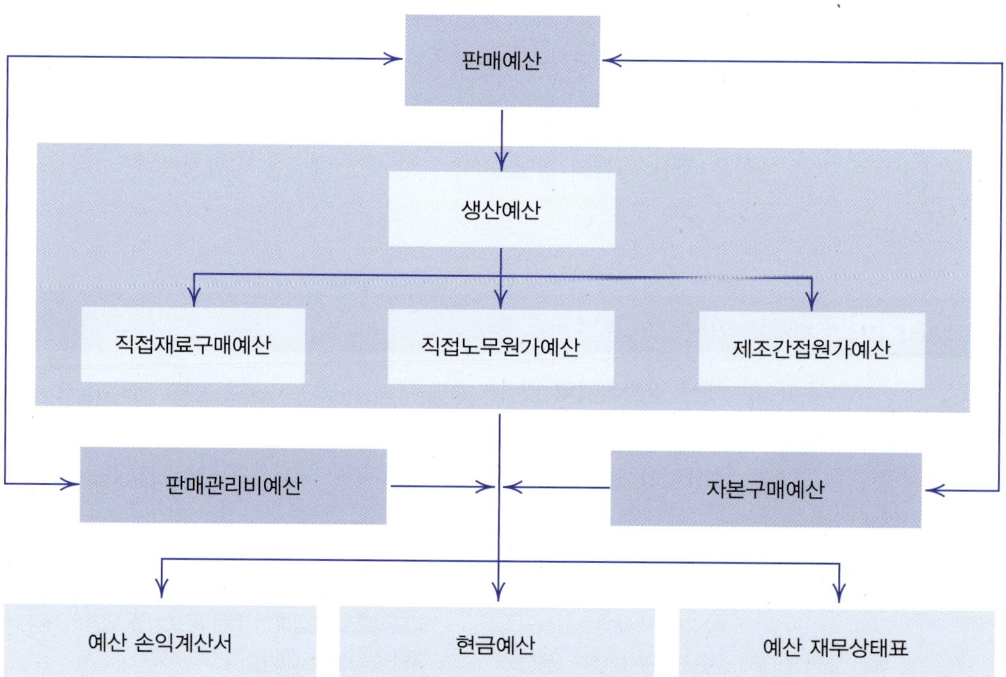

〈그림 10-2〉 종합예산을 구성하는 예산의 관계

Data Analytics in Action

판매량 예측을 위한 예측분석

앞에서 살펴본 바와 같이 예산 과정의 첫번째 단계는 판매량을 예측하는 것이다. 가장 전형적인 판매량 예측 방법은 전년도의 판매량에 업계의 상황에 대한 관리자의 판단에 근거한 일정량을 증가시키는 것이다.

예측 분석을 활용한 좀더 정교한 방법은 자료에 고객의 감성, 기후상태, 노동청의 통계자료 그리고 다양한 자료의 원천 등을 고려하는 것이다. 이러한 모형은 제품들이 미래의 진열대에서 소비자들에게 어떻게 보여질 것인지를 고려한 것이다.

출처: Fred O'Connor, "Tidemark Adds Predictive Analytics to Help CDOs use Big Date in Forecasting, Budgeting," *Computerworld*, (November 12, 2014). https://www.computerworld.com/article/2846010/tidemark-adds-predictive-analytics-tohelp-cfos-use-big-data-in-forecasting-budgeting.html

판매 예산
2020년 1월 1일부터 2020년 12월 31일까지

	1분기	2분기	3분기	4분기	합계
전년도 판매수량	17,500	20,833	19,167	18,333	75,833
예상 판매량-전년도의 120%	21,000	25,000	23,000	22,000	91,000
단위당 판매가격	$ ×45	$ ×45	$ ×45	$ ×45	$ ×45
예산 매출액	$945,000	$1,125,000	$1,035,000	$990,000	$4,095,000

〈그림 10-3〉 판매 예산

프레스톤 조이스틱사의 회장인 알란은 판매 추세와 계획 중인 마케팅 캠페인을 고려하여 다음 년도의 매출이 20% 증가할 것이라고 예측하였다. 영업사원들도 단위당 $45의 가격을 유지한다면 20%의 증가가 현실적인 예측이라고 동의한다. 따라서 회사는 전년도의 분기별 판매량을 20%씩 증가시킴으로써 판매예산을 확정하였는데 그 내용은 〈그림 10-3〉에 제시되어 있다.

10.3.2 생산 예산

일단 판매 예산이 결정되고 나면 생산 예산을 결정할 수 있다. 제품의 생산량을 결정하기 위해서 관리자는 예상 판매수량과 기초와 기말의 재고수준을 고려하여야 한다[1].

생산량은 다음 공식으로 도출할 수 있다.

목표생산량 = 예상판매량 + 기말목표재고량 − 기초재고량

프레스톤 조이스틱은 다음 분기 판매량의 10%를 기말재고로 보유하고자 한다. 1분기에 21,000단위의 판

1 프레스톤 조이스틱은 재공품 재고가 없는 것으로 가정한다. 따라서 제품의 생산량 결정에 재공품 재고를 고려할 필요는 없다.

매를 예상하며, 2,500단위의 기말재고가 필요할 것이다(2분기의 예상 판매수량 25,000단위의 10%). 따라서 1분기에 23,500단위의 제품이 필요하지만 기초의 제품재고 2,100단위를 감안하면 단지 21,400단위의 제품이 생산되어야 한다. 회사의 생산 예산은 〈그림 10-4〉에 나타나있다.

생산 예산

2020년 1월 1일부터 2020년 12월 31일까지

	1분기	2분기	3분기	4분기	합계
예상판매량[a]	21,000	25,000	23,000	22,000	91,000
가산: 기말목표재고량[b]	2,500	2,300	2,200	2,400[c]	2,400
필요수량	23,500	27,300	25,200	24,400	93,400
차감: 기초재고량	2,100	2,500	2,300	2,200	2,100
목표생산량	21,400	24,800	22,900	22,200	91,300

a 〈그림 10-3〉의 판매예산 참조
b 다음 분기 판매량의 10%
c 다음 년도 1분기 추정판매량에 기반

〈그림 10-4〉 생산 예산

Test Your Knowledge

㈜메이슨은 1분기에 10,000 단위, 2분기에 14,000단위의 제품을 판매할 수 있을 것으로 예상한다. 회사는 다음 분기 판매수량의 20%에 해당하는 제품을 기말 재고로 유지하고 싶어한다. 1분기에 기초재고를 2,000단위 보유하고 있다면 1분기에 몇 단위를 생산하여야 하는가?

a. 14,000 **b.** 16,000 **c.** 10,800 **d.** 12,000

정답: **c** (10,000 + 14,000 × 20% − 2,000) = $10,800

10.3.3 직접재료구매 예산

구매해야 할 직접재료의 양은 제품의 생산수량과 직접재료의 기말재고수량에 따라 결정된다. 다음 연도의 생산을 위해서는 기말에 적정한 정도의 직접재료재고를 보유하고 있어야 한다(2장에서 설명했듯이, 적시생산시스템(JIT)의 경우 소량의 직접재료재고가 필요할 것이다). 구매해야 할 재료의 양은 다음과 같이 산출할 수 있다.

직접재료 구매수량 = 생산에 필요한 직접재료 수량 + 직접재료 기말재고 − 직접재료 기초재고

프레스톤 조이스틱은 다음 분기 생산에 필요한 직접재료원가의 10%에 해당하는 금액을 기말직접재료재고로 보유하고자 한다. 회사는 1분기에 21,400단위를 생산하기로 계획하였으며, 제품 단위당 직접재료원가는 $6이다. 따라서 회사는 제품의 생산과 기말에 보유할 직접재료재고를 감안하여 $130,440에 해당하는 직접재료를 구입해야 한다(〈그림 10-5〉 참조. 기대 기말직접재료재고 $14,880과 기초직접재료재고 $12,840).

직접재료구매 예산
2020년 1월 1일부터 2020년 12월 31일까지

	1분기	2분기	3분기	4분기	합계
제품 생산량[a]	21,400	24,800	22,900	22,200	91,300
제품 단위당 직접재료원가	$ ×6	$ ×6	$ ×6	$ ×6	$ ×6
생산에 필요한 직접재료원가	$128,400	$148,800	$137,400	$133,200	$547,800
가산: 기대기말직접재료재고[b]	14,880	13,740	13,320	14,700[c]	14,700
필요한 직접재료	143,280	162,540	150,720	147,900	562,500
차감: 기초 직접재료재고	12,840	14,880	13,740	13,320	12,840
직접재료 구입금액	$130,440	$147,660	$136,980	$134,580	$549,660

a 〈그림 10-4〉의 생산 예산 참조
b 다음 분기 생산량의 10%
c 다음연도 1분기의 생산에 필요한 직접재료재고

〈그림 10-5〉 직접재료구매 예산

10.3.4 직접노무원가 예산

프레스톤 조이스틱의 직접노무원가 예산은 분기 단위로 나타난다. 직접노무원가는 각 분기 생산량에 단위당 직접노동시간과 시간당 임금을 적용하여 산출할 수 있다. 회사는 1분기에 21,400 단위의 제품생산을 계획한다. 또한 1단위당 1시간의 직접노동시간이 필요하며 시간당 임금은 $15이다. 따라서 1분기의 직접노무원가는 $321,000이다. 프레스톤 조이스틱은 작업자들이 분기별로 평균 480시간씩 일한다고 추정한다. 이 정보를 토대로 각 분기당 필요한 작업자의 수를 대략적으로 추정하면 1분기에 약 45명의 작업자가 필요한 것으로 나타난다. 프레스톤 조이스틱의 직접노무원가예산은 〈그림 10-6〉에 나타나 있다.

〈그림 10-6〉에 따르면 1분기에 45명의 작업자가 필요한 것에 비해 2분기에는 52명의 작업자가 필요하다. 작업자의 안정적인 고용유지를 위해서 회사는 제품 생산계획을 조정할 수도 있을 것이다. 만약 생산계획을 맞추기 위해 2분기에 새로운 인력이 투입되면, 생산성이 하락할 수도 있으며, 48명의 작업자가 필요한 3분기에는 몇몇 작업자를 해고해야 하는 상황이 된다면 작업자들의 사기가 떨어질 것이다. 시간제 근무

직접노무원가 예산
2020년 1월 1일부터 2020년 12월 31일까지

	1분기	2분기	3분기	4분기	합계
제품 단위당 직접노동시간	1.0	1.0	1.0	1.0	1.0
시간당 직접노무원가(임률)	$ ×15	$ ×15	$ ×15	$ ×15	$ ×15
단위당 직접노무원가	15	15	15	15	15
생산량[a]	×21,400	×24,800	×22,900	×22,200	×91,300
직접노무원가	$321,000	$372,000	$343,500	$333,000	$1,369,500
총작업시간	21,400	24,800	22,900	22,200	
분기당 작업자 평균작업시간	÷480	÷480	÷480	÷480	
필요 작업자 수	45	52	48	46	

a 〈그림 10-4〉의 생산 예산 참조

〈그림 10-6〉 직접노무원가 예산

자를 고용하거나 초과근무를 통하여 해결하는 것이 좋은 방안이 될 것이다.

10.3.5 제조간접원가 예산

프레스톤 조이스틱은 제조간접원가를 고정제조간접원가와 변동제조간접원가로 구분한다. 변동제조간접원가는 제품 단위당 변동제조간접원가에 분기별 생산량을 적용하여 산출할 수 있다. 고정제조간접원가는 감가상각비를 제외하고는 매 분기 일정하다. 3분기와 4분기에 발생한 고정제조간접원가의 증가는 새로운 장비의 취득에 따른 감가상각비의 발생에 따른 것이다.

제조간접원가 예산은 〈그림 10-7〉에 나타나 있다. 전체 제조간접원가에서 감가상각비를 차감하면 현금지출을 수반한 제조간접원가를 얻을 수 있다. 이 금액은 현금의 수입과 지출을 위한 예산을 수립할 때 사용될 것이다.

10.3.6 판매비와 일반관리비 예산

지금까지 제품의 판매와 생산에 관련된 예산을 중심으로 살펴보았으나 판매비와 일반관리비에도 예산계획이 필요하다. 프레스톤 조이스틱은 판매비와 일반관리비를 고정적으로 발생하는 비용으로 추정한다. 〈그림 10-8〉에 판매비와 일반관리비예산이 나타나 있다.

10.3.7 예산 손익계산서

지금까지 설명한 예산의 많은 정보들이 예산 손익계산서를 작성하는데 이용된다. 〈그림 10-9〉에 예산 손

제조간접원가 예산

2020년 1월 1일부터 2020년 12월 31일까지

	1분기	2분기	3분기	4분기	합계
제품 생산량[a]	21,400	24,800	22,900	22,200	91,300
변동제조간접원가					
간접재료원가(단위당 $2)	$42,800	$49,600	$45,800	$44,400	$182,600
간접노무원가(단위당 $1.5)	32,100	37,200	34,350	33,300	136,950
기타제조간접원가(단위당 $1)	21,400	24,800	22,900	22,200	91,300
변동제조간접원가 합계	96,300	111,600	103,050	99,900	410,850
고정제조간접원가					
감독자 급여	90,000	90,000	90,000	90,000	360,000
감가상각비-기계장치[b]	20,000	20,000	26,000	28,000	94,000
기타	5,000	5,000	5,000	5,000	20,000
고정제조간접원가 합계	115,000	115,000	121,000	123,000	474,000
제조간접원가 합계	211,300	226,600	224,050	222,900	884,850
차감: 감가상각비	20,000	20,000	26,000	28,000	94,000
현금을 수반한 제조간접원가	$191,300	$206,600	$198,050	$194,900	$790,850

추정제조간접원가율 = 연간 제조간접원가 ÷ 연간 생산량 = $884,850 ÷ 91,300 = $9.69 / 단위

a 〈그림 10-4〉의 생산예산 참조

b 신규 기계장치의 취득으로 인한 증가. 〈그림 10-10〉 자본예산 참조

〈그림 10-7〉 제조간접원가 예산

판매비와 일반관리비 예산

2020년 1월 1일부터 2020년 12월 31일까지

	1분기	2분기	3분기	4분기	합계
급여	$160,000	$160,000	$160,000	$160,000	$640,000
광고비	70,000	70,000	70,000	70,000	280,000
감가상각비-집기비품	5,000	5,000	5,000	5,000	20,000
기타	15,000	15,000	15,000	15,000	60,000
합계	250,000	250,000	250,000	250,000	1,000,000
차감: 감가상각비	5,000	5,000	5,000	5,000	20,000
현금을 수반한 판매비와 일반관리비	$245,000	$245,000	$245,000	$245,000	$980,000

〈그림 10-8〉 판매비와 일반관리비 예산

익계산서가 나타나 있다. 그림에 나타난 바와 같이 매출액은 판매 예산 〈그림 10-3〉에서 가져왔으며, 매출원가는 단위당 생산원가를 산출하여 얻을 수 있다. 단위당 직접재료원가는 $6이며〈그림 10-5〉, 직접노무원가는 단위당 $15이다. 제조간접원가는 단위당 $9.69이므로 단위당 생산원가는 $30.69이다.

예산 손익계산서 2020년 1월 1일부터 2020년 12월 31일까지					
	1분기	2분기	3분기	4분기	합계
매출액[a]	$945,000	$1,125,000	$1,035,000	$990,000	$4,095,000
차감: 매출원가[b]	644,490	767,250	705,870	675,180	2,792,790
매출총이익	300,510	357,750	329,130	314,820	1,302,210
차감: 판매비와 일반관리비[c]	250,000	250,000	250,000	250,000	1,000,000
당기순이익	$50,510	$107,750	$79,130	$64,820	$302,210

a 〈그림 10-3〉판매 예산 참조
b 1분기의 매출원가 = 21,000단위 × $30.69 = $644,490
c 〈그림 10-8〉 판매비와 일반관리비 예산 참조

〈그림 10-9〉 예산 손익계산서

직접재료원가	$6.00	(그림 10-5)
직접노무원가	15.00	(그림 10-6)
제조간접원가	9.69	(그림 10-7)
합계	$30.69	단위당

경영진은 기대수익이 회사의 목표와 일치하도록 예산 손익계산서를 신중히 고려하여 수립하여야 한다. 만약 기대수익이 경영진을 만족시킬 수 있는 범위에 미치지 못한다면 판매를 증가시키거나 비용을 절감하는 방안을 고려해야 한다. 광고를 통한 판매 증대를 시도하거나 공급자들과 협상을 통한 재료원가의 절감 조치를 취해야 할 것이다. 경영진에서 수익을 증가시키기 위한 계획을 수립한다면 기대수익의 변경을 반영한 예산의 수정이 필요할 것이다.

10.3.8 자본예산

의사결정/증분분석 9장에서 기계장치와 같은 장기자산투자에 대한 의사결정방법을 배웠다. 추천하는 접근방법은 증분현금흐름을 확인하여 순현재가치(NPV)나 내부수익률(IRR)로 평가하는 것이다. 장기자산투자 의사결정은 자본지출 의사결정이라고 불리며, 승인된 의사결정은 〈그림 10-10〉과 같이 자본예산에 포함된다.

자본 자산의 취득은 현금보유고를 감소시킬 수 있다는 점을 감안하여 신중하게 계획되어야 한다. 프레스톤 조이스틱은 사무용기기와 기계장치를 내년에 구매할 예정이며 〈그림 10-10〉의 자본예산에 반영되어 있다.

자본예산
2020년 1월 1일부터 2020년 12월 31일까지

	1분기	2분기	3분기	4분기	합계
사무용기기(5년)	$10,000	–	–	–	$10,000
기계장치(5년)	–	–	$120,000[a]	$40,000[b]	$160,000
합계	$10,000	–	$120,000	$40,000	$170,000

a 3분기 감가상각비 $6,000 증가 [3분기 ($120,000 ÷ 5년) × 1/4]. 〈그림 10-7 제조간접원가예산〉 참조
b 4분기 감가상각비 $2,000 증가 [4분기 ($40,000 ÷ 5년) × 1/4]. 〈그림 10-7 제조간접원가예산〉 참조

〈그림 10-10〉 자본예산

10.3.9 현금예산

현금예산에서 관리자는 현금흐름의 금액과 시기를 계획해야 한다. 현금예산에 포함된 정보는 예산손익계산서의 내용을 보완해주는 필수적인 요소이다. 현금의 유입보다 현금의 유출이 크다면 높은 수익을 기록하면서도 재무적으로 어려움을 겪을 수 있다. 예를 들어 대규모의 매출이 발생하여 상당한 규모의 수익이 발생하지만 외상으로 판매하였을 경우 대금은 상당한 기간이 지난 후에 받을 수 있기으므로 현금 부족현상이 발생할 수 있다. 또한, 기계장치를 구입하였을 경우, 회사의 현금보유액은 감소고, 기계장치 구입에 대한 비용은 감가상각비에 해당하는 부분만 반영되므로 해당 기간의 수익은 줄어든다. 현금의 수입과 지출을 신중히 계획함으로써 예상되는 현금부족분에 대한 대출 계획을 세울 수 있을 것이다. 만일 현금의 잉여가 예상된다면 다른 투자기회를 찾거나 주주에게 높은 배당을 줄 수 있을 것이다.

현금유입금액을 추정하기 위해서 관리자는 외상매출금의 회수비율 즉 판매기간에 회수되는 비율과 판매 다음기간에 회수되는 비율을 추정해야 한다. 회수비율은 주로 과거의 경험치에 따라 결정한다. 프레스톤 조이스틱은 신용판매만을 하며, 매출액의 50%가 판매가 이루어진 분기에 회수되며 나머지 50%는 차기에 회수된다.

현금지출금액을 추정하기 위해서 관리자는 원재료 구매금액의 지출기간 즉 당기에 지출하는 비율과 차기에 지출하는 비율을 추정해야 한다. 프레스톤 조이스틱은 구매금액의 70%를 해당 분기에 지출하고 30%를 차기에 지출한다. 또한 실무적인 이유로 기타비용들은 발생한 분기에 지출한다.

현금예산을 수립하는 과정에서 일부 비용은 현금의 유출없이 발생한다는 사실을 기억해야 한다. 예를 들면 감가상각비는 제조간접원가의 일부이지만 해당기간에 현금의 유출이 발생하지는 않는다. 현금의 유출은 자산을 구매하는 시점에서 발생하며 감가상각이 기록될 때 지출되는 것이 아니다. 현금유출을 수반하지 않는 다른 예로 선급보험료의 상각이다. 현금은 선급보험료의 상각이 기록될 때 지출되는 것이 아니라 보험을 가입하는 시점에 지출되는 것이다.

현금예산
2020년 1월 1일부터 2020년 12월 31일까지

	1분기	2분기	3분기	4분기	합계
현금유입					
외상 매출금 회수[a]					
전년도 4분기	$430,435				$430,435
1분기 ($945,000)	472,500	$472,500			945,000
2분기 ($1,125,000)		562,500	$562,500		1,125,000
3분기 ($1,035,000)			517,500	$517,500	1,035,000
4분기 ($990,000)				495,000	495,000
총현금유입	902,935	1,035,000	1,080,000	1,012,500	4,030,435
현금유출					
원재료 구입[b]					
전년도 4분기	36,180				36,180
1분기 ($130,440)	91,308	39,132			130,440
2분기 ($147,660)		103,362	44,298		147,660
3분기 ($136,980)			95,886	41,094	136,980
4분기 ($134,580)				94,206	94,206
총현금유출(원재료구입)	127,488	142,494	140,184	135,300	545,466
직접노무원가[c]	321,000	372,000	343,500	333,000	1,369,500
제조간접원가[d]	191,300	206,600	198,050	194,900	790,850
판매비와 일반관리비[e]	245,000	245,000	245,000	245,000	980,000
자본예산[f]	10,000		120,000	40,000	170,000
총현금유출	894,788	966,094	1,046,734	948,200	3,855,816
유출을 초과한 현금유입	8,147	68,906	33,266	64,300	174,619
가산: 기초현금잔액	20,000	28,147	97,053	130,319	20,000
기말현금잔액	$28,147	$97,053	$130,319	$194,619	$194,619

a 〈그림 10-3〉 판매정보 참조; 매출 분기에 50% 회수, 다음 분기에 50% 회수
b 〈그림 10-5〉 구매정보 참조; 구매 분기에 70% 지불, 다음 분기에 30% 지불
c 〈그림 10-6〉 직접노무원가 참조
d 〈그림 10-7〉 제조간접원가예산에서 현금의 유출을 필요로 하지 않는 감가상각비 제외
e 〈그림 10-8〉 판매 및 관리비예산에서 현금의 유출을 필요로 하지 않는 감가상각비 제외
f 〈그림 10-10〉 자본예산 참조

〈그림 10-11〉 현금예산

〈그림 10-11〉에 나타난 프레스톤 조이스틱의 현금예산에서 제조간접원가와 관련한 1분기의 현금지출액은 $191,300 밖에 되지 않는다. 〈그림 10-7〉의 제조간접원가예산에서 책정된 $211,300보다 $20,000이 적은 금액이다. 차이 금액 $20,000은 1분기의 감가상각비인 것이다.

〈그림 10-11〉에 나타나 있듯이, 기대현금흐름은 분기마다 심하게 변동한다. 1분기말의 현금 잔고는 $28,147에 불과하지만 4분기말의 현금잔고는 $194,619이다. 현금 보유량이 줄어들면 직원들과 공급자들

에게 지불할 자금이 부족할 수도 있기에 어려움을 겪을 수가 있다. 이런 경우에 현금보유고를 늘리기 위한 외부로부터의 자금공급 즉 대출을 고려할 수 있을 것이다. 이와 같이 현금예산은 경영진에게 미래에 발생할 수 있는 잠재적인 문제들을 미리 알려준다. 현금예산을 통해 경영진은 필요한 기간(프레스톤 조이스틱의 경우 1분기)에 외부로부터 자금을 조달하고, 현금보유량에 여유가 있는 시기(프레스톤 조이스틱의 경우 4분기)에 상환을 하는 계획을 수립할 수 있을 것이다.

현금의 보유만으로는 어떠한 수익도 발생하지 않기 때문에 일반적으로 과도하게 많은 현금을 보유하는 것은 피해야 한다. 만약 회사가 확장을 위한 자금을 준비하는 중이라면 잉여현금을 안전하고 시장성이 좋은 유가증권에 투자할 수 있을 것이다. 확장을 위해 준비하는 것이 아니라면 잉여현금을 주주들에게 배당금으로 분배할 수도 있을 것이다.

Test Your Knowledge

메이슨공업사(Mason Manufacturing)는 1분기 $100,000과 2분기 $140,000의 매출이 발생할 것으로 기대한다. 회사는 매출이 발생한 분기에 매출액의 70%를 회수하고 나머지 30%를 다음 분기에 회수한다.

2분기에 예상되는 외상매출금 회수금액은 얼마인가?

a. $128,000 **b.** $30,000 **c.** $98,000 **d.** $142,000

정답: **a**($100,000 × 30%) + ($140,000 × 70%) = $128,000

10.3.10 예산 재무상태표

종합예산의 마지막 단계는 예산 재무상태표의 작성이다. 예산 재무상태표란 단순히 계획된 재무상태표(pro forma balance sheet)라고 할 수 있다. 관리자들은 이 예산안을 이용해서 수립된 투자결정들이 미래의 재무상태에 어떤 영향을 미치는지를 평가할 수 있다. 프레스톤 조이스틱의 예산 재무상태표는 〈그림 10-12〉에 나타나 있다.

10.4 예산수립절차에서 컴퓨터의 사용

예산위원회가 예산을 검토하는 과정에서 수립된 예산이 회사의 목표와 일치하지 않는다고 결정할 때가 있다. 이런 경우에 관리자들은 미래 수익과 비용에 영향을 미칠 수 있는 다양한 상황을 검토하게 되고, 검토의 결과는 예산의 수정을 필요로 하게 된다. 예산은 긴밀히 연결된 계획이기에 하나의 변화가 다른 예산에도 영향을 미칠 것이다.

예산재무상태표 2020년 12월 31일 현재	
유동자산	
유동자산	
현금[a]	$194,619
외상매출금[b]	495,000
재고자산-직접재료[c]	14,700
재고자산-제품[d]	73,656
유형자산	620,000
총자산	$1,397,975
유동부채	
외상매입금[e]	$40,374
자본	
보통주 자본금	906,456
이익잉여금	451,145
부채와 자본총계	$1,397,975

a 〈그림 10-11〉 현금예산의 기말잔액
b 〈그림 10-11〉 현금예산의 4분기 외상매출금 미회수금액
c 〈그림 10-5〉 직접재료구매예산 참조
d 〈그림 10-4〉 생산예산 참조(2,400단위 × $30.69)
e 〈그림 10-11〉 현금예산의 직접재료구입에 따른 4분기 미지급금액의 30%

〈그림 10-12〉 예산재무상태표

컴퓨터는 이런 상황에서 매우 유용하다. 대부분의 회사는 엑셀과 같은 스프레드시트 프로그램이나 독자적인 프로그램을 사용하여 예산을 수립한다. 전산화된 예산에서는 하나의 예산 항목의 수정이 있을 경우, 변경된 예산 항목과 연결된 다른 예산항목들도 동시에 수정되는 것이다. 이를 통해 시간과 번거로움을 줄일 수 있다.

스프레드시트 프로그램을 이용하여 예산을 수립한 경우에는 4장에서 논의했넌 "what if"분석 또한 쉽게 할 수 있다. 프레스톤 조이스틱의 1분기의 판매량이 기존에 예상했던 21,000단위가 아니라 22,000단위인 경

Link to Practice

리볼빙 론을 통한 현금흐름의 불확실성에 대비

많은 회사들이 수요가 정점에 오를 것을 대비한 충분한 재고를 확보하기 위해 외부로부터 자금을 조달할 필요성을 느끼고 있다. 이러한 상황이 발생하는 이유는 매출과 관련한 현금회수는 판매할 상품의 매입이나 제조일로부터 수주일이나 수개월이 지난 후에 이루어지기 때문이다. 문제는 회사에서 조달해야 할 자금이나 대출금액을 정확하게 예측하기 어렵다는 것이다. 이러한 경우에 회사는 리볼빙 론(revolving loan)을 이용한다. 리볼빙 론은 은행이 회사의 신용한도를 결정하고, 회사는 신용한도 금액까지 특정 이율로 대출받을 수 있는 제도이다. 회사에서는 신용한도에 도달할 때까지는 추가적인 절차없이 추가적인 자금을 조달할 수 있는 것이다.

Link to Practice

예산 과정에서의 스프레드시트

규모가 큰 대부분의 회사들은 예산을 위해서 SAP이나 오라클(Oracle)과 같은 정교한 소프트웨어들을 사용한다. 하지만 예산수립과 예측 그리고 분석을 위한 소프트웨어를 제공하는 회사인 센테이지(Centage)의 CFO 설문에서 90%는 여전히 예산수립을 위해 엑셀프로그램을 사용하고 있는 것으로 나타났다. 엑셀의 효능은 폭 넓게 사용가능할 뿐만 아니라 사용자들이 친숙하게 접근할 수 있다는데 있다. 문제점은 자료를 가져오거나 스프레드시트가 복잡할 때 쉽게 에러가 발생한다는 것이다.

출처: Dave Winterhalter, "The Pros and Cons of Excel for Business Budgeting," *Centage*(June 19, 2018). https://www.centage.com/pros-cons of-excel-for-business-budgeting

우, 4분기의 현금 잔액은 얼마나 될 것인지를 경영진이 궁금해 한다고 생각해 보자. 예산안의 항목들이 스프레드시트에 적절하게 연결되어 있다면 단순히 1분기의 판매량을 21,000단위에서 22,000단위로 수정하는 것만으로 현금예산의 4분기 현금잔고의 변화를 알 수 있을 것이다.

학습목표 3 성과평가를 위해 변동예산이 필요한 이유와 예산을 활용한 계획과 통제의 대립에 대한 이해

10.5 예산 통제

종합예산과 세부 항목들에 대한 논의를 통해 계획단계에서 기업 목표와 상호작용하고 다양한 기업 활동들을 조정하기 위해 예산이 어떻게 활용되는지에 대해 알 수 있었다. 또한 예산은 운영 통제를 가능하게 해준다.

10.5.1 평가기준으로서 예산

예산은 평가기준을 제시함으로써 통제를 가능하게 한다. 수립된 예산 금액이 실제 결과와 비교할 수 있는 기준이 되는 것이다. 예산 금액과 실제 금액의 차이를 **예산차이**(budget variance)라고 하며 관련 보고서를 성과보고서(performance reports)라고 한다. 만약 예산과 실제 금액이 비슷하다면 결과가 경영진의 예상과 일치한다는 의미이므로 추가적인 조치가 필요하지 않다. 그러나 만약 예산차이가 중요한 정도로 발생한다면 경영진은 그 차이가 발생하는 원인을 파악해야 할 것이다.

만약 예산이 없다면 성과평가를 어떻게 할 것인가? 대부분은 당기의 성과를 전기의 성과와 비교할 것이다. 시간이 지나면서 상황이 달라지기 때문에 당연히 이 방법은 의미가 없다. 예를 들면, 프레스톤 조이스틱사가 마케팅 부서의 성과를 올해 판매량과 전년도 판매량을 비교함으로써 평가한다고 하자. 전년도의 판매량

이 75,833단위이고 올해 판매량이 85,000단위라면 약 12%의 판매량이 증가하여 마케팅 부서에 좋은 평가를 줄 수 있을 것이다. 하지만 프레스톤 조이스틱사의 고위 임원은 홍보 캠페인을 확대함으로써 20% 증가한 91,000단위를 판매할 것이라고 예상했다. 실제 판매량과 이 예상 수치를 비교한다면 마케팅 부서는 호의적인 평가를 받기 보다 85,000단위 밖에 판매하지 못한 이유에 대하여 설명해야 할 것이다.

10.5.2 고정예산과 변동예산

예산을 이용하여 성과평가를 할 때 유의해야 할 점은 예산상 활동수준과 실제 활동수준이 일치해야 한다는 것이다. 예제를 통하여 그 이유를 살펴보면, 제조간접원가 담당관리자의 1분기 성과를 연초에 작성된 제조간접원가와 실제 발생된 원가를 비교하여 평가한다고 가정을 하고, 그 결과가 〈그림 10-13〉에 표시되어 있다.

프레스톤 조이스틱

성과 보고서, 고정제조간접원가 비교, 2020년 1분기

	고정예산	실제	차이
제품생산량	21,400	25,000	3,600
변동원가			
간접재료원가(단위당 $2)	$42,800	$49,000	($6,200)
간접노무원가(단위당 $1.50)	32,100	38,000	(5,900)
수도광열비(단위당 $1)	21,400	24,600	(3,200)
변동원가 합계	96,300	111,600	(15,300)
고정원가			
감독자급여	90,000	90,200	(200)
감가상각비-기계장치	20,000	20,300	(300)
기타	5,000	5,000	-0-
고정원가 합계	115,000	115,500	(500)
제조간접원가 합계	$211,300	$227,100	($15,800)

〈그림 10-13〉 고정예산을 이용한 성과평가

이 분석에 따르면 관리자는 비용 통제를 효율적으로 하지 못한 것으로 나타난다. 변동제조간접원가는 예산보다 $15,300이 더 많이 발생하였으며, 고정제조간접원가는 $500이 더 많이 발생하였기 때문이다. 하지만 예산상 21,400단위의 제품을 생산할 예정이었지만 실제로 25,000단위가 생산되었다는 사실에 주목해야 한다. 예상치 못한 판매량의 증대로 추가 생산이 발생한 것이다. 추가 생산에 따라 변동원가는 증가하지만, 고정원가는 동일한 수준으로 유지될 것으로 예상할 수 있다. 이와 같이 생산량의 변동으로 원가의 변동이 발생할 경우에는 〈그림 10-13〉의 분석방법은 효율적인 방법이 되지 못한다.

〈그림 10-13〉과 같이 생산 수준이 정해져 있는 방식을 **고정예산**(static budget)이라고 한다. 성과의 적절한 분석을 위해서는 다양한 활동수준의 변동을 반영할 수 있는 예산인 **변동예산**(flexible budget)을 사용해야 한다. 변동예산은 생산량의 변동에 따라 변동원가는 변화되지만 고정원가는 변하지 않는다는 사실을 반영한 예산이다. 제품생산을 위한 단위당 변동원가는 $10이며 고정원가가 $500,000인 경우, 20,000단위, 30,000단위, 40,000단위 생산에 따른 변동예산은 〈그림 10-14〉와 같다.

프레스톤 조이스틱

변동예산(20,000, 30,000, 40,000단위)

생산량	20,000	30,000	40,000
변동원가(단위당 $10)	$200,000	$300,000	$400,000
고정원가	500,000	500,000	500,000
제품원가 합계	$700,000	$800,000	$900,000

〈그림 10-14〉 생산 수준에 따른 변동예산

〈그림 10-15〉는 변동예산을 이용하여 제조간접원가 담당관리자의 성과를 평가한 결과이다. 변동원가는 실제 생산량에 따라 조정되었으며 고정원가는 고정예산의 금액과 동일하게 나타나 있다. 실제 발생한 제조간접원가와 변동예산에 따른 제조간접원가를 비교함으로서 담당관리자의 능력을 확연하게 알아볼 수 있

프레스톤 조이스틱

성과보고서, 변동예산의 제조간접원가 비교, 2020년 1분기

	변동예산	실제	차이
제품생산량	25,000	25,000	-0-
변동원가			
간접재료원가(단위당 $2)	$50,000	$49,000	$1,000
간접노무원가(단위당 $1.50)	37,500	38,000	(500)
수도광열비(단위당 $1)	25,000	24,600	400
변동원가 합계	112,500	111,600	900
고정원가			
감독자급여	90,000	90,200	(200)
감가상각비-기계장치	20,000	20,300	(300)
기타	5,000	5,000	0
고정원가 합계	115,000	115,500	(500)
제조간접원가 합계	$227,500	$227,100	$400

〈그림 10-15〉 변동예산을 이용한 성과평가

다. 변동예산에 따르면 실제 발생된 변동원가는 예산 금액보다 $900 적게 발생한 것으로 나타났다. 이는 고정예산을 사용한 성과평가에서 변동원가에서 $15,300의 불리한 차이가 발생한 것과는 극명한 대조를 이룬다. 고정원가는 고정예산과 마찬가지로 $500의 불리한 차이가 발생한 것으로 나타났다.

10.6 예산차이에 대한 조사

중요한 예산차이가 발생하는 원인은 다음과 같은 3가지를 들 수 있다

1. 예산이 제대로 수립되지 않았다.
2. 상황의 변화가 발생했다.
3. 관리자의 업무수행이 매우 잘되었거나 그렇지 못했다.

만약 예산이 원가에 대한 합리적인 추정에 근거하여 수립되지 않았다면 실제 발생원가가 예산과 일치하지 않는 것은 놀라운 일이 아닐 것이다. 이러한 경우에 예산차이에 대한 책임을 관리자에게 전가할 수는 없을 것이다.

예산이 제대로 수립되었더라도 예측하지 못했던 비용이 발생하거나 피할 수 없는 원가의 상승이 발생할 수 있을 것이다. 이러한 경우에 실제 발생한 원가는 예산과 다를 수밖에 없을 것이다.

마지막으로, 예산차이는 경영능력의 부족이나 잘못된 의사결정의 결과로 인해 발생한다. 이러한 경우에 최

Link to Practice

경제적 환경 변화에 대처하기 위한 순환예산(rolling budget)의 사용

많은 회사들이 연간 예산을 수립한 후 얼마 지나지 않아서 예상치 못한 경제적 환경의 변화로 인해 예산이 수정되어야 할 필요성을 발견한다. Adaptive Insights연구에 의하면 연간목표예측금액의 64%는 4~6개월후에 진부화되는 것으로 밝혀졌다. 이러한 상황에 대처하기 위해서 일렉트로룩스(Electrolux)나 제너럴 일렉트릭(General Electric)과 같은 회사는 **순환예산**(rolling budget)을 사용한다. 순환예산은 회계년도 초에 예산기간내에 발생할 수 있는 모든 상황을 예측하여 예산을 분기별로 수립한다. 그리고 1분기말에 나머지 3분기와 다음 년도의 1분기에 대한 새로운 연간예산을 수립한다. 이 새로운 예산은 다음 1분기의 자본지출과 제품믹스, 그리고 제품가격 등에 영향을 미칠 수 있는 경제적 환경 변화를 반영한다. 이러한 과정을 매분기 빈복하여 새로운 예산을 수립하는 것이다. 기업에 따라 필요하다면 월 단위로 예산을 수립할 수도 있다.

순환예산을 시행하기 위하여, 회사는 제품 판매와 관련한 예기치 못한 환경변화가 수정예산의 원가에 어떻게 영향을 미치는 지를 예측하기 위해서 고정원가과 변동원가에 대한 충실한 관리가 필요하다.

출처: Emma Taylor, "The Benefits of Rolling Forecasts," *Innovation Enterprise* (July 20, 2015). https://channels.theinnovationenterprise.com/articles/the-benefits-of-rolling-forecasts

참고자료: Marc P. Lynn and Roland L. Madison, "A Closer Look at Rolling Budgets, "*Management Accounting Quarterly*, Fall 2004; and Randy Myers, "Budgets on a Roll," Journal of Accountancy, December 2001.

고경영진은 책임이 있는 관리자의 보상을 조정하고(예, 성과급의 삭감) 성과를 개선할 수 있는 방법을 제시해야 한다. 개선의 가능성이 없는 경우에는 관리자를 해고하기도 한다.

예산차이가 발생하는 원인은 분석하지 않으면 알 수 없다. 그러나 분석에 따른 비용이 발생하기 때문에 모든 예산차이를 분석하는 것은 바람직하지 않다. **예외관리**(management by exception) 방법을 활용하는 것이 더욱 경제적인 분석방법이다. 예외관리란 이례적인 차이만을 조사하는 것이다. 일반적으로 금액 자체가 크거나 예산에 비해 상대적으로 클 경우 이례적이라고 판단한다. 이례적으로 좋은 경우와 이례적으로 나쁜 경우를 잘 구분하여 알아내는 것이 중요하다. 〈그림 10-15〉 성과보고서의 간접재료원가는 유리한 차이 $1,000이 발생한 것으로 나타난다. 유리한 차이 $1,000을 긍정적으로 평가할 수도 있겠지만 저가의 품질이 낮은 재료의 사용으로 인한 가능성도 있을 것이다, 만약 그렇다면 품질이 낮은 제품으로 인한 회사의 평판에 누가 될 것이다.

Any Questions?

Q: 이 장에서 실질적으로 주주의 가치를 증가시키는 관점에서는 불리하지만 예산의 관점에서는 유리한 차이를 보이는 예를 설명하고 있다. 그렇다면 주주가치를 증가시키면서 예산에서 불리한 차이를 보이는 사항도 존재할까요?

A: 불리한 예산차이가 주주가치를 증가시키는 행위로 인해 발생할 가능성은 충분하다. 예를 들어 관리자가 고객서비스를 위해 예산에 책정된 금액보다 더 많은 금액을 지출했다고 가정하자. 이 추가적인 지출의 결과 고객만족과 매출증대에 커다란 진전을 가져왔다면, 불리한 예산차이이지만 주주가치의 증가를 창출할 수 있는 것이다.

10.7 예산에서 계획과 통제의 충돌

앞서 논의했듯이 예산은 계획과 통제 모두에 사용된다. 계획과 관련해서는 회사의 목표를 전달하고 다양한 활동들을 조정하는 역할을 한다. 통제와 관련해서는 예산목표를 달성하는데 관리자가 집중하도록 돕는다. 성과급을 포함한 관리자의 보상이 목표 달성 여부에 달려있기 때문이다.

불행히도 계획과 통제를 위해 예산을 활용할 때 잠재적인 충돌이 일어난다. 이러한 충돌의 결과로 관리자는 더 많은 보상을 받기 위하여 예산 부풀리기를 하거나 이익을 조작할 수 있다는 것이다.[2]

2 유명 경제학자 마이클 젠슨은 2가지 문제에 대한 확실한 해법을 2001년 11월에 "*Harvard Business Review*"에 기고한 그의 논문 "Corporate Budgeting is broken-Let's Fix It"에서 제시하고 있다.

10.7.1 예산에 근거한 보상이 예산 부풀리기와 이익의 조작을 가져오는 이유

〈그림 10-16〉을 통해 두 가지 문제를 잘 이해할 수 있다. 그림에서 일반적인 예산에 기반한 보상 계획 즉 관리자가 예산 성과의 80%를 달성하면 **성과달성성과급**(hurdle bonus)을 받는 것으로 나타나 있다(여기서 예산은 매출액이나 생산량, 이익 또는 기타의 성과지표가 될 수 있다. 이 장에서는 이익을 성과평가지표로 사용할 것이다). 예산성과의 80%이상을 달성할 경우 추가적인 **변동성과급**(variable bonus)을 받을 수 있다. 변동성과급은 보통 예산의 120%에 해당하는 성과급을 최고금액으로 결정하고 그 이상의 보상은 받을 수 없다.

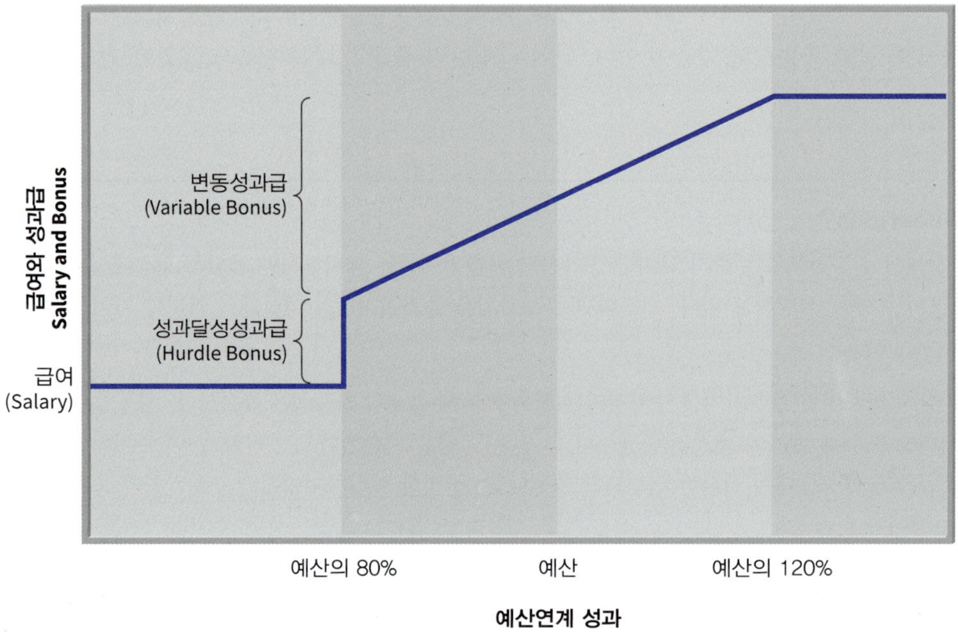

〈그림 10-16〉 예산기반 보상계획

이제 두 가지 잠재적인 문제들을 살펴보자. 앞서 보았듯이 예산에 의해서 평가받는 관리자들은 예산을 수립하는데 필요한 정보를 제공할 가능성이 있다. 그 이유는 관리자들이 그들의 상사보다 수익과 비용에 대한 정보를 더 자세히 알고 있기 때문이다. 그 결과 관리자들이 예산을 부풀리거나 **예산슬랙**(budget slack)을 만드는 동기를 갖게 되는 첫번째 문제가 발생하는 것이다. 예산슬랙이란 예산목표를 달성하기 쉽게 수립하는 것을 말한다. 예산목표가 낮을 수록 관리자들은 높은 성과달성성과급과 변동성과급을 받을 수 있기 때문이다. 관리자들은 예상 매출 액을 낮추고 예상 비용을 증가시킴으로써 예산슬랙을 만들 수 있다.

두 번째 문제는 예산에 의해 평가받는 관리자들이 이익을 다른 기간으로 이월할 가능성이 있다는 것이다. 만약 자신의 목표를 달성하지 못할 것으로 예측이 된다면 관리자는 미래의 수익을 현재로 옮겨와서 목표(예산의 80%)를 달성하고 성과달성성과급을 받을 것이다. 당기의 연구개발비를 다음연도로 이연하거나 다음

연도까지 선적이 되지 않을 상품의 매출을 당해연도에 미리 인식하는 등의 방법을 사용할 것이다. 매출을 미리 인식하는 것은 일반적으로 인정된 회계원칙(GAAP)을 위반하는 것일 뿐만 아니라 불법일 확률이 높다. 하지만 이러한 행위는 다년간 비도덕적인 경영자들에 의해 시행되었다.

예산 목표를 120% 이상 달성할 것으로 예측되는 관리자의 경우를 살펴보자. 이 관리자는 현재의 성과를 미래로 이연하고 싶은 동기가 발생할 것이다. 예산목표의 120%를 초과 달성하더라도 더 이상의 추가보상은 주어지지 않기 때문에 이 관리자는 기말에 예정되어 있는 배송을 지연시켜 관련 매출이 당기에 인식되지 않고 다음 년도에 인식이 되도록 하려고 할 것이다. 이렇게 이연된 매출은 다음 년도의 예산 목표를 쉽게 달성할 수 있도록 해 줄 것이다.

예산조작과 수익의 이연을 저지할 수 있는 요인은 적발될 가능성이다. 상위 관리자가 하위 관리자의 예산조작을 감지하여 해고를 하는 등의 처벌을 할 가능성은 항상 존재한다. 이러한 경우에 관리자가 과도한 예산슬랙을 만들고자 하는 동기를 줄일 수 있을 것이다. 또한 수익의 이연의 경우도 상위 관리자에게 적발되어 처벌을 받을 가능성이 존재하는 것이다. 만약 수익의 이연이 불법적인 행위라면 처벌은 더욱 가중될 수도 있다.

계획과 통제를 위한 예산의 활용에 따른 충돌을 봉합할 수 있는 가장 좋은 방법은 관리자들로 하여금 예산에 의한 성과평가가 공정하게 진행되고 보상될 것이라는 확신을 갖도록 하는 것이다. 관리자들은 예산차이가 발생한 원인에 대해서 확실히 말할 수 있어야 하고 자신을 변호할 수 있어야 한다.

10.8 평가, 측정 그리고 관리행태

측정해야 관리할 수 있다 관리자들은 그들의 업무가 측정되고 평가되는 일에 대해서 매우 신경을 쓴다. 따라서, 회사의 성공을 위한 핵심요인들을 예산에서 정량화하는 것은 매우 중요하다. 전통적으로 예산은 화폐

Link to Practice

라체팅(Ratcheting)과 예산목표를 달성하는 능력

일부 관리자들은 예산목표를 달성하면 다음해의 예산목표가 더욱 달성하기 어렵게 책정이 되는 것을 염려한다. 라체팅(ratcheting)이라고 알려진 이런 관행은 관리자로 하여금 상당한 차이로 예산목표를 달성하기 위해 노력하는 것을 회피하려는 동기를 마렌도프 등(Mahlendorf, Matejaka, and Schäffer)의 최근 논문에서 목표와 관련하여 유리한 성과를 얻는 것이 목표의 증가와 연관이 있다는 것을 밝히고 있다. 그러나 이런 사실이 성과가 좋은 관리자가 더 높은 목표를 반복적으로 달성하는 것에 큰 장애요인이 아닌 것은 분명하다. 따라서 라체팅이 존재하더라도 훌륭한 관리자에게 부정적인 동기를 유발하는 것은 아니다.

출처: Matthias Mahlendorf, Michael Matejaka, and Utz Schäffer, "Target Ratcheting, Incentives, and Achievability of Earning Targets." Working Paper(August 2014).

적 금액을 사용한다. 하지만 비화폐적 성과측정지표를 예산에 포함시키는 것도 도움이 될 수 있다. 예를 들어, 회사의 성공을 위한 중요한 요인을 고품질의 결함이 없는 제품이라 한다면, 예산에 불량품 개수나 품질에 관한 고객의 불만 수를 포함시키는 것이 유용할 것이다. 실제 불량품의 수와 고객 불만의 수를 예산 수치와 비교하여 성과를 평가할 수 있다. 다른 예로 만약 회사가 직원들의 잦은 결근으로 인해 고민한다면 허용 가능한 결근 일수를 예산에 정해두고 실제 결근 일수와 비교하는 방법이 도움이 될 것이다. **측정해야 관리할 수 있다**는 점을 명심해야 한다.

10.9 프레스톤 조이스틱 사례 검토

이 장의 첫 부분에서 프레스톤 조이스틱 사의 회장인 알란은 "회사를 효율적이고 효과적으로 운영하기 위해서는 마케팅, 생산, 그리고 재무부서의 구성원들은 향후 어떤 상황이 발생할 것인지를 알 필요가 있다"고 하였다. 알란은 회사의 활동을 어떻게 계획하고 조정할 수 있을까?

지금까지 설명하였듯이 해답은 예산을 수립하는데 있다. 일단 판매예산이 작성되면 생산 부서는 예상 판매에 필요한 제품을 생산하기 위해 노무원가, 재료원가 그리고 제조간접원가에 대한 예산을 작성한다. 그러면 재무부서는 매출과 생산, 판매비와 관리비 그리고 자본 취득에 대한 예산을 참조하여 관련 현금의 유입과 유출에 대한 예산을 작성한다.

Decision Making Insight

예산에 근거한 보상 계획은 예산 조작을 조장할 수 있다(비용의 과대평가와 수익의 과소평가). 하지만 이러한 성과평가가 의사결정에도 영향을 미칠까? 당연하다. 어떤 관리자가 이익 목표를 상대적으로 쉽게 달성하기 위해서 다음 년도의 매출액을 과소 추정하였다고 가정해 보자. 예산상 매출액은 생산 예산의 수립에 이용되기 때문에 생산부서의 관리자는 생산을 위한 최적의 고용과 재료 구매를 위한 의사결정을 할 수 없을 것이다. 그로 인해서 매출액이 생산부서에서 예상한 수치보다 높게 나타난다면 불필요한 초과근무와 긴급 주문을 하게 될 것이다.

복습

학습목표 요약

학습목표 1 계획과 통제에서 예산의 역할에 대한 이해

예산은 의사소통과 협업을 증진시키기 때문에 계획단계에서 중요하다. 또한 통제단계에선 예산안이 성과 평가의 기준을 제공하기 때문에 유용하다.

학습목표 2 종합예산을 구성하는 예산 계획의 준비

종합예산은 판매, 생산, 직접재료원가, 직접노무원가, 제조간접원가, 판매비와 일반관리비, 자본 취득에 대한 예산과 현금의 수입과 지출, 예산계획서, 예산 재무상태표 등이 포함되어 포괄적인 기획서이다. 예산들은 상호간에 연결되어 있으며, 특정 예산에 나타난 금액은 다른 예산의 금액에 의해 결정될 수도 있다.

학습목표 3 성과평가를 위해 변동예산이 필요한 이유와 예산을 활용한 계획과 통제의 대립에 대한 이해

성과평가를 위해 실제 생산량을 조정한 금액을 나타내는 변동예산을 사용하여야 한다. 실제 발생된 성과를 고정예산과 비교하는 것은 유용하지 않다. 실제생산량이 고정예산에 표시된 생산량과 변동될 경우 변동원가가 달라지기 때문이다.

예산이 계획과 성과평가 모두에 사용된다는 사실은 예산을 수립하는 관리자들이 예상 수익은 과소평가하고 예상 비용은 과대평가하게 만든다. 그 결과 달성하기 쉬우면서 예산슬랙이 포함된 예산이 수립되는 것이다. 또한 성과달성성과급이나 최대변동성과급을 받기 위하여 관리자들이 당기의 이익을 차기로 이월하는 경우가 있을 수도 있다.

종합예제

종합예제 1

보스톤 회계법인(Boston Accounting Services)은 소규모기업들에게 회계 서비스를 제공하는 회사이다. 다음은 2020년 1월의 종합 예산과 관련된 자료들이다.

1. 2019년 말, 회사의 원장에 기록된 잔액은 다음과 같다.

현금	$62,000	미지급금	$40,000
외상매출금	48,000	지급어음	10,000
기계장치(순액)	80,000	자본금	50,000
		이익잉여금	90,000
합계	$190,000		$190,000

2. 2019년 12월의 매출액은 $80,000이고 2020년 1월의 예상 매출액은 $70,000이다.

3. 매출의 40%는 매출이 발생한 달에 회수되었고 60%는 다음 달에 회수되었다. 2019년의 외상매출금 잔액은 2019년 12월에 발생한 매출과 관련된 것이다.

4. 이자비용을 제외한 월간 비용은 다음과 같이 예정되었다: 급여 $50,000; 임차료 $3,000; 장비의 감가상각비 $3,000; 수도광열비 $1,000; 기타 $2,000

5. 비용은 발생한 달에 지급하였다. 장비 구매금액은 구입 후 1달이 지난 후에 지불하였다. 2019년 12월의 미지급금 잔고 $40,000은 그 달에 구매한 장비의 대금이다. 1월에는 장비를 구매하지 않을 것으로 예상하고 있다.

6. 어음 할인율은 연 10%이며 매달 $83을 이자비용으로 지불하여야 한다. 원금은 2020년 10월에 상환하여야 한다.

7. 세율은 20%이며 발생한 만큼 지불한다.

요구사항

다음의 예산을 완성하라.

a. **현금 예산 2020년 1월**

현금유입	
외상매출금 회수 - 2019년 12월	$
외상매출금 회수 - 2020년 1월	
총 현금유입	
현금유출	
급여	
임차료	
수도광열비	
기타 비용	
컴퓨터 장비 구매비용	
어음의 이자비용	
세금	
총 현금유출	
가산: 기초 현금	
기말 현금 잔고	$

b. **예산손익계산서 2020년 1월**

수익		$
차감:		
급여	$	
임차료		
수도광열비		
기타비용		
감가상각비		
이자비용		
비용합계		
법인세차감전이익		
법인세 (20%)		
당기순이익		$

c. **예산재무상태표 2020년 1월 31일**

자산	
현금	$
외상매출금	
기계장치(순액)	
자산 합계	$
부채	
미지급금	$
지급어음	
부채 합계	
자본	
자본금	
이익잉여금	
자본 합계	
부채와 자본 합계	$

정답

a. **현금 예산 2020년 1월**

현금유입	
외상매출금 회수 – 2019년 12월($80,000 × 60%)	$48,000
외상매출금 회수 – 2020년 1월($70,000 × 40%)	28,000
총 현금유입	76,000
현금유출	
급여	50,000
임차료	3,000
수도광열비	1,000
기타 비용	2,000
컴퓨터 장비 구매비용	40,000
어음의 이자비용	83
세금	2,183
총 현금유출	(98,266)
가산: 기초 현금	62,000
기말 현금 잔고	$39,734

b. **예산손익계산서 2020년 1월**

수익		$70,000
차감:		
급여	$50,000	
임차료	3,000	
수도광열비	1,000	
기타비용	2,000	
감가상각비	3,000	
이자비용	83	
비용합계		59,083
법인세차감전이익		10,917
법인세 (20%)		2,183
당기순이익		$8,734

c. **예산재무상태표 2020년 1월 31일**

자산	
현금	$39,734
외상매출금	42,000
기계장치(순)	77,000
총자산	$158,734
부채	
미지급금	$ –
지급어음	10,000
총부채	10,000
자본	
자본금	50,000
이익잉여금	98,734
총자본	148,734
부채와 자본	$158,734

종합예제 2

잭슨공업주식회사(Jackson Manufacturing Company)의 2019년 4분기 운영 결과는 다음과 같다.

매출액		$600,000
차감: 변동원가		240,000
공헌이익		360,000
차감: 고정제조원가	$65,000	
고정판매비와 관리비	105,000	170,000
법인세차감전이익		190,000
법인세비용		76,000
당기순이익		$114,000

참고: 잭슨공업주식회사는 변동원가계산방법을 사용한다. 그러므로 재고자산과 매출원가에는 변동원가만이 포함되어 있다. 고정제조원가는 발생 즉시 비용으로 처리한다.

2019년 4분기 말의 재무상태표는 다음과 같다.

현금	$200,000
외상매출금	120,000
재고자산	400,000
총 유동자산	720,000
유형자산	200,000
감가상각누계액	100,000
자산 합계	$820,000
외상매입금	$12,000
자본금	600,000
이익잉여금	208,000
부채와 자본 합계	$820,000

추가정보:

1. 매출액과 변동원가는 다음 분기에 10% 상승할 것으로 예상된다.
2. 모든 판매는 외상으로 이루어지며 매출의 80%는 매출이 발생한 분기에 회수되고 나머지 20%는 다음 분기에 회수된다.
3. 변동매출원가는 직접재료원가 50%, 직접노무원가 30%, 변동제조원가 20%로 구성되어 있다. 재료는 외상으로 구매하며 구매액의 90%는 구입 분기에 지출하고 나머지는 그 다음 분기에 지출한다. 재고자산은 동일한 수준으로 유지하며 직접노무원가와 제조간접원가는 발생한 분기에 지출한다.
4. 고정제조원가(감가상각비 $10,000 제외)는 5% 증가할 것으로 예상된다. 또한 고정제조원가는 발생한 분기에 지출한다.
5. 고정판매관리비 ($5,000의 감가상각비 제외)는 5% 증가할 것으로 예상되며, 발생한 분기에 지출한다.
6. 세율은 20%이다. 모든 세금은 발생한 분기에 지출한다.
7. 2020년 1분기에는 유형자산을 구입하지 않을 것이다.

요구사항

a. 2020년 1분기의 예산 손익계산서를 작성하라.
b. 2020년 1분기의 예산 현금수지계산서를 작성하라.
c. 2020년 1분기 말의 예산재무상태표를 작성하라.

정답

a.

잭슨공업주식회사
예산손익계산서
2020년1월 1일부터 2020년 3월 31일까지

매출액		$660,000	10% 증가
변동원가		264,000	10% 증가
공헌이익		$396,000	
고정제조간접원가	$67,750		$10,000 + 1.05($65,000 - $10,000)
고정판매관리비	110,000	177,750	$5,000 + 1.05($105,000 - $5,000)
법인세차감전순이익		$218,250	
법인세비용		43,650	20%
당기순이익		$174,600	

b.

잭슨공업주식회사
현금예산서
2020년1월 1일부터 2020년 3월 31일까지

외상매출금의 회수 $120,000 + 0.8($660,000)[a]	$648,000
현금지출	
직접재료원가($12,000 + 0.9 × $132,000)[b]	130,800
직접노무원가[c]	79,200
변동제조간접원가[d]	52,800
고정제조원가(감가상각비 $10,0000 제외)	57,750
고정판매관리비(감가상각비 $5,000 제외)	105,000
법인세	43,650
현금지출 합계	469,200
순현금수지	178,800
기초 현금 잔액	200,000
기말 현금 잔액	$378,800

a 전기 판매액의 20%는 다음 분기에 회수됨 $600,000 × 20% = $120,000

b 전기에 사용된 직접재료원가 $240,000 × 50% = $120,000

다음 분기에 지급한 10% $ 12,000

당기에 사용한 직접재료원가 $264,000 × 50% = $132,000

c 직접노무원가 지급 $264,000 × 30% = $79,200

d 발생된 제조간접원가 $264,000 × 20% = $52,800

c.

잭슨공업주식회사
예산 재무상태표
2020년 3월 31일 현재

자산:		
현금	$378,800	
외상매출금	132,000	($660,000 × 20%)
재고자산	400,000	
유동자산 합계	910,800	
유형자산	200,000	
감가상각누계액	(115,000)	($100,000 + $10,000 + $5,000)
자산 합계	$995,800	
부채와 자본		
외상매입금	$ 13,200	($132,000 × 10%)
자본금	600,000	
이익잉여금	382,600	($208,000 + $174,600)
부채와 자본 합계	$995,800	

핵심용어

예산위원회 414
예산차이 427
예산 412
변동예산 429
예외관리 431
종합예산 415
예산슬랙 432
고정예산 429
제로베이스 예산편성 415

객관식 문제

1. 다음의 예산과 관련된 내용 중 틀린 것은?

a. 회사의 계획을 계량화한 공식 문서이다.
b. 의사소통과 협력을 증진시킨다.
c. 계획 단계에서는 유용하지만 통제에는 유용하지 않다.
d. 성과 평가의 기준을 제공한다.

2. 예산은 (　　　)과 (　　　)을 증진시키기 때문에 예산은 계획단계에서 유용하다.

3. 판매 예산과 관련된 진술 중 틀린 것은?

a. 영업 부서에서 입력한 자료가 판매를 예측하는데 도움이 될 것이다.
b. 규모가 큰 회사들은 판매를 예측하기 위하여 경제학자들을 고용할 때도 있다.
c. 판매 예산은 현금수지 예산이 작성되기 전에 수립된다.
d. 생산 예산이 결정된 후 판매 예산을 수립한다.

4. 구매할 직접 재료의 양을 구하는 공식으로 적절한 것은?

a. 생산 요구량 + 예상 기말재고 − 기초재고
b. 생산 요구량 − 예상 기말재고 + 기초재고
c. 생산 요구량 + 예상 기말재고 + 기초재고
d. 기초재고 + 생산 요구량 − 예상 기말재고

5. 다음 중 현금의 지출이 필요하지 않은 항목은?

a. 급여　　**b.** 원재료 구입
c. 광고　　**d.** 감가상각

6. 예산상 금액과 실제 발생 금액의 차이를 ______________ 라 한다.

7. 생산량이 변동되더라도 변동되지 않는 _______ 예산과는 반대로 _______예산은 생산량의 변동에 따라 예산금액이 변동된다.

8. 예외 관리에 대하여 올바른 서술은?

a. 규모가 큰 유리한 차이만을 조사한다.
b. 예외 관리란 비용 관리를 위한 경제적인 접근이다.
c. 예외 관리를 하기 위해선 컴퓨터를 사용하여야 한다.
d. 금액이 큰 유리한 차이는 조사해서는 안된다.

9. 다음 진술은 참인가 거짓인가? 예산을 계획과 통제에 사용할 때 충돌은 절대 발생하지 않는다.

10. 다음 중 틀린 것은?

a. 예산에 비화폐적 성과평가지표를 포함시키는 것은 유용하지 않다.
b. 만약 회사의 성공이 무결점 제품과 같은 높은 품질에 달려 있다면, 결함의 수와 품질에 대한 소비자 불만의 수를 예산에 결정해 두는 것은 유용할 것이다.
c. 성과평가를 위해서 실제로 발생한 불만의 개수와 소비자 불만의 개수를 예산에 미리 예측된 수량과 비교해 볼 수 있을 것이다.
d. 만약 어떤 회사가 임직원의 이유 없는 잦은 결석으로 고민하고 있다면, 허용 가능한 결근 횟수를 예산안에 결정해 두고 실제 결근 횟수와 비교하는 것이 유용할 것이다.

정답

1. c **2.** 의사소통, 협업 **3.** d **4.** a **5.** d
6. 예산차이 **7.** 고정, 변동 **8.** b **9.** 거짓 **10.** a

과제

요구사항

1. 예산이 계획 단계에서 유용한 이유는 무엇인가?
2. 예산이 통제 단계에서 유용한 이유는 무엇인가?
3. 예산 수립의 상향식 접근법(bottom-up)과 하향식 접근법(top-down)의 차이점은 무엇인가?
4. 제로 베이스 예산(zero-based budget)이란 무엇인가?
5. 스프레드시트 프로그램의 사용이 예산의 "만약에(whit if)" 분석에 도움을 줄 수 있는가?
6. 현금 예산을 작성하는 주된 목적은 무엇인가?
7. 고정 예산과 변동 예산의 차이점을 설명하라.
8. 생산 공정의 불량품 수는 종업원 성과의 비화폐적 측정치의 예이다. 불량품으로 인한 성과를 측정할 수 있는 재무적 측정치를 설명하라.
9. 만약 예산이 존재하지 않는다면 성과평가는 어떻게 해야 할까?
10. 예산을 계획 단계와 통제 단계에 사용할 때 충돌이 발생하는 이유는 무엇인가?

연습문제

연습문제 10-1 [학습목표 3] 그룹과제 예산에 기초한 보상 방법을 활용할 경우, 성과가 높을 것으로 예상될 때(예를 들어 계획된 성과의 120% 이상을 달성) 관리자는 당기의 이익을 차기로 이월시키려는 의도를 갖게 되는 이유를 설명하라. 그리고 이익을 차기로 이월하는 방법은 어떤 것이 있는지 설명하라.

연습문제 10-2 [학습목표 3] Writing 예산에 기초한 보상 방법은 관리자로 하여금 예산슬랙을 만들게 한다. 그 이유를 설명하라.

연습문제 10-3 [학습목표 1] 예산 수립순서 예산을 수립하는 순서대로 다음의 예산들을 나열하라.

a. 재료 구입 예산
b. 판매 예산
c. 예산 손익계산서
d. 생산 예산

연습문제 10-4 [학습목표 2] Excel 매출액 예산 ㈜안전(Locksafe Company)은 강도 방지 산업용 출입문 잠금장치를 생산한다. 최근에 회사가 잠금장치를 인터넷으로 판매하기 시작하였기 때문에 전년에 비해 매출이 급진적으로 증가할 것으로 예상하고 있다. 2020년의 매출은 다음과 같다.

1분기 23,000단위, 2분기 28,000단위, 3분기 27,000단위, 4분기 32,000단위

요구사항

2021년 각 분기의 매출액은 2020년 분기보다 20% 증가하였다고 가정하라. 또한 2020년의 단위당 판매 가격은 $25였다. 2021년의 분기별 판매 예산을 작성하라.

연습문제 10-5 [학습목표 2] 서비스 회사의 매출액 예산 오리건 어드벤처(Oregon Adventuves)는 오리건 지역의 명소 여행을 제공한

다. 회사는 전년에 비해 여행이 급진적으로 증가할 것으로 예측하고 있다. 2020년의 분기별 서비스 제공 건수는 다음과 같다.

1분기 6,000, 2분기 7,000, 3분기 10,000, 4분기 9,000

요구사항

2021년의 매 분기 매출액은 2020년의 분기별 매출액보다 35% 증가할 것이다. 그리고 서비스 단위당 가격은 $75이다. 2021년의 분기별 판매 예산을 작성하라.

연습문제 10-6 [학습목표 2] 생산예산 ㈜비타펍(vita pub)은 캔사스에서 소비되는 비타민 함유 애견사료를 생산한다. 이 회사는 1월에 13,000단위, 2월에 14,900단위, 3월에 19,400단위, 그리고 4월에 22,000단위가 판매될 것으로 예상한다. 1월 초 1,300단위를 재고로 가지고 있으며 ㈜비타펍의 재고 규정은 다음 달 예상 판매량의 15%를 기말재고로 가지고 있는 것이다.

요구사항

㈜비타펍의 1월, 2월, 3월의 생산 예산을 작성하여라.

연습문제 10-7 [학습목표 2] Excel 직접재료 구매 예산 로엘러산업(Roehler Industrial)의 향후 5분기 동안의 생산량이 다음과 같을 것으로 예상하였다.

2020년 1분기 45,000단위, 2분기 41,000단위, 3분기 49,000단위, 4분기 38,000단위
2021년 1분기 47,000단위

완제품 생산을 위해 단위당 6kg의 원재료가 필요하며, 원재료 원가는 1kg당 $7이다. 2020년 1분기 초에 $283,500에 해당하는 원재료를 가지고 있다. 로엘러산업은 다음 분기 재료 요구량의 15%를 분기말 재고로 보유하려고 한다.

요구사항

2020년 분기별 직접재료 구매 예산을 작성하라.

연습문제 10-8 [학습목표 2] 직접노무원가 예산 연습문제 10-7의 생산 정보를 이용하여 로엘러산업의 2020년 분기별 직접노무원가 예산을 작성하라. 완제품 생산을 위해 단위당 3시간의 직접노동시간이 필요하다. 근로자의 시간당 임금은 $20이며, 각 근로자는 분기당 470시간을 일할 수 있다.

연습문제 10-9 [학습목표 2] 제조간접원가 예산 연습문제10-7의 정보를 토대로 로엘러산업의 2020년 분기별 제조간접원가 예산을 작성하라. 제조간접원가는 다음과 같다.

변동원가		분기당 고정원가	
간접재료원가	단위당 $3.25	감독자 급여	$70,000
간접노무원가	단위당 2.20	공장 감가상각비	37,000
수도광열비	단위당 0.50	기타	6,000

연습문제 10-10 [학습목표 2] 예산 매출액과 현금 수입 워런버그 엔틱몰(Warrenburg Antique Mall)에서는 2021년 1분기의 외상 판매를 다음과 같이 예상하였다.

1월 $160,000 2월 $170,000 3월 $182,000

2020년 12월의 외상 판매는 $200,000이다. 회사는 외상매출금의 70%는 매출이 발생한 달에 회수할 것이며 나머지 30%는 그 다음달에 회수할 것으로 예상하고 있다.

요구사항

2021년 1분기의 월별 현금 수령액을 계산하라.

연습문제 10-11 [학습목표 2] 구매에 대한 현금 지불 워런버그 엔틱몰에서는 2021년 1분기에 다음과 같이 상품을 매입할 것이다.

1월 $95,000 2월 $120,000 3월 $85,000

2021년 12월의 매입액은 $92,000이다. 회사는 매입액의 50%는 해당 월에 지출하고 나머지 50%는 그 다음 달에 지출할 것이다.

요구사항

2021년 1분기의 월별 현금 지출액을 계산하라.

연습문제 10-12 [학습목표 2] 예산 매출액과 현금 수입 ㈜미시시피(Mississippi Retailers)는 다음 분기의 외상 판매가 다음과 같을 것으로 예상한다.

4월 $80,000 5월 $90,000 6월 $113,000

과거의 경험에 따르면 매출액의 70%는 판매된 달에 회수되고 20%는 그 다음달에 회수된다. 그리고 나머지 10%는 2개월 후에 회수할 수 있다. 2월과 3월의 매출액은 각각 $90,000과 $100,000이다.

요구사항

4월, 5월, 6월의 예산 현금 수입을 계산하라.

연습문제 10-13 [학습목표 2] 매입에 대한 현금 지출 ㈜미시시피는 다음 분기의 상품 구매를 다음과 같이 하려고 한다.

4월 $60,000 5월 $70,000 6월 $95,000

과거의 경험에 따르면 매입액의 70%는 해당 월에 지출하고 나머지 30%는 그 다음 달에 지출하였다. 3월의 매입액은 $55,000이었다.

요구사항

4월, 5월, 6월의 현금 지출액을 계산하라

연습문제 10-14 [학습목표 3] 변동예산 ㈜임페리얼(Imperial Data Devices)의 예상 제조원가는 다음과 같다.

변동원가		월별 고정원가	
직접재료원가	단위당 $8.00	감독자 급여	$17,000
직접노무원가	단위당 3.50	공장 감가상각비	10,500
변동제조간접원가	단위당 1.80	기타 고정원가	3,100

요구사항

생산수량이 각각 12,000, 15,000, 17,000단위일 때의 제조원가를 계산하라.

연습문제 10-15 [학습목표 3] 성과보고서 연습문제 10-14의 정보와 다음의 성과 정보를 이용하여 ㈜임페리얼의 성과보고서를 작성하라. 기간 동안 ㈜임페리얼은 13,000단위를 생산하였으며 발생원가는 다음과 같다.

변동원가		월별 고정원가	
직접재료원가	$102,500	감독자 급여	$17,750
직접노무원가	50,000	공장 감가상각비	9,500
변동제조간접원가	23,000	기타 고정원가	3,400

연습문제 10-16 [학습목표 2,3] 성과보고서 2021년 초에 뉴올리언스 식품(New Orleans Fine Food Company)은 법인세차감전이익을 다음과 같이 예상하였다.

매출액		$550,000
차감:		
직접재료원가	$100,000	
직접노무원가	220,000	
대표자 급여	65,000	
임차료	55,000	
감가상각비	45,000	
수도광열비	22,000	507,000
법인세차감전이익		$ 43,000

2021년 실질 세전이익

매출액		$660,000
차감:		
직접재료원가	$130,000	
직접노무원가	285,000	
대표자 급여	65,750	
임차료	55,000	
감가상각비	45,200	
수도광열비	21,000	601,950
법인세차감전이익		$ 58,050

요구사항

회사의 대표자인 플로렌스(Florence Roden)는 매출액이 계획보다 증가된 사실에 기쁘지만 한편으로는 비용도 $94,950만큼 많이 발생하여 걱정도 하고 있다. 대표자는 발생 비용이 증가된 것을 걱정해야 할까? 플로렌스가 관심을 가져야 할 분야에 대한 성과보고서를 작성하라.

연습문제 10-17 [학습목표 3] 계획과 통제의 상충 리머 주얼리(Riemers Jewelry)는 전국의 쇼핑몰에 45개의 지점을 운영하고 있으며 월터(Walter Chan)는 댈러스 지역의 지점장이다. 회사는 2020년 3분기인 현재 2021년의 예산을 작성하고 있다. 일반적으로 회사는 지점장들의 판매와 지출 예상에 근거하여 이익계획을 시작한다. 지점별 개별이익 계획이 수립되고, 수립된 지점별 이익계획을 종합하여 전체 이익계획이 작성되는 것이다.

통제 단계에서는 경영진에서 실제 이익 성과와 예산을 지점별로 비교한다. 예산보다 많은 수익을 낸 지점장들은 매우 큰 성과급을 받는 것이다.

요구사항

월터는 자기 지점의 수익과 비용을 공정하게 예측할 것인가? 만약 아니라면 어떤 식으로 수익과 비용을 왜곡시킬 것인지 설명하라.

고급연습문제

고급연습문제 10-1 [학습목표 2] 종합예산 (노트: 이 문제는 숫자만 바뀌었을 뿐 종합예제2와 유사한 문제이다. 이 문제에서 어려움을 겪는 학생은 종합예제2의 해답을 참조하기를 권한다.)

㈜프레스톤공업(Preston Manufacturing Company)의 2020년 4분기의 운영 결과는 다음과 같다.

매출액		$550,000
변동원가		330,000
공헌이익		220,000
고정제조원가	$120,000	
고정판매비와 일반관리비	55,000	175,000
법인세차감전이익		45,000
법인세비용		18,000
당기순이익		$27,000

참고: ㈜프레스톤공업은 변동원가계산방법을 사용한다. 즉, 재고자산과 매출원가에는 변동제조원가만이 포함되어 있다. 고정제조원가는 원가가 발생된 기간의 비용으로 처리된다.

2020년 4분기 말의 재무상태표는 다음과 같다.

자산:	
현금	$160,000
외상매출금	220,000
재고자산	385,000
유동자산 합계	765,000
유형자산	440,000
감가상각누계액	(110,000)
자산 합계	$1,095,000
부채와 자본:	
외상매입금	$66,000
자본금	540,000
이익잉여금	489,000
부채와 자본 합계	$1,095,000

추가정보:

1. 매출액과 변동매출원가는 다음 분기에 12% 상승할 것으로 예상된다.

2. 모든 판매는 외상으로 이루어지며 외상매출금의 60%는 매출이 일어난 분기에 회수되고 나머지 40%는 다음 분기에 회수된다.

3. 변동매출원가는 직접재료원가 40%, 직접노무원가 40%, 변동제조간접원가 20%로 구성되어 있다. 원재료는 외상으로 구매하며 매입액의 50%는 당기에 지출하고 나머지는 그 다음 분기에 지출한다. 재고자산은 기초와 동일한 수준을 유지하며 직접노무원가와 변동제조간접원가는 발생한 분기에 지출한다.

4. 고정제조원가(감가상각비 $9,000 제외)는 3% 증가할 것으로 예상되며, 발생한 분기에 지출한다.

5. 고정판매비와 관리비 (감가상각비 $7,000제외)는 2% 증가할 것으로 예상되며, 발생한 분기에 지출한다.

6. 세율은 20%이다. 모든 세금은 발생한 분기에 지출하여야 한다.

7. 2021년 1 분기에는 유형자산을 구입하지 않을 것이다.

요구사항

a. 2021년 1분기의 예산 손익계산서를 작성하라.

b. 2021년 1분기의 현금예산을 작성하라.

c. 2021년 1분기의 예산 재무상태표를 작성하라.

고급연습문제 10-2 [학습목표 2] 종합예산 가렛버그 스프레이사(Garret Bug Spray Manufacturing)의 2020년 4분기의 운영 결과는 다음과 같다.

매출액		$500,000
변동원가		280,000
공헌이익		220,000
고정제조원가	$90,000	
고정판매비와 관리비	50,000	140,000
법인세전이익		80,000
법인세비용		32,000
당기순이익		$48,000

참고: 가렛버그 스프레이사는 변동원가계산방법을 사용한다. 즉, 재고자산과 매출원가에는 변동제조원가만 포함되어 있다. 고정제조원가는 발생된 기간의 비용으로 처리한다.

2020년 4분기 말의 재무상태표는 다음과 같다.

자산		
현금		$30,000
외상매출금		250,000
유동자산 합계		280,000
기계장치	$130,000	
감가상각누계액	(80,000)	50,000
총 자산		$330,000
부채와 자본		
외상매입금		$44,800
이익잉여금		175,000
자본금		110,200
총 부채와 자본		$330,000

추가정보:

1. 매출액과 변동매출원가는 다음 분기에 7% 상승할 것으로 예상된다.

2. 모든 판매는 외상으로 이루어지며 외상매출금의 50%는 매출이 일어난 분기에 회수되고 나머지 50%는 다음 분기에 회수된다.

3. 변동매출원가는 직접재료원가 40%, 직접노무원가 40%, 변동제조간접원가 20%로 구성되어 있다. 원재료는 외상으로 구매하며 매입액의 50%는 당기에 지출하고 나머지는 그 다음 분기에 지출한다. 재고자산은 기초와 동일한 수준을 유지하며 직접노무원가와 변동제조간접원가는 발생한 분기에 지출한다.

4. 고정제조원가(감가상각비 $5,000 제외)는 1.5% 증가할 것으로 예상되며 발생한 분기에 지출한다.

5. 고정판매비와 관리비(감가상각비 $3,000 제외)는 3% 증가할 것으로 예상되며, 발생한 분기에 지출한다.

6. 세율은 20%이다. 모든 세금은 발생한 분기에 지출한다.

7. 2021년 1분기에는 유형자산을 구입하지 않을 것이다.

요구사항

a. 2021년 1분기의 예산 손익계산서를 작성하라.

b. 2021년 1분기의 현금예산을 작성하라.

c. 2021년 1분기의 예산 재무상태표를 작성하라.

고급연습문제 10-3 [학습목표 2] 종합예산 ㈜테크랩(Techlabs)은 컴퓨터 교육 센터를 운영한다. 다음은 2021년 1월 종합예산 작성과 관련된 데이터이다.

1. 2020년 말 원장 잔액은 다음과 같다.

차변		대변	
현금	$60,000	미지급금	$40,000
외상매출금	40,000	지급어음	60,000
기계장치(순액)	120,000	자본금	30,000
		이익잉여금	90,000
합계	$220,000		$220,000

2. 2020년 12월의 수업료 수익은 $80,000이었으며, 2021년 1월의 수업료 수익 예산은 $110,000이다.

3. 50%의 수업료 수익은 발생한 달에 회수되고 나머지 50%는 그 다음달에 회수된다. 2020년의 외상매출금 잔액은 2020년 12월의 수업료 수익이다.

4. 매월 발생하는 비용(이자비용 제외)은 다음과 같다: 급여 $60,000; 임차료 $4,000; 감가상각비-기계장치 $8,000; 수도광열비 $2,000; 기타 $800.

5. 비용은 모두 발생한 달에 지불한다. 장비 구입비용은 구입한 다음 달에 지불한다. 2020년 말의 미지급금 $40,000은 12월에 구입한 컴퓨터 장비 대금이다.

6. 회사는 2021년 1월에 $50,000의 컴퓨터 장비를 구매하려고 한다. 예상 감가상각비 $8,000(4번 참조)에는 새 컴퓨터로 인한 추가 감가상각비 $2,000이 포함되어 있다.

7. 어음은 연간 15%으로 할인되었으며 매월 20일에 $750의 이자를 지출한다. 원금은 2022년 2월에 상환한다.

8. 세율은 20%이다.

요구사항

다음의 예산을 완성하라.

a.

㈜테크랩 현금 예산 2021년 1월	
현금 수입	
수업료 수익-2020년 12월	$
수업료 수익-2021년 1월	
현금 수입 합계	
현금 지출	
급여	
임차료	
수도광열비	
기타 비용	
컴퓨터 장비 구매비용	
어음의 이자비용	
법인세 납부	
현금 지출 합계	
현금 수입을 초과하는 지출	
기초 현금 잔고	
기말 현금 잔고	$

b. **㈜ 테크랩 예산손익계산서 2021년 1월**

매출(수업료 수익)	$
차감:	
급여	
임차료	
수도광열비	
감가상각비	
기타비용	
이자비용	
비용 합계	
법인세차감전이익	
법인세비용 (20%)	
당기순이익	$

c. **㈜ 테크랩 예산재무상태표 2021년 1월 31일**

자산	
현금	$
외상매출금	
기계장치(순)	
자산 합계	$
부채	
미지급금	$
지급어음	
부채 합계	$
자본	
자본금	
이익잉여금	
자본 합계	
부채와 자본 합계	$

고급연습문제 10-4 [학습목표 2] 종합예산 슈뢰딩거 과학사(The Schrödinger Science Store)는 쇼핑몰에서 소매점을 운영한다. 2020년 4분기의 영업 결과는 다음과 같다.

매출액	$350,000
매출원가	205,000
매출총이익	145,000
판매비와 일반관리비	50,000
법인세차감전이익	95,000
법인세비용	19,000
당기순이익	$76,000

추가 정보:

1. 다음 2분기 동안 각각 매출 10%와 매출원가 12%가 증가할 것으로 예상된다.

2. 매출액의 75%는 매출이 이루어진 분기에 회수하고 25%는 그 다음 분기에 회수한다.

3. 2020년 말의 외상매출금 잔액은 2020년 4분기 판매 분이다.

4. 2020년 4분기의 재고자산 매입액은 $200,000이다.

5. 2020년 말의 외상매입금은 2020년 4분기의 재고자산 매입 분이다.

6. 2020년 말의 재고자산은 $150,000이다. 2021년에는 다음 분기 매출원가의 65%에 해당하는 재고자산을 기말재고로 보유하고자 한다.

7. 판매비와 관리비는 광고비와 급여의 증가로 $8,000만큼 증가할 것이다. 다른 비용들은 일정하게 유지될 것이다.

8. 재고자산 매입액의 50%는 매입한 분기에 지출하고 나머지 50%는 그 다음 분기에 지출한다. 세금을 포함한 다른 비용들은 발생한 분기에 모두 지출한다.

9. 판매비와 관리비는 $2,500의 감가상각비를 포함하고 있다. 감가상각비는 감가상각누계액을 차감한 장부가액 $50,000인 가구와 집기비품에 관한 것이다.

10. 세율은 20%로 유지될 것이며 발생한 분기에 지출한다.

11. 2020년 말의 현금 잔고는 $40,000이다.

12. 2020년 말의 자본금은 $80,000이고 이익잉여금은 $147,500이다.

13. 자산 계정은 현금, 외상매출금, 재고자산, 그리고 가구와 집기비품이다. 유일한 부채 계정은 외상매입금이다. 자본 계정은 자본금과 이익잉여금이다.

요구사항

a. 2021년 1분기의 예산 손익계산서를 작성하라.

b. 2021년 1분기의 현금 예산을 작성하라.

c. 2021년 1분기 말의 예산 재무상태표를 작성하라.

d. 회사는 2021년 1분기에 새로운 지점 개설을 고려 중이다. 지점 개설을 위해 현금 $50,000이 필요하다. 1분기 말에 최소 $30,000의 현금 잔고를 유지한다면, 회사는 추가적인 자금 유입 없이 새 지점을 개설할 수 있을까?

고급연습문제 10-5 [학습목표 2] 종합 예산 월드 레스토랑(The World Restaurant)은 지역 쇼핑센터에 위치해 있으며 다양한 문화권의 음식을 제공한다. 또한 기업의 특별한 행사를 위한 출장요리 서비스를 제공한다. 2020년 4분기의 영업 결과는 다음과 같다.

매출액	$500,000
매출원가	345,000
매출총이익	155,000
판매비와 관리비	60,000
세전이익	95,000
법인세 비용	19,000
당기순이익	$76,000

추가 정보:

1. 매출액과 매출원가는 다음 2분기 동안 각각 13% 증가할 것이다.

2. 매출액의 80%는 매출이 이루어진 분기에 회수하고 20%는 그 다음 분기에 회수한다.

3. 2020년 말의 외상매출금 잔액은 2020년 4분기 매출에 대한 것이다.

4. 2020년 4분기의 재료 매입액은 $346,975이다.

5. 2020년 말의 외상매입금은 2020년 4분기 재료매입액에 대한 것이다.

6. 2020년 말의 재고자산은 $17,000이다. 회사는 2021년에는 다음 분기의 매출원가의 30%에 해당하는 재고자산을 기말재고로 보유하려 한다.

7. 판매비와 관리비는 광고와 급여의 증가로 $12,000만큼 증가할 것이다. 다른 비용들은 일정하게 유지될 것이다.

8. 재고자산 매입원가의 75%는 매입한 분기에 지출하고 나머지 25%는 그 다음 분기에 지출한다. 세금을 포함한 다른 비용들은 발생한 분기에 지출한다.

9. 판매비와 관리비는 $5,000의 감가상각비를 포함하고 있다. 감가상각비는 감가상각누계액을 차감한 장부가액 $60,000인 가구와 집기비품에 관한 것이다.

10. 세율은 20%로 유지될 것이며, 발생한 분기에 지출한다.

11. 2020년 말의 현금 잔고는 $40,000이다.

12. 2020년 말의 자본금은 $25,000이고, 이익잉여금은 $105,256이다.

13. 자산 계정은 현금, 외상매출금, 재고자산, 그리고 가구와 집기비품이다. 유일한 부채 계정은 외상매입금이다. 자본에 속하는 계정은 자본금과 이익잉여금이다.

요구사항

a. 2021년 1분기의 예산 손익계산서를 작성하여라.

b. 2021년 1분기의 현금 예산을 작성하여라.

c. 2021년 1분기의 예산 재무상태표를 작성하여라.

d. 회사는 2021년 1분기 말에 태국음식 부문을 추가하려 생각 중이다. 이를 위해 $50,000의 현금이 필요하다. 1분기 말에 최소 $15,000의 현금잔고를 유지한다면, 회사는 추가적인 자금 유입 없이 새로운 부문을 추가할 수 있을까?

고급연습문제 10-6 [학습목표 2] 예산 손익계산서 10명의 내과의사로 이루어진 의료 클리닉인 모던 헬스케어(Modern Healthcare)는 2020년에 다음과 같은 결과를 얻었다.

매출액		$3,250,000
운영비 차감		
급여		
내과의사	$1,300,000	
간호사	152,000	
간호조무사	68,500	
수납원	50,000	
회계수수료	45,000	
교육훈련비	120,000	
소모품비	250,000	
통신비	3,750	
보험료	275,000	
감가상각비	242,000	
수도광열비	19,800	
기타	66,000	
운영비용 합계		2,592,050
법인세차감전이익		657,950
법인세비용		131,590
당기순이익		$526,360

2021년에는 다음과 같은 변화가 예상된다:

1. 보험회사 압력의 증가로 인해 클리닉의 매출액은 2% 감소할 것이다.

2. 내과의사들은 연봉 $50,000인 진료 보조인력을 고용할 계획이다.

3. 교육훈련비는 $15,000만큼 증가할 것이다.

4. 소모품비는 매출액의 10%로 증가할 것이다.

5. 통신비와 보험료는 현재와 같을 것이다.

6. $125,000의 장비를 구매할 계획이며 연간 감가상각비는 $20,000 증가할 것이다.

7. 수도광열비와 기타 비용은 5% 증가할 것이다.

8. 세율은 20%이다.

요구사항

2021년 모던 헬스케어의 예산손익계산서를 작성하라.

고급연습문제 10-7 [학습목표 2] 예산손익계산서 엔지니어, 화학자, 그리고 다른 과학자들로 이루어진 화학 엔지니어링 회사인 피너클 엔지니어링(Pinnacle Engineering)의 2020년 운영결과는 다음과 같다.

매출액		$3,550,000
운영비 차감		
급여	$2,400,000	
회계수수료	63,000	
교육훈련비	182,000	
소모품비	175,000	
통신비	3,850	
보험료	303,000	
감가상각비	220,000	
수도광열비	35,000	
기타	7,100	
운영비 합계		3,388,950
법인세차감전이익		161,050
법인세비용		32,210
당기순이익		$128,840

2021년에는 다음과 같은 변화가 예상된다:

1. 시장에서 서비스에 대한 요구가 증가하고 있어 매출액은 12% 증가할 것이다.

2. 교육훈련비가 $50,000만큼 증가할 것이다.

3. 소모품비는 매출액의 8%로 증가할 것이다.

4. 통신비와 보험료는 현재와 같을 것이다.

5. 기계장치 $75,000을 매입할 계획이며, 이로 인해 연간 감가상각비는 $9,000 증가할 것이다.

6. 회사는 실험전문인력을 연봉 $36,000에 고용할 계획이다.

7. 수도광열비와 기타 비용은 10% 증가할 것이다.

8. 세율은 20%이다.

요구사항

2021년 피너클 엔지니어링의 예산손익계산서를 작성하라.

고급연습문제 10-8 [학습목표 2] 생산 및 구매 예산 수퍼 클린(Super Clean)은 얼룩 제거제를 생산 및 판매하는 회사이며, 2021년 예산에 대한 정보는 다음과 같다.

1. 1분기에 57,000병의 얼룩 세서세를 판매할 것이며 2분기엔 65,000병, 3분기엔 105,000병 그리고 4분기에는 42,000병을 판매할 것이다.

2. 얼룩 제거제 한 병을 제조하기 위해 6리터의 화학물질 A와 11리터의 화학물질 B가 필요하다.

3. 2021년 동안 완제품의 기말재고는 다음 분기 매출의 12% 수준을 유지할 것이며, 원재료의 기말재고는 다음 분기 생산량의 15%를 유지할 것이다.

4. 1분기 기초재고는 얼룩 제거제 7,000병, 화학물질A 25,000리터, 화학물질B 60,000리터이다.

5. 2021년 1분기에 필요한 양을 맞추기 위해서 4분기 말에 얼룩 제거제 10,000병과 화학물질A 35,000리터와 화학물질 B 85,000리터를 보유하고 있어야 한다.

6. 화학물질A의 가격은 리터당 $0.13이며, 화학물질 B의 가격은 리터당 $0.08이다. 또한 얼룩 제거제의 판매가는 병당 $10.50이다.

7. 직접노무원가는 단위당 $0.80이며 변동제조간접원가는 단위당 $1.20이다. 고정제조간접원가는 분기당 $65,000이다.

8. 변동판매비와 관리비는 매출액의 5%이며 고정판매비와 관리비는 분기당 $42,000이다.

요구사항

a. 2021년 각 분기별 생산 예산을 작성하라.

b. 2021년 각 분기별 재료 구매 예산을 작성하라.

c. 2021년 각 분기의 예산 손익계산서를 작성하라(세금 제외).

고급연습문제 10-9 [학습목표 2] 생산 및 구매 예산 펜젤 슬라이드오일(Fenzel Slide Oil)은 트롬본 윤활유인 슬릭톤(SlickTone)을 생산한다. 2021년 예산에 대한 정보는 다음과 같다.

1. 회사는 1분기에 7,000병, 2분기 6,000병, 3분기 10,000병 그리고 4분기에 8,000병의 제품을 판매할 것으로 기대한다.

2. 제품 단위당 6L의 화학물질 A와 3.5L의 화학물질 B가 필요하다.

3. 완제품의 기말재고는 2021년 동안 다음 분기 매출의 8% 수준을, 원재료의 기말재고는 다음 분기 생산량의 12% 수준을 유지할 것이다.

4. 1분기의 기초 재고는 1,600단위의 완제품과 화학물질A 4,800L와 화학물질B 2,400L이다.

5. 2022년 1분기에 필요한 양을 확보하기 위해 4분기 말에 1,000단위의 완제품과 화학물질A 8,000L와 화학물질B 4,000L를 보유하고 있어야 한다.

6. 화학물질A의 가격은 L당 $1.05이며 화학물질 B의 가격은 L당 $0.15이다. 또한 완제품는 단위당 $12.00이다.

7. 직접노무원가는 단위당 $0.55이며 변동제조간접원가는 단위당 $0.75이다. 고정제조간접원가는 분기당 $3,000이다.

8. 변동판매비와 관리비는 매출액의 4%이며 고정판매비와 관리비는 분기당 $3,000이다.

요구사항

a. 2021년 각 분기별 생산 예산을 작성하라.

b. 2021년 각 분기별 재료 구매 예산을 작성하라.

c. 2021년 각 분기의 예산 손익계산서를 작성하라(세금 제외).

고급연습문제 10-10 [학습목표 2] 현금 예산 케이시 도매점(Casey Wholesalers)의 2020년 4분기의 영업실적은 다음과 같다.

매출액	$650,000
매출원가	300,000
매출총이익	350,000
판매비와 관리비	250,000
법인세전순이익	100,000
법인세비용	20,000
당기순이익	$80,000

4분기 매입액은 $375,000이다.

2021년, 케이시 도매점의 예상실적은 다음과 같다.

	1분기	2분기	3분기	4분기
매출액	$725,000	$805,000	$875,000	$968,000
매출원가	350,000	420,000	500,000	580,000
매입	410,000	450,000	525,000	600,000
판매비와 관리비	250,000	250,000	250,000	250,000

세율은 세전이익의 20%이고 발생한 분기에 지출한다. 매출액의 60%는 해당 분기에 회수하고 나머지 40%는 그 다음 분기에 회수한다. 매입액의 80%는 해당 분기에 지출하고 20%는 다음 분기에 지출한다. 판매비와 관리비는 감가상각비 $10,000을 제외한 나머지는 발생한 분기에 지출한다. 2021년 4분기에 자본지출 $75,000이 계획되어 있다.

요구사항

2021년 각 분기별 현금예산을 작성하라.

고급연습문제 10-11 [학습목표 2] 현금 예산 유로 사이클링(Euro Cycling)의 2021년 4분기의 영업실적은 다음과 같다.

매출액	$550,000
매출원가	250,000
매출총이익	300,000
판매비와 관리비	70,000
법인세차감전이익	230,000
법인세	46,000
당기순이익	$184,000

4분기 매입액은 $195,000이다.

2021년, 유로 사이클링의 예상실적은 다음과 같다.

	1분기	2분기	3분기	4분기
매출액	$400,000	$475,000	$550,000	$600,000
매출원가	170,000	185,000	220,000	230,000
매입액	160,000	200,000	225,000	267,000
판매비와 관리비	67,000	69,000	71,000	73,000

세율은 20%이며 발생한 분기에 지출한다. 매출액의 50%는 해당 분기에 회수하고 나머지 50%는 그 다음 분기에 회수한다. 매입액의 70%는 해당 분기에 지출하며 30%는 다음 분기에 지출한다. 판매비와 관리비는 감가상각비 $7,000을 제외한 나머지 모두를 발생한 분기에 지출한다. 2021년 4분기에 자본적 지출 $20,000이 예정되어 있다.

요구사항

2021년의 분기별 현금 예산을 작성하라.

고급연습문제 10-12 [학습목표 2] 예산 관계 슈프림 오디오(Supreme Audio)의 담당직원이 예산안을 준비하는 도중에 사직하였으며, 그가 하던 작업은 다음과 같다.

2021년 예산 매출과 재고자산 매입

	1분기	2분기	3분기	4분기	총 합
2020년 매출액	$256,000	$300,000	$290,000	$368,000	$1,214,000
2021년 예상 매출액	$320,000	$	$	$	$
매출원가	$192,000	$	$	$	$
기초재고	$ 84,000	$	$	$	$
기말재고	$	$	$	$	$
매입	$	$	$	$	$

가정:

매출액은 2020년보다 25% 증가할 것이다.

매출원가는 매출액의 75%이다.

2021년의 기말재고는 다음 분기 매출원가의 35%이다.

2022년 1분기의 매출액은 $300,000이다.

요구사항

위의 표에서 빠진 정보를 입력하고 2021년 매출과 매입 예산을 작성하라.

고급연습문제 10–13 [학습목표 2] 스프레드시트를 이용한 "What if" 분석 자비에르(Javier Andreas)는 "후원(Backyard Place)"이라는 조명, 가구 및 마당의 편의시설을 판매하는 가게를 운영한다. 그는 연간 매출과 재고자산 구매 예산을 스프레드시트를 이용하여 작성하고 있다. 2020년의 매출액은 다음과 같다.

1분기	2분기	3분기	4분기
$254,000	$275,000	$320,000	$205,000

2020년 기말재고는 $27,800이다.

요구사항

자비에르를 도와서 다음의 세 가지 항목의 재고자산 매입에 미칠 영향을 분석할 수 있는 스프레드시트를 작성하라.

1. *2021년의 매출 증가.* 자비에르는 2021년의 분기별 매출이 2020년의 각 분기보다 8%씩 증가할 것이라고 믿고 있다. 또한 2022년 1분기의 매출은 2021년 1분기 매출보다 8% 증가할 것이라고 믿고 있다. 그러나 자비에르는 성장률이 달라질 경우 재고자산 매입에 어떤 영향을 미치는지 알고 싶어 한다. 그러므로 스프레드시트는 성장률의 변화에 따른 재고자산 매입의 변화 결과를 관찰할 수 있어야 한다.

2. *2021년 각 분기 말의 재고자산.* 자비에르는 잠정적으로 기말재고 수준을 다음 분기 매출원가의 15%로 계획하고 있다. 그는 재고수준의 변화에 따른 효과를 알고 싶어한다. 그러므로 스프레드시트는 재고수준의 비율을 변화시킬 수 있어야 하고 그에 따른 결과를 관찰할 수 있어야 한다.

3. *매출원가.* 자비에르는 매출원가가 매출액의 35%라고 예측한다. 그는 이 비율이 달라질 경우 재고자산 구매액에 어떤 변화가 나타나는지 알고 싶어 한다. 그러므로 스프레드시트는 이 값을 변화시킬 수 있어야 한다. 스프레드시트를 작성한 후, 다음의 조합들에 대하여 2021년 각 분기별 매입액을 계산하라.

조합 1– 매출 증가 10%, 기말 재고자산 22%, 매출원가 33%

조합 2– 매출 증가 15%, 기말 재고자산 24%, 매출원가 28%

조합 3– 매출 증가 9%, 기말 재고자산 34%, 매출원가 40%

고급연습문제 10–14 [학습목표 3] 예산 과정 데보라(Debra Green)는 페니와이즈은행(Pennywise Bank)의 소비자금융부서 관리자이다. 매년 그녀는 최고 재무책임자CFO에게 연간예산을 제출한다. 데보라의 성과급, 연봉 인상, 진급 기회 등은 그녀의 성과와 예산으로 책정된 부서이익을 비교해서 결정된다. 데보라는 매년 최고 재무책임자와 예산에 대해서 협상해 왔다.

과거에 CFO는 데보라가 수익은 과소추정하면서 비용은 과대추정한다고 주장하였고 데보라는 오히려 CFO가 그녀의 부서에 너무 큰 기대를 하고 있다고 하였다.

2020년 동안, 소비자금융부서는 기록적인 성과를 거두었고 데보라는 큰 성과급을 받았다. CFO는 2021년의 부서예산은 최소한 전년도 성과수준은 되어야 한다고 주장하였다. 데보라는 이에 대해 전년도는 예외적이었으며 그 성과를 다시 재현하기는 어렵다고 대답하였다. 다소 격렬한 토론 이후 그들은 갈등을 해결하기 위해서 은행의 최고경영자와 회의를 하기로 하였다.

요구사항

a. CFO와 데보라가 서로 다른 의견을 가지고 있는 이유를 설명하라.

b. 만약 당신이 회장이라면 어떤 방법으로 CFO와 데보라의 갈등을 해결하겠는가?

고급연습문제 10–15 [학습목표 1,2,3] 성과보고서 실반닷컴(Silvan.com)의 고객지원부서는 35명의 상담원이 11,200건의 고객 상담전화를 받을 것이라고 가정하고 6월에 다음과 같은 예산을 책정하였다.

상담원 급여	$160,000
감독자 급여	30,000
사무실 임차료	5,000
감가상각비-장비	7,000
합계	$202,000

이 부서는 회사의 신축 사무 빌딩에 위치해 있으며 상담원을 추가로 수용할 수 있는 공간이 있다. 모든 고객 상담원은 컴퓨터/텔레커뮤니케이션 센터에서 일한다. 감가상각비는 각 개별 상담원이 사용하는 장비와 관련된 비용이다.
6월 한 달 동안, 부서는 14,000건의 고객 상담 전화를 처리하였고, 다음과 같은 비용이 발생하였다.

상담원 급여	$182,000
감독자 급여	30,250
사무실 임차료	5,000
장비 감가상각비	8,000
합계	$225,250

요구사항

a. 고정 및 변동원가에 대한 가정을 하고, 실제 금액과 14,000 고객상담전화에 대한 변동예산원가를 비교하는 성과보고서를 작성하라.
b. 성과보고서에 중요한 차이를 보이는 이유를 모두 서술하라.
c. 위에서 언급된 차이 말고도 고객 지원 부서를 평가할 수 있는 비재무적 측정항목은 무엇이 있는가?

고급연습문제 10-16 [학습목표 3] 성과보고서 제랄도 보석상(Geraldo Jewelers)의 시계 및 손목시계 부서는 2020년에 큰 문제에 직면하였다. 매출과 생산이 예산 대비 35%정도 감소하였다. 생산 부문에서 품질 문제가 발생하였으며 자주 고객불만사항이 접수되었다. 부서의 책임자인 티모시(Timothy Atlee)는 2020년의 종합 예산과 실제 비용 분석보고서를 최근에 받았다. 놀랍게도, 실제 비용은 예산상의 금액보다 적었다.

비록 매출은 감소하였지만 비용 측면에서 긍정적인 결과가 있었으므로 티모시는 회장과 부서 성과에 대한 회의가 예정되었을 때 기뻐하였다.

요구사항

왜 긍정적인 차이가 발생하였는지 간단히 설명하고 티모시가 변동 예산에 대하여 알아야 할 것이 무엇인지 논의하라. 회장이 변동 예산을 이해한다고 가정한다면 이 긍정적인 차이에 대해 좋은 인상을 받을 것인가?

고급연습문제 10-17 [학습목표 3] 계획과 통제의 상충 ㈜뱅가드 산업(Vanguard Industries)의 자회사인 맥스디바이스사(Max Storage Devices)의 회장은 프란츠(Franz Manteca)이다. 그의 연간 급여는 $600,000이며, 회사의 이익이 예산의 75%를 초과한다면 $200,000의 성과급을 추가로 받는다. 그리고 75%이상의 이익에 대해서 추가로 이익의 1%를 받게 된다. 그의 최대 성과급한도는 맥스디바이스사의 이익이 예산의 120%를 달성했을 때이다.

요구사항

a. 프란츠는 맥스디바이스사의 이익 예산에 대하여 ㈜뱅가드 산업의 고위 임원진들과 많은 시간을 협상한다. 그는 언제나 임원들의 매출 예상이 너무 높고 비용은 너무 낮다고 주장한다. 임원진은 반대로 프란츠가 예산부풀리기(budget padding)를 한다고 주장한다. 여기서 예산부풀리기는 무슨 뜻인가? 프란츠가 실제 필요한 금액보다 훨씬 많은 금액을 주장하는지 설명하라. 예산부풀리기는 회사의 성과에 악영향을 주는 예를 들어 설명하라.
b. 당해연도의 이익 예산은 $45,000,000이다. 당해연도 4분기말에 프란츠는 맥스디바이스사의 CFO로부터 실제 이익이 $62,000,000에 가깝다는 보고를 들었다. 프란츠는 분기 마지막 2주간에 예정되어 있는 배송을 다음연도로 연기할 것을 지시하였다. 프란츠는 왜 이런 결정을 내렸는가? 이러한 행위가 주주가치에 어떤 영향을 미치는가?

고급연습문제 10-18 [학습목표 1] 예산수립과 비화폐적 측정치 엑스트림(Xtreme Board Company)은 스케이트보드를 생산하는 회사이다. 사장인 그레그(Greg Conklin)는 "측정해야 관리할 수 있다"라는 말을 신봉한다. 이에 따라 그는 회사가 성공하는데 영향을 주는 많은 비화폐적 측정치를 연간 예산에 포함시키려 한다. 그레그의 의견에 따르면 예산에 포함된 비화폐적 측정치는 회사의 관리자들이 핵심성공요인에 집중할 수 있으며, 연말에 예산과 실제 발생금액을 비교함으로써 목표를 달성여부를 결정할 수 있다고 한다.

요구사항

그레그가 연간 예산안에 포함시킬 비화폐적 측정지표 네 가지를 제시하라.

사례연구

사례연구 10.1 : 콜롬버스 공원(Columbus Park)의 폐기물 처리 시설 [학습목표 3]

일리노이(Illinois)주 콜롬버스 공원의 폐기물 처리장 관리자인 앤 팍스톤(Ann Paxton)은 연간 예산을 작성하고 있다. 그녀는 점심을 먹으면서 다음연도에 대해 생각했다. "내년에 우리 부서에서 약 9백만 리터의 폐기물을 처리해야 될 것이다. 변동원가는 리터당 $0.20이고 고정원가는 $2,400,000이기에 총 원가는 $4,200,000정도가 될 것이다. 예산을 $4,900,000 정도로 제출하는 것이 좋을 것 같다. 시의 조세수입이 줄어들어 예산으로 어떤 금액을 제출하더라도 시의원들은 예산의 10%를 삭감할 것이다. 그리고 내가 예상보다 많은 비용을 지출하면 어떻게 될 것인가? 예를 들어 근로계약이 새로 체결되면 $300,000이상 증가될 것이다. 또는 폐기물이 예상보다 500,000리터만큼 더 들어올 수도 있어. 그렇게 되면 예산보다 더 많은 원가가 발생하게 될 것이다. 예산보다 더 많은 원가를 발생시키는 것만은 꼭 피하고 싶다. 승진해서 이 냄새 나는 부서를 떠나려면 예산을 지켜야 한다."

요구사항

앤이 발생할 것으로 예상되는 원가보다 높은 예산을 제출하는 것이 윤리적인지 여부에 대하여 토론하라.

사례연구 10.2 : 애브르지 올리브오일사(Abruzzi Olive Oil Company) [학습목표 1]

애브르지 올리브오일 사는 프리미엄 올리브유를 생산하는 소규모 공장이다. 공장의 소유자인 체릴 사운더스(Cheryl Sounders)는 다양한 매출 목표에 따라 생산에 미치는 영향을 분석하기 위해 스프레드시트를 이용한 예산을 작성하고 있다.

2020년의 판매실적은 다음과 같다.

월	판매량(리터)
1월	9,200
2월	9,000
3월	9,400
4월	8,600
5월	8,000
6월	8,500
7월	8,200
8월	7,500
9월	8,900
10월	9,300
11월	9,200
12월	9,600

2020년 11월의 예산회의에서 마케팅 담당자인 제이 피터스(Jay Peters)는 체릴에게 다음연도의 월간 매출이 5~15% 향상될 것으로 전망된다고 하였다. 하지만 2020년 12월말에 제이는 체릴의 사무실에 다급히 들어와 다음과 같이 보고하였다. "체릴, 방금 복합식당(Consolidated Restaurants)과 회의 결과, 2021년에 매달 1,250 리터 주문을 고려 중이라고 합니다."

체릴은 다음과 같이 대답하였다. "와, 그것 참 신나는 일입니다. 그러나 우리가 그렇게 큰 주문을 소화할 능력이 되는지 걱정스럽네요. 복합식당의 주문을 받지 못한다고 가정하고 월간 매출액을 5, 10, 혹은 15% 증가시켜 보겠습니다. 그리고 복합식당의 주문을 고려하였을 때 5, 10 혹은 15% 증가한 판매 예산을 작성하여 보겠습니다. 이를 통해 우리가 충분한 수용능력이 되는지 알 수 있을 것입니다." 제이는 좋은 생각이라고 하였지만 체릴이 이렇게 많은 일을 할 수 있을지 걱정스러웠다. 체릴은 스프레드시트를 이용하여 예산을 작성하기 때문에 간단한 입력만으로 쉽게 분석을 수행할 수 있다고 하였다.

요구사항

a. 스프레드시트를 사용하여 체릴이 제시한 6개의 월간 예산 계획을 작성하라(즉, 복합식당의 주문 유무와 기타 매출이 5, 10, 15% 증가할 때의 월간 예산). 일반적으로 체릴은 다음달 매출의 12%를 기말재고자산으로 유지한다. 2020년의 기말재고는 1,500리터이며, 2021년 12월의 기말재고를 위한 2022년 1월의 매출은 2021년 12월과 동일하다.

b. 생산능력이 12,000리터인 경우, 회사는 생산능력과 관련된 문제에 직면하게 될 것인가?

c. 올리브유의 리터당 판매가격과 변동원가는 각각 $25과 $10이다. 복합식당의 주문을 받아들일 경우 연간 이익에 미치는 영향을 분석하라(생산능력과 관련된 문제가 없다고 가정).

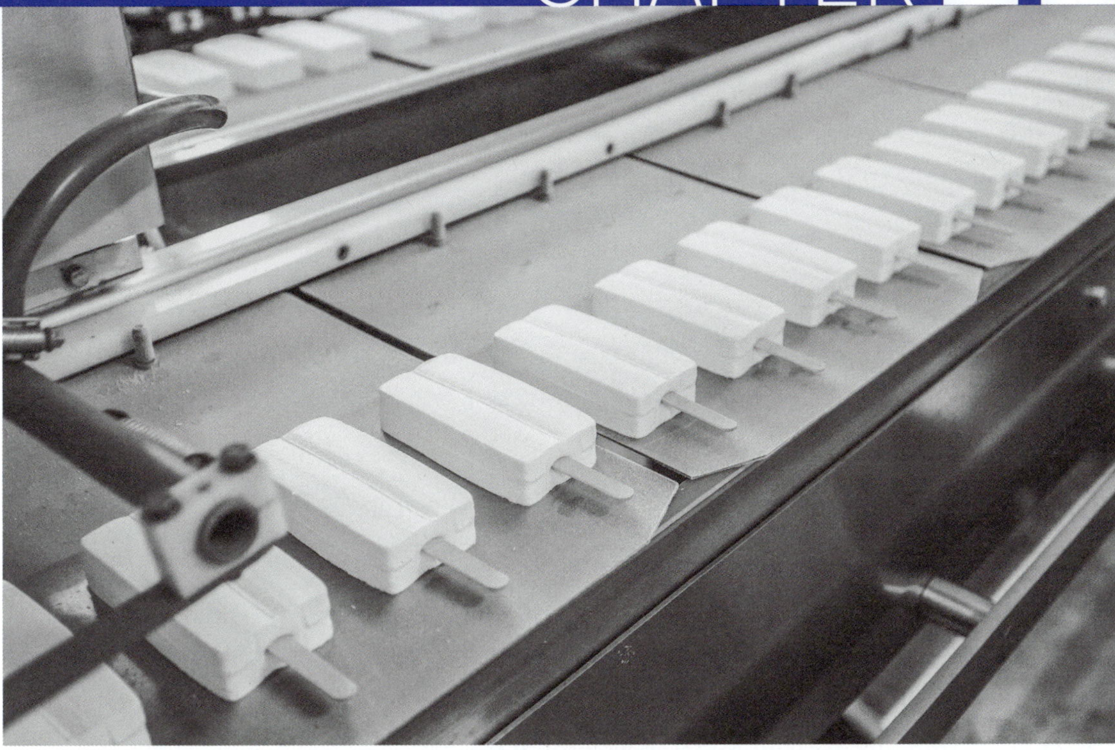

CHAPTER 11

표준원가와 차이분석

학습목표

1. 표준원가 개발배경을 이해하고, 직접재료원가, 직접노무원가에 대한 차이분석 수행
2. 제조간접원가의 차이분석 수행, 계획 생산능력대비 실제 생산차이의 재무적 영향을 이해
3. 표준원가 차이분석에서 예외에 의한 관리접근법의 적용
   부정적 결과를 초래하는 유리한 차이, 공정개선에 의한 불리한 차이, 초과생산의 원인이 되는 차이에 대한 평가

데링턴 아이스크림(Darrington Ice Cream)사는 연초에 리터당 $8로 재료원가 예산을 수립하였다. 회사는 연간 1,000,000리터를 생산하였고, 재료원가는 예상한 것 보다 훨씬 높았다. 운영관리이사인 린다 에버트(Linda Evert)는 공장관리자와 생산감독자의 회의를 즉각 소집하였다. 린다의 주장은 회의에 참가한 스텝들의 관심을 끌었다. "대체 무슨 일인가요? 우리의 실제원가는 예산보다 10%가 높아요." 두 관리자는 증가된 원가는 재료사용의 낭비로 인한 것이 아니었다고 그녀를 안심시켰다. 공장관리자는 증가된 원가는 설탕과 우유 가격의 갑작스러운 상승에 기인한 것이라고 확신하고 있었다. 그리고 그는 "가격변화는 우리의 통제범위를

벗어나 있어요. 구매담당자들에게 가격인상에 대하여 차근차근 설명해줄 것을 요청합니다." 라고 말했다.

린다는 사무실로 돌아와 그 상황에 대하여 곰곰이 생각하였다. "재료가격증가를 두 가지 부분 즉, 계획보다 재료를 더 많이 사용한 부분과 계획보다 더 높은 가격을 지불한 부분으로 나눠 보고서를 작성하는 것이 실제로 유용할 것입니다. 그렇기에 내 생각에는 회계부문의 제인(Jane)이 계산을 도와주는 것이 당연하다" 라고 그녀는 결론지었다.

다행스럽게, 린다의 생각은 타당하다. 회계담당자는 필요한 계산으로 그녀를 도울 수 있고, 그리고 궁극적으로 회사가 표준원가계산시스템을 개발하는 것을 도울 수 있다. 그와 같은 시스템에서 제조된 제품은 실제원가로 기록되지 않고 제품을 생산하기 위해서 발생되었어야 하는 원가로 기록된다. 이 원가를 표준원가(standard cost)라고 부른다.

표준원가계산시스템의 주된 효익은 관리자들이 표준원가와 실제원가의 차이를 비교할 수 있다는 것이다. 그와 같은 차이를 표준원가차이라고 부른다. 재료원가의 경우, 표준원가차이는 실제가격과 표준가격의 상이함으로 인한 차이와 원재료의 실제수량과 표준수량이 상이함으로 인한 차이로 구분한다. 또한, 표준원가계산시스템은 직접노무원가와 제조간접원가에 대해서도 차이를 계산한다. 경영자는 생산의 비효율 여부를 판단하기 위해서 크거나 혹은 비정상적인 차이를 조사한다. 문제가 있으면, 시정조치가 이루어진다. 따라서 표준원가는 운영관리의 통제뿐만 아니라 제품원가의 결정에 도 중요한 역할을 한다. 이 장은 이들 표준원가의 사용을 설명한다.

학습목표 1 표준원가 개발배경을 이해하고, 직접재료원가, 직접노무원가에 대한 차이분석 수행

11.1 표준원가

표준원가(standard cost)란 경영자가 예상되는 조건하에서 재화나 용역을 생산하는데 발생되어야 한다고 믿는 원가를 의미한다. 공구제조회사는 해머(hammer) 생산에 따른 표준원가를 설정할 수 있는 반면에, 은행은 수표를 발행하는데 따른 표준원가를 설정할 수 있다. 다음에서 제조환경하에서 표준원가계산(standard costing)에 대해 설명한다. 그리고 은행처럼 서비스회사의 표준원가도 소개한다.

11.1.1 표준원가와 예산

일부 회계담당자들은 **예산원가**(budgeted cost)와 표준원가를 혼용하여 사용한다. 표준원가는 한 단위의 원가를 의미하고, 예산원가는 표준에서 총예산량의 원가를 의미한다. 예산에 포함된 원가정보는 표준원가와 일

Link to Practice

iStock.com/andrearoad

스타벅스(Starbucks)는 표준원가를 사용한다.

우리가 표준원가계산을 사용하는 회사를 생각할 때, 보잉(Boeing), 제너럴 모터스(General Motors)와 같은 제조회사, 그리고 다우 케미컬(Dow Chemical)과 같은 화학회사들을 떠올릴 것이다. 그러나 음식서비스산업에 속한 회사들조차도 표준원가계산을 사용한다. 예를 들어, 스타벅스(Starbucks)는 로스팅(roasting)공정에서 콩의 원가를 통제하기 위해서 표준원가계산을 사용한다. 콩은 로스팅 공정에서 수분이 증발되기 때문에 무게가 줄어든다. 회사는 표준수량손실을 설정하고 배치당(batch) 로스팅된 콩에 대한 실제수량손실과 비교한다.

치해야 한다. 예를 들어, 제품 한 단위당 표준원가는 다음과 같다.

단위당 표준원가	
직접재료원가(2kg, kg당 $5)	$10.00
직접노무원가(3시간, 시간당 $10)	30.00
제조간접원가(직접노동시간당 $5)	15.00
단위당 표준원가	$55.00

원재료 5,000kg을 구입할 경우 직접재료원가구입예산은 $25,000가 될 것이다($5/kg × 5,000kg). 마찬가지로, 1,000단위의 예상생산량에 대한 직접노무원가예산은 $30,000(3시간 × 1,000단위 × $10)가 될 것이다.

11.1.2 표준원가의 개발

직접재료원가, 직접노무원가 및 제조간접원가의 표준원가는 다양한 방법으로 개발된다. 재료의 표준수량은 생산에 필요한 원재료의 상세한 목록을 제공하는 엔지니어링 계획에서 정해질 수 있다. 일부 회사의 경우 원재료의 표준수량은 실제로 비법(recipes) 혹은 공식(formulas)으로 정해진다. 이것은 음식 제품을 제조하는 대규모 상업 베이커리와 기타 회사들의 경우에 해당된다. 종종 재료의 표준가격은 공급업자에 의해 제공된 가격표로 결정된다.

직접노무원가의 표준수량은 산업 엔지니어들에 의해 수행된 시간 및 동작연구에 의해서도 결정될 수 있다. 시간 및 동작연구에서 표준노동시간은 가정된 혹은 실제 작업여건 하에서 작업들의 관찰에 근거하여 결정된다. 표준노동시간은 또한 과거자료의 분석으로 추정될 수 있다. 예를 들어, 어떤 회사가 생산과 노동시간

Link to Practice

기업은 얼마나 자주 표준원가를 수정하는가?

영국의 KPMG에 의해 수행된 12개 회사의 조사에 따르면, 증가된 경제적 변동성은 회사들이 자신들의 표준원가를 더욱 자주 수정하도록 만들고 있다. 대부분은 연간 기준으로 표준원가를 수정한다. 그러나 필수 원재료 가격, 외환변동, 그리고 부분 혹은 완전 공장폐쇄 등의 변동은 연중 수정하도록 요구한다.

출처 : Based on KPMG, "Standard Costing: Insighted from Leading Companies," *Financial Management*, February 2010.

에 대하여 다음과 같은 정보를 개발하였다고 가정하자.

	생산량	노동시간
2012년 1분기	2,025	6,500
2012년 2분기	2,500	7,400
2012년 3분기	2,100	6,800
2012년 4분기	2,600	7,900
합계	9,225	28,600

이 자료를 기초로 한 단위를 생산하는데 소요되는 평균시간은 대략 3.10시간(=28,600시간÷9,225단위)으로 계산된다. 만일 회사가 생산공정의 어떠한 주요한 변화를 예상하지 못한다면, 이 평균은 노동의 표준수량으로 사용될 수 있다. 그러나 만일 회사가 과거에 비효율적으로 운영하였다면, 현재의 표준을 과거성과에 기초하는 것은 효율적인 생산실무를 반영하지 못하는 표준이 될 것이다. 표준노무임률은 경영자가 보통 여러 영역의 작업자들에게 지급할 것으로 기대하는 임률로 설정된다. 많은 경우에 임률은 노무계약으로 정해진 임률과 동일하게 설정된다.

제조간접원가에 대한 표준원가를 개발하는 것은 교재의 앞에서 논의된 예정제조간접원가 배부율을 개발하기 위해 사용된 것과 동일한 절차로 이루어진다. 제조간접원가 예산액을 배분기준의 표준수량으로 나누어

Link to Practice

muratkoc/E+/Getty Images

표준원가계산의 기원

표준원가계산의 최초 상세한 서술은 미국 회계사 존 휫모어(John Whitmore)가 신발 공장의 표준원가계산시스템에 대하여 *Journal of Accountancy*에 논문을 발표한 1908년에 이루어졌다. 그는 신발을 만드는데 사용되는 가죽은 표준원가에 대한 그의 용어인 "적절한 원가"로 기록되어야 주장하였다. 그는 또한 적절한 원가와 실제원가의 차이는 가죽의 표준가격과 실제가격의 차이 혹은 가죽의 표준수량과 생산에 사용된 가죽의 실제수량의 차이에 기인할 수 있다고 지적하였다.

표준제조간접원가를 계산한다. 예를 들어, 어떤 회사가 5,000 표준노동시간을 작업하면 $60,000의 제조간접원가가 발생될 것이라고 예상하고 있다고 가정하자. 이 경우 제조간접원가 표준배부율은 표준노동시간당 $12이 될 것이다. 활동기준원가계산을 사용하는 회사의 경우, 표준원가는 작업준비횟수, 구매주문횟수, 그리고 수령선적횟수와 같은 제조간접원가의 원가동인 수에 대하여 개발된다.

11.1.3 이상적인 표준과 현실적인 표준

표준원가를 개발하는 과정에서 **이상적인 표준**(ideal standards)을 강조하는 관리자도 있고, **현실적인 표준**(attainable standards)을 강조하는 관리자도 있다. 이상적인 표준은 생산공정에 어떠한 장애물도 만나지 않는다는 가정하에서 개발된다. 따라서 그들은 노동시간의 수량을 증가시키는 장비의 고장 혹은 생산에 필요한 재료수량을 증가시키는 원재료의 불량을 허용하지 않는다. 이상적인 표준은 가끔 "완전한" 환경에서의 생산을 강조하기 때문에 완전표준(perfection standard)이라고도 한다. 그러나 만일 회사가 간혹 장비실패, 숙련작업자를 미숙련작업자로의 임시 교체, 그리고 일부 원재료 불량 등을 예상한다면, 표준은 이들 사건의 원가를 허용하는 수준에서 설정되어야 한다. 현재 달성가능 표준은 여러 가지 환경이 이상적인 표준보다 더 큰 원가를 가져올 가능성을 고려하는 표준원가이다.

이상적인 표준을 지지하는 관리자들은 종업원들로 하여금 생산원가에 대하여 가장 바람직한 통제를 위해 노력하도록 동기부여시킨다고 생각한다. 그와 같은 관리자들은 불량품과 고장의 원가가 표준에 포함되면, 그들을 제거하려는 노력보다 오히려 불량품과 고장을 수용하는 결과를 가져온다고 주장한다. 그러나 그들이 이상적인 여건과의 예상 편차를 허용하지 않기 때문에 이상적인 표준은 계획수립에 유용하지 않을 수 있다. 만일 장비고장과 불량품이 존재한다면, 이들과 관련된 원가를 계획에 포함시키는 것이 바람직하다. 대부분의 관리자들은 달성가능 표준의 사용을 지지한다.

11.2 표준원가 차이분석

표준원가시스템을 채택하는 회사들은 운영이 효율적으로 수행되고 있는지를 결정하기 위해서 **표준원가차이**(standard cost variance)라고 불리는 표준원가와 실제원가의 차이를 분석할 수 있다. **차이분석**(variance analysis)은 일반적으로 표준원가와 실제원가의 차이를 두 가지 요소로 구분한다. 직접재료원가의 경우, 두 가지 요소는 가격차이와 수량차이이다. 직접노무원가의 경우, 두 가지 요소는 임률차이와 능률차이이다. 그리고 제조간접원가의 경우, 두 가지 요소는 조업도 차이와 통제가능차이이다.

다음 절에서 우리는 주물공정에서 사용되는 인조고무 합성물의 생산업체인 불칸 폴리머(Vulcan Polymer) 회사의 차이분석을 살펴보고자 한다. 합성물의 50리터 짜리 한 드럼(표준생산량)당 표준원가는 다음과 같다.

직접재료원가	400kg, kg당 $10	$4,000
직접노무원가	4시간, 시간당 $15	60
제조간접원가	단위당 $50	50
드럼당 표준원가		$4,110

11.3 직접재료원가 차이

표준직접재료원가와 실제직접재료원가의 차이는 두 가지 차이 즉, 가격차이와 수량차이로 구분될 수 있다. 차이를 계산하기 위해서 사용되는 공식은 〈그림 11-1〉에 나타냈고, 다음에 논의된다.

11.3.1 직접재료원가 가격차이

직접재료원가 가격차이(material price variance)는 직접재료의 단위당 실제가격(AP)과 단위당 표준가격(SP)의 차이에 구입된 직접재료의 실제수량(AQ^P)을 곱한 것과 같다:

$$\text{직접재료원가 가격차이} = (AP - SP) \times AQ^P$$

불칸 폴리머사(VP사)가 이 차이를 어떻게 계산하는지 살펴보자. 회사는 200,000kg의 직접재료를 구입하고, 실제로 $10의 표준가격이 아니라 kg당 $9.90을 실제로 지급했다고 가정하자. 이 경우 직접재료 가격차이는 $20,000(유리)가 된다:

$$\begin{aligned}\text{직접재료원가 가격차이} &= (AP - SP) \times AQ^P \\ &= (\$9.90 - \$10) \times 200{,}000 \\ &= (\$20{,}000)\ \text{유리}\end{aligned}$$

이 차이를 살펴보면, 재료원가는 계획한 것보다 kg당 $0.10이 적고, 이 절약액은 구입된 200,000kg에 대하여 실현되었다. 이것이 직접재료 가격차이가 유리(favorable)하다고 부르는 이유이다. kg당 실제가격은 표준가격보다 적다.

본 장에서 제시된 차이공식에서 음(-)의 차이는 유리한 차이를 나타내고, 양(+)의 차이는 불리한 차이를 나타낸다. 그러나 차이의 부호에 집중하기보다는 다음 사항을 기억하는 것이 좋다:

- 표준보다 큰 실제가격 혹은 수량은 불리하다고 한다.
- 표준보다 작은 실제가격 혹은 수량은 유리하다고 한다.

실제직접재료원가	표준가격에서의 실제수량	표준직접재료원가
$AQ^P \times AP$ 200,000kg × \$9.90 \$1,980,000	$AQ^P \times SP$ 200,000kg × \$10 \$2,000,000	$SQ \times SP$ 180,000kg × \$10 \$1,800,000

$(AP - SP) \times AQ^P$
(\$20,000) 유리
직접재료 가격차이

$AQ^U \times SP$
181,000 × \$10
\$1,810,000

$(AQ^U - SQ) \times SP$
\$10,000 불리
직접재료 수량차이

AQ^P = 직접재료의 실제 구입량
AP = 직접재료의 실제가격
AQ^U = 직접재료의 실제사용량
SP = 직접재료의 표준가격
SQ = 실제생산량에 대한 직접재료의 표준수량

각주: 가격차이를 계산함에 있어서 구입된 직접재료의 실제수량(AQ^P)을 사용하라.
수량차이를 계산함에 있어서 사용된 직접재료의 실제수량(AQ^U)을 사용하라.

〈그림 11-1〉 직접재료원가의 차이공식

11.3.2 직접재료원가 수량차이

직접재료원가 수량차이(material quantity variance)는 사용된 직접재료의 단위당 실제수량(AQ^U)과 생산량에 허용된 직접재료의 표준수량(SQ)의 차이에 직접재료의 표준가격(SP)를 곱한 것과 같다:

$$\text{직접재료원가 수량차이} = (AQ^U - SQ) \times SP$$

불칸 폴리머사(VP사)는 주물 합성물의 50리터짜리 450드럼을 생산하였다고 가정하자. 직접재료의 표준수량은 드럼 당 400kg이다. 따라서 생산된 450단위에 허용된 직접재료의 표준수량은 180,000kg이다(예, 450드럼 × 드럼 당 400kg). 직접재료의 표준가격은 kg당 \$10임을 기억하라. 따라서 만일 직접재료의 181,000kg가 실제로 사용된다면, 직접재료 수량차이는 \$10,000(불리)가 된다:

$$\begin{aligned}\text{직접재료원가 수량차이} &= (AQ^U - SQ) \times SP \\ &= (181,000 - 180,000) \times \$10 \\ &= \$10,000 \text{ 불리}\end{aligned}$$

달리 말하면, kg당 $10의 표준원가에서 1,000kg가 초과사용되었다. 직접재료의 수량차이는 불리한데, 이것은 표준이 요구하는 것보다 실제로 더 많은 직접재료가 사용되었기 때문이다. 이것은 회사 이익에 부정적인 영향을 미치기 때문에 불리한 결과로 해석된다.

Link to Practice

측정해야 관리할 수 있다!

대규모 중서부 제조회사의 구매관리자는 회사를 위해 더 높은 수량 및 원가 절약을 가져오는 새로운 재료를 파악하였던 방법을 열거하였다. 그러나 재료는 현재 품질이 낮은 재료의 표준가격보다 조금 더 비싸다. 새로운 재료를 구매하는 것은 재료가격차이를 부담하기 때문에 구매부문을 나쁘게 보이게 만든다. 제조의 어떠한 절약도 제조부문의 몫이 된다.

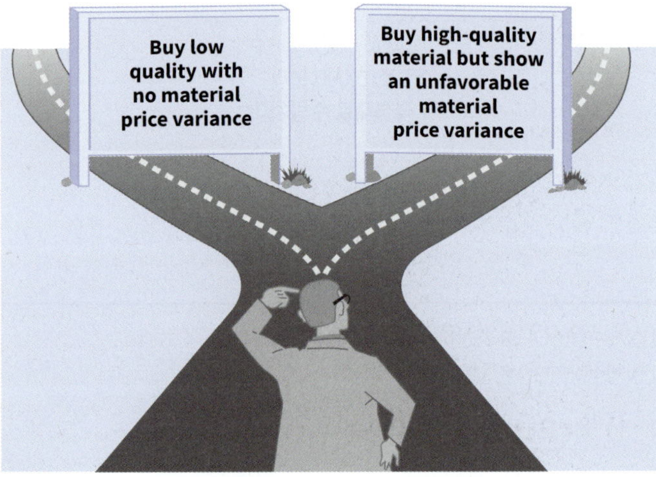

어떤 일이 발생했는지 추측해 보라. 회사는 품질이 낮은 재료를 고수하였다. 이 사례는 성과를 평가할 때 가격차이를 지나치게 많이 강조하는 것은 결국 회사 수익성에 해를 끼칠 수 있다는 것을 나타낸다.

구매가격 차이에만 집중하기 보다는 구매관리자들은 정시배달과 최소품질문제를 가져오는 공급업자와의 좋은 관계를 개발하는 데 초점을 맞추어야 하고, 그러한 초점을 장려하는 성과측정지표가 고려되어야 한다.

11.4 직접노무원가 차이

앞에서 살펴본 것처럼, 직접재료원가 차이는 직접재료원가 가격차이와 직접재료 수량차이 두가지가 존재한다. 마찬가지로 직접노무원가 차이도 직접노무원가 임률차이와 직접노무원가 능률차이가 존재한다. 이러한 차이를 계산하기 위해 사용된 공식은 〈그림 11-2〉에 제시되어 있다.

11.4.1 직접노무원가 임률차이

직접노무원가 임률차이(direct labor variances)는 실제임률(AR)과 표준임률(SR)의 차이에 실제노동시간(AH)을 곱한 것과 같다. 이 차이는 직접재료 가격차이와 매우 유사하다:

$$\text{직접노무원가 임률차이} = (AR - SR) \times AH$$

VP사의 표준은 시간당 $15의 표준임률을 요구한다. 실제임률은 $15.50이고 1,700시간을 작업했다고 가

정하자. 이 경우 직접노무 임률차이는 $850(불리)이다:

$$
\begin{aligned}
\text{직접노무원가 임률차이} &= (AR - SR) \times AH \\
&= (\$15.50 - \$15.00) \times 1{,}700 \\
&= \$850 \text{ 불리}
\end{aligned}
$$

달리 말하면, 회사는 작업한 1,700시간에 대하여 계획한 것보다 시간당 $0.50를 더 지급하였다.

11.4.2 직접노무원가 능률차이

직접노무원가 능률차이(labor efficiency variance)는 실제작업시간(AH)과 생산량에 허용된 표준노동시간(SH)의 차이에 표준임률(SR)을 곱한 것과 같다. 이 차이는 직접재료 수량차이와 유사하다.

$$\text{직접노무원가 능률차이} = (AH - SH) \times SR$$

VP사는 450단위를 생산하기 위해서 1,700시간을 사용하였다. 표준은 시간당 $15의 표준임률로 단위당 4시간을 필요로 한다. 따라서 450단위에 대한 표준시간은 1,800시간(450단위×단위당 4시간)이다. 이 때 직접노무 능률차이는 $1,500(유리)이다.

$$
\begin{aligned}
\text{직접노무원가 능률차이} &= (AH - SH) \times SR \\
&= (1{,}700 - 1{,}800) \times \$15 \\
&= (\$1{,}500) \text{ 유리}
\end{aligned}
$$

달리 말하면, 회사는 계획한 것보다 100시간 적게 작업하여, 계획한 임률로 시간당 $15를 절약하였다.

실제직접노무원가	표준임률에서의 실제수량	표준직접노무원가
AH × AR	AH × SR	SH × SR
1,700시간 × $15.50	1,700시간 × $15	1,800시간 × $15
$26,350	$25,500	$27,000

$850 불리
(AR – SR) × AH
직접노무 임률차이

($1,500) 유리
(AH – SH) × SR
직접노무 능률차이

AH = 실제작업시간
AR = 시간당 실제임률
SR = 시간당 표준임률
SH = 실제생산량에 대한 표준시간

〈그림 11-2〉 직접노무원가 차이 공식

학습목표 2 제조간접원가의 차이분석 수행, 계획 생산능력대비 실제 생산차이의 재무적 영향을 이해

11.5 제조간접원가 차이

제조간접원가의 총차이는 표준으로 재고에 배부된 제조간접원가와 실제제조간접원가의 차이이다. 제조간접원가의 총차이는 제조간접원가 조업도 차이와 통제가능차이로 구분될 수 있다.[1] 제조간접원가 차이에 대한 공식은 〈그림 11-3〉에 제시되었고, 다음에 논의된다.

11.5.1 제조간접원가 통제가능차이

제조간접원가 통제가능차이(Controllable Overhead Variance)는 실제제조간접원가와 실제 생산량에 대한 변동예산에 포함되는 제조간접원가의 차이이다. 이 차이는 관리자들이 변동예산에 포함되는 금액과 실질적으로 차이가 나지 않도록 원가를 통제할 수 있을 것으로 기대되기 때문에 통제가능차이로 부른다:

제조간접원가 통제가능차이 = 실제제조간접원가 − 실제생산량에 대한 제조간접원가 변동예산액

VP사는 \$15,000의 고정제조간접원가와 단위당 \$20의 변동제조간접원가를 예상한다고 가정하자. 이 경우 실제 생산량(450단위)에 대한 변동예산액은 \$24,000[\$15,000 + (\$20 × 450)]이다. 한 해 동안, VP사는 \$23,000의 제조간접원가가 발생한다. 따라서 제조간접원가 통제가능차이는 \$1,000(유리)이다. 즉,

제조간접원가 통제가능차이 = 실제제조간접원가 − 실제생산량에 대한 제조간접원가 변동예산액
= \$23,000 − [\$15,000 + (\$20 × 450)]
= (\$1,000) 유리

실제제조간접원가	변동예산 제조간접원가	표준배부율을 사용한 제조간접원가 배부액
	\$15,000 + (\$20 × 450)	\$50×450
\$23,000	\$24,000	\$22,500
(\$1,000) 유리 **제조간접원가 통제가능차이**		\$1,500 불리 **제조간접원가 조업도차이**

〈그림 11-3〉 제조간접원가 차이공식

1 표준으로 배부된 변동제조간접원가와 실제 변동제조간접원가의 차이를 변동제조간접원가 소비차이와 변동제조간접원가 능률차이로 구분할 수 있다. 그리고 배부액과 실제 고정제조간접원가의 차이를 고정제조간접원가 예산차이와 고정제조간접원가 조업도 차이로 구분될 수 있다. 이러한 제조간접원가 차이의 4가지 분석에 대해서는 원가회계교재에서 다루어 진다.

다시, 차이는 실제원가가 변동예산에 표시된 금액보다 적기 때문에 유리하다고 부른다.

11.5.2 제조간접원가 통제가능차이의 자세한 분석

제조간접원가 통제가능차이의 원인에 대한 통찰력을 얻기 위해서 실제제조간접원가 세부내역과 변동예산의 제조간접원가 세부내역을 비교할 수 있다. $23,000의 실제제조간접원가 세부내역이 다음과 같다고 가정하자.

	실제제조간접원가
고정제조간접원가	
임 차 료	$ 3,125
감독자급여	7,135
감가상각비	3,725
기타원가	750
소 계	$14,735
변동제조간접원가	
동 력 비	$ 4,725
간접재료원가	2,940
기계수선비	600
소 계	$ 8,265
실제 총 제조간접원가	$23,000

변동예산 = 고정제조간접원가 $15,000 + 단위당 변동제조간접원가 $20임을 기억하라.

이제 고정제조간접원가 예산액은 다음과 같다고 가정하자. 즉,

임 차 료	$ 3,000
감독자급여	7,000
감가상각비	4,000
기타원가	1,000
소 계	$15,000

그리고 단위당 변동제조간접원가 예산액은 다음과 같다. 즉,

동 력 비	$ 10
간접재료원가	6
기계수선비	4
소 계	$ 20

이제 실제생산량(450단위)에서 제조간접원가의 변동예산을 수립해 보자.

	제조간접원가 변동예산
고정제조간접원가	
임 차 료	$ 3,000
감독자급여	7,000
감가상각비	4,000
기타원가	1,000
소 계	$15,000
변동제조간접원가	
동 력 비($10×450)	$ 4,500
간접재료원가($6×450)	2,700
기계수선비($4×450)	1,800
소 계	$ 9,000
제조간접원가 총변동예산액	$24,000

이제 실제원가와 변동예산액을 비교해보자. 이 분석은 〈그림 11-4〉와 같다.

	실제제조간접원가	제조간접원가 변동예산	차이	
고정제조간접원가				
임 차 료	$ 3,125	$3,000	$ 125	불리
감독자급여	7,135	7,000	135	불리
감가상각비	3,725	4,000	(275)	유리
기타원가	750	1,000	(250)	유리
소 계	$14,735	$15,000	($ 265)	유리
변동제조간접원가				
동 력 비	$ 4,725	$4,500	$225	불리
간접재료원가	2,940	2,700	240	불리
기계수선비	600	1,800	(1,200)	유리
소 계	$ 8,265	$9,000	(735)	유리
합 계	$23,000	$24,000	($1,000)	유리

〈그림 11-4〉 실제 제조간접원가과 제조간접원가 변동예산의 세부비교

제조간접원가 통제가능차이는 $1,000(유리)이다. 그러나 차이의 원인에 대하여 상당한 통찰력을 얻을 수 있다. 가장 크게 차이가 나는 것은 기계수선비가 $1,200 유리한 차이라는 것이다. 비록 이 차이가 유리하지만, 발생한 이유를 조사하는 것이 중요하다. 회사는 훌륭한 성과를 보이기 위해서 필요한 수선비를 다시 줄일 수 있다. 실제로 이것은 장기적으로 손해가 될 수 있다.

11.5.3 제조간접원가 조업도차이

제조간접원가 조업도차이(Overhead Volume Variance)는 변동예산에 포함된 제조간접원가 금액과 제조간접원가 표준배부율을 이용하여 생산량에 배부된 제조간접원가의 차이와 같다. 즉,

제조간접원가 조업도차이	=	실제생산량에 대한 제조간접원가 변동예산액	−	제조간접원가 표준배부율을 사용하여 생산량에 배부된 제조간접원가

조업도 차이를 계산하기 전에 제조간접원가 표준배부율의 계산을 살펴보자. 회계기간 초에 VP사는 합성물 50리터짜리 500드럼을 생산할 것으로 예상하였다고 가정하자. 더욱이, 회사는 $15,000의 고정제조간접원가와 단위당 $20의 변동제조간접원가를 가지고 있다고 예상한다. 이 경우 총 예상제조간접원가는 $25,000[$ 15,000 + ($20 × 500단위)]이고, 제조간접원가 표준배부율은 단위당 $50(예, $25,000 ÷ 500단위)이다:

$15,000 + ($20 × 500단위)	$25,000	
÷ 예상생산량	500	단위
= 제조간접원가 표준배부율	$ 50	단위당

이 예에서 제조간접원가 표준배부율은 단위당 기준으로 표현된다는 점에 주의하라. 이것은 VP사가 단지 단일제품을 생산하기 때문이다. 복수제품이 생산될 경우, 제조간접원가 표준배부율은 여러 가지 제품에 공통적인 노동시간, 기계시간 혹은 다른 활동측정지표를 기준으로 해야 한다. 혹은 활동기준원가계산시스템은 제조간접원가의 각 동인에 대한 표준배부율이 사용된다.

11.5.4 제조간접원가 조업도 차이 계산

만일 VP사가 실제로 450단위를 생산하였다면, $22,500의 표준제조간접원가가 생산량에 배부될 것이다(450×$50). 그러나 생산량 450단위에 대한 변동예산액은 $24,000이다. 따라서 제조간접원가 조업도 차이는 $1,500(불리)이다:

제조간접원가 조업도 차이	=	실제생산량에 대한 제조간접원가 변동예산액	−	제조간접원가 표준배부율을 사용하여 생산량에 배부된 제조간접원가
	=	15,000 + ($20 × 450)	−	($50 × 450단위)
$1,500 불리	=	$24,000	−	$22,500

이 차이를 왜 불리하다고 할까? 다음에 이 의문에 대하여 살펴보자.

11.5.5 제조간접원가 조업도차이 해석

조업도 차이는 제조간접원가의 통제가능여부를 알려주지 못한다. 통제가능여부는 앞에서 논의한 제조간접원가 통제가능차이로 알 수 있다. 제조간접원가 조업도 차이는 단지 생산량이 제조간접원가 표준배부율이 개발될 때 예상한 것보다 큰가 혹은 작은가를 알려줄 뿐이다. 만약, 애초에 예상한 것보다 더 많은 단위가 생산된다면 제품에 배부되는 제조간접원가는 실제 생산량에 대한 제조간접원가 변동예산을 초과할 것이다. 그 이유는 고정제조간접원가가 초과생산된 제품에 추가로 더 배부되어지기 때문이다.

VP사의 제조간접원가 표준배부율을 생각해보자. 단위당 $50의 표준배부율은 단위당 $20의 변동제조간접원가와 $30의 고정제조간접원가로 구성된다. 단위당 $30의 고정제조간접원가는 고정제조간접원가 예산액($15,000)을 500단위의 예상생산량으로 나눈 결과이다:

제조간접원가 표준배부율	
단위당 변동제조간접원가	$20
단위당 고정제조간접원가 ($15,000 ÷ 500 예상단위)	30
합 계	$50

즉, 이 표준배부율이 450단위에 배부될 때, $15,000인 고정제조간접원가 예산액이 아니라 $13,500의 고정제조간접원가가 재고에 배부된다. 따라서 재고에 배부된 고정제조간접원가는 (활동수준에 의해 영향을 받지 않는) 변동예산상의 고정제조간접원가보다 $1,500이 더 적다.

	450단위에 배부된 표준제조간접원가	450단위에 대한 변동예산	차 이
변동제조간접원가	$9,000 ($20 × 450)	$9,000 ($20 × 450)	-0-
고정제조간접원가	13,500 ($30 × 450)	15,000	$1,500
합 계	$22,500	$24,000	$1,500

만일 회사가 450단위가 생산될 것으로 예상하였다면, 단위당 고정제조간접원가는 $33.3333이 될 것이고, 제조간접원가 표준배부율은 $53.3333으로 설정되었을 것이다.

제조간접원가 표준배부율	
단위당 변동제조간접원가	$20.0000
단위당 고정제조간접원가 ($15,000 ÷ 450 예상단위)	33.3333
합 계	$53.3333

단위당 $53.3333의 표준배부율에서는 $24,000의 제조간접원가가 생산된 450단위에 배부되었을 것이고, 조업도차이는 0이 될 것이다.

조업도차이의 유용성은 제한적이다. 단지 제조간접원가 표준배부율이 설정될 때, 계획한 것보다 생산량이 많은가 적은가 만을 나타낼 뿐이다. 만일 원래 계획한 것보다 많은 단위가 생산되었다면, 차이는 추가생산량이 종종 (그러나 항상 그렇지 않다) 예상하지 못한 높은 고객수요(유리한 결과)를 반영하기 때문에 유리하다고 부른다. 만일 적은 단위가 생산되었다면, 차이는 불리하다고 부른다.

11.5.6 계획 생산능력대비 실제 생산차이의 재무적 영향

설명한 것처럼, 조업도 차이는 실제로 계획된 생산능력보다 더욱 혹은 덜 운영하는데 따른 재무적 영향을 측정하지 못한다. 그래서 아마도 계획보다 많이 혹은 적은 단위를 생산하는데 따른 재무적 영향을 어떻게 계산해야 하는지에 대하여 궁금할 것이다. 이것을 계산하기 위해서 익히 알고 있는 증분분석(incremental analysis)라는 개념을 적용해 보자.

회계기간 초에 VP사는 500단위를 생산할 것으로 예상하였다는 점을 기억하자. 밝혀진 것처럼, 회사는 계획한 생산능력보다 적에 운영하여 단지 450단위만을 생산하였다. 한 단위(합성물 50리터짜리 드럼)가 $5,000에 판매된다고 가정해 보자. 회사가 한 단위를 생산하지 못하여 판매하지 못할 경우 어느 정도의 이익을 상실하게 되는가? 회사는 확실히 단위당 판매가격을 상실하지만, 한 단위 생산하는데 소요되는 변동원가를 절약할 수 있다. 고정원가는 생산량에 의해 영향을 받지 않기 때문에 절약되지 않는다. 달리 말하면, 회사는 단위당 공헌이익을 상실한다. 50리터 드럼의 공헌이익은 $920이다. 즉,

단위당 판매가격		$5,000
차감) 변동원가 :		
직접재료원가	$4,000	
직접노무원가	60	
변동제조간접원가	20	4,080
공헌이익		$ 920

50단위가 생산되지 않아 판매되지 못하였으므로, VP사는 $46,000의 이익을 상실하였다.

생산되지 않아 판매하지 못한 수량	50
단위당 공헌이익	× $ 920
50단위가 생산되지 않아 판매하지 못한 재무적 영향	$46,000

표준원가정보		실제발생원가정보
직접재료원가	800,000리터(리터당 $10)	리터당 $11에 810,000리터 구매, 809,000리터 사용
직접노무원가	125,000 시간(시간당 $20)	시간당 $21로 130,000시간 발생
표준제조간접원가	$0.75 × 1,000,000리터 = $750,000	
변동예산제조간접원가	$450,000 + ($0.25×1,000,000리터) = $700,000	실제발생 제조간접원가 $680,000

〈그림 11-6〉 아이스크림 1,000,000리터의 생산 자료의 요약

11.6.1 직접재료원가 차이

직접재료의 실제가격은 리터 당 $11인 반면에 표준가격은 리터 당 $10이다. 구입된 직접재료의 실제수량은 810,000리터이다. 따라서 직접재료 가격차이는 다음과 같다. 즉,

$$\begin{aligned}\text{직접재료 가격차이} &= (\$11 - \$10) \times 810{,}000 \\ &= \$810{,}000 \text{ 불리}\end{aligned}$$

직접재료 가격차이는 직접재료의 사용량이 아니라 구입량에 기초한다는 점에 유의하라.

직접재료의 실제 사용량은 809,000리터이다. 아이스크림 1,000,000리터가 생산되었고, 리터당 직접재료의 표준수량은 0.8리터이므로, 총생산량에 대한 직접재료의 표준수량은 800,000리터이다. 표준가격은 리터 당 $10이다. 따라서 직접재료 수량차이는 다음과 같다:

$$\begin{aligned}\text{직접재료 수량차이} &= (809{,}000 - 800{,}000) \times \$10 \\ &= \$90{,}000 \text{ 불리}\end{aligned}$$

이러한 계산 결과는 큰 재료차이가 재료의 낭비에 의한 것이 아니라는 공장관리자의 주장을 뒷받침하고 있다는 점에 주목하라. 총 $90,000의 불리한 차이 중 단지 $90,000이 계획한 것보다 재료를 더 많이 사용하여 발생한 것이다. 대부분의 차이($810,000)는 계획한 것보다 원재료에 대하여 리터당 더 많이 지불하였기 때문에 발생하였다.

11.6.2 직접노무원가 차이

실제임률은 시간당 $21인 반면에, 표준임률은 시간당 $20이다. 실제직접노동시간이 130,000시간이기 때문에, 직접노무 임률차이는 다음과 같다. 즉,

직접노무 임률차이 = ($21 − $20) × 130,000
= $130,000 불리

실제직접노동시간은 130,000시간인 반면에, 생산된 1,000,000리터에 대한 표준직접노동시간은 125,000시간(1,000,000리터 × 리터당 0.125시간)이다. 표준임률은 시간당 $20이다. 따라서 직접노무 능률차이는 다음과 같다. 즉,

직접노무 능률차이 = (130,000 − 125,000) × $20
= $100,000 불리

11.6.3 제조간접원가 차이

실제제조간접원가는 $680,000인 반면에, 생산된 1,000,000리터에 대한 제조간접원가의 변동예산액은 $700,000[$450,000 + ($0.25 × 1,000,000리터)]이다. 따라서 제조간접원가 통제가능차이는 다음과 같다. 즉,

제조간접원가 통제가능차이 = $680,000 − $700,000
= ($20,000) 유리

생산량에 배부된 제조간접원가는 리터당 $0.75의 제조간접원가 표준배부율에 생산된 1,000,000리터를 곱한 것과 같다. 이 금액은 $750,000이다. 제조간접원가 변동예산액은 $700,000이다. 제조간접원가의 변동예산액과 배부된 제조간접원가의 차이가 제조간접원가 조업도차이이며, 이것은 $50,000이다. 즉,

제조간접원가 조업도차이 = $700,000 − $750,000
= ($50,000) 유리

학습목표 3 표준원가 차이분석에서 예외에 의한 관리접근법의 적용
부정적 결과를 초래하는 유리한 차이, 공정개선에 의한 불리한 차이, 초과생산의 원인이 되는 차이에 대한 평가

11.7 표준원가차이에 대한 분석

표준원가차이가 계산되면 그 정보를 어떻게 활용해야 하는가? 여기서 주목할 점은 표준원가차이는 원가가 통제범위를 벗어났다거나, 관리자가 효과적으로 운영을 하지 않고 있다는 것에 대한 증거는 아니다라는 것이다. 오히려 표준원가차이가 발생하는 이유는 잠재적으로 발생가능한 문제의 영역으로 간주하는 것이 바람직하다. 만약, 원가가 효과적으로 통제되고 있는지 아닌지를 파악하려면 발생한 차이에 대한 추가적인 분석이 필요하다.

설명을 위해서 〈그림 11-7〉에 제시된 데링턴 아이스크림(Darrington Ice Cream)의 표준원가차이를 살펴보자. 표에 나타난 것처럼, $810,000의 불리한 직접재료원가 가격차이가 있다. 이는 구매부문이 높은 품질수준을 유지하면서 저원가의 재료를 찾지 못한 결과인가? 대답은 반드시 그렇지는 않다이다. 만약 회사가 거래하고 있는 모든 공급업체들이 가격을 인상한다면 이는 구매부분의 통제범위 밖의 일이 될 것이다.

또 다른 예로서, 〈그림 11-7〉에 나타난 $100,000의 불리한 직접노무 능률차이를 생각해 보자. 이 불리한 차이는 어떠한 요인들 때문인가? 얼핏 떠오르는 첫 번째 설명은 생산 작업인력을 감독하는 책임을 지는 관리자가 역량 있는 작업을 수행하지 못했다는 것일 수 있다. 그러나 이것은 단지 하나의 가능성에 지나지 않는다. 아마도 작업자들이 파업을 했을 수도 있고, 미숙련 대체인력이 고용되었을 수도 있다. 이들 대체인력들은 그들이 적절히 감독을 받았다 하더라도 허용가능 표준생산시간을 충족시키기 어려운 시간을 가졌을

데링턴 아이스크림 차이요약 2020년 12월 31일		
재료가격차이	$810,000	불리
재료수량차이	90,000	불리
노무임률차이	130,000	불리
노무능률차이	100,000	불리
제조간접원가 통제가능차이	(20,000)	유리
제조간접원가 조업도차이	(50,000)	유리
합 계	$1,060,000	불리

〈그림 11-7〉 차이 요약

것이다. 또 다른 가능성은 새로운 종류의 장비가 기간 중에 생산에 배치되었을 수도 있다. 작업자들은 단순히 새로운 장비에 익숙해질 수 있는 추가시간이 필요하다. 다른 가능한 설명들 중에 어떤 것이 정확한가는 단지 차이의 실제원인을 밝혀 내기 위한 조사에 의해서 결정될 수 있다.

Any Questions?

Q: 10장에서 실제결과가 예산과 왜 차이가 나는가에 대하여 세 가지 이유가 있다는 것을 배웠다. 동일한 논리를 표준원가차이에도 적용할 수 있는가?

A: 그렇다. 실제원가는 다음과 같은 이유 때문에 표준과 차이가 날 수 있다.

1. 표준이 적절히 개발되지 않았다.
2. 표준이 적절히 개발되었으나 상황이 변화하였다. 혹은
3. 경영성과가 대단히 훌륭하였거나 (혹은 좋지 않았다).

조사는 보통 이들 요인들 중 무엇이 특정 차이를 발생시키는가를 결정하기 위해 요구된다.

11.7.1 예외에 의한 관리

표준원가차이에 대한 분석은 비용이 많이 수반되는 일이므로 관리자는 어떤한 차이를 분석할지의 여부를 결정해야 한다. 대부분의 관리자들은 예외에 의한 관리 접근법을 가지고 예외적이라고 생각하는 차이만을 조사한다. 물론, 이것은 "예외적"이라고 하는 것이 무엇을 의미하는지를 결정하는 기준이 수립되어야 함을 의미한다. 차이의 절대금액 혹은 실제 혹은 표준원가의 비율로서의 차이가 기준으로 종종 사용된다.

예를 들어, 데링턴 아이스크림이 $95,000를 초과하는 차이를 조사하기로 결정하였다고 가정하자. 이것은 직접재료 가격차이, 직접노무 능률차이 및 제조간접원가 조업도 차이가 조사되어야 한다는 것을 의미한다. 그러나 제조간접원가 조업도 차이의 원인은 아주 명확하다. 즉, 제조간접원가 표준배부율이 개발될 때 예상했던 것보다 더 많은 단위가 생산되었다. 따라서 경영자는 직접재료 가격차이와 직접노무 능률차이만을 조사할 필요가 있다.

11.7.2 유리한 차이가 불리할 수 있다.

차이가 유리하다는 사실이 조사되지 않아야 한다는 것을 의미하지는 않는다. 실제로, 유리한 차이는 잘못된 경영의사결정을 나타낼 수 있다. 예를 들어, 원재료의 가격이 인상되었다고 가정하자. 불리한 직접재료 가격차이를 회피하기 위해서 관리자는 저렴하고 품질이 떨어지는 재료의 구입을 주문할 수 있다. 이것은 품질이 떨어지는 재료의 가격이 재료의 표준가격보다 적으면 유리한 직접재료 가격차이가 발생할 수 있다. 그러나 품질이 떨어지는 재료는 발견되지 않은 제품불량을 일으킬 수 있고, 고품질 생산자로서의 회사 명

성을 잃을 수 있다. 불량품이 발견되면, 그 제품은 폐기되거나 혹은 재작업될 수 있다. 이것은 불량품을 대체하거나 혹은 재작업하기 위해서 추가재료가 사용되기 때문에 불리한 직접재료 수량차이를 발생시킬 수 있다.

11.7.3 공정개선이 불리한 차이를 가져올 수 있는가?

회사가 불리한 차이를 발생시키는 이유는 공정개선을 추구하였기 때문이다! VP사에서 제품 한 단위의 표준직접노동시간이 4시간이고 회사는 500단위를 생산할 것으로 예상하고 있다는 점을 기억하라. 따라서 회사는 2,000 직접노동시간이 필요할 것으로 예상하고 이 수준에서 생산부문의 인력을 갖출 것이다. 현재 VP사의 생산작업자들이 4시간 대신에 단지 3노동시간으로 한 단위를 생산할 수 있도록 제조공정의 변화를 제안하였고, 이에 따라 표준이 변화되었다고 가정하자. 만일 회사가 500단위를 생산한다면, 표준직접노동시간은 1,500시간이 될 것이다. 그러나 실제직접노동시간은 얼마나 되겠는가? 만일 회사가 작업자를 해고하지 않는다면, 실제직접노동시간은 아직도 2,000시간이 될 것이고, 불리한 차이가 발생할 것이다. 그리고 생산공정을 개선한 작업자들을 해고하기란 매우 어려울 것이다!

회사는 단위당 4 노동시간에서 500단위의 생산을 예상한다	2,000 노동시간
- 공정개선으로 인해 단지 단위당 3시간의 500단위에 대한 노동 시간이 발생한다.	1,500 노동시간
불리한 노동시간 차이	500 노동시간

회사가 실제로 해야 하는 것은 500단위보다 많이 생산하여 판매할 수 있도록 제품에 대한 수요를 자극하고, 공정개선으로 발생된 유휴생산능력을 활용하는 것이다.

11.7.4 주의: 차이에 의한 평가는 초과생산을 가져올 수 있다.

만일 제7장의 제약이론(Theory of Constraint)에 대한 부록내용을 읽었다면, 병목부문 앞의 생산부문은 병목부문이 다룰 수 있는 것보다 더 많은 단위를 생산해서는 안 된다는 것을 알 수 있다. 만일 그렇다면, 회사는 주주가치에 부정적인 영향을 미치는 초과 재공품 재고에 투자하게 될 것이다. 그러나 표준원가차이에 의한 평가는 그와 같은 비생산적인 행동을 조장할 수 있다.

이것이 왜 그런 지를 살펴보자. 회사가 두 개의 생산부문 즉, 조립과 완성부문을 가지고 있다고 가정하자. 회사는 두 부문이 월 1,000단위를 가공할 것으로 예상하고, 조립부문에서 표준직접노동시간은 단위당 1.92시간이다. 조립부문은 월 1,920시간이 필요할 것으로 예상하기 때문에, 12명의 풀타임 작업자를 고용한다(월 1,920시간 ÷ 월 종업원 1인당 160시간). 현재 완성부문은 페인트 제거장치의 산발적인 고장으로 인하여 병목이 되고 있다고 가정하자. 이 경우에 조립부문은 완성부문이 페인트 제거장치의 문제점을 해결할 때까지 생산을 다시 줄여야 한다. 조립부문이 900단위까지 생산을 다시 줄인다고 가정하자. 900단위에서 표준직접노동시간은 단지 1,728시간이다. 그러나 조립부문이 작업자를 해고하지 않는 한, 단지 900단위만 생산된다면 192시간의 불리한 직접노무 시간차이가 발생할 것이다.

1,000단위에 대한 노동시간(1,000×단위당 1.92시간)	1,920	노동시간
− 필요한 900단위에 대한 표준노동시간	1,728	노동시간
조립부문이 작업자를 해고하지 않는 한 불리한 차이	192	노동시간

조립부문이 단기적인 문제점 때문에 작업자를 해고하기를 원하지 않기 때문에 불리한 직접노무 능률차이를 회피하기 위해서 미리 1,000단위(필요한 것보다 100단위 많은)를 생산하려고 할 것이다. 기억하라. 즉, "측정해야 관리할 수 있다!" 그리고 만일 당신이 직접노무 능률차이로 능률을 측정한다면, 당신은 비 병목부문에서 초과생산을 가질 것이다.

11.8 책임회계와 차이

앞에서 지적한 것처럼, 책임회계의 중요한 사고는 관리자들이 통제할 수 있는 원가에 대해서만 책임을 져야 한다는 것이다. 차이에 대한 함의는 관리자들과 작업자들이 자신들이 통제할 수 있는 차이에 대해서만 책임을 져야 한다는 것이다. 따라서 재료 사용량을 통제할 수 있지만 재료에 대해 지불되는 가격에 대해서 통제할 수 없는 감독자들은 직접재료 수량차이에 대해서는 책임을 져야 하지만 직접재료 가격차이에 대해서는 책임을 지지 않는다. 품질 사항과 일치하는 최저가격으로 재료를 구입할 책임이 있는 구매담당자는 가격차이에 대해서 책임을 져야 한다.

Decision Making Insight

관리자들은 그들이 불리한 차이가 반드시 좋지 않은 성과를 의미하지는 않는다고 인식하고 있다는 것을 부하 종업원들에게 확신시킬 필요가 있다. 그렇지 않으면, 부하 종업원들은 주주가치를 손상시키는 의사결정을 내릴 수 있다. 이것이 왜 그런지 살펴보자. 어떤 관리자가 부하 종업원들의 통제를 넘어서서 공급업체가 가격을 인상할 때 불리한 직접재료 가격차이를 갖는 부하 종업원을 불공정하게 비판한다고 가정하자. 다음에 가격이 인상되면 어떠한 일이 발생하겠는가? 부하 종업원은 불리한 직접재료 가격차이를 회피하기 위한 일환으로 낮은 품질(그리고 낮은 가격)의 공급업자로 돌아설 수 있다. 그러나 그러한 의사결정은 주주가치에 주요한 부정적인 영향을 미칠 수 있다.

복습

학습목표 요약

학습목표 1 표준원가 개발배경을 이해하고, 직접재료원가, 직접노무원가에 대한 차이분석 수행

표준원가는 여러 가지 방법으로 개발된다. 직접재료의 표준수량은 엔지니어링 연구에 의해서 결정될 수 있다. 공급업자 가격표가 직접재료의 표준가격을 결정하기 위해서 사용될 수 있다. 시간 및 동작연구가 종종 표준직접노동시간을 결정하기 위해서 사용될 수 있다.

직접재료원가 총차이는 직접재료 가격차이와 직접재료 수량차이로 구분할 수 있다.

직접노무원가 총차이는 직접노무 임률차이와 직접노무 능률차이로 구분할 수 있다.

학습목표 2 제조간접원가의 차이를 계산 및 해석하고 계획 생산능력 초과 또는 부족으로 인한 재무적 영향을 계산

제조간접원가 총차이는 제조간접원가 조업도차이와 제조간접원가 통제가능차이로 구분할 수 있다.

회사가 계획한 것보다 더 많은(적은) 단위를 생산하여 판매할 때, 회사는 단위당 공헌이익에 단위 수를 곱한 금액을 획득(상실)한다.

학습목표 3 표준원가 차이분석에서 예외에 의한 관리접근법의 적용
부정적 결과를 초래하는 유리한 차이, 공정개선에 의한 불리한 차이, 초과생산의 원인이 되는 차이에 대한 평가

차이조사가 비용이 많이 들기 때문에, 관리자들은 예외적인 차이만을 조사한다. 절대금액가치 혹은 실제 혹은 표준원가의 비율로서 큰 차이가 일반적으로 예외적인 것으로 간주된다. 유리한 직접재료 가격차이는 표준보다 낮은 가격으로 품질이 떨어지는 재료를 구입하도록 할 수 있다.

공정개선은 단위당 적은 노동과 낮은 표준노동시간에 대한 필요성을 가져온다. 그러면, 회사가 작업자를 해고시키거나 혹은 산출량을 증가시키지 않는 한, 불리한 직접노무 능률차이가 발생할 것이다.

생산부문은 일반적으로 하류 생산부문이 필요한 것보다 많은 단위를 생산해서는 안 된다. 그러나 만일 하류 생산부문이 병목이고 계획한 것보다 적은 단위를 요구한다면, (작업자를 해고하거나 일시해고하지 않는 한) 비병목부문은 병목부문이 요구하는 수준까지 생산량을 줄이면 불리한 직접노무 능률차이를 갖게 될 것이다.

종합예제

종합예제 1

스털링 스틸(Sterling Steel) 회사는 특수철강조립품으로 판매되는 철근을 생산한다. 고정제조간접원가 예산액은 연간 $20,000,000이고, 변동제조간접원가 예산액은 톤당 $350이다. 연초에 회사는 70,000톤을 생산할 것으로 계획하였다.

한 해 동안, 회사는 실제로 60,000톤을 생산하였고, $42,000,000의 제조간접원가가 발생하였다.

요구사항

제조간접원가 통제가능차이와 조업도 차이를 계산하라.

정답

$$\text{제조간접원가 통제가능차이} = \text{실제제조간접원가} - \text{실제생산량에 대한 제조간접원가 변동예산액}$$
$$= \$42{,}000{,}000 - (\$20{,}000{,}000 + (\$350 \times 60{,}000\text{톤}))$$

= \$42,000,000 − \$41,000,000
= \$1,000,000 불리

제조간접원가 조업도 차이 = 실제생산량에 대한 제조간접원가 변동예산액 − 표준제조간접원가 배부율을 사용하여 생산량에 배부된 제조간접원가
= \$41,000,000 − (\$635.7143×60,000톤)
= \$41,000,000 − \$38,142,858
= \$2,857,142 불리

주) 제조간접원가 표준 배부율 = [\$20,000,000 + (\$350×70,000톤)] ÷ 70,000톤 = \$635.7143

종합예제 2

램프업 스토리지 컨테이너(RampUp Storage Container)는 창고회사와 낮은 원가의 이동창고제품을 필요로 하는 다른 업체들이 사용하는 1,000제곱미터 금속창고제품을 생산하고 있다. 제품은 단위당 \$3,000에 판매한다.

회사는 표준원가계산시스템을 사용한다. 2020년 초에 표준원가는 다음과 같이 설정되었다.

단위당 표준원가	
직접재료원가(6개의 사전조립금속판 × \$200)	\$1,200
직접노무원가(10시간 × \$20)	200
제조간접원가(단위당 \$500)	500
합 계	\$1,900

제조간접원가 배부율은 다음과 같이 계산된다: 2020년 초에 회사는 5,000단위를 생산하여 판매하고, \$500,000의 변동제조간접원가와 \$2,000,000의 고정제조간접원가가 발생할 것으로 추정하였다.

변동제조간접원가	\$ 500,000
고정제조간접원가	2,000,000
합 계	2,500,000
÷ 추정생산량	5,000
단위당 제조간접원가	\$ 500

추정 판매량, 표준원가 그리고 기타 정보를 기초로 다음의 예산이 편성되었다:

2020 예산(5,000단위의 예상생산 및 판매량)	
매 출 액	\$15,000,000
매출원가	9,500,000
매출총이익	5,500,000
판매비와 일반관리비	3,900,000
영업이익	\$ 1,600,000

2020년 한 해 동안, 회사는 전국적인 창고회사로부터 예상치 못한 큰 주문(1,000단위)를 받았다. 그 결과 생산 및 판매량이 상당히 증가하였다(총 6,000단위). 6,000단위 중에 5,000단위는 단위당 \$3,000의 표준가격으로 판매되었다. 전국적인 창고회사에 판매된 1,000단위는 단위당 \$2,800에 판매되었다.

6,000단위를 생산하기 위해서 회사는 다음의 생산원가가 발생하였다. 즉,

직접재료원가	(36,200금속판 × $200)	$ 7,240,000
직접노무원가	(62,000시간 × $21)	1,302,000
변동제조간접원가		594,000
고정제조간접원가		2,480,000
총 실제생산원가		$11,616,000

요구사항

a. 생산원가차이를 계산하고, 유리한지 불리한지를 표시하라.

b. 제조간접원가 조업도 차이에 대해 간단히 설명하고 그 의미가 무엇인지도 설명하라.

c. 전국적인 창고회사의 1,000단위 특별주문이 미치는 재무적 영향을 계산하라.

정답

a. 직접재료 가격차이

(AP − SP) × AQ

($200 − $200) × 36,200 = −0−

직접재료 수량차이

(AQ − SQ) × SP

(36,200 − 36,000) × $200 = $40,000 불리

직접노무 임률차이

(AR − SR) × AH

($21 − $20) × 62,000 = $62,000 불리

직접노무 능률차이

(AH − SH) × SR

(62,000 − 60,000) × $20 = $40,000 불리

제조간접원가 통제가능차이

실제제조간접원가 − 실제생산량에 대한 변동예산액

$3,074,000 − [$2,000,000 + ($100×6,000)] = $474,000 불리

제조간접원가 조업도 차이

실제생산량에 대한 변동예산액 − 제조간접원가 배부액

[$2,000,000 + ($100×6,000)] − ($500 × 6,000) = ($400,000) 유리

b. 제조간접원가 조업도 차이는 배부율이 결정될 때 원래 계획한 것보다 더 많은 혹은 적은 단위에 사전에 결정된 고정제조간접원가 표준배부율을 적용하면서 발생한다. 만일 계획한 것보다 더 많은 단위가 생산되면, 예상한 것보다 더 많은 고정제조간접원가가 표준배부율로 배부될 것이다. 만일 계획한 것보다 더 적은 단위가 생산되면, 예상한 것보다 더 적은 고정제조간접원가가 표준배부율로 배부될 것이다.

c. 1,000단위 주문에 대한 단위당 판매가격은 $2,800이다.

표준변동원가 :		
직접재료원가	$1,200	
직접노무원가	200	
변동제조간접원가	100	1,500
공헌이익		$ 1,300

1,000단위의 특별주문은 $1,300,000의 증분이익이 발생한다.

단위당 공헌이익	$ 1,300
특별주문량	× 1,000
증분이익	$1,300,000

핵심용어

직접노무 능률차이 466
직접노무 임률차이 467
달성가능 표준 460
예산원가 460
이상적인 표준 463
직접재료 가격차이 464
직접재료 수량차이 465
제조간접원가 조업도차이 470
제조간접원가 통제가능차이 468
차이분석 463
표준원가 460
표준원가차이 463

객관식 문제

(정답은 아래에)

1. 표준원가계산시스템의 기본적인 효익은 무엇인가?
- **a.** 원가를 발생되었어야 하는 것으로 기록한다.
- **b.** 실제와 표준원가 차이의 비교를 가능하게 한다.
- **c.** 실행하기가 쉽다.
- **d.** 비용이 적게 들고 사용하기 쉽다.

2. 다음 중 표준원가를 개발하는 방법이 **아닌** 것은 무엇인가?
- **a.** 모든 기간에 더 높은 고정배부율을 사용함으로써
- **b.** 시간과 동작연구를 수행함으로써
- **c.** 과거자료를 분석함으로써
- **d.** 엔지니어링 계획에서 정해진 것을 사용함으로써

3. 직접재료 총차이는 직접재료_____차이와 직접재료_____ 차이로 구분될 수 있다.

4. 다음 문장 중 어느 것이 불리한 직접재료 가격차이를 정확하게 기술하는가?
- **a.** 지나치게 많은 재료가 구입되었다.
- **b.** 표준가격과 비교하여 구입된 재료에 대해서 더 높은 가격이 지불되었다.
- **c.** 표준에 의해서 요구되는 것보다 더 많은 재료가 사용되었다.
- **d.** 표준에 의해서 요구되는 것보다 더 적은 재료가 사용되었다.

5. 참인가 거짓인가? 직접노무 임률차이는 실제임률과 표준임률 차이에 작업한 표준직접노동시간을 곱한 것과 같다.

6. 유리한 직접노무 능률차이는 무엇을 나타내는가?
- **a.** 노무임률이 표준에 의해서 요구되는 것보다 더 높았다.
- **b.** 임률을 표준보다 낮게 하는 미숙련노동이 사용되었다.
- **c.** 표준에 의해서 요구되는 것보다 더 많은 노동이 사용되었다.
- **d.** 표준에 의해서 요구되는 것보다 더 적은 노동이 사용되었다.

7. 불리한 제조간접원가 조업도 차이는 무엇을 의미하는가?
- **a.** 제조간접원가가 통제범위를 벗어난다.
- **b.** 제조간접원가가 통제범위 안에 있다.
- **c.** 예상했던 것보다 생산량이 더 많다.
- **d.** 예상했던 것보다 생산량이 더 적다.

8. 참인가 거짓인가? 표준원가차이는 원가가 통제범위 밖에 있고 관리자들이 효과적으로 수행하고 있지 않다는 명확

한 증거를 제공한다.

9. 참인가 거짓인가? 유리한 차이는 잘못된 경영의사결정에 기인할 수 있다.

10. (부록) 회계기간 말에 __________ 혹은 __________, __________, 그리고 __________에 차이계정을 마감하기 위해서 분개가 이루어진다.

정답

1. b **2.** a **3.** 가격, 수량 **4.** b **5.** 거짓 **6.** d **7.** d **8.** 거짓 **9.** 참 **10.** 매출원가, 재공품, 제품, 매출원가

과제

주관식 문제

1. 사업운영을 통제함에 있어 표준원가는 어떠한 역할을 하는가?

2. 직접재료원가, 직접노무원가, 그리고 제조간접원가에 대한 표준원가는 어떻게 개발하는가?

3. 이상표준과 달성가능표준의 차이점은 무엇인가?

4. "측정해야 관리할 수 있다!" 만일 그렇다면, 유리한 직접재료 가격차이를 달성하려고 시도하는 관리자들에 의해서 어떠한 문제가 발생하는가?

5. 유리한 직접재료 가격차이 혹은 유리한 직접노무 임률차이는 불리한 직접재료 수량차이와 어떻게 관련되는가?

6. 관리자들은 불리한 차이만을 조사해야 하는가?

7. 제조간접원가 조업도 차이는 제조간접원가가 통제범위 안에 있는가 혹은 통제범위를 벗어나고 있는가를 알려주지 못한다. 당신은 이 말에 동의하는가? 설명하라.

8. 차이를 조사할 때 어떤 요인을 고려해야 하는가?

9. 예외에 의한 관리란 무엇인가?

10. 관리자들이 표준원가차이에 대하여 책임을 지는 것과 관련하여 책임회계는 무엇을 의미하는가?

연습문제

연습문제 11-1[2] [학습목표 3] 그룹과제 파이브 스타 툴즈(Five Star Tools)는 보석상들에 의해서 사용되는 다이아몬드로 씌워진 절삭도구(조각 칼과 톱)를 제조하는 가족이 운영하는 소규모 회사이다. 생산은 세 가지 공정으로 이루어진다. 첫째, 강철 "조각"(다이아몬드 코팅을 하지 않은 도구)이 일정한 크기로 절삭된다. 둘째, 소각들은 코팅공정을 위한 도구를 준비하는 화학약품 처리공정으로 보내진다. 세 번째 주요 공정인 코팅공정에서 조각들은 각 도구의 칼날을 동시에 코팅하고 날카롭게 하는 연마공정에서 다이아몬드 칩으로 코팅된다. 코팅공정 다음에 각 도구는 검사되고 불량품은 수선되거나 폐기된다.

절삭 → 화학약품처리 → 코팅과 연마 → 검사

현재, 화학약품 처리부문은 노후화된 침액탱크와 관련된 간헐적인 작업실패로 인하여 병목공정이다. 결과적으로 이 부문은 정상적으로 가공되는 시간당 700개 품목보다 적은 절삭부문에서 대체된 시간당 600개 품목만을 가공할 수 있다.

요구사항

절삭부문이 시간당 700개 품목에서 600개 품목으로 생산량을 다시 줄여야 하는 이유를 설명하라. 더욱이, 절삭부문이 다시 줄

2 이 연습문제는 의사결정과 제약요인을 다룬 7장의 사례문제와 관련이 있다.

이면, 틀림없이 불리한 직접노무 능률차이를 가질 가능성이 있는 이유를 설명하라.

연습문제 11-2 [학습목표 3] 논술형 작업자들이 생산공정을 개선하면, 그들은 실제로 어떻게 불리한 직접노무 능률차이를 발생시킬 수 있는지를 간단히 설명하라.

연습문제 11-3 [학습목표 1] 재료차이의 계산 프리지코(Frigicor)에서 M640 전기 리플레이(상업 용 냉장고의 생산에 사용되는 부품)에 대한 표준가격은 $57이다. 표준은 완제품 한 단위당 2.5개의 리플레이를 요구한다. 7월에 회사는 150개의 리플레이를 $8,900에 구입하였다. 회사는 50개의 냉장고를 생산하는데 104개의 리플레이를 사용하였다(4개의 리플레이는 설치공정에서 손상되었다).

요구사항

M640 전기 리플레이와 관련된 직접재료 가격차이와 수량차이를 계산하라. 차이가 유리한지 혹은 불리한지 밝혀라.

연습문제 11-4 [학습목표 1] 노동차이의 계산 프리지코(Frigicor)에서 직접노동의 표준시간은 냉장고 한 단위당 22시간이다. 표준임률은 $35이다. 7월에 회사는 75개의 냉장고를 생산하였고, $69,000의 원가에 2,100 직접노동시간이 발생하였다.

요구사항

직접노무 임률차이와 능률차이를 계산하라. 차이가 유리한지 혹은 불리한지를 밝혀라.

연습문제 11-5 [학습목표 2, 3] 제조간접원가 차이 계산 스탠톤 스플라이(Stanton Supply) 회사는 전문세탁업자를 위한 세탁장비를 생산한다. 연초에, 스탠톤 스플라이는 66,000단위의 조업도에 근거하여 변동제조간접원가는 단위당 $13, 총고정제조간접원가는 $301,000이 될 것으로 추정하였다. 제조간접원가에 대한 세부항목은 다음과 같이 추정한다:

변동제조간접원가 :	
간접재료원가($8)	$ 528,000
설 비 비($2)	132,000
수선유지비($3)	198,000
총 변동제조간접원가	$ 858,000
고정제조간접원가 :	
감독자급료	$ 126,000
감가상각비	150,000
기타간접원가	25,000
총 고정제조간접원가	$ 301,000
총제조간접원가	$1,159,000

한 해 동안, 실제원가는 다음과 같다.

실제생산량	56,000단위
변동제조간접원가 :	
간접재료원가($8)	$ 468,500
설비비($2)	95,000
수선유지비($3)	170,000
총 변동제조간접원가	$ 733,500
고정제조간접원가 :	
감독자 급료	$ 127,000
감가상각비	145,000
기타간접원가	26,700

총 고정제조간접원가	$ 298,700
총제조간접원가	$1,032,200

요구사항

변동제조간접원가와 고정제조간접원가에 대한 제조간접원가 통제가능차이를 계산하라. 제한된 시간을 가진 관리자로서 당신은 어떠한 차이에 초점을 맞출 것인가?

연습문제 11-6 [학습목표 1] 직접재료원가 차이의 계산 크라운 주얼리(Crown Jewelry)는 3월 한 달 동안 1,500개의 반지를 생산하였다. 반지 한 개에 사용된 금 1온스의 표준원가는 온스당 $1,000이다. 반지 한 개에 대한 직접재료의 표준수량은 반지 한 개당 금 0.5온스이다. 3월에 구입하여 사용한 금의 원가는 온스당 $1,024에 $788,480이다. 3월의 직접재료 가격차이와 수량차이를 계산하라. 각 차이가 유리한지 혹은 불리한지 밝혀라.

연습문제 11-7 [학습목표 1] 직접재료원가 차이의 계산 WRX는 표준원가계산시스템을 사용한다. 연료전지의 생산을 위해서 표준수량은 전지 한 개당 모델 RN-3 밸브 4개가 필요하며, 밸브 한 개당 원가는 $2,300이다. 2021년 한 해 동안, 회사는 $587,500에 250개의 밸브를 구입하였다. 회사는 60개의 연료전지의 생산에 248개의 밸브를 사용하였다(8개의 밸브는 설치오류로 망가졌다).

요구사항

모델 RN-3 밸브에 대한 직접재료 가격차이와 수량차이를 계산하라.

연습문제 11-8 [학습목표 1] 직접노무원가 차이의 계산 투커 브랜드(Tukor Brand) 운동화 한 짝을 생산하는데 있어 표준직접노무원가는 시간당 $13.00에 0.40시간이다. 6월 한 달 동안, 25,000짝이 생산되었다. 실제직접노무원가는 8,200시간에 $111,700이었다. 6월 한 달 동안의 직접노무 임률차이와 능률차이를 계산하라.

연습문제 11-9 [학습목표 1] 직접재료원가와 직접노무원가 차이의 계산 스타 밴드유니폼스(Star Band Uniforms)는 표준원가계산시스템을 사용한다. 행진밴드 모자를 생산하는 표준직접재료 및 직접노무원가는 다음과 같다.

직접재료원가 (0.9야드 × $12.00)	$10.80
직접노무원가 (1.2시간 × $14.00)	$16.80

3월 한 달 동안, 회사는 3,550개의 모자를 생산하였다. 즉, 4,000야드의 직접재료를 $42,000에 구입하였고, 3,100야드의 직접재료가 생산에 사용되었다. 또한 3월 한 달 동안, 4,450 직접노동시간이 $62,000의 원가로 작업되었다. 직접재료 가격차이와 수량차이, 직접노무 임률차이와 능률차이를 계산하라. 차이가 유리한지 불리한지 밝혀라.

연습문제 11-10 [학습목표 2] 제조간접원가 차이의 계산 – 서비스업 사례 바렛(Barret) 병원은 세탁서비스와 관련된 간접원가를 분석하는데 관심이 있다. 병원 관리자는 월별 고정원가를 $90,000, 변동원가를 입원 하루당 $3.00으로 추정하였다. 9월 한 달 동안 병원은 19,000입원 일수를 가졌다. 총세탁원가는 $176,000이었다.

요구사항

간접원가 통제가능차이를 계산하는 절차를 사용하여 9월 한 달 동안 세탁원가를 분석하라. 차이가 유리한가 혹은 불리한가?

연습문제 11-11 [학습목표 1, 2] 직접노무원가와 제조간접원가 차이의 계산 2021년 초, 텍스타일 익스프레스(Textile Express) 회사는 시간당 $12.00에 단위당 2.25시간으로 표준직접노무원가를 설정하였다. 변동제조간접원가 예산은 단위당 $9이며, 고정간접원가 예산은 연간 $15,000이었다. 연간 예상생산량은 6,000단위이었다. 2021년 한 해 동안, 실제직접노무원가는 시간당 $14.25이었다. 텍스타일 익스프레스는 11,700 직접노동시간으로 4,600단위를 생산하였다. 한 해 동안, 실제제조간접원가는

$50,000이었다.

요구사항

직접노무 임률차이와 능률차이, 제조간접원가 통제가능차이와 조업도차이를 계산하라.

연습문제 11-12 [학습목표 1, 2, 3] 차이의 조사 연초에 프리지코(Frigicor)는 회사가 한 해 동안 960개의 냉장고(월 80개)를 생산할 것으로 추정하였다. 연간 고정간접원가는 $1,200,000(월 $100,000), 변동간접원가는 단위당 $1,000이 될 것으로 추정되었다. 단위당 표준원가는 $5,200으로 설정되었다. 즉,

표준직접재료원가	$ 700
표준직접노무원가	1,000
단위당 제조간접원가 표준배부율	3,500
합 계	$5,200

한 해 동안, 회사는 극심한 경쟁을 경험하였고, 단지 800단위 만을 생산하여 판매하였다. 연간 실제 생산원가는 $4,511,900이었고, 표준원가차이는 다음과 같았다.

생산원가 차이의 요약

직접재료 가격차이	$ 8,900	불리
직접재료 수량차이	34,000	불리
직접노무 임률차이	(4,600)	유리
직접노무 능률차이	9,600	불리
제조간접원가 통제가능차이	4,000	불리
제조간접원가 조업도차이	300,000	불리
합 계	$351,900	불리

요구사항

당신이 프리지코(Frigicor)의 재무담당이사(CFO)이며, 상당한 차이의 원인을 결정하고자 한다고 가정하자. 당신이 가진 시간을 고려할 때, 당신은 확실하게 설명할 수 있거나 혹은 실제 생산원가의 0.5%보다 적은 차이를 조사하고 싶지 않다. 당신은 어떠한 차이를 조사할 것인가? 당신의 답에 대한 근거를 설명하라.

연습문제 11-13 [학습목표 1] (부록) **직접재료원가 차이의 계산과 직접재료원가의 기록** 퀄리티 캐비닛(Quality Cabinet) 회사는 표준원가계산시스템을 사용하며, 5월 한 달 동안 2,000개의 캐비닛을 생산하였다. 목재의 표준원가는 미터 당 $22이며, 캐비닛 1개의 표준수량은 27미터다. 5월 한 달 동안, 회사는 목재 57,000미터를 $1,140,000에 구입하였고, 55,000미터를 생산에 사용하였다. 직접재료 가격차이와 수량차이를 계산하고, 5월 한 달 동안 관련 분개를 기록하라.

연습문제 11-14 [학습목표 1] (부록) **직접노무원가 차이의 기록** 밴덜왈(Vanderwaal) 회사는 표준원가계산시스템을 사용한다. 8월에 5,450 실제 직접노동시간이 시간당 $12.25의 임률로 작업되었다. 표준직접노동시간는 5,270시간이며, 시간당 표준임률은 $13이다. 한 달 동안 직접노무원가와 관련된 차이를 기록하기 위한 분개를 하라.

연습문제 11-15 [학습목표 2] (부록) **제조간접원가 차이의 기록** 린네스(Linneas) 회사는 표준원가계산시스템을 사용한다. 2021년 한 해 동안, 회사는 $575,000의 실제제조간접원가가 발생하였다. 제조간접원가 표준배부율은 단위당 $4.25이며, 2015년에 130,000단위가 생산되었다. 총제조간접원가 차이의 1/3은 조업도 차이이고, 나머지는 제조간접원가 통제가능차이이다. 발생된 제조간접원가("여러 계정" 대변에 기록한다)와 제조간접원가 차이를 기록하기 위한 분개를 하라.

연습문제 11-16 [학습목표 1, 2] (부록) **차이계정의 마감** 벨 컴퓨터(Bell Computers)의 차이요약은 다음과 같다.

벨 컴퓨터		
차이요약 2021년 12월 31일		
재료가격차이	($3,600)	유리
재료수량차이	3,900	불리
노동임률차이	(1,650)	유리
노동능률차이	5,650	불리
제조간접원가 통제가능차이	2,550	불리
제조간접원가 조업도차이	4,270	불리
합 계	$11,120	불리

요구사항

벨 컴퓨터(Bell Computers)의 차이계정을 마감하기 위한 분개를 하라. 총차이는 중요하지 않아 매출원가로 마감된다고 가정하라.

연습문제 11-17 [학습목표 1, 2] (부록) **차이계정의 마감** 연습문제 11-16의 차이요약을 이용하라. 벨 컴퓨터에서 제품재고의 기말잔액은 $117,000이고, 재공품 재고의 기말잔액은 $54,000이며, 그리고 매출원가의 잔액은 $437,500이다.

요구사항

벨 컴퓨터의 차이계정을 마감하기 위한 분개를 하라. 총차이는 중요하고 제품재고, 재공품 재고, 그리고 매출원가에 배분된다고 가정하라.

고급연습문제

고급연습문제 11-1 [학습목표 1, 3] 재료원가 차이 행크(Hank)는 55개의 커피숍 체인점이다. 한 컵당 그라운드 커피의 표준수량은 0.75온스이다. 9월 한 달 동안, 회사는 (전자현금등록기에 의해 보고된) 커피 325,000컵을 판매하였고, 그리고 55개 커피숍은 16,800온스의 커피를 사용하였다. 또한 9월 한 달 동안, 회사는 $290,700의 원가에 19,000온스의 커피를 구입하였다. 파운드당 표준가격은 $15이다.

요구사항

a. 재료원가의 가격차이와 수량차이를 계산하라.
b. 어떤 차이가 조사되어야 하는가?

고급연습문제 11-2 [학습목표 2] 직접재료원가 차이 티앤씨 티스(T&C Tees)는 티셔츠 제조업체이다. 티셔츠 한 개를 만들기 위해 사용되는 100% 면모직물의 표준수량은 2.3야드이다. 모직물의 야드당 표준가격은 $2.75이다. 지난 한 달 동안, 티앤씨는 $13,000에 모직물 6,200야드를 구입하였다. 생산부문은 한 달 동안 1,880개의 티셔츠를 생산하는데 5,000야드를 사용하였다.

요구사항

a. 직접재료 가격차이와 수량차이를 계산하라.
b. 직접재료 가격차이가 유리한가 혹은 불리한가? 이 차이의 원인은 무엇인가? 직접재료 수량차이가 유리한가 혹은 불리한가? 직접재료 가격차이와 어떻게 관련되어 있는가?

고급연습문제 11-3 [학습목표 1] 노무원가 차이 : 서비스 기업 사라 에이켄(Sarah Aiken)은 개 조련서비스 업체인 프리티 포우즈(Pretty Paws)의 소유자이다. 표준으로 개 한마리를 조련하는데 1시간이 걸린다. 10월 한 달 동안 프리티 포우즈 종업원들이 개 300마리를 조련하는데 $4,890의 총노무원가로 350시간을 사용하였다. 11월 한 달 동안은 개 310마리를 조련하는 것에 $6,500의 총 노무원가로 355시간을 사용했다. 12월 한 달 동안, $6,980의 총노무원가로 개 330마리를 조련하는데 360시간을 사용하였다. 조련사들의 표준임률은 시간당 $15이다.

요구사항

a. 과거 3개월 동안, 각 달의 노무원가의 임률차이와 능률차이를 계산하라.

b. 당신은 과거 3개월간에 걸쳐 차이에 관하여 어떤 추세를 발견할 수 있는가? 노무원가의 임률차이와 능률차이의 원인은 각각 무엇인가?

고급연습문제 11-4 [학습목표 1] 노무원가 차이 : 서비스 기업 케이앤제이 웹 디자인(K&J Web Design)은 사업체들을 위한 웹 사이트를 제작한다. 케이앤제이는 하나의 도면수수료로 $750를 받는 기본적인 웹 사이트 제작패키지를 가지고 있다. 이 패키지는 사업체가 단순하지만 기능적인 웹 사이트를 구축하는데 필요한 모든 것을 포함하고 있다. 케이앤제이는 이들 웹 사이트 한 개는 웹디자이너 시간으로 평균 7.5시간이 소요되는 것으로 추정한다. 케이앤제이는 웹 디자인 종업원들에게 평균 시간당 $42을 지급한다.

지난 달, 케이앤제이는 개당 $750에 150개의 웹 사이트를 판매하여 구축하였다. 웹 디자인 종업원들은 $42,000의 총임금으로 총 850시간을 작업하였다.

요구사항

a. 지난 달 노무원가의 임률차이와 능률차이를 계산하라.

b. 케이앤제이가 평균적인 웹 사이트로 벌어들일 것으로 예상되는 표준공헌이익(판매가격에서 변동노무원가를 차감)을 계산하라.

c. 케이앤제이가 지난 달 각 웹 사이트로 평균적으로 벌어들이는 실제공헌이익(판매가격에서 변동노무원가를 차감)을 계산하라.

고급연습문제 11-5 [학습목표 1, 2] 포괄적인 차이문제 엑셀활용 헤이즈 케미컬(Hayes Chemical) 회사는 드라이 클리닝에 사용되는 화학약품을 생산한다. 이 회사의 회계시스템은 표준원가를 사용한다. 화학약품의 0.5리터 캔 하나당 표준은 직접재료 1.20리터와 직접노동 1.50시간이 필요하다(직접재료 1.20리터는 증발로 인하여 0.5리터 캔 제품을 생산하는데 필요하다). 직접재료의 리터 당 표준원가는 $6.00이다. 직접노동의 시간당 표준원가는 $9.00이다. 제조간접원가는 캔 하나당 $7.75의 배부율로 배부된다. 예상생산량은 $55,000의 연간 고정제조간접원가와 단위(0.5리터 캔)당 $5.00의 변동제조간접원가로 20,000캔이다.

2021년 한 해 동안, 23,000캔이 생산되었다. 즉, 직접재료 35,000리터가 $250,000에 구입되었다. 직접재료 30,000리터가 생산에 사용되었다. 2021년에 발생된 직접노무원가는 시간당 $8.25의 평균 실제임률에 기초하여 $290,000이었다. 2021년의 실제제조간접원가는 $220,000이었다.

요구사항

a. 단위당 표준원가를 계산하라.

b. 직접재료원가, 직접노무원가, 그리고 제조간접원가의 차이를 계산하라.

c. 각 차이에 대한 가능한 원인을 열거하라.

고급연습문제 11-6 [학습목표 1, 2] 포괄적인 차이문제 XO-20은 고정된 볼트와 너트의 먼지를 제거하는데 사용되는 오일종류 제품이다. 회사의 회계시스템은 표준원가를 사용한다. 0.5리터 용액 캔 하나당 표준은 0.75리터의 직접재료와 4시간의 직접노동이 필요하다(0.75리터의 직접재료는 생산공정에서 증발로 인해 필요하다). 직접재료의 리터 당 표준원가는 $2.50이다. 직접노동의 시간당 표준원가는 $13.00이다. 제조간접원가는 캔 하나당 $15,375의 배부율로 배부된다. 예상생산량은 $35,000의 연간 고정제조간접원가와 단위(0.5리터 캔)당 $11의 변동제조간접원가로 8,000캔이다.

2021년 한 해 동안, 7,800캔이 생산되었다. 13,000리터의 재료가 $60,000에 구입되었다. 10,100리터의 직접재료가 생산에 사용되었다. 2021년에 발생된 직접노무원가는 시간당 $11의 평균 실제임률에 기초하여 $376,250이었다. 2021년의 실제제조간접원가는 $125,000이었다.

요구사항

a. 단위당 표준원가를 결정하라(센트 미만은 반올림하라).

b. 직접재료원가, 직접노무원가 및 제조간접원가의 차이를 계산하라.

c. 각 차이에 대한 가능한 원인을 열거하라.

고급연습문제 11-7 [학습목표 1, 2] 포괄적인 차이문제 단테 프로테인 파우더(Dante's Protein Powder)는 식사보완재를 생산한다. 한 단위를 생산하는 표준원가는 다음과 같다.

직접재료원가(1.25kg × $2.50)	$3.13
직접노무원가(1.2시간 × $10)	12.00
제조간접원가	11.60
합 계	$26.73

표준변동제조간접원가는 단위당 $8.00이고, 연간 고정제조간접원가는 $90,000이다. 2021년 초에 예상생산량은 25,000단위이었다. 2021년 한 해 동안, 30,000단위가 생산되었다. 2021년에 발생된 실제원가와 관련하여 이용할 수 있는 정보는 다음과 같다.

1. $85,000에 직접재료 40,000kg를 구입하였다.
2. 직접재료 38,750 kg를 사용하였다.
3. $375,000의 원가로 35,300 직접노동시간을 작업하였다.
4. 발생된 실제제조간접원가는 $327,000이었다.

요구사항

a. 단위당 제조간접원가 표준배부율을 계산하라.

b. 직접재료원가, 직접노무원가 및 제조간접원가의 차이를 계산하라.

c. 원가차이를 요약하고, 조사되어야 하는 차이에 대하여 간단히 설명하라.

고급연습문제 11-8 [학습목표 1] 포괄적인 차이문제: 서비스기업 저 원가 법률회사인 셀저 앤 홀링어는 두 가지 기본적인 법률서비스 각각을 제공하는데 따른 표준시간을 다음과 같이 설정하였다.

	변호사 시간	보조원 시간
법인설립	2.5시간, 시간당@$125	4시간, 시간당@$38
유언서 작성	1.5시간, 시간당@$175	3시간, 시간당@$25

지난 달, 셀저 앤 홀링어는 40개의 법인설립과 30개의 유언서를 처리하였다. 실제시간과 원가는 다음과 같다.

	변호사 시간	보조원 시간
법인설립	92시간, 시간당 평균 변호사비용 @$140	135시간, 시간당 평균 보조원비용 @$40
유언서 작성	38시간, 시간당 평균 변호사비용 @$180	95시간, 시간당 평균 보조원비용 @$30

요구사항

a. 법인설립을 하는 변호사의 노무원가 임률차이와 능률차이를 계산하라.

b. 유언서를 작성하는 변호사의 노무원가 임률차이와 능률차이를 계산하라.

c. 법인설립을 보조하는 보조원의 노무원가 임률차이와 능률차이를 계산하라.

d. 유언서작성을 보조하는 보조원의 노무원가 임률차이와 능률차이를 계산하라.

고급연습문제 11-9 [학습목표 1, 2] 포괄적인 차이문제 브라우저 프러덕트는 1,500kg의 배치(묶음)로 개 사료를 생산하는 뉴멕시코에 있는 소규모 공장을 운영하고 있다. 제품은 kg당 $6에 판매한다. 2021년의 표준원가는 다음과 같다.

표준직접노무원가 = 시간당 $15
배치 당 표준직접노동시간 = 10시간
직접재료 A의 표준가격 = kg당 $0.35
배치 당 직접재료 A의 표준수량 = 800kg
직접재료 B의 표준가격 = kg당 $0.55
배치 당 직접재료 B의 표준수량 = 250kg
배치 당 제조간접원가 = $500

2021년 초, 회사는 월 생산 및 판매를 50배치로 추정하였다. 회사는 모든 제조간접원가가 고정되어 있고, 월 $25,000으로 추정하였다. 2021년 6월 한 달 동안(일반적으로 어느 정도 느린 달), 42배치가 생산되었다(6월의 비정상적인 생산수준은 아님). 원가는 다음과 같이 발생되었다.

직접노무원가는 460시간에 $7,800이었다.
직접재료 A의 37,500kg가 $8,500에 구입되어 사용되었다.
직접재료 B의 12,000kg가 $5,600에 구입되어 사용되었다.
고정제조간접원가는 $23,000이 발생되었다.

요구사항

a. 직접재료원가, 직접노무원가 및 제조간접원가의 차이를 계산하라.

b. 원가차이를 요약하라. 불리한 조업도차이는 제조간접원가가 통제범위를 벗어난다는 것을 의미하는가?

고급연습문제 11-10 [학습목표 2, 3, 4, 6] 포괄적인 차이문제 앤티크론(Antikron) 회사는 항공우주산업에서 사용되는 고무제품을 생산한다. 제품 한 개당 표준은 kg당 $2.50의 직접재료 3kg가 필요하다. 표준직접노무원가는 시간당 $15에 1.5시간이다. 표준제조간접원가는 단위당 $10이다. 2021년 한 해 동안, 예상생산량은 $130,000의 고정제조간접원가와 제품 한 개당 $9의 변동제조간접원가로 130,000개 제품이다. 2021년 한 해 동안, 총 125,000개의 제품이 생산되었다. 회사는 $1,150,000에 직접재료 455,000kg를 구입하여, 425,000kg를 사용하였다. 발생된 직접노무원가는 시간당 $15.25의 실제 평균임률로 $2,900,000이었다. 한 해 동안, 실제제조간접원가는 $900,000이었다.

요구사항

a. 제품 한 개당 표준원가를 계산하라.

b. 직접재료원가, 직접노무원가 및 제조간접원가의 차이를 계산하라.

c. 원가차이를 요약하고, 어떠한 차이가 조사되어야 하는지를 밝혀라.

고급연습문제 11-11 [학습목표 1] 노무원가 차이 노스웨스트 메디칼 테스팅(Northwest Medical Testing)은 매달 약 1,500명의 환자로부터 혈액샘플을 추출한다. 기술자가 테스트용 혈액샘플을 추출하고 준비하는데 걸리는 표준시간은 20분이다. 기술자의 표준임률은 시간당 $40이다. 8월 한 달 동안, 노스 웨스트(Northwest)는 예상치 않게 그만둔 기술자를 보충하기 위해서 시간당 $60에 종업원을 임시 고용하였다. 한 달 동안, 기술자는 1,250 샘플을 처리하고, 혈액샘플을 추출하고 준비하는 것과 관련하여 425 작업시간에 대하여 $22,100이 지불되었다.

요구사항

8월 한 달 동안의 노무원가 임률차이와 능률차이를 계산하고, 기술자에 대한 노무원가가 통제범위 안에 있는지 혹은 통제범위 밖에 있는지를 기술하라.

고급연습문제 11-12 [학습목표 1] 표준설정과 차이에 대한 책임부여 리사이클드 플라스틱스(Recycled Plastics) 회사는 재활용 플라스틱 우유 주전자로 플라스틱 차원의 제 재목 제품을 제조하고 있다. 회사는 700kg 꾸러미의 소비재-재활용 우유 주전자를 구입하여, 그들을 분쇄부문에서 작은 조각으로 쪼갠다. 쪼개진 플라스틱 조각들은 호퍼에서 혼합되어 사출성형부문에서 형태를 갖춘 판으로 사출 성형되어진다. 판이 냉각될 때, 그들은 나무제재목이 사용되는 것만큼 제작부문에서 피크닉 테이블과 공원 벤치를 만들기 위해서 사용될 것이다.

리사이클드 플라스틱스(Recycled Plastics) 회사는 5명으로 운영되는 소규모 회사에서 100명 이상을 고용하고 있는 회사로 성장하였다. 또한 회사는 판매부문, 회계부문, 관리부문, 그리고 구매부문을 가지고 있다. 사장이면서 회사의 소유자인 알란 로버트(Alan Roberts)는 표준원가시스템을 채택하고 싶어 한다. 동시에 그는 대략적인 원가추정치에 근거하여 가격을 설정해왔다.

요구사항

a. 회사의 세 개의 생산부문 각각에서 어떠한 표준이 설정될 수 있는가? 어떻게 표준이 설정되어야 하는가? 표준을 설정할 때 누가 참여해야 하는가?

b. 리사이클드 플라스틱스(Recycled Plastics) 회사는 표준원가계산시스템의 채택으로 어떠한 효익을 얻을 수 있는가? 표준원가계산시스템의 채택으로 어떠한 불리한 점 혹은 문제점이 발생하는가?

고급연습문제 11-13 [학습목표 3] 차이분석 커밍스 메뉴팩처드 시딩(Cummings Manufactured Siding)의 일반관리자인 윌 노턴(Will Norton)은 월별 원가차이 요약내용을 검토하고 있다. 요약내용은 큰 유리한 직접재료 가격차이와 큰 불리한 직접재료 수량차이 및 직접노무 능률차이를 나타내고 있다. 다른 모든 차이는 작다. 윌의 최초 의도는 구매관리자에게 상당한 보너스를 지급하고, 직접재료 수량차이와 직접노무 능률차이가 개선될 때까지 공장관리자의 월별 보너스를 보류하는 것이다.

요구사항

a. 윌은 자기의 최초 의도에 따라 행동해야 하는가?

b. 구매부문의 훌륭한 성과와 제조부문의 초라한 성과 이외의 어떠한 시나리오(들)가 제시한 것과 동일한 차이를 가져올 수 있는가?

c. 구매관리자의 성과가 특히 훌륭하고, 공장관리자의 성과가 초라 한지를 판단하기 위해서 윌은 무엇을 해야 하는가?

고급연습문제 11-14 [학습목표 1, 2] 노무원가와 간접원가 차이분석 두들리 트레빌 에이전시(The Dudley Travel Agency)는 여행업자가 각 고객을 응대하는데 평균적으로 2시간이 걸리고, 이들 여행업자들은 시간당 $30의 표준임률을 지급받는다는 것을 알았다.

다음 표는 2020년 두들리 트레빌 에이전시의 노무원가 자료를 포함하고 있다.

	추정치(예상치)	실제
응대 고객 수	5,200	5,000
여행업자 시간	10,400	10,200
여행업자 임금	$312,000	$298,000
고정간접원가	$75,000	$80,000
변동간접원가	여행업자 시간당 $22	여행업자 시간당 $23

요구사항

a. 노무원가 임률차이와 능률차이를 계산하라.

b. 간접원가 통제가능차이와 조업도 차이를 계산하라.

c. 각 차이의 원인은 무엇인가?

고급연습문제 11-15 [학습목표 3] 차이분석-비화폐적 측정지표 엑스컴 소프트웨어(XcomSoftware)는 고객 질문에 응답하는 24시간 콜센터를 운영하고 있다. 운영비를 통제하기 위해서 회사는 고객 콜당 6분의 표준시간과 고객질문에 응답하는데 소요되는 실제 시간을 비교한다. 표준이 달성되면 월별 보너스를 받게 된다.

과거 5개월에 걸쳐서 콜 수는 대략 6,000회에서 대략 5,000회로 줄어들었다. 콜당 평균시간은 6.5분에서 4.80분으로 줄어들었다. 그러나 한 소프트웨어 잡지는 최근에 소프트웨어 회사들이 고객에게 제공하는 지원을 검토한 한 논문에서 낮은 등급의 평가를 회사에게 내렸다.

요구사항

a. 응답시간에 대한 유리한 차이가 훌륭한 성과를 나타내는가?

b. 콜당 시간과 고객지원의 낮은 등급과 관련된 성과 측면에서 어떠한 "개선" 을 고려해야 하는가?

고급연습문제 11-16 [학습목표 3] 차이들 간의 관계 챈스워스 메뉴팩처링(Chanceworth Manufacturing)의 재무담당이사인 에이미 에이블(Amy Abel)은 연간 생산차이를 검토하면서 $80,000의 유리한 직접재료 가격차이와 $70,000의 불리한 직접재료 양의차이, 그리고 $90,000의 유리한 직접 노무 임률 차이와, $180,000의 불리한 노무 능률 차이가 발생하였다는 점에 주목하였다. 공장감독자 및 다른 관리자 들과의 사전 논의에서 그녀는 구매부문이 할인가격으로 직접재료를 구입할 수 있었다는 것을 알았다. 그러나 직접재료는 종종 압력시험을 받지 않아 많은 수량이 재 작업되어야 했다. 또한, 회사는 일시적인 파업이 있었다. 파업기간 동안, 회사는 파업 중인 작업자들보다 상당히 낮은 임률의 미숙련되고 일시적인 대체작업자들을 다수 고용하였다.

요구사항

a. 유리한 직접재료 가격차이와 유리한 직접노무 임률차이가 불리한 직접재료 수량차이와 불리한 직접노무 능률차이와 어떻게 관련되는지를 설명하라.

b. 당신은 유리한 직접재료 가격차이가 구매부문의 훌륭한 결정을 나타낸다고 기술하겠는가?

고급연습문제 11-17 [학습목표 2] 제조간접원가 조업도 차이의 해석; 생산능력 이하로 운영하는데 따른 재무적 영향의 계산 내셔널 배터리(National Battery) 회사는 가정용, 자동차용, 그리고 선박용 등 여러 종류의 배터리를 생산한다. 많은 제품들 중 한 예는 로드 가디언(Road Guardian) 자동차 배터리이다. 이 배터리의 표준원가는 다음과 같다.

표준원가, 로드 가디언

직접재료원가	$ 5.00
직접노무원가	4.00
제조간접원가	11.00
합 계	$20.00

2021년 당해 연도 초, 회사는 $48,000,000의 제조간접원가와 $6,000,000의 직접노무원가가 발생할 것으로 추정하였다. 따라서 제조간접원가의 표준배부율은 직접노무원가 $1당 $8이다. 제조간접원가는 원래 완전히 고정되어 있는데, 이는 자동화된 제조설비에 높은 수준의 투자를 반영한다.

2021년 한 해 동안, 회사는 심각하게 생산을 제약한 노동파업을 경험하였으며, 표준직접노무원가는 단지 $5,200,000이었다. 2022년 1월 초의 최근 미팅에서 내셔널 배터리의 사장인 로저스(C.W. Rogers)는 회사의 관리자인 월터 콕스(Walter Cox)에게 파업이 회사이익에 미치는 영향을 추정해 줄 것을 요청하였다. 다음 날 아침에 월터는 사장에게 다음과 같은 메모를 보냈다.

날　짜: 2022년 1월 7일
수신자: C. W. 로저스
발신자: 월터
제　목: 파업이 회사이익에 미치는 영향

사장님도 아시는 바와 같이, 2021년의 이익은 생산능력을 감소시킨 파업에 의해 크게 영향을 받았다. 감소된 생산능력의 영향을 측정하는 방법은 제조간접원가 조업도차이를 조사하는 것이다. 연초에 회사는 제조간접원가 예산액을 $48,000,000으로 설정하였다. 실제제조간접원가는 $46,000,000이 발생하였다. 그래서 회사는 $2,000,000의 유리한 제조간접원가 예산차이를 가졌다. 그러나 재고에 배부된 제조간접원가는 단지 $41,600,000(제조간접원가 표준배부율 $8 × 표준직접노무원가 $5,200,000)이었다. 따라서 회사는 $6,400,000의 제조간접원가 조업도차이를 가졌다.

실제제조간접원가	예산제조간접원가	제조간접원가 배부액
$46,000,000	$48,000,000	$41,600,000 ($8 × $5,200,000

$2,000,000 유리　　　$6,400,000 불리

* 실무적 목적으로 제조간접원가는 고정되어 있으므로 예산제조간접원가는 실제생산량에 따라 수정될 필요가 없음에 유의하라. 따라서 고정예산에서 제조간접원가는 동일하다.

저의 의견으로 $6,400,000의 불리한 조업도차이는 회사의 초라한 이익성과를 말해주고 있다. 만일 파업이 없었다면, 생산량은 높은 수준이었을 것이고($6,000,000의 표준노무원가를 요구하는 수준), 이 차이는 회피될 수 있었을 것이다.

사장님, 저는 사장님이 회계전문가가 아님을 알고 있기 때문에, 만일 저의 분석에 대하여 어떤 의문이 있으시면 저에게 전화를 주시기 바랍니다.

요구사항

파업이 로드 가디언(Road Guardian) 배터리 즉, 초과수요가 있는 배터리의 생산량을 제약하였다고 가정하자. 파업이 없었다면 이들 배터리는 700,000개 더 생산되어 판매되었을 것이다(이용 가능하지 않은 직접노무원가 $800,000 × 배터리 개당 노무원가 $4). 배터리의 판매가격은 $44이다. 이러한 자료를 이용하여 파업이 회사이익에 미치는 영향을 계산하고, 컨트롤러의 분석에 대하여 설명하라.

고급연습문제 11-18 [학습목표 1, 2] (부록) **표준원가의 기록** 벳첼 테크니컬 클로딩(Bechtel Technical Clothing)은 북극탐험가, 등반가, 그리고 미네소타에 거주하는 사람들이 사용하는 파카(parkas)를 생산한다. 회사는 표준원가계산시스템을 사용하고, 표준은 파카 한 개의 $55과 야드당 2.5야드의 직접재료가 필요하다. 표준노무원가는 시간당 $35에 3.5시간이다. 제조간접원가 표준배부율은 단위당 $14이다. 2021년 한 해 동안, 예상생산량은 $60,000의 고정제조간접원가와 파카 한 벌 당 $6.5의 변동제조간접원가를 가진 파카 8,000개이다.

2021년 한 해 동안, 8,500개의 파카가 제조되었다. 회사는 $1,368,000의 원가로 직접재료 24,000야드를 구입하였다. 생산량은 22,300야드의 직접재료가 요구되었다. 직접노무원가는 27,500시간의 $1,000,000이었다. 한 해 동안의 실제제조간접원가는 $90,000이었다.

요구사항

a. 직접재료의 구입을 기록하기 위한 분개를 하라.
b. 생산에 사용된 직접재료를 기록하기 위한 분개를 하라.
c. 직접노무원가를 기록하기 위한 분개를 하라.
d. 실제제조간접원가와 제조간접원가 배부액을 기록하기 위한 분개를 하라.
e. 요구사항 a에서 d까지의 차이를 매출원가로 마감하기 위한 분개를 하라.

사례연구

사례연구 11.1 : 잭슨 사운드(Jackson Sound) [학습목표 3]

잭슨 사운드는 현대 생산설비로 증폭기와 혼합판을 생산한다. 회사는 품질이 좋은 제품으로 유명하다. 각 제품은 공장을 떠나기 전에 철저하게 검사된다. 작업자들은 고도의 기술을 갖추고 있다. 회사는 사업의 작은 침체가 있을 때 작업인력을 줄이지 못하기 때문에 직접노무원가를 고정원가로 간주하고, 여유생산능력으로 인하여 10%까지 생산량을 증가시킬 수 있다.

생산공정에서, 회로부문의 작업자들은 고객상자의 설치를 위해 회로부문으로 보내지는 회로판을 준비한다. 과거 6개월 동안, 회로부문의 작업자들은 훨씬 짧은 생산시간을 가져다 주는 여러 가지 공정개선 방법을 실시하였다. 예를 들어, 모델 LE7 증폭기는 회로부문에서 12.5 표준노동시간을 요구하는 것으로 사용하였지만, 표준은 지난 달 단지 10.4표준시간으로 수정되었다.

비록 회로부문이 생산개선을 이루었지만, 회사의 재무담당이사인 크리스토퍼 카론(Christopher Carlon)은 회로부문과 상자부문 사이에서 발생하는 재공품 재고의 주된 구축에 대하여 관심이 많았다. "어떻게 되고 있지?" 그는 그의 비서인 메간 웰스(Megan Welles)에게 물었다. "나는 어제 공장을 돌아보던 중에 엄청난 양의 재공품 재고를 보았어요. 나는 우리가 JIT시스템을 실행하여, 우리의 생산공정들이 균형 있게 작업하고 있다고 생각했어요. 재공품에 대한 투자는 회사의 성과를 떨어뜨릴 거예요."

메간은 문제의 원인이 공정개선 및 생산작업자에 대한 보너스가 표준원가 성과와 연계된다는 사실과 관련될 수 있다고 대답했다. 그러나 크리스토퍼는 공정개선이 어떻게 실제로 문제를 악화시킬 수 있는지를 알지 못했다.

요구사항

회사는 회로부문의 작업자들이 실제로 필요하지 않더라도 해고하기를 주저한다고 가정하자(결국, 그들은 생산성을 개선하기 위해서 열심히 작업했다). 생산개선과 새로운 표준설정을 감안하여, 회로부문이 초과생산의 유인을 가질 수 있는 이유를 설명하라(예, 회로부문에 의해서 다루어 질 수 있는 산출량보다 많이 생산하는 것). (힌트: 만일 회로부문이 초과 생산하지 않는다면, 공정개선이 직접노무 능률차이에 어떤 영향을 미치게 되는가?)

사례연구 11.2 : 챔피온 인더스트리(Champion Industries) [학습목표 1, 2, 3]

챔피온 인더스트리의 구매관리자인 스탠 홀버트(Stan Holbert)는 최근에 잠재적인 공급업체인 월런스 머트리얼스(Wallace Materials)와 미팅을 가졌다. 미팅에서 월런스의 관리자는 현재 챔피온 인더스트리에 의해 사용되는 재료보다 더 쉽게 다루고 모양을 만들 수 있는 재료를 선전하였다.

현재의 표준은 kg당 $23에 단위당 10kg의 직접재료를 요구한다. 단위당 직접노무원가는 시간당 $30에 2.5시간이다. 새로운 직접재료의 가격은 kg당 $25이다. 그러나 감소된 낭비로 인하여 단지 단위당 8kg의 직접재료만이 필요하다. 또한, 단위당 직접노동시간은 새로운 직접재료가 독성이 덜하여 다루기가 쉽기 때문에 0.75시간이 감소될 것이다.

요구사항

a. 연간 생산량이 150,000단위라고 가정하자. 새로운 직접재료의 사용과 관련한 원가절약액을 계산하라.

b. 스탠은 회계부문의 과로로 인하여 표준원가는 적절한 시기에 갱신되지 못할 것이라는 것을 알고 있다. 회사는 새로운 직접재료로 변경한다고 가정하자. 표준이 갱신되지 않는다면, 직접재료원가와 직접노무원가 차이는 어떻게 예상되겠는가?

c. 직접재료의 구입가격차이는 스탠의 직무성과의 평가에 두드러진 역할을 한다고 가정하자. 그는 새로운 직접재료의 사용을 제안하겠는가?

부록

계정에 표준원가를 기록하기

학습목표 A1 제조기업의 계정에 표준원가 기록

표준원가계산시스템은 제조회사의 운영을 통제하고 생산원가를 결정하기 위해서 사용된다. 이 장에서, 표준원가차이의 계산을 설명하였고, 운영을 평가하기 위해서 그들이 어떻게 사용될 있는지를 논의하였다. 이제 제품원가가 제조회사의 계정에 표준율로 어떻게 기록되는지를 살펴볼 것이다. 표준원가계산시스템에서 원재료 재고, 재공품 재고, 제품 재고 및 매출원가계정에 집계되는 원가는 모두 실제원가가 아니라 표준원가로 기록된다. 표준원가로 재고를 기록하는 과정에서, 경영자가 성과평가에 사용하기 위해서 차이가 또한 계산되고 기록된다. 구체적인 예로, 데링턴 아이스크림에 대해 제시된 정보(표 11-6 참조)를 이용하여 직접재료원가, 직접노무원가 및 제조간접원가에 대한 분개를 제시할 것이다.

직접재료원가의 기록

데링턴 아이스크림은 원재료 810,000리터를 구입하였다. 회사는 실제로 리터당 $11, 혹은 $8,910,000을 지불하였다. 이 금액은 매입채무 계정의 대변에 기록된다. 그러나 원재료 재고계정은 구입된 재료의 표준원가가 차변에 기록된다. 표준가격이 리터당 $10이기 때문에 이 금액은 총 $8,100,000이다. 실제와 표준원가의 차이는 $810,000의 직접재료 가격차이이다:

(날짜)	원재료 재고	8,100,000	
	직접재료 가격차이	810,000	
	매입채무		8,910,000
	재료구입의 기록		

데링턴 아이스크림은 생산에 재료 809,000리터를 사용하였다. 이 재료의 표준원가(809,000 × $10 = $8,090,000)가 그 계정의 대변에 기록함으로써 원재료 재고계정에서 제거된다. 아이스크림 1,000,000리터를 생산하기 위한 재료의 표준수량은 800,000리터이다. 리터당 $10의 표준가격에서 표준직접재료원가는 $8,000,000이고, 이것이 재공품 재고계정의 차변에 기록된다. 차변과 대변의 차이는 직접재료 수량차

이($90,000)에서 비롯된다.

차이계정은 임시계정으로 항상 재무제표가 작성되기 전에 마감된다. 마감과정은 나중에 설명할 것이다. 이 예에서 직접재료 가격차이와 직접재료 수량차이는 불리하고 차변에 기록된다는 점에 유의하라. 불리한 차이는 회사의 비용 증가와 관련되고 비용계정과 같이 차변잔액을 갖는다. 유리한 차이는 회사의 비용감소와 관련되고 대변잔액을 갖는다.

(날짜)	재공품 재고	8,000,000	
	직접재료 수량차이	90,000	
	원재료 재고		8,090,000
	생산에 사용된 재료의 기록		

직접노무원가의 기록

한 해 동안, 시간당 $21의 임률로 130,000 실제직접노동시간을 작업하여, $2,730,000의 직접노무원가가 발생하였다. 표준직접노동시간은 125,000시간이며, 표준임률은 시간당 $20이다. 따라서 재공품 재고계정에 집계되는 총 표준직접노무원가는 $2,500,000이다. 미지급된 총 실제직접노무원가와 재공품 재고에 할당된 총 표준직접노무원가의 차이는 직접노무 임률차이와 직접노무 능률차이의 합이다.

(날짜)	재공품 재고	2,500,000	
	직접노무 임률차이	130,000	
	직접노무 능률차이	100,000	
	미지급임금		2,730,000
	직접노무원가의 기록		

제조간접원가의 기록

표준원가계산시스템에서 제조간접원가의 기록은 세 단계의 과정을 거친다.

1. 실제제조간접원가가 제조간접원가 계정에 기록된다.
2. 제조간접원가가 표준원가로 재공품 재고에 배부된다.
3. 실제제조간접원가와 표준으로 배부된 제조간접원가의 차이가 마감되고 제조간접원가 차이가 파악된다.

다음으로 이들 세 단계에 대하여 설명해보자.

한 해 동안, 발생된 실제제조간접원가는 $680,000이다. 이 금액을 기록하기 위해 여러 계정(예, 미지급간접임금, 미지급설비비 및 감가상각비)의 대변에 기록되고, 실제제조간접원가는 제조간접원가 계정의 차변에 기록된다.

(날짜)	제조간접원가 여러 계정 실제제조간접원가의 기록	680,000	 680,000

재공품 재고에는 제조간접원가 표준배부율에 생산된 단위수를 곱한 금액인 표준제조간접원가가 할당된다. 예에서, 이 금액은 $750,000(예, 1,000,000리터×리터당 $0.75)이다. 이 금액이 재공품 재고에 배부될 때, 제조간접원가는 동일한 금액이 차감된다.

(날짜)	재공품 재고 제조간접원가 제조간접원가를 표준으로 재고에 배부	750,000	 750,000

이 시점에서 제조간접원가는 제조간접원가 실제금액이 차변에 기록되고, 제조간접원가 표준배부율로 재공품 재고에 배부되는 제조간접원가가 대변에 기록된다. 실제제조간접원가와 재고에 배부되는 표준제조간접원가의 차이($70,000)는 제조간접원가 조업도 차이와 제조간접원가 통제가능차이의 합과 같다. 이 두 가지 차이는 제조간접원가 계정을 마감하기 위한 분개가 기록될 때 파악된다.

(날짜)	제조간접원가 제조간접원가 조업도 차이 제조간접원가 통제가능차이 제조간접원가 계정의 마감과 제조간접원가 차이의 기록	70,000	 50,000 20,000

제품의 기록

이 시점에서 재공품 재고는 다음과 같은 원가를 포함하고 있다:

직접재료원가	$8,000,000
직접노무원가	2,500,000
제조간접원가	750,000
합 계	$11,250,000

총 $11,250,000는 $11.25의 리터당 표준원가로 생산된 1,000,000리터와 같다. 제품이 완성될 때, 원가는 재공품 재고계정에서 제품 재고계정으로 대체된다:

(날짜)	제품 재고 재공품 재고 제품 재고에 완성품의 기록	11,250,000	 11,250,000

매출원가의 기록

제품이 판매될 때, 제품 재고의 원가는 차감되고 매출원가는 판매량의 표준원가만큼 증가된다. 생산된 아이스크림 1,000,000리터가 모두 판매된다고 가정하자. 표준원가는 리터 당 $11.25이다. 그러므로 매출원가를 기록하기 위한 분개는 다음과 같다:

		차변	대변
(날짜)	매출원가	11,250,000	
	제품 재고		11,250,000
	매출원가의 기록		

차이계정의 마감

회계기간 말에 일시적인 차이계정은 마감되어야 한다. 실무적인 문제로서 이것은 보통 차이를 매출원가 계정의 차변 혹은 대변에 기록함으로써 끝나게 된다. 차이계정을 마감하기 전에 매출원가는 표준원가로 기록된다. 따라서 차이계정을 마감하는 것은 실제원가에 근접하도록 수정하는 절차이다. 재공품 재고와 제품 재고(뿐만 아니라 매출원가)계정에 총차이를 배분하여 실제원가로 조정하는 것이 더욱 정확할 것이다. 그러나 차이가 크지 않고 매출원가와 비교하여 재공품 재고와 제품 재고의 잔액이 크지 않는 한, 총차이를 매출원가로 마감하는 것이 편리하고 실수가 없다. 데링턴 아이스크림(Darrington Ice Cream)의 경우에 연말에 재공품 재고와 제품 재고가 없다(생산된 아이스크림 모두가 판매된다). 그러므로 차이는 매출원가로 마감된다.

차이계정을 마감하기 위한 분개는 다음과 같다. 유리한 차이는 매출원가를 감소시키고, 불리한 차이는 매출원가를 증가시킨다는 점에 유의하라:

		차변	대변
(날짜)	매출원가	1,060,000	
	제조간접원가 조업도 차이	50,000	
	제조간접원가 통제가능차이	20,000	
	직접재료 가격차이		810,000
	직접재료 수량차이		90,000
	직접노무 임률차이		130,000
	직접노무 능률차이		100,000
	매출원가로 차이계정의 마감		

CHAPTER 12

Dmytro Sidelnikov/123RF

분권화와 성과평가

학습목표

1. 분권화의 장점과 단점을 설명하고, 회사들이 하위부서와 하위부서 관리자의 성과를 평가하는 이유와 원가중심점, 이익중심점 및 투자중심점에 대한 이해
2. 투자이익률(ROI), 잔여이익(RI)과 경제적 부가가치(EVA)의 계산 및 해석
3. 균형성과표를 사용하여 성과를 평가하는 잠재적인 효익을 설명하고, 균형성과표에서 측정지표들 간의 연계를 전달하기 위해서 전략지도가 어떻게 사용될 수 있는지에 대한 이해

액션 인더스트리즈(Action Industries)는 사무용 제품, 가정용 제품, 청소용품, 저장컨테이너 및 여러 가지 플라스틱 제품을 제조하는 사업부를 지닌 분권화된 회사이다.

액션 인더스트리즈 이사회의 최근 회의에서, 사장이며 CEO인 빌 스턴(Bill Stern)은 이사진들에게 연설을 하였다. "나는 당신들이 알고 있다고 확신합니다."라고 그는 시작하였다. "마리 그레코(Marie Greco)는 우리의 가정용 제품 사업부의 관리자로서 참으로 훌륭한 일을 수행하고 있다. 5년 전에 우리는 그녀에게 이 활기 없는 사업부를 탈바꿈시키라는 지시를 내렸으며, 그리고 우리는 그녀에게 사업부의 성과를 개선시키는 주요 의사결정을 내릴 수 있는 권한을 부여하였다. 결과적으로 그녀의 사업부는 매년 10% 내지 15% 정도 이익을 증가시켰고, 그녀의 사업부는 우리의 15개 사업부에서 두 번째로 가장 큰 사업부로 올라섰다. 마리의 운영은 실제로 우리의 순이익에 공헌하고 있다. 아마도 그녀를 본사로 이동시키는 것을 생각할 때이다. 운영의 부사장직(VP of Operations)이 공석 중에 있으며, 나는 그 직책에 결과지향적인 사람을 원한다."

이때, 액션 인더스트리즈의 설립자이며 이사회 의장인 알리스터 허드(Alister Hurd)는 큰소리로 말했다. "빌, 나는 가정용 제품이 최고의 성과를 내고 있는지 확신하지 못한다. 결국, 우리는 사업부의 규모에 따라 이익이 증가할 것으로 예상하고 있다. 우리가 투자규모를 고려한다면 가정용 제품의 이익이 그렇게 크다고 할 수 있는가? 나는 우리가 사업부 이익과 이익성장에 대한 초점에서 벗어날 때라고 생각한다. 내가 다른 회사에 근무하는 친구들과 대화하면서, 나는 그들이 투자이익률(ROI)에 초점을 두고 있으며, 그들 중 일부는 경제적 부가가치(EVA)와 균형성과표(BSC) 접근법을 이용하여 성과를 평가하기 시작했다는 것을 알았다. 나는 우리의 접근법이 최근 경향에 뒤떨어진 것은 아닌지 의문스럽다. 우리는 우리의 성과 측정지표가 우리에게 명확한 성과를 보여주고 올바른 관리자 행동을 유발하게 하는지 확인할 필요가 있다." 빌이 대안이 될 수 있는 성과 측정지표를 철저히 검토하여, 다음 이사회에서 제시하기로 하고 회의는 끝났다.

회사의 규모와 복잡성이 증가함에 따라, 액션 인더스트리즈의 가정용 제품 사업부와 같은 사업부문 혹은 하위부서가 조직되고, 부문의 관리자들이 회사가 효율적이고 효과적으로 기능할 수 있도록 의사결정권을 부여받는다. 하위부서의 관리자들에게 실질적인 의사결정권을 부여하는 회사를 **분권화된 조직**(decentralized organizations)이라고 부른다. 마찬가지로 하위부서에 의사결정권을 부여하지 않는 회사를 **중앙집권 조직**(centralized organizations)이라고 한다.

대부분의 회사는 완전히 집권화되지도 않고 완전히 분권화되어 있지 않다. 분권화는 정도의 문제이다. 의사결정권이 하위부서 관리자들에게 더 많이 위임될수록, 회사는 더욱 분권화된다. 액션 인더스트리즈는 실질적인 의사결정권을 가정용 제품 사업부의 관리자인 마리 그레코에게 부여하고 있는 분권화된 조직이다.

이 장에서 우리는 여러 형태의 하위부서를 살펴보고, 우리는 하위부서 관리자들의 행동을 통제하기 위해서 성과평가가 어떻게 사용될 수 있는지를 설명한다. 목표는 하위부서 관리자들이 회사전체의 이익극대화를 위해서 의사결정을 내리는지 확인하는 것이다.

학습목표 1 분권화의 장점과 단점을 설명하고, 회사들이 하위부서와 하위부서 관리자의 성과를 평가하는 이유와 원가중심점, 이익중심점 및 투자중심점에 대한 이해

12.1 회사가 분권화하는 이유

회사들은 여러 가지 이유 때문에 분권화한다. 여기서는 회사가 분권화함으로써 얻고자 하는 것을 먼저 살펴본다. 그 다음에 분권화의 일부 단점을 살펴본다.

12.1.1 분권화의 장점

분권화의 기본적인 이유는 하위부서 관리자들이 최고경영자보다 더 훌륭한 정보를 가지고 있으며, 그들이 변화하는 환경에 더 빠르게 대응할 수 있다는 것이다. 두 개의 주요 사업부 즉, 복사기 사업부와 카메라 사업부를 가지고 있는 전자회사를 생각해보자. 사업부 관리자들은 두 개의 사업부를 책임지고 있는 최고경영자에게 보고한다. 〈그림 12-1〉에 나타난 것처럼, 각 사업부는 독특한 환경에서 운영한다. 이들 각 제품라인의 경쟁, 고객욕구 그리고 작업자와 원재료의 공급 등이 상이하다.

새로운 개인용 복사기를 내년에 도입하여, 가격을 결정해야 한다고 가정하자. 적절한 가격결정을 위한 우수한 정보를 누가 (복사기 사업부의 관리자와 최고경영자 중에서) 가지고 있는가? 사업부의 관리자는 복사

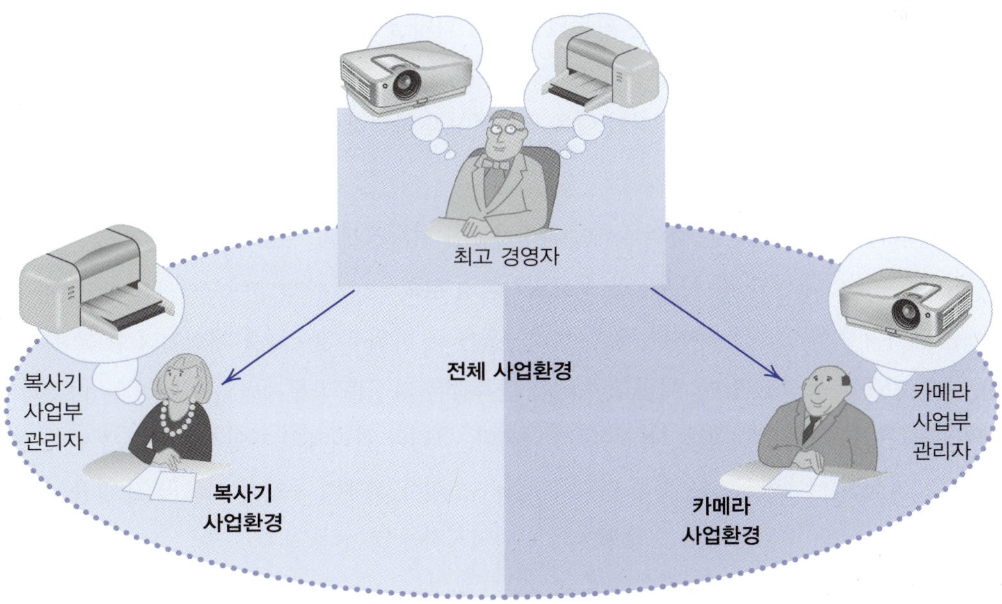

〈그림 12-1〉 회사와 하위부서 환경

기 시장에 매일 매일 관여하기 때문에 시장이 특정 가격에 어떻게 반응할 것인지를 잘 알고 있다. 이것이 사실이라면, 가격결정은 사업부 관리자에게 위임되어야 하고, 회사의 분권화는 더욱 강화될 것이다.

카메라 사업부의 관리자는 카메라 렌즈의 공급업자가 초과생산능력을 가지고 있어 할인가격으로 렌즈를 카메라 사업부에 기꺼이 공급하려고 한다는 것을 안다고 가정하자. 분권화된 조직에서 관리자는 이러한 기회에 빠르게 반응할 수 있고, 사업부와 회사의 수익성을 증가시킬 수 있다. 그러나 만일 회사가 더욱 중앙집권화되면, 사업부의 관리자는 렌즈가 구입되어야 하는지에 관한 의사결정에 관한 내용을 최고경영자에게 보고해야 한다. 이것은 시간을 소비하는 과정이 될 수 있으며, 의사결정이 내려지는 시간에 공급업자는 더 이상 초과생산능력을 가질 수 없게 될 수도 있다. 최악은 다른 카메라 회사들이 그러한 상황을 이용하여 경쟁우위를 획득할 수 있다.

일부 회사들은 상당한 의사결정권을 부여받는 관리자들이 더욱 동기부여되고, 집권화된 조직의 관리자들보다 더 열심히 일한다고 믿기 때문에 분권화한다. 만일 관리자들이 폭넓은 의사결정 책임을 부여받으면, 그들은 자신들이 사업을 실제로 소유하는 것처럼 열심히 일하는 하위부서와 매우 강력한 일체감을 가질 수 있다.

마지막으로 분권화된 조직은 미래 최고경영자들을 위한 아주 훌륭한 훈련을 제공한다. 분권화된 조직의 관리자들은 중요한 의사결정을 하고 자신들의 행동에 대해서 책임을 지는데 익숙하다. 따라서 회사의 높은 직위에 인력이 충원될 필요가 있을 때, 회사는 필요한 의사결정 경험을 가진 관리자들을 보유할 수 있다.

12.1.2 분권화의 단점

비록 분권화가 몇 가지 유익한 특징을 가지고 있다 하더라도, 문제들을 야기할 수 있다. 하나의 잠재적인 문제점은 분권화가 비용이 많이 소요되는 활동의 중복이 나타날 수 있다는 것이다. 예를 들어, 두 명의 하위부서 관리자들은 하나의 구매부문이 더욱 경제적이라 하더라도 그들 각자의 구매부문을 개발하기로 결정할 수 있다. 혹은 단일의 조정된 판매인력이 더욱 효과적이라 하더라도, 각각의 주요 하위부서는 자신의 판매인력을 가지려고 할 것이다.

분권화된 조직의 두 번째 문제점은 하위부서의 관리자들이 회사전체의 목표와 서로 맞지 않는 개인목표를 추구할 수 있다는 것이다. 이러한 문제점을 **목표일치성의 부족**(lack of goal congruence)이라 한다. 목표일치성 문제의 예는 세력확장(empire building)이다. 일부 관리자들은 큰 하위부서(이들을 세력이라 함)를 운영하는 것에서 실질적인 만족감을 얻고 있다. 아마도 이러한 만족감은 자신들의 통제범위 안에 있는 다수의 종업원과 시설의 규모로 친구와 업계를 감동시키는데서 나온다. 그러나 관리자의 개인적인 목표를 만족시키기 위해 하위부서의 규모를 극대화시키는 것은 이익극대화라는 회사 전체의 목표와 서로 맞지 않을 수 있다. 더 큰 운영활동이 반드시 더 수익성 있는 운영활동으로 이어지지는 않는다.

분권화된 조직에서 목표일치성 문제를 통제하기 위해서 회사들은 하위부서 관리자의 성과를 평가한다. 이 장의 후반부에서 살펴 보겠지만, 평가과정은 회사전체를 위해서 행동하도록 하위부서의 관리자를 독려해야 한다. 즉, 성과평가는 자신들의 개인적인 목표가 회사전체의 목표와 일치되도록 행동하도록 관리자들을 독려해야 한다.

이들 분권화의 장점과 단점을 요약하면 〈그림 12-2〉에 나타낼 수 있다.

분권화의 장점	분권화의 단점
1. 우수한 결정을 유도하는 더욱 훌륭한 정보 획득	1. 비용이 많이 드는 활동의 중복
2. 변화하는 환경에 빠른 대응	2. 목표일치성의 부족
3. 관리자들의 동기부여 증가	
4. 미래 최고경영자를 위한 아주 훌륭한 훈련 제공	

〈그림 12-2〉 분권화의 장점과 단점

12.2 회사가 하위부서와 하위부서 관리자의 성과를 평가하는 이유

분권화 상황에서는 하위부서와 그 부서 관리자를 평가해야 한다. 이러한 평가는 다음에서 설명하는 것처럼 그 목적이 다르다.

12.2.1 하위부서의 평가

의사결정/증분분석 하위부서의 평가는 개선을 필요로 하는 성공적인 운영활동과 분야를 파악하기 위해서 실시된다. 만일 운영활동이 성공적일 수밖에 없다면, 최고경영자는 운영활동이 확대되어야 하는지를 결정하기 위해서 증분분석(incremental analysis)을 수행할 수 있다. 만일 운영활동이 과소 수행되는 것으로 파악되면, 최고경영자는 운영활동이 제거되어야 하는지 혹은 그것을 개선하기 위해서 자금이 투자되어야 하는지를 결정하기 위해서 증분분석을 수행할 수 있다.

12.2.2 하위부서 관리자의 평가

측정해야 관리할 수 있다 하위부서 관리자를 평가하는 이유는 평가가 하위부서 관리자의 행동에 영향을 미치기 때문이다. 제1장에서 논의된 것처럼, "측정해야 관리할 수 있다!" 다른 말로 하면, 성과측정지표는 관리자들의 행동을 유도하기 위해서 사용될 수 있다.

예를 들어, 액션 인더스트리즈의 가정용 제품 사업부의 관리자인 마리 그레코는 역사적으로 총매출액으로 평가되어 왔다. 당해 연도에 그녀는 또한 신규고객에 대한 매출액(sales to new customers)으로 평가되고 있다.

당신은 그녀의 행동이 변할 것이라고 생각하는가? 아주 틀림없이, 그녀는 새로운 성과측정지표와 관련하여 아주 높은 수준에서 수행하길 원하기 때문에 신규고객을 개발하는데 그녀의 판매팀이 관심을 집중하도록 많은 시간을 소비할 것이다. 만일 신규고객을 개발하는 것이 회사의 성공에 중요하다면, 이러한 새로운 성과측정지표는 신규고객에 대한 매출액에 집중하게 하는 행동을 유도하는 훌륭한 아이디어가 된다.

훌륭한 관리자와 나쁜 하위부서를 가질 가능성이 있다는 점을 상기하라. 관리자는 하위부서를 개선하기 위해 합리적으로 가능한 모든 것을 할 수 있지만, 하위부서는, 회사가 생각하기에는, 훌륭한 장기적인 이익 잠재성을 가진 사업라인이 아닐 수 있다. 이러한 경우에, 회사는 관리자의 성과에 보상을 주겠지만, 하위부서의 사업라인을 종료할 수 있다.

12.2.3 책임회계와 성과평가

원가배분을 논의한 제6장은 관리자들이 자신들이 통제할 수 있는 원가와 수익에 대해서만 책임을 부여하는 기법인 **책임회계**(responsibility accounting)라는 주제를 소개하였다. 이 아이디어는 분권화된 조직에서 관리자의 성과를 평가하기 위해 사용되는 회계시스템을 설계하는데 뛰어난 역할을 수행한다. 분권화 조직에서 책임회계를 수행하려면 원가와 수익은 통제가능한 조직수준에서 추적되어야 한다.

예를 들어, 〈그림 12-3〉에 제시된 존스 툴(Jones Tool)사에 대해 생각해 보자. 존스 툴 사는 동부공장과 서부공장에서 다양한 도구를 생산한다. 소규모 도구를 생산한다. 각 공장별로 **공장관리자**(plant manager)가 있다. 현재 매일 2교대로 운영되고 있고, **생산감독자**(production supervisor)에 의해서 작업에 대한 감독이 이루어지고 있다. 제조담당 부사장은 동부공장과 서부공장 두 공장 모두의 생산에 대해 책임을 지고 있다.

〈그림 12-3〉은 책임회계에서 성과평가를 수행하기 위해서 원가가 어떻게 집계되는지를 보여주고 있다. 오직 노무원가와 재료원가만 개별 생산감독자에게 추적되어야 한다. 이러한 절차를 따르는 것은 생산감독자가 존스 툴 회사에서 발생되는 재료와 노무원가에 크게 영향을 미치는 여러 가지 의사결정을 내리기 때문이다. 그러나 공장의 제조간접원가는 감독자들에게 추적되지 않는데, 왜냐하면 이들 감독자들은 발생되는 제조간접원가의 크기에 영향을 미치는 의사결정에 관여되지 않기 때문이다. 제조간접원가는 공장관리자에게 추적되어야 한다. 예를 들어, 동부공장의 관리자는 $500,000(1차 교대조의 $300,000과 2차 교대조의 $200,000)의 노무원가와 $400,000(1차 교대조의 $250,000과 2차 교대조의 $150,000)의 재료원가, 그리고 동부공장에서 발생되는 $600,000의 제조간접원가에 대해서 책임을 진다.

제조담당 부사장은 동부공장과 서부공장에서 발생되는 모든 원가에 대해서 책임을 진다. 그러므로 모든 생산원가는 부사장에게 추적된다. 예를 들어, 부사장에게 추적되는 제조간접원가는 동부공장의 $600,000과 서부공장의 $800,000을 포함한 $1,400,000이다.

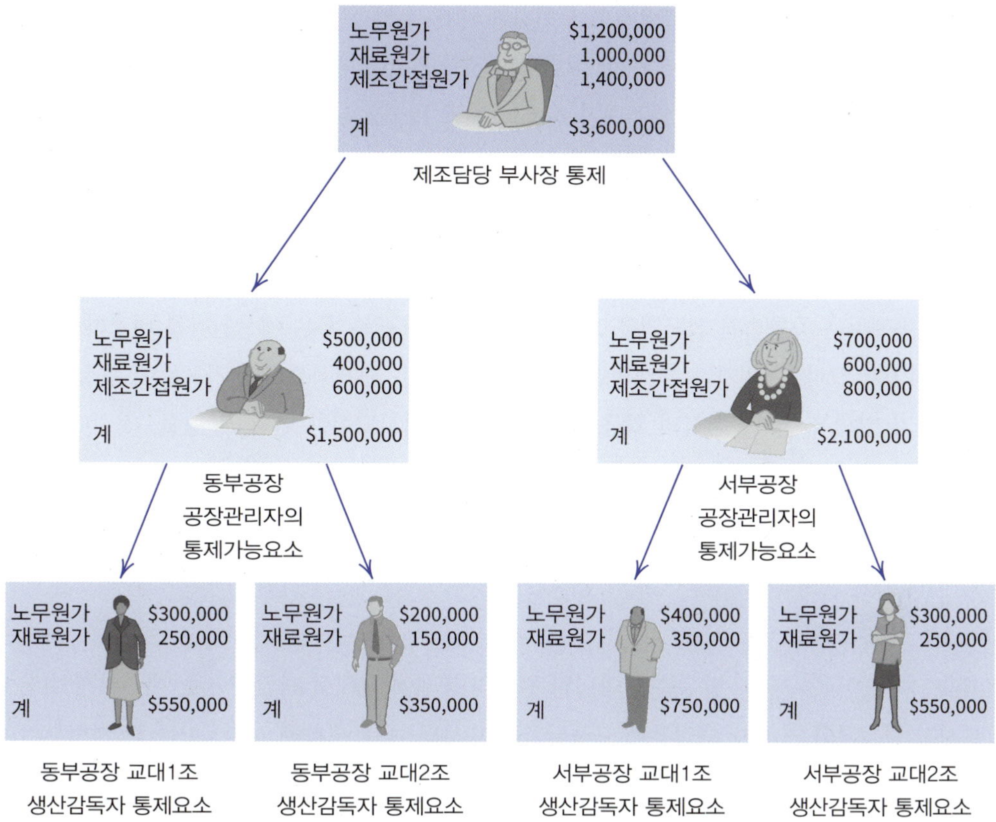

〈그림 12-3〉 해당 조직수준에서 통제가능한 원가

12.3 원가중심점, 이익중심점 및 투자중심점

하위부서는 관련 자원과 활동의 식별가능한 집합체를 가진 조직단위이다. 하위부서는 부문, 자회사 혹은 사업부 등이 될 수 있다. 하위부서는 종종 수익의 발생 그리고 혹은 원가의 발생에 대하여 책임을 지는 조직 단위로서 정의되는 **책임중심점**(responsibility centers)으로 불리어진다. 책임중심점은 일반적으로 원가중심점, 이익중심점, 혹은 투자중심점으로 분류된다. 이들 각 하위부서에 대해 적절한 성과측정지표의 유형을 살펴보자.

12.3.1 원가중심점

원가중심점(cost center)은 원가를 통제하는데 책임을 지지만, 수익을 발생시키는데 책임을 지지 않는 하위부서이다. 대부분의 서비스 부문(예, 복사, 청소서비스, 기계수선부문, 그리고 전산지원서비스 부문)들은 원가중심점으로 분류된다. 이들 부문의 관리자들은 자신들의 서비스가 회사에게 합리적인 원가로 확실히 제공되는 것에 책임을 지지만, 그들은 일반적으로 회사에 대해 수익을 발생시키는데 책임을 지지 않는다. 생산부문은 또한 원가중심점으로 분류된다. 한 예로서 데스크탑 컴퓨터의 전자부품을 조립하는 부문을 생각해보자. 조립부문의 관리자는 확실히 컴퓨터가 허용 가능한 품질표준을 유지하면서 가장 낮은 원가로 조립하는데 책임을 진다. 그러나 관리자는 아마도 컴퓨터들이 어떻게 시장에 내놓게 되는지 그리고 어떤 가격이 부과될 것인지에 대한 별다른 추가적인 아이디어를 가지고 있지 않다. 관리자는 판매된 수량 혹은 부과된 가격에 대한 직접적인 통제를 거의 행사하지 않기 때문에, 조립부문은 원가중심점으로 간주될 것이다.

원가중심점을 통제하는 공통적인 접근법은 그들의 실제원가와 표준 혹은 예산원가를 비교하는 것이다. 만일 표준과의 차이가 크다면, 원가가 통제범위 밖에 있는지 혹은 대체적으로 원가표준이 수정될 필요가 있는지를 결정하기 위해서 원가중심점의 활동에 대한 조사가 실시되어야 한다. 불량률, 정시배달 통계치와 같은 다른 성과측정지표와 고객만족도 측정지표가 원가중심점을 통제하기 위해서 사용될 수 있다. 그와 같은 측정지표는 이 장의 후반에 있는 균형성과표(balanced scorecard)에 대한 부분에서 논의된다.

12.3.2 이익중심점

이익중심점(profit center)은 수익의 발생뿐만 아니라 원가의 통제에 대해서 책임을 지는 하위부서이다. 앞에서 제시된 복사기 사업부와 카메라 사업부로 구성된 전자회사의 예를 생각해 보자. 이들 각 사업부는 판매를 통한 수익의 발생과 제품의 생산 및 마케팅과 관련된 원가의 통제에 대해서 책임을 지기 때문에 이익중심점으로 분류될 수 있다.

수익과 원가(이익을 결정하는 두 가지 요소)가 이익중심점 관리자의 통제하에 있기 때문에 이익중심점의 성과는 수익성에 의해서 평가될 수 있다. 수익성에 의한 평가는 관리자들로 하여금 이익중심점의 수익성을 극대화하는 방법에 대하여 관심을 집중하도록 동기부여하기 때문에 유용하다.

회사들은 이익중심점의 수익성을 평가하기 위해 여러 가지 방법을 사용한다. 당해 년도에 벌어들인 이익은 이익목표 혹은 예산과 비교될 수 있다. 혹은 벌어들인 이익은 전년도에 벌어들인 이익과 비교될 수 있다. 일부 회사들은 이전의 이익과 상대적인 성과평가를 사용하여 이익중심점을 평가한다. 어떤 회사는 **상대적 성과평가**(relative performance evaluation)를 사용한다. 이익중심점의 상대적인 성과평가는 다른 유사한 이익중심점의 수익성과 비교하여 각 이익중심점의 수익을 평가하는 것이다.

예를 들어, 치킨 킹(Chicken King) 회사는 주요 중서부도시에서 10개의 패스트푸드 레스토랑을 운영하고 있다. 각 매장(레스토랑)은 수익의 발생(치킨 샌드위치, 소다, 아이스크림 등의 판매)과 원가의 통제(음식원가, 노무원가, 수도광열비 등)에 대하여 책임이 있기 때문에 이익중심점으로 간주된다. 만일 각 매장이 크기, 외관 및 메뉴 등에서 유사하다면, 각 매장이 벌어들인 이익과 다른 매장이 벌어들인 이익을 비교하는 것이 매장 관리자들의 유효성을 평가하는 유용한 수단이 될 수 있다.

12.3.3 투자중심점

투자중심점(investment center)은 수익의 발생, 원가의 통제 및 자산의 투자에 대하여 책임을 지는 하위부서이다. 수익, 원가 및 투자에 책임을 지기 때문에, 투자중심점은 부문에 투자된 자산에 상응하는 이익을 획득하는데 책임이 있다. 회사의 대부분 사업부는 이익중심점이나 혹은 투자중심점으로 간주될 수 있다. 만일 사업부 관리자가 사업부 자산에 대한 투자에 영향을 미치면서 의사결정에 상당히 영향을 미칠 수 있다면, 그 사업부는 투자중심점으로 간주되어야 한다. 만일 사업부 관리자가 투자의사결정에 영향을 미칠 수 없다면, 그 사업부는 이익중심점으로 간주되어야 한다. 액션 인더스트리즈의 가정용 제품 사업부의 관리자인 마리 그레코는 투자의사결정할 수 있는 권한을 부여받았으므로, 그녀의 운영활동은 투자중심점이다.

투자중심점 관리자들은 일반적으로 재고수준, 매출채권수준 그리고 투자중심점에 의해서 소유되는 장비와 기타 자산에 대한 투자를 결정하는데 주된 역할을 한다. 따라서 그들이 이들 자산에 대한 수익을 획득할 책임을 지는 것이 합리적인 것처럼 보인다. 그러나 투자중심점 관리자들이 주된 역할을 한다고 하더라도, 그들은 일반적으로 자산에 투자하는데 완전한 자율권이 주어지지 않는다. 일반적으로 본사 경영자가 모든 주요 투자의 최종 승인권을 가지고 있다. 투자중심점 관리자들이 어떤 정해진 금액보다 큰 모든 투자(예, $200,000보다 큰 투자)에 대한 본사 경영자의 승인을 받아야 한다는 지침이 규정될 수 있다.

Test Your Knowledge

다음의 각 하위부서를 (가정 적합한) 원가중심점, 이익중심점, 혹은 투자중심점으로 구분하라.

a. 제너럴 일렉트릭 자회사인 GE 회사
b. 워싱턴 레드몬드에 있는 마이크로소프트 캠퍼스의 물리적 보안에 책임 있는 하위부서
c. 달라스에 있는 노드스트롬(Nordstrom) 상점의 남성용 신발 관리자

정답 : a. 투자중심점, b. 원가중심점, c.이익중심점

Link to Practice

노드스트롬(Nordstrom)의 하위부서

노드스트롬 회사의 하위부서에 대하여 생각해 보자. 회사는 여성, 남성, 그리고 어린이를 위한 의류, 신발 및 악세서리 등을 판매하는 미국에 117개, 캐나다에 6개의 전품목 상점을 가지고 있다. 더불어, 회사는 노드스트롬 랙(Nordstrom Rack)이라는 이름으로 235개의 할인점을 운영하고 있다. 또한, 정가 웹 사업부는 두 개의 제프레이(Jeffrey) 부티크와 한 개의 라스트 첸스(Last Chance) 재고정리 상점이 있다. 이들 각 상점은 관리자들이 투자에 대하여 어느 정도 자율권을 가지고 있는가에 따라 이익중심점 혹은 투자중심점으로 구분할 수 있다. 개별 상점(예, 샌프란시스코의 노드스트롬 상점)은 또한 이익중심점 혹은 투자중심점이다. 노드스트롬의 광고, 수선유지, 그리고 회계부문은 원가중심점이다. 이들 하위부서의 관리자들은 원가통제에는 책임이 있지만, 그들은 수익창출에는 책임이 없다.

학습목표 2 투자이익률(ROI), 잔여이익(RI)과 경제적 부가가치(EVA)의 계산 및 해석

12.4 ROI에 의한 투자중심점의 평가

투자중심점의 성과를 평가하는 기본적인 도구 중의 하나가 **ROI**(return on investment; ROI)이다. ROI는 투하자본에 대한 투자중심점 이익의 비율로 계산된다. ROI를 사용하여 성과를 평가하는 아이디어는 20세기 초반에 **듀폰**(Du Pont, 그후 DuPont Powder Company로 알려짐)에 의해서 개발되었고, 현재 폭넓은 인정을 받고 있다.[1]

ROI는 성과 측정지표로서 이익에 대한 확실한 장점을 가지고 있다. 그것은 이익(ROI의 분자)뿐만 아니라 투자(ROI의 분모)에 대한 관리자의 관점에 초점을 두고 있다. 두 사업단위가 동일한 이익 $100,000를 획득하였다고 가정하자. 유일하게 이익에 기초한 성과측정지표는 두 단위가 동일하게 성공한 것으로 평가한다. 그러나 첫 번째 사업단위는 $1,000,000의 자산 투자가 필요한 반면에, 두 번째 단위는 단지 $500,000가 필요하다. 두 번째 단위는 동일한 수준의 이익을 벌기 위해서 단지 절반의 투자가 필요하기 때문에 첫 번째 사업단위보다 더 훌륭한 성과를 올렸다. 이것은 회사로 하여금 두 번째 사업단위가 사용하지 않은 자금을 또 다른 프로젝트에 투자하여 추가적인 이익을 올릴 수 있도록 해준다. 즉,

$$\text{ROI} = \frac{\text{이익}}{\text{투하자본}} \qquad \textbf{사업단위 1:}\ \frac{\$100{,}000}{\$1{,}000{,}000} = 0.10 \text{ 혹은 } 10\% \qquad \textbf{사업단위 2:}\ \frac{\$100{,}000}{\$500{,}000} = 0.20 \text{ 혹은 } 20\%$$

Link to Practice

ROI와 주주가치에 대한 초점은 미국과 영국에서와 같이 프랑스, 독일, 일본에서도 동일하지 않다.

미국과 영국의 관리자들은 ROI와 같이 재무적 성과측정지표에 크게 초점을 두고 있다. 그들은 ROI를 증대시키는 행동이 주주가치의 증가로 이어지고, 주주가치를 증가시키는 것이 그들의 기본적인 책임이라고 믿기 때문에 그렇게 한다. 그러나 이것은 프랑스, 독일 및 일본에는 해당되지 않는다. 이들 나라에서 관리자들은 투자자/주주와 더불어 종업원, 고객, 공급자, 및 그들이 운영하는 시의 시민들을 포함하여 모든 회사의 주주들의 복리에 자신들의 관심을 기울여야 한다고 믿는다. 이것은 이들 나라에서 다른 의사결정으로 이어질 수 있다. 예를 들어, 미국과 영국에서 관리자들은 투자자들의 부를 증가시키면서, 이익과 ROI를 증가시키기 위해서 임금을 삭감하고 주식가격을 증대시킬 수 있다. 그러나 프랑스, 독일 및 일본에서 임금 삭감은 주요 이해관계자 그룹 즉, 종업원을 해하기 때문에 유리하게 보이지 않을 수 있다. 따라서 미국과 영국과 비교하여 이들 나라에서는 훨씬 ROI에 대한 집중이 적을 것이다.

출처 : "companies Not for Shareholders Alone," editorial from *Yomiuri Shimbun*, October 24, 2005. Reprinted by permission of *Yomiuri Shimbun*.

1 H. Thomas Johnson and Robert S Kaplan, Relevance Lost: *The Rise and Fall of Management Accounting* (Boston: Harvard Business School Press, 1987), Chapter 4. 참조

이익과 달리 ROI는 이들 두 단위를 동일하게 성공한 것으로 평가하지 않는다는 점에 유의하라. 첫 번째 단위는 ROI가 단지 10%인데 반해, 두 번째 단위는 ROI가 20%로 훨씬 더 높다.

일부 회사들은 ROI를 두 개의 요소 분리한다. 즉, 매출이익률과 투자회전율로 나눈다. 즉,

$$\text{ROI} = \frac{\text{이익}}{\text{투하자본}} = \overset{\textbf{매출이익률}}{\frac{\text{이익}}{\text{매출액}}} \times \overset{\textbf{투자회전율}}{\frac{\text{매출액}}{\text{투하자본}}}$$

매출이익률(Profit margin)은 매출액에 대한 이익의 비율인 반면, **투자회전율**은 투하자본에 대한 매출액의 비율이다. ROI를 이들 구성요소로 구분하는 것은 ROI를 개선시킬 수 있는 두 가지 방법이 있다는 것을 관리자에게 확실하게 알려준다. 관리자들은 매출액 $1에 대하여 벌어들이는 이익(예, 이익률)을 개선시킬 수 있는 조치를 취하거나 혹은 투하자본 $1에 대하여 더 많은 매출액(예, 회전율의 증가)을 발생시키는 조치를 취할 수 있다.

12.4.1 ROI를 계산할 때 이익과 투하자본의 측정

ROI를 계산할 때 회사들은 여러 가지 방법(순이익, 이자 및 세전이익, 통제가능이익 등)으로 "이익"을 측정한다. 본 교재의 목적과 많은 회사들의 실무와 일관성을 유지하기 위해서 우리는 투자중심점 이익을 약어로 NOPAT로 알려진 **세후순영업이익**(net operating profit after taxes)으로 측정할 것이다.

NOPAT가 세후영업이익에 초점을 맞추고 있기 때문에, 영업외비용인 이자비용은 포함하지 않는다. 그러므로 NOPAT를 계산하기 위해서는 순이익에 다시 이자비용을 가산하여 결과적으로 법인세비용을 수정해야 한다. 액션 인더스트리즈의 가정용 제품 사업부와 관계있는 〈그림 12-4〉의 자료를 생각해 보자. 그림에 나타난 것처럼, 순이익은 $4,800,000이다. 여기에서 $1,000,000의 이자비용을 가산하고, $1,000,000에 20%에 해당하는 $200,000 이자에 대한 세금절약액을 차감한다.이를 통해 NOPAT의 값은 $5,600,000로 결정된다. NOPAT를 사용하는 이점은 투자중심점 관리자가 이자비용에 대하여 책임을 지지 않는다는 것이다. 이것은 투자중심점 관리자들이 흔히 자신들의 영업활동에 필요한 자금조달과 관련된 의사결정에 대한 책임이 없기 때문에 적절하다. 또한, NOPAT를 사용하는 것은 투자중심점의 자금조달방법에 의해 영향을 받지 않기 때문에 복수의 투자중심점을 쉽게 비교할 수 있게 한다.

"이익"과 함께, 회사들은 여러 가지 방법(총자산, 감가상각누계액을 다시 가산한 후의 총자산, 총자산-유동부채 등)으로 "투하자본"을 측정한다. 본 교재는 투하자본을 총자산에서 **무이자부부채**(noninterest-bearing current liabilities; NIBCL)를 차감한 것으로 측정할 것이다. NIBCL은 이자지급을 요구하지 않는 유동부채이다. 따라서 NICBL은 매입채무, 미지급법인세, 미지급비용, 그리고 여러 가지 다른 항목을 포함한다. 무이자부유동부채는 그들이 자금의 "무료"원천이며 자산에 대한 투자비용을 감소시키기 때문에 총자산에서 차감된다. 〈그

순이익(Net Income)	
매 출 액	$40,000,000
-매출원가	25,000,000
매출총이익	15,000,000
-판매비와 관리비	8,000,000
영업이익	7,000,000
-이자비용	1,000,000
법인세차감전이익	6,000,000
-세 금	1,200,000
순이익	$ 4,800,000
세후순영업이익(NOPAT)	
순이익	$ 4,800,000
+이자비용	1,000,000
-이자와 관련된 세금절약액 (0.20×$1,000,000)	200,000
세후순영업이익	$ 5,600,000
투하자본(Invested Capital)	
총자산의 장부가치(총자산 + 감가상각비)	$96,000,000
-무이자부유동부채	5,000,000
투하자본	$91,000,000
ROI = 세후순영업이익÷투하자본	0.062 혹은 6.2%

〈그림 12-4〉 액션 인더스트리즈의 가정용 제품 사업부에 대한 투자중심점 이익과 투하자본의 계산

림 12-4〉에 나타나듯이, 총자산에서 무이자부유동부채를 차감하여 계산된 투하자본은 $91,000000이다. 따라서 ROI(투하자본에 대한 NOPAT의 비율)는, 회사의 자본비용보다 적은, 단지 6.2%이다.

Any Questions?

Q : 〈표 12-4〉에서 세후순영업이익(NOPAT)은 순이익에 다시 이자를 가산한 다음 이자에 대한 세금절약액을 공제하어 계산한다. 왜 영업이익에서 관련 세금을 공제하지 않는가? 그렇게 해도 동일한 답을 얻을 수 있다.

영업이익(표 12-4 참조)	$7,000,000
-세금(20%)	1,400,000
세후순영업이익	$ 5,600,000

A : 영업이익에서 관련 세금을 공제해도 동일한 해답을 얻을 수 있다. 그러나 일부 손익계산서는 "영업이익" 수치를 뽑아낼 수 없다. 그럴 경우, 먼저 영업이익을 계산한 다음 관련 세금을 공제해야 한다. 어느 접근법을 사용하든 세후순영업이익은 이자비용을 포함하지 않는다는 점을 기억하라.

가정용 제품 사업부가 벌어들인 낮은 ROI를 고려할 때, 이사회 의장인 알리스터 허드가 운영활동의 성과

에 의문을 갖는 것이 적절하다. 가정용 제품은 실질적인 이익을 창출하고 있는데 반하여, 이익은 영업활동의 투자수준과 비교해 보면 낮다. 이것이 ROI가 제공하는 본질적인 통찰력이다.

12.4.2 ROI를 사용하는데 따른 문제점

ROI의 장점에도 불구하고, ROI을 사용하는데 따른 문제가 나타날 수 있다. ROI의 한 가지 문제점은 자산에 대한 투자는 일반적으로 역사적 원가를 사용하여 측정된다는 것이다. 총자산의 역사적 원가는 공장과 장비의 감가상각에 의해 영향을 받는다는 점을 상기하라. 자산이 완전히 상각됨에 따라, 투자의 측정지표는 매우 낮게 되며, ROI은 아주 크게 된다. 이것은 ROI를 사용하여 투자중심점들을 비교하는 것을 어렵게 만든다.

한 가지를 제외하고 모든 측면에서 동일한 두 개의 투자중심점을 생각해 보자. 투자중심점 1은 5년 전에 착수되었고, 고정자산에 대한 투자는 실질적으로 상각되는데 반해, 투자중심점 2는 당해 연도에 착수되었다. 두 개는 정확하게 동일한 수준의 세후순영업이익 $100,000를 벌었다. 〈그림 12-5〉에 나타난 것처럼, 투자중심점 1의 ROI은 29.41%인데 반하여, 투자중심점 2의 ROI은 23.81%이다. 5.6%의 차이는 투자중심점 1의 고정자산이 실질적으로 상각되어진 사실에 기인한다. 따라서 투자중심점 1의 투자기준은 투자중심점 2의 투자기준보다 훨씬 낮다.

이제 추가적인 자금이 두 개의 사업부문의 어디에도 투자가능하다고 가정하자. 증분투자 관점에서 투자중심점 1이 투자중심점 2보다 더 높은 수익을 벌수 있는가? 투자중심점 1이 더 높은 ROI를 가지고 있더라도, 두 사업부문은 장비의 연령을 제외하고 모든 측면에서 동일하다. 따라서 두 부문이 자금으로 동일한 이익을 획득한다고 예상할 것이다. 문제는 ROI를 사용하여 투자중심점의 매력도를 평가한다는 것은 그들의 감가상각가능 자산의 잔존내용연수가 매우 다르다면 어려워질 수 있다는 것이다.

	투자중심점 1		투자중심점 2	
세후순영업이익(NOPAT)		$100,000		$100,000
투 자 :				
현 금		$ 20,000		$ 20,000
매출채권		80,000		80,000
재고자산		150,000		150,000
공장및장비원가	$200,000		$200,000	
감가상각누계액	100,000	100,000	20,000	180,000
총자산		350,000		430,000
-무이자부유동부채		10,000		10,000
투하자본		$340,000		$420,000
ROI(ROI)		29.41%		23.81%

〈그림 12-5〉 감가상각누계액에서 차이를 가진 투자중심점의 비교

Link to Practice

ROI에 대한 보잉의 초점은 지나친 아웃소싱으로 이어졌는가?

787 드림라이너(Dreamliner)를 개발함에 있어서 보잉은 전례없는 규모의 글로벌 아웃소싱 전략을 실행하였다. 계획은 전세계의 설계회사를 보유함으로서 원가를 줄이고, 다음에 미국의 보잉에 의해 조립되는 항공기의 핵심 부품을 만드는 것이었다. 불행히도, 그 전략은 역효과를 가져왔다. 분석가들은 그 전략이 보잉이 프로젝트에 투자하기로 계획한 것보다 더 많은 $120억 내지 $180억의 원가가 더 많이 발생하는 것으로 추정하였다.

시애틀 대학의 학생들과의 한 만남에서 보잉 상업용 비행기의 CEO인 짐 알보흐(Jim Albaugh)는 그와 같은 규모로 아웃소싱하는 의사결정(그가 취임하기 전에 이루어진 의사결정)은 순자산이익률(return on net assets; RONA)에 지나치게 초점을 둠으로써 이루어졌다고 그들에게 솔직하게 말했다. 이 측정지표는 우리가 논의하였던 측정지표인 ROI와 매우 유사하다.

당신이 드림라이너가 구상되고 있었던 1990년대 말에 보잉의 관리자라고 가정하자. 당신의 성과가 ROI를 사용하여 평가될 예정이었다면, 당신은 왜 아웃소싱에 관여하길 원했겠는가? ROI를 증가시키는 한 가지 방법은 자산(ROI의 분모)을 감소시키는 것이다. 아웃소싱함으로써 보잉은 설비와 기타 자산을 구축하는 원가를 공급자에게 전가하여 ROI를 증가시킬 수 있을 것으로 생각하였을 것이다.

출처 : "A 'Prescient' Warning to Boeing on 787 Trouble," *Seattle Times*, February 6, 2011, pp. D1, D6.

ROI의 일부 비판은 ROI에 대한 지나친 강조는 관리자들로 하여금 경쟁력을 유지하는데 필요한 현대적인 장비의 구입을 지연시킬 수 있게 한다는 것이다. 오래된 장비는 실질적으로 감가상각되기 때문에 낮은 보유가치를 가질 것이다. 따라서 ROI의 분모(총자산 – 무이자부유동부채)는 낮아지고, 그리고 ROI는 높아진다. 만일 새로운 장비가 구입되면, 투자수준이 크게 증가하여, ROI를 감소시킬 것이다. 관리자들이 ROI로 평가된다면, 그들은 ROI의 하락이 자신들의 직무성과를 낮게 평가받을 수 있다는 점을 염려할 것이다. 이와 같은 상황에서 관리자들은 회사의 장기적인 성공에 필요한 장비를 구매하지 못할 것이다.

투자안은 순현재가치로 평가하는 것이 바람직하다는 앞 장의 설명을 기억하라. 음(-)의 순현재가치를 가진 투자기회들은 기각되어야 하고, 양(+)의 순현재가치를 가진 투자기회들은 실행되어야 한다. 그러나 관리자의 성과가 ROI를 사용하여 평가된다면, 그들은 양(+)의 순현재가치를 가진 프로젝트에 투자하도록 동기부여되지 않을 수 있다. 그 이유는 단기적으로 양(+)의 순현재가치를 가진 프로젝트는 낮은 수준의 이익을 갖게 되어 결과적으로 낮은 ROI를 갖게 된다는 것이다. 만일 관리자들이 ROI로 평가 받는다면, 그들은 ROI가 추가적인 투자로 어떻게 영향을 받게 되는지에 대하여 아주 많은 관심을 갖게 될 것이다. 결과적으로 현재의 높은 ROI를 가진 관리자들은 투자기회를 평가할 때 순현재가치 대신에 ROI에 미치는 영향을 고려할 것이다.

12.4.3 과잉투자와 과소투자의 문제점 : 측정해야 관리할 수 있다!

측정해야 관리할 수 있다 ROI와 관련된 문제점은 높은 ROI를 가진 투자중심점의 관리자들이 수익이 그들의 현재 높은 ROI보다 적으면 본사경영자에게 만족스러운 수익을 올릴 수 있는 자산에 대한 투자를 꺼릴 수 있다는 것이다. 즉, 현재 높은 ROI를 가진 관리자들은 과소투자할 수 있다. 나중에 설명되는 것처럼, 이러한 문제점은 잔여이익 혹은 경제적 부가가치(EVA)를 사용하여 관리자들을 평가함으로서 최소화될 수 있다. 지금은 성과측정지표로서 ROI의 사용과 관련된 과소투자의 경향과 성과측정지표로 이익의 사용과 관련된 과잉투자의 경향을 비교해 보자.

이익에 의한 평가는 과잉투자를 야기할 수 있다.

측정해야 관리할 수 있다 제9장에서 논의한 것처럼, 관리자들은 자본비용을 초과하는 수익을 올리는 자산에 투자하기를 원한다. 그러나 "측정해야 관리할 수 있다!"는 점을 기억하라. 만일 이익의 성장으로 관리자를 평가한다면, 그들은 자본비용보다 낮은 수익을 올리는 투자안에 투자하도록 동기부여될 것이다. 즉, 그들은 자산에 과잉투자할 것이다.

매우 훌륭한 관리자는 아니지만, 주주들이 투자할 자산을 제공해 주는 한 어떤 회사의 이익도 증가시킬 수 있다. 그리고 이익은 증가하지만 주주가치는 감소할 것이다! 확실히 이들 상충적인 결과를 어떻게 달성할 수 있는가? 이는 회사를 성장시키고 자본비용보다 적은 수익을 올리는 프로젝트에 투자함으로써 가능하다(예, 과잉투자하게 되면 가능하다). 예를 들어, 하위부서와 관련된 자본비용이 9%이고, 하위부서는 현재 $1,000,000의 투자로 $100,000의 이익을 벌고 있다고 가정하자. 이것은 하위부서가 10%의 이익률을 올리고 있다는 것을 의미한다. 이제 주주들에 의해서 제공된 자금을 사용하여 하위부서를 성장시킬 것이다(그래서 이익을 감소시키는 아무런 이자부담도 없다). 하위부서의 투자규모를 $2,000,000로 두 배 증가시켜 $150,000의 이익을 번다고 가정하자. 하위부서는 50%의 이익이 증가하였고, 성과가 이익의 성장으로 평가를 받는다면 훌륭하게 보일 것이다. 그러나 $1,000,000의 증분투자로 얼마만큼의 수익을 벌었는가? 이익의 증가는 $50,000이며, 단지 자본비용보다 적은 5%의 수익을 올렸다.

ROI에 의한 평가는 과소투자를 야기할 수 있다.

측정해야 관리할 수 있다 아마도 과잉투자 문제점의 확실한 해결방안은 ROI로 관리자를 평가하는 것이다. 관리자들은 그들이 증가된 수익으로 평가를 받는다면 단지 이익을 증가시키기 위해서 낮은 수익을 갖는 프로젝트에 투자하길 원하지 않을 것이다. 그러나 이미 알고 있는 것처럼, ROI가 자체적으로 일련의 문제점을 가지고 있으며, 이들 문제점 중의 하나는 관리자들이 과소 투자하게 만드는 것이다. 즉, 그들은 자본비용보다 큰 수익을 벌어들이는 프로젝트를 기각할 것이다.

당신이 15%의 ROI와 10%의 자본비용을 지닌 하위부서의 관리자라고 가정하자. 만일 당신이 ROI로 평가를 받는다면, 당신은 12%의 이익률을 가진 신규 프로젝트에 투자하겠는가? 아마도 아닐 것이다. 비록 프로젝트가 자본비용보다 큰 수익을 갖고 주주의 부를 증가시키더라도, 그것은 당신의 보고된 ROI를 낮춰서 아마도 당신의 성과에 부정적으로 반영될 것이다. 사실상, 당신은 당신의 보고된 ROI를 증가시키기 위한 노력으로 10%보다 크지만 15%보다는 작은 수익을 벌어들이는 당신의 현재 프로젝트의 일부를 제거하려고 할 것이다. ROI는 높은 성과를 올리는 하위부서가 과소 투자할 가능성이 가장 높다는 점에 유의하라. 즉,

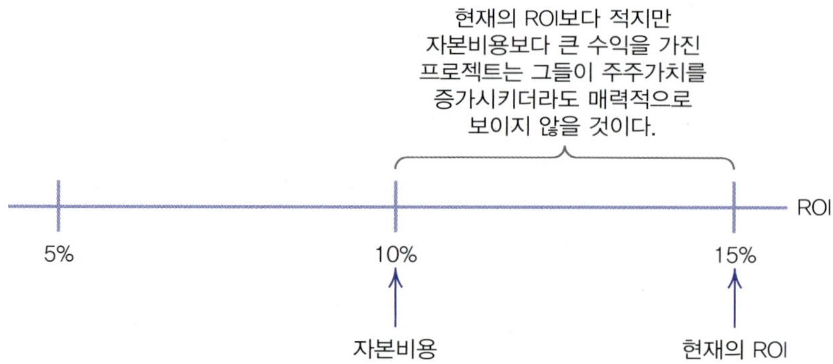

〈그림 12-6〉 높은 ROI를 가진 하위부서는 수익이 현재의 높은 ROI보다 적으면 자본비용보다 큰 ROI를 가진 투자안을 기각할 수 있다.

그것들은 자본비용보다 훨씬 큰 수익을 벌어들이는 프로젝트들이다. 그리고 이 부서들은 정확히 확장을 할 수 있는 훌륭한 하위부서 후보들이다. 주주들은 이들 관리자들이 자본비용보다 큰 수익을 가진 모든 프로젝트에 투자하길 원한다. 그러나 관리자들은 자본비용보다 높지만 자신들의 현재 높은 수익보다 적은 수익을 가진 프로젝트에 투자하지 않으려고 할 것이다. 이유는 투자안이 자신들의 높은 ROI를 낮출 수 있으며, 이것은 자신들의 성과가 하락하고 있다는 것을 나타낸다는 것이다(그림 12-6 참조).

12.5 경제적 부가가치(EVA)를 이용한 성과평가

과잉투자와 과소투자의 문제점을 해결하는 하나의 접근법은 **경제적 부가가치**(EVA)로 알려진 성과측정지표를 이용하는 것이다. 경제적 부가가치를 이용하는 회사들은 일반적으로 보너스 보상과 측정지표를 연계시킨다. 따라서 관리자들은 높은 수준의 경제적 부가가치를 달성하는데 매우 집중하게 된다. 경제적 부가가치는 잔여이익 개념을 기반으로 개발되었다. 이는 1930년대 개발되었고, 일반적으로 제너럴 일렉트릭(General Electric)에 의해서 알려졌다. 다음 절에서 잔여이익을 검토하고 경제적 부가가치로의 확장을 살펴볼 것이다.

12.5.1 잔여이익

잔여이익(residual income; RI)은 요구이익을 초과하는 투자중심점의 세후순영업이익이다. 그리고 요구이익은 투자중심점의 요구수익률에 투자중심점의 투자수준을 곱한 것과 같다(예, RI = NOPAT − 요구이익). 일반적으로 요구수익률은 투자중심점의 자본비용이다. 비록 여러 가지 대체적인 투자 측정지표가 존재하지만, 우리는 총자산에서 무이자부부채를 차감한 것을 투자의 측정지표로 사용할 것이다. 이러한 조건하에서, 잔여이익을 계산하는 공식은 다음과 같다.

잔여이익 = 세후순영업이익(NOPAT) − 요구이익
= 세후순영업이익(NOPAT) − (자본비용 × 투자액)
= 세후순영업이익(NOPAT) − 자본비용 × (총자산 − 무이자부유동부채)

여기서, 무이자부유동부채(NIBCL)는 흔히 이자를 부담하지 않는 유동부채를 의미한다. 투자수준을 결정하기 위해서 총자산에서 무이자부유동부채(NIBCL)를 왜 공제하는가? 답은 이들 부채들이 자금의 무료원천이라는 것이다. 당신이 오디오/비디오 상점을 오픈하고 $1,000,000의 재고를 구입하였다고 가정하자. 더욱이, 당신의 공급업자는 당신이 판매될 때까지 재고에 대해 지급하지 않는데 동의하였다고 가정하자. 따라서 당신은 재고와 관련된 $1,000,000와 매입채무(무이자부유동부채) $1,000,000의 총자산을 가지고 있다. 그러나 회사에 대한 당신의 투자액은 얼마인가? 물론 답은 제로(0)이며, 이것은 당신이 투자액을 총자산에서 무이자부유동부채NIBCL을 차감한 것으로 측정한다면 당신이 계산한 것과 정확히 같을 것이다.

액션 인더스트리즈(Action Industries)에서 상황의 재검토

본 장을 시작할 때 제시된 액션 인더스트리즈의 가정용 제품 사업부의 상황을 생각해 보자. 〈그림 12−4〉에서 보았던 것처럼, $5,600,000의 세후순영업이익(NOPAT)과 $91,000,000의 투하자본(총자산 − 무이자부유동부채)를 가지고 있다. 가정용 제품 사업부의 자본비용은 12%라고 가정하자. 이 경우 잔여이익은 $5,320,000의 손실이다.

잔여이익 = 세후순영업이익(NOPAT) − 요구이익
= 세후순영업이익(NOPAT) − (자본비용 × 투자액)
= 세후순영업이익(NOPAT) − 자본비용 × (총자산 − 무이자부유동부채)
= $5,600,000 − (12% × $91,000,000)
= $5,600,000 − $10,920,000
= ($5,320,000)

가정용 제품 사업부의 세후순영업이익은 $4,550,000이지만, 회사는 $91,000,000의 투자액을 고려할 때 $10,920,000의 세후순영업이익을 가졌어야 했다. 따라서 회사는 $5,320,000의 음(−)의 잔여이익을 가지고 있다. 그래서 회사의 경제적 부를 개선하는데 도움을 주는 댓가로 사업부는 주주의 부를 $5,000,000 이상 감소시켰다! 이것은 가정용 제품 사업부의 투자액을 고려한 이익의 적절한 수준을 계산한 후에만 명확해진다.

Link to Practice

디어 앤 컴퍼니(Deere & Company)는 EVA가 아니라 SVA를 사용한다.

일부 회사들은 EVA와 비슷한 측정지표를 사용한다. 예를 들어, 디어 앤 컴퍼니는 주주부가가치 혹은 SVA라고 부르는 측정지표를 사용한다. 이의 계산은 다음과 같다.

영업이익 – (자산의 원가×평균자산)

여기서 영업이익은 NOPAT와 동일하지 않지만 비슷하고, 자산의 원가는 기본적으로 회사의 가중평균자본비용이다. 다른 것은 자산의 원가는 총자산에서 무이자부유동부채를 차감한 것이 아니라 평균자산이 곱해진다는 것이다. 따라서 회사는 자금의 무료원천의 효익(NIBCL)을 고려하지 않는다. 회사의 재무담당이사에 따르면, 이것은 회사가 자산에만 초점을 맞추는 것이 공장에서 일하는 사람들에게 더 직관적이라고 믿기 때문에 행해졌다. 2017년에 회사는 장비운영에 대한 SVA를 $12.1억으로 계산하였다. 즉,

SVA(10억달러) : $2.821 – (0.12 × $13.421) = $1.120

여기서 영업이익은 $28.21억이고, 자산의 원가는 12%, 그리고 평균자산은 $134.21억이다.

EVA나 SVA 모두 일반적으로 인정된 회계원칙 하에서 요구되지 않는다. 따라서 디어(Deere)는 투자자 관계(IR)하의 회사의 웹사이트에서 얻어질 수 있는 연례보고서에 SVA를 발표하는 것이 약간 독특하다.

12.5.2 과잉투자와 과소투자 문제점의 해결

RI는 과잉투자와 과소투자의 문제점을 해결하는 잠재성을 가지고 있다. 방법을 살펴보자. 9%의 증분투자이익률을 올리는 프로젝트가 있다고 가정하자. 관리자는 투자하겠는가? 관리자가 RI를 사용하여 평가받고 자본비용이 10%라고 하면, 투자하지 않을 것이다. 관리자는 투자에 대하여 10%의 자본비용을 부담하므로, 투자가 이루어지면 잔여이익이 감소된다는 것을 안다. 따라서 과잉투자에 대한 인센티브가 없다. 이제 11%의 수익을 올리는 프로젝트가 있다고 가정하자. 관리자는 투자하겠는가? 답은 잔여이익이 증가하므로 (자본비용이 프로젝트가 벌어들이는 금액보다 적다) 그렇다(yes)이다. 따라서 과소투자에 대한 인센티브가 없다.

12.5.3 경제적 부가가치

단순히 EVA로 더 잘 알려진 **경제적 부가가치**(economic value-added)는 스턴 스튜어트(Stern Stewart) 컨설팅사에 의해서 개발된 성과측정지표이다. 본질적으로 EVA는 스턴 스튜어트가 일반적으로 인정된 회계원칙(generally accepted accounting principles; GAAP)을 준수하는 데서 발생하는 "회계왜곡"으로 언급한 것을 단순히 수정한 잔여이익이다. 기본적인 왜곡은 연구개발(R&D)와 관련된다. GAAP는 R&D를 발생한 기간에 비용화할 것을 요구한다.[2] 그러나 대부분은 아니지만 많은 경우에, R&D는 미래 기간에 효익을 창출한다. 따라서 EVA에서 R&D는 자산으로 자본화하여 R&D의 발생으로 효익을 얻는 미래기간에 걸쳐서 상각된다. 이러

2 베넷 스튜어트(Bennett Stewart)는 스턴 스튜어트의 공동 창업자이다. 2006년에, 그는 스턴 스튜어트 컨설팅사로부터 EVA브랜드를 매입하였고, eva Dimensions를 설립하였다. eva 디멘션은 기업이 EVA를 실행하는 것을 지원하다 2018년에 Institutional shareholder Services가 eva 디멘션을 인수하였다.

한 접근법의 장점은 R&D를 삭감하려는 유혹 즉, 단기적인 이익을 증가시키지만 주주의 부를 파괴하는 행동을 덜 하게 만든다는 것이다. 미래 기간에 효익을 창출하는 마케팅 프로그램은 비록 그와 같은 프로그램의 원가가 GAAP하에서 비용화되더라도 EVA하에서 또한 자본화된다.

EVA를 사용할 때 이루어지는 수정사항은 세후순영업이익(NOPAT)의 계산과 투자액의 계산에 영향을 미친다. 따라서 EVA의 공식은 다음과 같다. 즉,

EVA = 수정된 세후순영업이익 − (자본비용 × 수정된 투자액)

EVA 예제

오디오/비디오, 통신, 그리고 컴퓨터산업에서 사용되는 여러 가지 연결 제품(예, 광섬유 케이블, USB 장치, 고밀도 비디오 및 오디오 케이블, 조립식 플러그 등)을 제조하여 판매하는 회사인 스파이더 커넥티비티 프러덕츠(Spider Connectivity Products)의 예를 이용하여 EVA의 계산을 살펴보자. 회사의 재무정보는 〈그림 12−7〉에 나타나 있다.

2019년과 2020년 사이에 순이익은 $3,266,000에서 $3,334,000로 증가하였다는 점에 주목하라. 그러한 증가는 훌륭한 성과와 일치하는가? 그러한 질문에 답할 수 있도록 두 연도의 EVA를 계산해 보자. 그렇게 함에 있어서 연구개발비(R&D)는 발생된 해에 1/3이 상각되고 내용연수가 3년이라고 가정하자.

EVA의 계산은 〈그림 12−8〉에 제시되었다. 기본적으로 EVA의 계산은 세 단계의 과정을 거친다. 첫째, 수정된 세후순영업이익(NOPAT)을 계산하고, 그 다음에 수정된 투자액을 계산하고, 셋째로 EVA를 수정된 세후순영업이익(NOPAT)에서 요구이익(자본비용×수정된 투자액)을 차감하여 계산한다. 2020년도의 수정된 세후순영업이익을 계산할 때, 세전이익에 다시 이자와 당기 R&D비용을 가산한다는 점을 주목하라. 이자를 다시 가산하지 않으면, 자금조달수수료를 두 배로 계산하게 된다(이자는 이익에서 공제되고, 수익을 계산하기 위해서 자본비용에 투자액을 곱할 때 다시 공제될 것이다). EVA에서 R&D비용은 무형자산으로 취급하기 때문에 R&D비용을 다시 가산한다. 그 다음에 3년에 걸쳐 당해 연도와 전년도 R&D비용의 상각과 관련된 R&D상각비를 공제한다(예, 2020년, 2019년 그리고 2018년에 R&D비용의 1/3씩 공제한다). 이렇게 하여 2020년의 수정된 세후순영업이익은 $3,359,000가 된다.

이제 두 번째 단계로 수정된 투자액을 계산해 보자. 총자산에 미상각된 R&D비용을 가산한다. 단지 2020년에 R&D비용의 1/3이 비용화되어 아직도 2/3는 무형자산이다. 2019년의 R&D비용 중 1/3은 2019년에 비용화되고, 1/3은 2020년에 비용화되는데, 이것은 1/3이 2020년도 말에 무형자산으로 남는다는 것을 의미한다. 전체적으로 2020년의 수정된 투자액은 $19,122,000이다.

마지막 단계는 EVA를 계산하는 것이다. 18%의 자본비용(기술회사(technology companies)에 대한 자본비용은 종종 아주 높다)을 가정하면, EVA는 $83,000의 손실이다. 동일한 과정으로 2019년의 EVA를 계산한다.

비교손익계산서(단위 : 천)	2020	2019
매 출 액	$29,059	$27,287
차감 :		
매출원가	19,361	17,981
연구개발비	1,400	1,600
판매비와 일반관리비	3,031	2,537
이자비용	138	144
법인세차감전이익	5,129	5,025
차감 : 법인세(35%)	1,795	1,759
순이익	$ 3,334	$ 3,266

비교재무상태표(단위 : 천)	2020	2019
자 산		
현금및현금성자산	$ 147	$ 1,286
매출채권	4,588	2,568
재고자산	3,420	1,902
선급비용	47	45
총유동자산	8,202	5,801
토 지	1,342	1,342
건물, 가구, 설비(순액)	8,438	8,523
총비유동자산	9,780	9,865
총자산	$17,982	$15,666
부 채		
매입채무	$ 209	$ 199
미지급금	57	45
미지급법인세	60	49
유동성장기부채	175	188
총유동부채	501	481
장기채무	795	863
총부채	1,296	1,344
주주지분		
보통주자본금	5,080	5,080
이익잉여금	11,606	9,242
총주주지분	16,686	14,322
총부채와 주주지분	$17,982	$15,666

주 : 연구개발비는 2018년에 $1,500,000, 2017년에 $1,400,000이었다.

〈그림 12-7〉 스파이더 커넥티비티 프러덕츠의 재무정보

2019년의 EVA는 $376,000 이익이다.

이제 회계이익이 2020년에 상승하였지만, EVA가 하락한 이유는 무엇인가? 투자액의 수준에 무엇이 발생하였는지 살펴보자. 투자액이 $16,940,000에서 $19,122,000으로 증가하였다. 2020년에 이익이 증가하였지만, 증가된 투자액 특히, 매출채권과 재고자산을 감안할 때 충분히 증가하지 않았다. 이것은 EVA가 제

단계 1		단계 2		단계 3	
2020					
세전이익	$5,129	총자산	$17,982	수정된 NOPAT	$3,359
+이자비용	138	−미상각된 R&D		− 자본비용 ×	
+당기R&D	1,400	2020: 2/3×$1,400	933	수정된 투자액	
−전기R&D 상각		2019: 1/3×$1,600	533	(0.18×$19,122)	(3,442)
2020: 1/3×$1,400	(467)		19,448	EVA	($ 83)
2019: 1/3×$1,600	(533)	−NIBCL			
2018: 1/3×$1,500	(500)	매입채무	(209)		
	5,167	미지급금	(57)		
−세금(35%)	(1,808)	미지급법인세	(60)		
수정된 NOPAT	$3,359		(326)		
		수정된 투자액	$19,122		
2019					
세전이익	$5,025	총자산	$15,666	수정된 NOPAT	$3,425
+이자비용	144	+미상각 R&D		− 자본비용 ×	
+당기 R&D	1,600	2019: 2/3×$1,600	1,067	수정된 투자액	
−전기 R&D 상각		2018: 1/3×$1,500	500	(0.18×$16,940)	(3,049)
2019: 1/3×$1,600	(533)		$17,233	EVA	$ 376
2018: 1/3×$1,500	(500)	−NIBCL			
2017: 1/3×$1,400	(467)	매입채무	(199)		
	5,269	미지급금	(45)		
−세금(35%)	(1,844)	미지급법인세	(49)		
수정된 NOPAT	$3,425		(293)		
		수정된 투자액	$16,940		

〈그림 12-8〉 스파이더 커넥티비티 프러덕츠의 EVA 계산

공하는 중요한 통찰력이다. 즉, 회사들은 자본비용 및 자산에 대한 투자와 일치하는 수익을 획득할 필요가 있다. 틀림없이, 만일 스파이더 커넥티비티 프러덕츠의 고위관리자들이 EVA에 기초하여 평가되어 보상을 받는다면, 그들은 회사가 추가적인 자산에 투자하고, 그 투자가 자본비용보다 큰 성과를 가져올 가능성이 있는지를 결정하는데 더 많은 관심을 기울일 것이다.

Link to Practice

볼 코퍼레이션(Ball Corporation)의 EVA에 대한 초점

볼 코퍼레이션(금속포장 공급자)의 사장이자 최고경영자인 존 A. 헤이스(John A. Hayes)에 따르면, 2017년에 재무성과는 강력했다. 헤이스에 의하면, 이러한 결과는 EV를 사용한 회사훈련과정 덕분이었다. 헤이스는 다음과 같이 언급했다. "정치적. 경제적 상황의 세계적인 변동성에도 불구하고, 우리는 우리가 통제할 수 있는 것에 초점을 집중했다. 그 일은 기존의 직원과 새로운 직원 모두에게 EVA 마인드 세트를 주입하고 강화한 것이다."

출처 : 2017 Annual Report, Ball corporation

Any Questions?

Q : 우리의 운영관리수업에서 우리는 재고유지비용과 일부 회사들이 그것을 줄이기 위해서 JIT방법을 어떻게 사용하고 있는지에 관해서 배웠다. 확실히, 재고를 줄이는 것이 투자를 줄이고 EVA를 증가시키므로, EVA에 의한 평가는 재고와 관련 유지비용을 줄이려는 유인을 창출한다. 또한 관리자들이 GAAP 이익으로 평가될 경우에도 그러한가?

A : 학생들은 종종 재고유지비용이 전통적인 GAAP 손익계산서상의 어디에 있는지 궁금해 한다. 답은 그들이 재고에 대한 투자가 부채로 조달되는 정도까지만 전통적인 손익계산서상에 나타난다는 것이다. 그러면 회사는 부채로 조달된 재고투자의 비용을 반영하는 이자비용을 갖는다. 그러나 만일 재고투자가 자기자본으로 조달된다면, 손익계산서와 GAAP 이익 측정지표는 재고유지비용을 반영하지 않을 것이다. 그것은 이익의 GAAP 측정지표가 자기자본에 대한 자본비용을 나타내지 않기 때문이다.

이것은 EVA에 해당하지 않는다. EVA에서 (부채와 자기자본이 비용을 포함하는) 자본비용은 재고투자에 곱해져서, 재고유지비용은 재고가 부채, 자기자본 혹은 흔히 두 가지의 조합으로 조달되는지에 따라 EVA에 반영된다. 그리고 관리자들은 재고투자를 절감시킴으로써 이 재고유지비용을 통제하려는 유인을 갖는다.

학습목표 3 균형성과표를 사용하여 성과를 평가하는 잠재적인 효익을 설명하고, 균형성과표에서 측정지표들간의 연계를 전달하기 위해서 전략지도가 어떻게 사용될 수 있는지에 대한 이해

12.6 균형성과표에 의한 성과평가

이익, ROI 그리고 EVA와 같은 재무적 측정지표를 가지고 성과를 평가하는데 있어서 문제점은 이들 재무적 측정지표가 과거 지향적이라는 것이다. 달리 말하면, 오늘날의 재무적 측정지표는 과거의 업적과 실패에 관해서 말해준다. 그리고 시간차이가 아주 길다. 당신이 생명공학 회사에서 일하고 사무실에서 많은 날을 보내고 있다고 가정하자. 즉, 당신은 감기를 치료하는 약을 개발하고 있다. 이 엄청난 업적은 언제 회계이익으로 나타날 것인가? 규제절차를 감안할 때, 약은 바로 출시되지 않을 것이며 이익은 10년 넘는 기간 동안 이익이 인식되지 않을 가능성이 있다! 이제 새로운 CEO가 지금부터 10년간 고용되었다고 가정하자. 경영자가 보잘 것 없이 수행하더라도, 이익, ROI, EVA는 높을 가능성이 있다. 이것은 CEO의 성과 때문이

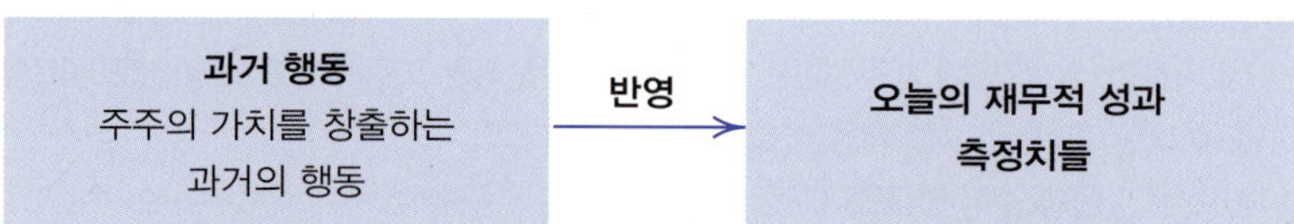

〈그림 12-9〉 재무적 성과측정지표는 "과거 지향적"이다.

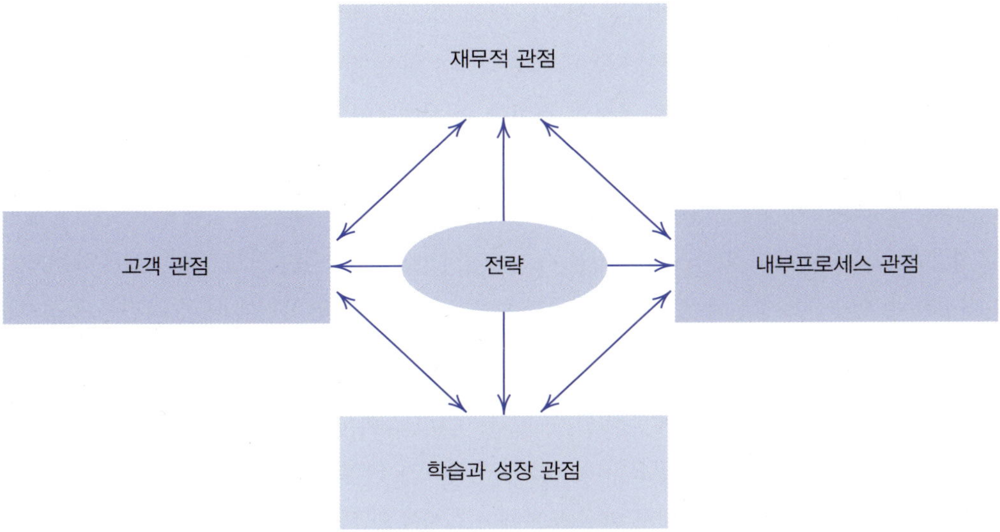

〈그림 12-10〉 균형성과표

아니다. 이것은 먼 과거에 발생하였던 업적 때문이다. 〈그림 12-9〉는 재무적 성과 측정지표의 과거 지향적 성격을 그림으로 나타내고 있다.

균형성과표는 관리자들이 미래 주주가치를 창출하기 위해서 오늘 수행하고 있는 것에 또한 초점을 맞추는 성과측정의 접근법으로 하버드대학의 로버트 카플란(Robert Kaplan) 교수와 컨설턴트인 데이비드 노턴(David Norton)에 의해 개발된 기법이다.[3] 원래, **균형성과표**(balanced scorecard)는 네 가지 성과차원으로 구성된 성과측정지표의 집합체이다. 〈그림 12-10〉에 나타난 것처럼, 그 차원은 재무적, 고객, 내부프로세스, 그리고 학습과 성장이다. 재무적 측정지표를 갖는다는 것은, 그것이 비록 과거지향적이라고 하여도, 중요한 것이다. 결국, 그것들은 주주와 채권자의 회사에 대한 평가에 큰 영향을 미친다. 고객 측정지표는 고객 기대를 충족시키는데 있어 회사의 성공을 조사한다. 내부프로세스 측정지표는 중요한 업무프로세스를 개선시키는데 있어 회사의 성공을 조사한다. 그리고 학습과 성장 측정지표는 적응하고, 혁신하고, 그리고 성장할 수 있는 능력을 개선시키는데 있어 회사의 성공을 조사한다. 고객, 내부프로세스 그리고 학습과 성장 측정지표는 일반적으로 미래 성공을 예측하는 것으로 생각된다(즉, 그것들은 과거 지향적이지 않다).

성공을 위해 균형성과표 측정지표와 전략을 연계

일반적으로 균형성과표를 사용하는 회사는 각 차원에 대하여 세 개 내지 다섯 개의 성과측정지표를 개발할

---

3 균형성과표에 대한 주요 논문은 다음과 같다.

Robert Kaplan and David Norton, "The Balanced Scorecard-Measure That Drive performance," *Harvard Business Review*, January-February 1992, and Robert Kaplan and David Norton, "Putting the Balanced Scorecard to Work," *Harvard Business Review*, September-October 1993.

것이다. 가능한 한 균형성과표의 측정지표는 성공을 위해 회사의 전략과 연계되어야 한다. 예를 들어, 고객 차원을 생각해 보자. 만일 회사의 제품이 사용하기 편리해야 하는 것이 성공을 위해 중요하다면, 회사는 이러한 성과측면을 측정하기 위해 고객을 조사할 것이다. 정시배달이 고객에게 중요한 것이라면, 이를 성과측정지표로 사용해야 될 것이다. 내부프로세스에 관하여, 회사는 생산된 불량품의 수를 줄이는 것이 필요하다고 결정할 수 있다. 이 경우에 불량품의 수가 내부프로세스 차원에 대한 적절한 측정지표가 될 것이다. 학습 및 성장 차원과 관련해서 회사가 혁신성을 유지하기 위해서는 고숙련 작업인력을 보유하는 것이 중요하다고 결정할 수 있다. 이 경우에 종업원의 직무만족도는 학습과 성장 차원에 대한 적절한 측정지표가 될 것이다. 또 다른 잠재적인 학습 및 성장 측정지표는 개발된 신제품의 수이다.

당신도 잘 알고 있는 것처럼, "측정해야 관리할 수 있다!" 그리고 회사들은 성공을 위한 그들의 전략과 일치하는 행동을 유발시키는 측정지표가 필요하다. 성과측정지표가 균형성과표의 각 차원에 대한 전략과 어떻게 연계되는지를 자세히 설명하기 위해서 한 소프트웨어 회사에 대한 네 가지 시나리오를 생각해보자.

시나리오 1. 학습과 성장 차원

메이필드 소프트웨어(Mayfield Software)에서 많은 제품관리자들은 사업관리에 거의 혹은 전혀 훈련을 받지 않는 전직 프로그래머들이다. 회사는 계속해서 매출을 증가시키고 산업의 변화에 적응하기 위해서 이들 관리자들은 사업개념과 실무에 관해서 더 많은 지식을 갖출 필요가 있다고 생각한다. 이러한 경우에 회사는 제품관리자가 받은 사업훈련의 평균시간수를 평가하는 학습과 성장 측정지표를 개발하였다. 또한, 회사는 제품관리자를 조사하여 회사가 제공한 사업훈련의 품질을 평가하도록 하였다.

시나리오 2. 내부프로세스 차원

메이필드 소프트웨어는 바이러스에 심각하게 감염되어 전년도에 15일 동안 모든 컴퓨터 시스템이 중지되었다. 이것은 지연을 야기하였고 또한 메이필드가 개발 중인 제품을 시장에 처음 출시하는 이점을 경쟁업체에게 넘겨주었다. 이러한 경우에 회사는 바이러스를 발견하고 저지하는 회사의 능력을 평가하는 내부프로세스 측정지표를 개발하였다. 그와 같은 측정지표는 바이러스의 유포를 예방하기 위해서 컴퓨터를 중지하는 시간수이다.

시나리오 3. 고객 차원

메이필드의 성공을 위해 중요한 것은 브랜드 인지도이다. 이 경우에 회사는 잠재고객의 무작위 표본으로 브랜드 인식을 측정하기 위해 조사를 의뢰하였다. 측정지표의 결과는 고객 차원에서 회사의 균형성과표에 게시되었다.

시나리오 4. 재무적 차원

메이필드 소프트웨어에서 R&D와 같은 고정원가는 높지만, 변동원가는 아주 낮다. 예를 들어, 프로젝트관리 소프트웨어 프로그램은 $200에 판매하지만, 단위당 변동원가는 단지 $5(CD, 포장, 선적 등의 원가를 포함하여)에 불과하다. 따라서 제품의 공헌이익률(매출액 $1당 이익의 크기)은 97.5%이다. 이러한 원가구조에 비추어볼 때, 성공을 위한 회사의 전략은 매출액에 초점을 맞춘다. 이러한 경우에 매출액에 대한 초점을 유도하는 중요한 재무적 측정지표는 매출액성장이다.

12.6.1 균형성과표에서 균형이 어떻게 달성되는가?

균형성과표의 각 차원에 대한 여러 가지 잠재적인 측정지표는 〈그림 12-11〉에 제시되었다. 이들 측정지표를 살펴본 후에 "균형"이 어떻게 달성되는지 주목하라.

1. 성과는 차원들(재무적, 고객, 내부프로세스, 그리고 학습과 성장)의 균형된 집합으로 평가된다.
2. 계량적인 측정지표(예, 불량품 수)는 비계량적인 측정지표(예, 고객만족도의 등급)의 균형이다.
3. 과거 지향적 측정지표(예, 매출액성장과 같은 재무적 측정지표)와 미래 지향적 측정지표(예, 학습과 성장 측정지표로서 신규특허권 수)의 균형이다.

		측정지표
재무적	회사는 재무적 목표를 달성하는가?	영업이익 자산수익률 매출액성장률 영업활동으로 인한 현금흐름 관리비의 절감
고객	회사는 고객기대를 충족시키는가?	고객만족도 고객유지율 신규고객수 시장점유율 정시배달율
내부프로세스	회사는 중요한 내부프로세스를 개선시키는가?	불량률 주문이행시간 리드타임 공급업자의 수 재료회전율 실제적 생산능력의 비율
학습 및 성장	회사는 혁신할 능력을 개선시키고 있는가?	종업원훈련에 소비한 금액 종업원만족도 종업원유지율 신제품 수 총매출액에서 신제품매출액이 차지하는 비율 특허권 수

〈그림 12-11〉 균형성과표의 네 가지 관점에 대한 측정지표의 예

Data Analytics in Action

데이터 분석과 관련된 성과측정

이 장과 교과서에서 언급한 바와 같이

"측정해야 관리할 수 있다!" 또한 데이터 분석의 중요성에 주목했다. 이는 당연히 "성공적인 데이터 분석 계획안을 얻기 위해 관리자는 어떤 성과측정에 주의를 기울여야 합니까?"라는 질문으로 이어집니다.

다음에 몇 가지 제안입니다.

1. 해당 해에 완료된 이니셔티브(initiative)의 수
2. 정시에 완료된 데이터 분석 계획의 백분율
3. 데이터를 사용하여 생성된 보고서의 유용성에 대한 관리자 등급
4. 데이터 분석과 관련된 교육 효과의 등급
5. 데이터 분석을 기반으로 한 타겟팅 고객 유지 변화

측정해야 관리할 수 있다. 균형성과표의 근간을 이루는 것은 이 책 전체를 통해서 강조하고 있는 아이디어이다. 즉, "측정해야 관리할 수 있다!" 만일 당신이 고객만족도가 성공을 위해 중요하다고 생각한다면, 당신은 관리자들이 그것에 관심을 집중하도록 그것을 측정하는 것이 바람직하다. 만일 당신이 사이클 타임(제품을 만드는데 걸리는 시간)을 줄이는 것이 성공을 위해 중요하다고 생각한다면, 당신의 관리자들로 하여금 이러한 성과측면과 관련하여 그들의 성과를 평가함으로써 사이클 타임을 줄이도록 하라.

12.7 균형성과표를 위한 전략지도의 개발

전략지도(strategy map)란 회사가 주주의 가치를 창출하기 위해서 개발한 전략적 목표들을 균형성과표의 네 가지 차원들(학습과 성장, 고객, 내부프로세스, 그리고 재무) 간의 관계를 도표로 나타낸 것이다. 이것은 전략의 건전성과 성과표상의 측정지표가 어떻게 연계되는지(관계를 이해하는가?)를 시험하는데 유용하고, 그리고 전략적 목표들을 종업원들에게 전달하는데 유용하다.

예로서 메이필드 소프트웨어가 주주가치의 핵심동인은 매출액증가이며, 매출액증가는 고객이 만족될 때만이 달성될 수 있다고 결정하였다고 가정하자. 과거에 고객만족도는 회사 고객콜센터에서 고객의 질문에 정확하고 빠른 응답을 받지 못했기 때문에 낮았다. 문제는 콜센터의 종업원들이 잘 훈련받지 못했다는 것이다. 전략지도가 어떻게 작동하는지를 〈그림 12-12〉를 통해서 살펴보자.

학습 및 성장 관점에서 출발하여, 목표는 콜센터의 종업원 기술을 개선시키는 것이라는 점을 주목하라. 회사가 선택한 측정지표는 훈련을 받은 종업원의 비율이다. 다음에 내부프로세스 관점을 살펴보자. 여기서 목표는 고객질문에 빠르고 정확한 응답이다. 관련 측정지표는 추가적인 사후점검이 없는 고객 콜에 응답하는 시간이다. 화살표는 학습 및 성장 관점의 전략적 목표와 내부프로세스 관점의 전략적 목표를 연결한다는 점을 주목하라. 그것은 회사가 인과관계를 예상하기 때문이다. 많은 훈련은 콜센터의 정확성과 속도를

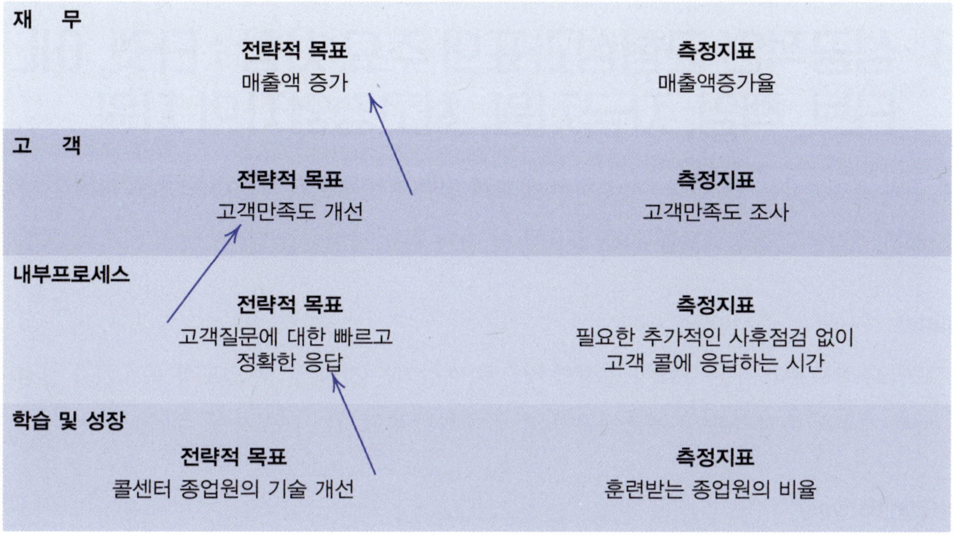

〈그림 12-12〉 메이필드 소프트웨어의 부분 전략지도

개선시킬 것이다. 이제 고객관점을 살펴보자. 여기서 목표는 고객만족도를 개선시키는 것이며, 그리고 측정지표는 고객조사에 의해 얻어진다. 내부프로세스 관점의 목표와 고객관점을 연결하는 화살표는 회사가 콜센터의 개선 때문에 만족도가 증가할 것으로 예상한다는 것을 나타내고 있다. 마지막으로 재무적 관점을 살펴보자. 여기서 목표는 매출액을 증가시키는 것이며, 그리고 측정지표는 전년도에 대한 매출액증가율이다. 고객관점과 재무적 관점을 연결하는 화살표는 회사가 고객만족도의 증가는 매출액증가를 가져올 것이라고 예상하는 것을 나타낸다.

〈그림 12-12〉의 부분 전략지도는 각 관점에 대하여 단지 하나의 목표를 보여주는 것으로 개발되었다. 균형성과표의 각 관점에 대한 복수의 목표가 존재할 수 있으며, 완전한 전략지도는 그들 간의 모든 연계를 보여준다.[4]

4 전략지도에 대한 더 많은 정보는 다음을 참조하라.
Robert Kaplan and David Norton, "Having Trouble with Your Strategy? Then Map It," *Harvard Business Review*, September 2000, and Christopher Ittner and David Larcker, "Coming Up Short on Nonfinancial Performance Measurement," *Harvard Business Review*, November 2003. 또한, 전략지도에 대한 많은 정보는 웹상에서 찾아볼 수 있다.

12.8 성공적인 균형성과표의 주요 사항 : 타겟, 이니셔티브, 책임, 자금지원, 최고경영자의 지원

여러 가지 성과 측정지표를 갖고서는 성공적인 회사의 전략을 도출하지 못한다는 것은 아마도 상당히 명백하다. 여기서 성공적인 균형성과표를 위해 필요한 몇 가지 주요 사항이 있다.

타겟(targets)

각 측정지표에 대해서 관리자는 그들이 달성할 것으로 예상되는 것을 알 수 있도록 목표치가 설정되어야 한다. 예를 들어, 재무적 측정지표인 “매출액증가율”에 대해서 목표치는 15%가 될 수 있다.

이니셔티브(initiatives)

각 측정지표에 대해서 회사는 목표치를 달성하기 위해서 취해질 행동을 파악해야 한다. 〈그림 12-12〉를 참조하고 학습과 성장 측정지표인 “훈련받는 종업원의 비율”을 주목하자. 여기서 목표치는 100%가 될 것이다. 그러나 훈련의 본질은 무엇인가? 회사는 종업원들이 올바른 종류의 훈련을 받을 수 있도록 훈련프로그램의 이니셔티브를 개발해야 한다.

책임(responsibility)

특정 종업원은 책임이 주어져야 하고 각 이니셔티브의 성공적인 실행을 하는데 책임을 져야 한다. 이러한 책임이 없이는 주요 이니셔티브의 성공적인 실행은 불가능하다.

자금지원(funding)

이니셔티브는 또한 적절하게 자금지원이 되어야 하며, 그렇지 않으면 그들은 성공할 수 없다. 적절한 훈련프로그램을 개발하는데 자금이 제공되지 않는 한, 메이필드 소프트웨어의 종업원들은 콜센터의 성과를 개선시키는데 필요한 기술을 습득한다는 것은 불가능할 것이다.

최고경영자의 지원(top management support)

마지막으로 진정으로 회사의 전략을 도출하는 성공적인 균형성과표를 갖기 위해서는 최고경영자의 충분한 지원이 중요하다. 관리자들이 사장과 CEO가 균형성과표 접근법에 대해 확실하게 약속하고 여러 가지 측정지표에 대한 성과를 주의 깊게 고려하고 있다고 인식하지 않으면 종업원들이 균형성과표에 관심을 집중하는 것은 불가능하다.

Decision-Making Insight

이 장에서, 우리는 여러 가지 재무적 성과측정지표가 관리자들이 잘못된 의사결정을 내릴 수 있게 한다는 것을 알았다. 이익증가에 의한 평가는 과잉투자(수익이 너무 낮기 때문에 해서는 안 될 투자를 하는 것)를 야기할 수 있다. 투자이익률(ROI)에 의한 평가는 현재 높은 ROI을 가진 사업단위에 대한 과소투자(적절한 수익을 올리는 투자를 하지 않는 것)를 야기할 수 있다. 거의 틀림없이, 경제적 부가가치(EVA)에 의한 평가는 관리자들이 자본비용을 초과하는 수익을 올리는 프로젝트를 취할 때 EVA가 증가하므로 관리자들이 훌륭한 투자의 사결정을 하는데 영향을 미친다.

복습

학습목표 요약

학습목표 1 분권화의 장점과 단점을 설명하고, 회사들이 하위부서와 하위부서 관리자의 성과를 평가하는 이유와 원가중심점, 이익중심점, 그리고 투자중심점에 대한 이해

분권화는 변화하는 환경에 훌륭한 정보와 빠른 대응으로 이어질 수 있고, 관리자의 동기부여를 증가시킨다. 분권화된 조직은 또한 미래 최고경영자를 위한 우수한 훈련을 제공할 수 있다. 그러나 분권화는 비용이 많이 드는 활동의 중복과 목표 일치성의 문제로 이어질 수 있다.

회사들은 성공적인 운영과 개선이 필요한 영역을 파악하기 위해 하위부서의 성과를 평가한다. 회사들은 (측정해야 관리할 수 있기 때문에) 관리자의 행동에 영향을 미치기 위해 하위부서 관리자를 평가한다.

원가중심점의 관리자들은 단지 통제가능한 원가에 대해서만 책임을 진다. 이익중심점의 관리자들은 수익의 창출뿐만 아니라 원가의 통제에 대해서도 책임을 진다. 투자중심점 관리자들은 이익과 이익을 창출하는데 사용되는 자산의 수준에 대해서 책임을 진다.

학습목표 2 투자이익률(ROI), 잔여이익(RI)과 경제적 부가가치(EVA)의 계산 및 해석

투자이익률은 투하자본에 대한 투자중심점 이익의 비율로 계산된다. 이익은 세후순영업이익(NOPAT)으로 측정하고, 투하자본은 총자산에서 무이자부유동부채를 차감하여 측정한다.

이익으로 평가되는 관리자들은 자신들의 회사를 성장시켜서 낮은 수익을 올리는 프로젝트를 취함으로써(예, 과잉투자) 이익을 증가시키기가 쉽다는 것을 알고 있다. 이러한 경우에 이익은 증가하지만, 수익은 적절하지 않다. 만일 관리자들이 ROI로 평가되고 그들의 운영활동이 높은 ROI를 올리고 있다면, 그들은 자본비용보다는 높지만 현재의 ROI보다는 낮은 수익을 올리는 프로젝트를 취하는 것을 주저할 수 있다. 이러한 경우에 관리자들은 과소투자한다.

잔여이익은 투자수준에 대하여 요구되는 이익을 초과하는 투자중심점의 세후순영업이익과 같다. EVA는 R&D 원가를 비용화하는 것과 같이 회계왜곡에 대하여 수정이 이루어지지만, 개념적으로 동일하다.

학습목표 3 균형성과표를 사용하여 성과를 평가하는 잠재적인 효익을 설명하고, 균형성과표에서 측정지표들간의 연계를 전달하기 위해서 전략지도가 어떻게 사용될 수 있는지에 대한 이해

균형성과표는 네 가지 차원 즉, 재무적, 고객, 내부프로세스, 그리고 학습과 성장에 관한 성과를 평가한다. 특정 측정지표는 성공을 위한 회사의 전략과 연계되어야 한다. 재무적 측정지표는 과거 성과에 초점을 맞추는데 반하여, 다른 차원은 무엇이 회사가 미래 주주가치를 창출하고 있는지를 평가한다.

전략지도는 균형성과표의 네 가지 차원들간에 관계이며, 회사가 주주가치를 창출하기 위해 개발한 전략적 목표들의 관계를 나타내는 도표이다. 이들 연계를 파악함으로써 최고경영자는 전략을 확실히 이해할 수 있다. 또한 지도는 회사의 전략을 종업원들에게 전달하는 유용한 도구이다.

종합예제

종합예제 1

1976년에 모건 D. 에드워즈(Morgan D. Edwards)에 의해 설립된 머린 어플라이언스(Merlin Appliances)는 미시건(Michigan)에 다섯 개의 상점을 운영하는 가족 회사로서 냉장고, 스토브, 세척기 및 드라이기, 그리고 기타 가정용 설비를 판매하고 있다. 회사의 주식은 여러 명의 모건 D. 에드워즈(Morgan D. Edwards) 가족들이 소유하고 있으며, 가족 다섯 명이 이사진에 포함되어 있다. 머린(Merlin)의 사장인 동시에 CEO는 데이비드 벨(David Bell)이다. 가족 구성원이 아닌 데이비드는 2019년에 고용되어 모든 일상

적인 회사 의사결정을 책임지고 있다. 그는 이사회 의장인 브랜든 에드워즈(Brandon Edwards)에게 보고한다.

2020년 회계연도 말에 데이비드는 회사의 성과를 검토하는 이사진에게 간단한 메모를 작성하여 줄 것을 요청받았다. 메모의 복사본이 비교재무제표와 함께 아래에 제시되었다. 이사회는 이사진이 2020년 그의 성과보너스를 포함하여 회사 성과와 데이비드의 보상을 검토하는 시기인 2월 초로 예정되어 있다.

Merlin Appliances

Selection, Service, and Magically Low Prices
Serving Michigan Residents Since 1976

2021년 1월 26일

수신자 : 머린 어플라이언스의 이사회
발신자 : 데이비드 벨, 사장/CEO
제　목 : 2020 회계연도의 재무성과

2020년 초반에 우리는 미시건주에서 몇 개의 대형점포 개설로 도전적인 한해가 될 가능성에 대해 논의했다. 이 결과로, 나는 우리가 뛰어난 해를 가졌다고 보고하게 되어 매우 다행스럽다. 판매는 7.68% 증가하였고, 이익은 14.11% 정도 늘어났다.

이것을 어떻게 달성하였는가? 다음은 우리가 채택한 세 가지 전략에 대한 간단한 개요를 제시한 것이고, 2월 7일 이사회에서 이것을 상세히 설명할 것이다.

1. 시장조사는 우리가 가격을 유지하고, 각 상점에 여러 가지 상품을 진열하고, 그리고 우리가 1일 내지 2일 배달을 제공할 수 있도록 우리의 창고에 이용 가능한 더 많은 상품을 보유하고 있으면 판매가 증가될 수 있다는 것을 나타낸다. 2020년 초 이 전략을 실행하여 확실히 좋은 결과를 얻었다.
2. 우리는 분기별 판매 이벤트를 수정하였다. 이들 이벤트에서 우리의 정상적인 할인을 제공함과 더불어 우리는 또한 6개월 동안 지급하지 않는(그리고 이자부담이 없는) 조건을 제공하였다. 이 전략은 당해 연도에 구매를 연기하려는 고객을 끌어들이는데 성공적이었다.
3. 우리는 모든 장단기 부채를 상환하였다. 당신도 알다시피, 우리는 2019년 말에 대략 $1.6백만의 현금보유액을 가지고 있었다(돈은 확장을 예상하고 적립되었지만, 확장계획은 중단되었다). 부채의 상환은 회사 위험이 감소하고 자금의 훌륭한 사용으로 나타났다.

나는 또한 2020 회계연도 우리의 예외적인 성과는 회사의 성공을 위해서 모든 판매와 배달에 있어 열심히 일하고 헌신한 138명의 머린의 팀원들 지원 없이는 달성될 수 없었다는 것을 지적하고 싶다!

마지막으로, 당신도 알다시피 우리는 2020 회계연도의 배당금으로 대략 $1,000,000를 지급하였다. 2018년에는 어떠 배당금도 지급되지 않았고 2019년의 배당금은 단지 $500,000가 지급되었다.

비교손익계산서	2020	2019	% 증감
매 출 액	$27,659,548	$25,687,240	7.68%
차감:			
매출원가	19,361,684	17,981,068	
판매비, 일반관리비	5,531,910	5,137,448	
이자비용	–	144,711	
법인세차감전순이익	$ 2,765,954	$ 2,424,013	
차감: 법인세	968,084	848,405	
순 이 익	$ 1,797,870	$ 1,575,608	14.11%

비교재무상태표	2020	2019
자 산 :		
현금및현금성자산	$ 147,636	$1,586,250
매출채권	2,990,221	2,568,724
재고자산	2,420,211	1,997,896
선급비용	47,399	45,265
총유동자산	5,605,467	6,198,135
토 지	1,342,350	1,342,350
건 물 등(순액)	8,438,088	8,523,321
총비유동자산	9,780,438	9,865,671
총 자 산	$15,385,905	$16,063,806
부 채 :		
매입채무	$ 210,240	$ 199,790
미지급비용	57,010	45,685
미지급법인세	60,690	49,321
유동성장기부채	–	188,754
총유동부채	327,940	483,550
장기부채	–	1,258,360
총부채	327,940	1,741,910
주주지분		
보통주자본금	5,079,315	5,079,315
이익잉여금	9,978,650	9,242,581
총주주지분	15,057,965	14,321,896
총부채와 주주지분	$15,385,905	$16,063.806

요구사항

a. 경제적 부가가치(EVA)로 2019, 2020 회계연도의 성과를 평가하라. 2020년의 가중평균자본비용은 15%, 2019년은 14%라고 가정한다. 이러한 평가는 데이비드 벨에 대한 많은 보너스를 지지하는지 간단히 설명하라.

b. 2020년 세후순영업이익의 전체적인 증가는 더 많은 재고를 보유하고 매출채권의 증가로 이어지는 6개월 동안 무지급 혹은 무이자에 기인한다고 가정한다. 15%의 자본비용을 사용하여 EVA에 미치는 영향으로 이들 전략의 영향을 평가하라.

정답

a.

	2020	2019
순 이 익	$1,797,870	$1,575,608
가산 : 이자비용		144,711
차감 : 법인세관련 이자	–	(50,648)
세후순영업이익(NOPAT)	$1,797,870	$1,669,670

	2020	2019
투하자본 :		
총자산	$15,385,905	$16,063,806
차감(NIBCL) :		
매입채무	(210,240)	(199,790)
미지급비용	(57,010)	(45,685)
미지급법인세	(60,690)	(49,321)
투하자본	15,057,965	15,769,010
자본비용	0.15	0.14
요구세후순영업이익	2,258,695	2,207,661
경제적부가가치(EVA)	($ 460,825)	($ 537,991)

대체적으로 세후순영업이익(NOPAT)는 다음과 같이 계산될 수 있음에 유의하라.

	2020	2019
법인세차감전순이익	$2,765,954	$2,424,013
가산: 이자비용	-0-	144,711
	2,765,954	2,568,724
차감: 법인세	968,084	899,053
세후순영업이익(NOPAT)	$1,797,870	$1,669,671

여기서의 계산과 위의 2019년 계산 간의 약간의 차이는 반올림으로 인한 것이다.

주주가치가 실제로 하락하였다는 것을 나타내는 2020년의 EVA가 음(–)이므로 많은 보너스가 정당화되는 것으로 보이지 않는다. 이것은 순영업이익이 회사의 투자액을 감안할 때 요구되는 수준보다 적기 때문이다. 2019년의 EVA가 또한 음(–)이라는 점을 주목하라. 또한 EVA와 잔여이익은 "회계왜곡"에 대한 수정이 없으므로 이 문제에서 동일하다는 점에 주목하라.

b. 회사는 재고를 증가시켰다. 그리고 6개월 동안의 무지급 혹은 무이자 정책은 매출채권을 증가시켰다. 더불어, 이들 두 항목은 투자액을 $843,812 증가시켰다. 15%의 자본비용에서 세후순영업이익은 손익분기점에 도달하기 위해서는 $126,572만큼 증가시킬 필요가 있다. 실제로, 세후순영업이익은 $128,200만큼 증가하여 $1,628의 순효익을 가져왔다. 순효익이 양(+)이긴 하지만, 이러한 적은 금액은 데이비드 벨의 메모에서 주장한 재무적 이득과는 결코 일치하지 않는다.

재고 증가액 ($2,420,211 – $1,997,896)	$422,315
매출채권 증가액 ($2,990,221 – $2,568,724)	421,497
투자액 증가액	843,812
자본비용	× 0.15
요구되는 추가 세후순영업이익	126,572
차감: 실제추가세후순영업이익 ($1,797,870.00 – $1,669,670.15)	128,200
순효익	$ 1,628

종합예제 2

랜섬 어패럴(Ransom Apparel)은 남성용 캐쥬얼 의류 회사이다. 회사는 내년도에 매출성장과 투자이익률에 대한 공격적인 목표치를 설정하였다. 이들 목표를 달성하기 위한 회사의 전략은 브랜드 인식을 구축하는 캠페인을 포함하고 있다. 또한, 중국과 베트남의 제조업자로부터 제품품질과 정시배달의 개선뿐만 아니라 회사의 실크셔츠와 슬랙스(느슨하고 헐렁한 바지)를 보완하는 세 가지 스타일의 청바지를 포함하는 제품라인의 확장을 꾀하고 있다. 다수의 한정판 품목이 또한 회사전략의 일부이다.

회사의 브랜드를 강화하기 위해서 회사는 로스엔젤레스, 샌디에이고, 시카고, 그리고 뉴욕의 유명인에게 한정판 품목을 제공할 계획이다. 회사는 그 유명인들을 도시와 GQ와 같은 패션잡지에서 볼 수 있기를 희망하고 있다.

요구사항

이러한 제한된 정보를 기초로 균형성과표의 각 관점별 두 가지 목표와 두 가지 측정지표를 제시하라. 전략지도를 이용하여 목표들이 균형성과표의 네 가지 차원에 어떻게 관련되는지를 보여주어라. 여러 가지 대체적인 측정지표가 적절하다는 것을 유념하라. 즉, 해답에서 제공된 것은 이와 같은 대체안의 단순한 예이다.

정답

여러 가지 목표에 대한 측정지표는 전략지도로 아래에 제시되었다. 전략지도의 논리는 다음과 같다.

1. 한정판 품목의 개발은 유명인들이 회사의 제품을 입고 GQ와 같은 유행선도 잡지에 부각될 가능성을 개선해야 한다.
2. 새로운 라인의 청바지 개발은 제품라인이 확장됨에 따라 매출증가로 이어져야 한다.
3. 공급자로부터의 개선된 정시배달은 회사가 고객에 대한 자신의 배달일정을 충족시킬 가능성이 높아지므로 매출이 증가해야 한다.
4. 개선된 제품품질은 회사가 수익과 관련된 낮은 원가를 가지게 되므로 ROI을 개선시켜야 한다.
5. 만일 유행선도자가 브랜드를 입으면, 브랜드 인식을 개선시킬 것으로 예상된다.

	전략 목표	측정지표
재 무	매출 증대	매출액증가율
	ROI 개선	ROI
고 객	브랜드 인식 개선	브랜드를 인식하는 목표청중의 비율
	유행선도자가 입는 브랜드	최신유행 잡지에서 브랜드를 입는 유명인의 사진 수
내부프로세스	제품품질 개선	공장의 불량률 감소율
	공급자의 정시배달 개선	정시 공급자 주문율
학습 및 성장	신규라인의 청바지 개발	개발된 새로운 청바지
	한정판 품목 개발	개발된 한정판

핵심용어

객관식 문제

(아래에 정답 있음)

1. 다음 중 분권화된 조직을 갖는 이유가 아닌 것은?

a. 지역단위에서의 더 좋은 정보가 우수한 의사결정으로 이어진다.
b. 목표일치성이 강화된다.
c. 변화하는 환경에 대한 보다 빠른 대응
d. 관리자의 동기부여 증가

2. 다음 중 투자중심점이 책임지는 것은 무엇인가?

a. 장기자산의 투자
b. 원가의 통제
c. 수익의 창출
d. 위의 모두

3. 다음 중 원가중심점이 책임지는 것은 무엇인가?

a. 장기자산의 투자
b. 원가의 통제
c. 수익의 창출
d. 위의 모두

4. 성과측정지표로 이익의 사용에 대해서 가장 적절하게 설명하고 있는 것은?

a. 자산에 대한 과잉 투자로 이어질 수 있다.
b. 투자중심점에 대해서 적절하다.
c. 이익이 GAAP을 사용하여 계산되는 한 적절하다.
d. 자기자본보다는 부채로 운영의 자금을 조달하도록 관리자를 격려한다.

5. 다음 중 원가중심점을 평가하기 위해 사용하는 것은?

a. 차이분석
b. 영업이익
c. 투자이익률
d. 잔여이익

6. 다음 중 이익중심점을 평가하기 위해 사용되는 것은?

a. 투자회전율
b. 이익목표 혹은 이익예산
c. 투자이익률
d. 잔여이익

7. 다음 중 투자중심점을 평가하기 위해 사용되는 것은?

a. 표준원가차이
b. 투자이익률(ROI)
c. 잔여이익(RI)/EVA
d. 표준원가차이와 투자이익률

8. 관리자를 평가하기 위해 투자이익률을 사용하는데 따른 문제점은 다음 중 어느 것인가?

a. 높은 ROI를 가진 투자중심점의 관리자들이 요구수익률보다 큰 수익을 가진 일부 프로젝트에 투자하지 않을 수 있다.
b. 관리자들은 높은 ROI의 프로젝트에 과잉 투자할 수 있다.
c. 관리자의 사기는 평가로 인해 고통을 받을 수 있다.
d. 위의 모두

9. 다음 중 투자중심점의 평가에 관하여 옳게 설명하고 있는 것은?

a. 투자이익률은 완전히 감가상각된 구장비 때문에 높아질 수 있다.
b. 잔여이익은 고정자산의 투자수준을 고려하지 않는다.
c. 투자이익률은 고정자산의 투자수준을 고려하지 않는다.
d. 위의 모두

10. (부록) 최선의 의사결정을 동기부여하는 대체가격은 다음 중 어느 것인가?
  a. 생산된 재화의 전부원가
  b. 품목을 생산하여 대체하는 기회원가
  c. 판매사업부의 변동원가
  d. 위의 모두가 아니다.

정답

1. b **2.** d **3.** b **4.** a **5.** a **6.** b **7.** d **8.** a **9.** a **10.** b

과제

주관식 문제

1. 회사 운영의 분권화와 관련된 네 가지 장점을 열거하라.
2. 회사 운영의 분권화와 관련된 두 가지 단점을 열거하라.
3. 관리적 상황에서 세력확장이란 무엇인가?
4. 분권화된 영업활동 환경에서 활동의 중복이 어떻게 비용이 많이 발생할 수 있는가?
5. 목표조화와 그것이 분권화하는 의사결정에 어떻게 영향을 미치는지 논의하라.
6. 원가중심점, 이익중심점, 그리고 투자중심점을 구분하라.
7. 잔여이익과 EVA의 차이점은 무엇인가?
8. 단지 재무적 성과측정지표만을 사용하는데 따른 문제점은 무엇인가?
9. 균형성과표의 각 관점별로 두 가지 측정지표를 제시하라.
10. (부록) 대체가격으로 시장가격을 사용하는 장점을 설명하라.

연습문제

연습문제 12-1. [학습목표 2] 그룹과제 EVA를 계산할 때 사용된 이익측정지표(세후순영업이익, NOPAT)가 이자비용을 제외시키는 이유를 설명하라.

연습문제 12-2. [학습목표 2] 논술형 회사의 EVA를 계산할 때 무이자부유동부채가 투자액을 결정하기 위해 총자산에서 차감되는 이유를 간단히 설명하라.

연습문제 12-3. [학습목표 1] 회사가 분권화하는 이유 린드스트럼 글래스(Lyndstrom Glass) 회사는 자동차 유리와 가정에서 사용되는 유리 제품의 제조업체이다. 두 개의 사업부(자동차 사업부와 가정용 제품 사업부)를 구성하여 사업부 관리자들에게 실질적인 의사결정 자율권을 부여하는 장점을 논의하라.

연습문제 12-4. [학습목표 1] 책임중심점과 성과측정지표 나다이래(Nadaire) 백화점의 부문관리자들은 지역 기호와 경쟁에 기초한 제품을 조달하고 가격을 결정하는데 있어 상당한 재량권을 부여받았다. 그들은 또한 자신들의 부문에 인력을 충원하는 책임을 진다.

요구사항

나다이래 백화점의 부문관리자들의 성과를 평가하는데 유용한 두 가지의 재무적 성과측정지표를 제시하라.

연습문제 12-5. [학습목표 1] 책임중심점 주요 소프트웨어 회사는 해외 영업활동하는 미국 고객들에 대한 지원을 제공하기 위해 인도, 아일랜드 그리고 이스라엘에 고객서비스센터를 설치하였다. 회사가 소프트웨어에 대해 청구하는 가격은 센터들을 운영하는데 발생하는 추정원가를 반영한다(예, 서비스에 대한 개별적인 수수료는 없다).

요구사항

이들 중심점을 어떻게 조직하여야 하는가? 즉, 원가중심점, 이익중심점, 혹은 투자중심점 중 어느 것으로 해야 하는가? 당신의 답을 제시하라.

연습문제 12-6. [학습목표 1] 책임중심점 샘손(Samson) 소프트웨어는 소프트웨어 제품을 사용하는 강좌에 제공하는 훈련시설을 운영하고 있다. 역사적으로 강좌들은 강사의 급여는 충당하지만, 훈련시설과 관련된 간접비는 충당하지 못하는 별로 많지 않은 수수료로 제공되어 왔다.

라토야 존센(Latoya Johnsen)은 최근에 고객훈련담당이사로 지명되었으며, 그녀는 훈련시설을 운영하고 강좌를 마케팅하는데 상당한 자유를 받을 것이다. 그러나 샘손의 최고경영진은 그녀의 운영활동은 적어도 $500,000의 세전이익을 벌어야 한다고 라토야에게 말했다.

요구사항

이익을 벌기 위해 훈련시설 운영에 요구되는 지혜를 논의하라.

연습문제 12-7. [학습목표 2] ROI의 계산 데번포트 밀스(Davenport Mills)는 아이오와 울 프라덕츠(Iowa Woolen Products) 회사의 한 사업부이다. 가장 최근 연도에 데번포트는 $20,000,000의 순이익을 벌었다. 이익 계산에 $1,400,000의 이자비용이 포함되었다. 운영활동의 세율은 20%이다. 데번포트 밀스의 총자산은 $235,000,000이고, 유동부채는 $52,000,000이며, 유동부채 중에 $36,000,000은 이자를 부담하지 않는다.

요구사항

데번포트 밀스의 세후순영업이익(NOPAT), 투하자본, 그리고 ROI을 계산하라.
(ROI계산에 소수점 이하 둘째 자리에서 반올림할 것)

연습문제 12-8. [학습목표 2] 엑셀활용 ROI의 계산 2020 회계연도 론드리메이트 프러덕츠(LaundryMate Products)의 이익은 다음과 같다.

매 출 액	$55,000,000
차감 :	
매출원가	38,400,000
판매비와 관리비	5,700,000
이자비용	1,000,000
법인세차감전순이익	9,900,000
차감 : 법인세(20%)	1,980,000
순이익	$ 7,920,000

총자산은 $97,000,000이었고, 무이자부유동부채는 $3,200,000이었다. 회사의 투하자본에 대한 요구수익률은 10%이고 세율은 20%이다.

요구사항

론드리메이트 프러덕츠의 세후순영업이익(NOPAT), 투하자본, 그리고 ROI를 계산하고, 회사의 수익성에 대해서 논평하라.
(ROI계산에 소수점 이하 둘째 자리에서 반올림할 것)

연습문제 12-9. [학습목표 2] 잔여이익의 계산 2021 회계연도 캐서린(Katherine) 백화점의 순이익은 $6,000,000이었다. 이자비용은 $2,250,000이었고, 그리고 회사의 법인세율은 20%이었다. 총자산은 $80,000,000이었고, 그리고 무이자부유동부채는 $6,700,000이었다. 회사의 자본비용(요구수익률)은 10%이다.

요구사항

캐서린 백화점의 세후순영업이익(NOPAT), 투하자본, 그리고 잔여이익을 계산하고, 회사의 수익성에 대해서 논평하라.

연습문제 12-10. [학습목표 2] 잔여이익에 의한 투자중심점의 평가 레이크사이드(Lakeside) 병원은 투자중심점으로 조직된 상급 헬스케어(Superior Healthcare)의 사업부이다. 과거 연도에 병원은 $3,500,000의 세후이익을 보고하였다. 총이자비용은 $1,650,000이었고, 병원의 세율은 20%이었다. 병원의 총자산은 $35,000,000이고, 무이자부유동부채는 $11,400,000이었다. 상급(Superior)의 투하자본에 대한 요구수익률은 18%이다.

요구사항

레이크사이드 병원의 잔여이익/EVA를 계산하라.

연습문제 12-11. [학습목표 2] 투자중심점의 평가; ROI 대 잔여이익 맥킨타이어 프러덕츠(Mcintyre Products)의 두 개 사업부와 관련된 자료는 다음과 같다.

	사업부 1	사업부 2
총자산	$69,000,000	$23,000,000
무이자부유동부채	4,500,000	2,300,000
세후순영업이익(NOPAT)	12,000,000	5,900,000
요구수익률	11%	10%

요구사항

ROI과 잔여이익으로 두 사업부를 비교하라. 과거 연도에 어느 사업부가 맥킨타이어 주주들의 부를 가장 많이 창출하였는가?
(ROI계산에 소수점 이하 둘째 자리에서 반올림할 것)

연습문제 12-12. [학습목표 2] 과잉투자와 과소투자 두 개의 회사인 퀀텀 프러덕츠(Quantum Products)와 아쿠아핀 프러덕츠(Aquafin Products)를 비교하라. 퀀텀 프러덕츠의 고위관리자들은 이익증가로 평가된다. 2020 회계연도에 퀀텀 프러덕츠의 세후순영업이익은 $4,600,000이고, 투하자본은 $26,000,000이었다. 2021 회계연도에 회사의 세후순영업이익은 $6,000,000이고, 투하자본은 $47,500,000이었다. 아쿠아핀 프러덕츠의 고위관리자들은 ROI로 평가된다. 2021 회계연도에 ROI은 15%인데 반해, 자본비용은 단지 10%이었다. 2021 회계연도 말 무렵에 관리자들은 14%의 수익을 올릴 수 있는 투자기회를 가졌다. 그러나 고위관리자들은 두사를 시지하지 않았다.

요구사항

a. 퀀텀 프러덕츠의 고위관리자들이 과잉투자 할 유인을 갖게 되는 이유를 설명하라.
b. 아쿠아핀 프러덕츠의 고위관리자들이 과소투자 할 유인을 갖게 되는 이유를 설명하라.

연습문제 12-13. [학습목표 2] EVA의 계산시 NOPAT의 조정과 투자액의 조정 쉬나이더(Schneider) 회사의 이용가능한 손익계산서와 기타 정보는 다음과 같다.

	2020	2019	2018
매 출 액	$380,000,000	$250,000,000	$190,000,000
차감 : 매출원가	210,000,000	120,000,000	91,000,000
매출총이익	170,000,000	130,000,000	99,000,000
차감 :			
판매비와 관리비	27,500,000	24,750,000	19,580,000
연구개발비	15,600,000	12,400,000	9,450,000
영업이익	126,900,000	92,850,000	69,970,000
차감 : 법인세비용	25,380,000	18,570,000	13,994,000
순이익	$101,520,000	$ 74,280,000	$ 55,976,000
총자산	$715,000,000	$665,000,000	$441,000,000
무이자부유동부채	14,000,000	11,300,000	9,880,000
자본비용	12%	12%	12%

요구사항

2020년도의 EVA를 계산하라. EVA를 계산하는 목적을 위해서 회사는 연구개발비를 자본화하여 발생한 연도를 포함하여 3년에 걸쳐 상각한다고 가정하자. 외부보고목적을 위해서 위의 손익계산서에 나타난 것처럼 연구개발비는 발생한 연도에 비용처리된다.

연습문제 12-14. [학습목표 3] 균형성과표 균형성과표의 일부 지지자들은 단지 재무적 성과측정지표를 가지고 회사를 관리하는 것은 차를 운전하면서 백미러를 보는 것과 같다고 주장한다. 회사가 미래가치를 창출하기 위해 오늘 실행하는 것에 관심을 기울이는 고객, 내부프로세스, 그리고 학습 및 성장 측정지표를 그들이 권하는 이유라고 그들은 믿는다.

요구사항

재무적 측정지표와 단지 백미러를 이용하여 운전하는 것의 유사성을 설명하라.

연습문제 12-15. [학습목표 3] 균형성과표를 위한 고객초점 측정지표 메이저 피트니스 클럽(Major's Fitness Club)은 달라스에 20,000 제곱피트(ft^2) 시설을 운영하고 있다. 내년도에 회사는 균형성과표의 개발을 검토하고 있다.

요구사항

균형성과표에서 사용될 수 있는 세 가지 고객초점 측정지표를 제시하고, 성공적인 균형성과표와 관련된 주요 사항에 대해서 논의하라.

연습문제 12-16. [학습목표 A1] (부록) 헬스케어에서 대체가격결정, 시장가격 파라마운트 메디칼 서비스(Paramount Medical Services)는 개별적인 이익중심점으로 조직된 두 개의 외래환자 진료소와 병리학 실험실을 가지고 있다. 병리학 실험실이 진료소가 의뢰한 테스트를 수행할 때, 진료소는 테스트에 대하여 기본적인 시장가격을 부담한다. 진료소의 관리자들은 이러한 실무에 반대하고, 그들이 모두 같은 회사의 일원이기 때문에 그들은 시장가격이 아니라 처치원가를 부담해야 한다고 주장한다.

요구사항

병리학 실험실이 수행하는 테스트에 대하여 진료소는 시장가격과 원가기준 가격 중 어느 것을 부담하는 것이 바람직한가?

연습문제 12-17. [학습목표 A1] (부록) 대체가격결정, 이익가산 전부원가 챔피온(Champion) 화학회사는 페인트, 광택제, 그리고 기타 화학제품을 생산하여 판매하는 여러 사업부를 가지고 있다. 회사는 또한 사업부의 여러 제품을 위해 금속 컨테이너를 제조하는 소규모 공장을 가지고 있다. 실질적인 초과생산능력을 가지고 있는 공장은 원가중심점으로 조직되었고, 금속 컨테이너를 원가 차원의 사업부로 대체한다.

컨테이너 공장관리자인 에드아르도 산체스(Eduardo Sanchez)는 그가 관리하는 공장이 이익중심점으로 조직되어야 한다는 제안을 가지고 본사경영위원회와 접촉하였다. 이것은 대체가격을 전부원가에 10%의 이익률을 가산하는 것과 동일하게 변경시킨 것과 유사하다는 것이다.

요구사항

에드아르도의 제안을 논평하라. 그의 제안은 회사전체의 관점에서 차선의 최적화된 의사결정으로 이어질 수 있는가?

고급연습문제

고급연습문제 12-1. [학습목표 1, 3] 원가중심점과 성과측정지표 마젤란 메트리얼스(Magellan Materials)는 상업용과 주거용 건축물에 사용되는 금속 및 플라스틱 홈통을 제조한다. 생산은 두 개의 개별 공장에서 이루어진다. 유통은 중앙창고에서 이루어지고, 중앙 집권적으로 관리되는 판매사무소가 있다. 두 생산공장은 현재 원가중심점으로 간주되고, 그리고 그들의 예산은 본사와의 긴밀한 협의를 거쳐 편성된다. 표준원가차이의 분석은 두 공장의 통제장치로 사용된다.

요구사항

a. 예산과 차이분석이 생산공장의 원가를 통제하는 수단으로 어떻게 제공하는지 설명하라.
b. 공장관리자들이 자신들이 통제하는 운영활동을 평가하기 위해 사용할 수 있는 네 가지의 비재무적 성과측정지표를 열거하라.

고급연습문제 12-2. [학습목표 1, 2] 투자중심점과 성과측정치 엘이오(LEO) 회사는 다섯 개의 사업부를 가지고 있으며, 이들 각각은 엘이오의 최고경영자(CEO)에게 보고하는 사업부의 장에 의해 관리된다. LEO는 분권화되고, 사업부의 장은 CEO에 의한 사전승인 없이 $3,000,000 미만으로 투자할 수 있는 권한을 부여받는다.

요구사항

사업부와 사업부의 장을 평가하기 위해 사용될 수 있는 세 가지의 재무적 성과측정지표를 제시하라.

고급연습문제 12-3. [학습목표 2] ROI 매킨리 & 손(Mckinley & Son) 회사에 대한 정보는 다음과 같다.

	12/31/2020	12/31/2021
총자산	$55,000,000	$62,000,000
무이자부유동부채	1,100,000	1,320,000
순이익	3,300,000	3,400,000
이자비용	726,000	770,000
세 율	20%	20%

요구사항

a. 2020, 2021년 ROI를 계산하라(ROI계산에 소수점 이하 셋째 자리에서 반올림할 것).
b. 2021 회계연도에 이익이 증가하였지만, 회사의 성과가 개선된 것이 확실한가?

고급연습문제 12-4. [학습목표 6] 잔여이익/경제적 부가가치 이그젝큐티브 일렉트로닉스(Executive Electronics)에 대한 정보는 다음과 같다.

	12/31/2014	12/31/2015
총자산	$12,650,000	$12,100,000
무이자부유동부채	550,000	572,000
순이익	770,000	880,000
이자비용	2,310,000	330,000
세 율	20%	20%
요구수익률	10%	12%

요구사항

a. 회계왜곡에 대한 조정이 없으므로 EVA와 동일한 잔여이익(RI)으로 회사를 평가하라.

b. 2021 회계연도에 이익이 증가하였지만, 회사의 성과가 개선된 것이 확실한가?

c. (선택) 2021 회계연도에 요구수익률이 증가한 이유를 설명하라(힌트 : 총자산이 두 개 연도에 거의 동일하고, 이자비용은 2021년에 급격하게 줄어들었다는 점에 주목하라).

고급연습문제 12–5. [학습목표 4] 투자이익률, 감가상각의 효과 위스콘신(Wisconsin)회사의 영업담당이사는 감가상각이 회사의 ROI에 미치는 영향을 검토하고 있다. 가장 최근 연도에 세후순영업이익은 $35,000,000이었고, 투자액($460,000,000의 총자산에서 $20,000,000의 무이자부유동부채를 차감)은 $440,000,000이었다.

요구사항

a. 총자산은 공장과 장비의 감가상각으로 인하여 6% 정도 매년 줄어들지만, NOPAT는 일정하게 유지될 것이라고 가정하고, 다음 5개 연도의 ROI를 계산하라.

b. ROI에 의한 평가가 관리자들로 하여금 장기적으로 경쟁력을 유지하는데 필요하게 될 장비의 구입을 관리자들이 지연시키게 하는 이유를 설명하라.

고급연습문제 12–6. [학습목표 2] 엑셀활용 투자이익률, 매출액이익률, 그리고 투자회전율 2020년과 2021년의 핸디크래프트 스토어즈(HandyCraft Stores)에 대한 정보는 다음과 같다.

	2020	2021
총자산	$59,500,000	$56,430,000
무이자부유동부채	4,400,000	4,950,000
순이익	3,650,000	4,950,000
이자비용	2,420,000	2,975,000
매출액	66,000,000	96,250,000
세율	20%	20%

요구사항

a. 두 개 연도의 ROI를 계산하라.

b. ROI를 매출액이익률과 투자회전율로 구분하라.

c. 2020년과 2021년 사이에 재무성과의 변동에 대해서 논평하라.

고급연습문제 12–7. [학습목표 2, 3] ROI와 EVA 이엘앤(ELN) 폐기물관리 회사는 위험 폐기물의 처리하는 자회사와 생활쓰레기를 수집하여 처리하는 자회사를 가지고 있다. 두 자회사와 관련된 정보는 다음과 같다.

	위험 폐기물	생활 폐기물
총자산	$15,300,000	$87,000,000
무이자부유동부채	3,300,000	13,200,000
순이익	1,870,000	6,600,000
이자비용	1,375,000	8,030,000
요구수익률	10%	13%
세율	20%	20%

요구사항

a. 두 자회사의 ROI를 계산하라.

b. 두 자회사의 EVA를 계산하라. 회계왜곡에 대한 조정이 이루어지지 않으므로 EVA는 잔여이익과 동일하다는 점을 유념하라.

c. 어느 자회사가 지난 해 주주가치를 가장 많이 증가시켰는가?

d. 제한된 정보를 기초로 어느 자회사가 확장을 위한 최선의 후보인가? 설명하라.

고급연습문제 12-8. [학습목표 2] EVA 아토믹 일렉트로닉스(Atomic Electronics)는 경제적 부가가치(EVA)의 측정지표를 기준으로 관리자를 평가하고 보상하는 계획을 실행할 것을 고려하고 있다. 계획을 채택하기 전에 경영자는 당신이 2021년의 재무예측과 이전 재무자료에 근거하여 2021년에 EVA가 얼마나 되는지 계산할 것을 원하고 있다.

	2021 회계연도 예측치
총자산	$ 60,500,000
무이자부유동부채	23,100,000
매출액	110,000,000
순이익	6,050,000
이자비용	1,320,000
연구개발비	2,640,000
세율	20%
자본비용	15%

2019년과 2020년에 연구개발비 지출은 각각 $1,200,000와 $2,100,000이었다. EVA를 계산할 때, 이전의 연구개발비는 자본화되어 3년의 내용연수를 가정하고 상각된다(예, 1/3은 발생한 해에 비용화되고, 2/3는 자본화되어 다음 두 해에 비용화될 것이다).

요구사항

a. 관리자가 EVA에 근거하여 보상을 받는다면, 연구개발비를 자본화하는 것이 중요한 이유를 설명하라.

b. 2021년의 예측된 EVA를 계산하라.

c. 경영자는 재무적 성과측정지표로 EVA의 사용을 지지할 가능성이 있는가?

고급연습문제 12-9 [학습목표 2] EVA와 회사 자산에 있어 투자액의 통제 포세이돈 일렉트로닉스(Poseidon Electronics)는 워싱턴, 오레곤, 그리고 캘리포니아에 스테레오 장비와 가정용 영화시스템을 포함하여 소비전자제품을 판매하는 10개의 상점을 운영하고 있다. 다음은 2021년과 2020년의 이용가능한 재무정보이다.

	2021	2020
영업이익	$ 614,250	$ 585,000
순이익	122,850	117,000
총자산	5,200,000	4,200,000
무이자부유동부채	310,000	308,000
세율	20%	20%
자본비용	12%	12%

요구사항

a. 순이익이 6%정도 증가하였지만, 회사의 재무적 성과를 평가하는 한 주주는 증가에도 불구하고 재무적 성과는 2021년에 악화되었다고 주장한다. EVA의 적절한 계산으로 이러한 주장을 뒷받침하라. 회계왜곡에 대한 어떠한 조정도 필요하지 않다는 점에 유념하라.

b. 경영자는 회사 자산의 증가된 투자가 이익이 증가하였으므로 확실히 정당화되었다고 주장한다. 이러한 주장을 간단히 평가하라.

c. 경영자가 이익증가 측면에서 평가되는 경우에는 그렇지 않을 수 있지만, EVA 측면의 평가가 경영자로 하여금 자산에 대한 투자에 주의를 가지게 하는 이유를 간략히 설명하라.

고급연습문제 12-10. 경제적 부가가치와 균형성과표 **[학습목표 2, 3]** 스펙트럼 북스(Spectrum Book) 회사는 두 개의 사업부 즉, 브릭 앤 모르타르(Brick & Mortar) 사업부는 미국 전역에 걸쳐 100개이상의 서점을 통하여 책을 판매하고, 인터넷 사업부는 18개월 전에 만들어져 인터넷에 의해 책을 판매하는 사업부를 가지고 있다. 과거 연도에 대한 자료는 다음과 같다.

	브릭 앤 모르타르사업부	인터넷 사업부
총자산	$162,000,000	$15,480,000
무이자부유동부채	7,020,000	2,520,000
이자비용	1,260,000	418,500
순이익(손실)	27,810,000	(1,125,000)
세율	20%	-0-
자본비용	10%	12%

요구사항

a. 경제적 부가가치(EVA)로 두 사업부를 평가하라.

b. 단지 EVA만을 사용하기 보다는 균형성과표로 인터넷 사업부를 평가하는 더 바람직한 이유를 설명하라.

c. 균형성과표의 고객과 내부프로세스 차원을 고려하라. 브릭 앤 모르타르 사업부에 대해 각 차원별 적절한 두 가지 측정지표와 인터넷 사업에 대해 각 차원별 적절한 두 가지 측정지표를 제시하라.

d. 전략지도는 균형성과표의 차원간 관계를 도식화한 것이다. 당신이 요구사항 c에서 파악한 고객과 내부프로세스 차원 간의 잠재적인 연계를 파악하라.

고급연습문제 12-11. **[학습목표 2] 이익의 성장과 과잉투자** 로얄 회사(Royal Company)의 재무성과와 관련된 자료는 다음과 같다.

(단위 : 천)	2018	2019	2020	2021
순이익	$ 3,750	$ 4,313	$ 5,088	$ 6,105
이익의 변화율(%)	-0-	15%	18%	20%
총자산	$37,500	$47,925	$63,750	$87,500

2018년과 2021년 사이에 매년 이익의 상당한 증가를 보여주면서 63% 정도 증가하였다. 이러한 성과에 비추어 이사회는 고위임원에게 많은 보너스를 수여하였다. 그러나 주식가격은 2018년에 주당 $73에서 2021년 말에 주당 $56로 하락하였다.

요구사항

a. 연도별 ROI를 계산하라. 계산을 단순화하기 위해서 이자비용과 무이자부유동부채가 없다고(따라서, 순이익은 NOPAT와 같고, 총자산은 투자의 합리적인 측정지표이다) 가정하라.

b. 주가가 하락한 이유와 이익증가에 근거하여 관리자에게 보상을 주는 것이 과잉 투자로 이어질 수 있는 이유를 설명하라.

c. 9.5%의 자본비용(요구수익률)을 이용하여 2018년과 2021년의 경제적 부가가치를 계산하라. EVA로 측정된 성과가 주가의 하락을 설명하는데 도움이 되는가?

고급연습문제 12-12. **[학습목표 3] 균형성과표** 새씨 진스(Sassy Jeans)의 성공전략은 빠른 성장, 각 디자인마다 한정된 수의 단위, 독립성, 완벽한 적합, 고객에게 정시납품, 혁신에 기여하는 직원 유지 및 재고관리를 요구한다.

요구사항

a. 성공을 위한 새씨 진스 전략을 생각하면서, 균형성과표의 각 차원에 대한 하나의 성과측정지표를 제시하라.

b. 당신이 요구사항 a에서 파악한 측정지표들간의 연계(전략지도)를 파악하라.

고급연습문제 12-13. **[학습목표 3] "측정해야 관리할 수 있다"와 균형성과표** 캐스퍼 인더스트리즈(Kasper Industries)는 주조 제품(예, 스키 부츠와 스노우 보드)의 생산업체가 사용하는 맞춤형 거푸집을 생산한다. 많은 고객들은 JIT(just-in-time)제조를 사용하고, 거푸집의 정시배달은 거푸집을 필요할 때 이용할 수 없으면 생산이 멈추기 때문에 중요하다. 과거에 캐스퍼의 (생산부사장인 마리아 패터슨(Maria Patterson)을 포함하여) 관리자들은 재무성과를 기준으로 보상을 받았다. 이것은 주주가치의 극대화에 부합되지 않는 행동으로 이어질 수 있다. 각 분기 말 무렵에 마리아는 회사의 이익목표와 관련하여 기대이익을 평가한다. 만일 기대이익이 목표 이하이면, 2주 혹은 3주 동안 주문을 받지 못한다고 하더라도 그녀는 높은 이익을 갖는 생산고객주문을 재촉한다. 따라서 높은 이익 작업의 배달은 종종 빠르고, (캐스퍼의 생산일정에서 대체된) 낮은 이익 작업의 배달은 종종 늦다. 회사는 장기적인 성공을 위해 중요한 성과차원에서 잘 수행되지 못하고 있다.

요구사항

a. 캐스퍼 인더스트리즈의 컨설턴트는 회사가 균형성과표를 사용할 것을 제안하였다. 회사가 고객의 요구를 충족시키는 정시배달과 기타 개선사항과 관련하여 성과를 추적하는데 도움이 되는 고객측정지표와 내부프로세스 측정지표를 제시하라.

b. 마리아 패터슨은 단기적인 이익목표를 충족시키기 위해 계속해서 생산을 관리한다고 가정하자. 당신이 요구사항 a에서 제시한 고객과 내부프로세스 측정지표에 의해 그녀의 행동을 어떻게 감지하는지를 설명하라.

고급연습문제 12-14. [학습목표 A1] (부록) 대체가격결정 리비아탄 스틸(Leviathan Steel) 회사는 웨스트 버지니아에 탄광 자회사를 가지고 있다. 자회사가 생산한 실질적인 석탄량은 펜실베이니아에 위치한 리비아탄 스틸 주물공장에 의해서 사용된다.

요구사항

a. 주물공장에게 탄광 자회사에 의해 선적되는 석탄의 대체가격(시장가격, 변동원가 혹은 이익가산 전부원가)을 추천하고 옹호하라.

b. 당신이 요구사항 a에서 추천한 가격과 내부적으로 석탄을 사용하는 것과 관련한 기회원가를 어떻게 비교하는지를 밝혀라.

고급연습문제 12-15. [학습목표 A1] (부록) 분권화와 대체가격결정 메디나 파크(Medina Park) 사는 시가 소유한 건물의 모든 급수 및 전기 서비스 기능을 관리하는데 책임을 지는 배관 및 전기 관리부문을 운영하고 있다. 시청은 현재 원가중심점으로 조직된 관리부문의 증가하고 있는 원가에 대해 걱정하고 있다. 유지관리 부문의 관리자인 샤롯 도허티(Charlotte Daugherty)는 많은 부문의 서비스 콜이 매우 골칫거리라고 말한다. 그녀는 플러그가 꽂혀 있지 않은 장비로 밝혀진 불량 콘센트, (사용자에 의해 쉽게 교체될 수 있는) 전소된 전구, 그리고 커피 찌꺼기로 막힌 배수구 등을 여러 가지 콜의 예로 들었다. 이들 골칫거리 콜은 그녀의 부문의 서비스를 사용하는 부문에게 "요금청구"를 하게 되면 회피될 수 있다는 것이 샤롯의 의견이다. 원래 샤롯은 그녀 부문의 서비스를 사용하는 것과 관련된 대체가격과 그 가격은 시장에서의 이들 서비스 원가(서비스 시간당 \$50-\$60)에 근접해야 한다고 제안하고 있다. 이것은 그녀의 운영부문을 이익중심으로 전환시키고, 서비스에 대한 수요가 줄어들기 때문에 그녀의 부문을 더욱 효율적으로 운영하고 더 적은 수의 종업원들이 필요할 것이라고 그녀는 믿고 있다.

요구사항

샤롯의 제안을 평가하라. 당신은 유지서비스에 대한 대체가격의 사용을 지지하는가? 만일 그렇다면, 가격은 서비스의 시장가격에 요박해야 하는가 아니면 원가에 기초를 두어야 하는가?

고급연습문제 12-16. [학습목표 A1] (부록) 대체가격결정 몬타나 울 프러덕츠(Montana Woolen Products)는 두 개의 사업부 즉, 모직 천을 제조하는 직물 사업부와 모직 드레스, 코트, 그리고 악세서리 등을 제조하는 의류 사업부를 가지고 있다. 의류 사업부가 사용하는 모든 천은 직물 사업부에 의해 공급되며, 직물 사업부는 또한 외부회사에게 천을 공급한다.

요구사항

a. 폴리에스테르와 레이온으로 만들어진 "다루기 쉬운" 직물의 인기 급등으로 인해 직물 사업부가 단지 60%의 생산능력에서 운영하고 있다고 가정하고 천(직물)에 대한 대체가격을 제시하라.

b. 천연 제품과 가볍고 구김이 없는 모직 천의 개발에 대한 소비자 관심의 부활로 인해 직물 사업부가 완전생산능력에서 운영하고 있다고 가정하고 천(직물)에 대한 대체가격을 제시하라.

c. 요구사항 a와 c에서 한 당신의 선택이 기회원가 개념과 어떻게 관련되는지를 설명하라.

고급연습문제 12-17. [학습목표 2] ROI와 투자의사결정 이브(Eve) 의류회사의 틴(Teen) 사업부의 관리자인 사라 존스(Sarah Jones)는 새로운 자수용 기계의 취득을 평가하고 있다. $33,000,000의 총자산과 $1,500,000의 무이자부유동부채를 가진 틴 사업부의 예산 영업이익은 $5,000,000이었다. 제안된 투자는 영업이익에 $1,027,500을 부가하고, $5,250,000의 추가투자를 요구한다. 틴 사업부의 목표이익률은 14%이다(이 문제에서 세금은 무시하라).

요구사항

a. 다음 각 경우의 틴 사업부의 ROI를 계산하라.
  1. 자수 기계가 구입되지 않는 경우
  2. 자수 기계가 구입되는 경우

b. 다음 각 경우의 틴 사업부의 잔여이익을 계산하라.
  1. 자수 기계가 구입되지 않는 경우
  2. 자수 기계가 구입되는 경우

c. 사라는 자신의 성과가 ROI로 평가된다면, 자수 기계에 투자하기로 결정하겠는가? 그 이유를 설명하라. 잔여이익으로 2년의 성과를 평가 한다면 그녀는 어떤 결정을 내릴 것인가?

고급연습문제 12-18. [학습목표 2] 성과평가방법의 비교 게이츠(Gates) 회사의 최고경영자는 세 개의 각 사업부를 평가하는데 사용할 성과평가시스템을 구축하고자 한다. 이들 사업부의 과거 연도 재무자료는 다음과 같다.

	사업부 A	사업부 B	사업부 C
총자산	$927,500	$18,725,000	$11,156,250
무이자부유동부채	52,500	2,187,500	1,050,000
순이익	178,500	1,820,000	1,365,000
이자비용	52,500	1,925,000	1,225,000
세율	20%	20%	20%
요구수익률	10%	12%	14%

요구사항

a. 평가가 순이익에 기초하면, 사업부는 어떻게 순위(최선의 성과에서 최악의 성과에 이르는)가 정해지는가?
b. 평가가 ROI에 기초하면, 사업부는 어떻게 순위(최선의 성과에서 최악의 성과에 이르는)가 정해지는가?
c. 평가가 잔여이익에 기초하면, 사업부는 어떻게 순위(최선의 성과에서 최악의 성과에 이르는)가 정해지는가?

사례

사례연구 12-1 : 홈 벨류 스토어즈(HOMTE VALUE STORES) [학습목표 2]

홈 벨류 상점은 미국, 유럽, 그리고 아시아에서 264개의 멤버십 창고상점을 운영하고 있다. 회사는 제한적으로 갖춰진 가정용과 식료잡화점 제품에 대해 낮은 가격을 제시하고 있다. 과거 연도에 매출은 대략 10.8% 정도 증가하였고, 순이익은 6.4% 정도 증가하였다. 회사는 2014년과 2015년에 단지 두 개의 상점을 오픈하였고, 보잘 것 없는 성과로 인해 한 개의 상점을 폐쇄하였다. 잭 데이비드슨(Jack Davidson)과 마이클 프라인(Michael Prine)은 홈 벨류의 이사회 구성원이며, 회사의 보상위원회에서 일하고 있다. 최근의 점심 회의에서 그들은 회사의 성과에 대해서 논의하였다(재무상태표와 손익계산서를 참조하라). 두 사람은 이익의 증가에 대해 기뻐하였고, 회사의 CEO에 대한 계약연장과 실질적인 여섯 자리수 보너스를 추천하기로 결정하였다. 그러나 그들은 보상위원회의 세 번째 위원인 타냐 바렛(Tanya Barrett)은 보너스에 반대할 것이라고 예상하였다. 타냐는 회계이익은 미래 기업성과의 잘못된 측정지표라고 생각한다. 회사는 주주들의 미래가치를 창출하기 위해 오늘 일하고 있는 것에 집중해야 한다는 것이 그녀의 생각이다. 또한 그녀는 회사가 분기별로 이익증가를 보여주었지만 주식가격은 변동이 없었다고 지적하였다.

비교재무제표 : 홈 벨류 상점(단위:천)

	2021	2020
매 출 액	$26,360,000	$23,800,000
상품원가	20,680,000	17,900,000
판매비와 일반관리비	3,220,000	3,600,000
임 차 료	235,000	220,000
감가와 감모상각비	211,000	200,500
이자비용	110,000	90,000
합계	24,456,000	22,010,500
세차감전이익	1,904,000	1,789,500
세 금(20%)	380,800	357,900
순이익	$1,523,200	$ 1,431,600
자 산		
현금과 단기투자	$ 90,000	$ 60,000
매출채권	358,000	202,000
재고자산	1,944,000	1,405,000
선급 및 기타유동자산	193,000	118,000
총유동자산	2,585,000	1,785,000
토지	260,000	140,000
건물 및 장비	640,000	450,000
총자산	900,000	590,000
총자산	$3,485,000	$ 2,375,000
부채와 주주지분		
매입채무	$ 540,000	$ 500,000
장기성유동부채	91,000	80,000
미지급법인세	98,000	89,000
총유동부채	729,000	669,000
장기부채	810,000	600,000
총부채	1,539,000	1,269,000
주주지분		
보통수자본금	775,000	674,000
이익잉여금	1,171,000	432,000
총주주지분	1,946,000	1,106,000
총부채와 주주지분	$ 3,485,000	$ 2,375,000

요구사항

a. 임박한 이사회의를 준비하기 위해 타냐는 당신에게 투자액의 수준과 자본비용을 고려하여 2020년과 2021년의 재무성과를 평가할 것을 요청하였다. 특히, 그녀는 당신에게 회사의 투자액을 감안할 때 요구되는 금액을 초과하여 벌어들인 이익(손실)의 수준을 계산해 주길 원하고 있다. 자본비용은 15%라고 가정하자. 회사는 확실히 우수한 재무성과를 가졌다고 할 수 있는가?

b. 2022 회계연도에 홈 벨류(Home Value) 상점의 CEO가 물러났다. 그의 후계자는 창고관리자가 자신들의 행동이 회사의 전략과 어떻게 연계되며, 그들이 미래 기업가치에 어떻게 영향을 미칠 수 있는지를 이해하지 못하는 것에 걱정하고 있다. 월별 이익이 중요하지만, 관리자들은 자신들의 행동이 이들 수치에 어떻게 영향을 미치는지에 대하여 거의 전적으로 관심을 기울인다는 것이 그의 의견이다. 새로운 CEO의 관심사항을 다루기 위해 사용될 수 있는 성과측정기법을 제시하라.

사례연구 12-2 : 윈 테크 모터스(WIN TECH MOTORS) [학습목표 2]

2019년에 다섯 명의 은퇴한 소프트웨어 개발자들은 레이몬드, 워싱턴에 자동차 대리점을 오픈하였으며, 그들은 윈 테크 모터스라고 불렀다. 회사는 고급 스포츠 및 럭셔리 자동차로 전문화하고, 서부해안에서 중고 포르쉐의 가장 큰 대리점 중의 하나를 가지고 있다(75대 이상의 포르쉐가 항상 재고로 있다). 재고는 회사의 웹사이트(WinTechMotors.com)에 게시되고, 대부분의 고객들이 워싱턴, 오레곤, 그리고 캘리포니아에 위치해 있지만 플로리다만큼 멀리 떨어져 있는 웹 고객들에게 자동차를 배송하고 있다. 2020년에 산업발간물(Motor Watch)은 윈테크를 서부해안에서 가장 빠르게 성장하는 럭셔리 자동차 대리점으로 선정하였다. 비교손익계산서와 재무상태표는 아래의 표에 제시되었다. 밝혀진 것처럼, 회사는 2020년에 $15,120,000의 매출액(2019년에 비해 25% 증가)과 $402,400의 순이익(2019년에 비해 91% 증가)을 올렸다. 소유자들은 회사의 재무성과에 기뻐하였고, 그들이 성공적인 사업을 개발하였다고 아주 자신하였다. 그러나 최근 회의에서, 회사의 외부회계담당자는 그들에게 경제적 부가가치(EVA)의 개념을 소개하였고, 12%의 가정된 가중평균자본비용을 가정하면, 두 개 연도의 회사의 EVA는 음(−)이었다고 지적하였다. 따라서 소유자들은 재무계획으로 그들을 도와주기로 EVA 컨설턴트와 계약을 체결하였다.

비교재무제표 : 윈 테크 모터스

	2020	2019
매 출 액	$15,120,000	$12,105,000
차감) 매출원가	13,618,000	10,894,000
매출총이익	1,502,000	1,210,000
차감)판매비와 관리비	936,000	889,200
이자비용	63,000	58,500
세차감전이익	503,000	262,300
법인세(20%)	100,600	52,660
순이익	$ 402,400	$ 210,640
매출액증가율	24.91%	
순이익증가율	91%	
자 산		
현금과 단기투자	$ 58,500	$ 63,000
매출채권	355,500	288,000
재고자산	5,625,000	5,040,000
유동자산	6,039,000	5,391,000
건물 및 장비(순액)	860,400	855,000
기타자산	48,600	54,000
총자산	$ 6,948,000	$ 6,300,000
부채와 주주지분		
매입채무	$ 276,300	$ 117,000
단기미지급채무	81,000	67,500
미지급법인세	103,500	36,000
유동부채	460,800	220,500
장기미지급부채	625,500	544,500
총부채	1,086,300	765,000
보통주자본금	821,700	495,000
이익잉여금	5,040,000	5,040,000
총부채와 주주지분	$ 6,948,000	$ 6,300,000

요구사항

a. 12%의 자본비용을 사용하여 2020년과 2019년의 EVA를 계산하라. 회계왜곡에 대한 조정은 필요없다. 매출액과 이익이 2020년에 실질적으로 증가하였지만 EVA는 음(−)인 이유를 설명하라. EVA에서 보여주는 것을 이익에서 보여주지 못하는 것은 무엇인가?

b. 소유자들은 그들이 내년도에 영(0) 혹은 양(+)의 EVA를 벌기 위해서 재고를 다시 줄여야 한다는 것을 알았다. 이를 해결하기 위해서, 그들은 당신에게 회사가 영(0) 수준의 EVA를 달성하기 위해 2020년 말에 보유할 수 있는 최대 재고금액을 계산해줄 것을 원하고 있다.

c. 평균 차 값은 $75,000이라고 가정하자. 또한, 매출액, 비용, 자산(재고 제외), 그리고 부채는 2021년과 2020년 거의 동일하다고 가정하자. 2021년에 영(0) EVA를 달성하기 위해 몇 대의 자동차 재고를 줄여야 하는가?

부록A

대체가격설정(Transfer Pricing)

학습목표 A1 대체가격을 설정하는데 있어서 시장가격, 변동원가, 전부원가 + 이익, 협상가격의 이해

많은 경우에 회사의 하위부서들은 동일한 회사 내의 다른 하위부서에 재화나 서비스를 "판매"한다. 예를 들어, 대학의 인쇄공장은 다른 대학부문에게 인쇄서비스를 판매할 수 있다. 마찬가지로, 자동차 제조회사는 자동차를 생산하는 하나의 사업부와 여러 가지 자동 배터리를 생산하는 또 다른 사업부를 가질 수 있다. 틀림없이, 자동차 생산사업부는 배터리 사업부가 생산한 자동 배터리를 사용할 것이다.

재화나 서비스의 내부대체에 가치를 부여하기 위해 사용되는 가격을 **대체가격**(transfer price)이라고 부른다. 만일 배터리 사업부가 자동차 사업부에 $15의 대체가격으로 10,000개의 배터리를 대체한다면, 배터리 사업부는 $150,000의 수익을 가질 것이다. 그러나 이 수익은 단지 내부보고목적을 위해서만 인식된다. 외부보고목적을 위해서는 수익이 실현되지 않았기 때문에 회사는 회사 내의 책임중심점들 간의 재화의 판매를 수익으로 인식할 수 없다.

재무보고목적을 위해서 수익은 재화나 서비스가 회사 밖의 고객들에게 판매될 때 실현된다. 회사 내의 판매는 경원(arm's length) 거래가 아니다(관련 없는 당사들 간에 이루어지는 거래). 이러한 제약이 없을 경우 회사들은 여러 가지 불필요한 내부판매거래에 몰두함으로써 판매와 이익을 부풀릴 수 있다.

실무에서는 여러 가지 상이한 접근법을 가지고 대체가격을 설정하고 있다. 실무에서의 기본적인 대안들은 (1) 시장가격, (2) 변동원가, (3) 이익가산 전부원가 , 그리고 (4) 협상가격에 근거한 대체가격이다. 이들 대

안은 다음에 논의된다. 대체가격들 중 어느 것이 가장 바람직한가는 상황에 따라 좌우된다. 바람직한 대체가격은 하위부서 관리자들이 회사 가치를 극대화시키는 의사결정으로 이어질 수 있는 대체가격이다. 최선의 의사결정을 동기부여시키는 대체가격은 제품을 생산하여 그것을 회사 내부에 대체하는데 따른 기회원가이다. 기회원가는 다른 대안에 대해 하나의 대안을 선택하는데 따라 포기된 효익(증분원가)임을 기억하라.

A.1 대체가격으로서 시장가격

논의 목적을 위해서 내부적으로 구매하고 판매하는 하위부서가 한 회사의 사업부라고 가정하자. 어떤 경우에는 생산사업부는 구매사업부에게 내부적으로 제품을 대체하고 또한 동일한 제품을 회사 밖에 판매한다. 예를 들어, 자동차 회사의 배터리 사업부는 배터리를 여러 가지 자동차 공급회사들에게 판매할 수 있고 또한, 자동차 생산사업부에게 내부적으로 배터리를 "판매"한다.

제품이 회사 밖에 판매될 때, 시장가격이 존재하고, 그리고 대체가격으로 사용될 수 있다. 외부시장가격은 구매사업부와 판매사업부를 "독립적인" 회사로 간주되도록 허용하기 때문에 뛰어난 내부대체가격이다. 일반적으로 시장가격은 구매사업부와 판매사업부에 의해 공정하고 합리적인 것으로 인식된다. 시장가격은 구매사업부가 공개시장에서 지불해야 하는 동일한 가격을 나타내기 때문에 구매사업부는 대체가격이 너무 높다고 불평할 수 없다. 동일한 이유로 판매사업부는 대체가격이 너무 낮다고 불평할 수 없다.

어떤 경우에 판매사업부는 외부시장에서보다 내부적으로 판매할 때 원가절약을 경험한다. 예를 들어, 구매사업부가 판매사업부와 가까이 있으면 선적원가가 감소될 수 있다. 광고비 또한 더 낮아질 수 있으며, 그리고 판매사업부가 외부판매보다 내부판매에 대해 생산을 예정하기가 더 쉽다는 것을 알면 생산원가의 절감이 달성될 수 있다. 원가절감이 존재하면, 시장가격은 대체가격에 도달하기 위해서 원가절약만큼 감소되어야 한다.

한 가지 예를 생각해보자. 텍트론 메뉴팩추어링(Tectron Manufacturing) 회사의 프로세서 사업부는 단위당 $300의 시장가격으로 많은 회사들에 판매하는 마이크로프로세서를 생산한다고 가정하자. 텍트론의 컴퓨터 사업부는 프로세서 사업부에 의해 생산되는 마이크로프로세서를 이용하는 개인용 컴퓨터를 생산한다. 마이크로프로세서를 내부적으로 판매함으로써, 프로세서 사업부는 대략 선적원가로 단위당 $2와 제조원가로 단위당 $1를 절약한다. 이 경우에 합리적인 대체가격은 $297(= 시장가격 $300 − 원가절약액 $3)가 될 것이다.

시장가격	$300
감소된 선적원가로 인한 절약액	(2)
감소된 제조원가로 인한 절약액	(1)
수정된 대체가격	$297

A.2 시장가격과 기회원가

앞에서 우리는 최선의 대체가격은 한 제품을 생산하여 그것을 구매사업부에 대체하는 기회원가이어야 한다고 주장하였다. 시장가격이 존재할 때, 그것은 기회원가와 동일하기 때문에 훌륭한 대체가격이다.

스위트(Sweet) 회사는 두 개의 사업부로 구성되어 있다고 가정하자. 시럽 사업부는 옥수수 시럽을 생산하고, 그리고 캔디 사업부는 감미료로 옥수수 시럽을 사용하여 여러 가지 캔디를 생산한다. 시럽 사업부는 갤런당 $8로 외부구매자에게 옥수수 시럽을 판매할 수 있다. 만일 시럽 사업부에서 캔디 사업부로 옥수수 시럽의 판매에 대한 대체가격으로 시장가격을 사용한다면, 역시 대체가격은 $8가 될 것이다. 그러나 $8가 시럽 사업부에서 캔디 사업부로 옥수수 시럽을 대체하는데 따른 기회원가인가?

기회원가는 다른 대안에 대해 하나의 대안을 선택하는데 따라 포기된 효익 혹은 증분원가이다. 옥수수 시럽을 내부적으로 대체함으로써 포기된 효익은 얼마인가? 답은 옥수수 시럽을 외부적으로 판매하면서 벌어들일 수 있었던 $8가 옥수수 시럽이 캔디 사업부에 대체될 때 포기된다는 것이다. 따라서 기회원가는 대체된 제품의 시장가격과 동일하다.

설명을 위해서 시럽 1갤런이 캔디 사업부에 의해 제조되는 10 파운드의 보석캔디를 생산하기 위해서 사용된다고 가정하자. 보석캔디는 10 파운드 1병을 $50에 판매한다. 변동원가는 다음과 같다.

10 파운드 1병	
옥수수 시럽을 제외한 변동생산원가	$43
옥수수 시럽의 대체가격	8
1통당 총변동원가	$51

이 상황에서 캔디는 10 파운드 1병을 $50에 판매하기 때문에, 캔디 사업부는 병당 $1의 부(-)의 공헌이익을 가져서 보석캔디를 생산하지 않으려고 할 것이다.

이제, 옥수수 시럽의 대체가격이 $5(옥수수 시럽을 생산하는 변동원가)까지 감소되면 변동원가는 단지 $48가 되고 보석캔디는 양(+)의 공헌이익을 갖게 될 것이라고 캔디 사업부가 주장한다고 가정하자. 대체가격이 낮아져야 하는가? 답은 아니다. 시럽 사업부의 이익과 스위트 회사의 총이익은 캔디 사업부가 시장가격보다 낮은 대체가격으로 보조를 받으면 감소될 것이다. 캔디 사업부가 공개시장에서 시럽에 지불하는 것과 동일한 대체가격을 지불하여 이익을 획득할 수 없다면, 제품의 제거를 고려해야 한다.

시장가격으로 시럽을 판매한다

시럽의 갤런당 시럽 사업부의 공헌이익		10파운드 병당 캔디 사업부의 공헌이익		회사의 공헌이익
판매가격	$ 8			
변동원가	(5)			
공헌이익	$ 3		-0-[a]	$ 3

$5로 시럽을 캔디 사업부에 대체한다

시럽의 갤런당 시럽 사업부의 공헌이익		10파운드 병당 캔디 사업부의 공헌이익		회사의 공헌이익
대체가격	$ 5	판매가격	$50	
변동원가	(5)	자기변동원가	(43)	
공헌이익	$-0-	대체가격	(5)	
		공헌이익	$ 2	$ 2

〈그림 A12-1〉 시장가격 이하로 대체가격을 낮추는데 따른 분석

대체가격을 낮춰서 시럽을 캔디 사업부에 내부대체하는 것이 회사의 공헌이익에 미치는 영향은 〈그림 A12-1〉에 제시되었다. 대체가격이 $8의 시장가격이라면, 캔디 사업부는 수익성 있는 보석캔디를 생산할 수 없다. 어떠한 시럽도 캔디 사업부가 요구하지 않을 것이며, 모든 시럽은 시장에 판매될 것이다. 이 경우에 시럽 사업부는 시럽의 갤런당 $3의 공헌이익을 벌고, 캔디 사업부는 아무런 공헌이익도 벌지 못하고, 그리고 회사 전체의 공헌이익은 $3이 될 것이다. 대체적으로 시럽이 캔디 사업부에 $5의 대체가격으로 대체된다면, 시럽 사업부는 대체가격이 시럽을 생산하는 변동원가와 동일하기 때문에 아무런 공헌이익도 벌 수 없다. 그러나 시럽 1 갤런으로 캔디 사업부는 $50로 판매하는 보석캔디의 10 파운드 통을 생산할 수 있다. 캔디 사업부는 시럽 1갤런에 지불해야 하는 $5의 대체가격과 함께 $43의 변동원가를 가질 것이다. 따라서 캔디 사업부는 $2의 공헌이익을 벌 것이다. 또한, 회사의 공헌이익은 시럽 사업부가 영(0)의 공헌이익을 갖기 때문에 $2이 될 것이다. 캔디 사업부가 $5의 대체가격으로 확실히 좋아지지만, 시럽 사업부는 악화되고 회사 전체는 $5의 대체가격으로 대체되는 시럽의 갤런당 $1의 공헌이익이 낮아지게 된다.

A.3 대체가격으로서 변동원가

어떤 경우에는 대체되는 제품이 독특해서 생산사업부에 의해 공개시장에 판매되지 않는다. 이럴 경우 확실한 시장가격이 존재하지 않으며, 다른 대체가격이 선택되어야 한다. 대체되는 재화를 생산하는 변동원가가 이러한 상황에서 최선의 대체가격이 될 수 있다. 대체가격으로 생산의 변동원가를 선택하는 이유는 정확한 기회원가정보를 전달하기 때문이다. 외부시장이 존재하지 않을 때, 내부적으로 재화를 생산하여 판매하는 기회원가는 단순히 재화를 생산하는 변동원가이다.[5] 추가적인 한 단위가 생산될 때마다, 회사는 생산의 변동원가와 동일한 추가원가를 발생하여야 한다.

다시, 대체되는 제품의 기회원가를 아는 것은 구매사업부가 잘 알려진 의사결정을 내릴 수 있게 한다. 예를 들어, 구매사업부는 고객으로부터 특별주문에 대한 요청을 고려하고 있다고 가정하자. 제품을 생산하기 위해서 구매사업부는 회사의 다른 사업부(판매사업부)에 의해서 공급되는 부품을 사용해야 한다. 대체가격과 함께 구매사업부는 단위당 $50의 변동생산원가를 발생할 것이다. 더욱이, 판매사업부는 부품을 생산하는데 $25의 변동원가를 발생할 것이다. 특별주문을 수락할 수 있는 최소가격은 얼마인가? 답은 판매사업부에 의해 발생된 $25의 변동원가와 구매사업부에 의해 발생된 $50의 변동원가를 합한 $75이다. $75을 초과하는 어떠한 판매가격도 회사의 전체적인 공헌이익과 회사의 이익을 증가시킬 것이다.

그러나 대체가격이 판매부서의 변동원가보다 높게 설정된다고 가정하자. 예를 들어, 대체가격이 $40으로 설정된다고 가정하자. 이러한 경우에 구매사업부의 관리자는 특별주문에 대해 허용가능한 최소판매가격은 $75이 아니라 $90로 인식할 것이다. $90는 구매사업부에 의해 발생된 $50의 기타 변동원가와 구매사업부에 의해 각 단위에 대하여 지불된 $40의 대체가격을 합한 것과 같다. 특별주문은 $75과 $90 사이의 가격에서 구매사업부의 관리자에 의해 거절될 것이고, 회사전체는 확실히 손실이다. 따라서 생산의 실제 기회원가를 모르면, 구매사업부 관리자는 잘못된 의사결정을 내릴 수 있다.

A.4 대체가격으로서 이익가산 전부원가

대체가격으로 변동원가를 사용하는 매우 중요한 문제점은 판매사업부가 대체되는 제품의 생산으로 이익을 벌 수 없다는 것이다. 따라서 대체가격으로 변동원가의 사용은 사업부 관리자가 받아 들이지 않을 수 있다. 이러한 이유로 많은 회사들은 제품의 전부원가에 이익을 가산한 금액을 대체가격으로 사용한다.

예를 들어, 구매사업부에게 내부판매를 위해 제품을 생산하는 변동원가가 단위당 $100라고 가정하자. 더욱이 1,000단위가 내년도에 대체될 것이라고 예상되고, 연간 고정원가는 $200이다. 고정원가는 현재 생산능력에 사용되고 있지 않는 장비의 감가상각비이다. 이러한 경우 단위당 전부원가는 $300($100의 변동원가와 $200의 고정원가)이다. $300의 대체가격에서 판매사업부는 내부대체에 대해 손익분기점에 지나지 않을 것이다. 그러나 회사는 대체가격을 전부원가의 10%를 합친 금액으로 하는 대체가격설정 정책을 사용

5 이것은 판매사업부가 초과생산능력을 가지고 있다고 가정한다. 만일 그렇지 않으면, 기회원가는 생산능력이 내부대체를 위해 재화를 생산하는데 사용될 때 생산될 수 없는 재화에 대해 상실된 이익을 포함해야 한다.

한다고 가정하자. 이 경우에 대체가격은 $330가 되고, 판매사업부는 생산된 각 항목에 대해 $30의 이익을 벌 것이다.

전부원가에 이익을 합친 것이 사업부 관리자에게 대체가격으로 더욱 허용가능 할 수 있지만, 이 대체가격은 대체되는 제품을 생산하는 기회원가를 측정하지 못할 수 있다. 앞에서 본 것처럼, 이것은 전체회사의 수익성을 극대화하지 못하는 결정을 낳을 수 있다. 설명한 회사의 구매사업부가 대체가격과 함께 $400의 변동원가를 발생해야 한다고 가정하자. 구매사업부에 의해 생산된 제품의 시장가격은 $690이다. 구매사업부는 고정원가를 회수하는 양(+)의 공헌이익을 벌지 못하는 한, 제품 생산을 계속하지 않을 것이다. $330의 대체가격으로 구매사업부의 공헌이익은 음(−)의 $40(판매가격 $690 − 변동원가 $ 400 − 대체가격 $330)이다. 따라서 구매사업부는 제품을 중단하려고 할 것이다. 그러나 사실상 제품은 회사이익에 긍정적인 공헌을 한다. $690의 판매가격은 구매사업부의 변동원가($400)와 판매사업부의 변동원가($100)을 합친 것보다 $190이 많다. 따라서 회사전체는 실제로 판매된 각 단위당 $190정도 이익을 본다.

	대체가격 : 이익가산 전부원가	대체가격 : 변동원가
최종제품의 판매가격	$690	$690
차감: 대체가격을 제외한 구매사업부의		
변동원가	400	400
대체가격	330	100
구매사업부의 공헌이익	($ 40)	$190

A.5 협상대체가격

본 장의 앞에서 논의한 것처럼, 분권화의 한 가지 효익은 중요한 의사결정 책임을 위임받은 관리자들이 매우 동기부여된다는 것이다. 자율성의 의미를 고양하기 위해서 일부 회사들은 사업부 관리자들이 대체가격을 협상할 수 있도록 허용한다. 이것은 특정 재화에 대한 가격을 협상해야 하는 독립적인 사업들이 직면하는 동일한 상황을 하위부서 관리자들에게 제시한다. 그러나 최종적인 대체가격은 하위부서 관리자들의 상대적인 협상기술을 반영할 수 있고, 재화를 생산하여 그들을 내부적으로 대체하는 것과 관련된 숨겨진 기회원가를 반영하지 못한다.

Link to Practice

스타벅스의 대체가격

세계에서 가장 큰 커피 체인점인 스타벅스에서, 전 세계적으로 사용되고 있는 커피를 스위스의 스타벅스 자회사에서 구매한다. 커피가 스위스에 이송되지 않음에도 불구하고, 이 자회사는 20%의 이익을 포함한 대체가격으로 다른 나라에서 영업하고 있는 스타벅스 매장에 판매한다. 그런 방식으로 20% 이익과 관련된 수익은 스위스에서 과세된다. 스위스는 낮은 법인세율을 부가하고 있으며, 높은 세율을 부가하는 나라보다 낮은 세금을 내고 있다. 유럽규제위원회들은 2014년 스타벅스의 국제조세보고서를 공개했다.

출처 : Tom Fairless, "Huge Profit Stokes Concerns Over Starbucks's Tax Practices in Europe," *Wall Street Journal*, April 6, 2015. http://www.wsj.com/articles/starbuckss-tax-practices-draw-european-scrutiny-1428363189

A.6 국제적인 환경에서의 대체가격결정과 법인세

재화가 상이한 국가의 이익중심점들 간에 이전될 때, 국가들의 법인세 환경이 상대적으로 높거나 혹은 상대적으로 낮은 대체가격에 대한 유인을 낳을 수 있다. 예를 들어, A 국가의 세율이 10%인 반면에 B 국가의 세율이 40%라고 가정하자. 다른 모든 것이 일정하게 유지될 때, 이것은 재화가 A 국가의 이익중심점에서 B 국가의 이익중심점으로 대체될 때 높은 대체가격을 가질 유인을 낳는다. 이러한 접근법으로 A 국가의 이익중심점은 상대적으로 높은 이익(이것은 낮은 세율로 세금이 부과된다)을 가지고, B 국가의 이익중심점은 상대적으로 낮은 이익(이것은 높은 세율로 세금이 부과된다)을 가진다. 따라서 두 이익중심점에 대한 회사이익의 전체적인 세금은 줄어들게 될 것이다. 만일 재화가 B 국가의 이익중심점에서 A 국가의 이익중심점으로 대체된다면, 상대적으로 낮은 대체가격에 대한 유인이 존재할 것이다. 미국의 내부수익서비스와 다른 국가의 세무당국은 이들 유인을 의식하고, 국가들 간의 법인세율이 차이로 생기는 유인에 대한 대응으로 대체가격이 비합리적으로 높거나 혹은 낮지 않도록 힘을 기울이고 있다.

Index

기타